Michael Ebenau: Freiheit für das Volk

Impressum: Freiheit für das Volk

Dokumente zur Geschichte der Arbeiterbewegung in Neunkirchen 1848–1961

Herausgeber:
IG Metall Verwaltungsstelle Neunkirchen

Bearbeitet von Michael Ebenau

Ottweiler Druckerei und Verlag GmbH
1990

ISBN 3-923755-24-4

Michael Ebenau

Freiheit für das Volk

Dokumente zur Geschichte der Arbeiterbewegung in Neunkirchen 1848–1961

Inhaltsverzeichnis

Vorwort

Mit diesem Buch will die IG Metall Neunkirchen einen Bereich der Geschichte darstellen, der bisher weitgehend unbekannt ist: die arbeitenden Menschen. In vielen Stadt- und Heimatgeschichten wird mit einem gewissen Stolz darauf verwiesen, welche Wirtschaftskraft mit Bergbau und Stahlindustrie im Saarland angesiedelt ist. Die Zahl der in den Gruben und Hütten beschäftigten Arbeiter wird als Beweis dafür herangezogen. Doch dabei gilt der Mensch wenig, die Zahl alles. Genausogut kann man die Zahl der Dampfmaschinen nennen, oder die der Hochöfen. Wer sich fragt, welche Arbeitsbedingungen in den Betrieben herrschten, welchen elenden Lebensverhältnissen die Arbeiter unterworfen waren, wie die Arbeiterbewegung entstanden ist und welche Ziele sie hatte, wird wenig Lesestoff finden. Daher wollen wir hier den Versuch unternehmen, unsere eigene Geschichte darzustellen.

Gleichzeitig wollen wir an diejenigen erinnern, die die Arbeiterbewegung an der Saar aufgebaut haben, die im Sinne fortschrittlicher Traditionen standen und für demokratische Verhältnisse eingetreten sind. Oft genug geschah dies um den Preis der Verfolgung und Vertreibung, in der Zeit des Faschismus auch um den des eigenen Lebens. Erinnert sei in diesem Zusammenhang an den Sinnerthaler Gastwirt Wilhelm Jung, an den Augenarzt Karl Schneider, an Heinrich Konrath und Wilhelm Frisch: Sie und viele andere wurden von den Nazis ermordet. Sie starben für das Ziel einer demokratischen und friedlichen Gesellschaftsordnung. Den Gewerkschaftssekretären Hermann Petri (Bergarbeiterverband) und Hermann Henneicke (Metallarbeiterverband) erging es etwas besser, sie überlebten lange Jahre der Haft im Zuchthaus und im Konzentrationslager.

Nach der Befreiung von Faschismus und Krieg benannte die Stadt Neunkirchen eine Straße nach Karl Schneider. Der ein oder andere wird wissen, daß er in Dachau ums Leben kam. Wer aber weiß, daß Karl Schneider im November 1918 im Arbeiter- und Soldatenrat unserer Stadt mitarbeitete, daß er sich den Haß vieler Mitbürger zuzog, weil er forderte, der Revolution Zeit zu lassen und nicht vorschnell einen Schlußstrich zu ziehen? Wer weiß, welche Hetztiraden in der Presse damals gegen ihn losgelassen wurden? Wer weiß, daß August Bäsel, zu Beginn des 20. Jahrhunderts einer der führenden Männer beim Aufbau der Neunkircher Bergarbeitergewerkschaft, von der Grubendirektion entlassen wurde und sich fortan als Eisenbahnarbeiter durchschlagen mußte? Wer weiß, daß noch einige Jahre zuvor der Hüttenarbeiter Johann Ullrich von Stumm entlassen wurde, weil er versucht hatte, gewerkschaftlich tätig zu werden?

Freiheit für das Volk – dieser Ruf datiert aus dem Jahre 1937. Anläßlich des zweiten Jahrestages der Rückgliederung des Saargebietes an Hitler-Deutschland stand er in einem Aufruf des Arbeitsausschusses zur Vorbereitung der Volksfront im Saargebiet. Diese zwei Jahre hatten die Nazis genutzt, um den antifaschistischen Widerstand im Lande rigoros zu verfolgen. Hunderte saßen in Konzentrationslagern, viele andere in Gefängnissen und Zuchthäusern, tausende waren in die Emigration getrieben worden. Die Forderung nach Freiheit beinhaltete freilich mehr als die Freilassung der politischen Gefangenen. Sie beinhaltete die Herstellung demokratischer Verhältnisse in der Gesellschaft und die Verhinderung des absehbar gewordenen Krieges. Für diese Ziele hatten sich im Arbeitsausschuß zur Vorbereitung der Volksfront unterschiedliche politische Kräfte zusammengefunden: Kommunisten, Sozialdemokraten, Christen. Sie alle hatten den Faschismus anfangs unterschätzt, hatten lange Jahre mehr gegen- als miteinander gekämpft. Sie alle wurden von den Nazis verfolgt und fanden sich jetzt in den Gefängnissen, Konzentrationslagern oder in der Emigration wieder. Ihre Konsequenz aus der Niederlage gegen den Hitler-Faschismus war die gemeinsame Arbeit gegen die Nazis, die Formulierung gemeinsamer Ziele trotz aller politischen Unterschiede. Das ist eine der wichtigsten Lehren aus der Geschichte, die wir für uns ziehen können: Die Gefahr von rechts darf nicht unterschätzt werden, und den Kampf gegen alle neofaschistischen und revanchistischen Tendenzen können wir nur gemeinsam führen. Wenngleich historische Erfahrungen nicht plump auf die Gegenwart übertragen werden können, so gibt es doch Lehren, die nichts von ihrer Aktualität eingebüßt haben.

Freiheit für das Volk – nicht nur in den Jahren des Faschismus stand diese Forderung auf dem Banner der saarländischen Arbeiterbewegung. Sie gilt für alle Epochen der Unfreiheit. Bis in den Ersten Weltkrieg hinein waren die Arbeiterorganisationen in den Gruben und Hütten als „Hort des Umsturzes" gebrandmarkt. Wer sich in ihnen organisierte oder mit ihnen sympathisierte, wurde entlassen. Spitzel und Denunzianten trugen den Unternehmern zu, wer Partei- oder Gewerkschaftsversammlungen besuchte, wer sozialistische Zeitungen las oder wer einen sozialdemokratischen Agitator getroffen hatte, und sei es auch nur zufällig. Für die Opfer dieser Politik war an der Saar kein Platz mehr, neue Arbeitsplätze waren nicht zu finden. Mit Hilfe ihrer schwarzen Listen kennzeichneten die Unternehmer die Entlassenen als Aussätzige. Die Befreiung von diesen Zuständen, vom „System Stumm" war das Ziel der wenigen, die es dennoch wagten, sich in der Arbeiterbewegung zu engagieren. Die Novemberrevolution 1918 schien dann endlich die Freiheit zu bringen. Doch es folgte die Besetzung des Saarlandes durch französische Truppen und das Verbot der Räte. Dann wurde das Revier einer internationalen Regierungskommission unterstellt. Deutschland war seit der Revolution eine parlamentarische Demokratie, doch die Parlamente im Saarland blieben weitgehend rechtlos. In ihnen konnten die Vertreter des Volkes diskutieren und beraten – die wirklichen Entscheidungen aber fielen in anderen Gremien. Die Saarländer fühlten sich betrogen und unterdrückt. Auch dies spielte eine Rolle, als sie sich 1935 für die Rückgliederung an Deutschland entschieden.

Die Geschichte der Arbeiterbewegung ist seit Jahren Gegenstand vieler wissenschaftlicher Forschungsarbeiten und kontroverser Diskussionen, auch innergewerkschaftlich. Seit Anfang der achtziger Jahre sind die Verwaltungsstellen der IG Metall dabei, ihre örtliche Geschichte aufzuarbeiten. Ziel ist es nicht, die Vergangenheit zu beschönigen und darin nur Siege der Arbeiterbewegung zu entdecken, sondern aus der Geschichte zu lernen. Dazu gehört es, auch und gerade die Niederlagen darzustellen und sie auszuwerten. Wer nicht aus der Geschichte lernt, ist dazu verdammt, vergangene Fehler zu wiederholen – und damit neue Niederlagen zu erleiden. In diesem Sinne ist das Lernen aus der Geschichte auch eine Herausforderung für die eigene Zukunft.

Im Saarland ist die Verwaltungsstelle Neunkirchen der IG Metall die erste, die sich an ein solches Geschichtsprojekt gewagt hat. Wir wollen damit unseren Beitrag leisten zur Erforschung der Geschichte und zur Diskussion über mögliche Lehren für Gegenwart und Zukunft. Dies soll allerdings nicht allein auf wissenschaftlicher Ebene geschehen. Stattdessen wollen wir einen Anstoß für eine möglichst breite Diskussion geben. Die Ergebnisse unserer Arbeit sollen Eingang finden in unsere gewerkschaftliche Bildungsarbeit vor Ort und in den Unterricht der Schulen. Wir wollen allen Interessierten die Möglichkeit bieten, den Weg der Neunkircher Arbeiterbewegung nachzuvollziehen, ihre Entstehungsbedingungen, ihre Ziele, ihre kleinen und großen Kämpfe für Freiheit, wirtschaftliche und soziale Demokratie.

Mit Blick auf diese Anliegen haben wir die spezifische Form der Aufmachung gewählt. Am Anfang steht eine knappe Gesamtdarstellung der regionalen und lokalen Arbeiterbewegung. Mit ihrer Hilfe kann man sich einen raschen Überblick verschaffen. Es folgt ein umfangreicher Abschnitt, in dem wichtige Zeitdokumente abgedruckt sind. Damit wollen wir die Möglichkeit bieten, Originalquellen nachzulesen und damit unsere (und auch die eigene) Geschichtsinterpretation zu überprüfen. Wir stellen uns damit der öffentlichen Diskussion. Zugleich vermitteln diese Quellen am ehesten etwas vom Geist der jeweiligen Epoche, beispielsweise vom dumpfen Druck der „Ära Stumm“ und vom spontanen Aufbegehren der Bergarbeiter. Mit Hilfe des Dokumentenverzeichnisses ist dieser Teil schnell zu erschließen. Verschiedene Register sollen dabei helfen, speziellen Sachfragen oder dem Geschehen in einzelnen Orten nachzugehen.

Wir haben an dieser Stelle all denen Dank zu sagen, die uns bei unserer Arbeit unterstützt haben. Das richtet sich an die Mitarbeiter der Bibliotheken und Archive, die wir benutzen konnten, und an alle Kolleginnen und Kollegen, die zu Gesprächen bereit waren und privates Material zur Verfügung gestellt haben. Das richtet sich auch an Michael Ebenau und Dr. Peter Scherer, den Leiter der Zentralbibliothek der IG Metall in Frankfurt, der uns von der Planung des Buches bis zu seiner Veröffentlichung beraten und unterstützt hat. Und nicht zuletzt richtet es sich an die Ortsverwaltung der IG Metall Neunkirchen, die dieses Projekt mit ihrer Zustimmung ermöglicht hat.

Im Mai 1990

Georg Jung	Volker Fiedelak
Erster Bevollmächtigter	Zweiter Bevollmächtigter

I. In Saarabien (1848–1918)

a) Industrialisierung

Im 19. Jahrhundert veränderte sich das wirtschaftliche Erscheinungsbild Deutschlands grundlegend. Waren Land- und Forstwirtschaft um 1800 noch die bestimmenden Wirtschaftssektoren, so hatten sie diese Position hundert Jahre später eingebüßt. Die industrielle Revolution hatte vor allem in der zweiten Hälfte des Jahrhunderts den kapitalistischen Industriebetrieb zum alles beherrschenden Faktor gemacht. Krupp, Stumm, Stinnes und Mannesmann sind nur einige Namen derer, die als Pioniere dieser Entwicklung gelten und bereits in jenen Jahren industrielle Komplexe riesigen Ausmaßes begründeten. Auch die Stellung Deutschlands in der Weltwirtschaft änderte sich: Aus einem Agrarland wurde noch vor Beginn des Ersten Weltkrieges die zweitstärkste Industrie- und Handelsmacht der Welt. Jetzt schickte sie sich an, zur wirtschaftlichen Vormacht zu werden.

Nicht anders verlief die Entwicklung im Saarrevier. Hier etablierten sich mit dem Bergbau und der Stahlindustrie zwei Wirtschaftszweige, die das ökonomische und soziale, aber auch das politische Leben der Region zumindest bis zur Mitte des 20. Jahrhunderts bestimmten. 1816 waren im Staatsbergbau (die weitaus meisten der Saargruben waren in preußischem Besitz) und in der Hüttenindustrie zusammen noch nicht einmal 1400 Menschen beschäftigt, 1913 waren es allein auf den Gruben schon 56000 und in der Eisen- und Stahlindustrie noch einmal über 30000.

Während der Saarbergbau, wie bereits angedeutet, seit 1815, dem Jahr des Zusammenbruchs der napoleonischen Herrschaft, größtenteils in preußischem Besitz war, wurde die Hüttenindustrie privatwirtschaftlich organisiert. Ihre Entwicklung war eng mit dem Namen der Familie Stumm verbunden, die sich im 18. Jahrhundert schon die Vorherrschaft über die Eisenindustrie des Hunsrücks gesichert hatte, bevor sie sich eingangs des neuen Jahrhunderts zur Saar hin orientierte. Sie erwarb das Neunkircher Eisenwerk sowie die Halberger und die Fischbacher Hütte, wenig später folgten die Hütte in Geislautern und eine vierzigprozentige Beteiligung an der Dillinger Hütte.

Bis zum Beginn des Ersten Weltkrieges veränderte sich die Grundstruktur der Hüttenindustrie an der Saar dahingehend, daß eine Reihe kleinerer Betriebe stillgelegt wurde und sich ein beherrschender Komplex aus fünf Werken herausbildete. Es waren dies die Burbacher und die Völklinger Hütte, das Neunkircher Eisenwerk sowie die Dillinger und die Halberger Hütte. Was sich hingegen nicht änderte, war die dominierende Stellung der Stumms: Sie nannten noch immer die Halberger Hütte und das Neunkircher Eisenwerk ihr eigen und verfügten mittlerweile auch über eine Mehrheitsbeteiligung an der Dillinger Hütte, während das Völklinger Werk der Familie Röchling und die Burbacher Hütte dem ARBED-Konzern gehörten. In Burbach, Völklingen und Neunkirchen wurden hauptsächlich Profilstahlprodukte (Schienen, Eisenbahnoberbaumaterial, Formstahl, Stabstahl und Walzdraht) erzeugt, in Dillingen fast ausschließlich Flachstahlprodukte wie Grob-, Mittel- und Feinbleche sowie Panzerplatten für Schiffe und Befestigungsanlagen, die Halberger Hütte schließlich beschränkte sich auf Gießereierzeugnisse, vor allem Gußrohre, war aber in der eigentlichen Stahlerzeugung nicht tätig.

Nach der Übernahme der Saargruben durch den preußischen Staat 1815 beschränkten sich die Verantwortlichen rasch auf rentable Gruben mit abbauwürdigen Flözen. So entstanden vier begünstigte Zonen: das Saartalrevier zwischen Gersweiler und Schwalbach mit dem Zentrum Hostenbach, das Revier des Sulzbach- und Fischbachtals, das Revier des Köllertals und schließlich das Revier um Neunkirchen und Wellesweiler. War das Saartalrevier von den genannten anfangs das bedeutendste, so verschoben sich die Gewichte etwa ab 1860 zugunsten der Fettkohlengewinnung im Sulzbach- und Fischbachtal (Brefeld, Camphausen und Jägersfreude, Maybach, Reden und Kohlwald). Die wichtigsten Anlagen im unmittelbaren Bereich der Stadt Neunkirchen waren die Grube König, deren Entwicklung lange Zeit eng mit dem Neunkircher Eisenwerk verbunden war, sowie die Gruben Heinitz und Dechen. Hingegen war die traditionsreiche Grube Wellesweiler, deren Existenz sich bereits für das 16. Jahrhundert nachweisen läßt, fast unbedeutend geworden.

Die gewaltigen Veränderungen, die die Industrialisierung mit sich brachte, zeigten sich u. a. am raschen Wachstum der Städte. Wie ein Magnet zog der Arbeitskräftebedarf der Industrie Menschenmassen an, die auf eine Anstellung als Lohnarbeiter angewiesen waren, um sich und ihren Familien eine karge Existenz zu sichern. Aus kleinen Orten wurden innerhalb weniger Jahre oder Jahrzehnte Großstädte, die häufig genug keinen ausreichenden Wohnraum bieten konnten und in den ärmlichen Arbeitervierteln die Kehrseite des Wirtschaftswachstums offenbarten. Auch die noch selbständigen Gemeinden Ober- und Niederneunkirchen (die Stadt Neunkirchen entstand erst 1922) verzwölffachten innerhalb von etwa sechzig Jahren ihre Einwohnerzahlen: Beide Gemeinden zusammen zählten 1847 erst 3 007 Einwohner, 1865 knapp 7 000, 1880 aber schon 15 423; 1900 waren es fast 30 000 und 1910 schließlich 36 402. Die Beschäftigtenzahlen der hier liegenden Gruben und des Eisenwerks verdeutlichen, woher diese Steigerung kam: 1843 arbeiteten auf dem Eisenwerk 482 Arbeiter, 1852 waren es 950, 1878 dann 1 667 und 1905 bereits 4 491. Auf den Gruben König und Heinitz waren 1850 zusammen 1 130 Arbeiter und auf der Grube Wellesweiler deren 155 beschäftigt, 1885 waren es auf Heinitz und Dechen allein schon 4 257 und auf König und Wellesweiler zusammen noch einmal 2 666, 1910 schließlich arbeiteten auf Heinitz und Dechen knapp über 6 000 Menschen und auf König und Wellesweiler fast 5 000.*

* Daten zur Bevölkerungs- und Beschäftigtenentwicklung nach Helmut Frühauf: Eisenindustrie und Steinkohlenbergbau im Raum Neunkirchen/Saar, Trier 1980.

Elend und Not bestimmten die soziale Lage der abhängig Arbeitenden. Massenarbeitslosigkeit prägte nicht nur in Zeiten konjunktureller Krisen den Alltag. Die Arbeitszeiten machten oft genug die Hälfte des Tages oder noch mehr aus, vor allem, wenn man dazu noch die Wegezeiten in Rechnung stellt. Die kümmerlichen Löhne reichten oft zur Ernährung der Familie kaum aus und wurden trotzdem in Krisenzeiten noch herabgedrückt.

Um 1860 hatte sich im Saarrevier eine Einkommenshierarchie herausgebildet, die etwa folgendermaßen ausgesehen haben dürfte: An der Spitze standen mit einem Jahreseinkommen von etwa 600 bis 900 Mark die Meister der Eisen- und Glashütten sowie die hochqualifizierten Arbeiter der Keramikindustrie. Es folgte die Gruppe hochqualifizierter Arbeiter, die ungefähr 510 bis 600 Mark erhielten wie die Puddler, Schweißer, die Walzer erster Klasse und die Glasschleifermeister. An dritter Stelle standen die qualifizierten Arbeiter (wie Walzer zweiter Klasse, Frischer und Verzinner erster Klasse, Glasbläsergesellen) und die Hauer mit 450 bis 540 Mark vor den ungelernten männlichen Hütten- und Industriearbeitern sowie den Schleppern mit zirka 300 bis 450 Mark Jahresverdienst. An fünfter Stelle finden wir die männlichen Tagelöhner mit 300 bis 360 Mark, dann die Knechte und Handwerksgesellen (120 bis 215 Mark zuzüglich freier Kost und Logis) vor den weiblichen Tagelöhnerinnen und den ungelernten Industriearbeiterinnen mit etwa 180 bis 250 Mark pro Jahr. Die Gruppe der Mägde und Hausbediensteten bildete mit ungefähr 72 bis 144 Mark bei freier Kost und Logis das Schlußlicht.*

Eine genauere Beurteilung dieser Hierarchie bedarf freilich des Vergleichs mit den Lebenshaltungskosten. Der damalige Landrat des Kreises Ottweiler gab das notwendige Jahreseinkommen einer Arbeiterfamilie, die einigermaßen sorgenfrei leben wollte, mit 150 bis 200 Talern an (90 bis 120 Taler für Ernährung, 12 bis 18 Taler für die Wohnung, 10 Taler für Brennmaterial, 24 bis 32 Taler für Kleidung und Wäsche, 8 bis 14 Taler für Hausrat und Werkzeug, 6 Taler für Abgaben und Schulgeld); war das Einkommen geringer, so mußte die Familie mancherlei Entbehrung auf sich nehmen um durchzukommen.** Das Jahreseinkommen der Hauer bezifferte der Landrat auf knapp 170 Taler, das der Schlepper auf etwa 140 Taler. Anhand dieser Daten kann man sich leicht das Elend der Beschäftigtengruppen ausmalen, die diesen Schnitt nicht erreichten.

b) Revolution 1848/49

Die bürgerliche Revolution 1848/49 stand im Zeichen der Widersprüche zwischen der noch herrschenden Feudalordnung und dem sich entfaltenden Kapitalismus. Aus der Sicht der Industriellen und der mit ihnen verbundenen poli-

---

* Hans Horch: Der Wandel der Gesellschafts- und Herrschaftsstrukturen in der Saarregion während der Industrialisierung 1740 bis 1914, Sankt Ingbert 1985, S. 315 f.

** Ebd., S. 316.

tischen Kräfte mußte es darum gehen, die vom Feudalsystem ausgehenden Schranken für die ungehemmte Entwicklung der kapitalistischen Wirtschaft zu beseitigen: die halbfeudalen Zustände in der Ökonomie, die politische Herrschaft des Adels und die territoriale Zersplitterung Deutschlands, die bislang einen ungehemmten Binnenmarkt verhindert hatte. Darüber hinaus war dieser Kampf verflochten mit dem der Arbeiter, die sich gegen Arbeitslosigkeit, Hunger und Verelendung zur Wehr setzen mußten, nachdem Mißernten und Wirtschaftskrise ihre Lage drastisch verschlechtert hatten.

Ende Februar 1848 sprang der revolutionäre Funke von Frankreich auf Deutschland über. Zum Ausgangspunkt der Revolution wurde Mannheim, wo eine große Volksversammlung am 27. Februar erstmals jene vier Forderungen formulierte, die in den folgenden Wochen auf dem Banner der Revolte stehen sollten: Volksbewaffnung, unbedingte Freiheit der Presse, Bildung von Schwurgerichten nach englischem Vorbild und sofortige Herstellung eines deutschen Parlaments. Rasch folgten andernorts ähnliche Kundgebungen und weitere Aktionen. Anfang März standen weite Teile Süd- und Westdeutschlands in offenem Aufruhr. Die Saargegend zählte nicht zu diesen revolutionären Zentren, obgleich Not und Elend auch hier den Alltag der Arbeiter prägten. Seit 1830 hatte es meist Mißernten gegeben, die auf die Ernährungslage drückten. Kümmerliche Löhne zwangen die Bergleute zu Überschichten, die Einkommen der Hütten- und Fabrikarbeiter dürften kaum höher gewesen sein. Auch das Handwerk befand sich seit Ende der dreißiger Jahre in einer schweren Krise. Viele sahen keinen Ausweg mehr und suchten ihr Heil in der Auswanderung, die Einwohnerzahlen der Kreise Ottweiler, Sankt Wendel und Saarlouis waren rückläufig.

Ein erstes, wenn auch schwaches Zeichen der revolutionären Bewegung in den preußischen Saarkreisen war am 10. März 1848 die Petition der Gemeinderäte von Saarbrücken und Sankt Johann an den preußischen König, der sich der Gemeinderat von Neunkirchen vier Tage später anschloß. Die wichtigsten Forderungen zielten auf die Schaffung eines deutschen Parlaments, Pressefreiheit und Versammlungsrecht, auf die Einrichtung einer preußischen Volksvertretung und die Wählbarkeit aller Bürger ohne Ansehen des Einkommens, auf Religions- und Gewissensfreiheit, ein einheitliches Strafgesetzbuch, die Verminderung des stehenden Heeres und die Volksbewaffnung.

Obwohl es vorerst zu keiner revolutionären Bewegung im eigentlichen Sinne kam, keine erhitzten Volksversammlungen oder gar bewaffneten Kämpfe im Saarrevier stattfanden, zeigten die Vorgänge im übrigen Deutschland doch ihre Auswirkungen, indem die Wirtschaft stockte und die Arbeitslosigkeit sich mehrte. Auf den Gruben wurde ein Teil der unständigen Bergleute entlassen, den ständigen untersagte man die Überschichten, die bislang zur Aufbesserung der kargen Löhne verfahren worden waren. Aus der Not geborene Gegenwehr blieb nicht aus: Im Kreis Sankt Wendel wurden Staatswaldungen geplündert, Chausseegeld und Gemeindeabgaben verweigert. In einigen Orten teilten die

Bauern die Gemeindekassen auf. Eine Gruppe von etwa 150 unständigen Bergleuten, die von der Grube entlassen worden waren und nun beim Eisenbahnbau Beschäftigung gefunden hatten, trat im April 1848 in der Nähe von Neunkirchen in den Streik, um höhere Löhne durchzusetzen. Während sie zum Büro der Bauleitung zogen, war die Neunkircher Bürgerwehr alarmiert worden, die seit Februar 1848 unter der Führung Karl Bernhard Böckings, eines Schwagers Karl Friedrich Stumms, bestand. An der Spitze der bewaffneten Bürgerwehr trat der damalige Direktor des Stummschen Eisenwerks, Ferdinand Steinbeis, den Ausständigen entgegen, um die Ordnung wieder herzustellen. Einige der Streikenden wurden später zu Gefängnisstrafen verurteilt, sicherlich in der Absicht, ein abschreckendes Beispiel zu schaffen. Dem diente auch die Einquartierung von Militär in der Nähe der Baustelle. Tatsächlich ist aus der Saargegend der Revolutionsjahre denn auch nur ein weiterer kurzer Streik bekannt, den die Buchdrucker im August 1848 in Saarlouis führten.

Während sich andernorts bereits Organisationen wie die „Arbeiterverbrüderung“ unter Leitung des Schriftsetzers Stephan Born herausbildeten, die sich als autonome Klassenorganisationen der Arbeiter begriffen und deren Interessen Geltung verschaffen wollten, sind in der Saargegend neben den genannten Streiks nur einige Bittschriften als eigenständige Aktionen der Arbeiterschaft zu notieren. Im März 1848 beschrieben verschiedene Knappschaften auf diesem Weg die schlimme Lage der Bergarbeiter, doch beließen es die Verfasser bei Detailforderungen, die keineswegs grundsätzlichen Charakter hatten und auch keine direkten Aktionen androhten. Hingegen gelang es den Industriellen wiederholt, die Arbeiter für die Sache der kapitalistischen Wirtschaft einzuspannen. So gilt der bereits erwähnte Hüttendirektor des Neunkircher Eisenwerks, Ferdinand Steinbeis, als Urheber einer Petition, die als „Bitte der Arbeiter in und um Neunkirchen in betreff der Arbeiterinteressen“ Anfang August 1848 an die Nationalversammlung in Frankfurt gerichtet wurde. Die darin formulierten Forderungen sind in der Tat eher den Interessen der Industrie und des Handwerks als denen der dort Beschäftigten zuzuordnen:

– Die deutsche Nation sollte ihren Angehörigen das Vorrecht auf alle Arbeit gewähren, anstelle Tür und Tor für Importe zu öffnen;

– durch die Schaffung von Innungen sollte die inländische Konkurrenz beschränkt werden. Die Ausübung eines Gewerbes wurde in der Eingabe von der Aufnahme in eine Innung abhängig gemacht, die Aufnahme selbst sollte nicht allein von der technischen und moralischen Qualifikation des Bewerbers abhängen, sondern auch von den jeweiligen örtlichen Bedürfnissen. Auch Händler, die nicht den Innungen angehörten, dürften dem Handwerk keine Konkurrenz machen;

– die Schulen wollte man ihrer bisherigen Abhängigkeit von der Kirche entkleiden und stattdessen unter die besondere Obsorge des Staates stellen. Dadurch sollte ein Unterricht ermöglicht werden, der besser auf die Arbeiten des praktischen Lebens vorbereiten würde. An die Stelle biblischer Geschichten und der Satzverbindungslehre z. B. sollten Feldbau, Gewerbe und Haushaltswesen, Gesundheitslehre und körperliche Übungen treten;

– die Verhältnisse in den Fabriken sollten durch genauere Gesetze reguliert werden. In diesem Zusammenhang wurde die wohl mehr rhetorisch gemeinte Frage formuliert, ob es nicht angemessen sei, die größeren Fabriken als eigene Korporationen zu begreifen und sie „mit ähnlichen Institutionen im kleinen" zu versehen „wie der konstitutionelle Staat sie im großen besitzt".*

Auch in den Petitionen anderer Hüttenbelegschaften stand die Beschränkung der internationalen Konkurrenz im Zentrum. Aus dem Rahmen fiel dagegen der „Ruf der Versöhnung an das deutsche Volk" vom April 1848, verfaßt vom Berggeschworenen Julius von Sparre und unterschrieben von etwa 300 Arbeitern, darunter vielen unständigen Bergleuten. Hier wurden die bisherigen Ergebnisse der Revolution sowie das vermeintliche Ende der Gewaltherrschaft begrüßt, Arbeitslosigkeit und soziales Elend angeprangert. Die Wurzel allen Übels sahen die Unterzeichneten in der Vererbung des Privateigentums und forderten daher die Aufhebung des Erbrechts: „Die Unterschiede der Geburt sollen verschwinden, die Erblichkeit der Staatsämter, des Adels, des Vermögens soll aufhören und der Staat eine einzige große Reichsfamilie bilden." Gleichwohl anerkannte der „Ruf der Versöhnung" das Privateigentum grundsätzlich als heilig und unverletzlich und beabsichtigte lediglich, „die Ruhe und Gesetzlichkeit unter den bisher unterdrückten Klassen wieder herzustellen und die Achtung vor dem Privateigentum noch länger aufrechtzuerhalten."**

In das neugewählte deutsche Parlament, die Frankfurter Paulskirchenversammlung, dessen wichtigste Aufgabe die Ausarbeitung einer Reichsverfassung sein sollte, entsandten die Wähler des Wahlkreises Saarbrücken-Saarlouis den Advokaten Ferdinand Dietzsch, die des Wahlkreises Ottweiler-Sankt Wendel den Trierer Kaufmann Carl Cetto. Die Diskussionen der Paulskirchenversammlung beobachtete man in der Saargegend über Monate hinweg ebenso abwartend wie die der preußischen konstituierenden Versammlung in Berlin, die eine Verfassung für Preußen ausarbeiten sollte. Versuche, in die dort geführten Verhandlungen außer über den Weg der Petitionen einzugreifen, sind nicht überliefert. Erst Ende Oktober 1848 wurde in Saarbrücken-Sankt Johann ein politischer Verein konstituiert, dessen Ziele die Teilhabe der Wähler am Verfassungswerk sowie die Beratung der politischen und sozialen Zeitfragen waren. Etwa einen Monat später organisierte sich die Gegenseite im Konstitutionellen Bürgerverein, dem hauptsächlich Beamte, Kaufleute, Fabrikanten und Handwerker angehörten. Eine wirklich gegensätzliche Diskussion begann jedoch

* Neunkirchen (Saar). Stadt des Eisens und der Kohle. Ein Buch vom Werden und Wesen einer Industriestadt, hrsg. von der Stadtverwaltung Neunkirchen (Saar), Neunkirchen 1955, S. 122.

** Rüdiger Moldenhauer: Die Petitionen aus den preußischen Saarkreisen an die deutsche Nationalversammlung 1848 bis 1849, S. 83 ff., in: Zeitschrift für die Geschichte der Saargegend, 17./18. Jahrgang 1969/70, Saarbrücken 1970.

erst, nachdem die preußische Nationalversammlung in Berlin durch Truppen aufgelöst und eine Verfassung für Preußen von oben aufgezwungen wurde. Erst jetzt kann man an der Saar von einer Volksbewegung sprechen, die sich mehrheitlich gegen die Regierung und hinter die Revolution stellte, ohne aber zu radikaleren Maßnahmen wie etwa der Steuerverweigerung zu greifen.

Mitte Februar 1849 bildete sich auch in Ottweiler ein politischer Verein, dessen Ziele im „Statut und Programm des Ottweiler Bürgervereins" festgelegt wurden: „Dieser Verein hat sich zur Aufgabe gemacht, demokratische Grund-

Grube König: Tagesanlage mit Kokerei, um 1860. (Stadtarchiv Neunkirchen)

sätze im Staats- und Gemeindeleben durch gesetzliche Mittel folgerichtig geltend zu machen und zwar auf der Grundlage der konstitutionellen Monarchie."* Recht eines jeden Menschen sollte es sein, seine Meinung frei zu äußern und sich zu beliebigen Zwecken friedlich zu versammeln. Weiter wurden die Gleichheit aller vor dem Gesetz sowie die Aufhebung aller Vorrechte und Ausnahmezustände gefordert. Das Recht der Steuerbewilligung und -verweigerung sollte bei der Volksvertretung liegen, eine möglichst gerechte Besteuerung wollte man durch eine fortschreitende Einkommenssteuer erreichen. Etwa 300 Ottweiler Einwohner anerkannten dieses Programm durch ihre Unterschrift. Ob die in Merzig und Saarlouis bestehenden politischen Vereine ähnliche Ziele verfolgten, kann nur vermutet werden.

* Saar- und Blies-Zeitung Nr. 103 vom 3. Mai 1930.

Als die Frankfurter Paulskirchenversammlung im Frühjahr 1849 nach monatelangen Debatten endlich eine Reichsverfassung vorlegen konnte, die Deutschland zu einer konstitutionellen Monarchie mit festgeschriebenen Grundrechten aller Bürger, Gewaltenteilung und allgemeinem Wahlrecht für die Männer machen wollte, setzte auch an der Saar eine Bewegung zur Unterstützung dieser Vorschläge ein. Zu einem großen Kongreß rheinischer Gemeinderäte am 8. Mai 1849 in Köln, der sich für die Reichsverfassung erklärte, waren Delegationen aus Saarbrücken, Ottweiler, Sankt Wendel, Baumholder, Neunkirchen und anderen Gemeinden des Saarreviers angereist. Der Saarbrücker Bürgerverein vollzog einen lockeren Anschluß an den im Dezember 1848 von Mitgliedern der linksstehenden Fraktionen der Paulskirchenversammlung gebildeten Märzverein und beschickte dessen Kongreß am 6. Mai. Hier trafen die Saarbrücker Delegierten auf Gleichgesinnte aus Saarlouis und Ottweiler.

Bekanntlich gelang es nicht, die Reichsverfassung durchzusetzen. Bewaffnete Aufstände, die zu ihrer Unterstützung vor allem in Baden und der Pfalz, in Berlin und am Rhein ausbrachen, wurden militärisch niedergeschlagen. Mit dem Versprechen, sie als Belohnung zu Knappschaftsmitgliedern zu befördern, warb das Bergamt im Saarrevier unständige Bergleute zur Niederschlagung der badisch-pfälzischen Reichsverfassungskampagne an. Bei den Aufständischen befand sich auch eine etwa dreißig Mann starke Gruppe aus dem Raum Neunkirchen unter Führung von Peter Johann Hör. Wie viele andere mußte auch er nach der blutigen Niederschlagung der Revolution nach Amerika flüchten. Die demokratischen Gruppen und Vereine in der Saargegend lösten sich auf, in ganz Deutschland begann eine langjährige Phase der Reaktion und der schärfsten Unterdrückung aller freiheitlichen Regungen. Dem fielen auch die 1848/49 gebildeten Arbeiterorganisationen zum Opfer. Die bereits genannte „Arbeiterverbrüderung" als die wohl bekannteste löste sich 1850 selbst auf, um einem Verbot zuvorzukommen. Das preußische Vereinsgesetz wurde zum Werkzeug, mit dem die Regierung alle demokratischen und emanzipatorischen Bestrebungen unterdrückte. Wie wir noch sehen werden, war dieses Gesetz noch eingangs des 20. Jahrhunderts ein entscheidendes Hemmnis für die Entwicklung der Arbeiterbewegung an der Saar.

c) König Stumm

Während der Revolutionsjahre absolvierte Karl Ferdinand Stumm, der später zum bekanntesten und für unsere Betrachtung wichtigsten Sprößling der Familie werden sollte, die Realschule in Mainz. Von hier aus besuchte er wiederholt die Versammlungen in der Frankfurter Paulskirche. Im Rückblick darauf notierte er später in sein Tagebuch: „Damals schon erwachte in mir die Abneigung gegen alles Demagogentum und die Überzeugung von einer starken monarchischen Autorität."* Die hier anklingende Ablehnung jeden demokratischen Denkens blieb bis an sein Lebensende prägendes Moment seines Handelns. Wer aber war dieser Karl Ferdinand Stumm, den die „Deutsche Metallarbeiterzeitung" nach seinem Tod als einen der „erbittertsten und einflußreichsten Feinde der Arbeiterbewegung" charakterisierte, den sie einen Sklavenhalter nannte, der jede freie Regung seiner Arbeiter mit Gewalt unterdrückt habe, so daß es dem Metallarbeiterverband nicht möglich gewesen sei, im Stummschen Gebiet Fuß zu fassen?**

Der spätere Freiherr wurde 1836 geboren. Sein Vater, Karl Friedrich Stumm, hatte im Jahr zuvor die alleinige Leitung der im Familienbesitz befindlichen Eisenwerke an der Saar übernommen. Schon in dieser Zeit finden sich zahlreiche verwandtschaftliche und private Kontakte der Stumms, die sich geschäftlich nutzen ließen. Vor allem die Ehe Karl Friedrich Stumms mit Marie Louise Böcking, die aus einem der ersten Kaufmannsgeschlechter Südwestdeutschlands stammte, ist hier zu nennen; doch auch die Verbindungen zu den Gienanths, den bedeutenden pfälzischen Eisenindustriellen, zur ebenfalls in der Eisenindustrie tätigen saarländischen Familie Karcher, zu den bekannten Begründern der Keramikindustrie im Saarrevier, Villeroy und Boch, sowie zur Familie Krupp sollten sich als wichtig fürs wirtschaftliche und politische Vorankommen erweisen.

Nach dem Selbstmord Karl Friedrich Stumms 1848 lenkte Karl Böcking übergangsweise die Geschicke des Besitzes. Am 1. April 1858 trat dann Karl Ferdinand Stumm in die Leitung des Unternehmens ein. Fast 43 Jahre lang stand er hier an der Spitze, und er nutzte diese Stellung nicht nur zur Vervielfachung seines Reichtums, sondern auch zu einer herausragenden politischen Karriere. Bei den Wahlen zum Preußischen Abgeordnetenhaus 1866 unterlag er zwar noch dem freisinnigen Professor Virchow, doch bereits ein Jahr später wurde er in den konstituierenden Reichstag des Norddeutschen Bundes gewählt. Ebenfalls 1867 wurde er Mitglied des ordentlichen Reichstages des Norddeutschen Bundes, noch einige Monate später schließlich auch des Preußischen Abgeordnetenhauses. Fast selbstverständlich zog er auch in den Deutschen Reichstag ein, obwohl er 1871 und 1874 noch in die Stichwahl gegen den Kandidaten des katholischen Zentrums gehen mußte. Daß diese Karriere Stumms nicht auf dem freien Wählerwillen basierte, war offensichtlich, es gab genug Methoden der massiven Wahlbeeinflussung und -fälschung, deren man sich an der Saar (und nicht nur hier) bedienen konnte. In den verschiedenen Parlamenten zeigte sich unser Neunkircher Industrieller als strammer Anhänger des aggressiven innen- und außenpolitischen Kurses Bismarcks. Folgerichtig zählte er sich zur freikonservativen Fraktion, einer reaktionären Honoratiorengrup-

---

* Fritz Hellwig: Karl Ferdinand Freiherr von Stumm-Halberg 1836 bis 1901, Heidelberg-Saarbrücken 1936, S. 16.

** Deutsche Metallarbeiterzeitung Nr. 11 vom 16. März 1901.

pe, die sich ab 1871 Deutsche Reichspartei nannte und deren Mitglieder nach der Novemberrevolution 1918 größtenteils in die Deutschnationale Volkspartei eintraten.

Neben der Zahl seiner Abgeordnetenmandate zeugt eine Reihe von Ehrungen davon, wie sehr Stumm von den Mächtigen im Lande geschätzt wurde: Als 38jähriger bereits wurde er zum Geheimen Kommerzienrat ernannt, 1882 in das Preußische Herrenhaus berufen, 1890 Mitglied des Staatsrates, 1892 durch einen Besuch Kaiser Wilhelm II. in Neunkirchen beehrt. Im Mai 1888 hatte ihn der damalige Kaiser in den erblichen Freiherrenstand erhoben, seit 1891 durfte er den Namen seines Schlosses Halberg führen.

Die vielfältigen Beziehungen, die der Freiherr sich so über die schon vorhandenen hinaus erwarb, waren äußerst nutz- und gewinnbringend für sein Unternehmen. So profitierte er z. B. als einer der wichtigsten Lieferanten der Kriegsmarine für Panzerplatten, die er in Dillingen herstellen ließ, neben Krupp am meisten von den Flottenprogrammen des Kaisers. Und daß diese Programme zustande gekommen waren, dafür hatten genau diese beiden Industriellen mit Hilfe ihrer Haus- und Hofzeitungen sowie des u. a. von Stumm finanzierten „Flottenvereins" gesorgt. Auch solche Geschäfte trugen ihr Scherflein zum gewaltigen Erbe bei, das der Freiherr 1901 hinterließ: Es wurde auf 38 bis 40 Millionen Mark geschätzt, das Familienvermögen der Stumms insgesamt soll Anfang des 20. Jahrhunderts mindestens 150 Millionen Goldmark betragen haben.*

Doch natürlich sind es nicht die Mandate und Ehrentitel, die uns hier interessieren, auch die persönlichen Einkommensverhältnisse brauchen wir nicht näher zu untersuchen. Um was es stattdessen gehen soll, ist vielmehr die praktische Politik des Mannes, den seine Feinde bald als „König von Saarabien" titulierten. Sie spielten damit auf das maßgeblich von ihm geprägte Sozialsystem an, daß eher an die orientale Herrschaft der Paschas erinnerte als an ein modernes Zentrum kapitalistischer Schwerindustrie mit den dort „normalen" Formen der Ausbeutung. Die Unterdrückung der Arbeiterbewegung war an der Saar weit brutaler und rücksichtsloser als in anderen Industriegebieten. Es gab daneben aber einen zweiten Bestandteil der Stummschen Strategie zur Herrschaftsbefestigung, nämlich die soziale Fesselung der Arbeiter an ihre Arbeitsplätze und ihre Heimat. Seine Fabriken waren in ganz Deutschland für ihre Sozialleistungen bekannt. „Die milde und die harte Hand", so wurde das „System Stumm" bezeichnet.

Zur „milden" Hand zu zählen sind die sog. Wohlfahrtseinrichtungen des Neunkircher Eisenwerks, mit denen praktisch der gesamte Lebensweg der dort beschäftigten Arbeiter und ihrer Familien begleitet wurde. Die Kleinkinderschule des Werks, die Hüttenschule und die Stummsche Fortbildungsschule waren die Stationen vor dem Eintritt ins Arbeitsleben. Mit der Arbeitsaufnahme verbunden war dann die Mitgliedschaft im Knappschaftsverein des Eisen-

* Kurt Pritzkoleit: Wem gehört Deutschland? Eine Chronik von Besitz und Macht, München-Wien-Basel 1957, S. 110 ff.

werks, der gleichzeitig Kranken-, Invaliden-, Sterbe-, Witwen- und Waisenversicherung war und beachtliche Leistungen anbot. Hinzu kamen für den Fall von Krankheit, Invalidität oder Tod ein Krankenhaus und ein Altersversorgungs- und Waisenhaus, beide vom Werk bereitgestellt. Seine Ersparnisse durfte der junge Arbeiter bei der Werkssparkasse hinterlegen, denn bei der Gründung eines eigenen Hausstandes mußte er ein Sparguthaben vorweisen. Gehen wir von den Arbeitern zur weiblichen Bevölkerung Neunkirchens über, so finden wir auch sie umsorgt, z. B. durch die werkseigene Näh- und Handarbeitsschule sowie die Haushaltungsschule.

Eine Heirat zwischen den „richtigen" Partnern (vor allem solchen, deren Eltern bereits auf dem Werk arbeiteten und die als tüchtig, brav und unbescholten galten) unterstützte eine besondere Stiftung von Fall zu Fall durch Bereitstellung der Ausstattung. Auch Mietwohnungen für Jungverheiratete wurden angeboten, dazu konnte etwas Ackerland gepachtet werden. Natürlich fehlten darüber hinaus weder eine Hüttenbibliothek noch Speisesäle, weder Badeanstalten noch der Stummsche Park mit seinen sonntäglichen Militärkonzerten. Für den, der ein eigenes Haus anstrebte und zu dessen Finanzierung einige Ersparnisse vorweisen konnte (was ja anhand der werkseigenen Sparkasse leicht zu überprüfen war), bestand die Möglichkeit, mit einem Vorschuß auf den künftigen Lohn ein Eigenheim zu bauen oder zu kaufen. Im Falle besonderer Teuerung gab es bisweilen Teuerungszulagen, im Falle besonders guter Konjunktur auch manchmal freiwillige Lohnerhöhungen, die aber ebenso rasch wieder zurückgenommen werden konnten, denn Tarifverträge oder andere die Direktion bindende Abmachungen gab es zu Stumms Lebzeiten nicht. Vergessen werden soll schließlich nicht, daß jeder Hüttenarbeiter zwei Flaschen Wein geschenkt bekam, als die erste Tochter Karl Ferdinands geboren wurde, und daß anläßlich ihrer Hochzeit eine eigene Feier für die Arbeiter ausgerichtet wurde. Für „Arbeitsjubilare" gab es dann noch, aber das war auch anderswo üblich, kleine Geschenke anläßlich ihres Jubiläums.

Man darf nicht verkennen, daß alle diese „Wohltaten" die Arbeiter des Eisenwerks am Ende des 19. Jahrhunderts ein wenig besserstellten als viele ihrer Berufskollegen in anderen Gegenden Deutschlands. Gleichzeitig aber wurden sie in hohem Maße an ihren Arbeitsplatz gebunden, denn sie konnten ihre Heimatstadt ohne erhebliche Verschlechterung des einmal erreichten sozialen Standards nicht verlassen. Außerdem war es keineswegs so, daß all diese „Gaben" durchweg selbstlos und unter hohem materiellen Aufwand des Werks verabreicht worden wären. Die Förderung des Erwerbs eigener Häuser ist ein besonders krasses Beispiel dafür, wie sich materieller Vorteil für das Unternehmen und soziale Abhängigkeit der Arbeiter miteinander verbanden. Die Grundzüge dieses Systems hatten die Eisenwerke vom Bergfiskus übernommen, der den Bergarbeitern eine Prämie für die Errichtung eigener Häuser anbot. Freilich reichten weder diese Prämien noch die Vorschußzahlungen, die die Hüttenarbeiter erhielten, zur vollständigen Deckung der Kosten aus; sie waren lediglich ein Anreiz, in enormer Eigenleistung (und mit der Hilfe von Freunden und Kollegen) außerhalb der Arbeitszeit dieses eigene Haus zu errichten. Gleichzeitig waren die Arbeiter damit von Überlegungen oder gar Aktivitäten zur Durchsetzung höherer Löhne abgehalten, mit deren Hilfe ein menschenwürdiges Wohnen ebenfalls möglich gewesen wäre. Es geschah nicht gerade selten, daß die frisch gebackenen Hausbesitzer am Ende feststellen mußten, daß die kalkulierten Kosten bei weitem nicht mehr mit der Realität übereinstimmten, so daß sie gezwungen waren, einen Großteil ihres neuen Besitzes zu vermieten und selbst nur eine bescheidene Wohnung darin zu beziehen. Für die Arbeitgeberseite gerade im Bereich des Bergfiskus aber wäre es weit teurer gewesen, Schlafhäuser für die Wochenendpendler oder Arbeiterkolonien, wie man sie vom Ruhrbergbau her kannte, zu finanzieren, als die Prämien für die Arbeiter auszusetzen. Und man hatte die Arbeiter mit deren Eigenheimen an den Arbeitsplatz gefesselt, denn natürlich trachtete keiner der neuen Hausbesitzer danach, durch die Kündigung des Arbeitsplatzes zum Verlassen der Heimat gezwungen zu werden. Wenn man aber von einem der großen Unternehmen an der Saar entlassen wurde, dann mußte man das Revier zwangsläufig verlassen, um neue Arbeit zu finden, da interne Absprachen der Unternehmensleitungen es verhinderten, eine neue Anstellung in dieser Region zu finden. So mancher Arbeiter wird also seinen Zorn über schlechte Bezahlung, überlange Arbeitszeiten oder miserable Arbeitsbedingungen unterdrückt haben, um nicht Arbeitsplatz und Eigenheim mit einer unbedachten Äußerung zu verlieren.

Nun zu der anderen, zur „harten" Hand, die oft genug in Festschriften und anderen, dem Freiherrn wohlwollenden Darstellungen völlig ausgelassen oder verharmlost worden ist. Auch sie begleitete den Arbeiter nicht nur, wie allgemein üblich, während der Arbeitszeit, sondern ebenso in seinem Freizeitverhalten. Kurz gesagt: Ein solches gab es nicht, man hatte immer daran zu denken, daß man Beschäftigter Stumms war und gegenüber der Firma auch nach der Arbeitszeit die Verpflichtung hatte, sich so zu benehmen, daß es ihr zur Ehre gereichte. „Sie können gewärtig sein", warnte eine Anweisung der Direktion im März 1892, „daß Ihr Privatleben von uns stets im Auge behalten und daß eine schlechte Aufführung außer Dienst die Kündigung nach sich ziehen wird."* Vergehen im Sinne dieser Anweisung waren Tätlichkeiten und Ungezogenheiten gegen Mitarbeiter und Vorgesetzte, Ruhestörungen und Raufhändel, Straftaten, die mit mehr als vierzehn Tagen Gefängnis belegt worden waren (so daß der Betroffene gleich doppelt: einmal straf- und einmal arbeitsrechtlich verfolgt wurde), Übertretungen des Schießverbotes auf öffentlichen Straßen (namentlich in der Neujahrsnacht), Betätigung, Mitgliedschaft oder auch nur (zufällige) Berührung mit der Sozialdemokratie. Der ausdrücklichen Einwilligung der Direktion bedurften folgende Handlungen: Heirat, gerichtliche Klageführ-

* Archiv Saarstahl Völklingen, Werk Neunkirchen: Zirkulare des Karl Ferdinand Stumm 1873 bis 1901.

rung gegen Arbeitskollegen, Schenkungen an Vorgesetzte oder deren Familien, Annahme von Trinkgeldern oder ähnlichen Geschenken von Dritten, der Betrieb von Nebenerwerb außer dem Ackerbau, Beitritt zu einem anderen Knappschaftsverein oder einer anderen Krankenkasse. Außer den hier genannten „Vergehen" gab es freilich eine Vielzahl weiterer innerbetrieblicher Anlässe, die zur sofortigen Kündigung oder aber mindestens zu empfindlichen Geldstrafen führen konnten. Außer in besonderen Zirkularen wurden diese Anordnungen in den Disziplinar-Reglements von 1864 und 1878 schriftlich fixiert, deren Grundzüge in den Arbeitsordnungen der neunziger Jahre fortgeschrieben wurden.

Dank der beherrschenden Stellung, die Karl Ferdinand Stumm innerhalb der Saarindustrie einnahm (er war Vorsitzender der Saarbrücker Handelskammer, der Südwestlichen Gruppe des Vereins Deutscher Eisen- und Stahlindustrieller, des Vereins zur Wahrung der gemeinsamen wirtschaftlichen Interessen der Saarindustrie und der Eisenberufsgenossenschaft), wurden diese Bestimmungen zum Vorbild fast aller anderen Arbeitsordnungen des Reviers. Traurige Berühmtheit errang vor allem der „Heiratskonsens", der vorschrieb, daß jeder heiratswillige Arbeiter seine künftige Gattin erst dem Freiherrn vorzustellen und um dessen Einwilligung zur Hochzeit nachzusuchen hatte. Tat er dies nicht, so hatte er eine Geldstrafe oder die sofortige Kündigung zu erwarten. Um die Erlaubnis zur Hochzeit zu erhalten, mußte man mindestens 24 Jahre alt sein, einen gewissen Mindestlohn sowie Ersparnisse in genügender Höhe vorweisen können und schließlich die Tüchtigkeit und den Anstand der Braut begutachten lassen.

Das schlimmste Vergehen allerdings, dessen man sich im „Königreich Saarabien" schuldig machen konnte, bestand in wie auch immer gearteten Beziehungen zur Sozialdemokratie oder zu anderen Organisationen der Arbeiterbewegung. Stumm war einer der geistigen Väter jenes Beschlusses der saarländischen Arbeitgeber, der im Juli 1877 jeden Kontakt zur SPD mit sofortiger Kündigung bedrohte und eine Einstellung gemaßregelter Arbeiter in anderen Werken ausschloß. Vor allem aber war er einer derer, die diesen Beschluß besonders großzügig interpretierten und handhabten. Wir werden darauf an anderer Stelle noch ausführlich zurückkommen.

In Neunkirchen waren über die SPD hinaus auch alle anderen politischen Richtungen bedroht, die Stumms Weltbild nicht teilten. Im Herbst 1880 nahm er das freisinnige „Neunkircher Tageblatt" ins Visier, in dem ein Gedicht über das Schicksal alter, aus den Fabriken herausgedrängter Arbeiter abgedruckt war. Noch am Tage des Erscheinens dieser Ausgabe untersagte Stumm den Beschäftigten des Eisenwerks kurzerhand den weiteren Bezug der Zeitung. Im Komitee der Arbeitgeber des Saarreviers setzte er einen Beschluß durch, der das Zeitungsverbot auf die anderen Unternehmen ausweitete. Später mußten die Saarbrücker Bergwerksdirektion und die ebenfalls staatliche Eisenbahnverwaltung auf Geheiß vorgesetzter politischer Instanzen von diesem Beschluß zurücktreten. Stumm ließ daraufhin das Komitee der Arbeitgeber platzen und zog sich für eine Weile aus dem Reichstag zurück. Das Bezugsverbot für das „Neunkircher Tageblatt“ erhielt er freilich für die bei ihm beschäftigten Arbeiter aufrecht.

Auch als sich 1881 eine Ortsgruppe der Hirsch-Dunckerschen Gewerkvereine in Neunkirchen bildete, deren Mitglieder fast ausschließlich Geschäfts- und Privatleute, zum wenigsten aber Hüttenarbeiter waren, ließ die Reaktion nicht lange auf sich warten. Anfang Juli wurde an den Werkstoren ein Plakat ausgehängt, das die neue Organisation als Ableger „jener berüchtigten Gewerkvereine“ bezeichnete, „deren englische Vorbilder weit über das Maß der sozialdemokratischen Ausschreitungen hinaus nicht vor den gewalttätigsten Verbrechen zur Erreichung ihrer Ziele zurückgeschreckt“ seien.* Auch in Deutschland seien, so hieß es weiter, bereits hunderte bis dahin fleißiger und solider Arbeiter vom Gewerkverein in Not und Elend gestürzt worden, weil er das Verhältnis zwischen Arbeitern und Arbeitgebern vergiftet habe. Stumm sehe es daher als seine Pflicht an, die gegen die SPD gerichteten Bekanntmachungen vom Juli 1877 auf die Hirsch-Dunckerschen Organisationen zu übertragen. Er rief zum Boykott folgender Wirtschaften und Geschäftsleute auf, die wohl als Triebkräfte der neuen Richtung galten: J. Weber in der Wellesweilerstraße, Witwe Peter Anschütz am Oberen Markt, Schmidt (Wallrath) am Oberen Weiher, Wilhelm Zimmermann am Oberen Markt, Louis Ruffing, Bäcker Louis Hübchen, Friseur J. Mohrbacher, Karl Schmidt und Wilhelm Ross am Hüttenberg. Wie grotesk Stumms Haß auf alles war, was der Arbeiterbewegung verdächtig schien, erhellt die Tatsache, daß die Hirsch-Dunckerschen Gewerkvereine in Wirklichkeit einen ausgesprochen antisozialistischen Charakter hatten. Im Gegensatz zur SPD gingen sie von der Grundannahme aus, daß es zwischen Arbeit und Kapital eine natürliche Harmonie der Interessen gebe. Sie waren also keinesfalls „umstürzlerisch“ gesinnt. Das aber ignorierte er kurzerhand und verhängte den Bannstrahl seines Zepters über diese Richtung ebenso wie später über die christlich-soziale Bewegung. Auch sie verdächtigte er der Vorbereitung des Klassenkampfes. Hier wurde Friedrich Naumann zu seinem bevorzugten Feind, der den Begriff „Saarabien“ geprägt hatte.

Zur Charakterisierung Stumms sind noch heute die von ihm hinterlassenen Reden eine wahre Fundgrube. Einige der insgesamt zwölf Bände sind allein der Bekämpfung der Arbeiterbewegung gewidmet. Wie ein roter Faden zieht sich dort die Forderung hindurch, die Arbeiterorganisationen mit allen Mitteln zu zerschlagen. Und sollten dazu die gesetzlichen Möglichkeiten nicht ausreichen, so forderte Stumm immer wieder die Schaffung schärferer Regelungen. Im Januar 1895 brachte er seine Forderungen auf einen Nenner, als er im Reichstag beschrieb, wie ein von ihm formuliertes Umsturzgesetz ausfallen würde: „§ 1: Den Sozialdemokraten einschließlich der Anarchisten wird das aktive und passive Wahlrecht entzogen. § 2: Die Agitatoren werden ausgewie-

* Karl Alfred Gabel: Kämpfe und Werden der Hüttenarbeiterorganisationen im Saargebiet, Dissertation, Marburg 1921, S. 101.

sen oder interniert. Das nähere bestimmen die Ausführungsbestimmungen."*

Ein beträchtlicher Teil seiner wirtschaftlichen und politischen Tätigkeit diente dem Ziel, die Sozialdemokratie zu zerschmettern. Ob es sich um die Verlängerung und die Verschärfung des Sozialistengesetzes, um die Schaffung eines neuen Ausnahmegesetzes Mitte der neunziger Jahre oder um die „Zuchthausvorlage" in den letzten Jahren des 19. Jahrhunderts handelte, mit der das Streikrecht de facto beseitigt werden sollte: Der Freiherr stand stets in vorderster Front wenn es galt, die sozialistische Arbeiterbewegung zu bekämpfen. Er wird uns in diesem Zusammenhang in den folgenden Abschnitten noch wiederholt begegnen.

d) Sozialistenverfolgung an der Saar

Der Niederschlagung der Revolution 1848/49 folgte ein Jahrzehnt, in dem die reaktionäre Politik für etwaige Konstituierungsversuche autonomer Arbeiterorganisationen keine Möglichkeit ließ. Erst am Ende der fünfziger Jahre entstanden, meist unter der Obhut der Kirche oder liberaler Unternehmer und Handwerksmeister, Organisationen für die Arbeiter. Für das Saarrevier sind hier an erster Stelle die Sankt Barbara-Bruderschaften und die Knappenvereine zu nennen, die beide ihren Ausgangspunkt in Ottweiler hatten. Während die Bruderschaften im wesentlichen ein Vereinsleben pflegten, das bergmännische Symbolik und christliche Frömmigkeit miteinander verband, waren die Knappenvereine eher der geselligen Seite zugewandt. In beiden Organisationen gab es auch Unterstützungskassen für Fälle der Bedürftigkeit. Daneben bildeten sich reine Geselligkeitsvereine und kleinere Selbsthilfeorganisationen. Im Gefolge des Krieges 1870/71 war darüber hinaus ein ausgeprägtes Kriegervereinswesen zu finden. Die wohl erste regionale Gewerkschaftsorganisation, der 1851 in Saarlouis gegründete Buchdruckerverein mit Filialen in Saarbrücken, Merzig und Sankt Wendel, hatte sich hingegen längst zur bloßen Unterstützungskasse zurückentwickelt, nachdem sich die drei Filialen unter dem Druck der Reaktion bis April 1852 wieder aufgelöst hatten.

Von den Anfängen der sozialistischen Arbeiterbewegung war in der Saargegend wenig zu spüren. Weder der Allgemeine Deutsche Arbeiterverein, den Ferdinand Lassalle 1863 gegründet hatte, noch die 1869 gebildete Sozialdemokratische Arbeiterpartei mit August Bebel und Wilhelm Liebknecht an der Spitze fanden größeren Anhang im hiesigen Industrierevier. Auch als sich beide Richtungen 1875 in Gotha zur Sozialistischen Arbeiterpartei Deutschlands vereinigten, ließ der Erfolg an der Saar auf sich warten. Erst Anfang 1876 machte sich die neue Arbeiterpartei hier bemerkbar, wobei sie sich in ihrer Agitationsarbeit auf die regionale Metropole Saarbrücken mit den umliegenden

---

* Die Reden des Freiherrn Karl Ferdinand von Stumm-Halberg. Historisch-kritische Gesamtausgabe, besorgt von Alexander Tille, Band 8: Klassenkampf und Staatsumsturz I, 1867 bis 1895, Berlin 1912, S. 463.

Ortschaften beschränkte. Für Neunkirchen und andere Städte liegen nur vereinzelte Spuren ihrer Arbeit vor.

Der Uhrmacher Carl Rudolph Hackenberger war von der Parteileitung vorgesehen, das Saarrevier als Reiseagitator zu betreuen. Schon bald konnte unter seiner Anleitung ein erster sozialdemokratischer Verein in Sankt Johann gegründet werden, doch die Freude über diesen ersten Erfolg war nur von kurzer Dauer: Im März 1876 wurde Hackenberger im Verlauf einer Versammlung wegen angeblicher Aufreizung zum Klassenhaß verhaftet und im Monat darauf zu einer einjährigen Gefängnisstrafe verurteilt, zweifellos ein Urteil, das der Abschreckung dienen sollte. Kaum besser erging es dem Buchbinder Friedrich Wilhelm Raspe, den die Parteileitung als Nachfolger Hackenbergers entsandte. Er wurde zu einer einmonatigen Haftstrafe verurteilt und zog nach deren Verbüßung zurück ins Ruhrgebiet. Schon Ende April 1876 kam damit die offene Agitation an der Saar wieder zum Erliegen. Immerhin aber erhielt der inhaftierte Hackenberger im Januar 1877 bei den Reichstagswahlen im Wahlkreis Saarbrücken respektable 324 Stimmen.* Fast selbstverständlich, daß es daraufhin in der dortigen Eisenbahnwerkstätte zu Entlassungen kam, denn gerade hier beschäftigte Schlosser und Schmiede standen im Verdacht sozialdemokratischer Gesinnung.

Nach seiner Haftentlassung trat Hackenberger dann wieder mit Versammlungen an die Öffentlichkeit, unterstützt von Harry Kaulitz, der im Januar 1877 nach Sankt Johann zugezogen war. Anfang Juli erschien unter der Redaktion dieser beiden die erste Ausgabe der „Freien Volksstimme“, die als sozialdemokratisches Wochenblatt für das Saarrevier geplant war. Nun holten die Industriellen zu einem Gegenschlag aus, der alle Aufbauarbeit zunichte machte. Am 6. Juli gründeten sie jenes berüchtigte „Komitee der Arbeitgeber zur Bekämpfung der Sozialdemokratie“, das sowohl die maßgeblichen Privatunternehmer als auch die staatliche Bergwerksdirektion und die Eisenbahnverwaltung umfaßte. In diesem Kreis kam man überein, alle Arbeiter zu entlassen, die direkt oder indirekt an sozialdemokratischer Agitation beteiligt waren und sei es auch nur durch den Besuch von Wirtschaften, in denen Zeitungen der verfemten Partei auslagen oder Versammlungen stattgefunden hatten. Natürlich sollten Arbeiter, „welche in Ausführung dieses Beschlusses entlassen werden, . . . auf keinem anderen Werke Aufnahme finden.“** Ähnliche Beschlüsse wurden in diesen Monaten auch von Krupp, anderen maßgeblichen Ruhrindustriellen, der niederschlesischen Bergwerksgesellschaft und den Unternehmern Kaiserslauterns gefaßt.

Mit diesem Beschluß allein freilich war es nicht getan, zu seiner Umsetzung wurde ein ausgeklügeltes Überwachungs- und Bespitzelungssystem geschaffen.

---

* Klaus-Michael Mallmann: Die Anfänge der Bergarbeiterbewegung an der Saar 1848 bis 1904, Saarbrücken 1981, S. 65.

** Karl Alfred Gabel, a.a.O., S. 95.

So wurde vom Komitee der Unternehmer ein Stenograph eigens dafür eingestellt, mögliche Versammlungen der Sozialdemokraten wortgetreu zu protokollieren. Die Bergwerksdirektion bat die zuständigen Kommunalpolitiker um Informationen über angemeldete Versammlungen, um diese dann mit Spitzeln und Denunzianten beschicken zu können. Die Kreisbürgermeister und Polizeikommissare beschlossen, daß Mitteilungen über sozialdemokratisch gesinnte Arbeiter an zuverlässige Personen wie auch an die betreffenden Arbeitgeber zulässig und unter Umständen sogar ratsam seien. In der Folgezeit entwickelte sich dadurch ein nahezu lückenloses Zusammenspiel zwischen den

Otto Weil: Hüttenwerk Neunkirchen.
(Stadtarchiv Neunkirchen)

Industriellen und den verantwortlichen politischen Instanzen gegen die kleine Schar der Sozialdemokraten. Auch die wenigen Ottweiler Zigarrenarbeiter, die sich den Bestrebungen der sozialistischen Arbeiterbewegung gegenüber aufgeschlossen gezeigt hatten, sagten sich unter diesem Druck umgehend davon los.

Kaulitz und Hackenberger wurden noch im Juli verhaftet und später zu je zweieinhalb Jahren Gefängnis verurteilt. Die „Freie Volksstimme" mußte bereits nach der siebten Ausgabe wieder eingestellt werden, nachdem auch die auf

Hackenberger und Kaulitz folgenden Redakteure Hohenstein und Wytzka hinter Schloß und Riegel gelandet waren. Hausdurchsuchungen und Versammlungsverbote gehörten zum Alltag dieses bewegten Sommers, viele öffentlich bekannten Sozialdemokraten emigrierten ins Ausland. Als Bismarcks Sozialistengesetz am 21. Oktober 1878 in Kraft trat, hatte die saarländische Variante der Verfolgung ihre Pflicht bereits getan und die regionale Arbeiterbewegung fast vollständig zerschlagen.

Anders im übrigen Reichsgebiet: Mit Hilfe des neuen Ausnahmegesetzes wurden alle Organisationen der sozialistischen Arbeiterpartei verboten, lediglich die Kandidatur für die Parlamente und die Arbeit der gewählten Fraktionen blieben erlaubt. Auch die Gewerkschaften, die sozialistische Ziele auf ihr Banner geheftet hatten, wurden verboten, nahezu alle Presseorgane der Arbeiterbewegung unterdrückt. Vielerorts untersagte die Polizei die Durchführung von Versammlungen. Allein bis Ende des Jahres 1878 fielen 17 zentrale und 63 lokale Gewerkschaften dem Vernichtungsfeldzug des Sozialistengesetzes zum Opfer, die freien Gewerkschaften waren damit fast vollständig zerschlagen.* Die von den Behörden nicht behelligten Hirsch-Dunckerschen Gewerkvereine konnten davon jedoch kaum profitieren. Ihnen dachte der Bismarck-Staat die Rolle zu, eine starke antisozialistische Arbeiterbewegung unter bürgerlicher Führung zu schaffen. Sie blieben jedoch weitgehend bedeutungslos. Zu offensichtlich wurde die von ihnen verkündete Harmonie der Interessen von Arbeit und Kapital durch die alltägliche Realität in- und außerhalb der Fabriken widerlegt. Statt sich in den Gewerkvereinen zu organisieren, suchten die klassenbewußten Teile der Arbeiterschaft immer neue Formen eines autonomen Zusammenschlusses. Auch der verfemten Partei gelang es, den illegalen Kampf zu organisieren, Parteitage abzuhalten und die verbotene Presse zu verbreiten. Letztlich sollte sich die Arbeiterbewegung stärker als ihre Unterdrücker erweisen, doch so weit war es noch nicht.

Natürlich begrüßte auch Karl Ferdinand Stumm das Sozialistengesetz. Die „Selbsthilfe" der Saarindustriellen schien ihm nicht ausreichend, daher hatte er in der „Post" staatliche Verbote gefordert. Doch das dann verabschiedete Gesetzeswerk ging ihm nicht weit genug. Hauptkritikpunkt war, daß es nur befristet erlassen worden war und nach einiger Zeit der Verlängerung durch den Reichstag bedurfte. Hierzu äußerte er sich im April 1880: „Meine Herren, wenn wir vor zwei Jahren, statt uns auf die Dauer von drei Jahren zu beschränken, das Gesetz dauernd erlassen hätten, also bis zu dem Zeitpunkt, wo Reichsregierung und Reichsvertretung sich über die Aufhebung des Gesetzes verständigt hätten, so bin ich überzeugt, daß alle die wohltätigen Folgen des Gesetzes, die ja bereits hier im Hause konstatiert wurden und am besten bestätigt werden gerade durch die Vehemenz, mit der sich gerade die sozialdemokratischen Redner gegen eben dieses Gesetz wenden, daß diese wohltätigen Folgen noch in

* Dieter Fricke: Handbuch zur Geschichte der deutschen Arbeiterbewegung 1869 bis 1917, Band 2, Berlin 1987, S. 896.

sehr viel erheblicherer Weise eingetreten wären..." Er forderte, die Geltungsdauer des Sozialistengesetzes auf sieben Jahre heraufzusetzen und sie damit an die Bestimmungen über die Militärpräsenzstärke anzupassen: „Meine Herren, ich glaube, die Analogie liegt sehr nahe: So wie jenes Gesetz uns den Frieden nach außen gewährleisten soll, so soll dieses Gesetz unseren inneren Frieden sichern."*

Unter den Ersatzorganisationen der illegalen Arbeiterbewegung nahmen die gewerkschaftlichen Hilfskassen und später die berufsspezifischen Fachvereine eine wichtige Rolle ein. Ab 1883 erschien die „Deutsche Metallarbeiterzeitung", die später zum Organ des Deutschen Metallarbeiterverbandes wurde. 1884 versuchten sich die bestehenden Fachvereine der Metallarbeiter zur „Vereinigung der Metallarbeiter Deutschlands" zusammenzuschließen, doch wurde diese nach kurzer Zeit mitsamt ihren örtlichen Ablegern zerschlagen. Dennoch mehrte sich die Zahl der Fachvereine und die der dort organisierten Arbeiter bis Ende der achtziger Jahre beträchtlich. Eine Erhebung der „Deutschen Metallarbeiterzeitung" ergab im April 1890, daß sich allein von den Metallarbeitern mittlerweile etwa 35000 in diesen Organisationen zusammengeschlossen hatten. „Diese Tatsache ist gewiß erfreulich", kommentierte die Redaktion, „um so mehr aber liegt uns allen die Verpflichtung ob, alles zu tun, um auf dieser Grundlage zielbewußt weiter zu bauen..."**

Im Saarrevier konnten sich die Fachvereine nicht durchsetzen. Die wenigen Metallarbeiter, die bereit waren, sich trotz der unverändert harten Linie der Industriellen gewerkschaftlich zu organisieren, hatten sich seit November 1883 in der Allgemeinen Kranken- und Sterbekasse der Metallarbeiter zusammengefunden und Filialen in Saarbrücken, Malstatt und Burbach konstituiert. An der Spitze standen Moritz Veit und F. Braun aus Burbach, J. Weber aus Sankt Johann, Alois Kern und W. Kiefer aus Malstatt und Saarbrücken, später auch F. Franzmann, Ludwig Bachmann, Karl Walter und G. Trompeter. Das Gros der Mitglieder war in der Maschinenfabrik Ehrhardt & Sehmer und bei der Eisenbahnwerkstätte beschäftigt. Erst 1889/90 gelang es den Industriellen, auch die letzte Filiale dieser Kranken- und Sterbekasse im Revier zu zerschlagen. Größere Arbeitskämpfe oder andere Aktionen gegen die Politik des Sozialistengesetzes waren von hier freilich nicht ausgegangen.

Auch der kleinen Schar der illegalen Parteimitglieder war es in den achtziger Jahren nicht gelungen, einen politischen Durchbruch zu erzielen. Eine nächtliche Flugblattaktion im Vorfeld der Reichstagswahlen 1884 etwa hatte mit der Verhaftung eines der Verteiler geendet, der im polizeilichen Verhör die Namen anderer Beteiligter preisgegeben hatte; Hausdurchsuchungen, Gerichtsverfahren und Entlassungen waren die Konsequenzen gewesen. Die Stimmenergebnisse, die Wilhelm Liebknecht als Kandidat im Wahlkreis Saarbrücken 1884

* Die Reden des Freiherrn Karl Ferdinand von Stumm-Halberg, a.a.O., Band 8, S. 65 f.

** Deutsche Metallarbeiterzeitung Nr. 14 vom 5. April 1890.

und 1887 erhielt, waren niederschmetternd. Beachtung verdienen in diesem Zusammenhang die Ereignisse im Vorfeld der Reichstagsersatzwahl im Wahlkreis Ottweiler-Sankt Wendel-Meisenheim im März 1889. Hier kandidierte Hugo Woldersky, der nach seiner Teilnahme am illegalen Parteitag 1883 in Kopenhagen aus Berlin ausgewiesen worden war und seitdem in Köln die Einfuhr des „Socialdemokrat" leitete. Für die Wahlagitation war ein Aufruf vorgesehen, in dem das politische Klima an der Saar beschrieben wurde: „Stumm und geduckt hat bis jetzt die Arbeiterklasse unseres Kreises allen Anordnungen ihres Herren Folge geleistet. Nur wenige haben bei den Wahlen es gewagt, einen eigenen Willen, eine eigene Meinung zu haben; auch der Kleinbürger und Geschäftsmann ist diesem Druck unterlegen und hat nicht gemuckt! Soll das immer so bleiben? Sollen wir uns auch den Vertreter unserer Interessen im Reichstag einfach wieder aufzwingen lassen? Nein! Einmal muß ein ernsthafter Versuch gemacht werden, das Wahlrecht frei zu üben, den Gebrauch davon zu machen, der allein es zu einem Rechte macht."* Doch so weit ließen es die Behörden nicht kommen. Die Pakete mit dem Aufruf wurden noch vor der Verteilung von der Polizei beschlagnahmt, nur in wenigen Dörfern (Spiesen, Elversberg, Nieder- und Oberlinxweiler) gelang es, einige Exemplare in Umlauf zu bringen. Bei den Empfängern aber überwog die Angst, viele lieferten das Flugblatt direkt bei den Ortspfarrern ab. Woldersky erhielt ganze 37 Stimmen, den Wahlkreis gewann erneut der alles beherrschende Karl Ferdinand Stumm, für den 15000 Wähler mehr oder weniger freiwillig ihre Stimme abgaben.** Auch diese Episode wirft ein bezeichnendes Licht auf die politische Situation im „Königreich Stumm".

e) Einigkeit ist Macht

Trotz der Politik des Sozialistengesetzes nahm die Zahl der wirtschaftlichen Kämpfe in der zweiten Hälfte der achtziger Jahre rapide zu. Die Sozialreformen, mit denen Bismarck der Sozialdemokratie den Wind aus den Segeln nehmen wollte, erreichten ihr Ziel nicht. Auch der Streikerlaß des preußischen Innenministers Robert von Puttkammer vom April 1886, der die Tätigkeit der Streikposten behindern und Streikbrecher schützen sollte, verhinderte die einsetzende Welle der Arbeitskämpfe nicht. Ein Höhepunkt wurde 1889 erreicht. Vor allem die Bergarbeiter waren es, die ihre Arbeits- und Lebensbedingungen nun mit Hilfe zahlreicher Ausstände zu verbessern suchten. Allein an der Ruhr legten fast 90000 Mann die Arbeit nieder. Sie gaben damit ein Signal für ihre Berufskollegen an der Saar, die ihre drückende Lage bislang ohne nennenswerte Gegenwehr hingenommen hatten.

* Landeshauptarchiv Koblenz, Bestand 442, Nr. 6694, Bl. 101.

** Klaus-Michael Mallmann, a. a. O., S. 75.

Seit langem schon stagnierten die dort gezahlten Löhne. Ende der achtziger Jahre setzte eine deutliche Steigerung der Lebensmittelpreise ein, so daß sich die materielle Lage vieler Bergarbeiterfamilien noch verschlechterte. Dem standen sichtbar steigende Gewinne der Bergwerksdirektion gegenüber, die vornehmlich aus den Erhöhungen der Kohlenpreise resultierten. Die Arbeitszeiten betrugen seit der Einführung einer neuen Arbeitsordnung 1877 nicht selten zehn oder zwölf Stunden pro Tag, und um zu verhindern, daß sich die Bergleute während der Schicht unbemerkt von ihrem Arbeitsplatz entfernten, hatte man die Tagesstrecken mit Gittern verschlossen. Diese Gitter symbolisierten gleichzeitig die gesellschaftliche Stellung der Arbeiterschaft an der Saar. Ein ähnliches Symbol war die Tatsache, daß die Bergleute über ihre Löhne nicht frei verfügen konnten, sondern einen Teil auf Geheiß der Direktion bei den Kreissparkassen deponieren mußten.

Doch mit dem Streik an der Ruhr veränderte sich auch das Verhalten der Bergarbeiter auf den Saargruben. Am gleichen Tag, als Kaiser Wilhelm II. einer Delegation der Ruhrbergarbeiter erklärte, er werde alles über den Haufen schießen lassen, falls sich eine Verbindung zu den Sozialdemokraten herausstellen sollte, beantragten Nikolaus Warken und Matthias Bachmann beim Bürgermeister von Friedrichsthal die Genehmigung für eine Versammlung. Am Tag darauf versammelten sich etwa 3 000 Bergarbeiter aus Friedrichsthal, Sulzbach, Dudweiler und Heinitz in Bildstock. Sie formulierten das „Bildstocker Protokoll", das zur inhaltlichen Plattform der Bergarbeiterbewegung werden sollte. Im Mittelpunkt standen die Einführung der Achtstundenschicht, ein Gedingeverdienst von vier Mark, der Wegfall der Gitter und des Zwangssparens bei den Kreissparkassen. Auch eine Milderung der Strafen wurde gefordert, für Arbeiter in unverschuldeter Notlage sollten sie völlig entfallen. „Im Falle einer Nichtbewilligung dieses Antrages", so hieß es am Ende unmißverständlich, „wird die Belegschaft nach gegebener Frist einstimmig ablegen. Antwort wird innerhalb acht Tagen erwartet."*

Die Bergwerksdirektion sagte eine Prüfung der Forderungen zu und machte einige Tage später erste Zugeständnisse, die in bezug auf die Arbeitszeiten die Einführung der Zehnstundenschicht vorsahen. Die Absperrgitter an den Tagesstrecken und das Zwangssparen sollten in Wegfall kommen. Für den Fall des Streiks wurde die sofortige Entlassung angedroht. Doch davon ließen sich die Arbeiter ebensowenig beeindrucken wie von den spärlichen und zudem vagen Zusagen der Direktion. Gegen das Votum der Versammlungsleitung beschlossen etwa 15 000 Bergleute am 22. Mai in Bildstock, die Arbeit am nächsten Morgen niederzulegen. Der Streik begann auf den Gruben Sulzbach, Altenwald, Maybach, Friedrichsthal, Heinitz, Dechen, Reden und Itzenplitz, die Gruben Kohlwald, König und von der Heydt wurden einige Tage später in den Ausstand einbezogen. Die Sperrstunde in den Wirtschaften wurde herabgesetzt,

* Landesarchiv Saarbrücken: Bestand Landratsamt Saarbrücken, Abteilung XV (Polizeiangelegenheiten), S/1.

die Schlafhäuser mußten geräumt werden. Damit wollte man den Arbeitern mögliche Streiklokale verschließen. Infanterie-Kompanien besetzten die Schächte, Ulanen-Eskadronen patrouillierten zum Schutz der Arbeitswilligen auf den unbestreikten Gruben. Nach dem Vorbild des Ruhrstreiks sollte eine Delegation der Ausständigen bei Kaiser Wilhelm II. vorsprechen, Nikolaus Warken (Hasborn), Heinrich Dehmelt (Michelsberg) und Johann Stemmerich (Schiffweiler) reisten nach Berlin. Der Kaiser aber ließ diese Abordnung vor verschlossenen Toren stehen und verweigerte jedes Gespräch. Als die drei enttäuschten Bergarbeiter am 2. Juni ins Saarrevier zurückkehrten, bröckelte die Streikfront bereits erheblich ab, am 3. Juni war der Ausstand beendet.

Das größte Defizit dieses Arbeitskampfes, so erkannten die Arbeiter rasch, war das Fehlen einer Organisation. Die kurzfristig gebildeten Streikkomitees hatten sich nicht in der Lage gezeigt, einen längeren Ausstand vorzubereiten und durchzuführen. Daher begannen die führenden Köpfe der Bergarbeiterbewegung bald nach dem raschen Ende des Kampfes damit, eine solche Organisation aufzubauen. Am 11. Juni traf sich die ehemalige Streikleitung in der Privatwohnung des Michel Schroth, um über eine erneute Eingabe an die Bergwerksdirektion zu beraten. Auch die beabsichtigte Vereinsgründung dürfte bei diesem Treffen eine Rolle gespielt haben, ein Statut mit dem Titel „Rechtsschutzverein für die Bergleute des Oberbergamtsbezirkes Bonn“ war bereits entworfen. Anfang August 1889 trat der Rechtsschutzverein dann endgültig ins Leben, nachdem Ende Juli eine konstituierende Versammlung in Bildstock stattgefunden hatte. Dabei hatte man den Vorstand wie folgt gewählt: Nikolaus Warken als Präsident, Matthias Bachmann (Bildstock) Vizepräsident, Nikolaus Kron (Bildstock) Kassierer, Nikolaus Berwanger (Theley) Schriftführer, Johann Werny (Bildstock) Stellvertreter. Als Beisitzer des Vorstandes fungierten vorerst Jakob Thome (Altenwald), Johann Müller (Friedrichsthal), Jakob Wagner (Bildstock) und Matthias Klasen (Bildstock). Das Statut legte die Aufgaben des Vereins folgendermaßen fest: „Derselbe will die Rechte schützen, welche seinen Mitgliedern sowie deren Hinterbliebenen a) gegenüber der Knappschaftskasse, b) gegenüber den Inspektionen, c) gegenüber der Knappschaftsberufsgenossenschaft zustehen. Womöglich soll dies dadurch erreicht werden, daß den Ansprüchen des Mitglieds beziehentlich seiner Angehörigen durch gütlichen Vergleich Anerkennung verschafft wird. Falls ein solcher Vergleich nicht zustandekommt, übernimmt der Verein die Führung des Prozesses nötigenfalls durch alle Instanzen und legt die erwachsenden Kosten vor.“* Zum Sitz des Vereins wurde Bildstock bestimmt, wo die Mehrzahl der Vorstandsmitglieder wohnte. Hier wurde später auch der Rechtsschutzsaal errichtet, der als Versammlungszentrum dienen sollte.

Während Name und Statut den Rechtsschutz der Arbeiter zur Aufgabe des Vereins erklärten, nahm dieser in Wirklichkeit die sozialen und wirtschaftli-

* Stadtarchiv Friedrichsthal: Bestand Rechtsschutzverein, Bergarbeiterbewegung (2 Bände), Bl. 95.

chen Interessen seiner Mitglieder weit über den juristischen Rahmen hinaus wahr. Man scheute auch vor weiteren Arbeitskämpfen nicht zurück, immer wieder traten Belegschaften in den folgenden Jahren in den Ausstand. Mit dieser Politik erzielte der Rechtsschutzverein einen hohen Grad an Attraktivität, der sich in den Mitgliederzahlen widerspiegelte. Ende November 1889 hatte man mit 6731 Mitgliedern etwa 25 Prozent der Gesamtbelegschaft der Saargruben organisiert, Ende Oktober 1890 waren es bereits 18919, der Organisationsgrad lag damit knapp über 65 Prozent. Im Sommer 1891 schwankten die Zahlen zwischen 20139 und 24270 (etwa 68 bis 82 Prozent der Gesamtbeschäftigten), bevor sie auf 20124 (66,5 Prozent) im März 1892 zurückfielen. Im Januar 1893 schließlich wurden 20118 Mitglieder gezählt, das entsprach einem Organisationsgrad von etwas mehr als 72 Prozent. Eine Angabe über die Verteilung der Mitglieder auf die einzelnen Landkreise vom Oktober 1890 macht deutlich, daß die Schwerpunkte in Saarbrücken und Ottweiler lagen: Von den 10197 Bergarbeitern im Kreis Saarbrücken waren 6749 im Rechtsschutzverein, also etwa 66 Prozent. Im Kreis Ottweiler waren 75 Prozent organisiert, 6605 von insgesamt 8799 Arbeitern. In Saarlouis waren es 3314 von 3567 Bergleuten (93 Prozent), in Sankt Wendel 1306 von 1388 (94 Prozent).* Im Kreis Ottweiler lag der Schwerpunkt in der Bürgermeisterei Neunkirchen; Neunkirchen selbst, Elversberg und Spiesen beherbergten die wichtigsten Zahlstellen.

Tabelle 1: Organisationsgrad des Rechtsschutzvereins in verschiedenen Landkreisen, Oktober 1890

Kreis	Bergarbeiter insgesamt	Mitglieder im Rechtsschutzverein	Organisationsgrad
Saarbrücken	10197	6749	66 Prozent
Ottweiler	8799	6605	75 Prozent
Saarlouis	3567	3314	93 Prozent
Sankt Wendel	1388	1306	94 Prozent

Quelle: Horst Steffens, Autorität und Revolte. Alltagsleben und Streikverhalten der Bergarbeiter an der Saar im 19. Jahrhundert, Weingarten 1987, S. 47.

Die Inhaber der politischen und wirtschaftlichen Macht im Saarrevier beobachteten mit Schrecken, daß die Bergleute eine Gegenmacht aufzubauen im Begriff waren, mit der die bisherigen Herrschaftsmechanismen ins Wanken gerieten. Mit Hilfe von Gegengründungen versuchten sie, die Arbeiterschaft aufzuspalten. Eine ganze Reihe von evangelischen Arbeitervereinen wurde ins Leben gerufen, um der vermeintlichen Gefahr zu begegnen. Sie konnten indes dem Rechtsschutzverein zu keiner Zeit ernsthaft gefährlich werden. Dies gelang auch dem „Gemäßigten Bergmannsverein des Saar- und Bliesreviers" nicht, der im Oktober 1889 in Wellesweiler konstituiert wurde. Seine deutlich gegen die Bestrebungen der Arbeiter gerichteten Absichten wurden im § 7 der Satzung formuliert: „Arbeitseinstellungen sollen unter allen Umständen vermieden werden. Persönliche Beschwerden hat jedes Mitglied bis zum Obersteiger selbst zu führen, weitergehende Beschwerden sowie Beschwerden allgemei-

* Alle Angaben nach Horst Steffens: Autorität und Revolte. Alltagsleben und Streikverhalten der Bergarbeiter an der Saar im 19. Jahrhundert, Weingarten 1987, S. 47.

ner Natur werden auf Antrag der Mitglieder durch den Vorstand geführt. Daher ist es auch das Bestreben des Vereins, mit den Beamten auf friedlichem Wege zu verkehren."* Daß mit einer solchen Ausrichtung wenig im Sinne der Arbeiter erreicht werden konnte, lag auf der Hand, so daß es dem Verein nicht gelang, größere Verbreitung zu finden. Seine Mitglieder rekrutierten sich aus Neunkirchen, Wellesweiler, Wiebelskirchen, Bexbach und Schiffweiler. Insgesamt führte er ein Schattendasein, bevor er vollends einschlief. Doch die von ihm markierte Richtung, aktiv gegen den Rechtsschutzverein zu arbeiten, läßt sich bei einem Teil der Neunkircher Bergarbeiter auch später noch nachweisen.

Essentragende Frauen, um 1880. (Stadtarchiv Neunkirchen)

Gelang es also diesen Spalterorganisationen vorerst nicht, entscheidend an Boden zu gewinnen, so erwies es sich als ebenso unmöglich, das Prinzip des Rechtsschutzvereins auf andere Berufsgruppen zu übertragen. Der im Mai 1890 konstituierte „Allgemeine Arbeiter-Rechtsschutzverein für Sankt Johann, Saarbrücken und Umgegend" scheiterte jedenfalls bei dem Versuch, in Burbach und Neunkirchen Fuß zu fassen. Der Neunkircher Hüttenarbeiter Johann Ullrich, der in Luisenthal an einer Versammlung des Arbeiter-Rechtsschutzvereins teilgenommen und dort über die Verhältnisse bei der Firma Gebrüder Stumm berichtet hatte, wurde umgehend entlassen. Jedem ande-

* Stadtarchiv Neunkirchen: Abt. A I, Nr. 384, Gemäßigter Bergmannsverein des Saar- und Bliesreviers, Bl. 5 f.

ren Arbeiter, der diesem Verein beitrat oder an einer für Anfang Juli in Neunkirchen geplanten Versammlung teilnahm, wurde gleiches in Aussicht gestellt. So war es wenig verwunderlich, daß in der Versammlung selbst außer denen, die Stumm zu Spitzeldiensten dorthin geschickt hatte, kein Beschäftigter der Firma anwesend war. Der Arbeiter-Rechtsschutzverein ging im Jahre 1891 zugrunde, der Repressionskurs der Privatunternehmer, vor allem der Hüttenbesitzer, hatte obsiegt.

Unterdessen überzog der Rechtsschutzverein der Bergarbeiter das Saarrevier mit einer Welle von Versammlungen und anderen Aktivitäten. Selbst in den kleinsten Dörfern wurden Ortsgruppen gegründet. Der Dezemberstreik 1889, der u. a. auf die Wiedereinstellung gemaßregelter Bergarbeiter zielte, und die Kandidatur von Nikolaus Warken und Matthias Bachmann bei den Reichstagswahlen im Februar 1890 stellten für jedermann sichtbar unter Beweis, daß man sich auf wirtschaftlicher wie auf politischer Ebene zu emanzipieren versuchte, um die bisherigen Vormundschaftsverhältnisse zu überwinden. Allerdings fehlte es vielen Mitgliedern und Funktionären ganz offensichtlich am Verständnis für die gesellschaftlichen Herrschaftsverhältnisse. Trotz des mißglückten Versuchs vom Mai 1889, eine Unterredung mit dem Kaiser herbeizuführen, richteten sich auch weiterhin viele Hoffnungen auf den Monarchen, der gleichzeitig oberster Bergherr der fiskalischen Gruben war. Man suchte die Verantwortung für die Verhältnisse im Saarbergbau, die sich seit dem Streik nur wenig verändert hatten, vielfach bei den Instanzen, die zwischen den Arbeitern und dem Kaiser standen. Daß Wilhelm II. selbst das kapitalistische System repräsentierte und keinerlei Interesse für die Forderungen der Arbeiterklasse haben konnte, war nur wenigen klar. Er sei über die Verhältnisse im Saarrevier schlecht informiert, hieß es, seine Berater würden ihm Sand in die Augen streuen.

Trotz dieser Illusionen besannen sich die Bergarbeiter in entscheidenden Situationen immer wieder auf ihre autonomen Interessen wenn es galt, den Maßnahmen der Bergwerksdirektion zu begegnen. Als z. B. versucht wurde, bei den Wahlen zu den Arbeiterausschüssen im Frühjahr 1890 Kandidaten des Rechtsschutzvereins mit Hilfe einschlägiger Richtlinien möglichst auszuschalten, gaben die Bergleute trotz aller Hindernisse ein deutliches Votum für ihre Organisation ab: 186 von insgesamt 212 Ausschußmitgliedern gehörten dem Rechtsschutzverein an, auf den Inspektionen Sulzbach und Heinitz stellte er sogar sämtliche Ausschußmitglieder.* Doch nicht nur durch den Versuch, die Organisation der Bergarbeiter von den Arbeiterausschüssen zu isolieren, versuchte man, dieses Gremium zu einem Hilfsorgan der Bergwerksdirektion zu funktionalisieren. Den Vorsitz in den Arbeiterausschüssen führte der jeweilige Bergwerksdirektor, ihm oblag es auch, die Tagesordnung festzusetzen. Für die Mitglieder der Ausschüsse gab es keinen Kündigungsschutz, so daß mißliebige

* Klaus-Michael Mallmann, a. a. O., S. 187.

Interessenvertreter jederzeit gemaßregelt werden konnten. Der Rechtsschutzverein protestierte heftig: „Kameraden! Ein Schiedsgericht haben wir verlangt, aber nicht in der Weise, wie es jetzt sich zeigt. Wir legen entschieden gegen dieses Schiedsgericht Protest ein ... Wir erkennen in Eurem Namen dieses Schiedsgericht nicht an und wir bitten um die Vornahme von Neuwahlen auf sämtlichen Gruben des Saarreviers ... Wir wollen uns selbst unsere Vertreter vorschlagen und auch wählen, die Herren können das nämliche tun. Wenn dieses geschieht, dann, Kameraden, können wir auch ein Wort mitsprechen."* Trotz der Proteste der Bergarbeiter blieb es bei den einmal beschlossenen Richtlinien. Dank der überwältigenden Mehrheit, die der Rechtsschutzverein in den Ausschüssen innehatte, gelang es in der Folgezeit trotzdem, diese zu Instrumenten der Beschäftigten zu machen, zumindest soweit die reglementierenden Bestimmungen es zuließen.

Während der Rechtsschutzverein seine Positionen Schritt für Schritt ausbaute, brachen sich reichsweit Bestrebungen Bahn, die vorhandenen Gewerkschaften auf nationaler Ebene zusammenzuschließen. In den zahllosen Streiks Ende der achtziger Jahre war die Notwendigkeit koordinierter Aktionen immer deutlicher geworden, zumal sich auf der Kapitalseite die Zahl der Arbeitgeberverbände mehrte. Sie setzten schwarze Listen, Aussperrungen, Erzwingung des Gewerkschaftsaustritts, Anwerbung von Streikbrechern und Streikversicherungen gegen die organisierten Arbeiter ein. Bereits im August 1889 war als Konsequenz aus dem vorangegangenen Streik die Gründung einer Bergarbeiterorganisation im Ruhrgebiet beschlossen worden. Im September 1890 fand in Halle der erste deutsche Bergarbeiterkongreß statt. Der Rechtsschutzverein hatte neun Delegierte entsandt, darunter Johann Mohr (Schiffweiler) für die Inspektion Reden, Nikolaus Berwanger (Theley) für Heinitz und Johann Müller (Friedrichsthal) für Friedrichsthal. Neunkirchen hatte sich an den Wahlen nicht beteiligt, was wohl als Zeichen der Ablehnung dieses Kongresses verstanden werden darf. In Halle wurde die Gründung des „Verbandes deutscher Bergleute" zum Jahresbeginn 1891 beschlossen, Sitz des Zentralvorstandes wurde Bochum. Sofort nach der Rückkehr der Saar-Delegierten initiierten diese eine Agitationskampagne für den neuen Verband, von dem sie sich eine Steigerung der Durchsetzungsfähigkeit erhofften. Den alten Rechtsschutzverein aber löste man nicht auf, sondern strebte eine Doppelmitgliedschaft der einzelnen Bergleute an. Eigene Zahlstellen der neuen Organisation wurden in Sulzbach, Rußhütte und Völklingen errichtet, Jakob Thome aus Altenwald fungierte als zentraler Vertrauensmann. Im Juli 1891 zählten bereits über 8 000 Saarbergarbeiter zu den Mitgliedern des Verbandes, Jakob Thome wurde zum stellvertretenden Vorsitzenden gewählt. Auch Peter Schillo aus Altenkessel erhielt einen Sitz im Vorstand, Ludwig Schley aus Wiebelskirchen wurde in den Kontrollausschuß gewählt.

* Stadtarchiv Friedrichsthal: Bestand Rechtsschutzverein, Bergarbeiterbewegung (2 Bände), Bl. 202.

Auch auf internationaler Ebene suchten die Bergarbeiter den Zusammenschluß. Im Frühjahr 1891 tagte in Paris der zweite internationale Bergarbeiterkongreß, Nikolaus Warken, Jakob Thome, Peter Schillo und Johann Müller traten als Delegierte des Saarreviers auf. Die Beschickung dieses Kongresses war im Rechtsschutzverein keinesfalls unumstritten, einige Inspektionen, darunter erneut auch Neunkirchen, hatten sich strikt gegen eine Teilnahme ausgesprochen. Dazu mag die Kampagne bürgerlicher Kräfte beigetragen haben, die den internationalen Charakter des Treffens und vor allem den Tagungsort heftig kritisierten. Immerhin galt Frankreich als „Erbfeind" Deutschlands und spätestens seit den Tagen der Pariser Kommune 1871 auch als Ursprungsort des „Umsturzes". Diese Kräfte sahen sich bestätigt, als Mitglieder der deutschen Delegation Kränze an den Gräbern der ermordeten Pariser Kommunarden niederlegten. Im nationalistischen Lager erhob sich ein Sturm der Entrüstung. Mancherorts wurden Bergarbeiterversammlungen in Szene gesetzt, die gegen die Ehrung der Kommunarden protestierten und den Austritt aus dem Rechtsschutzverein androhten, so z. B. in Wellesweiler und Neunkirchen. Von den inhaltlichen Diskussionen des Kongresses, in dessen Mittelpunkt der Achtstundentag gestanden hatte, wurde kaum Notiz genommen. Viele Bergleute saßen jenen Kräften auf, die vom außenpolitischen „Erbfeind" redeten, aber den innenpolitischen Gegner, nämlich die Arbeiterbewegung, meinten.

In diesem Licht ist auch das Verhältnis des Rechtsschutzvereins zur Sozialdemokratie zu sehen. Während es für Stumm und seinesgleichen als ausgemachte Sache galt, daß sozialistische Kräfte hinter der Organisation der Bergarbeiter standen, betonten wichtige Repräsentanten des Vereins immer wieder ihre Unabhängigkeit, teilweise gar ihre Frontstellung gegen die SPD. In dem bereits genannten Aufruf des Rechtsschutzvereins zu den Arbeiterausschüssen hieß es unmißverständlich: „Lasset Euch nicht irre machen, wir sind keine Sozialdemokraten, wir sind nur Vertreter unserer Rechte und Pflichten, die uns Gott auferlegt hat, indem wir für unsere Familien sorgen, aber auch für die Religion, die ein jeder Mensch haben muß und welche die erste Polizei des Staates ist. Darum Kameraden: Wir werden nie in das Fahrwasser der Sozialdemokraten übergehen und nur die Rechte der Bergarbeiter vertreten, bis wir dasjenige erreicht haben, was wir im Mai 1889 forderten."* Solche Positionen waren Ergebnis der Unterdrückung, mit der die Machthaber in Politik und Wirtschaft des Saarreviers jeder demokratischen Regung in der Vergangenheit entgegengetreten waren. Hieraus erklärt sich, daß viele Mitglieder und Funktionäre des Rechtsschutzvereins trotz des Gefühls der Macht, das ihnen ihre Organisation gab, peinlichst auf Distanz zur SPD achteten. Niemand wollte Opfer des Beschlusses der Arbeitgeber von 1877 werden, der bekanntlich jedem, der Beziehungen irgendeiner Art zur SPD unterhielt, die sofortige Entlassung angedroht hatte. Dieser Beschluß verlor seine Gültigkeit auch mit dem Auslaufen des staatlichen Sozialistengesetzes im Jahre 1890 nicht, sondern schwebte bis

* Ebd., Bl. 202.

weit in das 20. Jahrhundert hinein als Damoklesschwert über der regionalen Arbeiterbewegung. Auch befürchteten viele Mitglieder der Bergarbeiterorganisation, ihr Verein als ganzes könnte verboten werden, sollte sich eine politische Nähe zur Sozialdemokratie nachweisen lassen. Darüber hinaus mag es noch eine Reihe weiterer Faktoren gegeben haben, die die Abgrenzung vieler Mitglieder des Rechtsschutzvereins von der sozialistischen Arbeiterbewegung verursacht haben, so z. B. den großen Einfluß der katholischen Kirche. Bestimmend aber waren letztlich die wüste Hetze und die gnadenlose Verfolgung, die die Saarindustriellen und die mit ihnen verbündeten Kräfte seit langem gegen die SPD inszeniert hatten.

Dennoch kam es ab 1891 zu neuen Versuchen der SPD, größere Anhängerschaft im Saarrevier zu gewinnen. Ende 1891 ließ sich mit Joseph Leopold Emmel erstmals seit langen Jahren wieder ein sozialdemokratischer Agitator in Sankt Johann nieder. Vor seiner Übersiedlung hatte er u. a. den Frankfurter Ausschuß des Deutschen Metallarbeiterverbandes geleitet. Nun versuchte er, den „Boten von der Saar" als Parteizeitung zu etablieren und die Parteiarbeit zu organisieren. Ab Februar 1892 erhielt er Unterstützung von Carl Wesch. Beide entfalteten eine rege Versammlungstätigkeit. Wie an vielen anderen Orten entwickelte Wesch auch in Spiesen, Merchweiler und Schiffweiler die Grundgedanken des Erfurter Programms, das die SPD im Verlauf ihres Parteitages 1891 beschlossen hatte. Hierin war die kapitalistische Wirtschaftsordnung als Ursache des sozialen Elends der arbeitenden Menschen ausgemacht und auf deren Überwindung abgestellt worden: „Nur die Verwandlung des kapitalistischen Privateigentums an Produktionsmitteln (Grund und Boden, Gruben und Bergwerke, Rohstoffe, Werkzeuge, Maschinen, Verkehrsmittel) in gesellschaftliches Eigentum und die Umwandlung der Warenproduktion in sozialistische, für und durch die Gesellschaft betriebene Produktion kann es bewirken, daß der Großbetrieb und die stets wachsende Ertragsfähigkeit der gesellschaftlichen Arbeit für die bisher ausgebeuteten Klassen aus einer Quelle des Elends und der Unterdrückung zu einer Quelle der höchsten Wohlfahrt und allseitiger harmonischer Vervollkommnung werde."* Verbunden war dieses Fernziel mit einer Reihe von wirtschaftlichen und politischen Tagesforderungen, die das Recht auf freie Meinungsäußerung und auf Vereinigungs- und Versammlungsfreiheit ebenso beinhalteten wie den Achtstundentag.

Mit ihrer Agitationskampagne fanden die Sozialdemokraten tatsächlich einigen Anklang. Vor allem in Dudweiler, Sulzbach, Spiesen und Elversberg gewann die Partei neue Anhänger, wenngleich keine Rede davon sein konnte, daß sie auf dem Weg zur Massenorganisation war. Am 1. Mai 1892 fand im Bildstocker Rechtsschutzsaal, der gerade im Rohbau fertig geworden war, eine Maikundgebung der SPD statt. Ende Juni sprach hier der Berliner Parteisekretär Richard Fischer, Ende September August Bebel, der Vorsitzende der SPD

---

* Peter Scherer/Peter Schaaf: Dokumente zur Geschichte der Arbeiterbewegung in Württemberg und Baden 1848 bis 1949, Stuttgart 1984, S. 93 f.

und über Jahrzehnte hinweg eine Leitfigur der deutschen Arbeiterbewegung. Zwar meldeten sich immer auch namhafte Funktionäre des Rechtsschutzvereins zu Wort, die die SPD heftig kritisierten und ein Engagement in der sozialistischen Arbeiterbewegung ablehnten, doch war die Stimmung für die Sozialdemokraten zweifellos günstiger als jemals zuvor. Viele Bergarbeiter abonnierten den „Boten von der Saar" und wurden Mitglied der Partei. In der Berliner Parteizentrale war man zufrieden mit diesen Fortschritten und äußerte sich optimistisch, wenn das Gespräch auf die nähere Zukunft der Genossen an der Saar kam. Bis 1895, so hoffte Bebel, sollte die Partei in „Saarabien" fest verwurzelt sein.

Ende 1892 reifte das plötzliche Ende des Rechtsschutzvereins und mit ihm das der hochfliegenden Hoffnungen der SPD heran. Nachdem sich der Verein gerade erst von einer internen Krise erholt hatte, die erhebliche Mitgliederverluste mit sich gebracht hatte, setzte eine erneute konjunkturelle Krise ein, die von Unternehmerseite zu Feierschichten und Lohneinbußen genutzt wurde. Darüber hinaus sah die Direktion nun den Zeitpunkt gekommen, eine neue Arbeitsordnung zu erlassen, die die seit Jahren erhobenen Forderungen der Bergarbeiter in keiner Weise berücksichtigte. Stattdessen sollten die bestehenden Verhältnisse festgeschrieben werden, die in der Vergangenheit vom Rechtsschutzverein so heftig kritisiert worden waren, in einigen Punkten sollten sogar weitere Verschlechterungen vorgenommen werden. Auf Widerstand, so das Kalkül der Direktion, würde die neue Arbeitsordnung nicht stoßen, da die schlechte Konjunktur einen Arbeitskampf aus Sicht der Arbeiter nicht zuließ.

Entgegen diesem Plan und entgegen den Warnungen der SPD beschloß der Rechtsschutzverein Ende 1892, gegen die neue Arbeitsordnung anzugehen und nötigenfalls auch einen Streik in Kauf zu nehmen. Aus dem Aufruf, mit dem unter den Bergarbeitern für die Streikabstimmung in Bildstock geworben wurde, sprach Entschlossenheit: „Die Zeit zum direkten Handeln ist nun gekommen. An Euch liegt es nun, ob Ihr zugrunde gehen wollt oder nicht. Darum Mann an Mann, Schulter an Schulter, gekämpft für Deine Rechte und Deine Familie, die Dir Gott gegeben, für deren Wohl Du christlich und moralisch verpflichtet bist, Sorge zu tragen. Rüste Dich nun zum Kampfe für Wahrheit, Freiheit, Pflicht und Recht! Überlege und handle danach. Bleibe lieber aus den Versammlungen und verrate Deine Kameraden nicht wie Judas der Verräter."*

Am 28. Dezember 1892 beschlossen die Arbeiter, in den Streik zu treten. Zwei Tage später berichtete der Regierungspräsident von Trier an den Oberpräsidenten der Rheinprovinz über die Lage auf den einzelnen Inspektionen: Ensdorf: alles angefahren, Louisenthal: 1011 Ausständige, von der Heydt: 1300 Ausständige, Dudweiler: 560 Ausständige, Sulzbach: 888 Ausständige, Reden: 863 Ausständige, Heinitz: 2250 Ausständige, Neunkirchen: alles angefahren, Friedrichsthal: 880 Ausständige, Göttelborn: 187 Ausständige, Fischbach: 608

* Stadtarchiv Friedrichsthal: Bestand Rechtsschutzverein, Bergarbeiterbewegung (2 Bände), Bl. 388.

Ausständige.* Doch diese Meldungen waren bereits überholt, die Zahl der Streikenden hatte sich weiter erhöht. Nur die Arbeiter der Inspektion Neunkirchen standen noch abseits. Streikposten verhinderten Silvester auch hier die Anfahrt, Anfang Januar befanden sich über 25 000 Bergarbeiter im Ausstand. Sie hielten sich nicht an die Verordnung, mit der der Oberpräsident der Rheinprovinz am 29. Dezember die Aufstellung von Streikposten unter Strafe gestellt hatte, sie scherten sich auch nicht um die Warnung der Bergwerksdirektion vom gleichen Tag: „Wir warnen auf das ernstlichste vor einer Arbeitseinstellung und werden jedem Streikversuch in der bestimmtesten Weise entgegentreten. Wer trotz dieser Warnung die Arbeit niederlegt, hat die Folgen seiner Handlungsweise sich selbst zuzuschreiben."** Um die Schlafhäuser als mögliche Streiklokale auszuschalten, waren sie längst geräumt, leitende Funktionäre des Rechtsschutzvereins waren unter fadenscheinigen Vorwänden verhaftet worden. Die Garnisonen von Saarbrücken, Saarlouis und Trier standen in Marschbereitschaft. Behörden, Bergwerksdirektion und führende Privatindustrielle hatten sich schon zu Beginn des Ausstandes darauf geeinigt, „daß die Bergarbeiter jetzt die Beschwerden einer längeren Arbeitseinstellung kennenlernen möchten," damit man in Zukunft nicht mehr „fortgesetzt den Drohungen mit einem Ausstand seitens der staatlichen Bergarbeiter ausgesetzt" sei.*** Im Klartext hieß dies: Die Fraktion um Stumm, die seit der Entstehung des Rechtsschutzvereins 1889 immer wieder auf dessen umgehende Zerschlagung gedrängt hatte, hatte sich jetzt durchgesetzt, der Bergarbeiterbewegung sollte ein Ende gemacht werden. Verhandlungen wurden kategorisch abgelehnt, fast 500 mutmaßliche „Hauptagitatoren" für immer, knapp 2 000 weitere auf unbestimmte Zeit entlassen.**** Bei den Streikenden und ihren Familien machte sich ohnmächtige Verzweiflung breit. Streikbrecher wurden mit Steinen beworfen, an ihren Häusern die Fensterscheiben eingeschlagen und Brandsätze vor die Türen gelegt. Die Behörden reagierten mit Massenverhaftungen.

Mitte Januar brach der Streik zusammen, die Reaktion hatte obsiegt. Auch ein Solidaritätsstreik der Bergarbeiter an der Ruhr hatte keine Wende gebracht, zumal die Beteiligung dort weit hinter den hochgesteckten Erwartungen zurückgeblieben war. Kaiser Wilhelm II., den man erneut um eine Audienz gebeten hatte, lehnte den Empfang einer Delegation wie schon 1889 ab. Im Reichstag lieferten sich Wilhelm Liebknecht und Stumm eine heftige Debatte über die Behandlung der Bergarbeiter, in der Praxis triumphierte letztlich der Konzerngewaltige aus Neunkirchen. Er hatte sein Ziel erreicht, denn mit der Nie-

* Landeshauptarchiv Koblenz: Bestand 403, Nr. 6837, Bl. 220.

** Stadtarchiv Friedrichsthal: Bestand Rechtsschutzverein, Bergarbeiterbewegung (2 Bände), Bl. 394.

*** Landeshauptarchiv Koblenz: Bestand 403, Nr. 6837, Bl. 224.

**** Deutsche Metallarbeiterzeitung Nr. 5 vom 4. Februar 1893.

derlage der Bergarbeiter war das weitere Schicksal ihrer Organisation vorgezeichnet. Bis Ende März war bereits mehr als die Hälfte der Mitglieder ausgetreten, demoralisiert und eingeschüchtert erwarteten sie sich von einem Verbleib im Rechtsschutzverein allenfalls noch Repressalien. Viele der Gemaßregelten verließen ihre Heimat, wanderten aus oder verzogen in weit entfernte Regionen. Andere schlugen sich als Gelegenheitsarbeiter oder Hausierer durch. Auch der Versuch, den Rechtsschutzverein unter anderer Führung und mit gemäßigter Ausrichtung am Leben zu erhalten, schlug fehl. Einige Jahre vegetierte er noch vor sich hin, ehe eine Generalversammlung im August 1896 seine formale Auflösung beschloß. Alle Akten und Schriftstücke wurden vernichtet, der Kassierer Nikolaus Kron erhielt die Aufgabe, bei der Ortspolizeibehörde die Abmeldung der Bergarbeiterorganisation vorzunehmen. Die so verheißungsvoll begonnene Entwicklung einer eigenständigen Organisation der Bergarbeiter war, legt man den letzten großen Streik als Schlußdatum zugrunde, nach nicht einmal vier Jahren am Ende.

f) Ein neuer Anfang

Bekanntlich hatte die SPD gehofft, im Zuge der Bergarbeiterbewegung im Saarrevier an Boden zu gewinnen, zumal bekannte Funktionäre des Rechtsschutzvereins Mitglieder der Partei geworden waren und das Verhalten der Bergwerksdirektion im letzten großen Streik 1892/93 die sozialdemokratische Überzeugung von der Unversöhnlichkeit des Interessengegensatzes zwischen Kapital und Arbeit aufs neue unterstrichen hatte. Diese Hoffnungen zerstoben spätestens mit dem Ergebnis der Reichstagswahlen im Juni 1893. Die Kandidaten der SPD, unter ihnen im Wahlkreis Ottweiler-Sankt Wendel-Meisenheim der uns schon wiederholt begegnete Jakob Thome, mußten schwere Niederlagen hinnehmen. Für Thome votierten ganze 138 Wähler, davon 40 in Elversberg und jeweils 22 in Neunkirchen und Stennweiler, den anderen Kandidaten erging es kaum besser.* Einen Beitrag zu diesem niederschmetternden Ergebnis leistete sicherlich die vage Andeutung der Bergwerksdirektion, die Wiedereinstellung der Gemaßregelten vom Abstimmungsverhalten der Bergleute abhängig zu machen. Ein weiterer Faktor dürfte darin zu sehen sein, daß die ohnehin schon drückende Überwachung des Wahlvorgangs noch verstärkt worden war, niemand konnte sicher sein, daß sein Votum geheim blieb, wie es das Wahlgesetz vorschrieb. In den folgenden Monaten verlor die SPD im Revier weiter an Boden. Der „Bote von der Saar" wurde eingestellt, Emmel verzog nach Saargemünd. Parallel zum Zerfall des Rechtsschutzvereins schien sich auch ein unaufhaltsamer Niedergang der Arbeiterpartei abzuzeichnen.

Genau umgekehrt verlief die Konjunkturkurve der Reaktion, personifiziert durch Karl Ferdinand Stumm. Sein Einfluß auf die Politik des Kaisers wuchs, sein Name war eng verbunden mit einer Periode, in der die Rechtskräfte Pläne für die terroristische Unterdrückung der Sozialdemokratie schmiedeten.

* Klaus-Michael Mallmann, a. a. O., S. 307 f.

Durch die Episode der Bergarbeiterbewegung und die Erfolge der SPD auf Reichsebene aufgeschreckt, warben Stumm und seinesgleichen unermüdlich für ein neues Sozialistengesetz oder für eine Verschärfung des Strafgesetzbuches in bezug auf das Vereins- und Versammlungsrecht. Doch weder die „Umsturzvorlage“ 1895 noch die „Zuchthausvorlage“ 1899, die das Streikrecht liquidieren sollte, fanden die notwendige parlamentarische Mehrheit. Auch alle Absichten der freikonservativen Kreise um Stumm und Kardorff zur Änderung des Wahlrechts scheiterten. Am Ende des 19. Jahrhunderts verlor Stumm dann infolge eines parlamentarischen Ränkespiels das Vertrauen des Kaisers, sein politischer Einfluß auf Reichsebene schwand nun dahin. Im Saarrevier allerdings blieb seine Haltung zur Arbeiterbewegung auch über seinen Tod hinaus Handlungsmaxime der Industriellen, die sozialistischen Kräfte blieben noch auf Jahre hinaus faktisch in der Illegalität.

Diese Entwicklungen hatten natürlich unmittelbare Konsequenzen für die materielle Lage der Arbeiter: War es in der Streikperiode 1889 bis 1893 gelungen, die durchschnittlichen Nettoverdienste der Bergleute von 2,92 Mark pro Schicht (1888) bis auf 3,89 Mark (1891) zu steigern, bevor sie im Zuge einer wirtschaftlichen Depression auf 3,69 Mark (1892) gesunken waren, so wurden sie 1893 auf 3,37 Mark und 1894 auf 3,24 Mark herabgedrückt. Danach stiegen sie langsam wieder an, ohne aber im 19. Jahrhundert das Niveau der Streikperiode noch einmal zu erreichen; für die Reallöhne kann bestenfalls eine Stagnation angenommen werden, die bis etwa 1910 anhielt.*

In die Lücke, die der Rechtsschutzverein hinterlassen hatte, stieß zunächst die katholische Kirche mit dem Verband der katholischen Berg- und Hüttenarbeitervereine, der im Januar 1895 konstituiert wurde. Ortsvereine bestanden u. a. in Neunkirchen, Heiligenwald, Spiesen, Friedrichsthal, Schiffweiler und Ottweiler. Eines der Hauptziele des Verbandes war die Errichtung eines Bollwerks gegen die sozialistische Arbeiterbewegung. Eine autonome Interessenvertretung der Arbeiter war nicht vorgesehen, das friedliche Verhältnis zu den Unternehmern sollte nicht belastet werden. Seit Ende der neunziger Jahre wurden dann verstärkt berufliche Fachabteilungen gebildet, die 1902 dem Verband der katholischen Arbeitervereine mit Sitz in Berlin angegliedert wurden. Auch nach diesem Datum bildeten sich noch neue Ortsvereine, so am 16. Mai 1902 in Wiebelskirchen und am 18. August des gleichen Jahres in Illingen. Der Ottweiler Landrat zählte Anfang Juni 1906 in seinem Kreisgebiet insgesamt 23 solcher Ortsvereine mit 6 128 Mitgliedern, die größten bestanden in Heiligenwald (405 Mitglieder), Landsweiler (340), Merchweiler (542), Neunkirchen (1 100), Schiffweiler (540), Wemmetsweiler (510) und Wiesbach (348).** Beherrschende Berufsgruppe waren die Bergarbeiter, andere Arbeitergruppen blieben bis 1918 in der Minderheit. Lediglich in Dillingen und Burbach gelang es für

* Ebd., S. 115 und S. 318; Hans Horch, a.a.O., S. 461 f.

** Landeshauptarchiv Koblenz: Bestand 442, Nr. 3783, Bl. 566 f.

kurze Zeit, Hütten- und Metallarbeiter zu eigenen Fachgruppen zusammenzuschließen.

Erst sehr viel später, etwa ab 1904, setzte sich der Gewerkverein christlicher Bergarbeiter Deutschlands im Saarrevier fest. Mit Versammlungen in Altenkessel, Püttlingen und Dudweiler trat er hier am 1. Mai 1904 erstmals öffentlich auf, in den folgenden Wochen wurden erste Zahlstellen gebildet. Im Frühsommer 1906 bestanden im Kreis Ottweiler zwanzig Zweigvereine und Zahlstellen des Gewerkvereins mit insgesamt 1851 Mitgliedern; Schwerpunkte lagen in Eppelborn (100 Mitglieder), Neunkirchen (316), Thalexweiler (147), Wellesweiler (158) und Wiebelskirchen (530).* Der Ottweiler Landrat sah den Gewerkverein in der Nähe der sozialistischen Arbeiterbewegung angesiedelt: „Ob die katholischen Arbeitervereine zur sozialdemokratischen Richtung hin neigen, darüber hat sich bis jetzt eine bestimmte Ansicht noch nicht gewinnen lassen. Daß dies aber von den christlichen Gewerkschaften angenommen werden kann, erscheint nicht mehr zweifelhaft, wenngleich in ihren Versammlungen und schriftlichen Kundgebungen das Gegenteil beteuert und behauptet wird, daß die Sozialdemokratie und die sozialdemokratischen (sogenannten freien) Gewerkschaften die christlichen Gewerkschaften bekämpften."**

Diese Bewertung beruhte offensichtlich auf der Haltung des Gewerkvereins an der Ruhr, wo christlich organisierte Kollegen am großen Streik der Bergarbeiter im Winter 1904/05 teilgenommen hatten. Überhaupt ist zu bemerken, daß sich die christlichen Gewerkschaften in diesen Jahren wiederholt an Arbeitskämpfen beteiligten oder selbst welche initiierten, um ihren Mitgliedern materielle Erfolge vorweisen zu können. Hintergrund dieses Verhaltens war die Angst, anderenfalls Mitglieder an die freien Gewerkschaften zu verlieren. Etwa ab 1906 gewann dann aber eine andere Richtung die Oberhand, die die antisozialistische Ausrichtung der christlichen Organisationen in den Vordergrund stellte und gemeinsame Aktionen der verschiedenen Gewerkschaften ablehnte. In einem weiteren großen Streik der Ruhrbergarbeiter im Jahre 1912 trat der Gewerkverein daher als Streikbrecher auf.

Dieser Schritt und parallele Konflikte um die Aufstellung des Kandidaten der Zentrumspartei für die bevorstehenden Reichstagswahlen im Wahlkreis Saarbrücken bescherten dem Gewerkverein im Saarrevier 1912 hohe Mitgliederverluste. Hauptsächlich wohl, um wieder an Attraktivität zu gewinnen, diskutierte der Gewerkverein am Ende dieses Jahres über die Durchführung eines Streiks. Anlaß boten Auseinandersetzungen mit der Bergwerksdirektion in der Lohnfrage sowie die beabsichtigte Einführung einer neuen, verschlechterten Arbeitsordnung. Mitte Dezember beschloß der Gewerkverein, die Arbeit in den Saargruben zum 2. Januar 1913 niederzulegen. Die katholischen Arbeitervereine der Berliner Richtung unter ihrem aus Eppelborn stammenden Sekre-

* Ebd., Bl. 567.

** Ebd., Bl. 568.

tär Bartholomäus Koßmann erklärten umgehend, sich am möglichen Arbeitskampf nicht zu beteiligen. Ende Dezember trat auch der Gewerkverein von seinem ursprünglichen Beschluß zurück. Der Streik fand nicht statt, viele enttäuschte Mitglieder verließen daraufhin die christliche Organisation.

Den Versuchen des Christlichen Metallarbeiterverbandes (CMV), in den Hüttenwerken an der Saar Fuß zu fassen, war weit weniger Erfolg beschieden als der Bruderorganisation im Bereich der Bergarbeiter. 1904 wurde zwar in Burbach eine Zahlstelle konstituiert, die auch einigen Erfolg bei der Werbung von Mitgliedern in der Burbacher Hütte hatte, doch reagierte die Hüttendirektion bald mit einer Entlassungswelle, der zahlreiche CMV-Agitatoren zum Opfer fielen. Anfang Juni 1906 kam es daraufhin zum Streik, der mit einer vollständigen Niederlage des christlichen Verbandes endete. Diese Erfahrung sowie zahlreiche Maßnahmen der Stahlindustriellen zur Unterdrückung jedweden gewerkschaftlichen Organisationsversuchs verhinderten, daß der CMV vor dem Ersten Weltkrieg mehr als nur eine Statistenrolle spielen konnte. Kaum besser erging es dem Hirsch-Dunckerschen Gewerkverein, der zwar über eine Reihe von Ortsvereinen der Metallarbeiter verfügte, aber keinen entscheidenden Durchbruch erzielen konnte. Seine Blütezeit begann erst im Ersten Weltkrieg und hing eng mit dem Neunkircher Eisenwerk zusammen, doch dazu später mehr.

Als Zwischenfazit bleibt festzuhalten, daß es lediglich den katholischen Arbeitervereinen der Berliner Richtung und dem Gewerkverein christlicher Bergarbeiter gelungen war, sich an der Saar als Massenorganisationen zu etablieren. Andere von den Unternehmern unabhängige Organisationen vermochten es nicht, ähnlichen Rückhalt zu erlangen. Dies gilt auch für die sozialistische Arbeiterbewegung. Die regionale SPD erlebte bei den Reichstagswahlen 1898 einen weiteren Tiefpunkt und verlor noch einmal die Hälfte ihrer Wähler, obwohl sich im Mai 1898 ein Sozialdemokratischer Wahlverein für das Saarrevier gebildet hatte. Erst im neuen Jahrhundert ging es langsam wieder aufwärts. Die Parteileitung übertrug nun Nikolaus Osterroth die schwierige Aufgabe, die Agitations- und Organisationsarbeit in „Saarabien“ voranzubringen. Er zeichnete u. a. für die Herausgabe der „Saarwacht“ verantwortlich, die ab 1905 als SPD-Regionalzeitung erschien. Die Reichstagswahlen des Jahres 1903 signalisierten bereits einen leichten Aufwärtstrend, der sich 1907 und 1912 verstärkte.

Das Gründungsdatum des sozialdemokratischen Vereins für den Wahlkreis Ottweiler-Sankt Wendel-Meisenheim ist in den Unterlagen des Oberpräsidenten der Rheinprovinz mit dem 3. März 1907 angegeben.* Als Vorsitzender wird der Bauhilfsarbeiter Ludwig Hetterich genannt, früher Mitglied des Rechtsschutzvereins und seit 1891 im freigewerkschaftlichen Bergarbeiterverband organisiert. Er hatte 1893 zu den zahlreichen Gemaßregelten des verlorenen Streiks gehört und war 1905 endgültig entlassen worden, nachdem er an einer SPD-Versammlung teilgenommen hatte. 1908 wurde er als Lokalangestellter

* Ebd.: Bestand 403, Nr. 6865, Bl. 215.

des Bergarbeiterverbandes eingestellt. Weiter ist der Maurer Johann Lohr als Mitbegründer verzeichnet, der später nach Saarbrücken verzog und im Ersten Weltkrieg Opfer des deutschen Imperialismus wurde. 1905 hatte sich bereits in Nahbollenbach bei Sankt Wendel ein sozialdemokratischer Volksverein gebildet, dem hauptsächlich Fabrikarbeiter aus Oberstein angehörten.

Damit waren in der Gegend um Neunkirchen immerhin Grundstrukturen einer organisatorischen Tätigkeit geschaffen, wenngleich große Erfolge vorerst ausblieben. Der Ottweiler Landrat jedenfalls gab sich nicht über Gebühr beunruhigt. Im September 1913 stellte er fest, daß die Partei bei den vorangegangenen Landtagswahlen überhaupt nicht hervorgetreten sei und lieferte die Erklärung für ihre relative Schwäche: „Die ernste und nachdrückliche Bekämpfung der Agitatoren durch die Stummsche Hütte und die Bergwerksverwaltung hat ihre Wirkung nicht verfehlt."* In einem anderen Bericht gab er im Januar 1914 eine ebenfalls eher ernüchternde Beschreibung: Seit Jahren habe die Partei im Kreisgebiet keine Fortschritte mehr erzielen können, sie zähle nur etwa hundert treue und überzeugte Anhänger. Lediglich in Zeiten heftiger Agitation, etwa anläßlich der Reichstagswahlen 1907 und 1912, sei es ihr kurzfristig gelungen, sich zahlreiche Mitläufer zu sichern. Regelmäßige Abonnenten der Parteizeitung zählte er ebenfalls nur etwa hundert, davon fünf in Wiebelskirchen, zwanzig in Ottweiler und 60 bis 65 in Neunkirchen. Er ließ dann eine bezeichnende Prognose folgen: „Solange die Königliche Bergverwaltung und vor allem die Firma Gebrüder Stumm die Agitation nachdrücklich bekämpft, wird die Sozialdemokratie hier auch keine wesentlichen Fortschritte machen. Das scheint die Leitung auch eingesehen zu haben, denn sie hat mehrere Hauptagitatoren nach anderen Bezirken geleitet."**

Die vergleichsweise schwache Position der SPD im Kreis Ottweiler hinderte die Behörden freilich nicht, akribische Namenslisten derer anzulegen, die sich in der Agitationsarbeit hervortaten. Ludwig Hetterich und Johann Lohr standen an der Spitze dieser Listen, im Verlauf der nächsten Jahre kamen der Bergarbeiter August Bäsel und der Anstreicher Peter Bartholomae, der pensionierte Bergmann Jakob Hirsch und die Witwe Philippine Becker, der Wellesweiler Bergarbeiter Jakob Kliebenstein und viele andere hinzu.

Gemeinsam mit der SPD begannen auch die freien Gewerkschaften mit einer planmäßigen Werbearbeit im Revier. Seit Juli 1899 waren die verschiedenen Gewerkschaftsorganisationen in einem Kartell mit Sitz in Sankt Johann zusammengeschlossen, ohne jedoch große Erfolge durchsetzen zu können. Die Setzer der „Neunkircher Volks-Zeitung" waren 1897 einfach entlassen und durch Streikbrecher ersetzt worden, als sie in einen Ausstand getreten waren. Ergebnislos verlief auch ein Arbeitskampf der Neunkircher Maurer zwei Jahre später. 1901 schließlich war ein Streik von fast 250 Arbeitern der Völklinger

* Ebd.: Bestand 442, Nr. 3788, Bl. 309.

** Ebd., Bl. 454.

Hütte durch die Entlassung von fünfzehn Hauptagitatoren beendet worden. Auch wenn einige andere Bewegungen mehr Erfolg hatten, bot sich eingangs des neuen Jahrhunderts doch ein insgesamt trübes Bild. Gemeinsam mit der SPD intensivierten nun aber vor allem der Bergarbeiterverband und der 1891 in Frankfurt am Main gegründete Deutsche Metallarbeiterverband (DMV) ihre Tätigkeit.

Von seiten des Bergarbeiterverbandes wurde Hans Portenkirchner ins Saarrevier geschickt. Auf eine erste öffentliche Bergarbeiterversammlung, die am 30. August 1903 in Sankt Ingbert durchgeführt wurde, reagierte die Bergwerksdirektion wie gewohnt: Etwa vierzig Beamte wurden zur Versammlung befohlen, um eventuell anwesende Bergleute zu denunzieren. Die drei Arbeiter, die tatsächlich an der Versammlung teilnahmen, wurden unverzüglich entlassen. Daraufhin führte der Bergarbeiterverband fürs erste keine öffentlichen Versammlungen mehr durch und verlegte sich stattdessen auf verdeckte Arbeit im Untergrund.

Einer der Entlassenen war Karl Krämer aus Sulzbach. Er gab 1904 zwei Flugblätter heraus, die in ganz Deutschland bekannt werden sollten. Überschrieben mit „Saarbergmann wache auf“ und „Saarbergmann höre“ schilderten sie die Verhältnisse auf den Saargruben aus der Sicht der freien Gewerkschaften. Beide Flugblätter wurden beschlagnahmt, Krämer wegen der darin enthaltenen Aussagen vor Gericht gestellt. Zwar wurde er in zwei Instanzen verurteilt, doch erwiesen sich die Prozesse für die Bergwerksdirektion als Bumerang. In ganz Deutschland gab die Presse die Aussagen der Zeugen wieder, die über Wahlbeeinflussung, Korruption und Repression im Revier berichteten. Schlagartig drang ins Bewußtsein der aufgeklärten Teile der Bevölkerung, was Friedrich Naumann mit dem Begriff „Saarabien“ gemeint hatte.

Der Bergarbeiterverband konnte davon vorerst wenig profitieren, verglichen mit dem Gewerkverein christlicher Bergarbeiter und den katholischen Arbeitervereinen schlossen sich ihm nur wenig Mitglieder an. Das bis 1908 geltende Preußische Vereinsgesetz schrieb vor, daß die Mitgliederlisten den Behörden vorgelegt werden mußten. Daß sie von hier an die Bergwerksdirektion ebenso wie an die Privatindustriellen weitergeleitet werden würden, lag ebenso auf der Hand wie die dann drohenden Maßregelungen. So wagten nur wenige den Schritt in die Organisation. Der Bergarbeiterverband führte die Mitglieder an der Saar als Zeitungsabonnenten, um die Anmeldepflicht zu umgehen, doch es standen genügend andere Methoden der Bespitzelung zur Verfügung. Im September 1913 gab der Ottweiler Landrat die Zahl der Verbandsmitglieder im Kreisgebiet mit etwa 600 an.* Als Vertrauensmann fungierte hier der bereits genannte August Bäsel, der allerdings nicht mehr auf der Grube tätig war: Wegen seiner sozialdemokratischen Gesinnung war er entlassen worden und hatte eine neue Stelle als Eisenbahnarbeiter annehmen müssen. Neben ihm enga-

* Ebd., Bl. 310.

gierten sich vor allem die beiden Knappschaftsältesten Adolf Mäsch und Hermann Koble aus Wiebelskirchen für den Verband.

Nun zur Entwicklung des DMV. Fritz Ehrler, der damalige Bezirksleiter des Agitationsbezirks Frankfurt am Main, zu dem die Saarregion gehörte, beschrieb den Beginn seiner dortigen Arbeit im Geschäftsbericht für das Jahr 1903. Kaum ein Saal stand für Versammlungen zur Verfügung, nur ein Wirt in Sankt Johann hatte den Einschüchterungsversuchen der Gewerkschaftsgegner widerstanden. Weiter beklagte Ehrler die reibungslose Zusammenarbeit zwischen Behörden und Industriellen in ihrem Kampf gegen die Metallgewerkschaft. Dann beschrieb er die Folge eines seiner Besuche in Völklingen: Mit Toranschlägen wurden die Hüttenarbeiter aufgefordert, Versammlungen des DMV zu meiden und eventuelle Gewerkschaftsmitglieder zu denunzieren. Es bedürfe, so schloß Ehrler seinen Bericht, einer planmäßig und langfristig angelegten Agitationsarbeit, um an der Saar Erfolge zu erzielen.* Zu diesem Zweck richtete die Metallgewerkschaft nun eine eigene Verwaltungsstelle ein, als Geschäftsführer wurde Hans Böckler aus Fürth eingestellt. Den Sitz der Verwaltungsstelle verlegte man vorerst über die preußische Landesgrenze hinweg nach Sankt Ingbert, das zur bayerischen Pfalz gehörte. Damit wollte der DMV den Bestimmungen des Preußischen Vereinsgesetzes entgehen, um den Metallarbeitern den Schritt in die Organisation zu erleichtern. Erst als 1908 ein neues Vereinsgesetz in Kraft trat, nahm die Verwaltungsstelle ihren Sitz in Saarbrücken.

Am 31. Dezember 1903 zählte der DMV Sankt Ingbert ganze 65 Mitglieder. Die weitere Entwicklung bis 1913 verdeutlicht, daß sich nur eine kleine Minderheit der Hütten- und Metallarbeiter in ihm zusammenfand: 1904: 225, 1906: 312, 1909: 348, 1912: 412, 1913: 408.** Hans Böckler wechselte 1907 zur Frankfurter Bezirksleitung der Metallgewerkschaft, sein Nachfolger an der Saar wurde David Fuhrmann, zuvor Geschäftsführer des DMV Oberstein. Als er 1910 zum DMV Bremen ging, übernahm Ernst Bosawé aus Höchst das schwierige Amt des Geschäftsführers in Saarbrücken. Keinem dieser drei gelang es freilich, das Kardinalproblem zu lösen, unter dem der DMV ebenso zu leiden hatte wie der CMV und der Hirsch-Dunckersche Gewerkverein, nämlich die mangelnde Organisationsbereitschaft der Hüttenarbeiter. Die beherrschende Stellung, die die Saarhütten in der regionalen Metallindustrie einnahmen, widerspiegelte sich nicht in der Mitgliedschaft des DMV. Folgt man der Berichterstattung der „Metallarbeiterzeitung“, so haben sich in der Verwaltungsstelle Saarbrücken hauptsächlich Arbeiter der weiterverarbeitenden Industrie und des Handwerks zusammengeschlossen, meist wohl qualifizierte

* Der Deutsche Metallarbeiterverband im Jahre 1903. Jahr- und Handbuch für Verbandsmitglieder, hrsg. vom Vorstand des DMV, Stuttgart 1904, Bezirksberichte, S. 116 f. Vgl. Deutsche Metallarbeiterzeitung Nr. 23 vom 6. Juni 1903 und Nr. 41 vom 10. Oktober 1903.

** Der Deutsche Metallarbeiterverband im Jahre ....

Facharbeiter. Die wenigen Mitglieder aus den Hüttenwerken fielen gegenüber der unüberschaubaren Zahl ihrer unorganisierten Kollegen kaum ins Gewicht. 1909 waren im gesamten DMV-Bezirk Frankfurt ganze 258 Hochofen- und Hüttenarbeiter organisiert, 1910 waren es 268, 1911 nur noch 191.*

Dies freilich war kein spezifisches Problem der Region, sondern eines der Organisation, der es auch in den anderen Hüttenwerken Deutschlands nicht gelang, sich fest zu verankern. Bis 1913 dominierten innerhalb des DMV die Berufsgruppen der Klempner, Schlosser, Dreher und Former, also stark handwerklich orientierte Gruppen bzw. solche, die zur Kategorie der Facharbeiter zählten. Auch die Gruppe der „sonstigen Metallarbeiter", meist gelernte oder angelernte Arbeitskräfte, war vergleichsweise stark vertreten, während Hochofen- und Hüttenarbeiter nur einen geringen Prozentsatz der Mitgliedschaft ausmachten.

König Stumm und sein Reich: Hochöfen und Stumm-Denkmal, um 1917. (Michael Ebenau)

Dieses Problem wurde innerhalb des Verbandes mehrfach breit diskutiert, ohne daß es aber zu einer grundsätzlichen Wende kam. Der DMV machte vor allem die elenden Arbeitsbedingungen der Hochofen- und Hüttenarbeiter und deren im Vergleich zu anderen Berufsgruppen niedrigen Bildungsstand für ihr Verhalten verantwortlich. Auch der beherrschende Einfluß der Industriellen und des Klerus, die häufig von Werkseinrichtungen bestimmten Lebensverhältnisse, die Individualisierung innerhalb der Produktion und die sehr differenzierte innere Struktur der Hüttenbelegschaften wurden als mögliche Ursachen genannt.

* Der Deutsche Metallarbeiterverband im Jahre 1911. Jahr- und Handbuch für Verbandsmitglieder, hrsg. vom Vorstand des DMV, Stuttgart 1912, Bezirksberichte, S. 105.

Der DMV bemühte sich vorrangig um die Verbesserung der Arbeitsbedingungen, um den Organisationsgrad der Hüttenarbeiter zu steigern. Da aufgrund der mangelhaften Verankerung in den entsprechenden Werken Streiks oder andere betriebliche Ansätze nicht in Frage kamen, wählte man den Weg der Petitionen an die Staatsorgane. 1907 wurde dem Reichstag eine Denkschrift zur Lage der Hüttenarbeiter übergeben, einige Jahre später eine großangelegte Untersuchung des Verbandes über die deutsche Schwereisenindustrie veröffentlicht. Für die konkreten Arbeitsbedingungen in den Saarhütten hatten diese Schritte wenig Bedeutung. Ebenso wie die meisten ihrer Berufsgenossen in den anderen Teilen Deutschlands blieben die Hüttenarbeiter hier dem DMV im großen und ganzen fern. De facto hieß dies für die Verwaltungsstelle Saarbrücken, daß sie relativ bedeutungslos blieb. Bis etwa 1916/17 gelang es ihr nicht, sich aus dieser Lage zu befreien.

Eines der oben angesprochenen Probleme wollen wir nun näher betrachten, da es gerade im Saarrevier von besonderer Bedeutung gewesen sein dürfte: die unnachgiebige Unterdrückung der sozialistischen Arbeiterbewegung durch die Industriellen. An der Jahreswende 1904/05, als das geplante Erscheinen der SPD-Zeitung „Saarwacht“ bekannt geworden war, drohten sie mit Anschlägen an den Werkstoren eventuellen Lesern die umgehende Entlassung an. Die Firma Gebrüder Stumm in Neunkirchen erinnerte darin an den Beschluß vom Juli 1877, der bekanntlich allen die Entlassung angedroht hatte, die auch nur zufällig in Berührung mit der SPD kamen. Über die Aufforderung, Mitglieder des DMV bei den Direktionen zu denunzieren, berichtete Fritz Ehrler bereits 1903. Private und öffentliche Unternehmer vereinbarten mit den Behörden erneut die genaue Observation der Arbeiterorganisationen und die gegenseitige Information über die gewonnenen Erkenntnisse. Diesem Zweck diente eine eigene Organisation der Unternehmer mit dem Syndikus der Handelskammer, Alexander Tille, an der Spitze. Die Informationen wurden in Form eines als „streng geheim“ deklarierten Blattes weitergereicht, das unter dem Titel „Gewerkschaftliche Nachrichten“ erschien. Pikanterweise finden sich darin wörtliche Abschriften von Protokollen, die ursprünglich von Polizeibeamten über Arbeiterversammlungen angefertigt worden waren.* Welches Schicksal den hier erfaßten Agitatoren drohte, lag auf der Hand. Auch die Konstituierung des Arbeitgeberverbandes der Saarindustrie im Frühjahr 1905 dürfte nicht zuletzt der Bekämpfung der Arbeiterbewegung gedient haben. Die Niederschlagung des Streikversuchs des CMV in der Burbacher Hütte im Juni 1906 und die damit verbundenen Maßregelungen schufen ein abschreckendes Beispiel auch für die anderen Gewerkschaften.

* Vgl. etwa Landeshauptarchiv Koblenz: Bestand 442, Nr. 4445, Bl. 289 ff. und ebd., Bl. 293 ff. Hier befindet sich erst der vom Bürgermeister Wiebelskirchen an den Landrat Ottweiler weitergereichte Bericht über eine Versammlung des Gewerkvereins christlicher Bergarbeiter in Hangard am 26. Februar 1905, dann dessen wortgetreue Wiedergabe in den „Gewerkschaftlichen Nachrichten" Nr. 3519 vom 18. März 1905.

Diesen Streik nahmen die Hüttenindustriellen aber auch zum Anlaß, nun ihrerseits die Arbeiter zu organisieren. Sie gründeten wirtschaftsfriedliche und strikt antisozialistische Werkvereine. Aufgenommen wurden nur solche Arbeiter, die nicht im DMV organisiert waren. Von den Werken mit erheblichen finanziellen Mitteln versehen, fiel es den Werkvereinen leicht, Prämien und Zuwendungen zu verteilen und so an Attraktivität zu gewinnen. Solche Organisationen bestanden u. a. bei den Hüttenwerken in Burbach, Halberg, Völklingen, Dillingen und Neunkirchen. Vom DMV waren sie als „Gelbe" verschrien. Diese Redewendung stammt ursprünglich aus Frankreich und wurde dort seit dem Ende des 19. Jahrhunderts für gewerkschaftsfeindliche und streikbrecherische Organisationen gebraucht. Eine Statistik des DMV aus dem Jahre 1909 belegt, daß die Gründung der gelben Werkvereine im Sinne der Hüttenbesitzer durchaus erfolgreich war: Von den 3 720 Beschäftigten der Halberger Hütte gehörten 1 180 dem Werkverein an, 60 waren freigewerkschaftlich organisiert, 150 im Hirsch-Dunckerschen Gewerkverein. In Burbach waren 2 700 der insgesamt 4 750 Beschäftigten Mitglied der gelben Organisation, 40 gehörten den freien Gewerkschaften an, 200 dem Hirsch-Dunckerschen Gewerkverein. Von den 6 050 Röchling-Arbeitern in Völklingen hatten sich 1 800 auf die Seite des Werkvereins geschlagen, nur 100 auf die der freien Gewerkschaften und 242 auf die der Hirsch-Dunckerschen Organisation. Neunkirchen schließlich zählte bei 4 870 Beschäftigten 1 000 Mitglieder der Gelben, aber niemanden, der sich freigewerkschaftlich oder im Hirsch-Dunckerschen Verband organisiert hatte.*

Tabelle 2: Gewerkschaftsmitgliedschaft in den Saarhütten 1909

		Davon organisiert in:		
Firma	Arbeiter insgesamt	freien Verbänden	Hirsch-Duncker	Gelbe Vereine
Halberger Hütte	3 720	60	150	1 180
Burbacher Hütte	4 750	40	200	2 700
Völklinger Hütte	6 050	100	242	1 800
Gebrüder Stumm	4 870	–	–	1 000
Sankt Ingberter Hütte	1 980	–	–	700
Stahlwerk Oberhomburg	340	–	–	200

Quelle: Der DMV im Jahre 1909. Jahr- und Handbuch für Verbandsmitglieder, hrsg. vom Vorstand des DMV, Stuttgart 1910, S. 42.

Bis weit in den Ersten Weltkrieg hinein bildeten die gelben Organisationen für den Bereich der Saarhütten ein nahezu unüberwindliches Bollwerk gegen die anderen Gewerkschaften. Ergänzt wurde es durch die unbarmherzige Verfolgung derer, die es dennoch wagten, sich der sozialistischen Arbeiterbewegung anzuschließen. Wurde ihre Mitgliedschaft bekannt oder betätigten sie sich gar in der Öffentlichkeit für ihre Organisation, so kamen sie auch jetzt

* Der Deutsche Metallarbeiterverband im Jahre 1909. Jahr- und Handbuch für Verbandsmitglieder, hrsg. vom Vorstand des DMV, Stuttgart 1910, S. 42.

noch auf schwarze Listen des Unternehmerverbandes. Alexander Tille brauchte sich nicht zu scheuen, deren Existenz in einem Verfahren vor dem Landgericht Saarbrücken öffentlich zuzugeben: „Es besteht die Verbandseinrichtung, daß ein Arbeitgeber in dem Falle, daß ein Arbeiter von ihm, der agitatorisch mit sozialdemokratischer oder sonst verwandter schriftlicher Tendenz aufgetreten ist, aus seinem Dienste scheidet, dies dem Verband unter Mitteilung der Tatsachen, welche eine agitatorische Betätigung enthalten, mitteilt. Der Verband, dessen Generalsekretär ich bin, stellt solche Arbeiter in ein Verzeichnis ein, das jedem Verbandsmitglied zugeht."* Wir werden sehen, daß die Praxis dieser schwarzen Listen noch Jahrzehnte später eine Rolle spielte.

g) Der Erste Weltkrieg

Am Vorabend des Ersten Weltkrieges gehörte Deutschland zu den mächtigsten Staaten der Welt. Doch das reichte den imperialistischen Kräften in Politik und Wirtschaft nicht, sie strebten den „Platz an der Sonne" an, den Reichskanzler Bülow in ihrem Namen 1897 zum Ziel erklärt hatte. Jahrelang bereiteten sie den Krieg wirtschaftlich und ideologisch vor und versuchten, die Arbeiterbewegung für ihre Interessen einzuspannen. Friedrich Naumann etwa hatte in seinem „National-sozialen Katechismus" 1897 formuliert: „Was ist das Nationale? Es ist der Trieb des deutschen Volkes, seinen Einfluß auf der Erdkugel auszudehnen. Was ist das Soziale? Es ist der Trieb der arbeitenden Menge, ihren Einfluß innerhalb der Menge auszudehnen. Wie hängt beides zusammen? Die Ausdehnung des deutschen Einflusses auf der Erdkugel ist unmöglich ohne Nationalsinn der Masse, und die Ausdehnung des Einflusses dieser Masse im Volke ist unmöglich ohne weitere Entwicklung der deutschen Macht auf dem Weltmarkte."**

Das Attentat auf den österreichischen Thronfolger Ende Juni 1914 bot Gelegenheit, den Krieg zu beginnen. Nach einem mehrwöchigen diplomatischem Gerangel marschierten Anfang August 1914 deutsche Truppen über die Grenzen. Die Arbeiterbewegung konnte diese Entwicklung nicht aufhalten. Zwar hatten im Juli Hunderttausende ihren Friedenswillen in gewaltigen Demonstrationen und Kundgebungen unterstrichen, doch wenige Tage später wurden viele von ihnen in den Krieg befohlen. Die Arbeiterorganisationen schwenkten um und schlossen „Burgfrieden" mit Staat und Unternehmern. Die Gewerkschaften brachen alle Arbeitskämpfe ab, der SPD-Parteivorstand verhandelte mit der Reichsregierung über die zu treffenden Maßnahmen, die Reichstagsfraktion stimmte den Kriegskrediten zu. Viele erlagen dem nationalistischen Taumel, der in diesen Tagen besonders heftig geschürt wurde. Andere erwarteten, mit dieser Haltung endlich offizielle Anerkennung zu finden,

* Metallarbeiterzeitung Nr. 29 vom 16. Juli 1910.

** Friedrich Naumann: Werke, Band 5. Im Auftrag der Friedrich Naumann-Stiftung hrsg. von Theodor Schieder, Köln-Opladen 1964, S. 201.

wieder andere hofften gar auf einen erfolgreichen Ausgang des Krieges und verknüpften dies mit der Hoffnung auf eine Verbesserung der sozialen Lage der Arbeiter.

Der Kaiser dankte der Arbeiterbewegung ihre Haltung mit der Floskel, nun keine Parteienunterschiede mehr zu kennen. Dieser neue Kurs sprach sich freilich zu langsam bis nach Neunkirchen herum, hier wurden die führenden Sozialdemokraten bei Kriegsbeginn verhaftet und ins Trierer Gefängnis geworfen. Davon betroffen waren Fritz Stein, Mathias Johann, Wilhelm Pitz, Peter Molter und das Ehepaar Pflüger. Man warf ihnen die Gefahr der Anzettelung eines öffentlichen Aufruhrs vor. Angesichts der Schwäche der sozialistischen Bewegung in der Hüttenstadt entbehrte dieser Vorwurf jeglichen Sinns für die Realitäten, fügte der Parteigliederung aber dauerhaften Schaden zu. Bis 1917 ruhte die organisatorische Arbeit der SPD, die wenigen Mitglieder beschränkten sich darauf, über lose private Verbindungen den Kontakt untereinander nicht abreißen zu lassen.

Kaum besser erging es den freien Gewerkschaften. Kurzfristig führte die Umstellung der Wirtschaft auf die Bedingungen des Krieges zum raschen Anstieg der Arbeitslosigkeit, gleichzeitig mußten viele Mitglieder auf die Schlachtfelder ziehen. Beides drückte die Mitgliederzahlen herab: 1914 zählte der DMV Saarbrücken nur noch 110 Mitglieder, 1915 waren es 55, 1916 ging es mit nunmehr 73 wieder leicht aufwärts.* 1915 wurde die Verwaltungsstelle nur noch nebenamtlich geführt, 1916 wurde sie vom Vorstand vorläufig aufgehoben. Ernst Bosawé, seit 1910 als Geschäftsführer in Saarbrücken tätig, gehörte zu denen, die zur Armee einberufen wurden und die Heimat erst als Kriegsinvaliden wiedersehen sollten, er schied dann aus dem Dienst des DMV aus. 1917 kehrte David Fuhrmann auf den Geschäftsführerposten der nunmehr wieder eingerichteten Verwaltungsstelle zurück.

Die Unternehmer nutzten die hohe Arbeitslosigkeit und die Schwäche der Gewerkschaften im Herbst 1914 zur Verschlechterung der Arbeitsbedingungen. Erkämpfte Schutzbestimmungen wurden noch im August außer Kraft gesetzt, die Löhne gesenkt. Fritz Ehrler schrieb zum Verhalten der Metallindustriellen im Gebiet des DMV-Bezirks Frankfurt: „Hand in Hand mit diesen Betriebseinschränkungen gingen fast allerorts Versuche der Unternehmer, die Akkordverdienste der Arbeiter zu kürzen und sonstige Verschlechterungen der Arbeitsverhältnisse herbeizuführen."** Die zu den Waffen gerufenen Arbeiter wurden durch Frauen und Jugendliche, später auch durch ausländische Arbeitskräfte ersetzt. Wo dies noch ging, wurde die Arbeitszeit verlängert und die Arbeitshetze gesteigert. Die Umstellung auf die Kriegswirtschaft gelang rasch, viele ehemals zivile Betriebe produzierten jetzt ausschließlich für den Heeres-

* Der Deutsche Metallarbeiterverband im Jahre . . . .

** Der Deutsche Metallarbeiterverband im Jahre 1914. Jahr- und Handbuch für Verbandsmitglieder, hrsg. vom Vorstand des DMV, Stuttgart 1915, Bezirksberichte, S. 96.

bedarf und die dort zu erwartenden Gewinne. Die Kapazitäten der Konsumgüterindustrie wurden herabgefahren, auch die landwirtschaftliche Erzeugung ging zurück. In erster Linie ging dies zu Lasten der abhängig Arbeitenden, die eine massive Verschlechterung der Lebensbedingungen hinnehmen mußten. Versorgungsprobleme traten auf, vor allem in den Städten wurden Lebensmittel, Artikel des täglichen Bedarfs und Wohnungen immer knapper. Logische Konsequenz waren die Herausbildung von Schwarzmärkten und Lebensmittelschiebereien, die die Arbeiterklasse weiter von der Versorgung mit lebenswichtigen Waren ausschlossen.

Unterdessen planten die Kriegstreiber die Neuaufteilung der Welt. Später so hoch angesehene Persönlichkeiten wie Rathenau und Stresemann leisteten dabei ebenso ihren Beitrag wie namhafte Industrielle. Die eher exportorientierten Teile der Wirtschaft traten für eine Expansion vornehmlich in Südost- und Osteuropa ein, während andere unter maßgeblicher Beteiligung der Schwerindustrie ihre ökonomischen Interessen in Westeuropa im Blick hatten. Zu diesen letztgenannten zählte Hermann Röchling, der sich nach dem Tode Stumms zum Sprecher der Hüttenwerke an der Saar gemacht hatte. Er schrieb Ende August 1914 an den Statthalter von Elsaß-Lothringen, Johann von Dallwitz: „Bei einem neuen Frieden mit Frankreich sollte der Fehler, der im Frankfurter Frieden bezüglich des großen Erzbeckens von Briey gemacht wurde, in Ordnung gebracht werden. Die Wichtigkeit dieses Besitzes geht schon daraus hervor, daß heute schon eine große Zahl von Erzkonzessionen in diesem Gebiete zum großen oder erheblichen Teile in deutschem Besitze sind ... Will man die Grenze gründlich verschieben, so würde ich folgenden Vorschlag machen: 1. Neue Grenze: Longuyon – Etain – Fresnes en Woerre – Pont à Mousson – Nomény."* Sicherheitshalber formulierte er zwei Alternativvorschläge, die sich mit weniger Landgewinn zufriedengaben, gleichwohl aber Frankreichs Erzgebiet für Deutschland einforderten.

Im August 1914 war man davon ausgegangen, daß der Krieg nicht lange dauern werde. Diese Prognose erwies sich schon bald als falsch. Je länger der Krieg aber dauerte und je mehr sich die Arbeits- und Lebensbedingungen der Arbeiterklasse verschlechterten, desto stärkeren Rückhalt gewann die Antikriegsbewegung. Waren es anfangs nur wenige Personen mit Rosa Luxemburg und Karl Liebknecht an der Spitze, die es gewagt hatten, ihre Stimme gegen Kriegstreiber und Burgfrieden zu erheben, so entwickelte sich daraus in der Folgezeit eine immer stärkere Bewegung. Ihr schlossen sich viele Mitglieder des DMV an, die gegen die Burgfriedenspolitik des Verbandsvorstandes opponierten. Gegen den Willen der Gewerkschaftsspitzen kam es 1916 wieder zu Arbeitskämpfen. Manche richteten sich gegen die wachsende Not, andere gegen die Verhaftung Liebknechts wegen seines mutigen antimilitaristischen Auftretens. Die SPD-Reichstagsfraktion drängte die Kriegsgegner um Karl Liebknecht aus ihren

* Europastrategien des deutschen Kapitals 1900 bis 1945, hrsg. von Reinhard Opitz, Köln 1977, S. 211.

Reihen. Im April 1917 schuf sich die Opposition mit der Unabhängigen Sozialdemokratischen Partei (USPD) eine eigene Organisation. Ihr einigendes Band war die Forderung, den Krieg so rasch als möglich zu beenden.

Im Mai 1916 traten Arbeiter der Gruben Sulzbach, Altenwald, Maybach, Jägersfreude, Camphausen und Dudweiler jeweils für kurze Zeit in den Ausstand. Ihre Ziele waren die Erhöhung der kärglichen Löhne und eine bessere Versorgung mit Lebensmitteln. Am 24./25. September des folgenden Jahres kam es, ausgehend von Reden und Heinitz, zum Massenstreik im oberen Revier. Damit wurden eine zehnprozentige Lohnerhöhung und Zuschüsse zu den Kartoffellieferungen erreicht. Über andere Streiks der Saararbeiter ist für den weiteren Verlauf des Krieges nur wenig bekannt. Sogar die große Streikbewegung, die im Januar 1918 mehr als eine Million Arbeiter vor allem aus den Rüstungsbetrieben für die Forderungen der Kriegsgegner mobilisierte, ging scheinbar folgenlos am Saarrevier vorbei. Dies war nicht allein den Aktivitäten der Unternehmer und der staatlichen Instanzen zu danken, sondern auch den gewerkschaftlichen. Sie riefen die Arbeiter immer wieder auf, die im Felde stehenden Kollegen nicht im Stich zu lassen und in Ruhe weiterzuarbeiten. Nicht umsonst hatte der kommandierende General des XXI. Armeekorps im März 1915 für die Bergarbeitergewerkschaften das Anfang August 1914 erlassene Versammlungsverbot wieder aufgehoben.

Freie und christliche Organisationen unterschieden sich in ihrer Argumentation gegen Streiks und Burgfriedensgegner kaum voneinander. Nach seiner Rückkehr auf den Geschäftsführerposten des DMV Saarbrücken betonte auch David Fuhrmann im Spätsommer 1917, daß seine Organisation ein scharfer Gegner aller Streikbestrebungen sei, sie stehe auf dem Boden von Recht und Gesetz und werde versuchen, mit deren Hilfe die Lage der Arbeiter zu verbessern. Er ging sogar noch einen Schritt weiter, wie die „Neunkircher Volks-Zeitung" mit sichtlicher Genugtuung berichtete: „Er bitte die Kollegen, die Elemente, die anscheinend beseelt (seien), die Arbeiterschaft zu unüberlegten Schritten hinzudrängen, sofort der Behörde mitzuteilen."* Kein Wunder, daß Fuhrmanns Tätigkeit bei der Kriegsamtsstelle Saarbrücken auf keine Bedenken stieß.

Immerhin belegen die zahlreichen Anti-Streikaufrufe der Saargewerkschaften, daß es auch hier eine latent vorhandene Bereitschaft gab, den Boden des Burgfriedens zu verlassen. Wiederholt veranlaßte die Polizei, daß die von Berg- und Hüttenarbeitern benutzten Züge und die von ihnen besuchten Wirtschaften von Zivilbeamten überwacht wurden, um agitatorisch tätiger Kriegsgegner habhaft zu werden. Dennoch ist nicht zu verkennen, daß die Antikriegsbewegung hier nur schwach entwickelt war. Die regionale USPD konstituierte sich erst im Frühjahr 1918. Die Initiative dazu ging von Ludwig Hetterich und Karl Krämer aus, beide mittlerweile Sekretäre des Bergarbeiterverbandes. Zum spä-

* Neunkircher Volks-Zeitung Nr. 223 vom 19. September 1917.

ten Zeitpunkt dieser Gründung mag beigetragen haben, daß Hetterich 1917 sieben Monate im Gefängnis hatte zubringen müssen, weil er „Flugblätter mit deutschfeindlichem Inhalt“ verbreitet hatte.*

Auch der seit 1917 amtierende Bezirksleiter des Bergarbeiterverbandes, Franz Pokorny, wurde zeitweise inhaftiert. Der Ottweiler Landrat inszenierte ein beständiges Kesseltreiben gegen ihn, schrieb Berichte über angebliche Störungen von Ruhe und Ordnung an das Generalkommando und hintertrieb Versammlungen. Ursache seines Verhaltens war die von Pokorny vorgetragene Kritik an der Lebensmittelversorgung im Kreisgebiet. Als dann bekannt wurde, daß der Landrat an umfangreichen Schiebergeschäften beteiligt war, verschärfte sich der Konflikt. Im Juli 1918 wurde Pokorny wegen angeblichen Landesverrats inhaftiert. Daß er nach fast zweimonatiger Haft ausgerechnet am Tag vor dem festgesetzten Verhandlungstermin freigelassen wurde, stellte die Unhaltbarkeit der Anschuldigungen unter Beweis.

Seit Dezember 1916 hatten sich die Rahmenbedingungen gewerkschaftlicher Arbeit an der Saar grundlegend verändert. Die Arbeiterorganisationen sahen sich einem unerwarteten Mitgliederzulauf gegenüber. Der DMV Saarbrücken war 1917 nach jahrelangem Mauerblümchendasein mit 2080 Mitgliedern zur viertgrößten Verwaltungsstelle im Bezirk Frankfurt geworden, Ende 1918 zählte er 5266.** Ähnlich erging es dem Bergarbeiterverband, der am 1. Januar 1917 knapp 1200 Mitglieder gehabt hatte, ein Jahr später aber schon weit über 15000.*** Im Neunkircher Hüttenwerk profitierten vor allem die Hirsch-Dunckerschen Gewerkvereine vom plötzlichen Aufwind. Während des Krieges war hier ein Arbeiter eingestellt worden, der zuvor in anderen Gegenden gearbeitet hatte und dabei Mitglied und Funktionär des Gewerkvereins geworden war. Nun organisierte er die Tätigkeit dieser Richtung im Stummschen Betrieb, wohingegen DMV und CMV hier gar nicht oder mit nur wenigen unerfahrenen Mitgliedern vertreten waren. Bis Mai 1917 traten dem Gewerkverein 290 Neunkircher Arbeiter bei, bis Ende Dezember 800. Ein Jahr später zählte die liberale Gewerkschaft etwa 2500 Mitglieder im Saarrevier.**** Woran lag dieser plötzliche Aufschwung, den nicht nur die Hirsch-Dunckerschen, sondern auch die anderen Gewerkschaften jetzt erlebten?

Eine Antwort finden wir im Versuch des Staates, die Rüstungsproduktion weiter zu steigern, um den Erfordernissen des Krieges Genüge zu tun. Im August 1916 wurde ein gewaltiges Aufrüstungsvorhaben beschlossen, das als „Hindenburg-Programm“ in die Geschichte einging. Da eines der Hauptpro-

* Landeshauptarchiv Koblenz: Bestand 442, Nr. 3788, Bl. 1081.

** Der Deutsche Metallarbeiterverband im Jahre . . . .

*** Klaus-Michael Mallmann/Horst Steffens: Lohn der Mühen. Geschichte der Bergarbeiter an der Saar, München 1989, S. 115.

**** Karl Alfred Gabel, a.a.O., S. 219 f.

bleme mittlerweile die Knappheit der Arbeitskräfte war, kombinierte man dieses Programm mit dem „Gesetz über den Vaterländischen Hilfsdienst" vom Dezember 1916. Es unterwarf die männliche Bevölkerung zwischen siebzehn und sechzig Jahren einer allgemeinen Arbeitspflicht und schaffte die freie Wahl des Arbeitsplatzes weitgehend ab. Wer eine neue Stelle antreten wollte, benötigte eine Einverständniserklärung des bisherigen Arbeitgebers. Ohne sie war kein Arbeitsplatzwechsel mehr möglich. Für die Durchführung des Hilfsdienstgesetzes wurden Ausschüsse gebildet, in denen auch die Gewerkschaften vertreten waren. Sie hatten das Gesetz trotz aller darin enthaltenen Beschränkungen und trotz der Proteste vieler Mitglieder fast widerspruchslos hingenommen. Eines ihrer Hauptargumente war, daß sie durch die Mitarbeit in den Ausschüssen endlich ihr Ziel erreicht hatten, offiziell vom Staat anerkannt zu werden.

September 1918: Lebensmittelmarken für Schwerarbeiter. (Stadtarchiv Neunkirchen)

Die Konsequenzen daraus, daß die Gewerkschaften nun nicht länger eine verfemte, oft genug an den Rand der Illegalität gerückte Gruppe waren, sondern eine staatlich legitimierte Institution, waren eben die im Saarrevier plötzlich explodierenden Mitgliederzahlen. Die Hemmschwelle des Eintritts, die jahrelang nur eine fast unbedeutende Minderheit zu überschreiten gewagt hatte, war nun entfallen. Auf der anderen Seite aber stand die Verwirklichung der mit dem Hilfsdienstgesetz geplanten Ziele, die in den Presseberichten über die Arbeit der Ausschüsse nachlesbar war. Im Juni 1918 wurden z. B. auf einen Schlag 400 Hilfsdienstpflichtige vom Einberufungs- und Schlichtungsausschuß Neunkirchen mit Ordnungsstrafen belegt, weil sie ihrer Meldepflicht nicht nachgekommen waren.* In den Augen der inner- und außergewerkschaftlichen Burgfriedensgegner wog der Vorteil, den die Anerkennung der Organisationen darstellte, die Nachteile des Hilfsdienstgesetzes nicht auf, war doch damit dem einzelnen Arbeiter das Recht genommen, frei über seine Arbeitskraft zu bestimmen.

Um die Gewerkschaften zur Zustimmung zum Hilfsdienstgesetz zu bewegen und um der Antikriegsbewegung nicht weiteren Zulauf zu bescheren, war ein weiteres Zugeständnis in das Gesetzeswerk aufgenommen worden: In den größeren Betrieben mit in der Regel mindestens fünfzig beschäftigten Arbeitern mußten jetzt ständige Arbeiterausschüsse eingerichtet werden. Ihnen sollte es obliegen, das „gute Einvernehmen“ innerhalb der Arbeiterschaft sowie zwischen Beschäftigten und Unternehmern zu fördern. Mitbestimmungsrechte gab es keine, die Ausschüsse hatten lediglich Anträge, Wünsche und Beschwerden der Arbeiter zur Kenntnis der Werksleitungen zu bringen. Obwohl von solchen Organen keinerlei Durchsetzung der Belegschaftsinteressen zu erwarten war, wurde ihre Einrichtung in der Gewerkschaftspresse begeistert gefeiert. In der Praxis freilich hintertrieben viele Industrielle das Zustandekommen der Ausschüsse so weit es ging. Im Neunkircher Eisenwerk dauerte es bis Mitte Juni 1917, ehe die Wahlen stattfinden konnten. Die im Betrieb vertretenen Gewerkschaften hatten sich zur „Arbeitsgemeinschaft der vereinigten Gewerkschaften“ zusammengeschlossen und die Kandidatenaufstellung offenbar gemeinsam vorgenommen. Gewählt wurden vier Vertreter der Hirsch-Dunckerschen Gewerkvereine (Günther, Müller 2, Funkhäuser und Schroer), zwei des gelben „Nationalen Hüttenvereins“ (Mertes und Herz) sowie je einer der christlichen (Dengel) und der freien Gewerkschaften (Friedrich Hans).** Inwieweit dadurch die realen Kräfteverhältnisse zwischen den verschiedenen Organisationen im Werk repräsentiert waren, konnte nicht ermittelt werden.

Die immensen kriegswirtschaftlichen Anstrengungen, die das kaiserliche Deutschland seit Sommer 1916 unternahm, verlängerten den Krieg und die damit verbundenen Leiden zwar, konnten aber keine entscheidende Wende her-

* Neunkircher Volks-Zeitung Nr. 148 vom 27. Juni 1918.

** Neunkircher Volks-Zeitung Nr. 167 vom 20. Juli 1917.

beiführen. Mit zunehmender Dauer wurden die Kämpfe aus deutscher Sicht immer aussichtsloser. Innenpolitisch verstärkte sich der Ruf nach Frieden. In Verbindung damit wurden die Forderungen nach einer grundlegenden Umgestaltung der gesellschaftlichen Verhältnisse und nach Überwindung der kapitalistischen Produktionsweise immer lauter. Viele sahen das Vorbild der künftigen Entwicklung in der russischen Oktoberrevolution. Dies blieb den in Politik und Wirtschaft führenden Kräften natürlich nicht verborgen. Anfang Oktober 1918 beteiligten sie die SPD an der Regierung, um das innenpolitische Ansehen der abgewirtschafteten Monarchie aufzubessern. Gleichzeitig berieten sie über weitere Strategien zur Niederhaltung der Revolution, die nach der abzusehenden militärischen Niederlage unzweifelhaft zu erwarten war. Jakob Reichert, Geschäftsführer des Vereins Deutscher Eisen- und Stahlindustrieller, berichtete über eine Tagung führender Industrieller im Düsseldorfer Stahlhof vom 9. Oktober 1918 u. a. folgendes: „Tatsächlich war die Lage schon in den ersten Oktobertagen klar. Es kam darauf an: Wie kann man die Industrie retten? Wie kann man auch das Unternehmertum vor der drohenden, über alle Wirtschaftszweige hinwegfegenden Sozialisierung, der Verstaatlichung und der nahenden Revolution bewahren? ... Einen überragenden Einfluß schien nur die organisierte Arbeiterschaft zu haben. ... Wenn in dieser großen Masse der organisierten Arbeitnehmer der Gedanke der Zusammengehörigkeit, der Solidarität mit den Unternehmern für die großen wirtschaftspolitischen Fragen erweckt werden kann, dann, so schien es, ist ein Weg vorhanden, auf dem man künftig zum Besten der deutschen Industrie weitergehen kann ..."* Aus den früher so unbarmherzig bekämpften Gewerkschaften sollten jetzt also Partner werden, mit deren Hilfe man der Revolution gegenübertreten wollte.

Freilich waren nicht alle politischen Kräfte so weitblickend, viele verschlossen die Augen vor der Wirklichkeit und gaben sich noch in den letzten Kriegstagen ihren Träumen vom deutschen „Platz an der Sonne" hin. Am 2. November 1918 fand in Neunkirchen eine offenbar von der Zentrumspartei einberufene Versammlung statt, in deren Verlauf alle Redner zum Durchhalten aufriefen. Der katholische Gewerkschaftssekretär Czieslick forderte von der Bevölkerung die Zeichnung der neunten Kriegsanleihe, die den weiteren Militärbedarf finanzieren sollte. Bartholomäus Koßmann, seit 1912 Reichstagsabgeordneter, bekannte sich zur Monarchie und zur Herrschaft der Hohenzollern. Als dritter Redner rief Pfarrer Alsdorf aus, das deutsche Volk werde sich nicht unterkriegen lassen. Drei Tage später erfuhren die Einwohner der Hüttenstadt durch die Zeitungen vom Beginn der Revolution, die dem Massenmord auf den Schlachtfeldern ein Ende setzte.

* Jakob Reichert: Entstehung, Bedeutung und Ziel der „Arbeitsgemeinschaft", Berlin 1919, S. 6 f.

Die deutsche Westgrenze, 1919 bis 1929

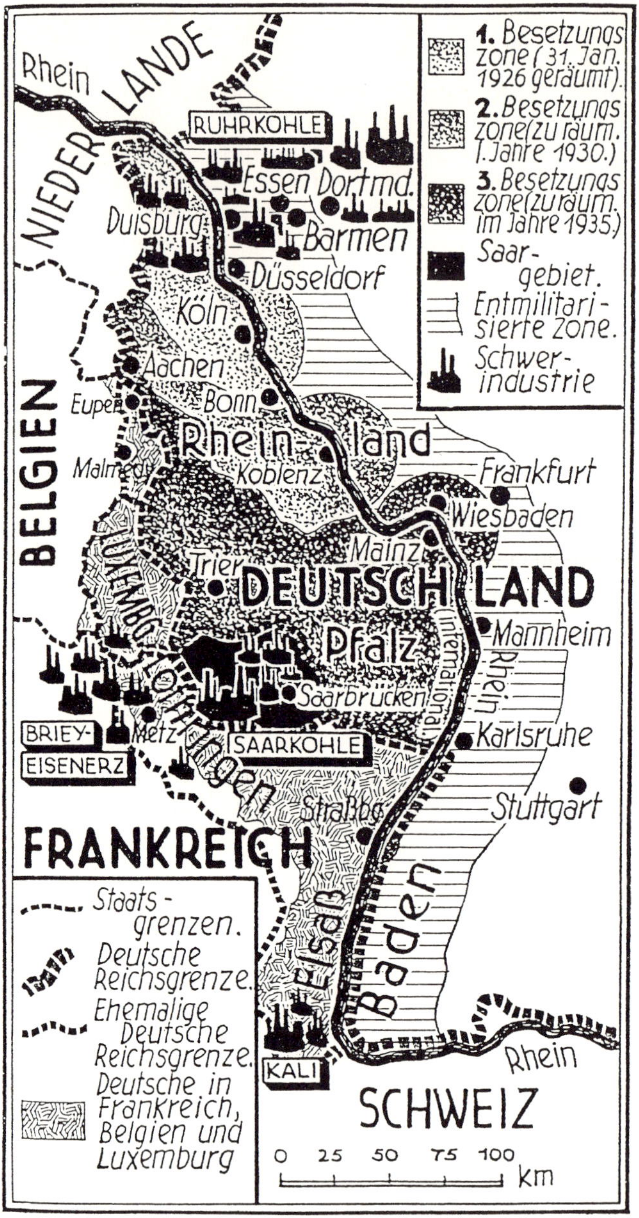

Quelle: Alex Radó, Atlas für Politik, Wirtschaft, Arbeiterbewegung, Bd. 1: Imperialismus, Wien/Berlin 1930, S. 87.

II. Das rote Neunkirchen (1918–1935)

a) Novemberrevolution

Ende Oktober 1918 ordnete die Führung der deutschen Kriegsmarine ein nochmaliges Auslaufen der Flotte an. Die Mannschaften verhinderten jedoch die Ausführung dieses militärisch vollkommen sinnlosen Befehls. Ihr Widerstand rettete nicht nur das Leben der Matrosen, sondern war gleichzeitig Auftakt der Novemberrevolution, die innerhalb kürzester Zeit den Frieden errang. In wenigen Tagen breitete sich der Aufstand immer weiter aus und erreichte schließlich auch den letzten Winkel des deutschen Reiches. Nach dem Vorbild der russischen Oktoberrevolution bildeten sich überall Arbeiter- und Soldatenräte, die auf eine durchgreifende Demokratisierung der Gesellschaft drängten. Die Idee einer Rätedemokratie griff Platz. Mit dieser Forderung wurde vielerorts eine weitere verknüpft, die auf die rasche Veränderung der Besitzverhältnisse durch die Enteignung von Großgrundbesitz, Banken und Industrie zielte. In vielen Teilen Deutschlands gelang es diesen Kräften, die politische Führung zu übernehmen und die bisherigen Träger der Macht zumindest vorerst zu verdrängen.

Doch es gab auch eine zweite Richtung, die keine revolutionären Veränderungen wollte, sondern auf schrittweise Reformen setzte. Sie stützte sich vielfach auf jene Teile der Arbeiterbewegung, die in den Jahren zuvor den Burgfrieden mit Staat und Unternehmern proklamiert hatten. Auch diese zweite Richtung bildete Arbeiter- und Soldatenräte oder beteiligte sich daran, strebte aber ein Bündnis mit Teilen des Militärs, bürgerlich-liberalen Politikern und Unternehmern an. Auf diese Weise sollte der kaiserliche Obrigkeitsstaat in eine parlamentarische Demokratie überführt werden, die angestrebten Sozialisierungen hoffte man, mit Hilfe parlamentarischer Mehrheiten durchsetzen zu können.

Dieser Strategie fühlten sich die meisten Räte im Saarrevier verpflichtet. Federführend war hier der Arbeiter- und Soldatenrat Saarbrücken, der sich am Nachmittag des 9. November konstituierte. Vorsitzender wurde Valentin Schäfer, Sekretär des Bauarbeiterverbandes und Vorsitzender der SPD im Wahlkreis Saarbrücken, als Stellvertreter fungierten der SPD-Sekretär Gottlieb Reese und Karl Krämer von der USPD. Noch am gleichen Tag verhandelten Abgeordnete des Rates mit den militärischen und zivilen Behörden. Sie versicherten, sich mit allen Mitteln für die Aufrechterhaltung von Ruhe und Ordnung einzusetzen. Die Behörden erklärten sich daraufhin zur Zusammenarbeit mit dem Rat bereit.

Auch in Neunkirchen machte sich an diesem 9. November die Revolution bemerkbar. In Absprache mit den örtlichen Gewerkschaftssekretären ließ der Ottweiler Landrat nachmittags das Regierungslager sichern, um es vor eventuellen Übergriffen zu schützen. Im Saalbau fand eine Massenversammlung der Hüttenarbeiter statt, Hauptforderungen waren die Neuwahl des betrieblichen Arbeiterrates und die Auflösung der gelben Hüttengewerkschaft. Die Direktion des Eisenwerks sagte die Erfüllung dieser Forderungen unter dem Druck der Ereignisse sofort zu, um eine Radikalisierung zu verhindern. Revolutionäre Soldaten nahmen der Bahnhofswache die Abzeichen und die militärische Ausrüstung ab, ein Soldatenrat konstituierte sich. In der Nacht vom 9. auf den 10. November zogen Soldaten durch die Straßen Ottweilers, stürzten ein Maschinengewehr in die Blies und versorgten sich im städtischen Lebensmittellager mit Nahrungsmitteln. Auf der anderen Seite verbrannten Beschäftigte des Landratsamtes die Akten, die in der Vergangenheit über die Arbeiterbewegung angelegt worden waren. Alle Dokumente der bisherigen Unterdrückung und Verfolgung sollten beseitigt werden.

Am Nachmittag des 10. November kamen in Neunkirchen auf einer Wiese an der Lindenallee etwa 2000 Menschen zusammen, um sich über die bisherigen Ereignisse berichten zu lassen und einen Arbeiterrat zu wählen. Gleich zu Beginn machte ein Sprecher des Soldatenrates unmißverständlich klar, daß dieser „den ernsten Willen hat, für Ruhe und Ordnung zu sorgen und Mißgriffe, Übergriffe sowie Eingriffe in den Besitz streng zu bestrafen."* Als Redner trat auch der Hirsch-Dunckersche Gewerkschaftssekretär Dirk Schroer auf, der am Abend zuvor die große Hüttenarbeiterversammlung initiiert hatte. Er beschrieb die Aufgaben, die der künftige Rat übernehmen sollte: Aufsicht über die Lebensmittelversorgung, Kontrolle der Beamten (die ungeachtet ihres bisherigen Verhaltens sämtlich im Amt bleiben sollten), Mitbestimmung im Gemeinderat, Sicherung von Ruhe und Ordnung. 21 Personen unterschiedlicher politischer Herkunft wurden in den Arbeiterrat gewählt: Gewerkschaftssekretär Dirk Schroer, Bergmann Hermann Petri, Hüttenschreiner Thiery, Hüttengärtner Mertes, Maschinenmeister Max Meyer, Buchdrucker Püngler, die Bergleute Wachter, Brehm, Backes, Kolter, Schilling, Stein, Ecker und Huck, Hüttenarbeiter Peter Schroer, Augenarzt Karl Schneider, Lehrer Hussong, Kaufmann Stoll, Rechtsanwalt Kohler, Amtsrichter Niebour und als Pressevertreter Peter Meyer. Damit gehörten dem Rat nicht nur Vertreter der SPD und der verschiedenen Gewerkschaften, sondern auch bürgerlicher Gruppierungen an. Nach Schluß der Versammlung zogen Arbeiter- und Soldatenrat gemeinsam zum Rathaus, wo sie die rote Fahne hißten und den Bürgermeister über die neueste Entwicklung informierten. Vom ebenfalls anwesenden Justizrat Müller nach ihrer Legitimation befragt, erwiderten sie, „die Vollmacht sei von der großen Bürgerversammlung erteilt, welcher jeder hätte beiwohnen können, und ihr Ausweis sei die rote Fahne."**

Eine ähnliche Entwicklung vollzog sich in diesen Tagen im gesamten Saarrevier. Überall wurden Räte konstituiert, denen sich die Behörden unterstellten.

---

* Neunkirchener Zeitung Nr. 260 vom 11. November 1918.

** Landesarchiv Saarbrücken: Bestand Landratsamt Ottweiler, Nr. 5.

In Ottweiler stand der Bergmann Georg Klein an der Spitze, in Sankt Ingbert der Sekretär des Bergarbeiterverbandes Heinrich Rebmann, in Schiffweiler der Sozialdemokrat Johann Forster, in Sankt Wendel u.a. ein Stadtverordneter des Zentrums, Landwirt Lerner, und der SPD-Mann Schneider. Die rote Fahne wehte auf den Rathäusern und kündete vom Ende der Monarchie. Wie in Neunkirchen waren auch andernorts Vertreter unterschiedlichster Richtungen in den Räten vertreten. Eindeutig zuordnen lassen sich die Mitglieder des Wiebelskircher Arbeiterrates, der am 12. November gewählt wurde: S. Dengel, Robert Groß und Karl Engers gehörten dem Hirsch-Dunckerschen Gewerkverein an, Julius Schwarz, J. Roeder, Karl Müller, Karl Hoppstädter 2, Friedrich Klein und Jakob Schild dem freigewerkschaftlichen Bergarbeiterverband, Christian Brück dem Gewerkverein christlicher Bergarbeiter, Friedrich Schmidt, Wilhelm Mäsch und Karl Jung der SPD, Fritz Maschke der Fortschrittlichen Volkspartei, August Bäsel dem freigewerkschaftlichen Eisenbahnerverband, Peter Pennigh war als Vertreter der Geschäftsleute und Wendel Blinn als Beamtenvertreter gewählt worden.

Arbeiter- und Soldatenrat Neunkirchen, November 1918. (Landesarchiv Saarbrücken)

Vornehmliches Ziel der Rätebewegung an der Saar waren die Schaffung eines anderen, demokratischen Deutschland und die Wiederherstellung geordneter Verhältnisse. Davon kündete ein Aufruf in Neunkirchen: „Soldaten! Arbeiter!

Bürger! Unsere große Stunde ist da! Ein neues Deutschland ist entstanden. Arbeiter- und Soldatenräte haben die Regierung in den Händen. Alle Zivil- und Militärbehörden haben sich der Macht untergeordnet, denn bei uns ist das Recht und die Macht!"* Die Veränderung der Besitzverhältnisse wurde nicht angegangen, im Mittelpunkt der Überlegungen standen allerorten die Sicherung der Lebensmittelversorgung und die Unterbindung des Wuchers, die Bereitstellung von ausreichendem Wohnraum für die zurückkehrenden Soldaten und die Sicherung der Beschäftigungsmöglichkeiten. Ausländische Arbeitskräfte und Frauen, die man im Krieg für die Rüstungsproduktion eingespannt hatte, wurden jetzt entlassen, um Platz für die ehemaligen Soldaten zu machen. Zur Sicherung des Privateigentums richtete der Neunkircher Rat eine Bürgerwehr ein, die im wesentlichen vor den Gruben und dem Eisenwerk patrouillierte. So war es kein Wunder, daß die Direktion der Hütte sich bereitwillig an der Aufbringung der Unkosten beteiligte. Trotz der Existenz der Bürgerwehr kam es allerdings noch zu Plünderungsaktionen der notleidenden Bevölkerung in den Kammern am Bachschulhaus, in der Glashalle am Hüttenberg und in der Nachbarschaft des Gasthofes „Zur Post".

Hinsichtlich der politischen Veränderungen warteten die Räte an der Saar offensichtlich auf Vorgaben aus Berlin, wo sich am 9. November der Rat der Volksbeauftragten aus Vertretern der SPD und der USPD gebildet und die Regierungsgeschäfte übernommen hatte. Manch einer forderte schon jetzt die Wahl einer Nationalversammlung, mit der die Weichen für eine Parlamentarisierung des Reiches, aber gegen Rätedemokratie und rasche Sozialisierungen gestellt werden sollten. Davor warnte u. a. der Augenarzt Karl Schneider, der am 10. November in den Neunkircher Arbeiterrat gewählt worden war. Er forderte, der Revolution Zeit zu lassen und keine vorschnellen Festlegungen zu treffen. Er war es auch, der sich gegen die Versuche des Bürgertums stellte, noch stärkeren Einfluß auf den Gang der Ereignisse in der Hüttenstadt zu gewinnen. Als sich ein Bürgerausschuß formierte, erinnerte er an die politische Vergangenheit dessen Mitglieder: „Er goß die Lauge seines Spottes über die Bürgerschaft und machte sich darüber lustig, daß es jetzt so viele Demokraten gebe, die mitarbeiten wollten. Früher habe er sich immer einsam gefühlt und dabei gar nicht gewußt, daß er so viele ‚Freunde' habe."** Obwohl bekanntermaßen Mitglied der SPD, wurde Schneider daraufhin als Anhänger des linken Spartakusbundes gebrandmarkt und zählte zu den meistgehaßten Männern des Neunkircher Bürgertums. Die Lokalpresse veröffentlichte lange Schmähartikel gegen ihn, Gegendarstellungen wurden bestenfalls in Auszügen abgedruckt und mit neuen Hetzkommentaren versehen.

Aber auch der Arbeiter- und Soldatenrat ging nicht auf Schneiders Warnungen ein. Der Bürgerrat wurde in der Folgezeit an der Arbeit beteiligt, Schroer

* Ebd.: Abteilung F-Plakate, Nr 2/440.

** Neunkirchener Zeitung Nr. 270 vom 23. November 1918.

erklärte, man habe ja von Anfang an auch diese Kreise einbezogen. Der Rat gab sich nun den Titel eines Arbeiter- und Bürgerrates, gleiches geschah andernorts. Am 24. November konstituierte sich im Gasthof Halberg der Kreis-Arbeiter- und Bürgerrat Ottweiler. Seine soziale Struktur entsprach weitgehend der des später gewählten Kreistages. Reservierter verhielten sich die Neunkircher Arbeitervertreter gegenüber den konfessionellen Arbeitervereinen: Am 22. November beschloß der Rat gegen das Votum seines Vorsitzenden Hermann Petri, vorerst keine Mitglieder der katholischen und evangelischen Arbeitervereine aufzunehmen. Zu sehr hatten sich diese in der Vergangenheit als reine Spalterorganisationen betätigt.

Das Ende der Revolutionsbewegung an der Saar war bereits zwei Wochen nach ihrem Beginn abzusehen. Französische Truppen besetzten das Saargebiet und zeigten keinerlei Interesse an unklaren Verhältnissen. Jede Zusammenarbeit mit den Räten wurde abgelehnt und deren sofortige Auflösung angeordnet. Auch die u. a. in Neunkirchen und Sankt Wendel vorgenommene Umbenennung in Volksräte konnte daran nichts ändern. Hermann Petri bat den Ottweiler Landrat, bei den Besatzungstruppen auf eine Weiterarbeit des Volksrates als beratendes Gremium hinzuwirken, aber auch dieser Plan konnte nicht durchgesetzt werden. Für den Fall der Zuwiderhandlung drohten die Franzosen die Internierung der betreffenden Personen und ihre Behandlung als Kriegsgefangene an. Die nicht nur im Weltkrieg diskreditierten alten Gewalten wurden somit alleinige Ansprechpartner der französischen Offiziere. Ihre innenpolitisch bisher beherrschende Stellung war jedoch erschüttert, die Wahlergebnisse der kommenden Jahre zeigten, daß die saarabische Epoche unwiderruflich der Vergangenheit angehörte. Die Arbeiterbewegung war trotz der Unterdrückung der Rätebewegung zum wichtigen Faktor der politischen Herrschaftsverhältnisse geworden.

In den nicht-besetzten Teilen Deutschlands gingen die Kämpfe um die Zukunft weiter. Die bisherigen Träger der politischen Macht waren unter dem Druck der revolutionären Bewegung zu weitreichenden Konzessionen bereit und gingen ein Bündnis mit dem reformistischen Flügel der Arbeiterbewegung ein. Viele Forderungen der SPD und der freien Gewerkschaften konnten unter diesen Bedingungen durchgesetzt werden: Die jahrhundertealte Herrschaft der Fürsten über das Volk wurde beendet, an die Stelle der Monarchie trat die parlamentarische Demokratie. Die Einführung des allgemeinen, freien und gleichen Wahlrechts sicherte erstmals auch den Frauen die Stimmabgabe zu. Die Gewerkschaften wurden nun auch von den Unternehmern offiziell als Interessenvertretung der Arbeiterklasse anerkannt. In den Betrieben galt der Achtstundentag, der im Saarrevier nur in einigen Werken hatte durchgesetzt werden können (u. a. im Neunkircher Eisenwerk und in der Buchdruckerei der „Neunkircher Volks-Zeitung").

Die weitergehenden Forderungen nach einem Rätesystem und sofortigen Sozialisierungsmaßnahmen wurden von diesem Bündnis niedergehalten. Rasch aufgestellte Freikorps schlugen bewaffnete Versuche zur Fortführung der Revolution nieder. Prominente Opfer der Reaktion waren Rosa Luxemburg, Karl Liebknecht und Kurt Eisner. Die Säulen des kaiserlichen Obrigkeitsstaates blieben bestehen und prägten in den folgenden Jahren das Bild der Weimarer Republik. Knapp ein Jahr nach dem November 1918 zog Robert Dißmann im Verlauf der Generalversammlung des DMV ein kritisches Fazit. Im Koreferat zum Bericht des Vorsitzenden führte er, der im Verlauf der Versammlung selbst zum Vorsitzenden der Metallgewerkschaft gewählt wurde, u. a. aus: „Bei uns bleibt es bei der geschichtlichen Erkenntnis: Nach den Novembertagen 1918 lag die bisherige Schreckensherrschaft zunächst betäubt am Boden, und wenn das Proletariat in den Arbeiter- und Soldatenräten die politische Macht ergriffen hätte, dann gab es nur eins: Daß das Proletariat diese Macht festhielt, um in den Räten die ganze Macht des Proletariats zu verkörpern, um durch eigene Macht, jawohl, unter der Diktatur des Proletariats zum Sozialismus zu kommen. (Lebhafter Beifall.) Daß es nicht geschieht, ist der große geschichtliche Fehler, den wir in schweren und langen Kämpfen wiedergutmachen müssen."* Als entscheidende Versäumnisse kritisierte er, daß Militarismus, kapitalistische Eigentumsordnung und staatliche Bürokratie bestehen geblieben waren.

Mitgliedsbuch des DMV 1919. (Familie Tschirner, Neunkirchen)

* Peter Scherer/Peter Schaaf, a.a.O., S. 283. Vgl. Fritz Opel: Der Deutsche Metallarbeiterverband während des Ersten Weltkrieges und der Revolution, Köln 1980 (4. Auflage), S. 101 ff.

b) Politische und wirtschaftliche Ausgangsbedingungen

Die französische Besatzungsmacht erließ gleich nach ihrem Einmarsch ins Saarrevier eine Polizeiverordnung, die das öffentliche Leben vorerst regeln sollte. Darin waren zahlreiche Bestimmungen enthalten, die die Bewegungsfreiheit der Bevölkerung eng begrenzten. Aus der Sicht der gerade erst erstarkten Gewerkschaften war vor allem jener Artikel wichtig, der jede Vereinigung und Versammlung von der vorherigen Erlaubnis der Militärbehörde abhängig machte. Auf dieser Grundlage häuften sich in den folgenden Wochen Versammlungsverbote und andere Behinderungen.

In den Friedensverhandlungen versuchte Frankreich, weite Teile des besetzten Reviers für sich zu reklamieren, konnte sich damit aber nicht durchsetzen. Stattdessen entstand das politische Gebilde des Saargebietes, das dem Völkerbund unterstellt wurde. In den kommenden fünfzehn Jahren sollte eine Regierungskommission die Hoheitsrechte des Territoriums wahrnehmen, bevor die Saarbevölkerung zu einer Abstimmung über die weitere Staatshoheit aufgerufen werden sollte. Anfang 1920 nahm die international zusammengesetzte Regierungskommission die Amtsgeschäfte auf und löste das Besatzungsregime ab, die französischen Truppen indes blieben bis 1930 an der Saar stationiert.

Die Rechte der lohnabhängigen Bevölkerung wurden auf dem Stand der am 11. November 1918 in Deutschland gültigen Gesetze garantiert. In der Praxis bedeutete dies z. B., daß der Achtstundentag, den der Rat der Volksbeauftragten Ende November gesetzlich abgesichert hatte, im Saargebiet lediglich auf tarifvertraglicher oder betrieblicher Ebene zu vereinbaren war. Auch das Betriebsrätegesetz, das die Reichsregierung im Februar 1920 verabschiedete, erlangte hier keine Gültigkeit. Stattdessen existierten die im Prinzip rechtlosen Arbeiterausschüsse weiter, die 1916 im Hilfsdienstgesetz geschaffen worden waren. In den folgenden Jahren erließ die Regierungskommission dann zwar eine Reihe eigener Arbeits- und Sozialgesetze, doch im Vergleich zur deutschen blieb die Entwicklung an der Saar weit zurück. Der Achtstundentag wurde hier erst 1924 gesetzlich eingeführt, die Schaffung einer rechtlichen Grundlage für das Tarifvertragswesen unterblieb völlig, ebenso die Einführung einer Arbeitslosenversicherung, die der 1927 in Deutschland geschaffenen vergleichbar gewesen wäre. Immer wieder kritisierten die Arbeiterorganisationen die rückständige Sozialpolitik der Regierungskommission und forderten die Einführung der in Deutschland geltenden Regelungen, obwohl auch diese in vielen Bereichen unzulänglich waren.

Ähnliches gilt für die politische Ebene. Zwar stand die Existenz der politischen Parteien an der Saar nicht zur Debatte, doch blieb lange Zeit unklar, welche Stellung sie im politischen System einnehmen sollten. Die legislativen Befugnisse lagen bei der Regierungskommission, faßbare Mitbestimmungsmöglichkeiten der Bevölkerung gab es nicht. Von einer parlamentarischen Demokratie konnte keine Rede sein, auch in dieser Hinsicht blickte die Bevölkerung neidvoll nach Deutschland. Die 1920 gewählten Gemeinde- und Kreisparlamente hatten keine weitreichenden Befugnisse, so daß sich das Drängen auf die Einrichtung eines Landesparlaments verstärkte. Auf dieser Ebene hoffte man, eine Möglichkeit zur Mitgestaltung der politischen Geschicke zu erhalten. Um so heftiger war dann die Kritik, als die Regierungskommission Anfang 1922 einen entsprechenden Gesetzentwurf vorlegte: Dem darin vorgesehenen Landesrat war lediglich das Recht der Beratung eingeräumt worden, reale Einwirkungsmöglichkeiten waren nicht einmal ansatzweise zu erkennen.

Entsprechend abweisend fiel die Reaktion aller politischen Kräfte aus. Eine umfassende Protestwelle wurde organisiert, um den Gesetzentwurf zu Fall zu bringen. Am 25. April 1922 fand im Neunkircher Volkshaus eine gemeinsame Kundgebung von SPD, USPD, KPD und freien Gewerkschaften statt. Die Teilnehmer einigten sich auf eine Resolution, die „schärfsten Protest gegen die durch die Saarparlaments-Verordnung aufs neue ausgesprochene politische Versklavung der Saararbeiterschaft" erhob.* Auch auf Landesebene fanden die Arbeiterorganisationen zu gemeinsamen Vorgehen, ohne aber am undemokratischen Charakter des Landesrates letztlich etwas ändern zu können. Im Grunde genommen blieb diese scheinparlamentarische Einrichtung bis 1935 ständiger Beweis für die politische Unterdrückung an der Saar.

Die Ergebnisse der Kommunal- und Landesratswahlen offenbarten im Vergleich zur Zeit vor der Novemberrevolution ein verändertes politisches Verhalten der Wähler. Deutlich stärkste Partei war nun das katholische Zentrum. Die Arbeiterparteien vermochten es, sich als wichtigen Faktor zu etablieren. Die Dominanz des Zentrums ist auf den hohen katholischen Bevölkerungsanteil zurückzuführen. Insgesamt waren 72,5 Prozent der Saarländer katholisch, im Kreis Ottweiler lag ihr Anteil über 66 Prozent und im Kreis Sankt Wendel bei fast 85 Prozent.** Nur in wenigen Orten wie Neunkirchen und einigen umliegenden Ortschaften war der Anteil der evangelischen Christen höher als der der katholischen. Entsprechend schwächer war hier die Stellung des Zentrums, stärker hingegen die der Arbeiterparteien.

Bei den Landesratswahlen 1922 und 1924 erzielte die Zentrumspartei landesweit 47,7 bzw. 42,8 Prozent, bei den Wahlen zur Weimarer Nationalversammlung, an denen die Saarbevölkerung im Januar 1919 noch hatte teilnehmen können, hatte sie 47 Prozent erreicht. Die entsprechenden Ergebnisse für die SPD lauteten: 36,6 Prozent (1919), 15,1 (1922) und 18,4 (1924), die der KPD 7,5 (1922) und 15,9 (1924).*** Die USPD beteiligte sich an den Landesratswahlen 1924 nicht mehr, da sie in verschiedene Richtungen zerfallen war: Der weitaus

* Landesarchiv Saarbrücken: Bestand Landratsamt Ottweiler, Nr. 7.

** Gerhard Paul: Die NSDAP des Saargebietes 1920 bis 1935. Der verspätete Aufstieg der NSDAP in der katholisch-proletarischen Provinz, Saarbrücken 1987, S. 17 ff.

*** Ebd., S. 21.

größte Teil der Mitglieder hatte sich 1920 der KPD angeschlossen, eine kleinere Gruppe kehrte 1922 zur SPD zurück. Die KPD wiederum, in Deutschland an der Jahreswende 1918/19 konstituiert, war seit Oktober 1919 an der Saar präsent, nachdem sich in Sankt Ingbert eine erste Ortsgruppe gebildet hatte.

Die Wahlergebnisse in Neunkirchen fielen, wie bereits angedeutet, günstiger für die Arbeiterparteien aus: Von den jeweils 42 Sitzen, die im Gemeinde- bzw. ab 1922 im Stadtrat zu vergeben waren, erhielt die SPD bei den Wahlen von 1920 elf und die USPD acht. Ende Januar 1921 verließen einige der USPD-Abgeordneten unter Führung des Bergarbeiters Hermann Fried die Partei und gründeten eine KPD-Fraktion. 1922 erreichte die SPD zehn Mandate, die KPD vier und die USPD keines mehr, 1923 stieg die SPD auf dreizehn Sitze, die KPD erhielt wiederum vier. Eine deutliche Verschiebung des Kräfteverhältnisses zwischen Sozialdemokraten und Kommunisten brachten schließlich die Wahlen von 1926, beide hielten nun jeweils zehn Mandate.* Die Arbeiterparteien erreichten also in diesen Jahren zusammengenommen zwischen vierzehn und zwanzig Mandate, ihr Anteil bewegte sich zwischen einem Drittel und fast der Hälfte. In einigen Arbeitergemeinden standen sie noch besser da, bei den Gemeinderatswahlen 1920 in Wiebelskirchen z. B. erreichten USPD und SPD jeweils acht Mandate, eine „Unparteiische Sammelliste“ folgte mit deren vier noch vor dem Zentrum, das nur drei Sitze zugesprochen erhielt.**

Die vergleichsweise hohen Wahlergebnisse der Arbeiterparteien in Neunkirchen und einigen umliegenden Ortschaften begründeten den Ruf der „roten Stadt“ des Saargebietes. Bekannte Lokalpolitiker auf seiten der SPD in den frühen zwanziger Jahren waren u. a. Oberlehrer Heinrich Grein, Hermann Petri (seit April 1919 Sekretär des Bergarbeiterverbandes und ab 1922 Mitglied des Landesrates), Julius Schwarz (Bezirksleiter des Bergarbeiterverbandes und schon vor 1914 Mitglied des Wiebelskircher Gemeinderates) und Peter Bartholomae (Malermeister und einige Jahre lang Neunkircher SPD-Vorsitzender). Für die USPD sind u. a. der Augenarzt Karl Schneider (er war 1919 von der SPD zu den Unabhängigen übergetreten), der gelernte Grubenschlosser Friedrich Pfordt (er wechselte bald zur KPD) und Karl Etienne, der im Oktober 1922 den Rest der Neunkircher USPD zur SPD führte, zu nennen. Für die KPD seien in diesem Zusammenhang der 1923 aus der Partei ausgeschlossene Albert Dresch, Friedrich Eifler (später Mitglied des Landesrates) und Wilhelm Honecker genannt. Friedrich Eifler wurde übrigens Anfang Mai 1923, nachdem er für seine Partei in den Stadtrat nachgerückt war, von der Direktion des Eisenwerks entlassen. Gegen diese Fortsetzung einer längst vergangen geglaubten Tradition politischer Maßregelung protestierten die Beschäftigten der Abteilung, in der er tätig war, mit einem Solidaritätsstreik, der aber an der Entlassung nichts ändern konnte.

* Neunkirchen (Saar). Stadt des Eisens und der Kohle, a.a.O., S. 178.

** Volksstimme Nr. 164 vom 16. Juli 1920.

Das Kriegsende 1918 und die Abtrennung des Saargebietes von Deutschland hatten nicht allein auf politischer und sozialer Ebene weitreichende Konsequenzen, sondern auch auf ökonomischer. Frankreich war es bei der Forderung, weite Teile des Reviers zu annektieren, hauptsächlich um die Stärkung des eigenen Wirtschaftspotentials gegangen. Im Versailler Vertrag wurde diesem Begehren indirekt Folge geleistet, indem es die Genehmigung für die Ausbeutung der Kohlenvorkommen an der Saar erhielt. Zur Leitung der Gruben wurde die „Mines Domaniales Francaises de la Sarre" ins Leben gerufen. Fast die gesamte Bevölkerung stand dieser Institution in den folgenden Jahren feindlich gegenüber, weil von ihr nicht nur eine Form „normaler" kapitalistischer Ausbeutung ausging, sondern gleichzeitig eine spezifische Form ausländischer Herrschaft. Die organisierte Arbeiterbewegung orientierte sich vielfach an dieser Auffassung. Dadurch rückte sie wiederholt in die Nähe eines politischen Nationalismus, den rechtsgerichtete Parteien und Verbände für ihre Pläne zu instrumentalisieren versuchten. Doch dazu später mehr.

Durch die Veränderung der politischen und der besitzrechtlichen Strukturen im Bergbau mußte eine wirtschaftliche Umorientierung Platz greifen. Vor allem die Absatzstrukturen veränderten sich erheblich gegenüber der Vorkriegszeit: Waren 33 Prozent der Kohle, des Kokses und der Briketts 1913 nach Deutschland (in den Grenzen von 1922) gegangen und nur 18,8 nach Frankreich (mit Elsaß-Lothringen), so gingen 1920 nur noch 0,9 Prozent nach Deutschland, aber 59,1 Prozent nach Frankreich. In den Jahren bis 1926 pendelten dann die Absatzquoten nach Frankreich zwischen 38,4 und 45,3 Prozent, die nach Deutschland zwischen 3,3 und 11,6 Prozent.* Vielen Bergleuten erschien es als Kardinalproblem, den Schwankungen der französischen Konjunktur wehrlos ausgesetzt zu sein. Florierte die dortige Wirtschaft, so konnte gar nicht genug Saarkohle herangeschafft werden, kam hingegen eine Krise, so waren die Saargruben meist die ersten, für die Kurzarbeit angesetzt wurde oder Entlassungen anstanden. Als Beweis dafür galten die Schwankungen der Belegschaftsstärke: 1922 wurden im Saarbergbau insgesamt 75 800 Beschäftigte gezählt, 1924 knapp über 78 000, 1925 nur noch 75 700 und 1926 wieder 77 500.**

Auch für die Hüttenwerke ergaben sich Konsequenzen aus dem Kriegsausgang. Nicht die Ausdehnung des eigenen Besitzes stand im Ergebnis des Weltkrieges, sondern der Verlust des bisherigen Eigentums in Lothringen. Das Neunkircher Werk büßte wichtige Erzfelder und das Roheisenwerk in Ückingen ein. Darüber hinaus setzte Frankreich Mehrheitsbeteiligungen französischer Konzerne in Dillingen, Neunkirchen und Halberg durch. Damit wurde der stolze Besitz der Stumm-Gruppe erheblich reduziert, wenngleich jeweils vierzigprozentige Beteiligungen erhalten blieben. Die Firma Gebrüder Stumm

* Rolf E. Latz: Die saarländische Schwerindustrie und ihre Nachbarreviere 1878 bis 1938. Technische Entwicklung, wirtschaftliche und soziale Bedeutung, Saarbrücken 1985, S. 237.

** Ebd., S. 229.

wurde in eine Aktiengesellschaft umgewandelt und firmierte nun als „Neunkircher Eisenwerk AG vormals Gebrüder Stumm“. Sechzig Prozent der Aktien wurden von der „Société Anonyme Forges et Aciéries du Nord et Lorraine“ gehalten, den Aufsichtsratsvorsitz und die Werksleitung übernahmen Franzosen. Die Stumms, von der deutschen Regierung mit großzügigen Entschädigungszahlungen versehen, versuchten zwar, sich im rechtsrheinischen Deutschland ein neues Imperium aufzubauen, ihre politisch und wirtschaftlich beherrschende Stellung im Saargebiet aber hatten sie eingebüßt. Dafür rückte nun die Familie Röchling noch stärker ins Rampenlicht. Ihr war es gelungen, die Völklinger Hütte zu behalten und gleichzeitig mit Entschädigungszahlungen der Reichsregierung die Aktienmehrheit an der Eisenwerksgesellschaft Maximilianshütte bei Regensburg zu erwerben sowie gemeinsam mit Buderus die Buderus-Röchling AG in Wetzlar zu gründen.

1926 wurde in Neunkirchen eine für die weitere Zukunft des Eisenwerks bedeutsame Veränderung der Besitzstruktur vorgenommen. Aus verschiedenen Gründen hatte das Unternehmen schon seit längerer Zeit wirtschaftliche Probleme, die sich infolge der allgemeinen Krise 1925/26 noch verstärkten. Da trat die Otto Wolff-Gruppe aus Köln auf den Plan und erwarb vierzig Prozent des Aktienkapitals. Nach und nach steigerte sie ihren Anteil auf fünfzig Prozent. Das französische Kapital wurde bis auf einen unbedeutenden Rest abgezogen, so daß Otto Wolff und die Familie Stumm nun gemeinsam die Unternehmenspolitik bestimmten. Die neuen Partner schritten umgehend an ein brutales Rationalisierungsprogramm, das die Arbeitsbedingungen der noch verbliebenen Arbeiter erheblich verschlechterte. Zu neuen Massenentlassungen kam es freilich nicht, da die alte Geschäftsleitung die Zahl der Beschäftigten bereits stark reduziert hatte. Zwischen 1923 und 1926 waren etwa 660 Arbeiter entlassen worden, das entsprach einem Abbau von über zehn Prozent auf nunmehr 5 674.* Wir werden später auf die Haltung der Beschäftigten zu dieser Entlassungswelle zurückkommen.

c) Unruhen, Streiks und Arbeitsgemeinschaft

Die sprunghafte Steigerung der Mitgliederzahlen und die neuen politischen Rahmenbedingungen hatten auf seiten der saarländischen Arbeiterbewegung ein radikal verändertes Konfliktverhalten zur Folge. Ähnlich wie zur Zeit des Rechtsschutzvereins beherrschten Streiks und andere Formen kämpferischer Interessenvertretung den Alltag. Die Arbeiter ließen sich auch nicht davon abhalten, daß die Gewerkschaften nicht immer an der Spitze der Kämpfe zu finden waren.

Zu ersten heftigen Auseinandersetzungen kam es in der Arbeitszeitfrage. Einzelne Unternehmen wie die Firma Gebrüder Stumm und die Buchdruckerei der „Neunkircher Volks-Zeitung“ hatten bekanntlich unter dem Druck der

* Archiv Saarstahl Völklingen, Werk Neunkirchen: Mappe 963162, Rundschreiben und Berichte Arbeitgeberverband der Saarindustrie 1931.

Novemberrevolution der Einführung des Achtstundentages zugestimmt, seine gesetzliche Einführung aber war von der französischen Besatzung verhindert worden. Noch im November 1918 kam es zu ersten Streiks auf den Gruben. Die Bergarbeiterorganisationen nahmen Verhandlungen mit der Direktion und der französischen Kommandantur auf, konnten aber kein Zugeständnis erreichen. Der Kommandant machte seinen Standpunkt unmißverständlich klar, demzufolge an eine Einführung des Achtstundentages nicht zu denken war. Drohend fügte er hinzu: „Das Gebiet sei militärisch von den Franzosen besetzt und ihren Anordnungen sei unbedingt Folge zu leisten. Kämen die Bergleute diesen Anordnungen nach, dann sei er gerne bereit, mit den Organisationsleitungen über die sonstigen Wünsche der Bergleute zukünftig zu sprechen. Wenn Ruhe und Ordnung im Revier gewahrt bleiben, sei er bestrebt, die Lage der Bergarbeiter und deren Familien erträglich zu gestalten."* Im Zusammenhang mit diesen Ereignissen kam es zu einer ersten Welle von Ausweisungen aus dem Revier, betroffen war u. a. der Bezirksleiter des Bergarbeiterverbandes, Pokorny.

Ende März traten die Bergarbeiter erneut in den Streik, außer dem Achtstundentag forderten sie nun eine Lohnerhöhung um 25 bis 30 Prozent, die die immensen Preissteigerungen ausgleichen sollte. In dieser Hinsicht zeigte sich General Andlauer, der oberste Befehlshaber im besetzten Revier, auch kompromißbereit, nicht jedoch in der Arbeitszeitfrage. Die Streiks weiteten sich daraufhin aus, bis die Franzosen Anfang April zu diktatorischen Maßnahmen griffen: Alle Belegschaften wurden zur Arbeit requiriert und direkt dem Befehl Andlauers unterstellt. Wer sich nicht am 7. April pünktlich zum Schichtbeginn registrieren ließ oder passiven Widerstand am Arbeitsplatz leistete, wurde mit Verhaftung und Ausweisung aus der Heimat bedroht, Streikführer sollten vor ein Kriegsgericht gestellt und nach Militärgesetzen abgeurteilt werden. Auch dieser Arbeitskampf blieb erfolglos, die Haltung der Besatzungsmacht schüchterte viele Bergleute ein, nachdem erste Verhaftungen und Ausweisungen vorgenommen worden waren. Erst im Juni/Juli 1919 konnte eine Übereinkunft erreicht werden: Ab 16. Juni galt die achtstündige Arbeitszeit unter Tage, zum 1. August wurde die 7 1/2-Stundenschicht eingeführt. Über Tage galt generell der Achtstundentag. Durch ihr diktatorisches Verhalten zuvor aber hatten sich die Franzosen unter den Bergarbeitern viele Feinde geschaffen und zur Verhärtung der Fronten zwischen Frankreich und der Bevölkerung beigetragen.

Der freigewerkschaftliche Bergarbeiterverband entwickelte sich in dieser Phase zur mitgliederstärksten Gewerkschaft an der Saar. Hatten sich in ihm 1913 gerade 1 250 Mitglieder zusammengeschlossen, so waren es am Ende des Krieges 23 000 und 1920 sogar 41 000, im Gewerkverein christlicher Bergarbei-

* Neunkircher Volks-Zeitung Nr. 289 vom 10. Dezember 1918.

ter 1920 hingegen nur 29 000.* Ähnlich verlief die Entwicklung des DMV. Ende 1918 waren in der Verwaltungsstelle Saarbrücken 5 266 Mitglieder registriert, ein Jahr später wurde mit 31 217 ein vorläufiger Höhepunkt erreicht, bis Ende 1920 sank die Zahl auf jetzt 30 200.** Dennoch war Saarbrücken jetzt die mitgliederstärkste Verwaltungsstelle im Bezirk Frankfurt, mit weitem Abstand folgten Frankfurt, Kassel und Mainz. Bevollmächtigter blieb bis 1920 David Fuhrmann, bevor er als Regierungsrat zur Saarregierung wechselte. Ihm zur Seite stand mit Heinrich Wilhelm aus Sankt Ingbert ein USPD-Vertreter.

Die veränderten Verhältnisse zeigten sich auch bei den Wahlen zum Arbeiterausschuß im Neunkircher Eisenwerk. 1917 hatte bekanntlich der Hirsch-Dunckersche Gewerkverein vier der acht Mandate erhalten, der DMV hatte sich mit einem begnügen müssen. Im März 1919 verbot die Militärregierung die Durchführung von Neuwahlen, doch ein Jahr später gelang es dem DMV, die bisherigen Mehrheitsverhältnisse umzukehren: Er erhielt siebzehn Sitze, der Hirsch-Dunckersche Gewerkverein dreizehn und der CMV zwei. Noch deutlicher fiel das Votum der Beschäftigten 1923 aus, nun erhielten der DMV sechzehn, der CMV fünf und der Gewerkverein nur noch drei Mandate.***

Die wachsende Stärke und Bedeutung des DMV an der Saar machte bald eine Umstrukturierung erforderlich. Vorerst behalf man sich mit der Errichtung von Zahlstellen, die politisch von Saarbrücken aus geführt wurden. In Neunkirchen eröffnete im April 1919 ein DMV-Büro in der Kaiserstraße 7, Bevollmächtigter wurde Heinrich Dressing, ein SPD-Mitglied. 1920 wurde die Verwaltungsstelle Homburg vom Bezirk Stuttgart abgetrennt und ebenfalls Saarbrücken unterstellt. Im gleichen Jahr begann man, die Zahlstellen in politisch eigenständige Verwaltungsstellen umzuwandeln. Es wurden sechs Geschäftsstellen in Saarbrücken, Neunkirchen, Homburg, Völklingen, Dillingen und Sankt Ingbert aufgebaut, der Versuch, zusätzlich eine in Bous zu schaffen, wurde 1922 aufgegeben. Im Herbst 1922 wurde Franz Melzer Bevollmächtigter in Neunkirchen, ein gelernter Bohrer aus Altendorf bei Chemnitz. Ebenso wie Albin Weiß, der als Bevollmächtigter in Völklingen arbeitete, gehörte Melzer der KPD an. 1918/19 war er Mitglied des Chemnitzer Arbeiter- und Soldatenrates gewesen und zum Vorsitzenden der dortigen KPD gewählt worden. 1920/21 hatte er ebenfalls in Chemnitz als Betriebsrätesekretär gearbeitet, dann als Parteisekretär in Breslau. Als Vertreter der Frankfurter Bezirksleitung entsandte der DMV den bisherigen Kieler SPD-Angestellten Fritz Blunck an die Saar. Er erhielt die Aufgabe, die Agitationsarbeit der Verwaltungen zu unterstützen und die Lohnverhandlungen zu führen, war aber kein Bevollmächtigter des Verbandes. Als er 1922 überraschend starb, rückte Max Bock an seine

* Hans Horch, a.a.O., S. 483.

** Der Deutsche Metallarbeiterverband im Jahre . . . .

*** Archiv Saarstahl Völklingen, Werk Neunkirchen: Mappe 963162, Rundschreiben und Berichte Arbeitgeberverband der Saarindustrie 1931.

Stelle, der zuvor u. a. als DMV-Geschäftsführer im mittelhessischen Herborn gearbeitet hatte.

Die gewachsene Stärke der Neunkircher Arbeiterbewegung erforderte auch eine räumliche Erweiterung. Im Herbst 1919 erwarb das Ortskartell der freien Gewerkschaften, das u. a. von Hermann Petri, Max Meyer und Heinrich Dressing geleitet wurde, ein früher der Schloßbrauerei gehörendes Anwesen in der Hüttenbergstraße 43, das den Beinamen „Zur Glashalle" trug. Mit Hilfe freiwilliger Spenden der Mitglieder wurde dieses Anwesen zum Volkshaus umgebaut, die offizielle Einweihungsfeier fand im September 1921 statt. Mit seinen Büros und Versammlungsräumen entwickelte sich das Volkshaus bald zu einem der politischen Zentren der Arbeiterbewegung im Kreis Ottweiler. Es beherbergte auch eine Buchhandlung der „Volksstimme" und eine öffentliche Badeanstalt.

Die Mitgliederangaben für 1921 offenbarten eine stark rückläufige Tendenz: Saarbrücken war mit 7700 Mitgliedern die stärkste Verwaltungsstelle vor Neunkirchen mit 2968 und Dillingen mit 2420, es folgten Völklingen mit 1400, Homburg mit 1365 und Sankt Ingbert mit 1103, das Schlußlicht bildete Bous mit 485.* Der deutliche Mitgliederrückgang gegenüber den Jahren 1918/20 war freilich kein spezifisch saarländisches Problem, sondern machte sich im gesamten DMV und auch in den anderen Gewerkschaften geltend. In der Novemberrevolution waren viele Mitglieder gewonnen worden, die infolge der allgemein politisierten Situation den Schritt in die Organisationen getan hatten. Ein beträchtlicher Teil von ihnen konnte auf die Dauer nicht gehalten werden, zumal die gewerkschaftliche Lohnpolitik die Nachkriegsnot nur lindern, in der Grundtendenz aber nicht umkehren konnte.

Einen Markstein in der Entwicklung des DMV an der Saar stellt der Tarifvertrag dar, der am 18. Oktober 1919 für die Hütten- und Metallindustrie abgeschlossen wurde. Dies war die erste kollektivvertragliche Regelung, die man den Großindustriellen hatte abtrotzen können, die sich bislang stets geweigert hatten, die Gewerkschaften als Interessenvertretung der Lohnabhängigen anzuerkennen. Nun aber hieß es im Tarifvertrag: „Die Gewerkschaften werden als berufene Vertreter der Arbeiterschaft anerkannt. Eine Beschränkung der Koalitionsfreiheit der Arbeiterschaft ist unzulässig."** Die wohl wichtigste materielle Errungenschaft des Tarifvertrages war der Achtstundentag und damit die 48-Stunden-Woche. Weiter wurden Fragen der Lohnauszahlung und Verdienstberechnung, ein Jahresurlaub von zwei bis sechs Arbeitstagen sowie die Schlichtung von Streitigkeiten geregelt. Auf heftige Kritik stieß hingegen die Vereinbarung einer Arbeitsgemeinschaft zwischen Arbeitgeberverband und Gewerkschaften: „Die vertragschließenden Organisationen bilden eine Ar-

* Der Deutsche Metallarbeiterverband im Jahre 1921. Jahr- und Handbuch für Verbandsmitglieder, hrsg. vom Vorstand des DMV, Stuttgart 1922, Bezirksberichte, S. 135 f.

** Stadtarchiv Neunkirchen: Nachlaß Roos.

beitsgemeinschaft. Die Arbeitsgemeinschaft soll die Fragen wirtschaftlicher und sozialer Natur, welche Arbeitgeber und Arbeitnehmer betreffen, beraten und soweit als möglich lösen. Die Arbeitsgemeinschaft kann von den vertragschließenden Parteien als Vermittlungsinstanz zwischen Arbeitgeber und Arbeitnehmer angerufen werden."*

Spendenmarke für den Bau des Volkshauses, 1920/21.
(Familie Tschirner, Neunkirchen)

Mit diesem Passus ließ sich der saarländische DMV auf ähnliche Festlegungen ein, wie sie die deutschen Gewerkschaften im Zentralarbeitsgemeinschafts-Abkommen vom November 1918 mit den Arbeitgeberverbänden vereinbart hatten. Dieses umstrittene Abkommen hatte damals dem Zweck gedient, die freien Gewerkschaften auf eine sozialpartnerschaftliche Linie festzulegen und der Novemberrevolution damit eine möglicherweise gefährliche Spitze zu nehmen. (Erinnert sei in diesem Zusammenhang an die weiter oben zitierten Gedanken Jakob Reicherts!) Eine ähnliche Einbindung des DMV schien nun auch das Ziel der Hütten- und Metallindustriellen an der Saar zu sein. Seit No-

* Ebd.

vember 1918 aber hatte die Entwicklung in Deutschland gezeigt, daß dieser Kurs zu Lasten der abhängig Beschäftigten ging, denn die Kapitalseite hatte kaum Bereitschaft erkennen lassen, freiwillig zur Verbesserung der sozialen Lage beizutragen. Kein Wunder also, daß viele Mitglieder diesem Abschnitt des Tarifvertrages eher kritisch gegenüberstanden. Noch unverständlicher wurde die Haltung der Organisationsleitung, als sie in der Neufassung des Tarifvertrages vom August 1920 die gleiche Regelung erneut unterschrieb, wenn auch als „Tarifgemeinschaft" anders etikettiert.* Immerhin hatte eine Reihe von Lohnkonflikten und Streiks in der Zwischenzeit gezeigt, daß die Unternehmer an der Saar keineswegs kooperativer waren als ihre deutschen Klassengenossen. Der Neunkircher Bevollmächtigte Dressing hatte angesichts dessen im März 1920 proklamiert, der DMV stehe auf dem Boden des Klassenkampfes und die Arbeiter könnten ihre Interessen nur auf dieser Grundlage durchsetzen.** Ein mehrtägiger Streik im Juli 1920 schien im Recht zu geben, denn die Industriellen verweigerten die geforderten Lohnerhöhungen, obwohl die Preise für Bedarfsartikel in den Monaten zuvor um ein Vielfaches erhöht worden waren, die Arbeiter mußten sich schließlich mit einer Erhöhung der Teuerungszulagen zufriedengeben. Wenige Wochen später schien dies alles vergessen, die Arbeitsgemeinschaft kehrte als Tarifgemeinschaft zurück.

Fast zeitgleich zum Abschluß des ersten Tarifvertrages kam es Anfang Oktober 1919 im ganzen Revier zu Massenprotesten. Die Inflationierung der Mark hatte die Lebenshaltung enorm verteuert, lebensnotwendige Grundnahrungsmittel wurden von den Bauern zurückgehalten. Schieber und Wucherer hatten Hochkonjunktur. Die Arbeiterschaft litt unter völlig unzureichenden Löhnen. Hinzu kam die Anwesenheit der französischen Besatzungstruppen und das dadurch hervorgerufene Gefühl politischer Ohnmacht. Die allgemeine Stimmung war seit Wochen gereizt, schon im September hatte der DMV vor spontanen Aktionen gewarnt: „Diejenigen Mitglieder, welche den Anordnungen der Verbandsinstanzen zuwiderhandeln, wilde Streiks anzetteln oder an denselben teilnehmen, stellen sich außerhalb der Organisation . . ."*** Ende September wurde im Verlauf einer Belegschaftsversammlung auf der Grube Heinitz gefordert, Wucherern mit öffentlicher Lynchjustiz zu begegnen. Am 7. Oktober brachen die Unruhen dann offen aus, Ausgangspunkt war Saarbrücken. Die Forderungen richteten sich zunächst auf die Lieferung billiger Kohlen und Kartoffeln, die Herabsetzung der Preise für Schuhe und Textilien sowie die wirksame Bekämpfung des Schleichhandels.

Bereits am Nachmittag des gleichen Tages dehnten sich die Demonstrationen und Kundgebungen auf das ganze Saargebiet aus. In Sankt Ingbert, Sankt

* Ebd.: Abteilung D, Einzelschriften 9.

** Volksstimme Nr. 74 vom 27. März 1920.

*** Volksstimme Nr. 205 vom 4. September 1919.

Wendel, Schiffweiler, Friedrichsthal, Tholey, Ottweiler, Eppelborn, Illingen, Spiesen, Elversberg und vielen anderen Orten machte sich die Not Luft. Die Neunkircher Bevölkerung folgte dem Aufruf der Gewerkschaften und versammelte sich im Saalbau und im Prinzschen Saal zu Protestkundgebungen. Hermann Petri und Heinrich Grein hatten in der erregten Atmosphäre Mühe, ihre einleitenden Reden zu Ende zu bringen. In einer Resolution wurden ähnliche Forderungen wie in Saarbrücken formuliert, darüber hinaus aber auch politische Akzente gesetzt: Aufhebung des Paßzwanges an der saarländisch-deutschen Grenze und Freilassung der von den Franzosen inhaftierten Vertrauensleute.

Noch am selben Abend traten die Belegschaften in den Streik. Am nächsten Morgen griff die notleidende Bevölkerung zur Selbsthilfe und begann, die Auslagen der Geschäfte zu plündern. Daß man sich dabei, beginnend mit dem Kaufhaus Witwe Levy in der Stummstraße, zuerst an die jüdischen Händler hielt, war nicht zuletzt auf die jahrelange Agitation rechtsradikaler Gruppierungen zurückzuführen: Schon im Juni 1891 hatte sich in der Hüttenstadt eine Ortsgruppe des antisemitischen Deutsch-Sozialen Reformvereins gegründet und seitdem eine Vielzahl antijüdischer Hetzschriften an die Bevölkerung verteilt.* Aufrufe zur Beendigung der Plünderungen verhallten ungehört. Erst als die Franzosen die Hauptverkehrsstraßen sperren ließen, Maschinengewehre postierten und Straßenpatrouillen einrichteten, zog sich die Menge zurück.

Unterdessen verhandelten Vertreter aller Gewerkschaften in Saarbrücken mit General Andlauer. Sie vereinbarten die Einrichtung eines Sondergerichts und die Schaffung von Kommissionen zur Überwachung der Märkte und Festsetzung von Höchstpreisen. Es war wohl weniger dieses dürftige Ergebnis, das die Unruhen bald abflauen ließ, als die drohende Haltung der Besatzungsmacht. Der Ottweiler Militärverwalter drohte am 11. Oktober strengste Maßnahmen an: Verfahren vor dem Kriegsgericht gegen diejenigen, die Plündergut behielten oder im Besitz von Waffen angetroffen wurden, Erschießung bewaffneter Plünderer, sofern sie sich nicht sofort ergaben, Auflösung jeglicher Menschenansammlung, Verhaftung derer, die Militärangehörigen keinen Platz machten. Am Ende der Woche wurde die Arbeit wieder aufgenommen, zurück blieben einige Tote und Verletzte sowie zahllose verwüstete Geschäfte.

Not und Hunger dauerten fort. Die ins Leben gerufenen Preisprüfungskommissionen konnten die Lage der Bevölkerung nicht entscheidend verbessern. Die Entwertung der deutschen Mark, die trotz der Abtrennung noch alleiniges Zahlungsmittel war, verteuerte die Lebenshaltung unaufhörlich, einen wirksamen Ausgleich brachten auch die wiederholten Lohnerhöhungen nicht. Daher stieß die Mines Domaniales bei großen Teilen der Bergarbeiter auf Zustimmung, als sie im Sommer 1920 deren Löhne auf die stabilere französische Währung umstellte. Vor allem die christlichen Gewerkschaften waren aus nationa-

* Stadtarchiv Neunkirchen: Abt. A I, Nr. 471, Sonstige Versammlungen und Vereine. Statuten und Mitgliederverzeichnis des Deutsch-Sozialen Reformvereins Neunkirchen 1891 bis 1892.

len Gründen strikt gegen diese Umstellung, das Abgehen von der deutschen Währung kam in ihren Augen einem Verrat am Vaterland gleich. Eine ähnliche Haltung nahmen auch Teile der SPD und der freien Gewerkschaften ein. Den Arbeitern hingegen lag mehr an einem Ausweg aus ihrem Elend als an nationalistischen Phrasen, so daß die Einführung der Francs-Löhne auch zur Forderung anderer Berufsgruppen wurde. Die Industriellen freilich zahlten lieber in entwerteter Mark, wurden doch dadurch ihre realen Ausgaben erheblich gesenkt. Sie verbargen ihr ökonomisches Interesse hinter „vaterländischen" Argumenten. Dennoch konnte die schrittweise Entwicklung hin zur allgemeinen Entlohnung in Francs nicht aufgehalten werden, ab November 1920 wurde sie auch in der Hüttenindustrie eingeführt.

Ein Überblick über die weitere Lohnentwicklung bis 1923 zeigt für diesen Sektor beträchtliche Schwankungen: Gelernte Arbeiter erhielten im Dezember 1920 einen Stundenlohn von 1,70 Francs, im November 1921 von 1,16 Francs, im September 1923 von 1,80 Francs. Ungelernte lagen erheblich unter diesen Werten, sie erhielten im Dezember 1920 einen Stundenlohn von 1,40 Francs, im November 1921 von 0,95 Francs und im September 1923 von 1,51 Francs.* Hinzu kam für die meisten Hüttenarbeiter ein Gemenge von Leistungs- und Sozialzulagen, das einen beträchtlichen Teil der letztlich erzielten Gesamtlöhne ausmachte. Über die reale Kaufkraftentwicklung sagen all diese Angaben freilich wenig aus, da sie in hohem Maße von den jeweiligen Wechselkursschwankungen abhing.

Die Nominallohnverluste des Jahres 1921 reizen zu einem Blick auf die in diesem Jahr geführten Lohnkonflikte. Als die Konjunktur im ersten Quartal dieses Jahres deutlich zurückging, sahen die Unternehmer die Möglichkeit eines radikalen Lohnabbaus gekommen und forderten eine zwanzigprozentige Reduzierung zum 1. Juni. In Verhandlungen mit den Gewerkschaftsvertretern einigte man sich auf eine nur im Detail andere Regelung: Am 1. Juni bzw. 1. Juli sollten jeweils fünfprozentige Kürzungen wirksam werden, am 1. August noch einmal eine zehnprozentige. Parallel wollte man die Frauen- und Kinderzulagen anheben, um Familienväter weniger stark zu belasten. Die Verhandlungsführer des DMV begründeten ihre Zustimmung zu diesem Modus damit, daß die steigenden Kurse des Francs die Verluste ohnehin bald wieder ausgleichen würden. Die Mitglieder in den Hüttenwerken aber mochten diesem Argument nicht folgen, sie neigten zum Streik. Unterstützung fanden sie bei einigen der örtlichen Gewerkschaftssekretäre. In Völklingen, Dillingen, Hostenbach und Brebach kam es Anfang Juni zu Arbeitsniederlegungen, auch Arbeiter aus Bous traten bald darauf in einen kurzen Ausstand. Christliche und Hirsch-Dunckersche Funktionäre erklärten sich in dieser Situation öffentlich gegen die Aktionen der Arbeiter, eine entsprechende Erklärung der DMV-Be-

* Otto Borck: Die Großeisenindustrie des Saargebietes unter besonderer Berücksichtigung der Lohn- und Arbeitsverhältnisse in der Nachkriegszeit, Dissertation, Frankfurt am Main-Leipzig 1930, S. 97 f.

zirksleitung folgte. Damit blieb keine realistische Abwehrmöglichkeit, die Streiks flauten ab. In Dillingen half das Militär nach und vertrieb streikende Arbeiter vom Werksgelände.

Die Hüttenindustriellen nutzten die Uneinigkeit der Gewerkschaften im Herbst zu einem weiteren Lohnabbau. Vorreiter dieser Bewegung war Röchling, der sich auch durch einen vierwöchigen Abwehrstreik nicht von seinem Kurs abbringen ließ. Am 16. Oktober wurde ein achtprozentiger Abbau der Tariflöhne im Bereich der Schwereisenindustrie wirksam, am 1. November folgte ein siebenprozentiger. Wiederum erklärten sich CMV und Hirsch-Dunckerscher Gewerkverein einverstanden, eine vom DMV initiierte Urabstimmung scheiterte. Ende des Jahres folgte die Mines Domaniales. Nachdem sie schon im März eine erste Lohnsenkung durchgesetzt hatte, ließ sie nun eine zweite folgen. Auch im Bergarbeiterverband fand sich keine Mehrheit für einen Streik.

Die Konflikte vom Frühsommer dieses Jahres hatten ein DMV-internes Nachspiel bei der Generalversammlung im September, an der als Delegierter aus Neunkirchen der Grubenschmied Robert Bier teilnahm. Eine Gruppe der Delegierten von der Saar brachte das Verhalten der Bezirksleitung zur Sprache, der Völklinger Bevollmächtigte Albin Weiß klagte: „Die Arbeiterschaft wehrte sich, wurde aber schmählich im Stich gelassen ...“* Seine Kritik zielte vor allem auf Georg Bernard, der im Jahr zuvor Fritz Ehrler als Bezirksleiter abgelöst hatte. Hauptvorwurf gegen ihn war, daß er erst die Bildung einer Streikleitung und deren Streikbeschluß mitgetragen hatte, einen Tag später aber diesen Beschluß wieder rückgängig gemacht hatte, ohne die Streikleitung darüber zu informieren. Der DMV-Vorsitzende Robert Dißmann entgegnete: „Daß die Unternehmer im Saarbecken provozieren, ist richtig. Und weil wir das frühzeitig erkannten, haben wir Euch nicht einmal, sondern zu hunderten Malen gebeten: Haltet gewerkschaftliche Disziplin. Dann fallt Ihr auch nicht auf jeden Trompetenstoß der Unternehmer, die Euch nur zu gut kennen, ohne weiteres herein. Lernt das Abc gewerkschaftlicher Taktik einmal verstehen, dann werden wir vor bitteren Niederlagen im Saarbecken mehr als bisher verschont bleiben.“** Georg Bernard argumentierte ähnlich. In seinem Geschäftsbericht für das Jahr 1921 schrieb er: „Nicht Generalstreik, sondern Generalschulung und Generalerkenntnis der jeweiligen Machtverhältnisse tut den Kollegen dort not, und wenn es gilt zu kämpfen, dann aber auch auszuhalten.“***

---

* Die 15. ordentliche Generalversammlung des DMV in Jena 1921. Abgehalten vom 12. bis 18. September im Saale des Volkshauses, Stuttgart 1921, S. 276.

** Ebd., S. 280.

*** Der Deutsche Metallarbeiterverband im Jahre 1921. Jahr- und Handbuch für Verbandsmitglieder, hrsg. vom Vorstand des DMV, Stuttgart 1922, Bezirksberichte, S. 125.

d) Heraus zum Kampf

Da sich die Arbeitskonflikte im Bereich des öffentlichen Dienstes und des Bergbaus an der Saar direkt gegen internationale bzw. französische Instanzen richteten, hatten sie immer eine spezifische Note. Fast zwangsläufig mischten sich hier materielle und nationale Interessen, daneben prägte die wiederholte Parteinahme ausgesprochen chauvinistischer Kräfte zugunsten der Arbeiter das Bild. In Ansätzen war dies schon bei den Bergarbeiterstreiks 1918/19 so gewesen, setzte sich dann fort beim Beamtenstreik im August 1920 und ganz besonders beim hunderttägigen Bergarbeiterstreik 1923. Da Regierungskommission und Mines Domaniales auf diese Phänomene äußerst sensibel reagierten, gewannen die Auseinandersetzungen entsprechend an Schärfe.

Äußerer Anlaß des Beamtenstreiks war der von der Regierungskommission vorgelegte Entwurf für ein neues Beamtenstatut. Ein Kernpunkt des darüber ausbrechenden Streits war die Absicht der neuen Machthaber, die aus ihrer Sicht untragbaren Beamten nicht weiterzubeschäftigen. Auch die Zugehörigkeit der Beamtenorganisationen zu ihren deutschen Mutterverbänden sollte nicht mehr ohne weiteres möglich sein. Undemokratische Bestimmungen in bezug auf die Interessenvertretung der Beamten und drakonische Strafandrohungen für dienstliche Vergehen kamen hinzu.

Angesichts der reaktionären Rolle, die die Beamten in der bisherigen deutschen Geschichte gespielt hatten, war manche Maßnahme der Regierungskommission durchaus nachvollziehbar, änderte jedoch nichts am undemokratischen Gesamtcharakter des Statuts. Viele freigewerkschaftlich organisierte Arbeiter stellten sich daher an die Seite der Beamtenverbände. Dazu trug wohl auch der umfangreiche Forderungskatalog bei, den die Beamtenorganisationen in ihrem Streikaufruf vom 6. August 1920 formulierten. Neben den berufsspezifischen Forderungen finden wir hier auch solche nach Einführung des deutschen Betriebsrätegesetzes, energischen Maßnahmen gegen die Wohnungsnot, Verbilligung der Lebensmittel und Gebrauchsartikel sowie sofortiger Bildung einer Volksvertretung. Viele sahen nun die Gelegenheit gekommen, für eine Demokratisierung des öffentlichen Lebens zu kämpfen.

Die weitaus meisten Beamten und Eisenbahner leisteten dem Streikaufruf Folge, Konsequenz war der sofortige Zusammenbruch des Verkehrswesens. Die Regierungskommission verhängte bereits am zweiten Streiktag den Belagerungszustand, Militär patrouillierte durch die Straßen. Teile der Streikenden standen unzweifelhaft mit dem Alldeutschen Verband in Kontakt, jener imperialistischen und antisemitischen Organisation, die in Deutschland gerade den Kapp-Putsch unterstützt hatte und nach wie vor einer aggressiven Macht- und Eroberungspolitik das Wort redete. Eine Ortsgruppe des Verbandes mit zeitweise über dreißig Mitgliedern bestand seit Februar 1910 auch in Neunkirchen. Wichtige Teile der städtischen Hautevolee hatten sich hier zusammengeschlossen. Den Streik der Beamten unterstützten die Alldeutschen mit dem Ziel, die Verhältnisse an der Saar zu destabilisieren und der Regierungskommission eine politische Niederlage zuzufügen. Als einige Vertreter des Bergarbeiterverbandes diese Kontakte an die Öffentlichkeit brachten und die nationalistische Note des Ausstandes anprangerten, ernteten sie bis tief ins Lager der freien Gewerkschaften hinein einen Sturm der Entrüstung. Der Vorsitzende des Saarbrücker Gewerkschaftskartells, August Gerhardt, berichtete nach Deutschland: „Da erstand den Streikenden ein Gegner in den Reihen der organisierten Arbeiter selbst. Verrat, wie er teuflischer nicht möglich war. ... Es muß natürlich jedem einzelnen überlassen werden, ob er deutsch oder westlich gesinnt ist. Aber in einem offenen Kampfe Partei zu nehmen gegen Klassengenossen und diese als alldeutsch zu denunzieren, kann nur als Verrat bezeichnet werden. Die Leitung des Bergarbeiterverbandes wehrt sich zwar gegen diesen Vorwurf und erklärt, daß der Streik nur ein solcher von Staatsanwälten und sonstigen alldeutschen Beamten gewesen sei. Das sind Redensarten angesichts der Tatsache, daß zehntausende von Eisenbahnarbeitern, Unterbeamten usw. im Streik standen."*

Dessen ungeachtet verhielten sich auch andere Gewerkschafter distanziert. Julius Schwarz vom Bergarbeiterverband, Heinrich Wilhelm vom DMV und ein Sekretär des Gewerkschaftskartells erklärten, den Streik zu unterstützen, soweit er sich gegen die Beschneidung der Koalitionsfreiheit richte, für besondere Privilegien der Beamten aber würden sie nicht eintreten, ebensowenig könnten etwaige alldeutsche Bestrebungen von den freigewerkschaftlich organisierten Arbeitern unterstützt werden.

Mit dieser Einschränkung beteiligten sich DMV und Bergarbeiterverband am eintägigen Proteststreik aller abhängig Beschäftigten, der den Beamtenstreik beendete. Anlaß für die allgemeine Arbeitsniederlegung war ein von der Regierungskommission formuliertes Ultimatum, das zur Wiederaufnahme der Arbeit am 14. August aufforderte. Dazu noch einmal ein Auszug aus dem Bericht August Gerhardts: „Trotzdem die Aufforderung zum Proteststreik in später Tagesstunde ergangen war, glich am Samstag das gesamte Saargebiet einer trauernden Gemeinde. Kein Laden, kein Geschäft war geöffnet. Alles bis auf den letzten Friseurladen war geschlossen. Kein Glas Bier wurde ausgeschenkt, keine Fidel erklang. ... In der Provinz zwar machten einige Gruben eine Ausnahme, doch abgesehen davon mußte die Regierungskommission erkennen, auf welcher Seite die Bürgerschaft stand. Wir wollen jedoch gern hinzufügen, daß diese Erscheinung nicht allein Sympathie mit den Streikenden war, sondern der stille, tiefe Haß gegen den Fremdling mit seinem System der Unterdrückung alles deutschen und Bevorzugung alles französischen Wesens."** Der Proteststreik beschloß die Beamtenbewegung. Wie von der Regierungskom-

* Korrespondenzblatt des Allgemeinen Deutschen Gewerkschaftsbundes Nr. 40 vom 2. Oktober 1920.

** Korrespondenzblatt des Allgemeinen Deutschen Gewerkschaftsbundes Nr. 41 vom 9. Oktober 1920.

mission gefordert, wurde die Arbeit am 14. August wieder aufgenommen.

Auch im Zusammenhang mit dem Bergarbeiterstreik 1923 stellte sich die Frage nach den deutschen Hintermännern. Wiederum vermischten sich materielle und politische Motive, aufs Neue kochten nationale Emotionen hoch. Mit dem eigentlichen Ausgangspunkt des Streiks, der in der Lohnfrage zu suchen ist, hatten sie wenig zu tun. Nach der Umstellung ihrer Löhne auf die französische Währung im Sommer 1920 waren die Bergleute gegenüber anderen Berufsgruppen zumindest zeitweise privilegiert: Sie erhielten ihre Löhne in stabiler Währung, kauften aber nach wie vor mit der inflationierten deutschen Mark ein und profitierten daher von jedem Kurssturz. Die Mines Domaniales hatte seitdem zwar wiederholt einen Abbau der Nominallöhne durchgesetzt, aber auch dies war jeweils nach einiger Zeit von den Kurssteigerungen des Francs wieder ausgeglichen worden. Reale Lohnverluste waren allerdings durch mehrfach verfügte Kurzarbeit eingetreten.

Anfang 1923 änderte sich das Bild: Der Kurs der Mark fiel ins Bodenlose, nun stellte sich auch der Handel auf die französische Währung um. Die Zeit der Billigeinkäufe war vorüber. Viele versuchten dennoch, mit deutscher Währung einzukaufen, wurden aber von den Geschäftsleuten abgewiesen. Die Banken hielten ihre Wechselschalter meist geschlossen, das Preisniveau zog auf breiter Front an. Die Bergarbeitergewerkschaften kündigten die Tarife und forderten Lohnerhöhungen um sieben Francs pro Schicht. Als die Mines Domaniales dies abwies, riefen die Gewerkschaften am 28. Januar ihre Mitglieder zum Streik auf. Durch die Vermittlung der Regierung kam es Anfang Februar zu erneuten Verhandlungen, in deren Verlauf Lohnerhöhungen zunächst um zwei, dann um drei Francs pro Schicht angeboten wurden. Darüber hinaus sollte eine weitere Erhöhung im Verlauf des Monats überdacht werden. Die Gewerkschaften rückten von ihrer ursprünglichen Forderung ab und verlangten nun eine Erhöhung um fünf Francs.* Ihre Verhandlungsführer beriefen Revierkonferenzen zur Abstimmung über das Angebot ein. Sie selbst traten dort für die Annahme eines Kompromisses ein, konnten sich aber nicht durchsetzen. Eine überragende Mehrheit der Vertrauensleute sprach sich für die Niederlegung der Arbeit aus.

Soweit die materielle Seite der Vorgeschichte. Eine wichtige Rolle bei den Revierkonferenzen spielten aber auch die Vorgänge, die sich seit Mitte Januar im Ruhrgebiet ereignet hatten. Die deutsche Regierung war seit längerem ihren Reparationsverpflichtungen nicht mehr vollständig nachgekommen. Französische und belgische Truppen hatten daher am 11. Januar das Ruhrgebiet besetzt. Die Reichsregierung proklamierte daraufhin, unterstützt von SPD und freien Gewerkschaften, den passiven Widerstand. Dieser Schritt fand auch an der Saar Widerhall: „Frankreich hat unser Ruhrgebiet besetzt. Rücksichtslos schreitet fremde Militärgewalt weiter durch deutsches Land ... Deutschlands Trauer ist unsere Trauer. Deutschlands Protest ist unser Protest. Zum Zeichen

* Neunkircher Volks-Zeitung Nr. 210 vom 15. September 1923.

des Protestes fordern wir die gesamte Bevölkerung auf, sich am Montag, den 15. Januar, vormittags elf bis halb zwölf Uhr an der allgemeinen Arbeitsruhe zu beteiligen. ... Schließt Läden und Fenster, laßt die Arbeit ruhen ...", hieß es in einem Aufruf, den neben den bürgerlichen Saarparteien auch die SPD unterzeichnet hatte.* Der halbstündige Proteststreik war von den Gewerkschaften organisiert und wurde in hohem Maße befolgt. Anfang Februar sahen nun viele Vertrauensleute in der Streikabstimmung eine Möglichkeit, nicht nur ihren Lohnforderungen Nachdruck zu verleihen, sondern auch den passiven Widerstand der deutschen Arbeiter weiter zu unterstützen. Anders ist das Votum gegen die Verbandsleitungen nicht zu erklären, zumal diese bisher über extrem hohen Einfluß verfügt hatten.

Der Streik begann also am 5. Februar und erstreckte sich auf alle Gruben des Reviers. Streikbrecher waren in diesen ersten Tagen kaum zu finden. Am 7. Februar wurden die Gruben von Militäreinheiten besetzt, einmal mehr durchzogen Patrouillen die Straßen. Die Mines Domaniales kündigte streikenden Arbeitern die Werkswohnungen und entließ betriebliche Sicherheitsmänner und gewerkschaftliche Funktionsträger. Dennoch stand die Streikfront vorerst unverrückbar, von den Gewerkschaften vorbildlich organisiert. Massive Versuche der Grubenverwaltung, Arbeiter zur Wiederaufnahme der Arbeit zu erpressen, scheiterten spätestens dann, wenn diese den Streikposten begegneten. Wurde öffentlich bekannt, daß man zur Schicht ging, mußte man mit massiven Pressionen rechnen. Eine am Neunkircher Volkshaus angebrachte Tafel, auf der Streikbrecher öffentlich verzeichnet wurden, mußte daher auf Geheiß der Polizei entfernt werden. Die örtlichen Sekretäre des Bergarbeiterverbandes, Albert Dresch und Jakob Fuchs, wurden wegen öffentlicher Kennzeichnung von Streikbrechern und Spitzeln angeklagt. Infolge des Kohlenmangels wurden die Hochöfen der Stahlwerke stillgelegt. Allein Mitte März entließ das Neunkircher Eisenwerk etwa tausend Arbeiter. Eine ausreichende öffentliche Unterstützung erhielten die meisten Betroffenen nicht. Der Arbeiterausschuß versäumte es nicht, auch in diesem Zusammenhang auf die Schuld der Franzosen hinzuweisen: „Wenn die gegenwärtige, recht ernst zu nehmende Arbeitslosenfrage auch als eine Folge des Bergarbeiterstreiks angesehen werden muß, so ist aber doch keineswegs von der Hand zu weisen, daß wir die einseitig eingestellte Regierungskommission und die französische Grubenverwaltung als eine Aus- und Nachwirkung des Krieges in unserem Lande haben, die durch Nichterfüllung ihrer sozialen Pflichten für die gegenwärtige unhaltbare Lage verantwortlich seien."**

Ende März schlugen aufgebrachte Jugendliche in Neunkirchen einen französischen Offizier nieder. Die Regierungskommission nahm dies zum Anlaß, über den Kreis Ottweiler den Ausnahmezustand zu verhängen. Alle Restau-

* Saar- und Blies-Zeitung Nr. 12 vom 15. Januar 1923.

** Saar- und Blies-Zeitung Nr. 61 vom 13. März 1923.

rants und öffentlichen Etablissements mußten abends um halb neun Uhr schließen, öffentliche Versammlungen und Kundgebungen wurden verboten, ebenso Ansammlungen von mehr als zwei Menschen auf öffentlichen Straßen und Plätzen nach Eintritt der Polizeistunde. Auch sonst zeigte sich die Regierungskommission wenig zimperlich in der Bekämpfung des Streiks, Zeitungsverbote, Zensur und Ausweisungen häuften sich. Unterstützung fand sie nur bei wenigen Bevölkerungsgruppen, vor allem beim französisch orientierten Saarbund und dem mit diesem verbundenen Saar-Zentralverband der Bergarbeiter.

Dies änderte sich im April. In einer spektakulären Aktion traten die Sekretäre des Bergarbeiterverbandes Karl Krämer und Emil Becker, beide früher führende USPD-Funktionäre, aus dem Verband aus und riefen auf zur Gründung einer neuen Organisation, des Verbandes der Saarbergleute. In Flugblättern forderten sie: „Der Streik muß abgebrochen werden. Warum? Weil der Streik für die Saarbergleute verloren war, als es offenkundig wurde, daß die Finanzierung durch viele Millionen Franken Reichsgelder gestützt wurde."* An anderer Stelle schrieben sie: „Kameraden, Ihr sollt der Cuno-Stinnes-Regierung hier an der Saar die Kastanien aus dem Feuer holen, sollt Euch vollständig aufopfern für die bekannten Ziele der Großkapitalisten rechts des Rheines und deren Regierung. ... Für wen engagiert man sich, für wen macht man Propaganda, wenn man Gelder von ungeheuren Dimensionen von einem Stinnes-Cuno-Trio empfängt? ... Die Bezirksleitung kennt den politischen Charakter und gaukelt dem Bruder Kumpel vor, daß der Streik nur einen Wirtschaftskampf darstelle. Darum los von Bochum! Los von Essen! Hinein in den Verband der Saarbergleute!"**

Es läßt sich tatsächlich nachweisen, daß die reaktionäre deutsche Regierung unter Reichskanzler Cuno, der über exzellente Kontakte zum Großindustriellen Hugo Stinnes verfügte, den Bergarbeiterstreik an der Saar unterstützte, um hier neben dem Ruhrkampf eine zweite Front gegen Frankreich zu errichten. Hermann Röchling selbst hatte finanzielle Mittel zur Unterstützung der Ausständigen erbeten. Doch der Versuch Beckers und Krämers, die Arbeiter zu neuen Verhandlungen mit der Mines Domaniales zu bewegen, scheiterte. Von nun an gehörte es zum guten Ton, sich von den ehemaligen Sekretären des Bergarbeiterverbandes zu distanzieren. Sie seien Verräter an der Arbeiterklasse, hieß es immer wieder. Unterstützung fanden die beiden lediglich bei einigen wenigen linkssozialistischen Kräften aus den Reihen der ehemaligen USPD, der KPD und der syndikalistischen Freien Arbeiterunion Deutschlands. Heinrich Wilhelm, der ehemalige DMV-Sekretär aus Sankt Ingbert gehörte dazu, auch dem Neunkircher Bevollmächtigten Franz Melzer wurde später wiederholt seine ablehnende Haltung gegenüber dem Streik vorgeworfen. Albert

* Stadtarchiv Neunkirchen: Abt. A II-Wie, Nr. 26, Nebenakten Bergarbeiterstreik 1923, Bl. 393.

** Landesarchiv Saarbrücken: Bestand Bergwerksdirektion Saarbrücken, Nr. 2483, Bl. 161 f.

Dresch, Stadtratsmitglied der KPD und Sekretär des Bergarbeiterverbandes, wurde nach Beendigung des Ausstandes aus der Partei ausgeschlossen, u. a. weil er öffentlich für die Position der Regierungskommission Stellung bezogen haben soll. Ihm folgten weitere Mitglieder der Neunkircher KPD, die von sich aus aus der Partei austraten, darunter mit Eugen Buchmann ein weiterer Stadtverordneter.

Die streikenden Bergarbeiter harrten bis Mitte Mai aus. Am 2. Mai erließ die Regierungskommission eine Verordnung, die die Aufstellung von Streikposten mit strengen Strafen bedrohte. In Saarlouis, Völklingen, Sulzbach und Neunkirchen wurden Lastautos bereitgestellt, mit denen Zuwiderhandelnde abtransportiert wurden. Unter den Betroffenen waren zwei Elversberger Gastwirte, die sich geweigert hatten, Bier an Streikbrecher auszuschenken, und die Inhaberin eines Friseurgeschäftes, die einem Arbeitswilligen die Rasur verweigert hatte. Am Ende des Streiks stand schließlich ein Kompromiß, die Mines Domaniales besserte ihr Lohnangebot noch einmal auf. Die Hauer erhielten nun pro Schicht fünf Francs mehr, die Lohnerhöhungen für die anderen Arbeitergruppen bewegten sich zwischen 3,50 und ebenfalls fünf Francs.* Ab 15. Mai wurde die Arbeit schrittweise wieder aufgenommen.

Im Zusammenhang mit dem Streik traten an der Saar erstmals faschistische Gruppen in größerem Umfang auf. Julius Schwarz berichtete später, daß er bereits Ende Januar einigen Hitler-Anhängern begegnet war. Rudolf Molter aus Neunkirchen und Wolfgang Bergemann aus Sankt Wendel, beide später Funktionäre der NSDAP, versuchten, bei den Bergleuten Propaganda gegen Frankreich zu machen. Der Neunkircher KPD-Stadtverordnete Friedrich Eifler schließlich berichtete Ende August von einer Zusammenkunft der Nazis im Gasthof „Zum Schlachthaus“, getarnt als Konzert der „Tribünengesellschaft“ des bekannten Sportvereins Borussia Neunkirchen. Zwar war der Anhang rechtsradikaler Gruppen im Saargebiet nicht sehr stark, immerhin aber sah sich die Regierungskommission Ende Februar 1924 veranlaßt, eine Reihe von Organisationen zu verbieten. Betroffen waren die NSDAP, der Stahlhelm, das Freikorps Oberland, der Deutsch-Völkische Schutz- und Trutzbund mitsamt seiner Jugendorganisation, der Deutschnationale Jugendbund, der Jungdeutsche Orden, der Bund Schwarz-Weiß-Rot, die Deutsche Ehrenlegion, die Organisation Roßbach und die Gruppe Treuhand.

Ein dritter großer Arbeitskampf datiert vom Herbst 1924, Schauplatz war diesmal die Völklinger Hütte. Die Werksleitung kündigte im Sommer 1924 die mit dem DMV getroffenen Abmachungen und drohte mit der Entlassung sämtlicher Arbeiter zum 15. September. Als Begründung wurden die hohen Frachtkosten und Kohlenpreise im Saargebiet angeführt, die die dortige Schwerindustrie angeblich konkurrenzunfähig machten. Von den Arbeitern wurde verlangt, entweder bei gleichbleibenden Löhnen zwei Stunden pro Tag länger zu arbeiten oder in Lohnreduzierungen um 15 bis 25 Prozent einzuwilli-

* Saar- und Blies-Zeitung Nr. 110 vom 15. Mai 1923.

gen. Ein Eingehen der Gewerkschaften auf dieses Erpressungsmanöver war natürlich ausgeschlossen. Röchling setzte daher Mitte September die Aussperrung in Kraft. Gemeinsam mit den anderen Gewerkschaften warnte der DMV: „Es liegt jetzt an der Belegschaft, daß sie den Weisungen ihrer Organisationen folgt und keinerlei Abmachung über Verlängerung der Arbeitszeit noch Verkürzung der Löhne eingeht. Es darf sich keiner dazu hergeben, Arbeitswilliger zu werden, auf die die Firma ihre ganze Hoffnung setzt."* Zu Verhandlungen über die Wiederaufnahme der Produktion zeigte sich Röchling erst bereit, als Frankreich die Herabsetzung der Kohlenpreise zusagte. Damit wurde offensichtlich, daß er die Beschäftigten als Geisel genommen hatte, um seine ökonomischen Interessen durchzusetzen. Am 3. November wurde die Produktion wieder aufgenommen, Grundlage der Arbeitsbedingungen und der Entlohnung wurden die geltenden Tarifverträge. Für die betroffenen Arbeiter bedeutete dies eine Lohnsenkung um drei Prozent, da sie zuvor über Tarif bezahlt worden waren.

Achtstundentag – Ziel der Arbeiterbewegung seit 1889.
(Familie Tschirner, Neunkirchen)

Der Völklinger DMV-Bevollmächtigte Albin Weiß wurde nach Beendigung des Kampfes aus der KPD ausgeschlossen. Die Parteileitung warf ihm vor, er habe sich nicht der geforderten Herangehensweise an den Konflikt angeschlossen. Seit April 1924 dominierte innerhalb der Partei eine Gruppe um Ruth Fi-

* Neunkircher Volks-Zeitung Nr. 206 vom 17. September 1924.

scher und Arkadij Maslow, die fern aller Realitäten eine ultralinke Politik betrieb und scharfe Konfrontation sowohl mit der SPD als auch mit den freien Gewerkschaften suchte. Heftige Richtungskämpfe bestimmten das innerparteiliche Leben und führten zum drastischen Rückgang der Mitgliederzahlen. Außer Albin Weiß wurden an der Saar u. a. auch die Landesratsabgeordneten Reinhard und Ulrich sowie Franz Melzer ausgeschlossen. 1925 setzte die Kommunistische Internationale die Ablösung der Fischer-Maslow-Gruppe und damit eine politische Kurskorrektur durch. Viele der bis dahin Ausgeschlossenen traten nun wieder in die Partei ein, darunter Melzer, Weiß und Reinhard.

Während die Aussperrung der Völklinger Arbeiter die Schlagzeilen beherrschte, zeichneten sich in Neunkirchen Massenentlassungen ab. Wir haben bereits an anderer Stelle die wirtschaftlichen Probleme des Eisenwerks kurz beschrieben. Im Juni 1924 ordnete die Werksleitung Kurzarbeit an. Fünf Monate später verkündete Generaldirektor Böhm einen Abbau der Belegschaftszahl um zunächst 800, gleichzeitig sollten die Akkorde überprüft, also gesenkt werden. Paradox erschien manchem Arbeiter freilich die im gleichen Atemzug unterbreitete Nachricht, für Dezember seien erst einmal Überstunden zu erwarten. Teile der Belegschaft versammelten sich Anfang Dezember zu einer Protestkundgebung im Volkshaus und demonstrierten anschließend zum Werk, die Aktionen blieben angesichts der starren Haltung der Direktion aber wirkungslos. Die Stadt richtete öffentliche Notstandsarbeiten ein, die der Kanalisierung der Süduferstraße und Erdarbeiten an der Brunnen- und Haspelstraße dienten. Letztlich mußten diese Maßnahmen nur schlecht bezahlte Verlegenheitsgesten bleiben. Eine zweite Entlassungswelle folgte im Herbst 1925. Auch hier blieben die gewerkschaftlichen Proteste hilflos, echte Einflußmöglichkeiten standen nicht zur Verfügung.

e) Wirtschaftskrise und Faschismus

Ende 1929 wurde Deutschland mit voller Wucht von der Weltwirtschaftskrise erfaßt. Die Auslastung der industriellen Kapazitäten fiel ebenso drastisch wie die Zahl der Arbeitslosen und Kurzarbeiter anstieg. Obgleich die Krise das Saargebiet mit einiger Verzögerung erreichte, waren die Auswirkungen doch die gleichen. Die Produktionsziffern gingen deutlich zurück, die Arbeitslosenzahlen schnellten in die Höhe. Im Juli 1928 hatten die Statistiker im Revier nur knapp 3 000 Menschen als arbeitslos registriert, Ende 1930 mehr als 15 000, Ende 1931 etwa 35 000 und im Dezember 1932 schließlich über 44 000. Mit etwa 28 Prozent der Erwerbslosen stellte die Bauindustrie den Löwenanteil, jeweils 15 Prozent kamen aus dem Bergbau und der Schwereisenindustrie. Die Arbeitslosenquote lag 1930 bei 5,24 Prozent, 1931 bei 13,11 und 1932 bei 30,17 Prozent, bevor sie langsam wieder zurückging. Im Kreis Ottweiler wurde der Höhepunkt der Massenarbeitslosigkeit im Januar/Februar 1933 mit jeweils knapp 6 300 unmittelbar Betroffenen erreicht, im Kreis Sankt Wendel im Februar des gleichen Jahres mit fast 1 500.* Das Neunkircher Eisenwerk, das am 1. April 1928 insgesamt 6 198 Beschäftigte verzeichnete, zählte zwei Jahre später 5 600, am 1. April 1931 dann 4 380 und wiederum ein Jahr später nur noch 3 651.**

Tabelle 3: Arbeitslosigkeit 1929 bis 1934

Stichtag	Arbeitslose im Kreis Ottweiler	Arbeitslose im Kreis Sankt Wendel	Arbeitslose im Saargebiet
4. Dez. 1929	912	165	6 305
4. Juni 1930	993	124	6 908
3. Dez. 1930	2 075	347	12 226
3. Juni 1931	2 506	281	15 104
2. Dez. 1931	4 166	622	29 266
1. Juni 1932	5 741	1 306	41 770
7. Dez. 1932	5 991	1 336	42 435
7. Juni 1933	4 823	1 300	36 928
6. Dez. 1933	4 935	1 186	37 496
6. Juni 1934	4 700	1 026	32 561
5. Dez. 1934	5 095	1 120	33 767

Quelle: Landesarchiv Saarbrücken, Bestand Bergwerksdirektion Saarbrücken (Dep. Landeshauptarchiv Koblenz, Bestand 564), Nr. 2318/2319.

Daß reine Zahlenangaben weder das reale Ausmaß der Krisenbetroffenheit noch das dadurch verursachte Elend angemessen wiedergeben können, liegt auf der Hand. Eine wirkliche Arbeitslosenunterstützung existierte nicht und eine Wirtschaftspolitik, die den Krisenverlauf und seine Konsequenzen für die Arbeiterklasse wenigstens hätte abschwächen können, wie dies die Gewerkschaften forderten, wurde nicht verwirklicht. Die Regierungskommission überließ den Unternehmern ebenso freie Hand bei der Krisenbewältigung wie dies die Regierungen der anderen kapitalistischen Staaten taten. So wurden die Schlangen der Erwerbslosen ständig länger, die geringen Unterstützungen reichten immer weniger zum Leben, mehr und mehr Familien waren auf öffentliche Suppenküchen und Spenden angewiesen.

Natürlich beeinflußte diese Entwicklung die Arbeitsbedingungen derer, die noch eine Stelle hatten. Die Arbeitszeiten wurden ausgedehnt, eine wirksame Gegenwehr konnte kaum organisiert werden, weil die Betroffenen Angst vor der Entlassung hatten. Die Löhne wurden in mehreren Etappen gesenkt. Die Position der Gewerkschaften war durch hohe Mitgliederverluste deutlich geschwächt. Schon lange vor Eintritt der Krise hatten viele Metall- und Hüttenarbeiter an der Saar dem DMV den Rücken gekehrt, im Geschäftsbericht der Bezirksleitung für 1928 klagte Georg Bernard: „Wohl hatten sich die Saarländer nach dem Kriege wie im übrigen Reich organisiert, jedoch am wenigsten stand-

* Daten nach Landesarchiv Saarbrücken: Bestand Bergwerksdirektion Saarbrücken, Nr. 2318 und Nr. 2319; Luitwin Bies: Klassenkampf an der Saar 1919 bis 1935. Die KPD im Saargebiet im Ringen um die soziale und nationale Befreiung des Volkes, Frankfurt 1978, S. 54 f. und S. 211; Gerhard Paul, a.a.O., S. 17.

** Archiv Saarstahl Völklingen, Werk Neunkirchen: Mappe 151437, Personalstatistik 1914 bis 1938.

gehalten, obwohl sie die Notlage, die die Arbeiter im übrigen Reich durch die Inflation durchmachten, nicht zu spüren bekamen. Sie stehen heute im Bezirk organisatorisch am schlechtesten. Hier fehlt der tiefere Sinn für die Organisation."*

Die Ursachen für die hohen Mitgliederverluste waren vielschichtig. Auffällig ist, daß vor allem im Jahr der Röchling-Aussperrung 1924 deutliche Rückgänge zu beklagen waren: Hatten die Saar-Verwaltungsstellen 1923 zusammen über 18 000 Mitglieder, so waren es ein Jahr später nur noch knapp 10 300. Völklingen selbst hatte fast 1 500 Mitglieder verloren, Saarbrücken fast 2 300, Dillingen etwa 2 600, Homburg ungefähr 600, Neunkirchen etwa 500 (von 3 047 auf 2 460), Sankt Ingbert etwa 250.** Für die weitere Bilanz der Verwaltungsstelle Neunkirchen waren dann vier Jahre entscheidend: 1925/26 verlor man als Folge der Massenentlassungen des Eisenwerks insgesamt 1 200 Mitglieder, 1928

Tabelle 4: Mitgliederentwicklung des DMV an der Saar 1903 bis 1932

Jahr	Bous	Dillingen	Homburg	Neunkirchen	Saarbrücken	Sankt Ingbert	Völklingen
1903						65	
1904						225	
1905						192	
1906						312	
1907						330	
1908					329		
1909					348		
1910					324		
1911					324		
1912					412		
1913					408		
1914					110		
1915					55		
1916					73		
1917					2 080		
1918					5 266		
1919					31 217		
1920					30 200		
1921	485	2 420	1 365	2 968	7 700	1 103	1 400
1922		2 134	1 615	2 082	7 147	1 130	1 747
1923		3 040	1 368	3 047	7 360	827	2 447
1924		396	739	2 460	5 072	575	1 050
1925		236	696	1 613	4 243	525	1 143
1926		251	537	1 235	3 833	569	1 157
1927		566	687	1 532	4 150	646	1 821
1928		288	688	1 148	3 915	586	1 021
1929		238	635	755	3 537	585	704
1930		178	629	756	3 256	599	611
1931		150	574	711	2 960	360	500
1932		122	568	630	2 334	410	373

Quelle: Jahr- und Handbücher des DMV.

* Bezirksleitung Frankfurt des Deutschen Metallarbeiterverbandes: Geschäftsbericht über das Jahr 1928, Frankfurt 1929, S. 11.

** Der Deutsche Metallarbeiterverband im Jahre ....

und 1929 waren es noch einmal jeweils 400. 1932 zählte die Verwaltungsstelle noch 630 Mitglieder, in den Saar-Verwaltungsstellen zusammen waren es 4437.*

Unter diesen Bedingungen fiel den Hüttenindustriellen ein Abbau der Löhne nicht sonderlich schwer. 1929 war das allgemeine Lohnniveau noch einmal erhöht worden, ein Hütten-Facharbeiter erhielt nun einen tariflichen Stundenlohn von 4,22 Francs. Am 1. Januar 1931 erfolgte ein effektiver Abbau um acht Prozent, am 1. November des gleichen Jahres wurden die Tariflöhne der Facharbeiter auf 3,90 Francs pro Stunde gesenkt, und im Ergebnis der Lohnverhandlungen vom Frühsommer 1932 stand ein weiterer Abbau um neun Prozent.** Akkordsenkungen und der Abbau der Leistungs- wie der sozialen Zulagen taten ein übriges. Der DMV mußte diese Schritte ohne große Gegenwehr akzeptieren. Die Zahl der Streiks ging rapide zurück, auch die anderen Berufsverbände standen dem Lohnabbau nahezu hilflos gegenüber.

Mit der Revolutionären Gewerkschaftsopposition (RGO) entstand Ende der zwanziger Jahre eine vierte Gewerkschaftsrichtung. Sie wurde einerseits gegründet, um die aus den freien Gewerkschaften ausgeschlossenen oder bisher unorganisierten linken Kräfte zu sammeln. Andererseits beabsichtigte die KPD aber auch, eine eigenständige Gewerkschaftsorganisation zu konstituieren und die bisherige Hegemonie der SPD innerhalb der Gewerkschaften zu brechen. Ideologischer Hintergrund dieses Kurses war die Sozialfaschismus-These, die der SPD u. a. vorwarf, dem Kampf der politischen Rechten gegen die Arbeiterbewegung Vorschub zu leisten.

Insgesamt blieb die RGO zahlenmäßig unbedeutend, zumal unter den 260000 bis 310000 Mitgliedern viele Erwerbslose waren.*** An der Saar aber verfügte sie besonders im Bergbau und in den Hüttenwerken über beträchtlichen Einfluß. So eroberte sie z. B. die Zahlstellen Dudweiler, Heiligenwald und Landsweiler des Bergarbeiterverbandes. Ihre Schwerpunkte in der Schwereisenindustrie lagen in Dillingen, Völklingen und Neunkirchen. Bei den Wahlen zum Arbeiterausschuß des Neunkircher Eisenwerks errang sie Anfang Juni 1929 unter der Bezeichnung „Opposition" aus dem Stand heraus zwölf Sitze, während sich CMV und DMV mit jeweils fünf und der Hirsch-Dunckersche Gewerkverein mit zwei bescheiden mußten. Obmann des Ausschusses wurde der erst zweiundzwanzigjährige Fritz Bäsel aus Wiebelskirchen, dessen Vater bereits auf der Hütte gearbeitet hatte, bevor er wie auch der Bruder im Ersten Weltkrieg umgekommen war. 1931 erhielt die RGO neun Sitze, der DMV sieben, der CMV sechs und der Hirsch-Dunckersche Ge-

* Ebd.

** Ebd., Bezirksberichte.

*** Frank Deppe/Georg Fülberth/Jürgen Harrer u. a. (Hrsg.): Geschichte der deutschen Gewerkschaftsbewegung, Köln 1989 (4. Auflage), S. 309. Vgl. Erich Matthias/Klaus Schönhoven (Hrsg.): Solidarität und Menschenwürde. Etappen der deutschen Gewerkschaftsgeschichte von den Anfängen bis zur Gegenwart, Bonn 1984, S. 209 ff.

werkverein wiederum nur zwei.* Dabei muß man beachten, daß der Beginn der oppositionellen Arbeit 1929 unter äußerst ungünstigen Vorzeichen gestanden hatte, denn der langjährige Bevollmächtigte Franz Melzer, bekanntlich Mitglied der KPD, hatte die Stadt im Januar quasi über Nacht verlassen, woraufhin sofort Gerüchte über Unregelmäßigkeiten in seiner Kassenführung die Runde machten. Wenige Wochen später wurde Melzer in Schlesien tot aufgefunden. Die Gewerkschaftspolitik der örtlichen KPD schien gründlich diskreditiert, so daß der Erfolg der oppositionellen Liste bei den Ausschußwahlen im Juni 1929 überraschen mußte.

Die RGO initiierte im August 1929 in Neunkirchen und im Herbst 1931 in Dillingen ohne vorherige Information und gegen den Willen des DMV und der anderen Richtungsgewerkschaften Streiks, die jeweils auf Lohnforderungen zurückgingen. Beide Aktionen blieben freilich erfolglos, weil keine gemeinsame Linie aller Gewerkschaften gefunden werden konnte. Die Direktionen nutzten dies zu massiven Maßregelungen, die vor allem die führenden Köpfe der RGO trafen. In diesem Zusammenhang blühte das System der schwarzen Listen wieder auf. Das Neunkircher Eisenwerk z. B. sorgte dafür, daß Peter Alles, als Mitglied des Arbeiterausschusses und Initiator des Streiks vom August 1929 entlassen, auch seine beiden folgenden Stellen verlor.

Ähnlich erging es anderen Mitgliedern und Funktionären der KPD und ihrer Gewerkschaftsorganisation. Im Verlauf des Jahres 1930 wurden vom Neunkircher Eisenwerk u. a. die Arbeiterausschuß-Mitglieder Bäsel, Mick und Schaufert entlassen, auf neue Arbeitsstellen konnten alle drei nicht hoffen. Da die RGO bald die ihr zustehenden Mandate im Arbeiterausschuß nicht mehr besetzen konnte, änderten sich die Mehrheitsverhältnisse dieses Gremiums. Ende Dezember 1930 wurde mit Wilhelm Cullmann ein DMV-Vertreter zum Ausschußobmann gewählt, sein Stellvertreter wurde Müller vom CMV, das Amt des Schriftführers ging an Kotterbach vom Hirsch-Dunckerschen Gewerkverein. Auch nach den Wahlen von 1931 blieb Cullmann, früher selbst kurzzeitig Mitglied der KPD, mit den Stimmen der beiden anderen Gewerkschaften Obmann des Ausschusses.

Bis zu seinem Verschwinden aus Neunkirchen war Franz Melzer auch Vorsitzender des Ortsausschusses des Allgemeinen Deutschen Gewerkschaftsbundes (ADGB) gewesen. Der KPD-Landesratsabgeordnete Friedrich Eifler trat dort vorerst seine Nachfolge an. Als kommissarischen Bevollmächtigten entsandte der DMV-Vorstand einen seiner Sekretäre, Richard Hugger, in die Hüttenstadt. Zum ordentlichen Bevollmächtigten wurde dann Ende 1929 Hermann Henneicke gewählt, ein gelernter Schlosser, der als Werftarbeiter in Wilhelmshaven an der Novemberrevolution teilgenommen hatte und Mitglied des dortigen Arbeiter- und Soldatenrates gewesen war. Danach hatte er zeitweise als Abgeordneter im Oldenburgischen Landtag gearbeitet und nach seinem

* Archiv Saarstahl Völklingen, Werk Neunkirchen: Mappe 963162, Rundschreiben und Berichte Arbeitgeberverband der Saarindustrie 1931.

Übertritt von der USPD zur SPD die Parteischule in Gera besucht. Als er sein neues Amt in Neunkirchen zum 1. Januar 1930 antrat, war innergewerkschaftlich der bisherige Einfluß der KPD entscheidend zurückgedrängt. Mitte März war Friedrich Eifler als Vorsitzender des ADGB-Ortsausschusses abgewählt und von Hermann Petri abgelöst worden. RGO-Mitglieder waren im neuen Vorstand ebensowenig vertreten wie in der nunmehrigen DMV-Ortsverwaltung, die zunächst kommissarisch gebildet und dann im Januar 1930 gewählt wurde. Im Laufe des Jahres 1929 waren außerdem die bisherigen RGO-Mehrheiten im Neunkircher Eisenbahnerverband, im ADGB-Ortsausschuß Ottweiler, im DMV Wiebelskirchen und im Bergarbeiterverband Wiebelskirchen gebrochen und SPD-orientierte Vorstände gewählt worden. Nach der endgültigen Konstituierung der RGO als eigenständiger Organisation Ende 1929 zogen sich viele ihrer verbliebenen freigewerkschaftlichen Funktionäre dann von selbst aus den Gremien zurück.

Politisches Ergebnis der Weltwirtschaftskrise in Deutschland war in erster Linie das Aufkommen des Faschismus. Nach Jahren weitgehender politischer

Hermann Henneicke, DMV-Bevollmächtigter in Neunkirchen 1930 bis 1935.
(Familie Henneicke, Neunkirchen)

Bedeutungslosigkeit, begleitet von heftigen internen Flügelkämpfen und Skandalen, errang die NSDAP ab 1930 bei fast allen Wahlen erdrutschartige Erfolge. Das katholische Zentrum und die Arbeiterparteien konnten ihre Wähleranteile zwar weitgehend verteidigen, doch mußten die bürgerlichen Parteien zum Teil verheerende Verluste quittieren. Unterstützung nicht zuletzt finanzieller Natur fanden die Nazis bei namhaften Industriellen, Bankiers und Großgrundbesitzern. Auch Otto Wolff zählte zu den Finanziers, er unterstützte dabei vor allem die Strasser-Gruppe in der NSDAP.

An der Saar bot sich vorerst noch ein anderes Bild. Hermann Petri berichtete 1928 im Landesrat über vergleichsweise geringe rechtsradikale Aktivitäten. Nach dem Verbot von 1924 hatte sich die NSDAP Ende 1926 wiedergründen dürfen, schaffte jedoch trotz Wirtschaftskrise und Massenarbeitslosigkeit noch keinen politischen Durchbruch. Bei den Landesratswahlen 1928 erhielt das Zentrum 46,4 Prozent der Stimmen, die SPD 15,6 und die KPD 16,7 Prozent. 1932 waren es 43,2 Prozent für das Zentrum, 23,2 für die KPD und 9,9 für die SPD, aber „nur“ 6,7 Prozent für die Faschisten.* Peter Baltes aus Merchweiler und Gauleiter Karl Brück aus Saarbrücken zogen nun als erste NSDAP-Abgeordnete ins Landesparlament ein.

Tabelle 5: Ausgewählte Parteien bei den Landesratswahlen 1922 bis 1932 (in Prozent):

	1922	1924	1928	1932
Zentrum	47,7	42,8	46,4	43,2
SPD	15,1	18,4	15,6	9,9
KPD	7,5	15,9	16,7	23,2
Deutsch-Saarländische Volkspartei	–	14,8	9,4	6,7
Liberale Volkspartei	12,8	–	–	–
NSDAP	–	–	–	6,7

Quelle: Gerhard Paul, Die NSDAP des Saargebietes. Der verspätete Aufstieg der NSDAP in der katholisch-proletarischen Provinz, Saarbrücken 1987, S. 21.

Fällt bereits hier eine Verschiebung des Kräfteverhältnisses zwischen den beiden Arbeiterparteien auf, so wird dieser Trend im Neunkircher Stadtparlament noch deutlicher: 1926 erhielten KPD und SPD jeweils zehn Mandate von insgesamt 42, 1929 fiel die SPD auf neun und die KPD auf sechs, 1932 aber sprang die KPD auf fünfzehn Sitze, während die SPD auf nunmehr sechs sank.** Die KPD stellte jetzt die mit Abstand stärkste Fraktion, beide Arbeiterparteien zusammen hielten genau die Hälfte der Mandate. In der Nachbargemeinde Wiebelskirchen herrschten ähnliche Verhältnisse, hier errangen sie 1929 elf der 23 Sitze (SPD sechs und KPD fünf), 1932 sogar dreizehn (SPD vier und KPD neun).*** Es blieb hier nicht bei einer nur rechnerischen Mehrheit,

* Gerhard Paul, a.a.O., S. 198 f.

** Neunkirchen (Saar). Stadt des Eisens und der Kohle, a.a.O., S. 178.

*** Neunkircher Echo Nr. 268 vom 18. November 1929. Saar- und Blies-Zeitung Nr. 273 vom 22. November 1932.

beide Fraktionen arbeiteten auch in der Praxis häufig miteinander gegen die bürgerlichen Gemeindevertreter.

Tabelle 6: Die Mitglieder des Neunkircher Stadtrates 1922 bis 1932

	19. März 1922	8. Juli 1923	11. Juli 1926	17. November 1929	13. November 1932
SPD	10	13	10	9	6
KPD	4	4	10	6	15
Zentrum	15	12	12	14	11
Demokratische Partei	9	8	3	3	–
Wirtschaftspartei	–	3	2	2	2
Parteilose	1	–	–	–	–
Volksrecht	–	–	–	2	–
Christlicher Volksdienst	–	–	–	–	2
Deutschnationale Partei	–	–	–	1	–
Volkspartei	3	2	5	5	2
NSDAP	–	–	–	–	4
Gesamt	42	42	42	42	42

Quelle: Neunkirchen (Saar). Stadt des Eisens und der Kohle. Ein Buch vom Werden und Wesen einer Industriestadt, hrsg. von der Stadtverwaltung Neunkirchen (Saar), Neunkirchen (Saar) 1955, S. 178.

Seit 1932 saßen allerdings auch NSDAP-Vertreter in den Kommunalparlamenten Neunkirchens und Wiebelskirchens. In der Hüttenstadt waren dies Werner Fritz, Wilhelm Diehl, Kinderarzt Dr. Göbl und Heinrich Klinger, in Wiebelskirchen Julius Weber, Friedrich Honecker und Otto Goedicke. Die SPD wurde u. a. von Karl Etienne, Hermann Henneicke und Karl Dorst vertreten, die KPD von Fritz Bäsel, Walter Knetsch und Lilli Hermann. Letztere saß zusammen mit Friedrich Eifler auch in der Landesratsfraktion der KPD, Hermann Petri bekanntlich bereits seit 1922 in der der SPD.

In der KPD-Fraktion des Landesparlaments kam es Mitte 1929 zu neuen Ausschlüssen, die Philipp Reinhard aus Ludweiler und den Völklinger DMV-Bevollmächtigten Albin Weiß trafen. Grund war ihre Kritik an der Sozialfaschismus-These der KPD und an der darauf aufbauenden Gewerkschaftspolitik, die in der Konstituierung der RGO mündete. Interessanterweise waren Reinhard und Weiß ja bereits 1924 während der Fischer-Maslow-Ära aus der KPD ausgeschlossen, später aber wieder aufgenommen worden. Beide gingen nun zur Kommunistischen Partei-Opposition (KPO), die den aktuellen Kurs der KPD für völlig falsch hielt. So schrieb sie zum Reichskongreß der Gewerkschaftsopposition, der die Konstituierung der RGO einleitete: „Dieser Kongreß kann aber der revolutionären Sache nicht nur nichts nützen, sondern muß ihr in jeder Hinsicht schwersten Schaden zufügen, muß die kommunistisch-oppositionelle Gewerkschaftsbewegung noch mehr als schon geschehen diskretieren. ... Kein wirklich kommunistischer Proletarier darf sich zu diesem leichtfertigen und schädlichen Spiel mißbrauchen lassen."* Weitere namhafte Saar-Kommunisten folgten Reinhard und Weiß, darunter der Obmann der Völklinger Hütte und ADGB-Kartellvorsitzende Jakob Müller, der Sekre-

* Gegen den Strom Nr. 48 vom 30. November 1929. Vgl. Theodor Bergmann: „Gegen den Strom". Die Geschichte der Kommunistischen Partei-Opposition, Hamburg 1987, S. 76 ff.

tär des Lothringer Bergarbeiterverbandes für den Saarbezirk Johann Everhardy, und Philipp Stähly aus dem KPD-Vorstand Ludweiler.

Doch zurück zur Entwicklung der NSDAP an der Saar. Trotz der eher bescheidenen Wahlergebnisse gelang es ihr, die Schlagzeilen der Tagespresse mehr und mehr zu beherrschen. Dafür sorgten die Ereignisse im Reich, eine Vielzahl von Propagandaveranstaltungen an der Saar und nicht zuletzt auch die aufkommende Brutalisierung der politischen Auseinandersetzung. Nächtliche Schlägereien mit Antifaschisten gehörten zwar noch nicht zum Alltagsbild, häuften sich aber in bedenklicher Weise. Schon im Juni 1929 mußten Mitglieder des Neunkircher Reichsbanners erste diesbezügliche Erfahrungen machen. Sie hatten an einer Veranstaltung des Reichsbanners im pfälzischen Kirchheimbolanden teilgenommen und diese Gelegenheit genutzt, eine Hakenkreuz-Fahne zu entwenden. Die Kirchheimbolander Nazis benachrichtigten daraufhin ihre Gesinnungsgenossen in Kaiserslautern und Landstuhl und verfolgten die Reichsbannerleute während deren Heimfahrt. In Landstuhl fielen sie mit Revolvern, Eisenstangen und Stühlen über sie her. Die örtliche Polizei schritt nicht ein.

Mitte Juli 1930 kam es in Merchweiler zu heftigen Schlägereien, als die dortige NSDAP im „Kaisersaal" eine Versammlung durchführen wollte. Als Peter Bartels, Ortsgruppenführer der Merchweiler Nazis, die Versammlung trotz der Anwesenheit zahlreicher Antifaschisten eröffnete, hinderten ihn laute Sprechchöre am Reden. Polizei und Landjäger lösten die Versammlung auf. Damit aber mochten sich die Hitleranhänger nicht abfinden, es kam zur Massenschlägerei. Einige Monate später urteilte die Saarbrücker Strafkammer: Werner Roth, NSDAP-Mitglied aus Friedrichsthal, wurde freigesprochen, die Friedrichsthaler Kommunisten Christian Holz und Ludwig Grasbeunder erhielten eine je einmonatige Gefängnisstrafe, der Pazifist Johann Holz aus Merchweiler eine zweimonatige. Auch im Gefolge einer nächtlichen Schlägerei zwischen Anhängern und Gegnern Hitlers im August 1930 in Neunkirchen wurde Anklage gegen vier Beteiligte erhoben, darunter den Bildhauer und KPD-Stadtverordneten Adolf Reinhard. Zusammen mit seinen drei ebenfalls angeklagten Parteifreunden war er von betrunkenen Nazis überfallen worden. Da das Gericht den vier Beklagten keine Schuld an der Schlägerei nachweisen konnte, wurden sie freigesprochen. Die beteiligten Nazis mußten übrigens auch vor Gericht erscheinen, allerdings als Zeugen der Anklage.

Einige Monate später, im Dezember 1930, kam es in Neunkirchen erneut zu Handgreiflichkeiten, diesmal im Zusammenhang mit einer Jugendversammlung der NSDAP in ihrem Parteilokal, der Wirtschaft Schley in der Kaiserstrasse. Um den Nazis das Feld nicht allein zu überlassen, waren zahlreiche Kommunisten erschienen, darunter wiederum der Stadtverordnete Reinhard. Nach einer Weile begannen die Hitler-Anhänger eine Schlägerei, die Antifaschisten wurden aus dem Saal gedrängt. Zwei anwesende Polizisten riefen Verstärkung vom Holzhof und vom Bahnhof herbei und schützten die Versammlung. Ein

Kommunist wurde verhaftet und zur Wache in der Wellesweilerstraße gebracht, seine dagegen protestierenden Parteifreunde mit blankem Säbel und gezogenen Revolvern bedroht.

In der Nacht vom 1. auf den 2. März 1932 war Bildstock Schauplatz einer Massenschlägerei im Vorfeld der Landesratswahlen. Antifaschisten hatten versucht, eine Versammlung der Nazis in der Wirtschaft „Zum Waldhorn" zu verhindern. Sofort gingen SA-Männer mit Gummiknüppeln und anderen Schlagwerkzeugen gegen die Hitlergegner vor und trieben sie aus dem Lokal. Draußen schritten Landjäger ein, die in Alarmbereitschaft gestanden hatten. Sie trieben die Demonstranten auseinander und begleiteten die Nazis anschließend zum Bahnhof. Eigentlich kaum verwunderlich, daß einige der Demonstranten später in der Nacht einen Trupp Landjäger überfielen. Im Juli wurden sechs von ihnen angeklagt, fünf zu Haftstrafen zwischen einem und sieben Monaten verurteilt, obwohl ihre Schuld nicht erwiesen werden konnte: „Inwieweit die Angeklagten sich an Tätlichkeiten beteiligt haben, ließ sich nicht mehr feststellen, kam für die Schuldfrage auch nicht sonderlich in Betracht, da schon eine Beteiligung an der zusammengerotteten Menge genügt, um strafbar zu werden."*

Schließlich seien noch die Unruhen erwähnt, zu denen es Ende Juli 1932 in Neunkirchen kam. Anlaß war wiederum eine NSDAP-Versammlung, diesmal in der Wirtschaft Kaiser in der Schulstraße. Schon bevor Gegendemonstranten versuchen konnten, den Abbruch der Veranstaltung zu erzwingen, wurden sie von Polizisten und Landjägern mit blankem Säbel auseinandergetrieben. In der Nähe der Lindenallee sammelten sie sich erneut. Ihr angestauter Zorn über das Verhalten der Polizei entlud sich, als sie auf Wachtmeister Lehmann trafen, dessen reaktionäre Gesinnung stadtbekannt war. Es entstand ein Handgemenge, in dessen Verlauf der Polizist den Revolver zog, auf eine Demonstrantin schoß und sie dabei verletzte. Als weitere Polizei- und Landjägermannschaften am Ort des Geschehens eintrafen, flüchteten die Antifaschisten in Richtung Oberer Markt. Noch stundenlang durchkämmten Patrouillen die Straßen, schlossen eine Gaststätte und nahmen eine Hausdurchsuchung in der Rollerstraße vor. Zur Bilanz der Nacht gehörten eine Reihe von Verletzten und zahlreiche Strafanträge gegen Demonstranten. Nur zweieinhalb Wochen später war in Ottweiler ein Menschenleben zu beklagen. Matthias Keßler, ein der KPD nahestehender Arbeiter, wurde während eines Überfalls von Nazis durch Axthiebe so schwer verletzt, daß er später im Krankenhaus starb.

Bei vielen dieser Vorfälle fällt die Haltung von Justiz und Polizei auf: Ihr Handeln richtete sich fast durchgängig gegen die antifaschistische Seite, Versammlungen der NSDAP wurden zumeist geschützt, brutale Überfälle dieser Seite verharmlost oder den Hitlergegnern in die Schuhe geschoben. Beispiele für solches Handeln finden wir aber schon vorher. So wurde 1927 ein großer Schauprozeß gegen Linkskräfte angestrengt, die einen Massenaufmarsch der

* Saar- und Blies-Zeitung Nr. 174 vom 28. Juli 1932.

Entschlacken eines Konverters, um 1930.
(Michael Ebenau)

reaktionären Kriegervereine in Neunkirchen gestört hatten. Einer der Hauptangeklagten war Franz Melzer, der zu einer Gegendemonstration aufgerufen hatte, in deren Verlauf es zu Straßenschlachten gekommen war. Mit ihm standen mehr als dreißig weitere Angeklagte vor den Schranken des Saarbrücker Landgerichts, meist Angehörige des Rot-Front-Kämpferbundes. Die Anklage lautete auf Landfriedensbruch, Körperverletzung, Sachbeschädigung, Unterschlagung und Beleidigung. Zwölf der Beklagten wurden zu meist mehrmonatigen Gefängnisstrafen verurteilt. Ihr Verteidiger, der SPD-Landesratsabgeordnete Walter Sender, prangerte in seinem Plädoyer die Haltung der Gerichte in politischen Prozessen an: „Wir haben Werwolf- und Stahlhelm-Prozesse gehabt, und zur Zeit haben wir den Wiking-Prozeß. Die Menschen haben die Köpfe geschüttelt über die gerichtliche Praxis. Auf der anderen Seite haben wir Wehklagen gehört in Kommunistenprozessen und in solchen gegen linksgerichtete Kreise. ... Die Arbeiterschaft fühlt sich als Objekt der Rechtspflege. Die Angeklagten meinen, vor einem bürgerlichen Gericht könne ihnen kein Recht werden, weil die Richter mit den Arbeitern keine Fühlung hätten."* Im Verhalten der Justiz wie auch der Polizei zeigte sich, wie recht jene gehabt hatten, die in und nach der Novemberrevolution eine radikale Säuberung des Beamtenapparates gefordert hatten. Da dies nicht geschehen war, verfügte die politische Rechte hier nach wie vor über beachtlichen Rückhalt, so daß sie keiner ernst-

* Saar- und Blies-Zeitung Nr. 101 vom 2. Mai 1927.

zunehmenden Strafverfolgung ausgesetzt war. Die dadurch entstehenden Freiräume nutzten vor allem die Schlägerbanden der Nazis rigoros aus.

Am 30. Januar 1933 erfolgte in Deutschland die Ernennung Adolf Hitlers zum Reichskanzler. Der Widerstand der Arbeiterbewegung blieb hilflos und zersplittert, zu gemeinsamen Aktionen der KPD und der SPD kam es kaum. Zu tief war der Riß, der beide trennte. Der Sozialfaschismus-Vorwurf der KPD und die umgekehrte Behauptung der SPD, die Kommunisten seien „rotlackierte Nazis", hatten die Fronten weiter verhärtet. Zudem unterschätzten beide Richtungen die Qualität des Faschismus: Die SPD hatte zum Vergleich meist die Zeit des Sozialistengesetzes und die Verhältnisse in Italien seit Mussolinis Machtantritt herangezogen und erwartete wie die KPD, daß die NSDAP bald abwirtschaften würde. Danach, so die Meinung der KPD und ihrer Anhänger, sei die Zeit gekommen, den Sozialismus durchzusetzen.

Hinter der Machtübergabe an die deutschen Faschisten standen führende Köpfe der Industrie, der Banken und des Großgrundbesitzes. Sie hatten zum Teil seit langen Jahren beträchtliche Summen in die Parteikassen der NSDAP gespendet, sahen aber die Felle davonschwimmen, als bei den Reichstagswahlen vom November 1932 fast zwei Millionen Wähler verlorengingen. Noch im Juli 1932 hatten die Nazis über 13,7 Millionen Stimmen und damit 230 von insgesamt 603 Mandaten erhalten, im November aber nur noch 11,7 Millionen Stimmen und 196 Mandate. Demgegenüber erhielt die SPD im November 121 Sitze, die KPD deren hundert.* Der Höhepunkt der Wirtschaftskrise war überschritten, die Arbeitslosenzahlen gingen langsam zurück und damit scheinbar auch die Attraktivität der NSDAP. Wenige Tage nach den Novemberwahlen unterzeichneten namhafte Vertreter der Industrie, der Banken und des Großgrundbesitzes eine Eingabe an Reichspräsident Hindenburg, in der sie die Ernennung Hitlers zum Reichskanzler forderten. Vieldeutig hieß es dort: „Wir erkennen in der nationalen Bewegung, die durch unser Volk geht, den verheißungsvollen Beginn einer Zeit, die durch Überwindung des Klassengegensatzes die unerläßliche Grundlage für einen Wiederaufstieg der deutschen Wirtschaft erst schafft. Wir wissen, daß dieser Aufstieg noch viele Opfer erfordert. Wir glauben, daß diese Opfer nur dann willig erbracht werden können, wenn die größte Gruppe dieser nationalen Bewegung führend an der Regierung beteiligt wird."** Unter der Eingabe standen u. a. die Unterschriften vom ehemaligen Reichsbankpräsidenten Hjalmar Schacht, vom Leiter der Vereinigten Stahlwerke und Präsidiumsmitglied des Reichsverbandes der Deutschen Industrie, Fritz Thyssen, vom Kölner Bankier Kurt Freiherr von Schröder, vom Präsidenten des Reichslandbundes Eberhard Graf von Kalckreuth und von Friedrich Reinhart, einem Vorstandsmitglied der Commerzbank.

---

* Ulrike Hörster-Philipps: Wer war Hitler wirklich? Großkapital und Faschismus 1918 bis 1945, Köln 1978, S. 150.

** Reinhard Kühnl: Der deutsche Faschismus in Quellen und Dokumenten, Köln 1978 (3. Auflage), S. 161.

f) Gemeinsam gegen Hitler

Die Machtübergabe an Hitler veränderte das politische Leben an der Saar schlagartig. Fast alle politischen Organisationen hatten bislang die Rückgliederung an Deutschland befürwortet, nun erschien diese Frage in anderem Licht. Ein neues Thema beherrschte in den folgenden zwei Jahren die öffentliche Diskussion: Für oder gegen den Anschluß an Hitler-Deutschland?

Die bisher kleine Nazi-Partei an der Saar verzeichnete nunmehr einen Massenzulauf an Mitgliedern. Landesrats- oder flächendeckende Kommunalwahlen fanden bis 1935 nicht mehr statt, doch standen im Ergebnis einiger Nachwahlen zu Kommunalparlamenten im ersten Halbjahr 1933 erhebliche Stimmengewinne der NSDAP. Für die weitere Entwicklung aber war das Verhalten der bürgerlichen Parteien entscheidend, vor allem natürlich das des katholischen Zentrums. Entscheidende Weichenstellungen zeichneten sich im Frühjahr 1933 ab. Ende April trat die gesamte Ortsgruppe Homburg der Deutsch-Saarländischen Volkspartei (DSVP) zur NSDAP über. Schon Anfang März hatte der Neunkircher Stadtverordnete Hermann Hippert aus Sinnerthal, ebenfalls Mitglied der DSVP, den gleichen Schritt vollzogen. Weit wichtiger aber waren die Kontakte, die der entscheidende Mann dieser Partei, Hermann Röchling, zu Hitler knüpfte. Kernpunkt der Beratungen war die Frage, wie man die Sammlung all der Kräfte möglichst reibungslos voranbringen konnte, die für den Anschluß an den Nazi-Staat eintraten. Beide Seiten kamen rasch überein, die bürgerlichen Parteien und Organisationen an der Saar vorerst bestehen zu lassen, weil davon eine weitaus höhere Wirkung zu erwarten war als von einem erzwungenen Zusammenschluß in der NSDAP.

Ein Treffen der wichtigsten in Frage kommenden Organisationen wurde für den 15. Mai 1933 vereinbart. Daran nahmen aus dem Saargebiet außer Röchling auch die Deutschnationale Volkspartei, die Bürgerliche Mitte, das Zentrum und natürlich die NSDAP teil. Besonders wichtig für Hitlers weitere Pläne war, daß auch relevante Vertreter der christlichen Gewerkschaften in der Delegation des Zentrums saßen, nämlich Peter Kiefer, Karl Hillenbrandt und Fritz Kuhnen. Sie wurden aufgefordert, auf die freien Gewerkschaften einzuwirken, um diese zum Eintritt in die „nationale Einheitsfront" zu bewegen. Der Reichsregierung war klar: Mit den christlichen und den freien Gewerkschaften im Rücken wäre das Ergebnis der Abstimmung bereits vorgezeichnet. Von seiten der christlichen Gewerkschafter war an diesem 15. Mai kein Einwand zu hören, auch kein Wort über die Zerschlagung der freien deutschen Gewerkschaften knapp zwei Wochen zuvor.

Nach diesem strategiebildenden Gespräch schritten die Rechtskräfte zur Tat. Schrittweise wurde von ihnen eine Sammlungsbewegung ins Leben gerufen, die sich propagandistisch als „Deutsche Front" bezeichnete. Die bürgerlichen Parteien inklusive des Zentrums, die mit ihnen verbundenen Gewerkschaftsrichtungen und andere Organisationen gingen schließlich völlig darin auf. Ab Ende September lösten sich die bürgerlichen Parteien nach und nach auf, den

Anfang machte die Deutschnationale Volkspartei, es folgten die DSVP Hermann Röchlings und die Wirtschaftspartei, am 12. Oktober schließlich auch das Zentrum. In der Deutschen Front stellten sie sich unter die Führung der NSDAP. An exponierter Stelle der Sammlungsbewegung standen Röchling und der christliche Gewerkschaftssekretär Peter Kiefer. Am 30. Oktober folgte mit der Konstituierung der „Deutschen Gewerkschaftsfront" der gewerkschaftliche Zusammenschluß, auch hier übernahm Peter Kiefer die führende Rolle. In Neunkirchen war es vor allem der dortige Sekretär der christlichen Gewerkschaft Grundmann, der den Zusammenschluß vorantrieb.

Die hier beschriebenen Veränderungen hatten erhebliche Auswirkungen auf die Kommunalpolitik. Großes Aufsehen erregte der Austritt des Ottweiler Bürgermeisters Löwer aus der SPD Mitte März 1933, seine Beteuerung, dieser Schritt habe mit Hitler nichts zu tun, wirkte wenig glaubwürdig. Anfang Mai löste sich die Ottweiler Ortsgruppe der DSVP im Vorgriff auf künftige Entwicklungen auf und trat geschlossen zur NSDAP über. Anfang September meldete die „Saar- und Blies-Zeitung", die sich längst zum Sprachrohr der Faschisten gemacht hatte, daß „Ottweiler als erste Stadt im Saargebiet nur eine Rechtspartei, die NSDAP" habe, „die gegenüber SPD und KPD eine Mehrheit im Stadtparlament besitzt".* Der dortige Vorstand des Zentrums hatte zuvor seine Ämter niedergelegt und die Stadtverordneten der Partei verpflichtet, entweder der NSDAP und deren Fraktion beizutreten oder die Mandate zurückzugeben. Auch die Stadtverordneten der Bürgerlichen Vereinigung und der Bürgerlichen Arbeitsgemeinschaft schlossen sich der Nazi-Fraktion an. Bereits am 20. April hatte der Stadtrat Hitler zum Ehrenbürger Ottweilers erklärt.

Die Zentrumspartei im Kreis Sankt Wendel löste sich nur wenig später auf und empfahl ihren Mitgliedern den Beitritt zur NSDAP. Gleiches vollzog sich beim Christlich-Sozialen Volksdienst in Neunkirchen. Hier wechselten auch drei Stadtverordnete des Zentrums, Dörr, Gilla jun. und Detemple, noch vor der Selbstauflösung der Partei zur NSDAP-Fraktion. Ende Oktober konstituierte sich in der Hüttenstadt die Deutsche Front, der die noch verbliebenen bürgerlichen Parteien und Organisationen beitraten. Fritz Werner wurde zu ihrem Führer ernannt, Dr. Göbl zum Fraktionsvorsitzenden. Der erste öffentliche Auftritt der geschlossenen Rechts-Fraktion im Stadtrat folgte am 1. Dezember, die beiden noch verbliebenen Oppositionsgruppen der SPD und der KPD zogen demonstrativ aus. An diesem Tag wurde ohne Debatte beschlossen, Hindenburg und Hitler die Ehrenbürgerwürde der Stadt anzutragen. Architekt Stockhausen entwarf eine Reliefplatte als Ehrenbürgerbrief, die dann auf der Hütte in Eisen gegossen wurde. Ein Duplikat war wochenlang in der Auslage des Geschäftes Gebrüder Sinn in der Stummstraße zu bewundern. Hitler nahm die Ehrenbürgerschaft allerdings erst im Oktober 1934 in Empfang, eine Delegation der Deutschen Front reiste eigens zu diesem Zweck nach Berlin. Mitte Dezember 1933 konstituierte sich schließlich auch im Ge-

* Saar- und Blies-Zeitung Nr. 202 vom 6. September 1933.

meinderat Wiebelskirchen eine Fraktion der Deutschen Front, Fraktionsführer wurde hier, wo SPD und KPD noch immer über die Mehrheit verfügten, der Abgeordnete Didié.

Trauerfeier für die Opfer der Gasometerexplosion, Februar 1933. (Stadtarchiv Neunkirchen)

Daß sich unter dem Eindruck dieser Erfolge der rechtsradikale Terror verstärkte, verwundert ebensowenig wie die Tatsache, daß sich Polizei und Justiz nun noch einseitiger verhielten. Ein in Neunkirchen inhaftierter SA-Mann, der den örtlichen Reichsbannerführer Otto Eisenbeiß zusammengeschlagen hatte, wurde Ende April 1933 von den Wachtmeistern Lehmann und Tretter befreit und über die Grenze nach Zweibrücken gebracht, auch die beiden Beamten blieben gleich dort. Alle Versuche der Polizeiverwaltung, der Flüchtigen habhaft zu werden, blieben halbherzig. Schon im März war es zu schweren Zusammenstößen zwischen Nazis und Antifaschisten in Neunkirchen gekommen, am 1. Mai überfiel eine geschlossene SA-Formation zwei Reichsbannerleute am Schützenhaus und verletzte sie schwer. Am Abend des gleichen Tages zog eine SA-Gruppe in das Arbeiterviertel am Holzgehege und bedrohte die dort Wohnenden mit Steinwürfen. Zu Zusammenstößen kam es am gleichen Tag auch in Merchweiler, im weiteren Verlauf des Monats dann auch in Ottweiler, im Juli im Anschluß an eine Stadtratssitzung wiederum in Neunkirchen. Am 21. September, dem jüdischen Neujahrstag, überfiel ein SA-Trupp ein Lokal, das traditionell Treffpunkt der Neunkircher Antifaschisten war. Dabei wurde einer der Nazis, Ernst Hemmer, von einem SPD-Mann in Notwehr erschossen. Hemmer wurde zum Märtyrer hochstilisiert, sein Leichnam im Schaufenster der NSDAP-Kreisleitung aufgebahrt. In den Geschäftsstraßen wehten tagelang Trauerfahnen, zur Beerdigung wurden auswärtige Parteigliederungen mit Extrazügen herangekarrt. Karl Lang, der den tödlichen Schuß abgefeuert hatte, wurde bei seiner Verhaftung von einem Polizisten angeschossen und mußte lange Zeit im Neunkircher Krankenhaus liegen. Danach saß er acht Monate in Haft, bevor seine Unschuld nachgewiesen wurde.

Wenig Zurückhaltung erlegte sich die Deutsche Front bei ihren Werbemethoden auf. Einzelpersonen wurden unter psychischen, nicht selten auch unter physischen Druck gesetzt, die Aufnahmescheine lauteten häufig auf alle Familienangehörigen. Viele wurden so zu Mitgliedern, ohne davon zu erfahren. In den Betrieben wurden Massenbeitritte inszeniert. Zum 1. Oktober 1933 wurde im Neunkircher Eisenwerk der Hitler-Gruß eingeführt, die Entlassung zahlreicher Hitler-Gegner schloß sich an. Der ADGB klagte in einem Flugblatt: „Gegenwärtig machen sich jedoch Strömungen bemerkbar, den alten Herrenstandpunkt wieder herbeizuführen. Unter der Maske ‚Deutsch die Saar' versucht das Unternehmertum, die Arbeiterschaft von den freigewerkschaftlichen Organisationen zu trennen. Der nationale Begriff, der hier in den Vordergrund geschoben wird, ist nur Vorwand. Das Ziel geht dahin, die freien Gewerkschaften zu zerschlagen, um die alte Vormachtstellung erneut aufrichten zu können."* Im März 1934 meldete die „Volksstimme": „Wieder Stumm-Hilger-System im Neunkircher Eisenwerk".** Die Schlagzeile bezog sich auf folgenden Vorgang: Nach einer Besprechung zwischen der NSDAP-Kreisleitung und einigen Hüttenbeamten unter Führung des Prokuristen Vosgerau war eine neue Werbekampagne in Szene gesetzt worden. In allen Abteilungen legte man öffentlich Listen aus, die jeden denunzierten, der nicht umgehend seinen Beitritt zur Deutschen Front erklärte. Frauen und Kinder wurden gleich mit aufgenommen. Meister, Ingenieure und Werkstattschreiber waren mit der Durchführung der Aktion beauftragt. Kein Wunder, daß die wenigen verbliebenen antifaschistischen Arbeiter mehr und mehr in die Isolation gerieten und manch einer dem ausgeübten Druck erlag. Die im Januar 1934 gewählte Ortsverwaltung des DMV, bestehend aus Hermann Henneicke, Wilhelm Cullmann sowie den Kollegen Stoll, Meiers, Stöhr, Liedtke, Mohr und Schäfer, stand vor einem Scherbenhaufen. Das 1930 eingegangene Bündnis mit CMV und Hirsch-Dunckerschem Gewerkverein war längst zerbrochen, die meisten Mitglieder dieser beiden Organisationen waren inzwischen mit fliegenden Fahnen zur Deutschen Gewerkschaftsfront übergelaufen.

Die beiden Flügel der Arbeiterbewegung taten sich anfangs schwer, die mit dem 30. Januar 1933 eingetretene neue Lage zutreffend zu beurteilen. Wie die Mutterparteien in Deutschland hofften SPD und KPD auch an der Saar, daß

---

* Archiv Saarstahl Völklingen, Werk Neunkirchen: Mappe 163509, Ausschnitte aus der „Arbeiterzeitung" vor 1935.

** Volksstimme Nr. 51 vom 1. März 1934.

die Hitler-Regierung bald abgewirtschaftet haben würde. So rückten sie vorerst nicht von ihrer Zustimmung zur Rückgliederung ab. Im April 1933 erklärte der SPD-Vorstand unter Max Braun, „wie in der Vergangenheit auch in der Zukunft für die restlose Rückgliederung des Saargebietes an Deutschland" einzutreten und wies „jeden Zweifel an der nationalen Zuverlässigkeit der Partei, ganz gleich von welcher Seite er erhoben wird, auf das entschiedenste zurück."* Eine ähnliche Entschließung verabschiedete wenig später die ADGB-Jahreskonferenz in Saarbrücken. In den Reihen der KPD kursierten Losungen, die von der Rückkehr der roten Saar in ein sozialistisches Räte-Deutschland sprachen. Die RGO war bald nicht mehr in der Lage, offizielle Stellungnahmen abzugeben, sie wurde im Frühsommer 1933 zusammen mit der Nationalsozialistischen Betriebszellen-Organisation der Nazis von der Regierungskommission verboten.

Vor allem nach der Zerschlagung der freien deutschen Gewerkschaften am 2. Mai 1933 und dem SPD-Verbot am 22. Juni 1933 verstärkte sich die Kritik der saarländischen Sozialdemokraten am bisherigen Kurs der Mutterpartei. Schon länger hatte eine Gruppe um Max Braun der Politik des Parteivorstandes ablehnend gegenübergestanden, nun brauchte sie sich nicht länger zurückzuhalten. Bezogen auf das Verhalten der Vorstände der freien Gewerkschaften schrieb die „Volksstimme": „Sie haben ... nichts anderes mehr im Sinne gehabt, als den deutschen Arbeitern wenigstens den äußeren Rahmen der gewerkschaftlichen Organisation für bessere Zeiten zu retten. Sie haben in dieser Absicht die äußerste Selbstverleugnung geübt. ... Sie sind so weit gegangen, den Gewerkschaftsmitgliedern selbst die Teilnahme an der offiziellen, von den Nationalfaschisten annektierten Maifeier zu empfehlen. Am 1. Mai wehte auf allen Gewerkschaftshäusern die Reichsfahne des Dritten Reiches. Aber alle diese Selbstverleugnung hat gar nichts genützt. Einen Tag später sind die deutschen Gewerkschaften zerschlagen worden."** Jetzt setzten sich in der saarländischen SPD endgültig die linkssozialistischen Kräfte durch. Der Neunkircher Parteifunktionär Heinrich Grein hatte schon Ende Juni 1924 deren Positionen artikuliert, als er verlangte, die SPD dürfe nie aufhören, revolutionäre Partei zu sein, deren Ziel der Sturz des Bürgertums sein müsse. Damals freilich war er mit seinen Vorstellungen gescheitert und im September 1930 aus der Partei ausgetreten.

Weil die Mutterorganisationen in Deutschland nicht mehr bestanden, wurde im Frühjahr 1933 die Verselbständigung der Arbeiterorganisationen an der Saar erforderlich. Noch im Mai taten die freien Gewerkschaften diesen Schritt, im Juni folgte das Reichsbanner, im November die SPD. Der im Bergarbeiterstreik 1923 von Karl Krämer und Emil Becker gegründete Verband der Saarbergleute hingegen schloß sich der französischen Confédération Général du Travail (CGT) an.

* Saar- und Blies-Zeitung Nr. 85 vom 10. April 1933.

** Volksstimme vom 5. Mai 1933.

Aus Deutschland kamen schier endlose Ströme politisch Verfolgter, die um ihr Leben fürchten mußten. Darunter waren Johanna Kirchner, Philipp Pless und Max Bock aus Frankfurt, letzterer wurde jetzt zum Vorsitzenden des DMV gewählt. Die Arbeiterbewegung an der Saar organisierte Hilfe für die Emigranten, stellte Wohnungen bereit, sammelte Spenden, schaffte Kleidung und Essen herbei. Im Neunkircher Volkshaus und in Wiebelskirchen wurden Emigrantenlager eingerichtet, die für mehrere hundert Flüchtlinge Schutz und Unterkunft boten.* Hermann Henneicke, zu dem sich der ehemalige Wilhelmshavener Polizeidirektor Willi Mai geflüchtet hatte, unterstützte dessen zurückgebliebene Familie durch Geldspenden. Hermann Petri nahm den ehemaligen Funktionär des Mannheimer Reichsbanners und SPD-Stadtverordneten Jakob Ott bei sich auf, der wegen seiner Arbeit im SPD-Widerstand im Mai 1933 verhaftet worden war und bis September des gleichen Jahres im KZ Heuberg festgehalten wurde. Nach seiner Entlassung hatte er sich sofort wieder an der illegalen Arbeit beteiligt und mußte sich im Oktober 1934 einer erneuten Verhaftung durch die endgültige Flucht entziehen. Daß die Emigranten an der Saar indes keineswegs in Sicherheit waren, zeigen die Vorgänge vom März 1934: Landjäger führten in den Neunkircher Unterkünften zwei Razzien durch, bei denen über siebzig Personen festgenommen und über die deutsche Grenze abgeschoben wurden. Sichtlich befriedigt berichtete die „Saar- und Blies-Zeitung", daß viele direkt an der Grenze von der deutschen Polizei verhaftet wurden.**

Im August 1933 rückte Max Braun während einer SPD-Kundgebung in Neunkirchen von der bisherigen Position ab, daß die Saar auf jeden Fall zu Deutschland zurückkehren müsse. Schon im Monat zuvor hatte die Ortsgruppe Dillingen seiner Partei eine bedingungslose Rückgliederung „ganz entschieden" abgelehnt, „eine klare und eindeutige Parole in bezug auf die Saarfrage" gefordert und verlangt, „daß sich die Partei in Verfolg ihrer geschichtlichen Aufgabe an der Saar mit allen Kräften für die Schaffung einer antifaschistischen Front einsetzt."*** Damit war eine Wende in der Beurteilung der Lage eingeleitet, wenngleich vorerst offen blieb, welche Alternative die SPD für die Saarabstimmung anzubieten hatte. Es blieb noch ein langer und schwerer Weg bis zur endgültigen Entscheidung der Arbeiterparteien, für die Beibehaltung des bisherigen Zustandes, den Status quo, einzutreten, solange Deutschland von den Faschisten beherrscht würde. Noch länger dauerte es, bis sie sich für den gemeinsamen Kampf entschieden und Anfang Juli 1934 ein Einheitsfrontabkommen eingingen. Es wurde von Max Braun und dem aus Ottweiler stammenden KPD-Vorsitzenden Fritz Pfordt unterzeichnet.

---

* Patrik von zur Mühlen: „Schlagt Hitler an der Saar!" Abstimmungskampf, Emigration und Widerstand im Saargebiet 1933 bis 1935, Bonn 1979, S. 168 f.

** Saar- und Blies-Zeitung Nr. 71 vom 27. März 1934 und Nr. 73 vom 29. März 1934.

*** Saar- und Blies-Zeitung Nr. 171 vom 1. August 1933.

Erste formelle Einigungen auf lokaler Ebene hatte es schon früher gegeben: Im Oktober 1933 hatten Franz Glauben für die SPD und Ambrosius Thomaser für die KPD unter Hinzuziehung von Angehörigen der Vitus Heller-Bewegung die Antifaschistische Front Dillingen ins Leben gerufen, im Dezember 1933 folgten die beiden Dudweiler Parteivorsitzenden August Savelkouls und August Hey mit der Konstituierung des Antifaschistischen Komitees Dudweiler. Im Juni 1934 wurden Abkommen in Landsweiler, Ottweiler, Saarbrücken-Burbach und Saarlouis unterzeichnet. Nach der Einigung auf Landesebene kamen dann in rascher Folge weitere lokale Bündnisse zustande. Das politische Ziel war in allen Abkommen ähnlich klar abgesteckt wie in Landsweiler: „Wir kämpfen gegen den Anschluß an Hitlerdeutschland. Wenn bis 1935 Hitler nicht gestürzt ist und die Arbeiter und Bauern nicht an der Macht sind, stimmen die Werktätigen mit uns für den derzeitigen Zustand, für Status quo."*

In den nächsten Wochen und Monaten überzog die Einheitsfront das Revier mit einer Vielzahl von Kundgebungen und Veranstaltungen. Am 8. Juli forderte Max Braun im Neunkircher Saalbau dazu auf, „Blut und Leben wenn es gilt auf den Barrikaden einzusetzen, um den Faschismus zu vernichten."** Er und Fritz Pfordt waren die bekanntesten Agitatoren für den Status quo. Zahlreiche örtliche Parteivertreter unterstützten sie, so u. a. Karl Etienne, Hermann Petri und Richard Kraushaar, einer der führenden RGO-Funktionäre aus Wiebelskirchen. Weil sich die bürgerliche Presse längst auf die Seite der Deutschen Front geschlagen hatte und Positionen der Einheitsfront, ja sogar deren Existenz fast vollständig verschwieg, boten außerhalb der Arbeiterpresse nur öffentliche Veranstaltungen die Möglichkeit, für den Status quo zu werben. Gegenüber dem umfassenden Propagandaapparat der Nazis aber war dies zu wenig, zumal sich der einflußreiche Klerus in seiner Mehrheit ohne Bedenken für die Losungen der Deutschen Front aussprach.

Die Einheitsfront versuchte überall, unter Leitung erfahrener Funktionäre örtliche Komitees einzurichten, die die Arbeit vor Ort vorantreiben sollten. In den Kreisen Ottweiler und Sankt Wendel standen dabei folgende Personen an der Spitze: Hermann John in Ottweiler, Hermann Petri in Neunkirchen, August Becker in Wiebelskirchen, Heinrich Stein in Spiesen, Jakob Neurohr in Schiffweiler, Heinrich Eckertz in Wemmetsweiler, Johann Bernarding in Illingen, Wilhelm Wagner in Dirmingen, Jakob Schmitt in Eppelborn, Johann Körner in Tholey, Paul Hoffmann in Sankt Wendel, Josef Haßdenteufel in Sankt Wendel-Land, Johann Becker in Alsweiler und Johann Jung in Namborn.

Unterstützung fand die Einheitsfront bei einem Teil der ehemaligen Zentrumspartei um Johannes Hoffmann, bei einer Gruppe ehemaliger christlicher Gewerkschafter um Fritz Kuhnen, Otto Pick und Josef Delheid, die nach an-

---

* Volksstimme Nr. 131 vom 9./10. Juni 1934.

** Politisches Archiv des Auswärtigen Amtes: Bestand Besetzte Gebiete/Saargebiet, Parteien des Saargebietes, Band 11.

fänglichem Engagement in der Deutschen Front diese wieder verlassen hatten, sowie bei einigen wenigen Geistlichen. Auch die KPO setzte sich für die Einheitsfront ein, wenngleich ihre Analyse eine andere war als die von SPD und KPD. Die Entscheidung für den Status quo, so ihre Ansicht, sei nur das kleinere von zwei Übeln, sie käme einer Unterwerfung unter die Interessen des französischen Imperialismus gleich. Weiter kritisierte die KPO die Fixierung der Einheitsfront auf eine Entscheidung mit dem Stimmzettel. Sie forderte stattdessen einen antifaschistischen Kampf auf allen Ebenen, auch auf der Straße. Wenig realistisch indes war das von ihr proklamierte Ziel einer freien Rätedemokratie an der Saar. Zwei ihrer prominentesten Repräsentanten, Philipp Reinhard und Ernst Becker, wechselten übrigens im Abstimmungskampf die Fronten und traten zur Deutschen Front über, ebenso auch Karl Ulrich von der KPD. Nach 1945 schloß sich Philipp Reinhard dann der SPD an.

„Nie zu Hitler!" Signum der Einheitsfront 1934/35.
(Landesarchiv Saarbrücken)

Zu den Unterstützern der Status quo-Bewegung zählte auch der Augenarzt Karl Schneider, der sich nach dem Zerfall der USPD 1922 hauptsächlich in der damaligen Friedensbewegung engagiert hatte. Er zählte zu den Gründern des „Initiativkomitees aller Hitlergegner und Friedensfreunde", das im November

1934 mit großen Kundgebungen in Saarbrücken und im Neunkircher Saalbau hervortrat. Hauptthema dieser Veranstaltungen war die Frage „Saarabstimmung und Frieden“. Als Redner traten in Neunkirchen Schneider selbst, Erich Weinert, Diplom-Kaufmann Gonder, Redakteur Christmann von der kommunistischen „Arbeiter-Zeitung“, Wilhelm Cullmann für die SPD und August Reinecke für die KPD auf. Mit Schneider zusammen gehörten Gustav Regler, Erich Weinert, Albrecht Völklein (ein ehemaliger Redakteur der „Saarbrücker Zeitung“), Rechtsanwalt Siegfried Wertheimer, der Arzt Erich Drucker, Diplom-Ingenieur Otto Eberbach, Ingenieur Hans Peik, Oberlehrer Fritz Wilke, Anna Wilke und Rudolf Scholz zu den Initiatoren des Komitees.

Über die Agitationsarbeit an der Saar hinaus unterstützte die Einheitsfront auch den deutschen Widerstand. Im Revier wurden illegale Materialien hergestellt, vervielfältigt und über die Grenze geschmuggelt. Kuriernetze der deutschen Widerstandsgruppen liefen an der Saar zusammen oder hatten hier ihren Ausgangspunkt. Ab Juli 1934 hatte Georg Reinbold, bis 1933 Vorsitzender der badischen SPD, seinen Sitz im Saarland. Er sollte im Auftrag des nach Prag geflüchteten Parteivorstands den Widerstand der sozialdemokratischen Gruppen in Südwestdeutschland anleiten. Oskar Müller aus Wiebelskirchen, Spitzenfunktionär der RGO im Bereich der Bergarbeiter, fand Aufnahme in die Agentenberichte der Gestapo, weil er wiederholt nach Deutschland reiste und daher der illegalen Betätigung verdächtig erschien. Auch zwei andere Wiebelskircher, Paul Kärcher und Karl Heckler, standen im Verdacht, illegales Material über die Grenze zu schmuggeln. Kärcher wurde daher im März 1934 in Berlin verhaftet. Fritz Bäsel (Wiebelskirchen) und Fritz Nickolay (Dudweiler) arbeiteten zeitweise im badischen Widerstand, wurden verhaftet und ins KZ Dachau eingeliefert, konnten dann aber an die Saar zurückkehren. Bäsel emigrierte 1936 nach Frankreich, wurde dort aber ausgewiesen und floh dann in die Schweiz. Hier wurde er zwischen 1940 und 1944 in verschiedenen Lagern interniert. Philipp Daub gehörte zur illegalen Landesleitung der KPD Hessen, bevor auch er 1934 ins Saargebiet zurückkehrte. Nicht zuletzt gehört mit Erich Honecker ein weiterer Wiebelskircher in diese Reihe, er war für den Kommunistischen Jugendverband (KJVD) in Deutschland tätig, wurde am 4. Dezember 1935 in Berlin verhaftet und bis Kriegsende im Zuchthaus Brandenburg festgehalten.

Die Gestapo-Spitzel registrierten argwöhnisch alle Veranstaltungen, die die Saar-Gewerkschaften für Grenzgänger aus der nahen Pfalz durchführten. Als der Sekretär des Sankt Wendeler Bergarbeiterverbandes, Paul Hoffmann, im Juli 1933 zu einer Versammlung in die Wirtschaft Fuchs nach Werschweiler einlud, notierte ein Spitzel eifrig elf Teilnehmer aus dem Bereich Kusel, die früher der SPD oder der KPD angehört hatten. Die Gestapo mutmaßte, daß hier eine illegale politische Veranstaltung stattgefunden habe.*

* Landesarchiv Speyer: Bestand H 38, Nr. 1431, Bl. 930.

Den Schwachpunkt der Einheitsfront vermutete die Deutsche Front in den Reihen der freien Gewerkschaften. Zwar gab es auch einen Versuch, mit Hilfe von Gerüchten über angebliche Finanzmanipulationen die SPD zu spalten, sehr viel intensiver aber war das Werben der Faschisten um bekannte Gewerkschaftsfunktionäre. Im Zentrum dieser Bemühungen standen der ADGB-Vorsitzende Fritz Dobisch und der Vorsitzende des Bergarbeiterverbandes, Julius Schwarz, aber auch Hermann Petri und Richard Kirn erhielten große Summen für den Fall geboten, daß sie einen öffentlichen Aufruf für die Rückgliederung unterschrieben. Beide lehnten ab. Dennoch scheint vor allem Julius Schwarz, der zugleich stellvertretender SPD-Vorsitzender an der Saar war, bis zuletzt Bedenken gegen die Entscheidung für den Status quo gehabt zu haben, letztlich aber bekannte auch er sich öffentlich zu diesem Ziel.

Erfolgreicher aus Sicht der Nazis schienen da schon die Versuche, den DMV Sankt Ingbert für sich zu gewinnen. Anfang März 1934 erschien jedenfalls ein Aufruf, den neben anderen Mitgliedern der dortigen Ortsverwaltung auch der langjährige Bevollmächtigte Georg Rees unterschrieben hatte. Darin erklärten sie, der DMV Sankt Ingbert habe sich von der Bezirksleitung unter Max Bock gelöst, gemeinsam mit allen Saardeutschen bekenne man sich nun offen und frei zum deutschen Vaterland in der Hoffnung auf eine baldige Rückkehr. Doch die Gruppe um Rees blieb isoliert, enttäuscht schrieb die Gestapo Berlin Ende Mai des gleichen Jahres: „Über die Stellung der freien Gewerkschaften zur Abstimmungsfrage ist zu berichten, daß die Führung und Funktionäre den Standpunkt Max Brauns und der Sozialdemokratischen Partei des Saargebietes teilen. Dies geht neben den Erklärungen verschiedener Führer auch aus einem Jahresbericht des Verbandes der Bergarbeiter hervor, in dem die Gegnerschaft gegen eine bedingungslose Rückkehr zum Reich betont wird. ... Der seinerzeit in der Presse besonders behandelte Versuch des ehemaligen örtlichen freien Gewerkschaftsführers Rees, in Sankt Ingbert die dortige Ortsgruppe des DMV aus dem Gesamtverband zu lösen, ist als mißglückt anzusehen."*

Im Spätherbst 1934 begann die Wiedervereinigung der freien Gewerkschaften mit den RGO-Verbänden. Am 12. Januar erschien der letzte gewerkschaftliche Aufruf, unterschrieben u. a. von Fritz Dobisch, Julius Schwarz, Max Bock, Hermann Henneicke, Richard Rauch, Richard Kirn, Johann Bernarding, Paul Hoffmann und Albin Weiß. Darin wurden die Mitglieder der freien Gewerkschaften aufgerufen: „Gebt den christlich-nationalsozialistischen Torwächtern des Kapitals am 13. Januar die richtige Antwort. ... Folgt der Parole der Führung und Funktionäre und stimmt geschlossen für den vorläufigen Status quo, für Deutschland, gegen den nationalsozialistischen Parteistaat."** An diesem letzten Tag vor der Abstimmung herrschte im antifaschistischen Lager großer Optimismus, schließlich hatte man gerade erst eine gelungene Massenkundgebung

* Politisches Archiv des Auswärtigen Amtes: Bestand Besetzte Gebiete/Saargebiet, Arbeitsverhältnisse/Gewerkschaftsbewegung im Saargebiet, Band 13.

** Saar-Bergarbeiterzeitung Nr. 2 vom 12. Januar 1935.

im Saarbrücker Kieselhumes-Stadion durchgeführt. Lähmendes Entsetzen machte sich dann breit, als das Abstimmungsergebnis bekannt wurde: Über neunzig Prozent der Wähler hatten für die Rückkehr der Saar zum faschistischen Deutschland gestimmt, nur knapp neun Prozent für den Status quo.*

Neunkirchen, Januar 1935: Symbolische Beerdigung des Status quo. (Michael Ebenau)

* Luitwin Bies, a. a. O., S. 136.

Entstehung und funktionale Gliederung der Stadt Neunkirchen, 16. bis 20. Jahrhundert

Schwarze Flächen: Industrie- und Bahnanlagen um 1938. Enge Schraffur: Ältester Siedlungskern. Weite Schraffur: Wohngebiet um 1938.

1 Burgkeller (16. Jahrhundert), 2 Jagdschloß (18. Jahrhundert), 3 Hochöfen, 4 Marktplatz, 5 Eisenwerk, 6 Südwerk, 7 Nordwerk, 8 Bahnhof, 9 Güterbahnhof, 10 Grube Kohlwald, 11 Gasometer (1933 durch Explosion zerstört), 12 Koksanlage, 13 Halden, 14 Grube König mit Kohlenseilbahn, 15 Wilhelm-Schächte, 16 Stummscher Park, 17 „Hindenburg-Park“ (1938), 18 Blies, 19 Schlachthof.

Über viele Jahrzehnte hinweg beherrschten die gewaltigen Industrieanlagen das Erscheinungsbild Neunkirchens. Die Stadt markiert den östlichen Eckpunkt des saarländisch-lothringisch-luxemburgischen Montandreiecks (Neunkirchen – Longwy – Nancy), das auf den Steinkohlen- und Eisenerzvorkommen basiert. Im Jahr 1806 kauften die Gebrüder Stumm das in Neunkirchen betriebene Eisenwerk. Aus dem kleinen Werk wurde bald ein Großbetrieb mit 1912 schon 6000 Beschäftigten, gleichzeitig Mittelpunkt eines der bekanntesten deutschen Montankonzerne. In enger Verbindung mit dem Eisenwerk stand die Grube König, die als Rohstofflieferant für die Hütte konzipiert war. Die Ansiedlung einer weiterverarbeitenden Metallindustrie begann erst in den zwanziger Jahren des 20. Jahrhunderts.

Entsprechend dem wachsenden Arbeitskräftebedarf der Hütte und der Gruben stieg die Einwohnerzahl Neunkirchens und damit auch die besiedelte Fläche. Zur Mitte des 19. Jahrhunderts erstreckte sich die Bebauung nur längs der Landstraße von Ottweiler nach Homburg. Es gab noch keinen festen Ortskern, eine Straßenweitung diente als Marktplatz (heute: Oberer Markt). Die Hütte lag isoliert an der Blies, sie bildete mit den dazugehörigen Ländereien die Ortschaft Niederneunkirchen. In der zweiten Hälfte des Jahrhunderts setzte eine rege Bautätigkeit ein. In unmittelbarer Umgebung des Eisenwerks entstand ein Stadtkern.
Schon früh sahen sich die Bewohner mit Umweltschädigungen konfrontiert. Im Mai 1924 veröffentlichte die „Neunkircher Volks-Zeitung“ eine Zuschrift, die über die Verschmutzung der Blies durch Industrieabwässer Klage führte: „Schon seit Jahren leiden die Orte an der Blies unterhalb von Neunkirchen ganz außerordentlich unter der Verunreinigung des Wassers der Blies. Die Verhältnisse sind jetzt unhaltbar geworden und schreien geradezu nach Abhilfe. Durch die Abwässer der Gruben, der industriellen Werke und der Stadt Neunkirchen wird das Wasser der Blies derart verschmutzt, es wird ein solcher Unrat abgeleitet, daß das Flüßchen beim Eintritt wärmerer Witterung einen unausstehlichen Gestank verbreitet. ... Fische sind in der Blies nicht mehr anzutreffen, sie sind längst Opfer des Schmutzes geworden.“

Quellen: Stadtarchiv Neunkirchen, Stadtpläne verschiedener Jahre.

mp.
19
18
9
8
7
6
5
4
3
2
16
10
11
12
13
14
15
0
500
m
Z

III. Vertrieben und verfolgt (1935–1945)

a) Die neue Ordnung

Das Ergebnis der Saarabstimmung schrieb fest, daß die von der NSDAP in Deutschland geschaffene Ordnung auch im Revier Einzug halten würde. Werfen wir daher an dieser Stelle einen Blick auf die bisherige Entwicklung im Reich.

Ende Februar 1933 setzte die „Verordnung zum Schutze von Volk und Staat" elementare Grundrechte der Bevölkerung außer Kraft und führte für Hochverratsdelikte die Todesstrafe ein. Die hierin ebenfalls ermöglichten Beschränkungen des Vereins- und Versammlungsrechts wurden zur Grundlage für das Verbot politischer Parteien. Am 21. März 1933 erschien die Verordnung „Zur Abwehr heimtückischer Angriffe gegen die Regierung der nationalen Erhebung". Sie bedrohte selbst harmlose Kritik mit schweren Strafen. Für die vorsätzliche Aufstellung oder Verbreitung einer „unwahren oder gröblich entstellten Behauptung", die geeignet sei, „das Wohl des Reichs oder eines Landes oder das Ansehen der Reichsregierung oder einer Landesregierung oder der hinter diesen Regierungen stehenden Parteien oder Verbände schwer zu schädigen", standen Gefängnisstrafen bis zu zwei Jahren in Aussicht, in schweren Fällen sogar Zuchthausstrafen.* Die Praxis der am gleichen Tag eingerichteten Sondergerichte offenbarte, daß jetzt niemand mehr vor Nachstellungen sicher sein konnte. Das weitverzweigte Spitzelnetz der Gestapo, aber auch zahlreiche Denunzianten in der Bevölkerung sorgten für ständige Bedrohung.

Nur drei Tage nach dieser Verordnung beschloß der Reichstag das Ermächtigungsgesetz. Damit wurde die formale Grundlage für die Diktatur geschaffen und die Weimarer Verfassung faktisch aufgehoben. Die Reichsregierung erhielt die Möglichkeit, Gesetze ohne die Zustimmung des Reichstags zu erlassen, ebenso bedurfte der Abschluß internationaler Verträge künftig keiner parlamentarischen Zustimmung mehr. Dies war vor dem Hintergrund wichtig, daß es der NSDAP selbst bei den Reichstagswahlen vom 5. März 1933, die schon unter dem Zeichen des Terrors gegen die Arbeiterbewegung gestanden hatten, nicht gelungen war, eine absolute Mehrheit zu erreichen. Für das Ermächtigungsgesetz stimmten alle bürgerlichen Fraktionen, auch die des Zentrums, dagegen lediglich die anwesenden SPD-Abgeordneten. Viele ihrer Fraktionskollegen waren zu diesem Zeitpunkt schon verhaftet oder auf der Flucht, den KPD-Abgeordneten hatten die Nazis unter Bruch der Verfassung die Mandate aberkannt.

Die gesetzliche Ebene wurde durch den Terror gegenüber der Bevölkerung ergänzt. Zur Festigung der Diktatur und zur Einschüchterung der Bevölkerung zerschlugen die Faschisten die organisierte Arbeiterbewegung, von der der entschiedenste Widerstand zu erwarten war. Allein im Laufe des Jahres

* Reichsgesetzblatt 1933, Teil I, Nr. 24, S. 135.

1933 wurden tausende Funktionäre der verschiedenen Organisationen verhaftet, gefoltert und getötet. Die Zeitungen berichteten über die Errichtung erster Konzentrationslager, deren Zweck jedem klar sein mußte. So schrieben die „Münchener Neuesten Nachrichten“ am 21. März 1933: „Am Mittwoch wird in der Nähe von Dachau das erste Konzentrationslager eröffnet. Es hat ein Fassungsvermögen von 5 000 Menschen. Hier werden die gesamten kommunistischen und, soweit notwendig, Reichsbanner- und marxistischen Funktionäre, die die Sicherheit des Staates gefährden, zusammengezogen ...“*

Steinwaldsiedlung Anfang 1935: „Wir grüßen unseren Führer und unser ewiges Deutschland. Sieg Heil!“ (Stadtarchiv Neunkirchen)

Die Nazis nutzten die Spaltung der deutschen Arbeiterbewegung für ihre Zwecke. Die erste Welle des Terrors richtete sich hauptsächlich gegen die KPD und führte zur weitgehenden Zerschlagung der kommunistischen Organisationen. SPD und freie Gewerkschaften hofften zu diesem Zeitpunkt, durch Zugeständnisse an die neue Regierung den Bestand der Organisationen retten zu können. Einer unter vielen unrühmlichen Höhepunkten des Anpassungskurses war die Teilnahme der freien Gewerkschaften an den Aufmärschen zum 1. Mai. Am nächsten Tag zeigte sich, daß alle Anbiederung nichts nützte: Die freien Gewerkschaften wurden zerschlagen, die Gewerkschaftshäuser besetzt, das Vermögen beschlagnahmt.

Einige Wochen später wurde die SPD verboten. Da viele ihrer Aktivisten schon verhaftet oder geflohen waren, schrieb das formelle Parteiverbot den be-

* Hildegard Ziegler-Schultes (Bearb.): Entweder – Oder! Arbeiterbewegung in Landshut, Dokumente zu ihrer Geschichte, Band II: 1933 bis 1949, hrsg. von der IG Metall Landshut, Kösching 1987, S. 315.

reits bestehenden Zustand lediglich fest. Die stolze deutsche Arbeiterbewegung war in die Illegalität gezwungen, von wo aus sie den Widerstand zu organisieren versuchte. Doch die NSDAP ging noch weiter, sie errichtete den Einparteienstaat. Ab Mitte Juli 1933 war die NSDAP die einzig erlaubte Partei. Die bürgerlichen Organisationen hatten sich in der Zwischenzeit zumeist selbst aufgelöst, auch die christlichen Gewerkschaften und die Hirsch-Dunckerschen Gewerkvereine. Der CMV hatte Ende Mai 1933 in einem Leitartikel des Verbandsorgans frank und frei seine Mitarbeit im neuen Staat angeboten: „Einstmals war der Marxismus der Grund für die Bildung der christlich-nationalen Gewerkschaftsbewegung. Dieser Grund besteht nicht mehr. Aber bestehen geblieben ist die Notwendigkeit des inneren, des geistigen Kampfes um den marxistischen Arbeiter. Das kann aber nicht geschehen dadurch, daß auch in Zukunft die Richtungsgewerkschaften nebeneinander stehen, sondern daß in großen einheitlichen Organisationen die geistige Kraft des Nationalen und Idealen um die Seele des internationalen und marxistischen Menschen ringt. In diese künftige große Einheitsgewerkschaft bringen wir als christlich-nationale Menschen wertvolles Ideengut mit. Wir wollen und müssen es in tätigster Mitarbeit einsetzen."*

Anfang 1934 wurden die betrieblichen Machtverhältnisse durch das „Gesetz zur Ordnung der nationalen Arbeit" zugunsten der Kapitalseite geregelt. Die Unternehmer wurden darin zu „Betriebsführern" deklariert, die abhängig Beschäftigten zur „Gefolgschaft". Der „Betriebsführer" hatte der „Gefolgschaft" gegenüber in allen betrieblichen Angelegenheiten zu entscheiden. Die wenigen Mitbestimmungsmöglichkeiten, die das Betriebsrätegesetz von 1920 den Arbeitern eingeräumt hatte, wurden beseitigt. Von nun an konnten sich die Unternehmer wieder als Herren im Hause fühlen.

Die Politik der Nazis und die zugehörige Ideologie waren nicht erst in den zwanziger Jahren entstanden. Ebensowenig konnte die NSDAP die Urheberschaft für diese Ideen beanspruchen. Um die wahren Wurzeln zu finden, müssen wir vielmehr zurückgehen in die Jahre vor dem Ersten Weltkrieg, als die deutschen Großmachtpolitiker schon einmal vor der Frage gestanden hatten, wie sie die Arbeiterklasse am besten für ihre kriegerischen Pläne würden begeistern können. Einer der damaligen Hauptideologen war Heinrich Claß, seit 1908 Vorsitzender des Alldeutschen Verbandes und enger Vertrauter Alfred Hugenbergs, der wiederum zwischen 1909 und 1918 an führender Stelle im Krupp-Konzern tätig war.

Unter dem Pseudonym Daniel Frymann veröffentlichte Claß 1912 das Buch „Wenn ich der Kaiser wär' – Politische Wahrheiten und Notwendigkeiten".** Mit dieser Publikation reagierten die Alldeutschen auf die Reichstagswahl vom

* Der Deutsche Metallarbeiter Nr. 20 vom 20. Mai 1933.

** Daniel Frymann (Heinrich Claß): Wenn ich der Kaiser wär' – Politische Wahrheiten und Notwendigkeiten, Leipzig 1912. (Hier wurde die 1913 erschienene vierte Auflage benutzt.) Vgl. Reinhard Opitz: Faschismus und Neofaschismus, Frankfurt 1984, S. 35 ff.

12. Januar 1912, die der SPD ihr bis dahin bestes Ergebnis gebracht hatte. Jeder dritte Wähler hatte für die Arbeiterpartei gestimmt, die mit nun 110 Abgeordneten erstmals die stärkste Fraktion stellte. Für die Kräfte, die den „Platz an der Sonne" im Visier hatten, bedeutete dies eine schallende Ohrfeige, offenbarte sich doch darin die Erfolglosigkeit aller bisherigen Bemühungen, die Arbeiterklasse für die Eroberungspläne zu mobilisieren.

Der Vorsitzende der Alldeutschen schlug in seinem Buch unverblümt die Liquidierung der sozialistischen Arbeiterbewegung vor. Dazu sollte u.a. eine verschärfte Neuauflage des Sozialistengesetzes dienen, ähnlich wie es Jahre zuvor Karl Ferdinand Stumm gefordert hatte. Durch die Ausschaltung der leitenden Funktionäre wollte Claß die „einfachen Mitglieder" der Arbeiterorganisationen zur Umkehr veranlassen: Reichs- und Landtagsabgeordnete der SPD, Parteiangestellte, Herausgeber, Redakteure und Verleger sozialistischer Zeitungen, Gewerkschaftsführer, kurz: alle im Dienst der sozialistischen Agitationsarbeit stehenden Personen sollten aus Deutschland ausgewiesen werden, ebenso alle potentiell nachwachsenden Funktionäre und alle Angehörigen der anarchistischen Bewegung. Waren auf diese Weise erst einmal die führenden Köpfe beseitigt, würde man die Mitglieder schon für die Großmachtpläne gewinnen können, so Claß' Hoffnung. Im Prinzip verfuhren die Nazis seit 1933 nach diesem Grundmuster, das sie lediglich um die offen gewalttätige Ebene zu erweitern brauchten. Nicht die Ausweisung war ihr Mittel, sondern die Vernichtung.

Claß' Konzept beinhaltete aber nicht allein die Liquidierung der Arbeiterbewegung, sondern verknüpfte dies bereits mit Plänen zur Judenverfolgung. Allen Kräften, die die imperialistischen Pläne der rechten Eliten nicht unterstützten, unterstellte er, sie seien von Juden beherrscht, so natürlich auch der SPD und den freien Gewerkschaften. Solange nicht diesem Urgrund allen Übels ein Ende gesetzt sei, so seine Überlegung, treibe das deutsche Volk weiter dem Chaos entgegen. Als Konsequenz schlug er eine Politik vor, die dann von den Nazis, ebenfalls um offene Gewalt ergänzt, in die Tat umgesetzt wurde: Die landansässigen Juden sollten unter Fremdenrecht gestellt und weder zu öffentlichen Ämtern noch zum Dienst in Heer und Flotte zugelassen werden. Das aktive und passive Wahlrecht wollte Claß ihnen entziehen, die Anwalts- und Lehrerberufe verschließen. In kulturellen Einrichtungen sollten sie keine leitenden Tätigkeiten ausüben, Zeitungen, an denen sie mitarbeiteten, sollten als solche kenntlich gemacht werden. Schließlich forderte er, sie müßten doppelte Steuern bezahlen „für den Schutz, den die Juden als Volksfremde genießen."*

Die Ideologie der NSDAP war also kein erst in den zwanziger Jahren entstandenes Phänomen. Ihr wirklicher Ursprung lag weit früher und war eng verbunden mit den Überlegungen der imperialistischen Kräfte, die die Arbeiterklasse für ihren Eroberungskrieg gewinnen wollten. Seit 1933 waren die Nazis in der Lage, diese Ideologie in praktische Politik zu übersetzen. Mit dem Abstimmungsergebnis vom Januar 1935 erreichte die neue Ordnung dann auch

* Daniel Frymann (Heinrich Claß), a. a. O., S. 76.

das Saargebiet. Ab 1. März, dem offiziellen Termin der Rückgliederung, wurde das faschistische Herrschaftssystem hier schrittweise etabliert.

Die Reichsregierung erließ am 22. Februar 1935 eine Verordnung, derzufolge viele der bislang nur in Deutschland gültigen Gesetze und Verordnungen auch an der Saar in Kraft traten. Das „Römische Abkommen" vom Dezember 1934, in dem die Reichsregierung zeitlich befristete Schutzerklärungen für Angehörige der politischen Opposition und der rassischen Minderheiten abgegeben hatte, galt vielen der potentiell Betroffenen von vornherein als bloße Makulatur. Immerhin verfügte die Gestapo seit 1934 über eine eigene Saar-Abteilung, die die Tätigkeit der Spitzel und Agenten im Revier anleitete, Berichte über die Arbeit der Hitlergegner sammelte und Namenslisten zusammenstellte, deren späterer Verwendungszweck auf der Hand lag. Nach der Rückgliederung richtete die Gestapo im Saarbrücker Schloß eine Dienststelle ein, Außenstellen wurden in Merzig, Saarlouis, Sankt Ingbert, Homburg, Ottweiler, Sankt Wendel und Neunkirchen (Falkensteinstraße 11) aufgebaut. An der Jahreswende 1935/36 trat das Saarbrücker Sondergericht unter Leitung Karl Freudenbergers ins Leben. Die berüchtigte „Schutzhaft", wirksamstes Mittel gegen politische Gegner und erfolgreiches Abschreckungsinstrument gegenüber der Bevölkerung, wurde im Saargebiet allein im Laufe des Jahres 1935 über 260 Personen verhängt. Am Ende des Jahres 1936 befanden sich über tausend Saarländer in Haft.*

b) In der Emigration

Das deutliche Ergebnis der Saarabstimmung hatte umgehende Konsequenzen für den Alltag. Jakob Ott beschrieb in einem Bericht an den Prager Exilvorstand der SPD (Sopade) die Situation in Neunkirchen: „Das Resultat der Saarabstimmung hat bei den Anhängern der Einheitsfront zu einer Panikstimmung geführt, die unvergleichlich größer ist als die Stimmung der Genossen nach dem 5. März im Dritten Reich. Während noch einige Minuten vor Bekanntgabe des Resultats zuversichtlich über den Erfolg diskutiert wurde, waren nachdem aber auch alle Hoffnungen zerschlagen. Ja nicht nur das, eine wahre Angstpsychose überfiel die Leute und nur wenige, die in diesem Moment den Kopf hochhielten."** Die Deutsche Front bestimmte den Gang der Ereignisse, ihr Terror gegen die Einheitsfront verschärfte sich. Laufend trafen Flüchtlinge aus den Nachbarorten im Volkshaus ein, die sich vor Gewalttaten in Sicherheit zu bringen versuchten. Darunter war eine Gruppe von Frauen und Kleinkindern aus Niederbexbach, denen man die Fensterscheiben zertrümmert und Brandfackeln in die Wohnungen geworfen hatte. Andere Mitglieder und Sympathisanten der Einheitsfront hißten in aller Eile die deutsche

* Zehn statt tausend Jahre. Die Zeit des Nationalsozialismus an der Saar 1935 bis 1945. Katalog zur Ausstellung des regionalgeschichtlichen Museums im Saarbrücker Schloß, Saarbrücken 1988, S. 40.

** Archiv der Sozialen Demokratie: Bestand Emigration Sopade, Mappe 90.

Flagge an ihren Häusern. Sie hofften, dadurch eventuellen Verfolgungen zu entgehen.

Das Volkshaus wurde bald geräumt und von den Nazis in Besitz genommen. Am 1. März wurde es von der Deutschen Arbeitsfront übernommen und später an interessierte Privatleute verkauft. Am 18. Januar meldete die „Saar- und Blies-Zeitung“ die Liquidation der Volkshaus GmbH, die Auflösung der örtlichen SPD und den bald zu erwartenden gleichen Schritt der KPD. Triumphierend kommentierte sie: „Somit ist die Arbeiterstadt Neunkirchen die erste Stadt des Saargebietes, wo der Marxismus aufgehört hat zu existieren.“* In Ottweiler übergab Erich Klein die am Rathausplatz gelegene Geschäftsstelle der „Deutschen Freiheit“, einer im Saarland hergestellten SPD-Zeitung, an die Deutsche Front. Die Nazis schafften alles darin befindliche Material heraus und verbrannten es auf dem Rathausplatz. In Wiebelskirchen wurde wenige Tage später der Hüttenarbeiter und KPD-Gemeinderatsabgeordnete Walter Knetsch verhaftet. Polizeibeamte durchsuchten sein Haus nach antifaschistischen Flugblättern und den dazugehörigen Druckanlagen.

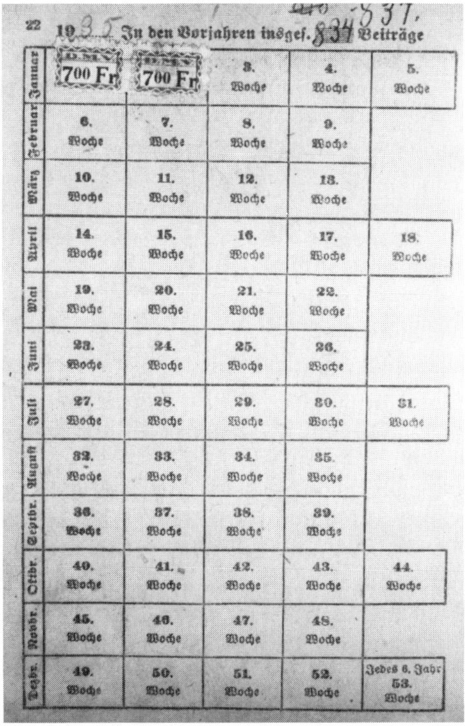
22 1935 In den Vorjahren insges. 834 Beiträge

Januar	700 Fr	700 Fr	3. Woche	4. Woche	5. Woche
Februar	6. Woche	7. Woche	8. Woche	9. Woche	
März	10. Woche	11. Woche	12. Woche	13. Woche	
April	14. Woche	15. Woche	16. Woche	17. Woche	18. Woche
Mai	19. Woche	20. Woche	21. Woche	22. Woche	
Juni	23. Woche	24. Woche	25. Woche	26. Woche	
Juli	27. Woche	28. Woche	29. Woche	30. Woche	31. Woche
August	32. Woche	33. Woche	34. Woche	35. Woche	
Septbr.	36. Woche	37. Woche	38. Woche	39. Woche	
Oktbr.	40. Woche	41. Woche	42. Woche	43. Woche	44. Woche
Novbr.	45. Woche	46. Woche	47. Woche	48. Woche	
Dezbr.	49. Woche	50. Woche	51. Woche	52. Woche	Jedes 6. Jahr 53. Woche

Das Ende der freien Gewerkschaften an der Saar, Januar 1935.
(Familie Tschirner, Neunkirchen)

* Saar- und Blies-Zeitung Nr. 15 vom 18. Januar 1935.

Lange Menschenströme zogen in diesen Tagen zur französischen Grenze. Anhänger und Funktionäre der Einheitsfront suchten Zuflucht im Nachbarland. Bartholomäus Koßmann, seit 1924 saarländischer Vertreter in der Regierungskommission und seit 1933 williger Befehlsempfänger der faschistischen Reichsregierung, fürchtete wohl um das internationale Renommee Deutschlands, als er beim Auswärtigen Amt Besorgnis ob des Flüchtlingsstroms anmeldete. In der Aktennotiz des Auswärtigen Amtes über ein entsprechendes Telefongespräch heißt es: „Die Abwanderungsbewegung aus dem Saargebiet nehme einen immer größeren Umfang an. Morgen sollen tausend Abzügler nach Toulouse befördert werden. Herr Koßmann habe den Eindruck, daß diese Abwanderungsbewegung von irgendeiner Seite systematisch gefördert werde. Er glaube auch nicht, daß es im Reichsinteresse liege, wenn in Toulouse allmählich eine Art saarländischer Legion gebildet werde. Er halte es für wünschenswert, daß diese Abwanderungsbewegung, die in den meisten Fällen sachlich kaum begründet sei, von amtlicher deutscher Seite durch irgendeine beruhigende Erklärung gestoppt werde."*

Natürlich läßt sich heute nicht mehr exakt ermitteln, wieviele Menschen damals das Saarland in Richtung Frankreich verließen. Die deutschen Dienststellen berichteten Mitte Dezember 1935 von 4352 Personen, davon 2823 aus dem Stadtkreis Saarbrücken, 217 aus dem Kreis Ottweiler und 127 aus dem Kreis Sankt Wendel.** Einige waren zwischenzeitlich schon zurückgekehrt, oftmals enttäuscht über die Verhältnisse, die sie in Frankreich vorfanden. Probleme gab es häufig bei der Arbeitserlaubnis, der sozialen Absicherung und der politischen Betätigung. Hermann Henneicke z. B. mußte sich fast zwei Jahre lang als Vertreter betätigen, ehe er eine Stelle in seinem ursprünglichen Beruf als Schlosser antreten konnte. Viele fühlten sich auch dem plötzlichen Verlust der Heimat nicht gewachsen. Oftmals wartete bei der Rückkehr ins Saarland die Gestapo bereits an der Grenze.

Der Weg in die Emigration führte über den lothringischen Grenzort Forbach. Hier hatten Max Braun, Johanna Kirchner und Emil Kirschmann, ein ehemaliger SPD-Reichstagsabgeordneter, eine Beratungsstelle für die Flüchtlinge eingerichtet, deren Hauptaufgabe die Unterstützung in rechtlichen und sozialen Fragen war. Dort arbeiteten auch die ehemaligen Sekretäre des Bergarbeiterverbandes Richard Kirn und Hermann Petri, beide mit großem Erfahrungsschatz in Versicherungs- und Rentenangelegenheiten. Auch den ehemaligen Bezirksleiter des freigewerkschaftlichen Maschinisten- und Heizerverbandes, Heinrich Hünnekens, finden wir hier, der sich um die Vermittlung von Arbeitsstellen für die Emigranten bemühte. Ein wichtiges Informationsorgan der Beratungsstelle waren die „Nachrichten von der Saar", die sich sowohl mit Fragen der Emigration als auch mit Vorgängen im Saarland beschäftigten.

* Politisches Archiv des Auswärtigen Amtes: Bestand Besetzte Gebiete/Saargebiet, Politische Angelegenheiten adh. Emigranten, Bd. 4.

** Ebd., Band 5.

Die Beratungsstelle hielt engen Kontakt zur gleichfalls in Forbach ansässigen Grenzstelle der KPD. Sie wurde von Otto Niebergall geleitet, einem gebürtigen Kuseler, der vor 1935 Stadtverordneter der KPD in Saarbrücken gewesen war. Später wurde die Grenzstelle der KPD zur Abschnittsleitung für das Saarland und die Pfalz umstrukturiert. In der Zusammenarbeit beider Exilgruppen dokumentierten sich die nach wie vor wirksamen Einheitsbestrebungen der saarländischen Arbeiterbewegung. Anders als die Sopade und ihr zuständiger Grenzsekretär Georg Reinbold, die die Einheitsfront spätestens mit der verlorenen Abstimmung als gescheitert ansahen, setzten die in Forbach aktiven Sozialdemokraten weiter auf den gemeinsamen Kampf gegen Hitler. Im Dezember 1935 schrieben sie an die Sopade: „Wir sind uns der Schwierigkeiten einer solchen Maßnahme durchaus bewußt. Die Bildung einer Zweckgemeinschaft der beiden Gegner von gestern wird auch künftig nicht nur reine Freude auslösen. Man wird auch die grundsätzlichen Meinungsverschiedenheiten nicht einfach ausradieren können. Darauf kommt es aber in der jetzigen Zeit und auch bei dem angestrebten Zweck nicht an. ... Wenn wir noch hinzufügen, daß unsere Freunde in dem Bezirk, mit dem wir ständig Fühlung haben und Beziehung pflegen, dringend die Gemeinsamkeit der Hitlergegner fordern (sie fühlen sich besonders behindert durch die Zersplitterung und die Uneinigkeit der Sozialisten), so wäre das allein schon ein Moment zur ernsthaften Prüfung der Situation und ein Ansporn, etwaige Hindernisse auf jeden Fall auszuräumen. Wir haben, so ist die Meinung dieser Genossen, keine Zeit zur Rückschau, müssen Augen und alle Sinne nach vorne richten."* Unterschrieben war diese Aufforderung u. a. von Hermann Petri, Richard Kirn, Heinrich Hünnekens, Johann Bernarding (ehemaliger Bezirksleiter des Bergarbeiterverbandes in Illingen), Emil Klein (ehemaliger Zweiter Vorsitzender des Bergarbeiterverbandes) und Paul Hoffmann (ehemaliger Bezirksleiter des Bergarbeiterverbandes in Sankt Wendel).

Ganz anders die Sicht der Dinge, die Georg Reinbold der Sopade Anfang Februar 1936 übermittelte: „Die Schaffung einer Gemeinschaft mit den Kommunisten irgendwelcher Art im Auslande würde den Genossen in Deutschland ihre Arbeit ganz ungeheuer erschweren, ja sie würde, das wage ich heute in aller Objektivität festzuhalten, ohne befürchten zu müssen, korrigiert zu werden, zu einer Zersetzung, wenn nicht gar Spaltung der illegalen Bewegung in Deutschland führen."** Er trat stattdessen für einen klaren Trennungsstrich gegenüber der KPD ein, um für bürgerliche Gegner der Nazi-Diktatur bündnisfähig zu bleiben.

Trotz der ablehnenden Haltung Reinbolds und des Prager Exilvorstands waren gerade saarländische Emigranten für die Zusammenfassung aller Hitlergeg-

---

* Archiv der Sozialen Demokratie: Bestand Emigration Sopade, Mappe 18.

** Ebd., Mappe 92.

ner unter Einschluß der Kommunisten aktiv. Im Sommer 1935 konstituierte sich in Paris ein vorbereitender Ausschuß für die Schaffung einer deutschen Volksfront. Vorsitzender des engeren Ausschusses, der die Leitung übernahm, wurde der Schriftsteller Heinrich Mann, außer ihm arbeiteten hier Mitglieder der SPD, der KPD und der linksbürgerlichen Intelligenz mit. Eine Denkschrift an den Völkerbund, in der der Ausschuß die Mißachtung der Schutzgarantien im Saarland anprangerte, wurde u. a. von Max Braun, Emil Kirschmann und Wilhelm Frisch, der vor 1935 RGO-Funktionär im Bereich der Bergarbeiter, Gemeinderatsmitglied der KPD in Landsweiler und Landesratsabgeordneter gewesen war, unterschrieben. Sie warfen den Nazis vor allem eine Verhaftungswelle gegen ehemalige Status quo-Anhänger im Sommer 1935 in Saarbrücken vor.

„Tag der nationalen Arbeit", 1936.
(Stadtarchiv Neunkirchen)

Besonders aktiv bei den Versuchen, eine Volksfront im französischen Exil aufzubauen, war Willi Münzenberg, ein früherer KPD-Reichstagsabgeordneter, der 1937 aus der Partei ausgeschlossen wurde und später Selbstmord begangen haben soll. Er initiierte im September 1935 ein Treffen im Pariser Hotel „Lutetia", an dem über fünfzig Personen teilnahmen, darunter auch wieder

Max Braun. Münzenberg und Braun arbeiteten gemeinsam in dem Komitee, das als Ergebnis der Tagung konstituiert wurde, um die weitere Arbeit zu organisieren. Schon beim nächsten Treffen im November 1935 wurde deutlich, welch weiter Weg es bis zu einer möglichen Einigung noch sein würde. In der Diskussion über die Anlage des Kampfes gegen Hitler zeigten sich deutliche Differenzen zwischen den KPD-Vertretern und Paul Frölich von der Sozialistischen Arbeiterpartei (SAP). Beim dritten größeren Treffen Anfang Februar 1936, an dem auch Hermann Petri teilnahm, waren es die unterschiedlichen Konzeptionen für ein Deutschland nach Hitler, die die Diskussionen prägten. Die Fronten verliefen dabei zwischen den Vertretern der Arbeiterparteien (SPD, SAP, KPD) auf der einen und bürgerlichen Kräften auf der anderen Seite.

Man kann an dieser Stelle vorwegnehmen, daß das Konzept einer deutschen Volksfront letztlich nicht verwirklicht werden konnte. Bekanntestes Dokument des vorbereitenden Ausschusses war der Aufruf „An das deutsche Volk" vom Dezember 1936, unterschrieben u. a. von Braun, Kirn, Münzenberg, Philipp Daub, dem späteren Bundeskanzler Willy Brandt sowie Heinrich Mann, Lion Feuchtwanger, Arnold Zweig und Klaus Mann. Darin hieß es: „Erfüllt von der Überzeugung, daß die braune Tyrannei einzig und allein durch den Zusammenschluß aller zum Kampf für Freiheit und Recht bereiten Deutschen gebrochen werden kann, rufen wir unsere Volksgenossen im Reich und im Ausland auf, sich in einer Deutschen Volksfront zu vereinigen. ... Erst der Sturz der nationalsozialistischen Machthaber wird jeder politischen, geistigen und religiösen Strömung die Möglichkeit geben, für ihre Ansichten, Ziele und Ideale in freier Gleichberechtigung einzutreten. Um das zu erreichen, verpflichten sich alle Gegner des heutigen Regimes, geeint zu bleiben und in geschlossener Front zu streiten, bis der Gegner besiegt und ein freies Deutschland geschaffen ist."*

Es waren verschiedene Gründe, die zum Scheitern der Volksfront beitrugen. Dazu zählen die nach wie vor vorhandenen Meinungsverschiedenheiten innerhalb der Arbeiterbewegung. Die Sopade konnte nicht zur Mitarbeit gewonnen werden, sie stand einem Bündnis mit der KPD weiterhin ablehnend gegenüber. Der Parteiausschluß Münzenbergs verstärkte diese Haltung, auch die Vorgänge in der Sowjetunion hinterließen ihre Spuren. In einer Reihe von Schauprozessen ließ Stalin (vermeintliche) politische Gegner liquidieren. Für besonderes Aufsehen unter den Saarländern sorgte dabei der „Fall Thomas": Der Ottweiler Bergmann Kurt Thomas, früher auf der Grube Kohlwald beschäftigt, war nach kurzem Aufenthalt in Frankreich in die Sowjetunion gegangen. Hier wurde er Ende Juni 1937 verhaftet. Als die Sozialdemokraten dies im Volksfront-Komitee zur Sprache brachten und eine Delegation des Komitees zum sowjetischen Botschafter schicken wollten, widersetzten sich die KPD-Vertreter.

Erst in jüngster Zeit wurde das weitere Schicksal von Thomas bekannt: Im

* Peter Altmann/Heinz Brüdigam/Barbara Mausbach-Bromberger/Max Oppenheimer: Der deutsche antifaschistische Widerstand 1933 bis 1945 in Bildern und Dokumenten, Frankfurt 1975, S. 124 f.

März 1938 wurde er wegen angeblicher Spionage und terroristischer Tätigkeit zum Tode verurteilt und noch am gleichen Tag erschossen. Seit Dezember 1935 hatten er und seine Frau sich um die Ausstellung deutscher Reisepässe bemüht, um nach Deutschland zurückkehren zu können. Obwohl sich die Stapo-Stelle Saarbrücken und die NSDAP-Ortsgruppe Ottweiler dafür ausgesprochen hatten, diesem Begehren nachzukommen, hatten sich die zuständigen Stellen geweigert. In der Begründung schrieb der Reichskommissar für die Rückgliederung des Saarlandes: „Thomas bietet nicht die Gewähr, nach seiner Rückkehr nach Deutschland ein anständiger Volksgenosse zu werden. Seine kommunistische Einstellung wird er nicht lassen können und sein Treiben sofort wieder aufnehmen und fortsetzen. Durch die Rückkehr wird ihm außerdem Gelegenheit gegeben, sofort neue Verbindungen mit Gesinnungsgenossen anzuknüpfen und zum Schaden des Reichs zu arbeiten."* Die deutschen Behörden verübelten ihm vor allem einen Vorfall vom Mai 1934: Gemeinsam mit den Neunkircher Bergleuten Wilhelm Stauner (Kokerei Heinitz) und Fritz Naumann (Grube Kohlwald) hatte Thomas damals den inhaftierten KPD-Vorsitzenden Ernst Thälmann im Gefängnis besucht, dann aber nicht die von den Nazis erhofften Propagandalügen abgegeben, sondern die wirklichen Haftbedingungen sowohl an der Saar als auch in England und in der Sowjetunion geschildert. Dies hatte zur Folge, daß der geplante Schauprozeß gegen Thälmann verschoben und schließlich fallengelassen werden mußte. Nichtsdestotrotz blieb der KPD-Vorsitzende bis 1944 in „Schutzhaft", ehe er im KZ Buchenwald ermordet wurde.

Nazi-Ideologie im Neunkircher Feierabendhaus, Ende der dreißiger Jahre.
(Stadtarchiv Neunkirchen)

* Politisches Archiv des Auswärtigen Amtes: Bestand Politische Angelegenheiten adh. Emigranten, Bd. 5.

Neben den Versuchen, eine deutsche Volksfront zu konstituieren, gab es auch Initiativen für eine Parallelorganisation bezogen auf das Saarland. Anfang Februar 1937 wurde in Metz der Arbeitsausschuß zur Vorbereitung einer Volksfront im Saargebiet gebildet. An diesem Treffen nahmen u. a. teil: Max Braun, Max Bock, Heinrich Hünnekens, Fritz Dobisch, Hermann Henneicke, Johanna Kirchner, Richard Kirn, Hermann Petri, Philipp Daub, Otto Niebergall, Wilhelm Frisch, Johann Mathieu (ehemaliger Stadtverordneter der KPD in Neunkirchen), Heinrich Konrath (ehemaliger Vorsitzender der Elversberger KPD, nun in der Illegalität für den Kommunistischen Jugendverband und die KPD tätig) sowie die ehemaligen CMV-Funktionäre Otto Pick und Nikolaus Fliegler (Völklingen).

Der Ausschuß unterhielt vielfältige Kontakte ins Saarrevier, so zu Widerstandsgruppen im Neunkircher Eisenwerk, in der Völklinger Hütte und auf den Gruben Heinitz und Frankenholz. Über diese Kontakte wurden antifaschistische Flugblätter und Zeitungen, die in Frankreich hergestellt worden waren, zur Verteilung gebracht. Außerdem unterstützten die Mitarbeiter des Ausschusses Familien politischer Gefangener des Nazi-Regimes und propagierten den Volksfrontgedanken unter den Emigranten, um ein möglichst breites Bündnis gegen Hitler zu schaffen.

Eines der vielen Dokumente des saarländischen Widerstandes ist der Aufruf „Saarvolk höre", mit dem der Volksfrontausschuß Ende Februar 1937 an die zwei Jahre zuvor erfolgte Rückgliederung erinnerte: „Saarvolk! In Deinem kleinen Land war im Vergleich zu heute Freiheit, Recht und Wohlstand! Jetzt herrschen Knechtschaft, Willkür, Armut! 3000 Gestapospitzel beschnüffeln Dich! Mehr als 5000 Männer und Frauen wurden seit der Rückgliederung wegen ihrer Gesinnung verhaftet, mißhandelt, an Seele und Leib geschunden! Mehr als 400 Männer und Frauen wurden in der Zeit zu scharfen Strafen verurteilt, bis anfangs November 1936 hat man 363 in die Marterhöllen Konzentrationslager gebracht. ... Saarvolk! Stehe auf! Laß alles Trennende! Verbünde, verbrüdere Dich!"*

Angesichts des in Paris zu beobachtenden schleichenden Zerfalls der deutschen Volksfront schliefen auch die Bemühungen um ein Parallelbündnis für die Saar allmählich ein. Ein Schreiben, das Niebergall, Frisch, Konrath und Joseph Wagner von der KPD-Abschnittsleitung in Forbach im Oktober 1937 an Rudolf Breitscheid richteten, den ehemaligen Vorsitzenden der SPD-Reichstagsfraktion, konnte daran nichts ändern. Sie verwiesen auf die Notwendigkeit eines einheitlichen Freiheitskampfes: „Wir bitten Dich und alle Mitglieder des Arbeitsausschusses zur Bildung der deutschen Volksfront, daß Ihr zu unserer Befriedigung, zur Hilfe unseres gemarterten Volkes und insbesondere unserer Helden in den Zuchthäusern und Konzentrationslagern alles Euch noch Trennende begrabt. Eure Differenzen, die auch uns in der Arbeit trennen, sind nach

* Bundesarchiv Koblenz: Bestand R 58, Nr. 586, Bl. 28. (Als Quelle wird hier die Deutsche Volks-Zeitung Nr. 9 vom 28. Februar 1937 angegeben.)

unserem Wissen, gemessen an unseren gemeinsamen Pflichten dem Lande gegenüber, sehr gering."*

Abschließend zu den Einigungsbemühungen auf gewerkschaftlicher Ebene. Auch hier treffen wir auf einige uns bereits bekannte Saarländer. Richard Kirn, Wilhelm Frisch, Johann Mathieu und Paul Hoffmann, der ehemalige Sekretär des Bergarbeiterverbandes in Sankt Wendel, gehörten im Mai 1936 zu den Gründern des Arbeitsausschusses der freigewerkschaftlichen Bergarbeiter Deutschlands in Paris, der den Widerstand illegaler Bergarbeitergruppen in Deutschland unterstützen wollte. Der Ausschuß nahm seinen Sitz in Amsterdam, Grenzstellen wurden in Forbach, Amsterdam und in der Tschechoslowakei eingerichtet, wo man jeweils relativ nah an den deutschen Revieren saß. Über diese Grenzstellen wurden die vom Ausschuß herausgegebenen Materialien illegal ins Reich geschmuggelt und dort verteilt. 1937/38 waren wiederholt Massenaktionen der Bergleute an der Saar zu beobachten, die vom Ausschuß unterstützt wurden. Wir werden darauf noch zurückkommen.

Eine zweite in diesem Zusammenhang wichtige Exilorganisation war der Koordinationsausschuß deutscher Gewerkschafter in Frankreich, der im März 1937 in Paris aus der Taufe gehoben wurde. Hieran waren Kirn, Frisch und Otto Pick beteiligt. Die Leitung des Ausschusses oblag einer Gruppe um Gustav Schulenburg, der vor 1933 Sekretär des ADGB-Bezirksausschusses Baden gewesen war. Ziel war die Zusammenfassung der in Frankreich lebenden deutschen Gewerkschafter und die Unterstützung der illegalen Arbeit betrieblicher Widerstandsgruppen im Grenzgebiet. Verschiedene Versuche, sich in die Auslandsvertretung Deutscher Gewerkschaften (ADG) einzugliedern, die im August 1935 in der Tschechoslowakei gebildet worden war und unter der Führung des ehemaligen DMV-Vorstandssekretärs Heinrich Schliestedt, später des ehemaligen Vorsitzenden des Holzarbeiterverbandes Fritz Tarnow stand, scheiterten an unterschiedlichen Auffassungen über die Bekämpfung des Faschismus. Kurz vor Kriegsbeginn löste die französische Regierung den Ausschuß auf.

Seine Ziele hatte der Koordinationsausschuß 1937 in einem Thesenpapier formuliert, das sich an die Konzeption der Volksfront anlehnte und auch von Kirn und Frisch unterzeichnet wurde: „Das allen deutschen Gewerkschaftern gemeinsame Ziel ist der Sturz Hitlers und die Vernichtung der faschistischen Diktatur. ... Der Kampf um die Vernichtung der faschistischen Diktatur in Deutschland muß sich gleichzeitig das positive Ziel stellen der Schaffung einer wahren Volksdemokratie, die selbstverständlich eine freie Entfaltung der Gewerkschaftsbewegung der Arbeiterklasse in sich schließt. Volksdemokratie und Volksfrontbewegung, wovon breite gewerkschaftliche Massenorganisationen ein entscheidender Teil sein müssen, und die Bildung einer Volksfrontregierung, die sich das Ziel setzt, wirtschaftlich und politisch die Grundlagen des Faschismus auszurotten, sind unseres Erachtens prinzipielle Grundlagen jegli-

* Bundesarchiv Koblenz: Bestand R 58, Nr. 586, Bl. 190.

cher antifaschistischer deutscher Gewerkschaftspolitik. Die Gewerkschaftsbewegung muß unabhängig von allen Parteien und Regierungen sein. ... Auf der Grundlage wahrer gewerkschaftlicher Demokratie muß die deutsche Gewerkschaftsbewegung eine wirklich einheitliche sein."*

Die Konzeptionen beider genannten Gewerkschaftsgruppen scheiterten ebenso wie die Volksfrontpolitik. Richard Kirn beendete seine Mitarbeit im Arbeitsausschuß freigewerkschaftlicher Bergarbeiter im Frühjahr 1937 und unterstützte den offiziellen Kurs der Sopade immer deutlicher. Schockiert vom Vorgehen Stalins in der Sowjetunion und vom deutsch-sowjetischen Nichtangriffspakt im Sommer 1939 schrieb er an die Sopade: „Was machen die deutschen Moskowiter? Verteidigen sie den zynischen Verrat ihres hakenkreuzkoalierten Zaren Stalin? Doch sicherlich! Sie sind und bleiben ewig dieselben: blind ergebene Knechte Stalins und Verräter an den Interessen des Proletariats. Ihnen muß unser Kampf ebenso gelten wie den Nazis. Beide sind einander wert und müssen beseitigt werden, wenn überhaupt der Sozialismus verwirklicht werden soll."**

c) Widerstand und Verfolgung

Zu denen, die 1935 nicht in die Emigration gingen, gehörten Wilhelm Cullmann, Obmann des Arbeiterausschusses beim Neunkircher Eisenwerk, der KPD-Stadtverordnete und Landesratsabgeordnete Friedrich Eifler sowie der Wiebelskircher Hüttenarbeiter Walter Knetsch. Er wurde bekanntlich im Januar 1935 verhaftet. Nach der Entlassung aus dem Gefängnis war er auf Gelegenheits- und Notstandsarbeiten angewiesen, weil das Neunkircher Eisenwerk ihn als Antifaschisten nicht zur Arbeit zuließ. 1941 wurde er zur Wehrmacht einberufen. Karl Etienne, bislang Fraktionsvorsitzender der SPD im Neunkircher Stadtrat, emigrierte erst, kehrte aber nach kurzer Zeit wieder zurück. Er mußte fortan als Schachtmeister und Vorarbeiter in privaten Baugeschäften arbeiten, weil die Stadtverwaltung ihm seinen bisherigen Arbeitsplatz beim Bauamt kündigte.

Maria Bonenberger, bisher Sekretärin Hermann Petris beim Neunkircher Bergarbeiterverband, wurde von der Deutschen Arbeitsfront dazu verpflichtet, die Übergabe des Volkshauses abzuwickeln. Während ihre Eltern nach Frankreich flohen, da der Vater als langjähriger DMV-Funktionär und entschiedener Antifaschist Verfolgungen befürchten mußte, wurde sie nach der Abwicklung der Übergabe entlassen und schlug sich mit gelegentlichen Aushilfsarbeiten durch. Später erhielt sie einen festen Arbeitsplatz bei einer Versicherung. Auch Julius Schwarz, bisheriger Vorsitzender des Bergarbeiterverbandes, blieb im Saarland. Er war vom 1. März 1935 bis zum November 1945 arbeitslos und sah sich dauernden Benachteiligungen, Schikanen und

* Ebd., Nr. 725. Bl. 53.

** Archiv der Sozialen Demokratie: Bestand Emigration Sopade, Mappe 62.

Maßregelungen ausgesetzt. Nicht einmal eine vom Arbeitsamt vorgeschlagene Botentätigkeit wurde ihm genehmigt.

Obwohl die nicht emigrierten Funktionäre der Arbeiterbewegung ohne Zweifel ständiger Beobachtung der Gestapo unterlagen, gab es doch viele, die zur Mitarbeit im illegalen Widerstand bereit waren. Unterstützung fanden sie bei den emigrierten Genossen in Forbach. Die KPD-Grenzstelle bzw. Abschnittsleitung knüpfte Verbindungen zu zahlreichen illegalen Gruppen, z. B. in Ottweiler und Wiebelskirchen, Merchweiler, Wemmetsweiler, Hüttigweiler, Schiffweiler und Heiligenwald, auf den Gruben Reden, Dechen und König, im Neunkircher Eisenwerk, in Friedrichsthal und Elversberg. Sowohl die KPD als auch die Beratungsstelle für Saarflüchtlinge schmuggelten in Frankreich hergestellte Materialien an die Saar. Darunter war die seit August 1935 erscheinende „Freiheits-Korrespondenz" ebenso wie das Inlandsorgan der Prager Sopade, die „Sozialistische Aktion". Die Arbeit der Beratungsstelle wurde auch fortgesetzt, als sie Ende April 1936 von den französischen Behörden offiziell aufgelöst wurde.

Im Sommer 1935 orderte Johanna Kirchner, die in der Materialbelieferung der Genossen an der Saar tätig war, bei der Sopade 350 bis 500 Exemplare der „Sozialistischen Aktion", was als Ausdruck der guten Verbindungen der Forbacher Gruppe ins Saarland gewertet werden darf.* Auch die KPD-Grenzstelle sah eine der vordringlichsten Aufgaben im Materialtransport, so wurde mit ihrer Hilfe die „Arbeiterzeitung" im Revier verbreitet. Neben Otto Niebergall, Wilhelm Frisch und Heinrich Konrath war hier auch Josef Haßdenteufel tätig, über den die Stapo Saarbrücken Anfang März 1936 an die Berliner Gestapo berichtete: „H. war vor der Rückgliederung Funktionär der KPD und Zweigstellenleiter der Einheitsfront, Zweigstelle Sankt Wendel. Seit etwa Oktober 1935 empfängt H. (sehr oft in Begleitung von Niebergall) an der Grenze bei Schönecken, Gersweiler, Stieringen-Sankt Wendel und bei Glashütte Kuriere aus dem Saarland, denen er bei diesen Zusammenkünften Instruktionen erteilt und Propagandamaterial übergibt. ... In letzter Zeit konnten an diesen Übergangsstellen zehn Personen mit Material festgenommen werden."**

Dem Widerstand an der Saar kam lange Zeit die Grenzlage entgegen, die die Kontakte zu den Grenzstellen begünstigte. Der Jahresbericht der Stapo Saarbrücken für 1937 vermerkt dazu: „Die nach staatspolizeilichen Gesichtspunkten völlig unzureichende Sperrung und Überwachung der Grenze ermöglichte es dem saarländischen Kommunisten, sein eigener Funktionär, Kurier, Propagandamann, Zeitschriftentransporteur usw. zu sein, da er praktisch die grüne Grenze ohne allzu große Gefahr beliebig oft überschreiten konnte. Häufig brauchte er sich der Gefahr des illegalen Grenzübertritts noch nicht einmal auszusetzen, nämlich wenn er Grenzgänger (zirka 3 000 saarländische Bergar-

* Ebd., Mappe 61.

** Bundesarchiv Koblenz: Bestand R 58, Nr. 498, Bl. 40 f.

beiter arbeiten in Lothringen) war oder aus anderen Gründen (Grundbesitz oder Verwandte in Lothringen) eine Grenzkarte besaß."*

Trotzdem blieben Verhaftungswellen nicht aus, da die Gestapo fast überall mit Spitzeln und V-Leuten präsent war. Im August 1935 wurde in Saarbrücken die illegale KPD-Leitung mit Otto Johänntgen an der Spitze ausgehoben. Als Verbindungsleute zu den Eisenwerken in Völklingen und Neunkirchen sollen den Ermittlungen zufolge Anton Honecker (Völklingen), Peter Merten (Bous) und Walter Brückner (Saarbrücken) fungiert haben. Brückner und Johänntgen standen in direktem Kontakt zur Grenzstelle in Forbach, als Verbindungsmann galt der Wiebelskircher Grubenschlosser Willi Hermann, der seit Ende Januar 1935 als Leiter der illegalen KPD-Organisation im Revier tätig war. Dessen Frau Luise Hermann wiederum knüpfte von Forbach aus Kontakte in die Hüttenstadt und war am Aufbau der illegalen Gruppen im Eisenwerk und auf den Gruben König und Dechen beteiligt.

Weihnachten 1935 folgte eine Verhaftungsaktion gegen Dudweiler Kommunisten. Betroffen waren u. a. die Brüder Christian und Karl Pitz, die später beide im KZ ihr Leben ließen. Im Januar 1936 wurde eine Reihe von Hitler-Gegnern aus Neunkirchen, Merchweiler und Heiligenwald verhaftet, darunter Jakob Weber, Jakob Ruffing und Karl Willms aus Neunkirchen. Im September 1936 traf es eine Gruppe von Antifaschisten aus Heiligenwald und Merchweiler. Hier waren der ehemalige Gemeinderatsabgeordnete Adam Löhr, Peter Bongard, Peter Philippi, Alois Messmer, Christian Holz, August Bethschneider, Christian Urig sowie Wilhelm und Alois Mees unter den Inhaftierten. Einige von ihnen trafen im KZ Sachsenhausen-Oranienburg wieder aufeinander, wo Löhr im Januar 1938 von SS-Männern erschlagen wurde. Ebenfalls im Herbst 1936 wurden etliche Antifaschisten aus Beckingen und Umgebung verhaftet. Weitere Massenverhaftungen sind für zahlreiche andere Orte belegt, darüber hinaus gab es eine Fülle einzelner Festnahmen.

Obwohl die Gestapo-Aktionen in erster Linie den kommunistischen Widerstand trafen, finden wir auch viele SPD-Aktivisten unter den Opfern. Der ehemalige Ottweiler Zimmermann und Kriminalassistent Friedrich Karl John, Anfang März 1935 nach Forbach emigriert, reiste mehrmals ins Saarland ein und hielt dabei alte Kontakte zu seinen Genossen aufrecht. Am 9. Mai 1935 verhaftete ihn die Gestapo. Der Volksgerichtshof verurteilte ihn nach elfmonatiger Untersuchungshaft wegen angeblichen Landesverrats zu einer siebenjährigen Zuchthausstrafe. Er wurde dann in Siegburg gefangengehalten und starb 1941.

Fünf Jahre Zuchthaus erhielt der Neunkircher Schlosser Richard Hussong, der im Kuriernetz Georg Reinbolds tätig war. Von Anfang 1935 bis zu seiner Verhaftung Ende des gleichen Jahres hatte Hussong monatlich die „Sozialistische Aktion" nach Mannheim gebracht, die von dort aus weiterverteilt wurde. Er saß bis 1940 im Straflager Aschendorfer Moor im Emsland, stand

* Ebd., Nr. 457, Bl. 218.

anschließend ein Jahr lang unter Gestapo-Aufsicht und wurde dann ins Strafbataillon 999 eingezogen.

Trotz der wiederholten Massenverhaftungen, die die Reihen des saarländischen Widerstandes immer wieder schwächten, gelang es doch, breite Protestaktionen der Arbeiter zu unterstützen bzw. zu initiieren. So kam es u. a. im Neunkircher Eisenwerk, in der Völklinger Hütte, in Burbach, beim Westwallbau und auf der Grube Velsen zu kurzen Streiks und in vielen weiteren Betrieben zu anderen Formen spontaner Gegenwehr. Die größten Kämpfe freilich fanden im Bereich der Bergarbeiter statt. Anfang des Jahres 1937 erließ Göring ein neues Devisengesetz, demzufolge die Grenzgänger beim Umtausch ihrer Löhne in Reichsmark erhebliche Abschläge in Kauf nehmen sollten. Die Arbeiter überrannten daraufhin Mitte Februar in geschlossenen Demonstrationszügen die Grenzübergänge, ohne Absperrungen und Zollbeamte zu beachten. Darüber hinaus kam es in einigen Grenzorten zu Demonstrationen und Protestkundgebungen. Die Bestrafung einiger vermeintlicher Rädelsführer wurde später von den Nazis zurückgenommen, wohl um den Zorn der Bergarbeiter nicht weiter anzustacheln. Unterstützung fanden diese beim Arbeitsausschuß freigewerkschaftlicher Bergarbeiter, bei den Leitungen der Arbeiterparteien in Forbach und bei der französischen Confédération Général du Travail (CGT). Im Ergebnis der Kämpfe stand zwar nicht die erhoffte Rücknahme der neuen Devisenverordnung, aber immerhin die Bewilligung einer Ausgleichszahlung, die die Verluste minderte.

In den folgenden Monaten gingen die Nazis massiv gegen oppositionelle Arbeiter auf den Saargruben vor. Hunderte wurden zum 31. Mai 1937 gekündigt, als Grund gab man eine Umschichtung der Facharbeiter zwischen den Bergbaurevieren an. Andere erhielten keine formelle Kündigung, sondern wurden zu den Arbeitsämtern befohlen und von diesen kurzerhand in andere Reviere geschickt. Als neue Arbeitsorte gaben die Beamten Schlesien und die Ruhr, den Schwarzwald und das Aachener Kohlengebiet an. Eine zweite Entlassungswelle folgte bald darauf, betroffen waren wiederum in erster Linie solche Bergarbeiter, die als Gegner der Nazis bekannt waren. Während sich dieser zweite Schub noch über die geplanten Zwangsdeportationen empörte, kehrten andere bereits von der Ruhr zurück. Die dortigen Grubenverwaltungen hatten sie häufig wissen lassen, man habe keine Verwendung für sie.

Während die Entlassungswellen dann aufgrund des wachsenden Unmuts für kurze Zeit unterbrochen, später aber wieder aufgenommen und auf die Hüttenwerke ausgedehnt wurden, kehrten immer mehr Bergleute aus der Fremde zurück. Sie berichteten über niedrige Löhne, schlechte Verpflegung und mangelhafte Unterkünfte. Von den Säuberungen betroffen waren u. a. Josef Peter Ranker von der Grube König, Walter Kumpf (Heinitz) und der Grubenschlosser Walter Bier (Reden). Aus Schiffweiler waren August, Kluding, Nikolaus Bonenberger, August Sahner und Rudolf Zewe unter den Deportierten. Zewe war vor 1935 Bürgermeister der Gemeinde Stennweiler gewesen, hatte aber im

Oktober 1934 durch seinen Übertritt zur Deutschen Front von sich reden gemacht. Daß er dennoch verlegt wurde, deutet darauf hin, daß er jetzt zu denen gehörte, die sich mit den neuen Verhältnissen nicht abfinden mochten.

Auch mit den Massenentlassungen antifaschistischer Arbeiter gelang es den Nazis nicht, den Bergleuten das Rückgrat zu brechen. Als an der Jahreswende 1937/38 im Zuge der verstärkten Aufrüstung die Schichtzeit auf acht Stunden verlängert wurde und zudem die an Weihnachten und Neujahr ausgefallenen Arbeitstage durch Sonntagsarbeit ohne Schichtzuschläge ausgeglichen werden sollten, erhob sich erneut ein Sturm des Protests. Zur Eindämmung des Widerstandes wurden Betriebsversammlungen einberufen. In deren Verlauf erzwangen die Arbeiter Abstimmungen über die geplanten Verschlechterungen. Von insgesamt 43 000 Bergleuten sprachen sich 40 000 gegen die Sonntagsschichten aus. Mehr als 90 Prozent der Bergleute stimmten wenig später gegen eine Anordnung Gauleiter Bürckels, der am dritten Jahrestag der Saarabstimmung einen unbezahlten Feiertag ansetzen, die dadurch ausfallenden Schichten aber am folgenden Sonntag nacharbeiten lassen wollte.*

Der Beginn des Zweiten Weltkrieges verschlechterte die Bedingungen einer koordinierten Widerstandsarbeit erheblich. Die vorübergehende Räumung des deutsch-französischen Grenzgebiets, die Einberufungen zum Kriegsdienst und die rasche Besetzung Frankreichs und Luxemburgs zerstörten das bisherige Netz der illegalen Bewegung. Über die weitere Organisation des Widerstandes an der Saar ist relativ wenig bekannt, doch zeugen zahlreiche Festnahmen durch die Gestapo von seiner Existenz. Die Verfolgung der Antifaschisten wurde auf die besetzten Gebiete ausgedehnt, so daß sich die Emigranten erneut auf die Flucht begeben mußten. Stellvertretend für die Opfer des Faschismus wollen wir an dieser Stelle das Schicksal einiger Hitler-Gegner skizzieren, wobei von vornherein eingeschränkt werden muß, daß eine ungleich größere Zahl aus Platzgründen nicht genannt werden kann.

Hermann Petri, der seit 1937 seinen Wohnsitz in Südfrankreich hatte, wurde im Mai 1940 von französischen Dienststellen mehrere Wochen interniert, dann aber wieder freigelassen. Ende Februar 1943 verhaftete ihn die Gestapo, der Volksgerichtshof verurteilte ihn dann zu sechs Jahren Zuchthaus. Wie Erich Honecker verbüßte auch Hermann Petri seine Strafe in Brandenburg, beider Haft endete erst 1945 mit der Befreiung vom Faschismus. Karl Petri, ein Neffe Hermann Petris und Schwiegersohn Hermann Henneickes, Mitglied der SPD sowie des DMV, wurde bereits 1941 im französischen Exil verhaftet. Er saß bis 1943 im KZ Sachsenhausen und wurde dann zum Strafbataillon 999 einberufen. Am Kriegsende geriet er in amerikanische Gefangenschaft. Jakob Ott, der uns schon wiederholt begegnete Emigrant aus Mannheim, wurde 1940 von den deutschen Truppen in Frankreich als Kriegsgefangener unter falschem Namen registriert und nach Deutschland gebracht. Dort gelang es ihm, bis 1945 unerkannt zu bleiben.

* Klaus-Michael Mallmann/Horst Steffens, a. a. O., S. 223.

Montauban/Frankreich: Karl Petri, Jakob Ott, Gertrud Petri, Hans Lofi und Karl Stein in der Emigration (von links nach rechts). (Familie Petri, Neunkirchen)

Den früheren Neunkircher DMV-Bevollmächtigten Hermann Henneicke verhaftete die Gestapo am 1. September 1941 in Straßburg. Er hatte sich inzwischen an der Arbeit der Volksfrontbewegung beteiligt und seine Wohnung in Straßburg für deutsche Illegale zur Verfügung gestellt. Nun kam er wegen angeblicher Vorbereitung zum Hochverrat zunächst ins berüchtigte Saarbrücker Gefängnis Lerchesflur, dann im Januar 1942 in „Schutzhaft" ins KZ Sachsenhausen-Oranienburg. Hier traf er u. a. auf den jüdischen Maler Franz Karl Schneider, einen ehemaligen KPD-Stadtrat aus Neunkirchen, der ebenfalls 1941 in Frankreich verhaftet worden war. Henneicke und Schneider blieben bis 1945 in Sachsenhausen. Zusammen mit dem späteren Vorsitzenden der Metallgewerkschaft des Saarlandes, Richard Rauch, nahmen sie am Todesmarsch der Häftlinge dieses Lagers teil. Erst als die Begleitmänner der SS im Wald von Wismar flohen, waren die Gefangenen endgültig in Sicherheit.

Fritz Dobisch, bis 1935 Bezirksleiter des ADGB an der Saar, emigrierte im Februar 1935 nach Luxemburg. Im Mai 1940 wurde er dort von der Geheimen Feldpolizei verhaftet, kam nach Düsseldorf in „Schutzhaft" und Anfang Juli 1941 ins KZ Buchenwald. Nur wenige Tage später war er tot. Auch Max Bock vom DMV und Fritz Kuhnen vom Gewerkverein christlicher Bergarbeiter waren 1935 nach Luxemburg geflohen. Während es Kuhnen gelang, sich dem Zugriff der Faschisten zu entziehen, wurde Bock im Juni 1940 festgenommen und am 1. Juli 1941 vom Volksgerichtshof zu drei Jahren Zuchthaus verurteilt. Bis zur Befreiung saß er in den Lagern Buchenwald und Neuengamme. Kuhnens christlicher Gewerkschaftskollege Otto Pick (CMV) starb Mitte April 1945 im Schweizer Exil. Im Januar 1942 hatte er sich der drohenden Verhaftung mit Hilfe französischer Freunde durch die Flucht in die Eidgenossenschaft entziehen können, das Kriegsende aber sollte er nicht mehr erleben.

Im amerikanischen Exil starb Ludwig Meyer, der ehemalige Schlachthofdirektor Neunkirchens, zuletzt Oberregierungsrat in der Zentralverwaltung der Regierungskommission. Nach seiner Emigration hatte er zunächst in Frankreich zusammen mit Max Braun, Philipp Daub und anderen gegen das Nazi-Regime gearbeitet, bevor er 1942 über Marseille und Lissabon in die USA flüchtete. Noch im gleichen Jahr starb er in Baltimore. In die USA war übrigens nach anfänglichem Aufenthalt in Frankreich auch der ehemalige Völklinger Bevollmächtigte Albin Weiß geflohen.

Die in der Forbacher Grenzarbeit der KPD tätigen Heinrich Konrath (Elversberg) und Wilhelm Hermann (Wiebelskirchen) wurden von den Nazis ermordet. Hermann wurde am 29. April 1942 in Frankreich verhaftet und angeklagt, als Bezirksleiter der KPD für das Saargebiet die weitverzweigte kommunistische Organisation aufgebaut zu haben. Er wurde zu vierzehn Jahren Haft verurteilt und starb am 17. Februar 1944 im hessischen Zuchthaus Butzbach. Heinrich Konrath wurde am 17. Oktober 1940 von der Gestapo festgenommen, doch erst im August 1941 verhängte man über ihn die Untersuchungshaft. Am 18. Juli 1942 wurde er im Saarbrücker Landgerichtsgebäude wegen angeblicher Vorbereitung zum Hochverrat in Verbindung mit Beihilfe zum Landesverrat zum Tode verurteilt. Sechs Tage später sprach sich die Saarbrücker Gestapo gegen eine Begnadigung aus, am 15. September 1942 wurde er in Stuttgart hingerichtet. Sein Bruder Karl Konrath wurde 1943 von der Gestapo verhaftet und 1945 im KZ Dachau befreit. Oskar Müller aus Wiebelskirchen geriet 1941 in Frankreich in die Hände der Nazis und saß dann bis Kriegsende im Zuchthaus. Er konnte erst im Juni 1945 in seine Heimat zurückkehren.

Wilhelm Hermanns Frau Luise fiel den Schergen Hitlers im August 1941 in Frankreich in die Hände. Später ließ man sie in der Hoffnung frei, dadurch Hinweise auf die weiterhin aktive Neunkircher KPD-Gruppe zu bekommen. Da dieses Kalkül nicht aufging, wurde sie Ende September 1941 erneut verhaftet. Im gleichen Prozeß wie Hermann Petri wurde sie wegen angeblicher Volksverhetzung zu einer langjährigen Zuchthausstrafe verurteilt. Sie erlebte ihre Befreiung am 18. Mai 1945 im Frauenzuchthaus Aichach. Auch Wilhelm Frisch zählt zu den Opfern des Naziregimes: Er wurde am 20. August 1940 verhaftet und im Oktober 1940 erschlagen. Mitgefangene erklärten später, die ganze Nacht über wütendes Gebrüll, Schlagen und Stampfen aus Frischs Zelle gehört zu haben, bevor am nächsten Morgen seine Leiche aus der Zelle getragen wurde.

Richard Kirn wurde wie Johanna Kirchner und der Lockweiler Kommunist Josef Wagner von den französischen Vichy-Behörden an die Gestapo ausgeliefert. Johanna Kirchner wurde zum Tode verurteilt und hingerichtet, ebenso Josef Wagner. Kirn erhielt 1943 acht Jahre Zuchthaus und wurde erst 1945 von der Roten Armee aus dem Zuchthaus Brandenburg befreit. Heinrich Hünnekens, langjähriger Mitarbeiter Kirns, wurde im April 1942 vom Volksgerichtshof zu einer siebenjährigen Zuchthausstrafe verurteilt. Seine Richter schrieben in der Urteilsbegründung: „Seine gesamte Betätigung, die mit der Arbeit in der Beratungsstelle für Saarflüchtlinge begann und mit der deutschfeindlichen Stimmungsmache im Lager Braconne abschloß, läuft darauf hinaus, alle marxistischen deutschfeindlichen Kräfte zu sammeln, um den Kampf gegen Deutschland mit dem Ziele zu führen, die nationalsozialistische Staatsführung mit Gewalt zu beseitigen und die sozialistische Bewegung zur Herrschaft zu bringen."*

Josef Riotte aus Sankt Wendel, seit 1919 Mitglied der SPD und des freigewerkschaftlichen Eisenbahnerverbandes, zuletzt Landesvorstandsmitglied der SPD, wurde im Dezember 1942 von der Gestapo verhaftet und in Stuttgart zu einer Gefängnisstrafe von vierzehn Monaten verurteilt. Peter Reindorf, vor der Abstimmung Büroangestellter der Einheitsfront in Sankt Wendel, hatte schon wiederholt in französischer Haft gesessen, bevor ihn die Gestapo im Februar 1944 ergriff. Bis Ende Juli 1944 wurde er in der Festung Montluc bei Lyon festgehalten, dann in die Nähe von Paris überführt, schließlich landete er im KZ Buchenwald. Ein weiterer Sozialdemokrat aus Sankt Wendel, Walter Fuchs, wurde im Januar 1944 von der französischen Sureté verhaftet, an die Gestapo übergeben und zwei Tage später nach Deutschland überstellt. Hier saß er im KZ Neue Bremm bei Saarbrücken, bevor er Ende April 1944 in Stuttgart wegen angeblichen Hochverrats zu einem Jahr Gefängnis verurteilt wurde. Bis zum 10. Januar 1945 saß er in der Strafanstalt Ulm, dann wurde er als „wehrunwürdig" nach Hause entlassen. Bis zur Befreiung mußte er sich täglich bei der örtlichen Gestapostelle melden.

Der Neunkircher Augenarzt Karl Schneider, nach dem Ersten Weltkrieg in der Rätebewegung sowie in SPD und USPD tätig, 1934 dann wieder in der Bewegung gegen die Rückgliederung hervorgetreten, zählt zu denen, die 1935 nicht emigriert waren. Sofort richtete sich der Terror der Neunkircher Nazis gegen ihn. Zunächst organisierten sie einen Boykott gegen seine Praxis in der Süduferstraße, so daß er seinen Beruf de facto aufgeben mußte. Später wurde die Praxis offiziell von den Behörden geschlossen. Schneider blieb seiner Einstellung trotz der damit verbundenen Gefahren treu und bekundete dies mutig in der Öffentlichkeit. Sogar in Aschaffenburg, wo sein Sohn lebte, war er den Behörden wegen seines antifaschistischen Auftretens bekannt. Im März 1940 wurde er in „Schutzhaft" genommen. Obwohl schon über siebzig Jahre alt, wurde er ins KZ Sachsenhausen-Oranienburg gebracht, Anfang September 1940 von hier ins KZ Dachau überstellt. Im November des gleichen Jahres kam er hier zu Tode.

Kaum zu zählen sind die Verfahren, die zwischen 1935 und 1945 wegen Vergehen gegen die Heimtücke-Verordnung inszeniert wurden. „Führerwitze" und Abhören feindlicher Sender, unter Alkoholeinfluß geäußerte Kritik und andere Formen der Meinungsäußerung wurden hiermit belangt. Als im No-

* Dokumentationsarchiv des deutschen Widerstandes Frankfurt: Mappe Nr. 567.

vember 1936 zwei Neunkircher Antifaschisten in einer Gaststätte die Losung „Moskau wird siegen, deshalb Heil Moskau" an die Toilettentür schrieben,* wurde gegen sie ebenso wegen Vergehens gegen die Heimtückeverordnung ermittelt wie drei Jahre später gegen den Sinnerthaler Gastwirt Wilhelm Jung. Er hatte nach einem gescheiterten Attentat auf Hitler in einem Privatgespräch sein Bedauern über das Mißlingen des Anschlags zum Ausdruck gebracht. Eine Kundin denunzierte ihn, er wurde verhaftet. Im August 1940 wurde Jung zu einer zweijährigen Haftstrafe verurteilt, die er in Frankfurt-Preungesheim absaß. Anschließend verschleppten ihn die Nazi-Schergen ins KZ Auschwitz, wo er am 5. Oktober 1942 ums Leben kam.

Nicht zu vergessen sind die großangelegten Verhaftungsaktionen, die die Nazis zwischen 1939 und 1945 wiederholt im ganzen Reichsgebiet durchführten. So wurden anläßlich des Kriegsbeginns viele Antifaschisten anhand vorbereiteter Listen verhaftet, um die „innere Front" zu sichern. Wie gut das Informationsnetz funktionierte, verdeutlicht die Tatsache, daß Julius Schwarz, der 1939 im Rahmen der Freimachung des Grenzgebietes nach Thüringen gekommen war, dort 1940 umgehend als potentieller Täter verhaftet wurde, nachdem jemand ein Plakat „Nieder mit Hitler" an ein Schulhaus geklebt hatte. Offenbar hatte die Gestapo nicht vergessen, Listen potentieller politischer Gegner an die Polizeiorgane der neuen Unterbringungsorte zu versenden.

Julius Schwarz gehörte auch zu denen, die nach dem gescheiterten Attentat vom 20. Juli 1944 verhaftet wurden. Insgesamt nahm die Polizei in diesem Zusammenhang allein an der Saar über sechzig Personen fest, die man zum Kreis der politischen Gegner Hitlers rechnete. Darunter befanden sich August Bürck aus Sinnerthal, der ehemalige Neunkircher KPD-Stadtrat August Reinecke, Karl Etienne und auch Bartholomäus Koßmann, der sich mittlerweile zum konservativen Kritiker der faschistischen Diktatur entwickelt hatte. Nachdem die Gestapo die Verhafteten in den Kellern des Saarbrücker Schlosses gesammelt und verhört hatte, wurden sie auf verschiedene Lager und Gefängnisse verteilt.

d) Antisemitismus

Antisemitismus und Rassenhaß waren wesentliche Bestandteile der faschistischen Ideologie und wurden mit der Machtübergabe vom 30. Januar 1933 de facto zur Staatsdoktrin. Beide Denkmuster waren in Deutschland und Europa schon lange vor der Gründung der NSDAP zu finden. Man kann sie bis ins Mittelalter zurückverfolgen, mindestens bis ins 11. Jahrhundert, in dem Papst Urban II. zur Eroberung Palästinas aufrief. Auf dem Weg dorthin inszenierten die päpstlichen Heerscharen blutige Pogrome, deren Opfer Juden waren, die man als „Christusmörder" beschimpfte. Seitdem wurden antisemitische Stimmungen immer dann gezielt mobilisiert, wenn es galt, von sozialer Not abzu-

* Landesarchiv Saarbrücken: Bestand Generalstaatsanwalt Saarlouis, Nr. 218, Bl. 134 ff.

lenken. So gelang es Ende des 19. Jahrhunderts einer Gruppierung im ländlichen Oberhessen, bei den Reichstagswahlen überraschende Erfolge unter den dortigen Bauern zu erzielen, indem sie für deren Notlage die jüdischen Händler verantwortlich erklärten.

In dieser Phase erfuhr die Ideologie des Antisemitismus eine qualitative Veränderung. Galt das „Judenproblem" in Deutschland bislang als reine Frage der Religionszugehörigkeit, so wurde es nun von rechten Agitatoren mit dem herrschenden Rassimus verknüpft, der die deutschen Großmachtpläne als einen unausweichlichen Konflikt zwischen verschiedenen Rassen zu verschleiern suchte. Um im immerwährenden Kampf der Rassen untereinander bestehen zu können, so die Argumentation, müsse das Deutsche Reich diesen Kampf aufnehmen und zu einem siegreichen Ende bringen. Die Juden wurden zu einer minderwertigen Rasse erklärt, gegenüber der keinerlei Nachsicht angebracht sei, da ansonsten Deutschlands Position als Weltmacht gefährdet sei.

Zudem wurde das antisemitische Gedankengut in diesen Jahren mit dem Kampf gegen die Arbeiterbewegung verknüpft. Einen der Hauptideologen dieser Richtung, Heinrich Claß, haben wir bereits kennengelernt. Er hatte bekanntlich 1912 in seinem Buch „Wenn ich der Kaiser wär'" alle Gegner der imperialistischen Politik kurzerhand als von Juden geführt diffamiert und unverblümt die Liquidierung der sozialistischen Arbeiterbewegung gefordert. Auch Karl Ferdinand Stumm hatte 1895 im Reichstag die bestehenden antijüdischen Ressentiments in eine ihm genehme Richtung gelenkt, als er ausrief: „Meine Herren, wo sitzen denn die Juden? Meines Wissens ist im ganzen Reichstag kein Jude in einer anderen Fraktion als bei den Sozialdemokraten."* Und daß sich der Rassenhaß auch in Neunkirchen verfestigte, dafür sorgte die dortige Ortsgruppe des „Deutsch-Sozialen Reformvereins", die 1891 gegründet worden war und in den folgenden Jahren mit zahlreichen antijüdischen Flugblättern an die Öffentlichkeit trat.

Die NSDAP brauchte in den zwanziger Jahren die jahrhundertelang gepflegten Vorurteile nur zu übernehmen. Es war nicht einmal nötig, ihnen eine neue Form zu geben. Die Übereinstimmung der entsprechenden Passagen des Parteiprogramms der Nazis mit den Gedanken von Heinrich Claß ist frappierend. Doch die NSDAP begnügte sich nicht mit Worten, sie setzte den Antisemitismus in konkrete Alltagspolitik um. Am 1. April 1933 wurde ein erster reichsweiter Boykott gegen alle jüdischen Geschäfte, Ärzte und Rechtsanwälte inszeniert, der nicht zuletzt der Einschüchterung der übrigen Bevölkerung diente. Wenige Tage später erließ die Reichsregierung das „Gesetz zur Wiederherstellung des Berufsbeamtentums", auf dessen Grundlage viele Beamte jüdischen Glaubens entlassen wurden. Und als am 10. Mai 1933 die öffentlichen Bücherverbrennungen mit allem antifaschistischen Gedankengut Schluß machen sollten, wurden auch die Werke jüdischer Autoren und Wissenschaftler in die Flammen geworfen.

* Die Reden des Freiherrn Karl Ferdinand von Stumm-Halberg, a.a.O., Band 8, S. 479.

An der Saar verstärkte sich in dieser Phase die antisemitische Hetze ebenfalls. Übergriffe rechter Schlägertrupps und Schmähartikel in der „NSZ-Saar-Front" häuften sich. Die bürgerlichen Zeitungen schalteten sich auch in dieser Beziehung freiwillig gleich, indem sie diese Entwicklung verschwiegen oder verharmlosten. Der Stratege der entstehenden Deutschen Front, Hermann Röchling, suchte nach Wegen, wie man die jüdische Bevölkerung zur Stimmabgabe für die Rückgliederung gewinnen und gleichzeitig einen Zustrom reichsdeutscher Juden ins Saargebiet verhindern könnte. Am 21. Juli 1933 schrieb er an Hitler: „Nach § 39 des Saarstatuts des Versailler Vertrags bestimmt der Völkerbundsrat die Bedingungen des Übergangs des Saargebietes an Deutschland, d. h. neben anderen Vorschriften wird das Saargebiet nach 1935 auf alle Fälle ein jüdischer Naturschutzpark. Es scheint mir daher notwendig zu sein, durch geeignete Maßnahmen, die jetzt schon bald einzuleiten wären, zu verhindern, daß das Saargebiet zu einem jüdischen Ghetto für ganz Deutschland wird."*

Nur auf den ersten Blick steht das Verhalten der Illinger Juden, die im November 1933 eine Ortsgruppe des Verbandes jüdischer Frontsoldaten gründeten, im Widerspruch zu den einsetzenden Verfolgungen. Sie wollten mit der Konstituierung dieser politisch rechtsstehenden Organisation ihre „nationale Gesinnung" unter Beweis stellen und hofften, dadurch weiteren Verfolgungen zu entgehen. Andere verließen schon vor der Abstimmung das Saargebiet, da sie nicht an der Rückgliederung zweifelten. Im Juni 1934 kündigte die „Volksstimme" den Räumungsverkauf des Neunkircher Kaufhauses Witwe Levy an.

Im September 1935 wurden auf dem sogenannten „Reichsparteitag der Freiheit" in Nürnberg die Rassengesetze bekanntgegeben. Das „Reichsbürgergesetz" erkannte den Juden die deutsche Staatsbürgerschaft ab, das „Gesetz zum Schutz des deutschen Blutes und der deutschen Ehre" verbot sowohl Ehen mit als auch außereheliche Beziehungen zu Juden und drohte für den Fall der Zuwiderhandlung Zuchthausstrafen an. Deutsche Frauen, die noch keine 45 Jahre alt waren, durften fortan nicht mehr in jüdischen Haushalten beschäftigt werden, das Hissen der Reichs- und Nationalflagge sowie das Zeigen der Reichsfarben wurde den Juden unter Androhung von Gefängnisstrafen verboten. An der Saar traten diese Regelungen im März 1936 in Kraft, als die Schutzgarantien des „Römischen Abkommens" von 1934 ausliefen. Davon betroffen war u. a. das Sankt Wendeler Ehepaar Eugen und Erna Berl. Weil sie eine deutsche Hausangestellte beschäftigt hatten, die unter das „Blutschutzgesetz" fiel, wurde Erna Berl Anfang September 1936 zu einer Geldstrafe verurteilt. Ihr Mann, langjähriger SPD-Mandatsträger und führendes Mitglied der jüdischen Gemeinde, war kurz zuvor gestorben. Das Leben seiner Frau endete in Auschwitz.

Die Rassengesetze markieren den eigentlichen Beginn der systematischen Verfolgungen, die im November 1938 einen nächsten Höhepunkt fanden. Auf den Tag genau zwanzig Jahre nach der Novemberrevolution und fünfzehn Jah-

* Das Schicksal der Juden im Saarland 1920 bis 1945, bearbeitet von Hans-Walter Hermann, Koblenz 1974, S. 316.

re nach dem gescheiterten Hitler-Putsch in München inszenierten die Nazis in der Nacht vom 9. auf den 10. November eine Terrorwelle, die bis in die letzten Winkel des Landes reichte. Überall wurden jüdische Geschäfte und Warenhäuser geplündert und zerstört, Synagogen in Brand gesetzt oder auf andere Weise demoliert. Schlägertrupps zerschlugen in Wohnungen, Schulen und Betrieben das Mobiliar, zertrümmerten Fensterscheiben und legten Brände. Männer, Frauen und Kinder, die ihnen in die Hände fielen, wurden mißhandelt und in Konzentrationslager gebracht. Knapp hundert jüdische Bürger wurden ermordet. Die Flüsterpropaganda der Nazis verharmloste die Ereignisse als „Reichskristallnacht".

Die ausgebrannte Neunkircher Synagoge nach den Judenpogromen vom November 1938. (Stadtarchiv Neunkirchen)

In Neunkirchen war es das Nationalsozialistische Kraftfahrer-Korps (NSKK), das für die Durchführung des Pogroms verantwortlich zeichnete. In den frühen Morgenstunden des 10. November traf bei dessen Sturmführer Boussonville die Anweisung ein, seine Männer auf dem Oberen Markt antreten zu lassen. Eine von dort ausgeschickte Gruppe trieb bekannte Juden zusammen und brachte sie zum Polizeigebäude. Die Betroffenen, unter ihnen auch der als „Judenfreund" verschriene Rentner Fritz Ruffing, wurden von der Gestapo nach Saarbrücken überstellt.

Eine zweite Gruppe demolierte unterdessen die Synagoge, die sich am Oberen Markt befand. SS-Standartenführer Willi Stemmler, mittlerweile am Ort des Geschehens eingetroffen, fuhr anschließend mit zwei weiteren SS-Männern nach Wiebelskirchen und Ottweiler, dann nach Merchweiler und Illingen, um den dortigen Aktionen beizuwohnen. Erst am Nachmittag wurde die Neunkircher Synagoge in Brand gesetzt. Mit Drohungen, Mißhandlungen und „Schutzhaft" erstickte man die Proteste einiger Passanten. Zufrieden notierte die „Saar- und Blies-Zeitung" am folgenden Tag: „Auch in unserer Stadt haben . . . die Bürger . . . der Judenschaft das bar heimgezahlt, was sie sich eingebrockt hat. Ihr Tempel, ein Schandfleck in der Stadt, ist nicht mehr. Spontan wurde er weggefegt. Die Juden selbst hat man wiederum in großherziger Weise geschützt. Ihnen ist nichts geschehen. Der gestrige Tag hat jedenfalls auch in unserer Arbeiterstadt, die bestimmt ein Lied vom Jud und seiner frivolen Wirkungsweise aus der Zeit des ‚glorreichen Völkerbundssystems' an der Saar erzählen könnte, gezeigt, daß man keineswegs gewillt ist, irgendeine Missetat des ‚auserwählten' Volkes unvergolten hinzunehmen."*

In Sankt Wendel war auch Rechtsanwalt Krämer vom Nazi-Terror betroffen, der als „Judenfreund" galt, seit er jüdische Emigranten vor Gericht vertreten hatte. Vor seinem Haus skandierte eine Gruppe verhetzter Bürger die Forderung, ihn aufzuhängen. Nachdem er in „Schutzhaft" genommen worden war, wurde er zusammen mit drei Sankt Wendeler Juden in einem Überfallwagen der Gestapo nach Saarbrücken gebracht. In Ottweiler, Wiebelskirchen, Illingen und Merchweiler luden die Nazis weitere Gefangene zu. Als der Transport in Saarbrücken eintraf, sah man allen Häftlingen schon von weitem die Spuren erlittener Mißhandlungen an. Hier gingen die Qualen weiter. Später wurden die meisten ins KZ Dachau gebracht, nur wenige wurden wie Rechtsanwalt Krämer freigelassen.

Die von den Versicherungen geleisteten Entschädigungszahlungen für die Opfer der Pogrome wurden auf Geheiß der Nazis beschlagnahmt. Stattdessen verpflichtete eine rasch erlassene Verordnung die Juden dazu, die Schäden auf eigene Kosten auszubessern. Außerdem mußten sie eine „Sühnezahlung" in Milliardenhöhe leisten. Die Geschäfte und Kaufhäuser derer, die nun die Heimat verließen, wurden „arisiert". Nicht wenige deutsche Unternehmen erweiterten auf diese Art und Weise ihre Besitztümer in großem Stil.

Knapp zwei Jahre nach den Pogromen, im Oktober 1940, wurden die an der Saar verbliebenen Juden im Rahmen der „Aktion Bürckel" nach Südfrankreich deportiert. Der Name dieses Gewaltaktes erinnert an den damaligen Reichsstatthalter der Westmark, Josef Bürckel, der 1939/40 als Statthalter in Österreich schon für die Deportation der Wiener Juden verantwortlich gezeichnet hatte. Jetzt verkündete er das Ziel, auch sein neues Wirkungsfeld „judenfrei" zu machen. Insgesamt wurden etwa 6500 Menschen aus Baden und der Saarpfalz in Eisenbahnwaggons nach Südfrankreich deportiert. Gestapo-Leute erschienen in den Wohnungen der Betroffenen und setzten sie fest. Altersheime wurden evakuiert, wer nicht zu gehen imstande war, wurde auf Bahren zu den bereitstehenden Zügen gebracht. Hab und Gut, Freunde und Be-

* Saar- und Blies-Zeitung Nr. 265 vom 11. November 1938.

kannte mußten zurückgelassen werden. Unter den Betroffenen waren neunzehn Juden aus Illingen, siebzehn aus Merchweiler, vierzehn aus Ottweiler, elf aus Neunkirchen, vier aus Sankt Wendel, zwei aus Tholey und einer aus Wiebelskirchen. Mit 77 Jahren war Fanny Günsburger die älteste, die aus Neunkirchen deportiert wurde, Hjalmar Maurer mit sechs Jahren der jüngste. Viele starben schon auf dem Transport in den plombierten Eisenbahnwaggons. In den Lagern ging das Massensterben weiter. Die Ernährung war völlig unzureichend, ebenso die medizinische Versorgung.

Das weitere Schicksal derer, die die Verfolgungen bisher überlebt hatten, war im Januar 1942 Gegenstand der sogenannten „Wannsee-Konferenz". Die Überlegungen kreisten nur noch um die Frage, wie die Vernichtung der Juden am schnellsten und effektivsten zu bewerkstelligen sei. Als „Endlösung der Judenfrage" verschleiert, planten die Nazis den Massenmord in speziellen Vernichtungslagern. Über elf Millionen Menschen sollten in ihnen umgebracht werden. Darunter befanden sich auch diejenigen, die man 1940 nach Südfrankreich deportiert hatte. Ab 1942 rollten von hier aus Züge nach Osten, wo die Vernichtungslager errichtet wurden.

Nach der Befreiung von Krieg und Faschismus versuchten die Gerichte, die für die Pogrome von 1938 Verantwortlichen in einer Reihe von Prozessen zur Rechenschaft zu ziehen. Nach langer Ermittlungsarbeit wurde Anfang September 1949 vor der Saarbrücker Strafkammer ein Verfahren wegen der Vorfälle in Neunkirchen eröffnet. Zwölf ehemalige Mitglieder der SA und des NSKK waren angeklagt. Ursprünglich hatte das Gericht gegen etwa achtzig Personen ermittelt, doch waren einige in der Zwischenzeit verstorben, andere galten als vermißt. Viele weitere mußten ausgeklammert werden, weil es an Beweisen mangelte. Dennoch war klar, daß es sich bei den zwölf Angeklagten nur um einen Bruchteil des tatsächlichen Täterkreises handelte.

Die Angeklagten hatten keinen sonderlich schweren Stand. Sie wälzten die Hauptschuld auf drei Tote ab: Kreisleiter Schäfer, NSKK-Sturmführer Boussonville und SS-Standartenführer Stemmler. Bezeichnend für die plötzlichen Gedächtnislücken der Angeklagten war eine Aussage, über die die „Volksstimme" berichtete: „Auf nichts mehr besinnt sich der SA-Mann Hör. Durch eine Kriegsverletzung will er sein Gedächtnis völlig verloren haben. Nachdem er zuvor von vier Seiten Bescheinigungen beigebracht hatte, auf denen erklärt wird, daß er sich zum fraglichen Zeitpunkt nicht in Neunkirchen aufgehalten hat (Bescheinigungen, die, wie sich dann herausstellte, erschwindelt waren), erklärte er vor Gericht, es sei vielleicht möglich, daß er dabei gewesen ist, aber er könne sich auf gar nichts mehr entsinnen."*

Der ehemalige SA-Standartenführer Valentin Klein erhielt mit achtzehn Monaten Gefängnis noch die höchste der in diesem Prozeß ausgesprochenen Strafen. Da die Untersuchungshaft angerechnet wurde, mußte man ihn freilassen.

* Volksstimme Nr. 104 vom 6. September 1949.

Drei Angeklagte wurden zu kürzeren Haftstrafen verurteilt: Ortsgruppenleiter Klebe zu vier Monaten, die NSKK-Männer Johann Spira und Eduard Benz zu drei bzw. zwei Monaten. Das Verfahren gegen den NSKK-Scharführer Maekel wurde eingestellt, die sieben anderen Beschuldigten (Ott, Hermann Fries, die Feuerwehrmänner Tschan und Süßkind, Wilhelm Gärtner sowie Hör und Hort) wurden freigesprochen.*

Ähnlich milde Urteile fällte die Strafkammer wenig später gegen zehn Männer aus Elversberg, Illingen und Ottweiler, die für die Mißhandlungen während des Gefangenentransports von Sankt Wendel nach Saarbrücken verantwortlich waren. Zwei von ihnen erhielten eine je zweijährige Gefängnisstrafe, einer eine neunmonatige, die übrigen wurden aus Mangel an Beweisen freigesprochen. Auch die fünfzehn Männer, die wegen der Zerstörung der Ottweiler Synagoge angeklagt waren (u.a. Karl Löwer, Adolf Schmidt, Karl Schmidt, Reinhold Righettini, Bernhard Wagner, Hans Back, Ernst Bau und Rudolf Schulz), wurden zumeist freigesprochen, lediglich Wagner und Schmidt erhielten Gefängnisstrafen von sechs bzw. drei Monaten.**

e) Der Zweite Weltkrieg

Politisch und wirtschaftlich von den Nazis systematisch vorbereitet, begann am 1. September 1939 der Zweite Weltkrieg. Dies war innerhalb von nur 25 Jahren der zweite Versuch des deutschen Imperialismus, zur ökonomischen und politischen Führungsmacht zu werden. Die Kriegsziele entsprachen weitgehend denen des Ersten Weltkrieges. Der Geschäftsführer der Wirtschaftsgruppe eisenschaffende Industrie, Jakob Reichert, referierte im Juni 1940 im kleinen Kreis über die Erwartungen der Eisen- und Stahlindustriellen: „Wäre zur Zeit des Frankfurter Friedens 1871 schon die große Bedeutung der Fortsetzung der im Moseltal zutage tretenden Erzbecken bis weit über die Stadt Briey hinaus erkannt worden, dann ist anzunehmen, daß damals schon die ganzen Minette-Erzvorkommen Lothringens von Deutschland übernommen und damit der französische Revanchekrieg erschwert worden wäre. ... Nunmehr kann Deutschland durch Vereinigung der Erz- und Kohlenbecken den Frieden sichern, ferner Frankreich an der Wiederaufrüstung hindern. Wirtschaftlich kann Deutschland seine Weltstellung dadurch kräftigen, daß es neben der Kohle auch das Eisen in großen Mengen fremden Völkern sichern kann. Politisch müssen sich infolgedessen die europäischen Staaten mit dieser Neuordnung abfinden."*** Wir werden von Reichert am Ende dieses Krieges noch einmal hören, seine Gedanken werden dann aber weniger hochtrabend sein.

---

* Volksstimme Nr. 105 vom 8. September 1949.

** Volksstimme Nr. 106 vom 10. September 1949, Nr. 107 vom 13. September 1949 und Nr. 109 vom 17. September 1949.

*** Bundesarchiv Koblenz: Bestand R 13 I, Nr. 673, Bl. 6.

Die Stimmung der Saarbevölkerung war im August und September 1939 eher bedrückt. Obwohl die Presse seit Wochen in groß aufgemachten Artikeln gegen Polen und dessen Verbündete hetzte, war nichts von Kriegsbegeisterung zu spüren. Spätestens seit den letzten Augusttagen war die weitere Entwicklung absehbar: Die Männer mußten zum Kriegsdienst einrücken, Lebensmittel, Kleidung und Gebrauchsgüter wurden rationiert. In den Neunkircher Haushalten wurden Merkblätter für den Luftschutz verteilt. Eltern erhielten die Aufforderung, ihre im Rahmen der HJ-Erntehilfe auf dem Land befindlichen Kinder nicht zurückzuholen. Am Tag des Überfalls auf Polen forderte die „Saar- und Blies-Zeitung" zur Bildung einer Schicksalsgemeinschaft auf: „Je stärker dieses ‚Wir' in uns lebendig wird, um so stärker und unbesiegbarer ist unser ganzes Volk. Darum nehmen wir alle freudig jene kleinen Beschränkungen auf uns, die unser Volk von uns fordert. Was sind sie, gemessen an dem Wachsen und Erstarken der Nation, gemessen an dem Weg zur weltpolitischen Macht, den der Führer unser Volk führte."*

Von der Räumung des unmittelbaren Grenzgebietes zu Frankreich, der „roten Zone", war die Hüttenstadt nur mittelbar betroffen. Sie wurde zum Durchgangsort eines Teils der etwa 300000 Menschen, die ihre Heimat vorübergehend verlassen mußten. Einige blieben hier und warteten auf die Erlaubnis zur Rückkehr. Zusammen mit den Soldaten und Westwall-Arbeitern, die sich hier aufhielten, übervölkerten sie die öffentlichen Plätze und Gaststätten.

Für die in die Rüstungswirtschaft einbezogenen Unternehmen bot auch dieser Krieg glänzende Verdienstmöglichkeiten. Hiervon profitierte nicht nur das Neunkircher Eisenwerk, sondern auch die 1923 gegründete Menesa (Metallindustrie Neunkirchen/Saar), die das Heer mit Gebrauchsgegenständen versorgte. Daß im Bereich der für das Saarland zuständigen Wehrwirtschaftsinspektion schon bald der Zehnstundentag eingeführt wurde, interessierte die Industriellen nur am Rande. Wie hatte doch die Direktion des Neunkircher Eisenwerks 1936 in der Arbeitsordnung geschrieben: „Arbeit ist nicht Last, ist nicht Mühsal oder Zwang oder gar Schande. Arbeit ist sittliche Pflicht, Arbeit ist Gottesgeschenk, Arbeit ist Segen. Deutsches Leben ist Arbeit. Alle Arbeit nur für Deutschland."**

Wie schon im Ersten Weltkrieg galt es, die infolge der Einberufungen entstandenen Lücken in den Belegschaften auszufüllen. Und wie damals mußten auch jetzt wieder die Frauen in die Betriebe einrücken. Am 31. August 1943 arbeiteten 3360 Frauen im Völklinger Hüttenwerk, das entsprach einem Anteil an der Gesamtbelegschaft von über 24 Prozent. Im Neunkircher Eisenwerk waren es zum gleichen Zeitpunkt 1251 weibliche Beschäftigte (fast 18 Prozent), in Burbach 1253 (16,2), in Dillingen 1190 (18,2), in Halberg 1267

* Saar- und Blies-Zeitung Nr. 204 vom 1. September 1939.

** Betriebsordnung der Neunkircher Eisenwerk AG vormals Gebrüder Stumm vom 30. September 1936.

(24,7), in Sankt Ingbert 243 (19,0) und in Bous 396 (16,4).* Auch Kriegsopfer wurden zum Arbeitseinsatz herangezogen. So entstand Ende 1943, Anfang 1944 im Homburger Reserve-Lazarett eine Baracke, in der etwa 150 hirnverletzte Soldaten für das Speyerer Unternehmen Siemens & Halske produzieren sollten. Zynisch hieß es im Bericht des zuständigen Offiziers: „Während bei vielen Betrieben darüber geklagt wird, daß durch häufigen Wechsel der Arbeitskräfte die Arbeiten leiden, hofft man in diesem Falle auf eine größere Stetigkeit in der Arbeit, da der Lazarettaufenthalt der Hirnverletzten von längerer Dauer ist."**

Ein weiterer Weg zur Aufrechterhaltung und Steigerung der Produktionsziffern war der Einsatz ausländischer Zwangsarbeiter. Betraf dies anfangs hauptsächlich Kriegsgefangene, so kamen nach und nach immer mehr Zivilpersonen hinzu. Ende 1941 hielten sich bereits etwa 15 000 Fremdarbeiter im Saarland auf, doch diese Zahl wurde in der Folgezeit noch weit übertroffen. Anfang 1942 trat der vormalige Gauleiter von Thüringen, Fritz Sauckel, sein neues Amt als Generalbevollmächtigter für den Arbeitseinsatz an. Die von ihm geleitete Organisation inszenierte in den besetzten Ostgebieten systematische Verschleppungsaktionen vornehmlich jüngerer Arbeitskräfte. 1944 arbeiteten über sieben Millionen Zwangsarbeiter in Deutschland, im Saarland waren es im Frühsommer des gleichen Jahres über 70 000.*** Kaum ein Betrieb, der keine Zwangsarbeiter einsetzte. Und nur die wenigsten Ausländer waren aus freien Stücken nach Deutschland gekommen.

Beim Neunkircher Eisenwerk waren bis Ende Juli 1942 allein 700 sogenannte „Ostarbeiter" tätig.**** Sie galten als besonders minderwertig und bekamen dies in allen Lebensbereichen zu spüren, natürlich auch bei den Löhnen. Am Ende des gleichen Jahres hatte das Werk eine Gesamtbelegschaft von 8 346 Menschen, darunter befanden sich 1 613 ausländische Zivilarbeiter und 338 Kriegsgefangene. Im Februar 1944 waren es 9 989 Beschäftigte, davon 1 920 Zwangsarbeiter und 671 Kriegsgefangene. Zur gleichen Zeit arbeiteten bei der Burbacher Hütte 2 333 ausländische Zivilpersonen und 1 094 Kriegsgefangene, für die Dillinger Hütte lauten die Vergleichszahlen 1 432 und 729, für Halberg 2 135 und 209, für Völklingen 4 592 und 1 119, für Bous 494 und 175, für Sankt Ingbert 536 und 56.***** Die Stammbelegschaft der Saargruben AG zählte im August

* Bundesarchiv Koblenz: Bestand R 10 III, Nr. 130, Bl. 58.

** Bundesarchiv-Militärarchiv Freiburg: Bestand RW 46/461.

*** Hans-Henning Krämer: Fremdarbeiter im Saarland. Die Arbeits- und Lebensbedingungen ausländischer Arbeitskräfte während des Zweiten Weltkrieges, Diplomarbeit an der FU Berlin 1988 (unveröffentlichtes MS), S. 26 ff.

**** Archiv Saarstahl Völklingen, Werk Neunkirchen: Mappe 174239, Einsatz von Kriegsgefangenen und Frauen 1942.

***** Daten nach Hans-Henning Krämer, a.a.O., S. 48 ff.

1944 insgesamt 38311 Personen, darunter waren etwa 15000 Fremdarbeiter.*

Die für die Zwangsarbeiter errichteten Lager wurden zum Ort ständiger Not, dauernden Hungers und fortwährender Drangsal. Allein in Neunkirchen gab es vierzehn solcher Lager: Turnhalle Vogelstraße, neue Berufsschule, Ziegelei Köppel, Firma Emmrich, städtischer Fuhrpark, Grube Wellesweiler, Oberschmelz, Gehsbach, Follenius, Grube Anna, Schlafhaus Neunkircher Eisenwerk, Firma Menesa, Hermine und Volkshaus. Kaum ein Ort, an dem das Elend der Zwangsarbeiter nicht öffentlich zur Schau gestellt wurde, in dem nicht bettelnde Ostarbeiter auf ihre drückende Lage hinwiesen. Ihre Arbeitsbedingungen kann man sich leicht ausmalen, wenn man liest, was Göring 1941 in einem Schreiben an die Reichsvereinigung Kohle anordnete: „Die Verpflegung der ukrainischen Bergarbeiter hat sich unter dem deutschen Niveau zu halten. ... Über die Lohngestaltung ist daran festzuhalten, daß den ukrainischen Bergarbeitern grundsätzlich außer freier Verpflegung und Unterkunft nur ein Taschengeld zu gewähren ist, das lediglich die Anschaffung von gewissen Genußmitteln (Zigaretten, Schnaps) sicherstellen soll."**

Es kam durchaus zu Solidaritätsbekundungen deutscher Arbeiterinnen und Arbeiter, die den hungernden Ausländern Nahrungsmittel zusteckten oder Kranke und Schwache vor allzu schweren Arbeiten bewahrten. Ebenso aber kam es auch zu Übergriffen, die die Leiden der Zwangsarbeiter verschlimmerten. So wurde eine neunzehnjährige Ostarbeiterin aus dem Lager Oberschmelz im Sommer 1944 vom damaligen Werkschutzleiter des Eisenwerks gezwungen, neben ihrer normalen Arbeitszeit noch seinen Haushalt zu führen. Als sie sich nach einigen Tagen zur Wehr setzte, stellte er sie unter Arrest. Eine ebenfalls neunzehnjährige Frau, die in einem Neunkircher Privathaushalt arbeiten mußte, versuchte sich ihrem Schicksal zu entziehen, indem sie drei Stücke Seife stahl, um von der Arbeitsstelle loszukommen. Von der Polizei nach dem Grund für ihr Verhalten befragt, schilderte sie ihre Arbeitsbedingungen: Das Essen sei unzureichend, ein Bett habe man ihr nicht zur Verfügung gestellt. Ihr Schlafzimmer wurde nicht geheizt, geschlafen hatte sie unter einer dünnen, aus der Heimat mitgebrachten Decke. Von der Hausherrin wurde sie ständig beschimpft, oft auch geschlagen. Sogar deren vierzehnjähriger Sohn hatte sich wiederholt an körperlichen Mißhandlungen beteiligt. In diesem Fall zeigte sich sogar die Polizei nachsichtig und stellte die Zwangsarbeiterin dem Arbeitsamt zur Verfügung.

Im Frühjahr 1949 standen zehn Männer, die während des Krieges im Neunkircher Eisenwerk gearbeitet hatten, wegen ihres Verhaltens gegenüber Zwangsarbeitern vor dem Rastatter Gericht zur Aburteilung von Kriegsverbrechen. Die Vorwürfe lauteten u.a., einen sowjetischen Arbeiter erschossen und andere grausam mißhandelt zu haben. Auch Lebensmittelunterschlagungen kamen

* Ebd., S. 42.

** Bundesarchiv Koblenz: Bestand R 10 III, Nr. 54, Bl. 10.

zur Sprache, die die ohnehin schon karge Ernährung der Zwangsarbeiter weiter verschlechtert hatten. Der ehemalige Chef des Wachkommandos, F. Blank, erhielt fünfzehn Jahre Gefängnis mit Zwangsarbeit, der ehemalige Küchenchef Hans Menzer vier Jahre, der ehemalige Lagerchef Fritz Schneider dreieinhalb Jahre, Karl Lang drei Jahre, Emil Psotta, Werkschutzleiter und Verbindungsmann, ebenfalls drei Jahre, Heinrich Wengler zwei Jahre, der Sanitäter Michel Schneider achtzehn Monate, Werkmeister Karl Konrad ein Jahr. Ein Verfahren gegen den ehemaligen Chefingenieur Arnold Braun wurde aufgrund der Zeugenaussagen eingestellt.* Hingegen sprach das Saarbrücker Landgericht ebenfalls 1949 ehemalige SA-Leute frei, die 1941 einige Frauen wegen ihrer Kontakte zu französischen Kriegsgefangenen mißhandelt hatten. Die SA-Leute hatten den Frauen die Haare abschneiden lassen, sie mit einer übelriechenden schwarzen Farbe beschmiert und dann unter Musikbegleitung durch die Dorfstraßen von Mittelbexbach und Höcherberg getrieben.

Neunkirchen im Mai 1945: Ecke Brückenstraße/Wilhelmstraße. (Stadtarchiv Neunkirchen)

Nach anfänglichen Erfolgen der deutschen Armeen trat Anfang Februar 1943 die entscheidende Wende im Kriegsgeschehen ein, als die Rote Armee die Schlacht um Stalingrad gewann. Im Grunde genommen war Deutschland damit schon besiegt. Beschleunigt wurde die Niederlage im Juni 1944 durch die Landung alliierter Truppen in der Normandie. Nur wenige Tage zuvor, am 27. Mai 1944, hatte für Neunkirchen die letzte Phase des Krieges mit dem ersten großen Luftangriff begonnen. Von nun an verging kaum ein Tag ohne Flieger-

* Volksstimme Nr. 49 vom 28. April 1949 und Nr. 59 vom 21. Mai 1949.

alarm. Ende November wurde das Eisenwerk so schwer getroffen, daß der Betrieb eingestellt werden mußte. Nur die für die Instandsetzung notwendigen Beschäftigten arbeiteten weiter. Bis zur endgültigen Befreiung aber sollten noch vier lange Monate vergehen, die der Bevölkerung äußerste Entbehrungen auferlegten. Viele kamen kaum noch aus den Luftschutzkellern heraus, das Versorgungssystem war weitgehend zusammengebrochen. Aus den Volksempfängern dröhnten die Durchhalteparolen der Nazis.

Unterdessen bereiteten sich bessergestellte Kreise sorgsam auf die Nachkriegsprobleme vor. Der spätere Wirtschaftsminister (1949 bis 1963) und Bundeskanzler (1963 bis 1966) Ludwig Erhard nannte seit 1942 das Institut für Industrieforschung sein eigen. Hier fand er reichlich Zeit und Muße für die Analyse der Wirtschafts- und Finanzsituation, wie sie sich am Ende des Krieges aller Voraussicht nach darstellen würde. Ergebnis seiner Überlegungen war eine Denkschrift, die er nun ständig bei sich trug. Sie enthielt die Grundsätze für den Wiederaufbau der Wirtschaft. Einer der Leitgedanken war, wie man Verstaatlichungen und die Einführung einer sozialistischen Wirtschaftsordnung verhindern könnte, die von der Arbeiterbewegung nach der Befreiung unzweifelhaft gefordert werden würden. Als Alternative entwarf er schon jetzt die Grundzüge dessen, was später „soziale Marktwirtschaft" heißen sollte und nichts anderes war als die Beibehaltung der kapitalistischen Ordnung.

Das Institut, das Erhard diese Arbeitsmöglichkeiten bot, war mit freundlicher Unterstützung seines Schwagers Karl Guth eingerichtet worden. Der wiederum amtierte (noch) als Hauptgeschäftsführer der Reichsgruppe Industrie, der Spitzenorganisation der deutschen Wirtschaft. Alles geschah also in enger Zusammenarbeit mit Großindustriellen, die kräftig vom Krieg profitiert hatten und noch profitierten. Der Gedanke aber, wie sie ihre wirtschaftliche und politische Macht über das erwartete Kriegsende hinaus würden erhalten können, trieb sie schon jetzt um. An den Nachkriegsplanungen beteiligt waren darüber hinaus auch politische Instanzen der Nazi-Diktatur, deren Ziel ebenfalls die Rettung der kapitalistischen Ordnung war.

Im Verlauf dieser Planspiele begegnet uns auch Jakob Reichert wieder, der bekanntlich 1940 vollmundig davon gesprochen hatte, daß sich die anderen Staaten einer Neuordnung im Sinne Deutschlands würden unterwerfen müssen. Von ihm sind Teile eines Schriftwechsels mit Bernhard Skrotzki erhalten, der damals Leiter der Rohstoffabteilung in der Reichsgruppe Industrie war und es später immerhin zum Hauptgeschäftsführer der Berliner Industrie- und Handelskammer bringen sollte. Am 31. Oktober 1944 bat Skrotzki Reichert um eine Ausarbeitung in bezug auf die Probleme, die bei der Umstellung auf die Friedenswirtschaft im Bereich der eisenschaffenden Industrie zu erwarten waren.

In seinem daraufhin angefertigten Geheimpapier konnte Reichert dem Krieg auch jetzt noch Positives abgewinnen. Mit deutlichem Optimismus verwies er im Abschnitt über die zu erwartende Auftragslage auf die Trümmerlandschaft:

„In die Augen springt der unermeßliche Bedarf für den Wiederaufbau der zerstörten Städte und Dörfer, ferner die Erneuerung der Industrie in allen ihren Zweigen und der Gewerbebetriebe, außerdem der Bedarf in der ganzen Landwirtschaft, ja, in jedem Haushalt."* Zur Behebung der Wohnungsnot schlug er, den Ideen englischer Industrieller folgend, den Bau von Unterkünften aus Stahl vor, die von den Bewohnern selbst montiert und später wieder verschrottet werden könnten. An anderer Stelle ging er auf die Frage ein, wer die Kriegsschäden zu bezahlen habe. Daß dies Aufgabe des Staates sein mußte, stand für ihn außer Frage. Die gewaltigen Kriegsgewinne der Industrie sollten demzufolge für andere Investitionen zurückbehalten werden. Er bezifferte die so auf den Staatshaushalt zukommenden Kosten auf etwa zwei Milliarden Reichsmark, wobei zu berücksichtigen sei, daß bis zum Ende des Krieges weitere Schäden entstehen würden.

Einen weiteren Abschnitt seines Papiers widmete Reichert der Frage der künftigen Wirtschaftsordnung und verwies in diesem Zusammenhang auf die letzte Kriegsniederlage: „Eine weitere Erfahrung aus der Zeit nach dem Ersten Weltkrieg ist noch festzuhalten, nämlich das Wirken der freien Initiative der Eisen- und Stahlindustriellen, insbesondere beim Wiederaufbau der schwer mitgenommenen Industrie. Damals ist es uns gelungen, die verloren gegangenen Kapazitäten ... im Laufe von sieben bis acht Jahren wieder aufzubauen."** Kein Zweifel also, daß Reichert den Industriellen auch jetzt jede Freiheit gewährt wissen wollte.

---

* Bundesarchiv Koblenz: Bestand R 13 I, Nr. 665, Bl. 27.

** Ebd., Bl. 34.

Flöze und ausgewählte Standorte des Steinkohlenbergbaus an der Saar, 1913

Flächig schwarz: Flöze, Linien: Verwerfungen, Sattelachsen, Unterbrochene Linie: deutsch-französische Grenze, Schwarze Punkte: Zechenstandorte.
Nebenkarte: Fette Linie: Hauptzüge des Variszischen Hochgebirges.

a Fettkohle, b Flammkohle, c Magerkohle, d Vulkanschlot (Andesit u. a.).
Nebenkarte: S Lage der Saarkohle im Variszischen Gebirge.

1 Saarlouis, 2 Völklingen, 3 Saarbrücken, 4 St. Ingbert, 5 Neunkirchen, 6 Püttlingen, 7 Kreuzwald (La Houve), 8 Spittel, 9 Merlenbach, 10 Schwalbach, 11 Von der Heydt, 12 Dilsburg, 13 Jägersfreude, 14 Camphausen, 15 Göttelborn, 16 Brefeld, 17 Sulzbach, 18 Altenwald, 19 Friedrichsthal , 20 Itzenplitz, 21 Reden, 22 Heinitz, 23 Kohlwald, 24 König, 25 Wellesweiler, 26 Bexbach.

Am Ende des Unterkarbons (vor rund 333 Millionen Jahren) durchzog das Variszische Gebirge in über 500 Kilometer Breite von der Bretagne und dem französischen Zentralmassiv kommend den größten Teil West- und Mitteldeutschlands. In einer seiner Senken („Saar-Saale-Trog") bildete sich die Steinkohleformation des Saarlandes. Aus dieser Entstehung ergibt sich die markante nordöstliche Ausrichtung. Nördlich des Reviers schließen sich u. a. Gesteine vulkanischen Ursprungs an. Im Süden bildet der von Saarbrücken über Dudweiler, Neunkirchen-Bexbach verlaufende „südliche Hauptsprung" eine scharfe Begrenzung.
Die Anfänge der Kohlenförderung an der Saar reichen zurück ins 14. Jahrhundert. Seit dem Ende des 18. Jahrhunderts ist die Entwicklung des Saarbergbaus eng verwoben mit politischen Umbrüchen. Insgesamt neunmal wechselten die Saargruben seitdem den Besitzer oder Eigentümer. Seit 1. Oktober 1957 fungiert die „Saarbergwerke AG" als Eigentümer. Im gleichen Jahr zeigten sich erste Absatzprobleme, die in den sechziger Jahren in eine strukturelle Krise mündeten.
Die Bedeutung des Bergbaus für die Geschichte des Saarlandes und die der regionalen Arbeiterbewegung mögen einige Angaben unterstreichen: 1890 waren 12,5 Prozent der im Kreis Ottweiler lebenden Menschen aktive Bergleute, über 50 Prozent zählten zur bergmännischen Bevölkerung. Im Kreis Saarbrücken waren es immer noch 7,2 bzw. 30 Prozent, in Saarlouis 5,3 bzw. 21,5 Prozent, in Sankt Wendel 3,8 bzw. 14,4 Prozent. Bergarbeitergemeinden im klassischen Sinne waren Dudweiler und Sulzbach, Quierschied und Püttlingen, Neunkirchen, Elversberg und Wiebelskirchen.

Quellen: R. Reinisch, Entstehung und Bau der deutschen Mittelgebirge, Leipzig 1910; Saar-Atlas, Gotha 1934; Hektor Amman und Emil Meynen (Hrsg.), Geschichtlicher Atlas für das Land an der Saar, Saarbrücken 1965 ff.; Brinkmanns Abriß der Geologie, Bd. 2, Stuttgart 1986 (12./13. Aufl.).

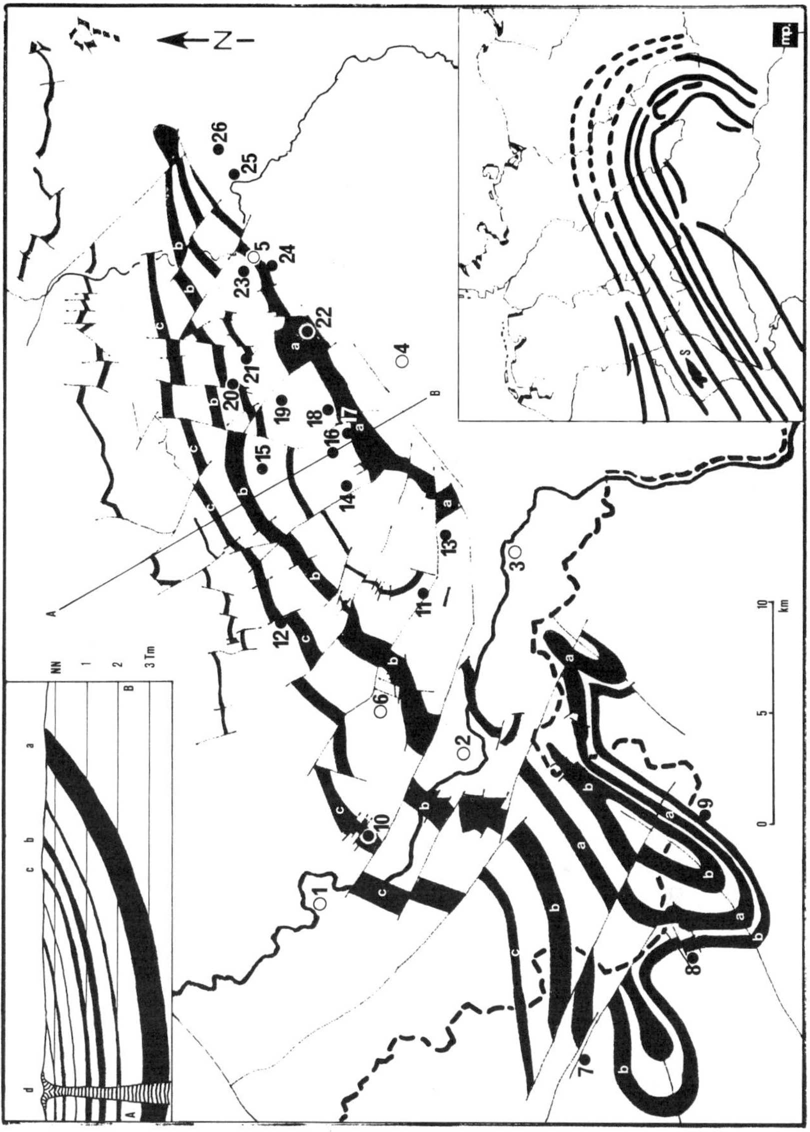
N
NN
1
2
3 Tm
A
B
0
5
10
km
mp.

IV. Frankreich oder Deutschland? (1945–1961)

a) Alltag und Politik 1945/46

Sieben Wochen nach der Befreiung des Saarlandes kapitulierte die deutsche Wehrmacht. Die für die Rüstungsindustrie im Revier zuständigen Instanzen fanden sogar noch Zeit, ordnungsgemäße Abschlußberichte zu verfassen. Auf den Gruben im Raum Neunkirchen konstituierten sich währenddessen erste provisorische Interessenvertretungen der Arbeiter, die zumeist von einigen nicht emigrierten Antifaschisten ernannt wurden. So kamen am 8. April 1945 einige Beschäftigte der Gruben Kohlwald und Dechen in einer Wiebelskircher Gaststätte zusammen, um über den politischen und wirtschaftlichen Neuaufbau zu beraten. Sie bestimmten eine dreiköpfige Gruppe, die für die Entfernung alter Nazis aus den Betrieben und Verwaltungen sorgen sollte.

Zwei Wochen später versammelten sich Vertreter der Gruben König, Kohlwald, Heinitz, Reden, Dechen und Frankenholz in Landsweiler, um über den Wiederaufbau der Gewerkschaften zu sprechen. Obwohl sie früher unterschiedlichen Richtungsgewerkschaften angehört hatten, traten jetzt alle Diskussionsredner für die Schaffung einer einheitlichen Organisation ein. Sie zogen damit die Konsequenz daraus, daß die Spaltung in konkurrierende Gewerkschaften es den Hitler-Faschisten 1933 erheblich erleichtert hatte, die Diktatur zu errichten. Der Streit über den richtigen Weg hatte damals einen gemeinsamen Abwehrkampf verhindert.

August Reinecke wurde in diesen Wochen Obmann der Grube König, Alois Körner aus Elversberg übernahm das gleiche Amt in Heinitz, Aloys Schmitt aus Wiebelskirchen in Kohlwald und Johann Mathieu auf der Grube Dechen. Am 1. Juli 1945 wurde im „Karlsbergsaal" zu Sankt Ingbert ein gewerkschaftlicher Dachverband aus der Taufe gehoben. Sein Name signalisierte bereits den herausragenden Programmpunkt: Einheitsgewerkschaft der Arbeiter, Angestellten und Beamten. Zum provisorischen Vorsitzenden wurde Heinrich Wacker gewählt, ein gelernter Werkzeugmacher, der zwischen 1922 und 1935 Geschäftsführer des saarländischen Werkmeisterverbandes gewesen war und dann nach Frankreich hatte emigrieren müssen. Dort war er 1943 von der Gestapo verhaftet und ein Jahr später nach Böhmen zwangsverpflichtet worden. Erst wenige Wochen vor der Gewerkschaftsgründung kehrte er wieder an die Saar zurück. Sein Stellvertreter im provisorischen Vorstand wurde der Schriftsetzer Paul Obermeier, Kassierer Gottfried Bouillon.

Die drei Männer verkörperten den Gedanken der einheitlichen Gewerkschaftsbewegung auch dadurch, daß sie unterschiedliche Richtungen repräsentierten: Wacker war seit langem Sozialdemokrat, Obermeier gehörte der KPD an, Bouillon war vor 1935 Sekretär des CMV in Dillingen gewesen. Auch die Beisitzerposten im provisorischen Vorstand wurden paritätisch mit Repräsentanten unterschiedlicher politischer Richtungen besetzt. Hier finden wir mit dem früheren RGO-Funktionär Oskar Müller und dem ehemaligen CMV-Mitglied Aloys Schmitt auch zwei Wiebelskircher.

Es war freilich keine Massenbewegung, aus der heraus die saarländische Einheitsgewerkschaft entstand. Vielmehr war sie das Werk meist älterer Arbeiter, die schon vor 1935 in den Parteien und Gewerkschaften aktiv gewesen waren. Für die Masse der Bevölkerung standen jetzt andere Probleme im Vordergrund, vor allem die materielle und psychische Bewältigung des Krieges. Elend und Not prägten den Alltag, der 8. Mai 1945 symbolisierte für viele nicht den Tag der Befreiung vom Faschismus, sondern den eines katastrophalen Zusammenbruchs. Im Gegensatz zu 1918 war der Krieg dieses Mal nicht aus eigener Kraft beendet worden.

Allein die Neunkircher Zivilbevölkerung hatte etwa 350 Kriegstote zu beklagen, hinzu kamen über 1 500 gefallene Soldaten sowie viele Verkrüppelte und Verwundete. Die Bevölkerungszahl war gegenüber 1930 von 40 985 auf 24 200 gesunken. Im Stadtgebiet waren über 1 100 Häuser zu mehr als fünfzig Prozent zerstört, knapp 2 500 weitere wiesen geringere Kriegsschäden auf.* Das Verkehrs- und Nachrichtensystem war zusammengebrochen.
Die Betriebe lagen weitgehend still, ihre Zukunft war unklar. Das Neunkircher Eisenwerk stand auf den Demontagelisten der Alliierten, später wurde es unter französische Sequesterverwaltung gestellt. Bis zur Wiederinbetriebnahme der ersten Hochöfen sollten noch fünf Jahre vergehen. Nur die Förderung auf den Gruben kam rasch wieder in Gang. Viele Hüttenarbeiter suchten hier ihr kärgliches Auskommen. Von einer ausreichenden Lebensmittelversorgung konnte keine Rede sein. Kartoffeln wurden zum Hauptnahrungsmittel, Hamsterfahrten führten bis in die Pfalz, in den Rheingau oder in den Hunsrück. Wer es sich leisten konnte, tauschte Textilien, Kohlen oder Werkzeug gegen Lebensmittel.

Im Herbst 1945 bereiste Franz Glauben, vor 1935 Mitglied des SPD-Landesvorstands, seine saarländische Heimat. Erschüttert berichtete er über seine Eindrücke: „Das Leben in diesen Ruinen scheint auf den ersten Blick einfach unmöglich, und dennoch wohnen dort tausende und abertausende Menschen, denen die endgültige, totale Niederlage eines verbrecherischen Regimes mit harten, realen Tatsachen klargeworden ist. Erschütternd ist der Anblick dieser menschlichen Elendsgestalten. Hunger und Entbehrung stehen in den mageren Gesichtern geschrieben und große traurige Augen schauen aus den von dunklen, krankhaften Schatten umrahmten Höhlen. Es ist ein Bild grauenvoller Hoffnungslosigkeit und fatalistischer Gleichgültigkeit, das in diesen Gesichtern steht. ... Eine interalliierte Kommission hat kürzlich eine Untersuchung über den gesundheitlichen Zustand der Bevölkerung angestellt und festgestellt, daß eine allgemeine Unterernährung herrsche. Ein Mindestmaß

* Daten nach: Überblick über die Kriegsschäden 1939 bis 1945 in der Stadt Neunkirchen (Saar), Neunkirchen 1948, S. 9.

von Kalorieneinheiten von 1800 sei erforderlich, bezogen werden nicht immer nur 700 Einheiten."*

Befremdet beschrieb Glauben die widersprüchliche Behandlung der Nazis durch die französischen Besatzungstruppen. Einerseits wurden, wie überall in Deutschland, vorrangig ehemalige Funktionäre und Mitglieder der NSDAP zur Beseitigung der Trümmer herangezogen, andererseits saßen viele Repräsentanten des Terrorsystems noch immer in einflußreichen Verwaltungspositionen. So war es kein Wunder, daß zahlreiche Antifaschisten den Willen der Franzosen zu einem wirklichen politischen Neubeginn in Zweifel zogen.

Wohnraum im Mai 1945. (Stadtarchiv Neunkirchen)

Hinzu kam, daß die offizielle Wiederzulassung der demokratischen Parteien auf sich warten ließ. Nur die Arbeit der Einheitsgewerkschaft war im September legalisiert worden. In das politische Vakuum stieß vornehmlich die Kirche. Franz Glauben schrieb: „So ist es ganz natürlich, daß auf kulturellem Gebiete die Kirche das Feld beherrscht und eine Monopolstellung genießt, weil andere Organisationen noch kein Recht haben, ihre Tätigkeit zu entfalten. Diese Be-

* Archiv der sozialen Demokratie: Bestand Emigration Sopade, Mappe 45.

günstigung der Kirche führt automatisch zu einem durch und durch ungesunden Zustand, weil die Monopolisierung des Bildungswesens immer und überall nur schädlich sein kann. Auch die Kirche ist eine autoritäre Einrichtung, und wie man unter den gegenwärtigen Umständen den demokratischen und antifaschistischen Geist an die Stelle des Nationalsozialismus setzen will, bleibt das Geheimnis derer, die für diesen Zustand verantwortlich sind."* Erst im Januar 1946 wurde den Parteien die offizielle Gründungserlaubnis erteilt.

Anhänger und Mitglieder der alten Arbeiterparteien hatten freilich schon 1945 am Wiederaufbau ihrer Organisationen gearbeitet. Erste Initiativen gingen dabei zumeist von nicht-emigrierten Genossen aus. Die Emigranten und politischen Gefangenen kehrten erst nach und nach in ihre Heimat zurück. Hermann Petri z. B. betätigte sich noch einige Zeit in der sowjetischen Besatzungszone, bevor er wieder in Neunkirchen eintraf. Auch Jakob Ott kam erst im Januar 1946 in die Hüttenstadt zurück. Er beteiligte sich dann am Wiederaufbau des SPD-Unterbezirks, bevor es ihn in seine Heimatstadt Mannheim zog. Hermann Henneicke mußte nach der Befreiung erst eine schwere Krankheit auskurieren, die er sich im KZ zugezogen hatte. Dann wurde er Bürgermeister in Eppelborn, anschließend Personalchef der Neunkircher Stadtverwaltung.

Ähnlich wie für die Gewerkschaften stellte sich auch für die Arbeiterparteien die Frage einer möglichen Vereinigung der bisherigen Organisationen. Der Gedanke einer Einheitspartei fand gerade in den ersten Nachkriegsmonaten viele Fürsprecher, die auf die Einheitsfront von 1934/35 Bezug nahmen. In den Handakten des damaligen Völklinger Bürgermeisters Ernst Kunkel befindet sich der Entwurf für einen gemeinsamen Aufruf der KPD und der SPD vom 13. August 1945, dessen Fernziel die Vereinigung beider Parteien war: „Mehr als ein Jahrzehnt ist vergangen, seit wir uns in der Endphase des Saarabstimmungskampfes zur Bildung der Einheitsfront die Bruderhand reichten. Ein Jahrzehnt ist auch vergangen, seit wir uns zum letzten Mal legal an Euch wenden konnten. Heute, da der Krieg das Hitlerregime zu Boden geschlagen hat, können wir wieder frei und ungehindert unsere Stimme erheben. ... Beseelt von dem Wunsche, in Deutschland ein neues, fortschrittliches Regime zu schaffen, haben die Kommunisten und Sozialisten des Saargebietes folgendes beschlossen: 1) Die Einheit der Sozialdemokraten und Kommunisten in Stadt und Land, in den Hütten- und Grubenanlagen zu bilden. 2) Alle ihre Kräfte auf den Plan zu rufen, um die Mobilisierung der antifaschistisch-demokratischen Kräfte unseres Bezirks durchzuführen und sie in einem antifaschistisch-demokratischen Block zu einigen. 3) Die Bildung eines Aktionsausschusses vorzunehmen, der die Arbeit zwischen den Kommunisten und Sozialdemokraten besprechen und leiten soll. 4) Dieser Aktionsausschuß soll die Aufgabe haben, ein konkretes Aktionsprogramm zu entwerfen, welches für die beiden Arbeiterparteien gültig sein wird. Ebenfalls soll der Ausschuß beauftragt wer-

* Ebd.

den, eine Kommission zu bilden, die sich mit den Problemen der organisatorischen Einheit der beiden Arbeiterparteien befassen soll."*

Welche praktischen Folgen die hier formulierten Absichten für das Handeln der Parteigliederungen vor Ort hatten, konnte nicht im einzelnen ermittelt werden. Fest steht, daß es vielerorts gemeinsame Ausschüsse beider Parteien gab und daß überall enge Kontakte gepflegt wurden. Noch 1946 besuchten Vertreter von SPD und KPD die Konferenzen der jeweils anderen Partei und berichteten dort über ihre Arbeit. Allerdings wurden die regionalen Einheitstendenzen bereits von der überregionalen Entwicklung überschattet. Eine Gruppe um Kurt Schumacher stellte sich in der SPD-Parteiführung strikt gegen jedes Zusammengehen mit den Kommunisten. Schumacher selbst nannte die Fixierung der KPD auf die Politik der Sowjetunion als entscheidenden Grund für sein Handeln. Sein wachsender Einfluß auf die örtlichen und regionalen Gliederungen der Partei unterband vielerorts konkretere Diskussionen über ein eventuelles Zusammengehen.

Zwischen SPD und KPD des Saarlandes herrschte relative Übereinstimmung, was die Notwendigkeit einer grundsätzlichen Neuordnung von Wirtschaft und Gesellschaft anging. Die Sozialdemokraten sahen in der Überwindung der Kräfte, die für den Faschismus verantwortlich waren, eine der zentralen Aufgaben. Für sie war eine sozialistische Gesellschaftsordnung Garant für die Wohlfahrt der Beschäftigten und den Erhalt des Friedens. Dieses Konzept beinhaltete die Ausschaltung jeden Einflusses der Nazis auf Politik und Wirtschaft, aber auch konkrete Vorbereitungen für die Sozialisierung der beherrschenden Industriezweige: Schwereisenindustrie, Bergbau, Eisenbahn, Verkehrs- und Versorgungsbetriebe, Banken und Versicherungen. Die KPD formulierte ähnliche Ziele: Enteignung aller Kriegsgewinnler, Übergabe der Schlüsselindustrie an die öffentliche Verwaltung, Kommunalisierung der aufbau- und lebenswichtigen Betriebe, Errichtung eines wirtschaftlichen Planungsinstitutes mit Vertretern der abhängig Beschäftigten, der privaten und öffentlichen Arbeitgeber, strikte Entnazifizierung.

Den wesentlichen Unterschied in der Zielsetzung beider Parteien finden wir in den jeweiligen Ansichten zur nationalen Zukunft des Saarlandes. Die Diskussion hierüber wurde durch die Absicht Frankreichs ausgelöst, das Revier von Deutschland zu trennen und möglichst eng an sich zu binden. Nachdem anfängliche Annexionspläne gescheitert waren, ging es hauptsächlich um die Eingliederung der saarländischen Wirtschaft in die französische und um die erneute politische Trennung von Deutschland.

Die KPD lehnte dies strikt ab und forderte die schleunige Errichtung einer demokratisch verfaßten deutschen Republik. Im Februar 1947 formulierte ihre Bezirksdelegiertenkonferenz: „Da ungerechtfertigte Grenzverschiebungen weder die Ursachen kriegerischer Entwicklungen liquidieren noch die Erfüllung berechtigter Wiedergutmachungsansprüche garantieren, bedauert die KP die

* Ebd.: Bestand Sozialdemokratische Partei Saar/SPS, Sammlung Ernst Kunkel, Mappe 69.

während der Kriegshandlungen im Osten vorgenommenen Grenzveränderungen ebenso wie sie die wirtschaftliche und politische Abtrennung des Saargebietes von Deutschland ablehnt. ... Die Konferenz beauftragt daher die Bezirksleitung, weiterhin alle Schritte zu unternehmen, die geeignet sind, die Politik der Bildung einer wirtschaftlich und politisch einheitlichen demokratischen deutschen Republik zu unterstützen..."*

Die SPD zeigte sich eher zu einem Eingehen auf die französischen Pläne bereit. Sie erwartete „von einem engen wirtschaftlichen Zusammenarbeiten des Saargebietes mit Frankreich eine glückliche Lösung der besonderen wirtschaftlichen Schwierigkeiten unseres engeren Heimatgebietes" und verwies „auf die naturgegebenen Bindungen unserer Heimat mit dem französischen Nachbargebiet."** Allerdings koppelte sie dies mit der Forderung nach politischer Selbständigkeit. Eine erneute Unterordnung unter eine ausländische Regierung, wie man dies bis 1935 erlebt hatte, sollte es nicht wieder geben. Politisches Fernziel der SPD an der Saar war eine europäische Lösung im Rahmen der erhofften Konstituierung der Vereinigten Staaten von Europa.

In diesem Zusammenhang war es nur konsequent, sich organisatorisch von der Mutterpartei zu trennen. Ab Mitte 1947 traten die Sozialdemokraten an der Saar daher als Sozialdemokratische Partei Saar (SPS) auf. Zu ihren führenden Funktionären gehörten die Gewerkschafter Richard Kirn, Hermann Petri, Heinrich Wacker und Richard Rauch. Wie viele andere hatten auch sie in der Emigration Schutz vor den Verfolgungen des Faschismus gesucht und assoziierten mit Begriffen wie „Nation" oder „Deutschland" in erster Linie drei Eroberungskriege (1870/71, 1914/18, 1939/45) und lange Jahre politischer Unterdrückung (Sozialistengesetz, Faschismus). Dies galt zwar in ähnlicher Form auch für die leitenden KPD-Funktionäre wie Fritz Nickolay, Fritz Bäsel und den ehemaligen SPD-Mann Karl Hoppe, doch war deren Zukunftsvision, wie gesehen, eine völlig andere. Sie war in hohem Maße von der Politik der Parteiführung in den vier Besatzungszonen geprägt, die auf die Wiederherstellung eines demokratischen Deutschland zielte.

Angesichts des Kurses der Gruppe um Schumacher und der unterschiedlichen Ziele auf regionaler Ebene wurde ein organisatorisches Zusammengehen von SPD und KPD spätestens 1946 zur Illusion. Den Schlußstrich unter die diesbezüglichen Bestrebungen zog die SPD, als sie im Herbst 1946 im Vorfeld der ersten Gemeinderatswahlen nach dem Krieg erklärte: „Die Sozialdemokratische Partei des Saargebietes hatte bis zur Stunde keine Veranlassung, den auf ihrem ersten ordentlichen Parteitag einstimmig gutgeheißenen Standpunkt zu verlassen, nach dem für eine Vereinigung der beiden Parteien alle Vorbedingungen fehlen. Die Sozialdemokratische Partei ist zwar für die Bildung einer großen, einheitlichen Partei aller Schaffenden, sie erblickt die Voraussetzung

* Neue Zeit Nr. 6 vom 6. Februar 1947.

** Volksstimme Nr. 3 vom 6. Juli 1946.

dazu aber in der integralen Annahme ihres eigenen demokratischen und sozialistischen Programms durch eventuell in Frage kommende Partner."*

Die Gemeinderatswahlen brachten einen klaren Sieg der Christlichen Volkspartei (CVP) unter Johannes Hoffmann, die im Landesdurchschnitt über die Hälfte der Stimmen erhielt. Die SPD bewegte sich als zweitstärkste Partei bei etwa 25 Prozent, die KPD bei knapp zehn. Mit einem Ergebnis von fast dreißig Prozent hatte die SPD im Kreis Ottweiler einen ihrer Schwerpunkte. Zwölf sozialdemokratische Abgeordnete saßen im Neunkircher Stadtrat elf Mitgliedern der CVP, vier Kommunisten und drei Liberalen gegenüber.** Der von der SPD vorgeschlagene Friedrich Brokmeier wurde zum Bürgermeister der Hüttenstadt gewählt. Erster Beigeordneter wurde der frühere christliche Gewerkschaftssekretär Josef Delheid, der 1935 nach Frankreich und dann weiter nach Polen emigriert war. Unter den weiteren Beigeordneten finden wir die Stadtverordneten Reinhard von der KPD und Wirth von der SPD.

Tabelle 7: Die Mitglieder des Neunkircher Stadtrates 1946 und 1949

	5. April 1946 (ohne Wahl)	15. September 1946	27. März 1949
SPD/SPS	3	12	15
KPD	3	4	4
CVP	3	11	12
Demokratische Partei	–	3	3
Parteilose	3	–	–
Gesamt	12	30	34

Quelle: Neunkirchen (Saar). Stadt des Eisens und der Kohle. Ein Buch vom Werden und Wesen einer Industriestadt, hrsg. von der Stadtverwaltung Neunkirchen (Saar), Neunkirchen (Saar) 1955, S. 178.

Mit den Stimmen beider Arbeiterparteien wurden in Ottweiler Jakob Zender (SPD) zum Bürgermeister, Karl Blechschmidt (SPD) zum Ersten und Fritz Sticher (KPD) zum Zweiten Beigeordneten gewählt. In Wiebelskirchen übernahm August Becker das Bürgermeisteramt, Wilhelm Honecker (1928 von der KPD zur SPD übergetreten) wurde Erster und Karl Koble (KPD) Zweiter Beigeordneter. Noch 1946 rückte hier Wilhelm Honecker auf den Stuhl des Bürgermeisters. Im Stadtrat Sankt Wendel schließlich gab es nur zwei Fraktionen: die CVP mit sechzehn und die SPD mit sieben Vertretern.*** Hier wurde Josef Riotte (SPD) zum Ersten Beigeordneten gewählt, das Bürgermeisteramt besetzte die CVP mit dem Bildhauer Jakob Fuchs.

Vergleicht man die Wahlergebnisse vom Herbst 1946 mit denen zu Beginn der dreißiger Jahre, so konnten die Arbeiterparteien ihren Wähleranteil zusammengenommen behaupten. Allerdings hatte sich das Binnengefüge deutlich zugunsten der SPD verändert. Vor allem aber sticht der Erfolg der CVP ins Auge,

* Volksstimme Nr. 15 vom 14. September 1946.

** Volksstimme, Sonderausgabe vom 17. September 1946 und Nr. 16 vom 28. September 1946.

*** Detlef Wittmann: Vorwärts und nicht vergessen. Die Geschichte der Sozialdemokratie in Sankt Wendel, hrsg. vom SPD-Ortsverein Sankt Wendel, Sankt Wendel 1989, S. 119.

die sogar die Ergebnisse der ehemaligen Zentrumspartei übertreffen konnte. Dies lag zum einen daran, daß das Zentrum eine rein katholische Partei gewesen war, während sich die CVP überkonfessionell organisierte und somit auch evangelische Wählerkreise ansprach. Zudem stand mit Johannes Hoffmann ein Mann an der Spitze, der 1934/35 engagiert gegen die Rückgliederung gestritten hatte und dann in die Emigration gegangen war. Viele örtliche Repräsentanten der Partei wiesen eine ähnliche Biographie auf, so Josef Delheid in Neunkirchen, der ja auch am Aufbau der Einheitsgewerkschaft aktiv mitarbeitete. Insofern hatte die CVP mit den Verstrickungen des Zentrums in die Deutsche Front nichts gemein.

Werfen wir in diesem Zusammenhang einen Blick auf die programmatischen Aussagen der CVP. Auch sie stellte sich gegen die Eingliederung des Saarlandes in ein späteres Deutschland und neigte eher den Vorstellungen der politischen Autonomie und des wirtschaftlichen Zusammengehens mit Frankreich zu. In bezug auf die Neuordnung der Wirtschaft forderte ihr erweiterter Landesvorstand am 22. April 1947 die Beibehaltung von Eisenbahn, Post und Telephon in staatlicher Verwaltung, die Vergesellschaftung des Bergbaus und der eisenschaffenden Industrie sowie den Ausbau der staatlichen Kontrolle über die Banken und Versicherungen.* Hierin zeigte sich eine bemerkenswerte Nähe zu den Vorstellungen der Arbeiterparteien und zum Ahlener Programm, das die CDU der britischen Besatzungszone Anfang Februar 1947 verabschiedet hatte.

b) Die neue Gesellschaft

Mit der Gründung der Einheitsgewerkschaft im Juli 1945 war erst ein organisatorischer Überbau geschaffen, der Auf- und Ausbau örtlicher und beruflicher Untergliederungen stand noch aus. Am 10. September 1945 erließ General Koenig eine Verordnung, die die weitere Entwicklung regeln sollte. Darin war die Bildung zentral verfaßter Organisationen ausgeschlossen, lediglich örtliche Berufsverbände wurden zugelassen. Entsprechend durfte die Einheitsgewerkschaft nur als Dachverband verschiedener Berufsorganisationen fungieren. Daher wurden ab November 1945 Einzelgewerkschaften gegründet, darunter der IV Bergbau mit Oskar Müller als Erstem Vorsitzenden und der IV Metall mit Nikolaus Fliegler, dem früheren CMV-Funktionär aus Völklingen, an der Spitze.

Artikel 1 der Verordnung vom 10. September 1945 versuchte, die inhaltliche Arbeit der Gewerkschaften von vornherein einzuschränken: „Ihr alleiniges Ziel darf nur die Wahrnehmung der beruflichen Interessen ihrer Mitglieder sein."** Die von den entstehenden Organisationen entwickelten Programme freilich gingen weit über das rein berufliche Maß hinaus und forderten eine

* Volksstimme Nr. 18 vom 1. Mai 1947.

** Michael Ebenau/Alfred Kuffler (Bearb.): Es gilt den Kampf. Dokumente zur Geschichte der Arbeiterbewegung in Frankenthal 1832 bis 1949, hrsg. von der IG Metall Frankenthal, Kösching 1984, S. 267.

grundsätzliche Neuordnung und Demokratisierung der Wirtschaft. Die Delegierten zum ersten Verbandstag des IV Metall verlangten Anfang März 1947 in Völklingen die Überführung der Schwereisenindustrie in den Besitz des Volkes und die Errichtung von Selbstverwaltungsorganen aus Vertretern der Beschäftigten, der Behörden und der Gewerkschaften. Die früheren Hüttenbesitzer sollten als Kriegsverbrecher, Kriegsgewinnler und politisch Schwerbelastete enteignet werden. Heinrich Wacker formulierte wenige Tage später: „Die Großbetriebe monopolistischen Charakters sind unbedingt sofort zu enteignen. Sie waren bisher unkontrolliert und arbeiteten nicht im Sinne der Demokratie, sondern für den Nationalsozialismus. Neunzig Millionen Mark haben sie Hitler und dem Nationalsozialismus zur Verfügung gestellt."*

Mitgliedsbuch der saarländischen Einheitsgewerkschaft 1948.
(IG Metall Neunkirchen)

---

* Volksstimme Nr. 11 vom 15. März 1947.

Fünfzehn Monate nach der Gründung des IV Metall konnte Nikolaus Fliegler von einer beeindruckenden Mitgliederentwicklung berichten: Hatte man Ende 1945 erst 900 organisierte Metallarbeiter gezählt, so waren es inzwischen über 22 000.* Im Neunkircher Eisenwerk hatte eine kleine Gruppe um Walter Knetsch und den früheren Obmann des Arbeiterausschusses, Wilhelm Cullmann, den Wiederaufbau der gewerkschaftlichen Interessenvertretung in die Hände genommen. Eine der Hauptaufgaben war hier wie überall die Sicherstellung der materiellen Grundversorgung. Als Betriebsobmann kümmerte sich Cullmann z. B. um die Belieferung der Werkskantinen mit Nahrungsmitteln und um die Ingangsetzung der Schuhwerkstatt. Ein zweites zentrales Arbeitsfeld war die Entnazifizierung der Belegschaft. Einfache Mitläufer des Naziregimes wurden vielfach streng bestraft, während viele wirklich Verantwortliche kaum zur Rechenschaft gezogen wurden. Für großen Unmut sorgte die Tatsache, daß ehemalige Wehrwirtschaftsführer bald weitgehend unbehelligt blieben und später sogar wieder in wichtige Funktionen aufrücken konnten. Dies war auch einer der Gründe dafür, daß die KPD ihre Vertreter in den Säuberungsausschüssen im Herbst 1947 zurückzog.

Im Rahmen der Überlegungen zur Demokratisierung der Wirtschaft forderte die Einheitsgewerkschaft ein Betriebsverfassungsgesetz, das den Betriebsräten weitreichende Mitbestimmungsrechte an die Hand geben sollte. Im August 1947 wurde eine entsprechende Verordnung erlassen, die den gewerkschaftlichen Forderungen jedoch in keiner Weise nachkam. Die Beschreibung der Aufgaben der Betriebsräte war recht vage gehalten, in bezug auf das Verhältnis zu den Unternehmern aber unmißverständlich auf sozialpartnerschaftliche Unterwerfung angelegt: „Der Betriebsrat bestimmt im Rahmen dieser Verordnung selbst seine Aufgaben und ihre Durchführung. ... Er hat insbesondere die Aufgabe: 1) Die Betriebsleitung in allen wirtschaftlichen und sozialen Fragen zu beraten, die Einführung neuer Arbeitsmethoden zu fördern, für größte Wirtschaftlichkeit und höchsten Stand der Betriebsleistungen zu sorgen; 2) das Einvernehmen innerhalb der Arbeitnehmerschaft sowie zwischen ihr und der Betriebsleitung zu fördern und den Betrieb vor Störungen zu bewahren; ...“**

Diese Bestimmungen offenbarten das Scheitern der gewerkschaftlichen Neuordnungsvorstellungen. Entscheidend dafür war in erster Linie die französische Politik, deren Ziel nicht die Schaffung eines demokratischen und möglicherweise sozialistischen Saarlandes war, sondern die Beibehaltung der kapitalistischen Wirtschaftsordnung und deren reibungslose Eingliederung in die eigene Ökonomie. Die über die Frage der Stellung zu Frankreich entstandene Spaltung der politischen Arbeiterbewegung setzte sich auf gewerkschaftlicher Ebene fort. Auch hier fand sich ein starker Flügel mit Heinrich Wacker an der Spitze, der für die französische Option eintrat. Ein anderer Teil widersetzte sich

* Volksstimme Nr. 10 vom 8. März 1947.

** Stadtarchiv Neunkirchen: Amtsblatt der Verwaltungskommission des Saarlandes, Nr. 39/1947 vom 28. August 1947, S. 293 ff.

diesem Begehren entschieden. Für diese zweite Position stand vor allem ein Teil des IV Bergbau mit Oskar Müller an der Spitze. Müller wurde schließlich vom Vorstand seines Verbandes abgesetzt und vom Militärgouverneur ausgewiesen. Sein Nachfolger als Vorsitzender der Bergarbeiterorganisation wurde Aloys Schmitt. Müller arbeitete seitdem als Verbindungsmann des deutschen KPD-Vorstandes zu den saarländischen Genossen in Frankfurt und Düsseldorf.

An dieser Stelle scheint es geboten, einen Blick auf die bisherigen Stationen der Durchsetzung französischer Interessen an der Saar zu werfen. Am 10. Juli 1945 hatten französische Verbände die bisherigen Besatzungstruppen der US-Army abgelöst. Nur wenig später schuf die französische Verwaltung mit der Bildung des unabhängigen Regierungspräsidiums Saar Fakten, die die Trennung von der übrigen Besatzungszone einleiteten. Die Saargruben wurden unter französische Sequesterverwaltung gestellt, später von einer französischen Gesellschaft betrieben, der „Régies des Mines de la Sarre". An der Grenze zum ehemaligen Deutschland entstand eine Zollschranke. Die Saarmark und später der französische Francs lösten die Reichsmark als gesetzliches Zahlungsmittel ab.

Im Mai 1947 wurde eine Kommission mit der Ausarbeitung eines Verfassungsentwurfs betraut, die durchweg aus Befürwortern des wirtschaftlichen Anschlusses bestand. Im Oktober des gleichen Jahres fanden die Wahlen zur Verfassungsgebenden Versammlung statt. Mit 51,2 Prozent der Stimmen erhielt die CVP die absolute Mehrheit. Die SPS erreichte 32,8 Prozent, die KPD 8,4 und die Demokratische Partei des Saarlandes (DPS) 7,6.*

Die pro-französischen Parteien verfügten damit über eine klare Mehrheit. Das kam keineswegs überraschend, erhoffte sich doch ein Großteil der Bevölkerung von einem wirtschaftlichen Anschluß an das westliche Nachbarland erhebliche soziale Verbesserungen. Die Menschen hofften auf eine schnelle Überwindung der Nahrungsmittelnot und die baldige Ingangsetzung aller Industriebetriebe. Fragen der wirtschaftlichen und gesellschaftlichen Neuordnung im Sinne der Arbeiterbewegung waren in den Hintergrund gerückt.

Im November 1947 nahm die Verfassungsgebende Versammlung den Verfassungsentwurf an. Dessen Präambel legte die künftige Stellung des Saarlandes in geschwungenen Formulierungen fest: „Das Volk an der Saar, berufen, nach dem Zusammenbruch des Deutschen Reiches sein Gemeinschaftsleben kulturell, politisch, wirtschaftlich und sozial neu zu gestalten, durchdrungen von der Erkenntnis, daß sein Bestand und seine Entwicklung durch die organische Einordnung des Saarlandes in den Wirtschaftsbereich der französischen Republik gesichert werden können, vertrauend auf ein internationales Statut, das die Grundlage für sein Eigenleben und seinen Wiederaufstieg festlegen wird, gründet seine Zukunft auf den wirtschaftlichen Anschluß des Saarlandes an die

* Volksstimme Nr. 46 vom 6. Oktober 1947.

französische Republik und die Währungs- und Zolleinheit mit ihr . . .“* Darin eingeschlossen waren die politische Unabhängigkeit des Saarlandes sowie die Wahrnehmung der Landesverteidigung und der diplomatischen Vertretung durch Frankreich. Artikel 60 beschrieb dies kurz und prägnant: „Das Saarland ist ein autonom, demokratisch und sozial geordnetes Land und wirtschaftlich an Frankreich angeschlossen.“** Innerhalb der SPS regte sich nur geringer Widerstand. Hermann Petri wurde mit Hilfe der Fraktionsdisziplin gezwungen, seine Vorbehalte zurückzustellen. Zwei andere Abgeordnete, Luise Schiffgens und Kurt Conrad, verließen vor der Abstimmung über die Präambel aus Protest den Saal. Die zwei Mandatsträger der KPD, Karl Hoppe und Fritz Bäsel, stimmten dagegen.

Auch die Frage der Wirtschaftsordnung war spätestens mit der Annahme der Verfassung beantwortet. Unmißverständlich wurde das Privateigentum an Produktionsmitteln zugelassen, wenn auch in Verbindung mit der Floskel, daß sein Gebrauch dem Wohl der Allgemeinheit nicht zuwiderlaufen dürfe. Eventuelle Sozialisierungen wurden in Artikel 52 angesprochen: „1) Schlüsselunternehmungen der Wirtschaft (Kohlen-, Kali- und Erzbergbau, andere Bodenschätze, Energiewirtschaft, Verkehrs- und Transportwesen) dürfen wegen ihrer überragenden Bedeutung für die Wirtschaft des Landes oder ihres Monopolcharakters nicht Gegenstand privaten Eigentums sein und müssen im Interesse der Volksgemeinschaft geführt werden. 2) Alle wirtschaftlichen Großunternehmen können durch Gesetz aus dem Privateigentum in das Gemeinschaftseigentum überführt werden, wenn sie in ihrer Wirtschaftspolitik, ihrer Wirtschaftsführung und ihren Wirtschaftsmethoden das Gemeinwohl gefährden.“*** Jeder direkte Bezug auf die Hüttenwerke fehlte.

Für die Gewerkschaften stand in dieser Phase der Entwicklung ohnehin die Frage der vollen Wiederinbetriebnahme der Hüttenwerke an erster, die des möglichen Besitzers erst an zweiter Stelle. Zu Massenaktionen für die Sozialisierung wie in anderen Teilen des ehemaligen Deutschland kam es nicht. Gerade Neunkirchen, dessen Wirtschaftsstruktur in hohem Maße vom Eisenwerk abhing, war von der anhaltenden Stillegung der Hochöfen betroffen. Weder die deutsche noch die französische Industrie zeigten Interesse an Lieferungen aus der Hüttenstadt, beide sahen hier lediglich einen unliebsamen Konkurrenten. Die Arbeiterorganisationen dagegen drängten immer wieder auf die volle Wiederinbetriebnahme, um die Arbeitsmarktlage zu entlasten. Frankreich erteilte die Genehmigung dazu jedoch erst 1950, als die eigene Stahlindustrie nicht genug Rohmaterial für den Krieg in Korea bereitstellen konnte. Dafür

* Die saarländische Verfassung vom 15. Dezember 1947 und ihre Entstehung. Sitzungsprotokolle der Verfassungskommission, der Gesetzgebenden Versammlung des Saarlandes (Landtag) und des Verfassungsausschusses. Eingeleitet und zusammengestellt von Robert Stöber, Köln 1952, S. 14.

** Ebd., S. 45.

*** Ebd., S. 39.

drohte im Herbst 1951 die Stillegung der Menesa. Konsumgüter waren, wie immer in Zeiten hoher Rüstungsproduktion, nicht gefragt.

Obwohl in der Einheitsgewerkschaft von vornherein unterschiedliche Anschauungen über die Stellung zu Frankreich vorhanden waren, kam es vorerst zu keinen größeren internen Auseinandersetzungen in dieser Frage. Auch die Absetzung Oskar Müllers als Vorsitzendem des IV Bergbau ging im Vergleich zu späteren Konflikten relativ ruhig vonstatten. Die soziale Entwicklung verlief im Vergleich zu den anderen Besatzungszonen ab etwa 1947 zufriedenstellend, wenngleich die Löhne immer wieder hinter den Preisen zurückblieben. Mit Hilfe von Lohnerhöhungen oder Teuerungszuschlägen gelang es der Einheitsgewerkschaft von Zeit zu Zeit, einen Ausgleich herbeizuführen. Nach der Einführung des Francs im November 1947 weiteten vor allem die französischen Händler ihr Warenangebot rasch aus, die Schaufenster füllten sich mit lange entbehrten Gütern. Das System der Bezugsscheine wurde Schritt für Schritt abgeschafft. Endgültig entschieden war auch, daß das Saarland von Demontagen und Reparationszahlungen verschont bleiben würde. Der Arbeitsmarkt war stabilisiert, seit der Zuzug von Flüchtlingen gesperrt worden war. Der Blick auf die vier Besatzungszonen dagegen zeigte anhaltende Nahrungsmittelnot und ausgedehnte Schwarzmärkte. Auch die politische Zukunft des ehemaligen Deutschland schien nach wie vor ungewiß. Vor diesem politischen und sozialen Hintergrund schien sich die Entscheidung für Frankreich nun auszuzahlen, wobei auch die Vetorechte nicht störten, die sich Frankreich gegenüber der Landesregierung unter Johannes Hoffmann vorbehalten hatte.

Der Einheitsgewerkschaft gelang es, ihre Organisationsarbeit rasch voranzutreiben. Im Kreis Ottweiler bestanden Ende 1948 folgende Ortsgruppen bzw. -ausschüsse: Neunkirchen, Ottweiler, Wiebelskirchen, Spiesen-Elversberg, Landsweiler-Reden, Schiffweiler, Heiligenwald, Fürth, Lautenbach, Hangard, Merchweiler, Münchwies, Wemmetsweiler und Wellesweiler. Am 1. Mai des gleichen Jahres nahm in der Hüttenstadt eine Kreisgeschäftsstelle der Einheitsgewerkschaft ihre Arbeit auf. Hermann Henneicke, Hermann Petri, Peter Bonenberger und viele andere alte Funktionäre der Arbeiterbewegung stellten ihre Erfahrungen und Kenntnisse in ehrenamtlichen Positionen zur Verfügung. Zu den hauptamtlichen Angestellten des IV Metall gehörten neben Nikolaus Fliegler u. a. Hans Pink aus Völklingen (seit 1948 Zweiter Bevollmächtigter), Heinrich Simon (1948 oder 1949 zum Kassierer gewählt), Jakob Geiß, Friedel Bauer (er war für Neunkirchen zuständig), Jakob Ritz, Toni Hauser und Paul Struck.

Zu bemerken bleibt, daß das Prinzip der Einheitsgewerkschaft 1947 durch die Gründung einer christlichen Bergarbeitergewerkschaft durchbrochen wurde. Erste diesbezügliche Versuche hatte man schon länger registriert, sie waren jedoch zunächst ohne Erfolg geblieben. Erst im August 1947 konnten die Initiatoren in Burbach die offizielle Gründung ihrer Organisation vollziehen. Vorsitzender wurde der frühere Bezirksleiter des Gewerkvereins christlicher

Bergarbeiter, Hans Ruffing, Stellvertreter Josef Ditzler. Von den ehemaligen Neunkircher Sekretären des alten christlichen Verbandes beteiligte sich vor allem Karl Germann an der Arbeit der neuen Organisation. Im Dezember des gleichen Jahres folgte die Spaltung weiterer Einzelgewerkschaften, so auch die des IV Metall durch die Konstituierung einer Christlichen Gewerkschaft der Hütten- und Metallarbeiter. Hier sind Ludwig Habelitz, Peter Clemens, Peter Schütz und Jakob Thiel als herausragende Funktionäre zu nennen. Während über die Mitgliederzahlen der christlichen Metallgewerkschaft nichts bekannt ist, nannte die Bergarbeiterorganisation für Oktober 1947 etwa 12000 Mitglieder, für März 1949 zirka 18000.* Bei den Betriebsratswahlen erzielten die christlichen Listen beachtliche Erfolge, wenngleich der IV Bergbau die mit Abstand stärkste Organisation blieb.

c) Gegen den Kolonialstatus

Das Jahr 1950 markiert den Beginn zugespitzter innenpolitischer Auseinandersetzungen. In Paris begannen im Februar Verhandlungen über die konkrete Ausgestaltung des französisch-saarländischen Verhältnisses, die Anfang März mit dem Abschluß der Saarkonventionen beendet wurden. Das bisher geltende Vetorecht des französischen Vertreters an der Saar wurde auf drei Bereiche beschränkt: die Gefährdung der Währungs- und Zollunion, die Mißachtung internationaler Verpflichtungen und die Gefährdung der politischen Unabhängigkeit oder der äußeren Sicherheit. Das Hohe Kommissariat wurde in eine diplomatische Vertretung umgewandelt und so die bislang offen dokumentierte Dominanz Frankreichs zumindest nach außen hin zurückgenommen.

Dennoch gerieten die Konventionen sofort in heftige Kritik. Dies betraf vor allem die Grubenkonvention. Sie schrieb zwar fest, daß die Gruben Eigentum des Saarlandes seien, doch die tatsächliche Verfügungsgewalt wurde mittels einer langfristigen Verpachtung an Frankreich und damit an die „Régie des Mines“ übertragen. Beteiligungsrechte des Saarlandes an der Geschäftsführung wurden in den Gremien des Grubenausschusses und -rates garantiert, die jeweils paritätisch mit saarländischen und französischen Vertretern besetzt werden sollten. Allerdings erhielt keines dieser Organe entscheidende Einflußmöglichkeiten, sondern nur beratende, gutachterliche und kontrollierende Funktionen.

Auch an der Ausbeutung der Gruben wurde das Saarland nicht beteiligt. Johannes Hoffmann schilderte die Behandlung dieser Frage in Paris: „Die französische Delegation stellte ganz klar die Frage, ob das Saarland in der Lage sei, die von Frankreich als Vorschuß aufgewandten elf Milliarden Franken zurückzuzahlen, zum Zwecke neuer Investierungen weitere vierzig Milliarden Franken bereitzustellen sowie die Schulden und Verbindlichkeiten von etwa sieben Milliarden Franken zu übernehmen. Das mußte damals von saarländischer Sei-

* Robert H. Schmidt: Saarpolitik 1945 bis 1957. Band 1: Politische Struktur, Berlin 1959, S. 468.

te verneint werden. Damit war die Diskussion um die Beteiligung an der Ausbeutung praktisch zu Ende."*

Der IV Bergbau war über diese Entscheidung empört. Seit 1945 hatte er gefordert, daß das Saarland die Verfügungsgewalt über die Gruben erhalten müßte, noch im November 1949 hatte eine Revierkonferenz in Sulzbach diesen Standpunkt mit Blick auf die bevorstehenden Verhandlungen untermauert. Der bloße Eigentumstitel unter gleichzeitiger Abtretung aller Ausbeutungsrechte entsprach den Forderungen in keiner Weise. Bereits nach wenigen Tagen reisten die Vertreter der Bergarbeitergewerkschaft bei den Pariser Verhandlungen wieder ab, nachdem deutlich geworden war, daß ihre Position nicht einmal bei den Vertretern der saarländischen Regierung Rückhalt finden würde.

Am 6. März machte der IV Bergbau seine ablehnende Haltung in der Presse publik. Wenige Tage später billigte eine rasch einberufene Revierkonferenz in Sulzbach das Vorgehen des Verbandsvorstandes. Dem Präsidenten der Einheitsgewerkschaft, Heinrich Wacker, wurde das Mißtrauen ausgesprochen, weil er die Konventionen billigte. Unterstützung fanden die Bergarbeiter in den Reihen der Industrieverbände Nahrungsmittel und Genuß, Verkehr und Metall. Wiederum einige Tage später wandte sich eine Funktionärskonferenz der Einheitsgewerkschaft gegen den IV Bergbau. Sie warf ihm vor, die Konsolidierung der Wirtschaft und des Bergbaus an der Saar zu gefährden. Weiter hieß es, es sei die KPD, die im Rahmen des IV Bergbau ihre politischen Interessen durchzusetzen versuche.

Der Streit über die weitere Zukunft des Saarlandes war jetzt offen entbrannt. Die Gründung der Bundesrepublik ließ die Frage nach dem nationalen Status des Reviers wieder opportun erscheinen. Später kam die glänzende wirtschaftliche Entwicklung der Bundesrepublik hinzu, die bei vielen Saarländern den Wunsch laut werden ließ, am vermeintlichen „Wirtschaftswunder" teilzuhaben. Um den IV Bergbau herum formierte sich eine Gruppe politischer Organisationen, die die bisher geltende Entscheidung für eine Anlehnung an Frankreich revidieren wollte. Hier fanden sich höchst unterschiedliche Kräfte und Motive zusammen. Einige Strategen der Bundesregierung unter Konrad Adenauer bspw. unterstützten die neue Richtung mit der Absicht, das an der Saar vorhandene Wirtschaftspotential für die Bundesrepublik zu gewinnen. Bei den saarländischen Kräften stand dagegen die Überlegung im Vordergrund, die Abhängigkeit von Frankreich zu überwinden. Viele bewerteten das Verhältnis zum westlichen Nachbarn nicht als autonom, sondern als den Status einer modernen Kolonie.

Als Heinrich Wacker 1952 Präsident der Arbeitskammer wurde, wählte der Landeskongreß der Einheitsgewerkschaft den parteilosen Paul Kutsch zum neuen Vorsitzenden. Er war als Bergarbeiter vor 1935 in der linkskatholischen Vitus Heller-Bewegung tätig gewesen und hatte sich nach dem Zweiten Welt-

* Johannes Hoffmann: Das Ziel war Europa. Der Weg der Saar 1945 bis 1955, München 1963, S. 181.

krieg am Aufbau des IV Bergbau beteiligt. Seit 1950 war er dessen Zweiter Vorsitzender und stand in offenem Gegensatz zu Johann Dreher, der Aloys Schmitt als Erster Vorsitzender gefolgt war. Während Dreher den Kurs der SPS unterstützte, war Kutsch entschiedener Gegner einer Angliederung des Reviers an Frankreich. Bei der Wahl zum Vorsitzenden der Einheitsgewerkschaft setzte er sich als Gegenkandidat zu Dreher durch. Wenig später wurde er auch zum neuen Vorsitzenden des IV Bergbau gewählt. In seiner neuen Funktion reiste Kutsch im Oktober 1952 zum Bundeskongreß des DGB nach Berlin und berichtete dort über die saarländischen Kontroversen: „Das Saarvolk hat ... festgestellt, in welchem Ausmaß es durch die Konventionen in die Abhängigkeit Frankreichs gebracht wurde. Die Sorge um den totalen Verlust unserer Wirtschaft und deren notwendige Modernisierung in dieser wichtigen geschichtlichen Stunde und die immer spürbarer werdenden Fesseln der Konventionen mit Frankreich drücken der Saar den Stempel eines kolonialen Zustandes auf und setzen uns auch politisch in immer größere Abhängigkeit von ihm. Darum habe ich bei meiner Wahl zum Ersten Vorsitzenden der Einheitsgewerkschaft gemäß dem Willen des überwiegenden Teils der Mitglieder für die Einheitsgewerkschaft die Generalforderung aufgestellt: Änderung des derzeitigen Zustandes an der Saar. Der Ausspruch, daß wir eine Lösung mit Deutschland vorziehen, weil wir nach Art, Sitte, Sprache und Kultur deutsche Menschen sind, wurde mir als Nationalismus ausgelegt und beim Kongreß der Bergarbeiter wurde ich bezichtigt, mit den Kommunisten paktiert zu haben."*

Außer der KPD und Teilen der Einheitsgewerkschaft zählte auch ein Flügel der SPS zur neuen Opposition. Schon im August 1948 hatten die Sozialdemokraten ihren bisherigen Generalsekretär und Redakteur der „Volksstimme", Ernst Roth, wegen seines Widerstandes gegen die offizielle Parteilinie abgesetzt. Er wurde darüber hinaus auch ausgewiesen. Doch damit war die innerparteiliche Opposition keinesfalls ausgeschaltet. Vor allem in den Parteigliederungen der östlichen Saarstädte Neunkirchen und Homburg und auch in der Jugendorganisation wurde der Ruf nach Eingliederung des Saarlandes in die Bundesrepublik immer lauter. Ende 1950 kam es zu einem neuen Eklat, als der bisherige Fraktionsvorsitzende der SPS im Landtag, Karl Etienne, abgelöst wurde.

Das Bild einer mühsam aufrechterhaltenen Parteieinheit zerriß 1952 endgültig. Im März dieses Jahres beantragten sieben SPS-Mitglieder beim saarländischen Innenministerium die Zulassung einer neuen, der Deutschen Sozialdemokratischen Partei (DSP). Unter den Antragstellern befanden sich Fritz Wilhelm aus Neunkirchen, der vor 1935 den sozialdemokratischen „Schutzbund" im Kreis Ottweiler geleitet hatte und dann nach Frankreich emigriert war, Erich Neumann aus Wellesweiler, Vorsitzender der dortigen Ortsgruppe des IV Bergbau, und Karl Berg, der frühere Sekretär des Bergarbeiterverbandes in Homburg. Der Einfluß der SPS schwand für jeden sichtbar. Immer mehr

* Protokoll des zweiten ordentlichen Bundeskongresses des DGB in Berlin, 13. bis 17. Oktober 1952, Düsseldorf o. J., S. 52.

Austritte waren zu verzeichnen, darunter die des Landtagsabgeordneten Kurt Conrad aus Homburg und des Vorsitzenden der Sozialistischen Jugend, Friedrich Regitz aus Neunkirchen. Die Ortsvereine der Hüttenstadt spalteten sich Ende August 1952. Karl Etienne verlas im Verlauf einer Parteiveranstaltung eine Erklärung gegen den offiziellen Kurs der SPS und forderte zum Verlassen der Partei auf. Ein großer Teil der Anwesenden folgte seinem Ruf, darunter Hermann Henneicke, Karl Petri und der spätere Bevollmächtigte der IG Metall, Rudi Tschirner. Hermann Petri hingegen blieb dem Kurs der SPS treu und warf den Opponenten vor, einer „ferngesteuerten Politik" zu folgen.*

In ihrem Aktionsprogramm vom Mai 1952 postulierte die DSP, daß das Saarland keine nationale Eigenständigkeit habe, sondern Teil des deutschen Volkes sei. Sie forderte die Kündigung aller Vereinbarungen mit Frankreich, die nicht auf der Grundlage der Gleichberechtigung zustande gekommen waren. Zum Ersten Vorsitzenden wurde Kurt Conrad gewählt, der auch im Beirat der Einheitsgewerkschaft saß, zum Zweiten Vorsitzenden Friedrich Regitz. Jede legale Tätigkeit aber blieb der neuen Partei vorerst versagt, weil die Landesregierung ihre offizielle Zulassung verweigerte. So fanden die Landtagswahlen Ende November 1952, bei denen die DSP erstmals hatte kandidieren wollen, ohne ihre Beteiligung statt. Auf diese Wahlen kommen wir später zurück.

Mitbestimmung – zentrales Ziel der Einheitsgewerkschaft. (IG Metall Neunkirchen)

---

* Volksstimme Nr. 155 vom 15. September 1952.

Zu heftigen Auseinandersetzungen kam es auch in den Reihen des IV Metall. Am 1. Mai 1950 hatte eine Gruppe Demonstranten mit schwarz-rot-goldenen Fahnen an der gewerkschaftlichen Maikundgebung in Saarbrücken teilgenommen, um gegen die gerade vereinbarten Konventionen zu protestieren. Polizei war gegen diese Demonstranten eingeschritten, die Kundgebung endete schließlich in Tumulten. Dreizehn vermeintliche Rädelsführer wurden im September vor Gericht gestellt. Darunter befanden sich bekannte KPD-Funktionäre wie Fritz Bäsel, Walter Brückner, Heinz Merkel und Fritz Nickolay. Im Nachgang der Auseinandersetzungen vom 1. Mai schloß der Vorstand des IV Metall den bisherigen Zweiten Vorsitzenden Hans Pink, ebenfalls Mitglied der KPD, aus. Gegen diese Maßnahme erhoben sich Proteste vieler Mitglieder, denen der Vorstand mit weiteren Ausschlüssen begegnete.

Im Juni 1951 hatte der dritte Verbandstag des IV Metall über diese Vorgänge zu diskutieren, da Wiederaufnahmeanträge von Pink und einigen anderen vorlagen. Mit 92 zu 88 Stimmen ergab sich eine knappe Mehrheit für die Wiederaufnahme. Einige Delegierte forderten darüber hinaus, daß Pink wieder in den Vorstand zurückkehren müsse und schlugen ihn nacheinander für die Posten des Ersten und Zweiten Vorsitzenden sowie des Kassierers vor. Bei allen drei Wahlen erhielt er jeweils etwa ein Drittel der Stimmen und unterlag damit seinen Konkurrenten.* Zum Ersten Vorsitzenden anstelle des erkrankten Nikolaus Fliegler wurde Richard Rauch gewählt, zum Zweiten Vorsitzenden Jakob Geiß, zum Kassierer Heinrich Simon. Pink erhielt schließlich einen Beisitzerposten zugesprochen. Auf solchen finden wir auch Wilhelm Cullmann, mittlerweile wieder Betriebsratsvorsitzender beim Neunkircher Eisenwerk, und Friedel Bauer, den für die Hüttenstadt zuständigen Sekretär des IV Metall.

Vor dem Hintergrund der Landtagswahlen vom November 1952 ist das Vorgehen der saarländischen Regierung gegen den IV Bergbau und die Gruppe um Paul Kutsch zu sehen. Direkt nach der Rede Kutschs im Verlauf des Berliner DGB-Bundeskongresses mißbilligte der Vorstand der Einheitsgewerkschaft die dort vorgetragenen Positionen und warf ihm vor, den Boden der politischen Neutralität verlassen zu haben. Die Auseinandersetzungen spitzten sich jetzt weiter zu. Im Vorfeld der Landtagswahl rief der IV Bergbau zur Abgabe weißer Stimmzettel auf, um die Ablehnung der Regierungspolitik zum Ausdruck zu bringen. Wenige Tage vor dem Wahltermin entschloß sich die Saarregierung, die Verbandsspitze zu zerschlagen. Am 20. November besetzte eine Gruppe pro-französischer Gewerkschaftsfunktionäre mit Hilfe der Polizei das Gewerkschaftshaus in der Saarbrücker Brauerstraße. Alle Zugänge wurden abgeriegelt, ein Überfallkommando und ein Wasserwerfer standen zum Einsatz bereit.

Als Paul Kutsch, Aloys Schmitt und zwei weitere Vorstandsmitglieder ihre Büroräume betreten wollten, verwehrte man ihnen den Zutritt. Gegen Kutsch, Kurt Weyrich sowie Aloys und Paul Schmitt wurden Ausschlußverfahren eingeleitet. Zwei Tage später verlor Kutsch seine Funktion als Vorsitzender der

* Volksstimme Nr. 90 vom 19. Juni 1951.

Einheitsgewerkschaft, Richard Rauch vom IV Metall übernahm stattdessen die vorläufige Geschäftsführung. (Inmitten dieser Wirren fand übrigens am 21. November das Richtfest beim Neunkircher Volkshaus statt, das die Gewerkschaften mittlerweile wieder in Besitz genommen und umgebaut hatten.)

Die entmachtete Gewerkschaftsspitze zog sich nach Neunkirchen zurück, wo sie einen Großteil der örtlichen Funktionäre hinter sich wußte. Sie nahm ihren Sitz im dortigen Büro des IV Bergbau in der Bahnhofstraße. Wenige Tage nach der Aktion vom 20. November fand hier eine Sitzung des Hauptvorstandes des IV Bergbau statt, die gegen den Ausschluß des Vorsitzenden protestierte und ihm einstimmig das Vertrauen aussprach. Wenig später war eine außerordentliche Generalversammlung in der Hüttenstadt vorgesehen, zu der über 200 Delegierte anreisten. Die Landesregierung indes verbot die Durchführung, Polizeieinheiten besetzten den Saal und die Zufahrtstraßen. Viele Bergarbeiter forderten einen Proteststreik, konnten sich aber mit ihrem Vorschlag nicht durchsetzen. Die Mehrheit des alten Vorstandes vertraute auf eine beim Landgericht Saarbrücken eingereichte Klage. Zudem erschien die mögliche Wirkung eines Streiks zweifelhaft, da ohnehin Kurzarbeit angesetzt war.

Das Landgericht entschied am 20. Dezember 1952 tatsächlich im Sinne der abgesetzten Verbandsleitung. Kutsch wurde als Vorsitzender bestätigt, der alte Vorstand des IV Bergbau konnte seine politische und organisatorische Arbeit wieder aufnehmen. Der pro-französische Flügel spaltete sich daraufhin ab und konstituierte eine eigene Organisation, die Industriegewerkschaft (IG) Bergbau. Zum Vorsitzenden wurde der mittlerweile immerhin schon 69-jährige Hermann Petri gewählt, obwohl er als Leiter des Neunkircher Arbeitsamtes wenig direkte Fühlung mit den Bergarbeiterorganisationen hatte. Neben ihm sind als Aktivposten der IG Bergbau vor allem Sebastian Glöbel und Johann Dreher zu nennen.

Solidaritätserklärungen für die Neugründung trafen u. a. von den Industrieverbänden Eisenbahn, Metall, Öffentliche Betriebe und Verwaltung sowie Transport und Verkehr ein. Als Vertreter der Einheitsgewerkschaft und des IV Metall erklärte Richard Rauch, „die Krise der Einheitsgewerkschaft sei einzig und allein durch die Person Kutsch verursacht. Mit ihm sei kein Zusammenarbeiten auf anständiger Basis möglich, wie es sich in der Vergangenheit gezeigt habe."* In der Folgezeit gelang es der IG Bergbau freilich nicht, auch nur annähernd die Mitgliederstärke des IV Bergbau zu erreichen. Schon wenige Tage nach der Gründung aber wurde ihr von der Landesregierung die Tariffähigkeit zugesprochen. Verantwortlich dafür war das Ministerium für Arbeit und Wohlfahrt, das unter Leitung Richard Kirns stand.

Das Ergebnis der Landtagswahlen Ende November 1952 zeigt, daß die vom IV Bergbau repräsentierte Haltung durchaus über einigen Einfluß in der Bevölkerung verfügte. Knapp ein Viertel der Stimmzettel war entsprechend der Aufforderung des Verbandes ungültig gemacht worden. In Neunkirchen waren es

* Volksstimme Nr. 237 vom 22. Dezember 1952.

24,8 Prozent, in Wiebelskirchen knapp über 25 und in Ottweiler sogar fast 30 Prozent. Von den gültigen Stimmen entfielen 55 Prozent auf die CVP, 32 auf die SPS und zehn auf die KPD.* Trotz der absoluten Mehrheit für die CVP kam es wie schon 1947 zu einer Koalitionsregierung mit der SPS. Die profranzösischen Parteien waren zwar noch immer mit einer deutlichen Mehrheit ausgestattet, doch offenbarte sich gleichzeitig ein erheblicher Einfluß der Opposition.

Tabelle 8: Landtagswahlen 1947 und 1952 (in Prozent der Wahlberechtigten)

	1947	1952
CVP	44,2	38,5
SPS	28,3	22,8
KPD	7,2	6,7
Demokratische Partei Saar/ Demokratische Vereinigung	6,6	2,4
Ungültig	9,4	22,8

Quelle: Robert H. Schmidt, Saarpolitik 1945 bis 1957, Bd. 2: Entfaltung der Saarpolitik zwischen „Wirtschaftsanschluß" und „Europäisierung" 1945 bis 1953, Berlin 1960, S. 475.

Darin ist wohl auch der Grund zu sehen, daß sich die neue Landesregierung nicht mit dem Status quo abfand, sondern Anfang Februar 1953 die Auflösung des IV Bergbau verfügte. In der Begründung führte das Innenministerium an, die Verbandsgremien und vor allem Paul Kutsch hätten seit langem gegen die gesetzlich vorgeschriebene Aufgaben- und Betätigungsbegrenzung verstoßen, insbesondere mit der Forderung nach Wegfall der Konventionen. Weiter hieß es: „Es hat sich auch erwiesen, daß eine beträchtliche Anzahl von Funktionären und Mitgliedern des IV Bergbau Angehörige der im Saarland nicht registrierten KP sind und daß, wie Veröffentlichungen der ‚Neuen Zeit' bezeugen, die KPS innerhalb des IV Bergbau im Begriff ist, diesen Verband als Tarnorganisation auszubauen und als antidemokratisches und staatsfeindliches Kampfinstrument zu benutzen."** Anstelle des IV Bergbau wurde noch im Februar die IG Bergbau in die Einheitsgewerkschaft aufgenommen. Aus naheliegenden Gründen verbot der Vorstand der Einheitsgewerkschaft, bei den Kundgebungen zum 1. Mai politische Themen zu behandeln.

d) Vom IV zur IG Metall

Auch der IV Metall war immer deutlicher in zwei Lager gespalten. Dabei nahm der Verbandsvorsitzende Richard Rauch eine widersprüchliche Haltung ein. Wir haben gesehen, daß er die Gründung der IG Bergbau als pro-französischer Gegenorganisation zum IV Bergbau öffentlich guthieß und sich in diesem Zusammenhang polemisch von Paul Kutsch distanzierte. Andererseits war er es,

* Volksstimme Nr. 219 vom 1. Dezember 1952.

** Volksstimme Nr. 31 vom 6. Februar 1953.

der Ende Februar 1952 erste halboffizielle Kontakte zur bundesdeutschen IG Metall knüpfte und dabei eine völlig andere Einstellung bekundete.

Eine erste längere Unterredung fand in Kaiserslautern statt. Die Vertreter der IG Metall berichteten darüber an Walter Freitag, den damaligen Vorsitzenden der Metallgewerkschaft: „Der Kollege Rauch hat einen äußerst günstigen Eindruck gemacht und hat sich wirklich über das erste Wiedersehen seit 1930 gefreut. Rauch gab einen sachlichen Überblick über die Verhältnisse im Saargebiet, dabei hervorhebend, daß die saarländischen Metallarbeiter bisher allen Verlockungen und Bestrebungen, das Saargebiet wirtschaftlich nach Frankreich anzugliedern, widerstanden haben. Ihr Ziel ist, unter Beachtung aller notwendigen Maßnahmen mit der Zeit wieder den Zusammenschluß mit Deutschland und damit natürlich auch mit unserer Organisation zu finden."* Im Ergebnis dieses Treffens stand die Übereinkunft, die gegenseitigen Kontakte in Zukunft auszubauen. Dies sollte u. a. dadurch geschehen, daß Mitglieder des IV Metall an den Schulungsveranstaltungen der bundesdeutschen Organisation teilnehmen konnten.

Diese meist in der nahen Pfalz durchgeführten Bildungsveranstaltungen stärkten in der Folgezeit die ideologische Basis der Kräfte im IV Metall, die die Eingliederung ihrer Heimat in die Bundesrepublik forderten.

Zum vorläufigen Höhepunkt der Auseinandersetzungen in der saarländischen Metallgewerkschaft wurde die Generalversammlung Ende September 1953 in Rockershausen. Im Mittelpunkt der Kritik stand der von Rauch geführte Vorstand. Einige Diskussionsredner griffen noch einmal das Verhalten der Verbandsspitze im Konflikt um den IV Bergbau auf, am deutlichsten wurde ein Vertreter aus Sankt Ingbert. Er erklärte, Rauch habe Ende Dezember 1952 im Rahmen einer Konferenz in Sankt Ingbert erklärt, man müsse die Entwicklung im Bereich der Bergarbeitergewerkschaft abwarten. Nur drei Tage später sei er dann zur Gründungskonferenz der Spalterorganisation nach Sulzbach gegangen und habe dort eine Sympathieerklärung des IV Metall abgegeben.

Kritisiert wurde auch die weitgehende Erfolglosigkeit des Verbandes in sozialen Fragen. In seinem mündlichen Geschäftsbericht mußte Rauch eingestehen, daß in bezug auf die Hauptaufgaben (Lohn und Gehalt, Erholungsurlaub, Regelung des Krankengeldes, Hüttenknappschaft, Betriebsrätegesetz) bestenfalls unzureichende Teilerfolge erreicht worden waren. Viele Delegierte führten dies auf die zurückhaltende Strategie der Verbandsspitze zurück, die weitgehend auf die Vermeidung offener Konflikte hingearbeitet hatte. Walter Knetsch aus Wiebelskirchen merkte zum Betriebsrätegesetz an: „Es wurde einmal in einer Versammlung der Vorschlag gemacht, eine Demonstration zum Landtag zu machen. Die Sache ist eingeschlafen – oder man hat sie eingeschlä-

* Zentralarchiv der IG Metall: Ordner O-237, Verwaltungsstelle Saarbrücken, Industrieverband Metall/Saar.

fert. Man schämt sich bald, in den Betrieben den Leuten Antwort auf ihre Fragen zu geben."*

Der Betriebsratsvorsitzende der Firma Menesa, Leo Moser, machte für viele Versäumnisse die Fixierung der Verbandsführung auf die Politik der SPS verantwortlich: „Denn wenn man bedenkt, daß wir in der Vergangenheit bestrebt waren, unsere Wirtschaft für uns zu behalten, und wenn man dann das Verhalten des einen oder anderen Funktionärs des Verbandes beleuchtet, muß man sagen, daß hier ein doppelseitiges Spiel getrieben wurde. Es wurden draußen wunderbare Reden gehalten, aber in den Gremien, wo es darauf angekommen wäre, standhaft zu bleiben, hat man gestimmt, wie es die Disposition der Partei gerade vorgeschrieben hat."**

Der Versuch der Opposition, Richard Rauch als Vorsitzenden abzuwählen, scheiterte allerdings deutlich. Bei der Wahl zum Ersten Vorsitzenden erhielt Rauch 126 Stimmen, Leo Moser als Gegenkandidat nur 71. Dafür wurde Moser mit 107 Stimmen gegen Jakob Geiß zum Zweiten Vorsitzenden gewählt.*** Beisitzer des Vorstandes wurden u. a. Hans Pink, Wilhelm Cullmann und Walter Knetsch. Insgesamt waren die Kräfteverhältnisse zwischen den Flügeln des IV Metall offener denn je. Gleiches galt im Grunde auch für die Einheitsgewerkschaft, in der der IV Metall nach der Auflösung des IV Bergbau die wichtigste Einzelgewerkschaft war.

Auch am Rande der Rockershauser Generalversammlung spielte das repressive Verhalten der Landesregierung gegenüber der Opposition eine Rolle. Viele, die die enge Anlehnung des Reviers an Frankreich ablehnten, waren in der Vergangenheit einfach des Landes verwiesen worden. In einem Gespräch mit dem Neunkircher Delegierten Rudi Tschirner wandte sich auch Richard Rauch entschieden gegen eine solche Praxis. Nachträgliche Bedeutung erhielt die Unterredung wenige Monate später, als auch über Tschirner ein Aufenthaltsverbot verhängt wurde.

Tschirner war 1912 in Görlitz geboren und hatte dort den Beruf des Modelltischlers erlernt. Er organisierte sich in der Sozialistischen Arbeiterjugend, im freigewerkschaftlichen Holzarbeiterverband und in der Deutschen Friedensgesellschaft. Später schloß er sich auch der SPD an. Im Zuge der Weltwirtschaftskrise wurde er arbeitslos. Während einer Reise ins Saargebiet lernte er Anfang der dreißiger Jahre in Neunkirchen die Tochter des damaligen DMV-Ortsverwaltungsmitgliedes Peter Bonenberger, Maria, kennen. Sie heirateten 1940. Tschirner geriet dann gegen Ende des Krieges in jugoslawische Gefangenschaft. Nach seiner Entlassung ging er zurück nach Neunkirchen und fand bei der Gießerei Werle in Ottweiler Arbeit. Er trat der SPS und dem IV Metall bei, schloß sich aber schon bald der Opposition gegen die offizielle Linie der

* Ebd.

** Ebd.

*** Ebd.

SPS an. 1952 gehörte er zu den Neunkircher Sozialdemokraten, die dem Aufruf Karl Etiennes folgten und mit der SPS brachen. Im gleichen Jahr stellte er einen Antrag auf Erwerb der saarländischen Staatsbürgerschaft.

Von diesem Antrag hörte Tschirner monatelang nichts mehr. Ende Februar 1953 erhielt er dann Besuch von einem Beamten der Landeskriminalpolizei. Dieser befragte ihn nach seiner Bekanntschaft mit Kurt Conrad und Friedrich Regitz, den beiden Vorsitzenden der illegalen DSP, und forderte ihn auf, für die Kriminalpolizei Berichte über die Arbeit der Opposition anzufertigen. Als Gegenleistung versprach er materielle Hilfen. Tschirner erklärte sich freilich außerstande, die geforderten Spitzeldienste zu verrichten. Daraufhin entgegnete ihm der Beamte, seine Haltung sei zu unsicher, um den Antrag auf Erwerb der Staatsbürgerschaft von seiten der Polizei zu befürworten.

Ende Januar 1954 wurde Tschirner das Aufenthaltsverbot zugestellt. Darin wurde er aufgefordert, das Saarland innerhalb von acht Tagen zu verlassen. Ein gegen diese Maßnahme eingelegter Einspruch wurde im Juli 1954 zurückgewiesen. Darauf erhob sich breiter Protest. Der in Berlin tagende SPD-Parteitag thematisierte die politische Unterdrückung an der Saar und schickte ein Solidaritätstelegramm an Tschirner. Auch der IV Metall meldete Protest gegen die Maßregelung seines Funktionärs an. Die KPD schrieb in ihrer Parteizeitung: „Kollege Tschirner wurde auf der letzten Versammlung des IV Metall in Neunkirchen zum Schriftführer gewählt. Mit ihm wurden nur fortschrittliche Kollegen gewählt, so daß zu hoffen ist, daß der Bezirk Neunkirchen endlich eine aktive Leitung im IV Metall erhält. Sollte nicht auch gerade die Wahl des Kollegen Tschirner ein Grund zu seiner Ausweisung gewesen sein? Gegen die Ausweisung müssen alle demokratisch gesinnten Menschen schärfsten Protest erheben."* Angesichts der öffentlichen Proteste wurde Tschirner schließlich ins Innenministerium bestellt. Dort eröffnete ihm ein Beamter, das Aufenthaltsverbot würde zurückgenommen, wenn er sich schriftlich verpflichte, nicht länger politisch zu arbeiten. Nachdem er diese Erklärung unterschrieben hatte, zog das Ministerium die Ausweisung zurück.

Im Herbst 1954 verhandelten Bundeskanzler Adenauer und der französische Ministerpräsident Mendès-France über die Zukunft des Saarlandes. Sie einigten sich darauf, einen europäisierten Status vorzuschlagen, über dessen Annahme eine Volksabstimmung entscheiden sollte. Demnach sollte ein europäischer Kommissar die Außen- und Verteidigungspolitik sowie die Vertretung gegenüber den internationalen Institutionen übernehmen, während die Landesregierung für die übrigen Politikbereiche zuständig bleiben würde. Wirtschaftlich war die Aufrechterhaltung der engen Beziehungen zu Frankreich vorgesehen, daneben aber planten Adenauer und Mendès-France, ähnlich intensive Beziehungen zwischen dem Saarland und der Bundesrepublik zu entwickeln. Innenpolitisch sollten die Meinungsfreiheit wieder hergestellt und

* Neue Zeit Nr. 60 vom 27. Juli 1954.

alle Parteien zugelassen werden, die sich auf den Boden des Statuts stellten.

Noch vor der geplanten Volksabstimmung traten die Hütten- und Metallarbeiter im Februar 1955 in einen Streik, der sich in seinem Verlauf unmißverständlich gegen die Politik der Regierungsparteien richtete. Äußerer Anlaß war eine Forderung des IV Metall vom Juli 1953, die Löhne um fünfzehn Prozent anzuheben. Trotz hoher Gewinne der Unternehmen und steigender Lebenshaltungskosten hatten die Metallindustriellen die Erfüllung dieser Forderung jedoch stets verweigert. Sie konnten dabei auf eine Bestimmung der Wirtschaftskonvention von 1950 verweisen, derzufolge die Löhne im Saarland nicht fühlbar von denen in Frankreich abweichen durften. Schließlich legten sie ein eigenes Angebot vor, das aus gewerkschaftlicher Sicht völlig unakzeptabel war. Bei konsequenter Interpretation hätte es für einzelne Beschäftigtengruppen sogar Lohneinbußen bedeutet. Der IV Metall und die christliche Gewerkschaft lehnten das Angebot daher ab, bildeten einen gemeinsamen Ausschuß und riefen zur Urabstimmung auf.

Eine überwältigende Mehrheit der Abstimmungsberechtigten stimmte für den Streik. Bei der Burbacher Hütte z. B. ergab sich eine Mehrheit von 97,3 Prozent, bei der Völklinger Hütte von 97,7 Prozent und im Neunkircher Eisenwerk waren es sogar 98,6 Prozent.* Am Montag, dem 21. Februar 1955, ruhte die Arbeit. Vor den Toren des Neunkircher Eisenwerks zogen die Streikposten nach einiger Zeit wieder ab, weil sich kaum ein Arbeitswilliger Einlaß zu verschaffen suchte. Eine von den Angestellten der Hütte geplante Versammlung, in deren Verlauf über eine mögliche Beteiligung am Streik entschieden werden sollte, wurde indes von der Direktion verboten.

An den anderen Industriestandorten boten sich ähnliche Bilder. Die fast geschlossene Beteiligung der Metallarbeiter am Streik überraschte selbst die Gewerkschaftsgremien. Dann aber beauftragte die Regierung den Landesschlichter damit, einen Schiedsspruch auszuarbeiten. Dessen Entscheid beinhaltete nur geringe Lohnaufbesserungen: Die Akkordsätze in den Hüttenwerken sollten um vier Prozent erhöht werden, die Akkordlöhne in der metallverarbeitenden Industrie um drei Prozent, die Angestelltengehälter um fünf Prozent.** Dieser Spruch wurde umgehend für verbindlich erklärt und die Weiterführung des Streiks damit illegalisiert. Die christliche Gewerkschaft erklärte den Ausstand daraufhin für beendet, der gemeinsame Ausschuß mit den Vertretern des IV Metall löste sich auf. Auch die IV Metall-Spitze rief dazu auf, die Arbeit trotz des empörenden Schiedsspruchs wieder aufzunehmen.

Die Mitglieder folgten der Aufforderung ihrer Leitung nicht. Sie waren in mehrerlei Hinsicht aufgebracht: über die kompromißlose Haltung der Unternehmer und der Landesregierung, über die Fernwirkung der Wirtschaftskonvention, über den Streikbruch der christlichen Organisation und nicht zuletzt

---

* Volksstimme Nr. 42 vom 19. Februar 1955.

** Volksstimme Nr. 46 vom 24. Februar 1955.

auch über den Versuch der eigenen Verbandsführung, den Kampf an dieser Stelle zu beenden. Am 24. Februar waren die Zentren des Reviers Schauplatz von Massendemonstrationen, die sich im wesentlichen gegen die Regierung Hoffmann wandten. In Saarbrücken ging die Polizei mit Wasserwerfern, Tränengas und Gummiknüppeln gegen die Arbeiter vor. Dagegen blieb es in Neunkirchen vergleichsweise friedlich. Hier demonstrierten über 2 500 Menschen durch die Wellesweilerstraße, den Hüttenberg hinauf zum Oberen Markt und zurück zum Stumm-Denkmal. Eine geplante Kundgebung in der Gaststätte Müller (Wellesweilerstraße) war von der Regierung verboten worden.

Maikundgebung 1955 im Zeichen des vorangegangenen Metallarbeiterstreiks.
(IG Metall Neunkirchen)

Den Vorständen der Einheitsgewerkschaft und des IV Metall drohte das Geschehen aus den Händen zu gleiten. Beide Gremien betrachteten die jüngsten Ereignisse mit gemischten Gefühlen, hatte sich doch eine politische Eigendynamik entfaltet, die sich auch gegen die Politik der Einheitsgewerkschaft richtete. Der Gewerkschaftsausschuß beschloß, für den folgenden Tag zum Generalstreik aufzurufen. An diesem Tag ruhte überall die Arbeit. Erneut demonstrierten mehrere tausend Hütten-, Metall- und Bergarbeiter auf den Straßen Neunkirchens. Im restlos überfüllten Bergmannsheim wurde eine Kundgebung durchgeführt. Offizieller Redner der Einheitsgewerkschaft war Otto Körner, der sich 1952/53 an führender Stelle an der Zerschlagung des IV Bergbau beteiligt hatte.

Am Abend dieses Tages erneuerte Richard Rauch in einer Radioansprache den Aufruf zur Wiederaufnahme der Arbeit. Die Kampfmaßnahmen wurden nun nach und nach eingestellt. Mit der Forderung nach dem Rücktritt der Regierung Hoffmann aber hatte die Mehrzahl der Metallarbeiter den festen Willen bekundet, die bisherigen Bindungen an Frankreich zu lösen. Auch eine weitere Erhöhung ihrer Löhne im August 1955 konnte daran nichts mehr ändern.

Der Wahlkampf für die Volksabstimmung begann offiziell am 23. Juli 1955, drei Monate vor der Abstimmung selbst. Nun wurden auch die Parteien offiziell zugelassen, die für die Eingliederung des Saarlandes in die Bundesrepublik eintraten: die CDU, die DSP und die Demokratische Partei Saar (DPS). Ungeachtet aller politischen und ideologischen Unterschiede schlossen sie sich Anfang September zum „Deutschen Heimatbund" zusammen. Auch der alte IV Bergbau mit Paul Kutsch an der Spitze konnte jetzt wieder legal arbeiten. Sofort griff die „Volksstimme" zur altbewährten Form der Auseinandersetzung und wies darauf hin, daß bei der Wiedergründung der Bergarbeitergewerkschaft „führende Männer der Kommunistischen Partei" (Alois Körner, Josef Born, Willi Pfleger, Thomas Motzek) mitarbeiteten.*

Nichtsdestotrotz traten leitende Funktionäre der anderen Bergarbeiterorganisation bald darauf zum alten Verband über, so der Zweite Vorsitzende Karl Wittling und der Illinger Verbandssekretär Lauter. Anfang September wechselte der gesamte aktive Stamm der Neunkircher Ortsgruppen in die gleiche Richtung. Bereits im Sommer hatte sich Richard Rauch gegen das Saarstatut gestellt und war aus der SPS-Landtagsfraktion ausgeschieden. Die oppositionellen Gewerkschafter konstituierten sich landesweit im DGB Saar, als dessen offizieller Gründungstermin der 18. Oktober 1955 gilt. Den ersten Vorstand bildeten Ernst Wentz, Horst Schmidt, Peter Schwarz, Kurt Brabender, Helmut Steuer, Friedrich Fiedler, Jakob Zilch und Rainer Simon. Ein von ihnen unterzeichneter Aufruf forderte: „Arbeiter, Angestellte, Beamte, sagt am 23. Oktober zum Saarstatut nein. Weil wir im DGB Saar mithelfen wollen, die Wiedervereinigung Deutschlands zu verwirklichen, weil das Statut und der Wirtschaftsvertrag vom 3. Mai 1955 die Fortsetzung der wirtschaftlichen Ausbeutung der Saar bedeuten, weil wir dem Separatismus und dem jetzigen gewerkschaftsfeindlichen Regime an der Saar ein Ende bereiten wollen, weil wir Deutsche in Deutschland bleiben und an der deutschen Wirtschaftsentwicklung teilhaben wollen."**

Die Abstimmung brachte eine klare Mehrheit gegen das Statut und damit de facto für die Eingliederung in die Bundesrepublik. Insgesamt stimmten 423 434 Saarländer für diesen Schritt, 212 937 dagegen. Noch deutlicher war das Ergebnis im Kreis Ottweiler (69 256 gegen 30 619) und in Wiebelskirchen

* Volksstimme Nr. 194 vom 23. August 1955.

** Stadtarchiv Neunkirchen: Urkunden von Neunkirchen, B 299, Saarstatut (eur.) 1955.

(5 385 gegen 1 707), etwas knapper in Neunkirchen (18 790 gegen 10 120).* Am 18. Dezember bestätigte die Bevölkerung ihr Votum bei den Neuwahlen zum Landtag. CVP und SPS erlitten eine deutliche Niederlage. Gleiches gilt aber auch für die Arbeiterparteien. Die „deutsche Euphorie" dieser Wochen erwies sich für sie als Bumerang. Die CDU erhielt vierzehn Mandate, die CVP dreizehn, die DPS zwölf, KPD und SPS jeweils zwei, die SPD sieben.** Neuer Ministerpräsident wurde Hubert Ney (CDU), Kurt Conrad übernahm das Arbeitsministerium.

Nach der Abstimmung vereinigte sich die zersplitterte Gewerkschaftsbewegung. Anfang November trat der IV Metall von der Einheitsgewerkschaft zum DGB Saar über, wenige Wochen später folgte die Einigung der beiden Dachorganisationen, im Dezember die der Bergarbeiterverbände. Dann folgte der Anschluß der saarländischen Gewerkschaften an die bundesdeutschen.

Am 4. November 1956 beschloß eine außerordentliche Generalversammlung der saarländischen Metallarbeiterorganisation in Sankt Ingbert den Anschluß an die von Otto Brenner geführte IG Metall. Im Verlauf dieser Versammlung sprach Brenner noch einmal die Entwicklung seit 1945 an und rief zur Überwindung alter Gegensätze auf: „Die Unterdrückung der demokratischen Freiheiten, die Beschneidung und Beschränkung des Koalitionsrechts, die Ausnahmegesetzgebungen, die Korruptionen und Bespitzelungen, der Versuch, mit Zuckerbrot und Peitsche die Menschen zu beherrschen und zu verwirren – all das habt Ihr tagtäglich am eigenen Leibe verspürt. Die wenigen Menschen, die in den schlimmsten Jahren die Erkenntnis hatten, daß es so nicht weitergehen könne, und die den Mut aufbrachten, dagegen anzukämpfen, wurden verfolgt und verleumdet. All das gehört hoffentlich für immer der Vergangenheit an. Viele waren verwirrt, viele haben geirrt, auch das soll der Vergangenheit angehören! Wir wollen nicht neue Wunden aufreißen, sondern jedem ehrlich die Hand geben, der heute zur kollegialen Mitarbeit bereit ist."***

Saarbrücken wurde Sitz der neuen Verwaltungsstelle, Zahlstellen entstanden in Dillingen, Homburg, Neunkirchen, Sankt Ingbert und Völklingen. Verbunden mit der Neuorganisation war ein umfassender Personalaustausch. Zwar wurde Richard Rauch Erster Bevollmächtigter, doch schieden Jakob Geiß, Friedel Bauer, Jakob Ritz und Christian Wagner aus dem Dienst der Metallgewerkschaft aus. Neu hinzu kamen u. a. Albrecht Herold und Rudi Tschirner, der für die Zahlstelle Neunkirchen verantwortlich wurde. Dort war mittlerweile auch Wilhelm Cullmann als Betriebsratsvorsitzender des Eisenwerks ausgeschieden. Er fand im Betrieb als überzeugter SPS-Mann keine Basis mehr für seine Politik. Sein Nachfolger wurde Erich Pontius, ein gelernter Schweis-

* Daten nach Volksstimme Nr. 247 vom 24. Oktober 1955.

** Volksstimme Nr. 293 vom 19. Dezember 1955.

*** Zentralarchiv der IG Metall: Ordner O-237, Verwaltungsstelle Saarbrücken, Industrieverband Metall/Saar.

ser. Während viele der neuen Funktionäre der IG Metall erst nach 1945 Gewerkschaftsmitglieder geworden waren, gehörte Pontius noch einer anderen Generation der Arbeiterbewegung an, er war dem damaligen DMV schon 1922 beigetreten.

e) Der „Tag X"

Die mit der Ablehnung des Saarstatuts eingetretene Situation machte neue Vereinbarungen zwischen Frankreich und der Bundesrepublik erforderlich. Beide Seiten kamen im Oktober 1956 überein, das Saarland in zwei Etappen in die Bundesrepublik einzugliedern. Auf dieser Grundlage erfolgte am 1. Januar 1957 die politische Eingliederung, am 5. Juli 1959 die wirtschaftliche, von der Saarbevölkerung als „Tag X" lange ersehnt.

Mit diesem Schritt hing ein ganzes Bündel neuer Probleme zusammen. Frankreich hatte seit dem Zweiten Weltkrieg eine Reihe sozialer Regelungen an der Saar eingeführt, die jetzt in Frage gestellt waren. Dazu zählten u. a. das Rentenalter von sechzig Jahren, eine Witwenrente in voller Höhe der Rente des Mannes, eine Kranken- und Rentenversicherung mit geringen Beitragszahlungen und vergleichsweise hohen Leistungen sowie ein ohne Befristung gezahltes Arbeitslosengeld. Darüber hinaus hatte vor allem das französische Lohnsystem dazu beigetragen, daß viele Saarländer materiell besser gestellt waren als ihre bundesdeutschen Kollegen. Mindestlöhne garantierten ein gewisses Existenzminimum, aus der Familienzulagenkasse wurden Lohnzulagen für Ehepartner und Kinder gewährt. Auch die Überstundenzuschläge waren in vielen Branchen höher als in der Bundesrepublik: 25 Prozent ab der 41. Stunde, 50 Prozent ab der 48. Stunde und 100 Prozent für Feiertage.

So war es eine der Hauptaufgaben des DGB Saar und seiner Einzelgewerkschaften, den sozialen Besitzstand zu sichern. Wenige Wochen vor dem „Tag X" erklärten die Delegierten der Bezirkskonferenz der IG Metall in Saarbrücken: „Die Delegierten der neunten Bezirkskonferenz der IG Metall, Bezirk Frankfurt/M., in Saarbrücken erklären sich solidarisch mit allen Arbeitnehmern der Saar und fordern, daß die wirtschaftliche und soziale Rückgliederung des Saarlandes den Arbeitnehmern keine Nachteile bringen darf. Sie unterstützen ihren Kampf um die Wahrung der wohlerworbenen Rechte aufgrund der an der Saar geltenden arbeits- und sozialrechtlichen Gesetze."*

Als es dann aber nach dem Vollzug der Eingliederung Bilanz zu ziehen galt, machte sich Ernüchterung breit. Bundesregierung und Unternehmer hatten wenig Neigung gezeigt, das bisherige soziale Niveau im neuen Bundesland beizubehalten. Zwar konnte gegen den Willen des Bundesarbeitsministeriums der Erhalt der hüttenknappschaftlichen Pensionskasse durchgesetzt werden, doch angefangen mit der Heraufsetzung des Rentenalters waren im wesentlichen soziale Rückschritte zu verzeichnen. Einer Schätzung der „Frankfurter Allgemeinen

* Zentralarchiv der IG Metall: Ordner O-200, Bezirk Frankfurt 1950 bis 1959.

Zeitung“ zufolge sollen sich die materiellen Einbußen auf zehn bis zwanzig Prozent des bisherigen Lebensstandards belaufen haben.* Gesetzlich geregelte Lohnzulagen und Überstundenzuschläge wurden abgebaut. Gewerkschaften und Arbeitgeberverbände einigten sich zwar im Frühjahr und Sommer 1959 auf relativ hohe Tariflöhne, doch lagen die Effektivlöhne den Angaben des Statistischen Amtes zufolge um zehn bis fünfzehn Prozent unter denen Nordrhein-Westfalens.** Dies entsprach in etwa dem traditionellen Gefälle, das beide Regionen schon vor dem Zweiten Weltkrieg getrennt hatte.

Die niedrigen Effektiveinkommen gingen nicht allein auf den Abbau der Lohnzulagen und anderer Sozialleistungen zurück, sondern auch auf sprunghafte Preissteigerungen. Die Tage rund um den „Tag X“ bildeten den Höhepunkt dieser Entwicklung, die Händler nutzten die Umstellung der Währung zur Festsetzung von Phantasiepreisen. Dagegen protestierten die Gewerkschaften am 9. Juli 1959 mit einem einstündigen Proteststreik. Zwar wurden viele Preise jetzt nach unten korrigiert, unter dem Strich aber blieb eine erhebliche Verteuerung der Güter des täglichen Bedarfs. Gleichzeitig flossen den Unternehmern großzügige Steuerhilfen und Subventionen zu, die mit dem Deckmantel der „Sicherung der Konkurrenzfähigkeit“ versehen wurden. Die Funktionärszeitschrift der IG Metall beschrieb die Stimmung der Betroffenen Ende 1959: „Gerade wegen dieser weitgehenden wirtschaftlichen Hilfe und der Aufgeschlossenheit des Bundesfinanzministeriums für die Interessen der unternehmerischen Wirtschaft ist der Arbeitnehmer um so enttäuschter über das harte ‚Nein‘ der Bundesregierung und des Bundesarbeitsministers Blank gegenüber seinen sozialpolitischen Forderungen. Der Arbeitnehmer hat den Eindruck, die Rückgliederungszeche bezahlt zu haben. Dieser Eindruck ist um so stärker, als die drei Jahre Übergangszeit den saarländischen Arbeitgebern volle Auftragsbücher und hohe Gewinneinkommen, den Arbeitnehmern aber die zweimalige Abwertung des Franken und hinter der Inflationspreiswelle herhinkende Löhne brachten. Die Trommeln nationaler Gefühlswallungen sind verstummt. Der Saarländer ist nüchtern geworden.“***

Andererseits darf nicht übersehen werden, daß die Arbeiterbewegung an der Saar nun an den bisherigen Errungenschaften der bundesdeutschen Organisationen teilhaben konnte. In diesem Zusammenhang ist die relative Freizügigkeit der politischen Opposition zu nennen, wenngleich nicht vergessen werden darf, daß nach der politischen Angliederung auch die KPD an der Saar in die Illegalität getrieben wurde. Mit Blick auf den Metallarbeiterstreik von 1955 ist weiter die in der Bundesrepublik geltende Tarifautonomie anzumerken. Ebenso begrüßten die saarländischen Gewerkschaften das Inkrafttreten des bundes-

* Hermann Kotthoff/Peter Ochs: Mitbestimmung an der Saar. Sozialgeschichte der Mitbestimmung in den Saarhütten und im Saarbergbau, Köln 1988, S. 41.

** Der Gewerkschafter Nr. 12/1959, S. 11.

*** Ebd., S. 12.

deutschen Betriebsverfassungsgesetzes. Trotz seiner beschränkten Mitbestimmungsmöglichkeiten und seiner sozialpartnerschaftlichen Grundkonzeption war es seit Jahren Ziel der Einheitsgewerkschaft gewesen, ein ähnliches Regelungswerk durchzusetzen.

Schließlich ist auch das Montanmitbestimmungsgesetz zu nennen, das die bundesdeutschen Arbeiter 1951 nach langem und erbittertem Kampf hatten durchsetzen können. Im Grunde genommen war es das einzige Teilelement aller Pläne zur Neuordnung der Wirtschaft, das nach 1945 Wirklichkeit geworden war, wenn auch beschränkt auf zwei Sektoren. Jetzt wurde sein Geltungsbereich auf die Hütten und Gruben an der Saar ausgeweitet. Im Aufsichtsrat des Neunkircher Eisenwerks, dessen Sequesterverwaltung Ende 1955 aufgehoben worden war, saßen nun der stellvertretende DGB-Bundesvorsitzende Bernhard Tacke und Fritz Strothmann vom geschäftsführenden Vorstand der IG Metall namhaften Kapitalvertretern wie Hermann-Josef Abs und Otto Wolff von Amerongen gegenüber. In Völklingen wurde der Bezirksleiter der IG Metall, Hans Eick, zum stellvertretenden Vorsitzenden des Aufsichtsrates gewählt.

Abschließend einige Anmerkungen zur Entwicklung der saarländischen IG Metall. Zwischen 1957 und 1960 stagnierte die Gesamtentwicklung der Mitgliederzahlen: 1957 zählte man 26969 Mitglieder, vier Jahre später 26862. In den dazwischen liegenden Jahren hatte die Verwaltungsstelle mit 29526 (1958) und 29412 (1959) deutlich höhere Zahlen aufzuweisen.* Bei den Betriebsratswahlen 1957 zeigte sich eine klare Vormachtstellung der IG Metall: Von den bis Mitte November insgesamt gewählten 662 Betriebsräten stellte sie 563, also etwa 85 Prozent. In der weiterverarbeitenden Metallindustrie Neunkirchens waren von insgesamt 36 Betriebsräten allein 33 Mitglied der IG Metall. Relativ deutlich auch das Ergebnis im Neunkircher Eisenwerk, wo die IG Metall 18 von 23 Mandaten erhielt. Ähnliche Resultate waren in den anderen Stahlwerken zu verzeichnen: Auf der Halberger Hütte waren 13 von 17 Betriebsräten in der IG Metall organisiert, auf der Dillinger und der Burbacher Hütte jeweils 15 von 21, bei Röchling 17 von 25.** Vier Jahre später freilich waren deutliche Positionsgewinne der christlichen Gewerkschaft zu verzeichnen. Sie stellte nun sieben Betriebsräte im Neunkircher Eisenwerk gegenüber sechzehn der IG Metall und zwei der DAG.*** In anderen Betrieben gab es ähnliche Verschiebungen.

Richard Rauch schied 1959 als Erster Bevollmächtigter aus und wurde Sozialreferent bei der Burbacher Hütte. Sein Nachfolger wurde Leo Moser, der ehemalige Betriebsratsvorsitzende der Menesa. Er übte dieses Amt aber nur ein Jahr aus und wurde dann zum Vorsitzenden des DGB-Landesbezirks Saar gewählt. Mit seiner Nachfolge in der Verwaltungsstelle Saarbrücken wurde Al-

* Geschäftsberichte 1956/57, 1958/59 und 1960/61 des Vorstandes der IG Metall.

** Zentralarchiv der IG Metall: Ordner Betriebsratswahlen 1959, A 09.

*** Ebd.: Betriebsratswahlen 1961, Ordner V.

brecht Herold betraut, der wie Moser schon in der Zeit des IV Metall zu den heftigsten Kritikern der offiziellen Verbandspolitik gezählt hatte.

f) Neue Strukturen – alte Aufgaben

Herold wurde zunächst nicht zum Bevollmächtigten gewählt, sondern lediglich mit der kommissarischen Geschäftsführung beauftragt. Anlaß für diese Zwischenlösung war die geplante Umstrukturierung der saarländischen Metallgewerkschaft. 1961 entstanden vier eigenständige Verwaltungsstellen in Homburg, Neunkirchen, Völklingen-Dillingen und Saarbrücken-Sankt Ingbert. Herold bemerkte dazu in Neunkirchen: „Diese Form der Organisation bestand bereits vor 1935 und hat sich gut bewährt. Den Verwaltungsstellen wird es obliegen, wieder die Ortsgruppentätigkeit zu beleben, um so neue Impulse für das gesamte gewerkschaftliche Wirken zu erhalten."*

Erster Bevollmächtigter in Neunkirchen wurde der bisherige Zahlstellensekretär Rudi Tschirner, Zweiter Bevollmächtigter Erich Schabel vom Neunkircher Eisenwerk. Die noch immer beherrschende Stellung des Hüttenwerks kam in der Besetzung der weiteren Ortsverwaltung zum Ausdruck, in die allein acht Vertreter dieses Betriebes gewählt wurden: Erich Pontius, Robert Schaufert, Josef Müller, Hans Gregorius, Hans Becker, Manfred Kotterbach, Maria Müller und Willi Bautz. Nur drei Mitglieder kamen aus dem Bereich der weiterverarbeitenden Industrie: Philipp Dony und Ottilie Becker von der Firma Menesa sowie Oskar Bretzius (Grubenausbau). Erster Bevollmächtigter in Saarbrücken wurde Albrecht Herold, in Völklingen Mathias Masseling, in Homburg Alfred Kühn.

Gemessen an der Mitgliederzahl war Saarbrücken 1961 mit 9 225 die größte der Saar-Verwaltungsstellen, dahinter folgten Homburg mit 7 759, Völklingen mit 5 970 und schließlich Neunkirchen mit 4 070.** Hier kamen allein 3 500 Mitglieder aus dem Neunkircher Eisenwerk, das einen Organisationsgrad von 37,2 Prozent aufwies. Die Vergleichszahlen der anderen Hüttenwerke lagen noch niedriger: 16,7 Prozent auf der Burbacher Hütte, 26,3 Prozent auf der Dillinger Hütte und 25,8 Prozent in Völklingen.***

Das Saarland hatte inzwischen Anschluß an die bundesdeutsche Wirtschaftsentwicklung gefunden, die noch immer als „Wirtschaftswunder" gefeiert wurde. Diese Entwicklung hielt bis Mitte der sechziger Jahre an, wenngleich sich die Wachstumsraten der Wirtschaft deutlich abschwächten. Parallel aber zeigten sich erste strukturelle Probleme. Der Bergbau hatte mit erheblichen Absatzproblemen zu kämpfen, die sich in den sechziger Jahren zu einer ausgemachten Strukturkrise entwickelten. Die Saarbergwerke AG, die am 1. Oktober 1957 die Saargruben übernommen hatte, griff zur üblichen Form ka-

---

* Saarbrücker Zeitung Nr. 44 vom 21. Februar 1961.

** Geschäftsbericht 1960/61 des Vorstandes der IG Metall.

*** Zentralarchiv der IG Metall: Betriebsratswahl 1961, Ordner V.

pitalistischer Krisenbewältigung: Drosselung der Produktion, Zusammenlegung und Stillegung von Gruben, Kurzarbeit, Entlassungen. Allein zwischen 1957 und 1964 sank die Zahl der Beschäftigten von 65 000 auf 40 000, im Dezember 1978 waren es nur noch 21 520.*

Die beiden Bevollmächtigten der IG Metall Neunkirchen ab 1961: Rudi Tschirner (links) und Erich Schnabel. (IG Metall Neunkirchen)

Die Entwicklung der Stahlindustrie verlief dagegen in den sechziger Jahren durchaus zufriedenstellend. Die Saarhütten investierten allein zwischen 1960 und 1969 etwa 1,4 Milliarden DM. Mit rund 43 000 Beschäftigten erreichten sie im Jahr 1965 den höchsten Beschäftigungsstand.** 1969 beteiligten sich die Neunkircher Hüttenarbeiter an den Septemberstreiks, einer Welle spontaner Arbeitsniederlegungen mit dem Ziel deutlicher Lohnnachschläge. Unter dem Eindruck, daß 1966/67 die erste Wirtschaftskrise seit Gründung der Bundesrepublik dem „Wirtschaftswunder" ein Ende gesetzt hatte, waren nur mäßige Lohnerhöhungen vereinbart worden. Seitdem aber stiegen die Gewinne vieler Unternehmen z. T. sprunghaft an. Der Streik in Neunkirchen dauerte vom 4. bis 8. September und endete mit einer Erhöhung der Stundenlöhne um fünfzig Pfennig, wie es die Arbeiter gefordert hatten.

Mitte der siebziger Jahre setzte dann auch im Bereich der Stahlindustrie eine strukturelle Krise ein, in deren Folge ein massiver Beschäftigungsabbau durchgesetzt wurde. Die Stumm-Gruppe, die nach wie vor fünfzig Prozent des Aktienkapitals am Neunkircher Eisenwerk hielt, ging in Konkurs. Die Otto

* Wirtschaftsgeographie des Saarlandes. Ein Beitrag zur Landeskunde, hrsg. von Karl Mathias, Saarbrücken 1980, S. 132 ff.

** Ebd., S. 183 ff.

Wolff AG, seit mittlerweile einem halben Jahrhundert Besitzer der anderen fünfzig Prozent des Aktienkapitals, verzichtete auf ihre Option zur Übernahme der Stummschen Anteile. Dem traditionsreichen Neunkircher Eisenwerk drohte die Stillegung. Die gewerkschaftlichen Konzepte zum Erhalt der Arbeitsplätze konnten nicht durchgesetzt werden. 1978 übernahm der ARBED-Konzern das Werk. Im Rahmen einer massiven Rationalisierung der gesamten saarländischen Stahlindustrie wurde die Zahl der Arbeitsplätze in Neunkirchen auf nur noch etwa tausend (Februar 1989) gesenkt.*

Damit bewahrheitete sich aufs neue eine Feststellung, die Otto Brenner 1958, also inmitten des „Wirtschaftswunders" traf: „Geblieben ist nicht nur die abhängige Lage der Arbeitnehmer, ihr bescheidener Anteil am Sozialprodukt, ihre allgemeine Existenzunsicherheit. Geblieben und gewachsen sind vor allem Macht und Einfluß der Unternehmer, die Riesengewinne der Wirtschaft, ihre Finanzierung und Ausdehnung auf Kosten der Verbraucher und der arbeitenden Schichten. Mit einem Wort: Geblieben ist die Klassengesellschaft."**

---

* Statistik der IG Metall Neunkirchen.

** Protokoll des fünften ordentlichen Gewerkschaftstages der IG Metall in Nürnberg 1958, S. 204.

Tabelle 9: Mitgliederentwicklung der IG Metall an der Saar 1957 bis 1988

Jahr	Homburg	Neunkirchen	Saarbrücken	Völklingen
1957			26969	
1958			29526	
1959			29412	
1960			26826	
1961	7759	4070	9225	5970
1962	8017	4393	10257	6363
1963	8030	4619	10754	7250
1964	8264	4397	11087	7691
1965	9220	4602	11908	8730
1966	9507	5199	12515	9907
1967	8939	5455	11872	10320
1968	9376	5633	11567	10430
1969	10259	6415	13253	11534
1970	11003	7062	15393	14336
1971	11380	8061	16452	16728
1972	11510	8536	17964	17719
1973	12508	9282	19363	19191
1974	13866	9757	20662	20746
1975	13659	9971	21237	22363
1976	14015	10238	21594	24758
1977	14154	10358	21631	26342
1978	14467	10171	21287	27069
1979	14237	10335	20617	27253
1980	15142	10633	20408	28409
1981	15418	10529	20213	28651
1982	15291	10429	19648	28327
1983	15061	10050	19291	27879
1984	15398	9679	18816	27661
1985	16051	9628	19036	28327
1986	16280	9828	19113	28218
1987	16279	9800	19474	28445
1988	16891	9710	19842	28886

Quelle: Geschäftsberichte des Vorstandes der IG Metall.

V. Ausgewählte Literatur

Luitwin Bies: Klassenkampf an der Saar 1919 bis 1935. Die KPD im Saargebiet im Ringen um die soziale und nationale Befreiung des Volkes, Frankfurt 1978.

Frank Deppe/Georg Fülberth/Jürgen Harrer u. a. (Hrsg.): Geschichte der deutschen Gewerkschaftsbewegung, Köln 1989 (4. Auflage).

Die Reden des Freiherrn Karl Ferdinand von Stumm-Halberg. Historisch-kritische Gesamtausgabe, besorgt von Alexander Tille, 12 Bde., Berlin 1906 ff.

Karl Alfred Gabel: Kämpfe und Werden der Hüttenarbeiterorganisationen im Saargebiet, Dissertation, Marburg 1921.

Fritz Hellwig: Karl Ferdinand Freiherr von Stumm-Halberg 1836 bis 1901, Heidelberg-Saarbrücken 1936.

Hans Horch: Der Wandel der Gesellschafts- und Herrschaftsstrukturen in der Saarregion während der Industrialisierung 1740 bis 1914, Sankt Ingbert 1985.

Arno Klönne/Hartmut Reese: Kurze Geschichte der Deutschen Gewerkschaftsbewegung, Frankfurt-Olten-Wien 1986.

Hans-Henning Krämer: Fremdarbeiter im Saarland. Die Arbeits- und Lebensbedingungen ausländischer Arbeitskräfte während des Zweiten Weltkrieges, Diplomarbeit an der FU Berlin 1988 (unveröffentlichtes MS).

Klaus-Michael Mallmann: Die Anfänge der Bergarbeiterbewegung an der Saar 1848 bis 1904, Saarbrücken 1981.

Klaus-Michael Mallmann/Gerhard Paul u. a. (Hrsg.): Richtig daheim waren wir nie. Entdeckungsreisen ins Saarrevier 1815 bis 1955, Bonn 1987.

Klaus-Michael Mallmann/Horst Steffens: Lohn der Mühen. Geschichte der Bergarbeiter an der Saar, München 1989.

Patrick von zur Mühlen: „Schlagt Hitler an der Saar!" Abstimmungskampf, Emigration und Widerstand im Saargebiet 1933 bis 1935, Bonn 1979.

Gerhard Paul: „Deutsche Mutter, heim zu Dir!" Warum es mißlang, Hitler an der Saar zu schlagen. Der Saarkampf 1933 bis 1935, Köln 1984.

Gerhard Paul: Die NSDAP des Saargebietes 1920 bis 1935. Der verspätete Aufstieg der NSDAP in der katholisch-proletarischen Provinz, Saarbrücken 1987 (2. Auflage).

Gerhard Paul: Max Braun. Eine politische Biographie, Sankt Ingbert 1987.

Peter Scherer/Peter Schaaf: Dokumente zur Geschichte der Arbeiterbewegung in Württemberg und Baden 1848 bis 1949, Stuttgart 1984.

Robert H. Schmidt: Saarpolitik 1945 bis 1957, 3 Bde., Berlin 1959 ff.

Michael Schneider: Kleine Geschichte der Gewerkschaften. Ihre Entwicklung in Deutschland von den Anfängen bis heute, Bonn 1989.

Horst Steffens: Autorität und Revolte. Alltagsleben und Streikverhalten der Bergarbeiter an der Saar im 19. Jahrhundert, Weingarten 1987.

Hermann Volk (Bearb.): Heimatgeschichtlicher Wegweiser zu Stätten des Widerstandes und der Verfolgung 1933 bis 1945: Saarland, hrsg. vom Studienkreis zur Erforschung und Vermittlung der Geschichte des deutschen Widerstandes 1933 bis 1945, vom Bundesvorstand und vom Landesvorstand Saar der Vereinigung der Verfolgten des Naziregimes/Bund der Antifaschisten, Köln 1989.

Zehn statt tausend Jahre. Die Zeit des Nationalsozialismus an der Saar 1935 bis 1945. Katalog zur Ausstellung des regionalgeschichtlichen Museums im Saarbrücker Schloß, Saarbrücken 1988.

Maria Zenner: Parteien und Politik im Saargebiet unter dem Völkerbundsregime 1920 bis 1935, Saarbrücken 1966.

Bericht der „Deutschen Metallarbeiter-Zeitung“ über die Disziplinarordnung der Firma Gebrüder Stumm

Deutsche Metallarbeiter-Zeitung Nr. 16 vom 18. April 1891 und Nr. 17 vom 25. April 1891.

Die hochnotpeinliche Halsgerichtsordnung des Königreichs Stumm.

Vor uns liegt ein Büchlein, betitelt „Allgemeines Disziplinar-Reglement für das Neunkirchener Eisenwerk“; es erschien dies moderne Unternehmer-Strafgesetzbuch zum ersten Male 1864, ward revidiert 1878, und diese Auflage ist in unseren Händen. Vor vier Wochen hat sich König Stumm auf die Arbeiterschutzgesetz-Vorlagen im Reichstag (in welchen ihn wohl hauptsächlich seine Untertanen als „Volksvertreter“ entsenden mußten – freie Wahl!!!) würdig vorbereitet durch eine neue, revidierte und „verbesserte“ Auflage seiner Zuchthaus-Hausordnung – Pardon, „Disziplinar-Reglements“.

Die gedienten Leute unter unseren Lesern mögen sich im Geiste in die Stunde zurückversetzen, wo ihnen zum ersten Mal die Kriegsartikel vorgelesen wurden. Sie werden sich erinnern, wie unheimlich viele Paragraphen mit Androhung der Todesstrafe schließen. Genauso stehend ist in der hochnotpeinlichen Halsgerichtsordnung der Gebrüder Stumm, Könige von Kapitals Gnaden, der Refrain: „Sofortige Entlassung“. In jedem Paragraphen kann natürlich dieser liebliche Lehrreim dem Stoffe und der Sache nach nicht wiederkehren, aber es steht in 14 von den sämtlichen 43 Artikeln; also mehr als ein Drittel der Artikel schließen mit Androhung der Hungerknute! Hungerpeitsche genügt uns zur Charakterisierung dieses „Reichsstrafgesetzbuchs des Reichs der Gebrüder Stumm“ nicht.

Wir schlagen den Herren Stumm vor, ihre Disziplinar-Ukasse* nach Petersburg zur Ausstellung des Pönitentiar-Kongresses** zu senden, vielleicht erlangen sie vom russischen Zaren eine Belobigung wegen hervorragenden Leistungen auf dem Gebiete der Folter- und Freiheitsberaubungs-Instrumente, die sogar (seit 1864 bis heute) in Verfassungsstaaten mit unbedingtem Erfolg angewendet werden können.

Wir werden uns vielleicht nicht versagen, dieses in Strafgesetz-Paragraphen gebrachte System der Lohnsklavenbändigung an anderer Stelle ganz abzudrucken. Wir machen hier an dieser Stelle unseres Blattes Sammler von kulturhistorischen Merkwürdigkeiten darauf aufmerksam auf diese Kulturleistung durch Hinweis auf nur einige Raritäten und Prachtleistungen auf dem Gebiete der Unternehmer-Strafrechtspflege.

---

* Disziplinar-Vorschriften.

** Beichtvater.

§ 1 fordert „unbedingte Pflichttreue“, also den berühmten „blinden“ Gehorsam unter jegliches Machtgebot der Gebrüder, die als Exekutivgewalt in fünfzehn Paragraphen von 48 die Hungerknute schwingen. Soll das Wort „unbedingt“ mehr als Phrase sein, so ist der § 1 bereits die Ankündigung der „unbedingten“ Knechtschaft und Sklaverei.

Gehorsam oder, wie es hier euphemisch* genannt wird, „Pflichttreue“ ist man nicht nur den Kapitalmonarchen Gebrüder Stumm schuldig, sondern, wenn man das Glück hat, unter ihrem Knutenzepter zu leben und zu arbeiten, nach § 2 auch allen Vorgesetzten, dem „polizeilichen Aufsichtspersonal, zu welchem auch die Portiers und Nachtwächter zu rechnen sind“. Ob König Stumm und seine Dynastie eigene Polizei hat oder ob die Staats- oder Gemeindepolizei von Neunkirchen auch den Winken seines Zepters gewärtig ist und gehorsamst, wissen wir nicht.

§ 3 verbietet „Massenpetitionen“ genauso wie sie Post-Stephan seinen Subalternbeamten** verbot oder wie sie den Schulmeistern durch Staats- und Kirchengewaltige hier und da im Deutschen Reich bei Strafandrohungen verboten sind; Beschwerden, die kennzeichnenderweise bereits im dritten Paragraph von 43 Paragraphen vorausgesetzt werden, sollen nur nach der Schicht in „vorgeschriebener Weise“ (wo vorgeschrieben? In der „Hochnotpeinlichen“ steht nichts darüber!) angebracht werden, und zwar dürfen sich zu diesem Zwecke „nie mehr als drei Personen bei ihrem Vorgesetzten einfinden“. Der reine „Aufruhr-Paragraph“: „Gehen Sie auseinander, mein Herr, Sie sind ein Auflauf!“ „Fortgesetzte Faulheit“ wird in § 4 mit sofortiger Entlassung bestraft, die überhaupt durch dieses ganze strafgesetzliche Machwerk hindurch geht wie der bekannte rote Faden durch das Tauwerk der englischen Marine oder wie das Leitmotiv durch die ganze Musik einer Wagnerschen Oper.

Arbeitsversäumnis wird mit fünfzig Pfennig bis zehn Mark bestraft, besonders wenn „ein Arbeiter infolge von Trunkenheit oder Schwärmerei ausbleibt.“ Welche Spionage setzt das voraus! Jeder Kranke hat sich „persönlich zu melden“ (hoffentlich nur, wenn es sein Zustand erlaubt) oder einen Krankenschein zu verlangen, „widrigenfalls er bestraft wird“. Warum ist der Kerl krank!

§ 8 spricht von „erdichteten oder vorsätzlich veranlaßten Krankheiten“. Zu solchen Erdichtungen und Veranlassungen kann doch nur jemand kommen, dem sein gesunder Zustand unerwünscht oder unerträglich erscheint. Sollten die Verhältnisse der gesunden Arbeiter der Gebrüder Stumm danach angetan sein, daß man sich danach sehnen kann, für krank zu gelten?

§ 8 schreibt vor, „Ruhe zu halten“ absolut „nur in dem dazu bestimmten Zeitraum“. Wer matt und krank wird, hat zu warten, bis die bestimmte Glockenstunde schlägt, die ihm gestattet zu verschnaufen. Wehe dem, der etwa vor Er-

---

* Beschönigend.

** Untergeordnete Beamte.

mattung einschläft, wie das doch schon, trotz Androhung der Kugel, Militärwachen passieren kann. Er hat fünfzig Pfennig bis sechs Mark Strafe zu zahlen!

Der königliche Stummsche Meister oder Arbeiter, welcher „Materialien, Fabrikate und sonstige Gegenstände zu wiegen oder zu notieren" hat, darf sich nach § 18 nie irren! Irren ist zwar menschlich, aber dieses Disziplinar-Reglement ist unmenschlich: Es glaubt nicht, daß man Mensch ist und als solcher irrt! Man kann dafür mit einer Buße bis zu dreißig Mark belegt werden.

Angehörige der glücklichen Arbeitsuntertanen des Königs Stumm dürfen Essen nur zu bestimmten Stunden bringen, sonst – fünfzig Pfennig bis sechs Mark Strafe!

Wie die Teufel (vergleiche Goethes „Faust") nur zu dem Loch aus einem geschlossenen Raum hinaus dürfen, zu dem sie hereingekommen, so hat jeder Untertan das Neunkirchener Werk nur durch das Portierhaus zu betreten und zu verlassen (§ 20). Jeder hat nur da zu sein, wo er arbeitet, sonst – fünfzig Pfennig bis drei Mark Strafe!

Wer Werkzeug beschädigt hat nicht nur den Wert zu ersetzen, sondern fünfzig Pfennig bis neun Mark Strafe zu zahlen. Den Fensterscheiben ist ein besonderer Paragraph gewidmet: Wenn der „Täter" nicht zu ermitteln ist, hat die gesamte Belegschaft eines Lokals für ein zerbrochenes Fenster zu haften.

Man sieht, eine wahrhaft erstaunliche cura minimorum, d.i. Fürsorge für das kleinste (NB. wenn es eine Schädigung der Stummschen Schatulle bedeutet) durchwaltet diese Strafgesetzgebung. So wird auch „Unsparsamkeit und Mangel an Sorgfalt im Verbrauch der Materialien" bis zu neun Mark in Strafe genommen.

Durch die Presse genügend bekannt geworden ist der famose § 27 der Stummschen Zwangsakte, welcher dem Landesherrn und Patron des Königreiches gestattet, seinen Untertanen die Inanspruchnahme des allgemeinen Rechtsweges der Klage und Gegenklage gegeneinander zu verwehren, also ein allgemeines Staatsbürgerrecht aufhebt für diese Glücklichen: das Recht, ihr Recht zu suchen und zu verfolgen! Ingleichen behält der genannte und berüchtigte Paragraph den Gebrüdern Stumm das Recht vor, „seinen" Arbeitern einen Heiratskonsens zu erteilen oder zu verweigern. Das sind in der Tat alte Regalien* oder Monarchen- und Patronatsrechte, und vollkommen treffend redet man demnach von einem „König" Stumm; affektiert** er auch den Titel nicht, so doch die Obmacht alter Feudalherrlichkeit.

Auch die Gewährsmänner bekannter politischer Prozesse der Puttkammer-Bismarckschen Ära fehlen nicht. § 29 sagt: „Sofern es die Umstände gestatten (wer befindet darüber? Majestät Stumm selbst?), sollen die Namen von Denunzianten, die Veruntreuungen oder Diebstähle anzeigen, verschwiegen bleiben."

---

* Hoheitsrechte.

** Erstreben.

Die Ankläger dürften nach unserem Gefühl für keinen Angeklagten in geheimnisvolles Dunkel gehüllt werden, ebensowenig wie die Zeugen; wie soll sich sonst der Angeklagte wirkungsvoll verteidigen können? Es fehlte nur noch, daß auch das Rechtsverfahren wie die Strafenskala dem Unternehmer bedingungslos nach eigenem Belieben ausgeliefert würde! Man hat mit Recht verlangt, daß von Reichs- und von öffentlichen, gemeinen Rechtswegen eine allgemeine, jedem zugängliche und somit allen bekannte Arbeits- oder Fabrikordnung geschaffen werde, damit dieses Territorialherrentum der Unternehmer ein Ende finde, welches nicht unpassend mit der feudalen Allgewalt mittelalterlicher Grundherren verglichen worden ist.

§ 31 setzt auf Lügen eine Strafe von einer bis 15 Mark. Welche Summe käme zusammen, wenn man alle Unternehmerlügen vom Börsenschwindelbericht bis zur Reklameannonce, von der Lüge nach oben bis zur Lüge gegen den letzten Arbeiter so bestrafen wollte und könnte! Es wäre die da herauskommende Summe eine ganz bedeutende Staatseinnahme! Folge das Deutsche Reich dem König Stumm und schaffe eine Lügensteuer dieser Art, die wäre gewiß sehr lukrativ! Stumms schreiben freilich nur vor, daß der Arbeiter den Vorgesetzten inklusive ihrer Majestäten nicht belügen soll!

Niemand, der den Herren Stumm untertänig ist, soll nach § 33 eine andere Nebenbeschäftigung treiben als den Ackerbau. Nebenbeschäftigung kann doch nur heißen: Beschäftigung außer der pflichtgemäßen Arbeitszeit! Also auch die Freizeit ist hier keine Freizeit! Der Sklave des Königreichs Stumm ist also bereits in einem solchen Zwangsstaat, als welchen Eugen Richter und andere sozialpolitische Lichter sozialistenfresserischen Glaubens sich den „Zukunftsstaat" der Sozialdemokraten ausmalen! § 34 vervollständigt dieses Bild, indem er bestimmt, daß jedem seine Arbeit lediglich nach dem „Interesse des Betriebes" der „Herren Gebrüder Stumm" (wie sie sich in ihrem Ukas, § 33, selbst nennen) zugewiesen wird von Ihro Hochmögend und Hochderen Beamten.

Gegenüber den 15 sofortigen Entlassungsgründen hat der Arbeiter natürlich die Pflicht der vierzehntägigen Kündigung. Lohnzahlung findet bei Verlassen der Arbeit oder Entlassung nicht statt; der Stummsche Untertan hat bis zum nächsten Lohntag zu warten, ob er sein Geld braucht oder nicht, das ist den Majestäten gleichgültig.

Wer aus dem Reiche Stumm auswandert, darf auch nie wieder dahin zurückkehren; er hat damit bewiesen, daß er kein geeigneter Bürger dieses Staates im Staate sein kann (§ 37). Über die Würdigkeit, dem Reiche Stumm anzugehören, bestimmt der Artikel 38, daß sich jeder Meister und Arbeiter auch noch außer Dienst so aufzuführen hat, „daß sie dem Hause Gebrüder Stumm zur Ehre gereichen". Was heißt das? Hat das Haus Gebrüder Stumm besondere Ehrbegriffe, eine besondere Ehre vor den anderen Staatsbürgern? Ein regelrechtes Strafgesetzbuch sollte dies doch etwas genauer definieren. Daß jeder Stummsche Arbeiter unter steter Königlich-Stummscher Polizeiaufsicht steht, besagt deutlich genug der Zusatz: „Sie (die Meister und Arbeiter) können sich gewärtig halten, daß ihr Privatverhalten von ihren Dienstherren (Dienstherren ist gut, ganz der Gesindeordnung entlehnt!) stets im Auge behalten wird."

§ 39 soll gewissermaßen den „Groben Unfug-Paragraphen" des allgemeinen Rechtes nach neuerlicher, oft angewendeter Auslegung ersetzen. Man sollte meinen, was nicht verboten ist, das sei erlaubt, oder mindestens gleichgültig für das Strafrecht. Nein! Was man sonst nicht bestrafen kann, sieht man als groben Unfug an! § 39 setzt auf solche Vergehen, die in „gegenwärtigem Disziplinar-Reglement nicht besonders vorgesehen sind" (und die als Vergehen zu befinden und zu erklären natürlich Sache der Gebrüder Stumm ist!) Strafen „nach Verhältnis der übrigen Ansätze!"

Statt der Geldstrafen kann auch „zeitweilige Ablegung von der Arbeit" eintreten, also erzwungene Untätigkeit oder „Faulheit", die ja in § 4 verboten und mit Geldbuße bis zu sechs Mark bedroht wird.

§ 41 verrät uns, daß es neben diesem allgemeinen Strafgesetzbuch im Königreich Stumm auch noch Einzelstrafgesetzbücher für die verschiedenen Branchen des Stummschen Etablissements gibt. Den Gipfel strafrichterlicher Findigkeit könnte Herr Stumm erklimmen, wenn er jeden Straffälligen erst nach dem allgemeinen und dann noch nach dem Branchenstrafgesetzbuch strafte. Freilich wäre das wider den alten Rechtssatz: non bis in idem. Nicht zwei Rechtsverfahren, Klagen und Strafvollzüge wegen eines Vergehens! Wer sich aber so genial über die Gewerbeordnung wegzusetzen versteht, wird auch mit einem solchen alten verschimmelten Rechtsgrundsatz mit spielender Leichtigkeit fertig.

§ 42 stellt uns als allerhöchsten Strafrichter Seine Majestät, den Chef der Firma Gebrüder Stumm selbst vor. Das ist ja eben das heillose an diesen Strafgesetzen der Unternehmer, daß die letzteren Richter und Partei in einer Person sind, wenn sie über ihre Arbeiter Recht sprechen, Strafurteile verhängen und vollziehen!

Das selbstherrliche Königtum Stumm setzt sich als ein besonderer Rechtsstaat ein laut § 43, welcher besagt, daß bei bestimmten Fällen es bei der Bestrafung nach Stummschen Gesetzen erst nach Abbüßung derselben den „Verbrecher" auch dem „weltlichen Richter" überweisen wird.

Und nun zum Schluß! Vor etwa vier Wochen, wie schon erwähnt, ist diese „Arbeitsordnung" in erneuerter und „verbesserter", d. h. wie wir erfahren, verschärfter Fassung aufgelegt worden. Jeder Untertan des Königreichs Stumm muß diese, wenn er angenommen oder nicht entlassen werden will, „freiwillig" unterschreiben.

Wir werden uns demnächst vielleicht auch ein bißchen als Geschichtsschreiber innerer Vorgänge im Königreich Stumm unseren Lesern vorstellen.

Noch eins auf den Kopf, Herr Stumm!

2 6. Juli 1877

Das Sozialistengesetz der Saarindustriellen

2a 6. Juli1877

*Beschluß des Vereins zur Bekämpfung der sozialdemokratischen Bewegung**

Karl Alfred Gabel: Kämpfe und Werden der Hüttenarbeiterorganisationen im Saargebiet, Dissertation, Marburg 1921, S. 95.

1. Es sollen keine Arbeiter auf den Werken geduldet werden, welche sich an der sozialdemokratischen Agitation direkt oder indirekt beteiligen, insbesondere:
   a) sozialdemokratische Blätter lesen oder verbreiten,
   b) an sozialdemokratischen Versammlungen oder Vereinen teilnehmen,
   c) Wirtshäuser frequentieren, in welchen sozialdemokratische Versammlungen abgehalten werden oder Blätter dieser Richtung ausliegen.
2. Arbeiter, welche in Ausführung dieses Beschlusses entlassen werden, sollen auf keinem anderen Werke Aufnahme finden.

2b 15. Juli 1878

Bericht des Regierungspräsidenten in Trier an den Innenminister über die sozialdemokratische Bewegung

Landeshauptarchiv Koblenz: Bestand 403, Nr. 6865, Bl. 311-328.

In dem diesseitigen Regierungsbezirke hat die sozialdemokratische Bewegung bisher im allgemeinen keinen Boden gefunden. Nur in dem Industriebezirke der Saar zeigten sich vor den letzten Reichstagswahlen (Januar 1877) Spuren geheimer Agitation, die zur Folge hatten, daß 324 Stimmen für einen sozialdemokratischen Kandidaten abgegeben wurden. Diese Agitation wuchs allmählich und kam im Juni und Juli vorigen Jahres im Kreise Saarbrücken zum offenen Ausbruch in einer Reihe von Volksversammlungen und in der Herausgabe eines sozialdemokratischen Blattes.

Ew. Exzellenz ist aus den Berichten der hiesigen königlichen Regierung vom 27. Juli vorigen Jahres, aus einem Berichte vom 29. Juli vorigen Jahres sowie aus meinen Zeitungsberichten vom 25. Juli und 24. Oktober vorigen Jahres bekannt, wie diese Bewegung durch das energische Einschreiten der Behörden und die vereinte Tätigkeit der größeren Arbeitgeber sowie durch die strengen

* In diesem Verein hatten sich die wichtigsten Unternehmen des Saarreviers zusammengeschlossen, darunter die Direktionen der Hüttenwerke sowie die Saarbrücker Bergwerksdirektion.

Strafen der Gerichte in verhältnismäßig kurzer Zeit zum Stillstand gebracht worden ist, so daß Versammlungen und äußerlich wahrnehmbare Agitationen seitdem nicht mehr stattfanden. Gleichwohl nahm ich Veranlassung, die Aufmerksamkeit aller Landräte durch die in einem Exemplare ganz gehorsamst beigeschlossene Verfügung vom 3. August vorigen Jahres auf diesen Gegenstand zu lenken und ihnen eine sorgfältige Beobachtung aller Erscheinungen auf diesem Gebiete anzuempfehlen. Anzeigen über besondere Vorkommnisse sind mir hierauf nicht zugegangen.

In Ausführung Ew. Exzellenz hohen Erlasses vom 1. Juni dieses Jahres habe ich die Landräte durch die gleichfalls ehrerbietigst beigefügte Verfügung vom 11. vorigen Monats wiederholt zu strenger Handhabung der Gesetze und zu anregender Tätigkeit behufs Bekämpfung der Sozialdemokratie aufgefordert. Abgesehen von den nötigen polizeilichen Maßregeln, die noch durch eine Verfügung der Regierung zur Verschärfung der Kontrolle über die Landstreicher und sonstigen legitimationslos umherstreichenden Individuen erwägt worden sind, hielt ich besonders eine Einwirkung auf die Arbeitgeber zur Herbeiführung sorgfältiger Beobachtung und pfleglicher Behandlung der Arbeiter wie zur gemeinsamen Abwehr der drohenden Gefahr für geboten.

Im übrigen ließ die aus Anlaß des zweiten Attentats auf Seine Majestät eingetretene allgemeine Bewegung zur Abwehr der Folgen sozialdemokratischer Lehre und Agitation sehr bald erkennen, daß es zunächst kaum einer amtlichen Einwirkung bedürfe, um die bestehenden Gesetze zur strengen Anwendung zu bringen und die bürgerlichen Elemente zur Selbsthilfe gegen den Feind anzutreiben.

Die von den Landräten neuerdings mir erstatteten Berichte, die auch mit meinen sonstigen Wahrnehmungen übereinstimmen, ergeben erfreulicherweise, daß auch jetzt in allen Kreisen (mit einziger Ausnahme des Kreises Saarbrücken) eine Verbreitung sozialdemokratischer Lehren oder eine Agitation in diesem Sinne in irgend erheblichem Umfange nicht zutage getreten ist.

Die wenigen Zigarrenarbeiter in Ottweiler, die sich den sozialdemokratischen Bestrebungen angeschlossen hatten, haben nach ernster Verwarnung aus freier Entscheidung die Erklärung abgegeben, sich künftig von jeder Gemeinschaft mit dieser Umsturzpartei fernhalten zu können. Auch bei einem Teile der Zigarrenfabrikarbeiter in Bernkastel und selbst bei Weinbergarbeitern daselbst haben sozialdemokratische Lehren Eingang gefunden. Ohne Führer und Organisation sind dieselben aber bisher kaum als bewußte Anhänger der Partei zu betrachten. Ebenso sind in den Kreisen Saarlouis und Merzig vereinzelte Anstrengungen von Arbeitern vorgekommen, die auf eine gewisse Infektion von dem sozialdemokratischen Gifte deuten, größere Dimensionen aber noch nicht angenommen haben.

In der Stadt Trier sind bisher irgendwelche Spuren sozialdemokratischer Bewegung nicht zutage getreten. Der einzige, der es bis jetzt hier nachweislich versucht hat, sozialdemokratische Tendenzen von außen her hier zu importieren, war der berüchtigte Klempnergeselle Hödel, der einige Wochen vor dem Attentat auf Seine Majestät am 31. März dieses Jahres hier durchreiste und in einem Wirtshause vor anwesenden Bürgern in sozialdemokratischem Sinne sich äußerte. Letztere haben sich hierbei sehr richtig und patriotisch benommen.

Von der weiten Verbreitung schlechter, unpatriotischer Gesinnung geben allerdings die vielfachen Untersuchungen Zeugnis, die in vielen Kreisen wegen Majestätsbeleidigung haben eingeleitet werden müssen. An dieser unpatriotischen Gesinnung trägt im hiesigen Bezirke in erster Linie der Kulturkampf und die geradezu nichtswürdige, jedes patriotische Gefühl planmäßig unterdrückende Haltung der meisten klerikalen Blätter bei. Abgesehen davon, daß diese letzteren die Autorität des Staates und der Behörden und die Liebe für König und Vaterland systematisch untergraben, fördern sie auch sozialdemokratische Zwecke dadurch, daß sie mit Vorliebe Artikel aus sozialdemokratischen Blättern abdrucken. Als ein Beispiel lege ich ein Exemplar der in Bernkastel erscheinenden, von dem Kaplan Eberhard geleiteten „Mosella“ bei.

Was nun den Stand der sozialdemokratischen Bewegung in Saarbrücken anbetrifft, so ist auch hier jede offene Agitation seit dem Juli vorigen Jahres unterdrückt geblieben und eine Gefahr für die nächste Zeit nicht mehr vorhanden. Ich gestatte mir, aus dem bezüglichen Berichte des sehr umsichtigen Landrats von Geldern einige Stellen hier wörtlich einzuschalten:

„Es ist nicht anzunehmen, daß die in vorigem Jahre hier aufgetretene sozialdemokratische Bewegung inzwischen Fortschritte gemacht hat. Ein offenes Hervortreten dieser Partei ist nicht wieder vorgekommen und meines Erachtens auch für jetzt nicht zu besorgen. Doch sind und bleiben die sozialdemokratischen Ideen so weit unter großen Gruppen der Arbeiter und der kleinen Handwerker verbreitet, haben dieselben in dem Maße ihren verführerischen Reiz für eine große Anzahl von Menschen behalten, daß bei einer allgemeinen Erhebung der Sozialdemokratie es auch hier nicht an offenen Anhängern derselben in großer Anzahl (und zwar nach meiner Schätzung zum mindesten bis zu dem zehnten Teil der betreffenden Arbeiterbevölkerung) fehlen würde. Von dem Vorhandensein solchen Zündstoffes geben auch die strafbaren Ausbrüche einzelner verbissener Parteigänger infolge der durch die Attentate auf Seine Majestät, den König und Kaiser, entstandenen allgemeinen Erregungen ein trauriges Zeugnis. Nicht weniger als zehn Personen sind im Laufe des vergangenen Monats wegen Majestätsbeleidigung und ähnlicher Vergehen zur Untersuchung gezogen worden. Bei der Untersuchung gegen den Uhrmacher Metzger sind auch Korrespondenzen mit Beschlag belegt worden, welche eine fortgesetzte Verbindung der hiesigen Agitatoren mit der Zentralleitung der Sozialdemokratie dartun.

Die Mittel, deren sich die Agitation zur Verbreitung bzw. zur Erhaltung der sozialdemokratischen Ideen bediente, sind die Presse und Kolportagen*. In großen Mengen gelangen sozialdemokratische Zeitungen und Druckschriften fortgesetzt zur Verteilung unter die Arbeiter, weil es eine wirksame Abwehr

* Handel mit Büchern.

gegen diese methodische Vergiftung des Volkes nach Lage der gegenwärtigen Gesetzgebung nicht gibt. Die Verbreitung geschieht heimlich von Hand zu Hand, weder in Wirtshäusern noch in den der Revision zugänglichen Waren der Händler werden solche Schriften sich finden lassen. Und doch vollzieht sich der Umsatz, ohne daß der Agitator nur mit dem zu verführenden Arbeiter in Berührung käme. In dieser Beziehung sind daher auch für den hiesigen Kreis die bestehenden gesetzlichen Bestimmungen durchaus unzureichend, soll der weiteren Ausdehnung der Sozialdemokratie mit Erfolg entgegengetreten werden. Ein striktes Verbot der sozialdemokratischen Preßerzeugnisse ist erforderlich, wogegen bloße Beschränkungen (wie z. B. eine Entziehung des Postdebits und eine weitere Aufsicht über die Kolporteure) bei der ausgebildeten Organisation der Partei nur zu neuen Umgehungen des Gesetzes und auf neue heimliche Schleichwege führen würden, um die Demoralisation um so sicherer weiterzutragen.

Während sonach auf diesem Gebiete sich die Polizei ziemlich ohnmächtig erweist, scheint es in anderen Beziehungen einer Verschärfung der vor einem Jahre angeordneten Repressivmaßregeln nicht zu bedürfen. Eine Verschärfung der Aufsicht ist nur insofern eingetreten, als nach der Verfügung der königlichen Regierung in Trier vom 13. Juni 1878 (I.B. 6899) fortan auch in Privatzirkeln stattfindende Sammlungen für sozialdemokratische Zwecke als strafbar zu verfolgen sein werden. Im übrigen haben die Polizeibehörden sich nicht auf das bloße Entgegentreten gegen Ausschreitungen beschränkt, sondern es sind gegen die Agitatoren und deren Organe alle diejenigen Maßregeln angewendet worden, welche gegenüber gemeingefährlichen und der öffentlichen Verachtung anheimfallenden Subjekten am Platze sind. Dieser Behandlungsweise ist es in Verbindung mit der Strenge der Richtersprüche zuzuschreiben, daß die Mehrzahl der Agitatoren hier bald wieder das Feld geräumt haben und daß erst wieder vor wenigen Tagen zwei sehr rührige Sozialdemokraten, der aus der gerichtlichen Untersuchungshaft entlassene Bäcker Pabst aus Saarbrücken und der Buchbinder Jacobs aus Saarbrücken, nach Belgien übergesiedelt sind. Von dem vor einem Jahre aufgehobenen, aus etwa zehn Mitgliedern bestehenden sozialdemokratischen Vereine, dem sogenannten Preßkomitee, sind daher zur Zeit nur noch drei Personen im Kreise und auswärtige Agitatoren haben sich seit dem Herbste hier nicht wieder blicken lassen.

Ein solches Vorgehen der Behörden ist aber nur möglich gewesen, weil der gesunde und loyale Sinn der Bevölkerung in allen Schichten derselben in Übereinstimmung mit den Behörden die Sozialdemokratie von Anfang als eine verbrecherische Genossenschaft behandelt wissen wollte und die Behörden zu diesem Zwecke unterstützte, während dieselbe in anderen Teilen des Staates von der öffentlichen Meinung noch als eine mehr oder weniger berechtigte politische Parteibildung betrachtet wurde. Die Situation der hiesigen Behörden war hiernach im Saargebiete der Sozialdemokratie gegenüber von Beginn der Agitation an eine weit günstigere als anderwärts, wie solches bei

Beurteilung der Erfolge nicht übersehen werden darf. Gegenwärtig, wo der Kampf mit der Sozialdemokratie allerwärts aufgenommen worden ist, haben die Polizeibeamten noch leichtes Spiel, so daß jetzt neues Anspornen derselben kaum nötig sein dürfte. Ohnehin sind dieselben nicht aus der Übung gekommen, da ja, wie bereits angeführt, der zu bekämpfende Feind nach wie vor vorhanden ist. Obschon derselbe sich nicht offen zeigt, so nimmt dessen Rührigkeit im geheimen doch keinesfalls ab, so daß es noch nicht an der Zeit ist, sich in Sicherheit zu wiegen und in der Wachsamkeit nachzulassen. Aus diesem Grunde ist es auch anzuerkennen, daß die Arbeitgeber fortfahren, die gegen die Sozialdemokratie geschlossenen Vereinbarungen zu befestigen und weiter auszudehnen. Allerdings handelt es sich nunmehr erfreulicherweise nicht mehr um die Bekämpfung offener Agitationen, dagegen gibt es noch viel Arbeit, um die einmal eingedrungenen unklaren Vorstellungen von dem Beglückungssystem der Sozialdemokratie sowie die durch die schlechten Zeiten gesteigerten Mißstimmungen wieder zu beseitigen und deren Ausbreitung auf weitere Kreise vorzubeugen.

Die Mehrzahl der Arbeitgeber, insbesondere die königlichen Bergbeamten, sind in dieser Beziehung über die Stimmung ihrer Arbeiter sowie über die einzelnen verdächtigen Persönlichkeiten vollständig orientiert, so daß dieselben hierbei der Unterstützung der Polizeiorgane nicht bedürfen. Dagegen gibt es immer noch einige, welche sich mit der Niederhaltung der offenen Agitation begnügen und sonst nichts Verdächtiges zu entdecken vermögen oder wünschen; hier bleibt es Aufgabe der Polizeiorgane, auch auf die Gefahr hin, sich unbeliebt zu machen, nicht zurückhaltend zu sein mit der Mitteilung ihrer Wahrnehmungen, wobei allerdings in der Form sich Vorsicht empfiehlt. Was die Vereinigung der Handwerksmeister und kleineren Gewerbetreibenden zur gemeinsamen Aktion gegen die Sozialdemokratie anbelangt, so waren derartige Organisationen bis jetzt nicht erforderlich, um die Ausstoßung der Sozialdemokraten aus diesen Kreisen herbeizuführen und solche abschreckend wirken zu lassen. Solches geschah ohne ausdrückliche Verabredungen, welche in dem gegenwärtigen Augenblicke der allgemeinen Erregung gegen die verbrecherische Partei noch weniger Bedürfnis sind.

Dagegen erscheint es im Hinblick auf die Unsicherheit und den Wankelmut in allen politischen Anschauungen bei der großen Menge einer- wie andererseits bei der Zähigkeit, mit welcher die Sozialdemokratie ihre Ziele verfolgt, allerdings wünschenswert, die Organisation der größeren Arbeitgeber auf weitere Kreise auszudehnen. Die Sache wird meinerseits zu fördern versucht werden sobald als die derzeitige Erregung, welche die bevorstehenden Wahlen im Gefolge haben, sich gelegt haben wird.

In betreff der Einrichtungen zur Verbesserung der Lage der Arbeiter ist in der letzten Zeit kein Fortschritt wahrnehmbar gewesen. Die Ursache hiervon ist in der mißlichen Lage der Industrie und in dem Rückgang des Wohlstandes der Gewerbetreibenden zu sehen. Ebensowenig ist aus gleichem Grunde etwas zur besseren Regelung der Beziehungen der Arbeiter zu den Arbeitgebern durch Fabrikordnungen usw. geschehen. Der Erlaß solcher Vorschriften, welche Zucht und Disziplin unter den Arbeitern befestigen sollen, erregt bei schlechtem Verdienst und ohne Gewährung neuer materieller Vorteile an die Arbeiter leicht Mißvergnügen, welches von jedem vorsorglichen Arbeitgeber gern vermieden wird. Auch bei der königlichen Eisenbahnverwaltung ist bis jetzt alles auf dem alten Fuße geblieben mit Ausnahme des erfreulichen Umstandes, daß die Unterstützungsgesuche verunglückter Arbeiter zur Zeit eine wohlwollendere Berücksichtigung als früher finden. Es fehlt bei dieser Verwaltung offenbar in gleichem Maße an den Mitteln wie an dem richtigen Verständnis für Verbesserung zum Wohl der Arbeiter*, denn die leitenden Beamten sehen gar nicht das Bedürfnis, sondern erachten die bestehenden Einrichtungen für vollständig ausreichend."

Abschrift eines bei einem Sozialdemokraten in Burbach mit Beschlag belegten Briefes lege ich ganz gehorsamst bei. Es geht aus demselben hervor, wie gut die Verteilung der Druckschriften über den ganzen Kreis organisiert ist; daß man solchen Zuständen gegenüber mit Palliativmitteln** nicht auskommt, darin dürfte dem Landrate zuzustimmen sein. Immerhin ist es sehr erfreulich, daß es im großen und ganzen bisher gelungen ist, die sozialdemokratische Bewegung von dem weitaus größten Teil der sehr erheblichen Arbeiterbevölkerung des Saargebietes fernzuhalten. Ein Hauptverdienst hieran gebührt den größeren Arbeitgebern selbst. Die alsbald nach dem ersten Ausbruch der offenen Agitation getroffenen Verabredungen der größeren Firmen, welche in dem hier wieder angeschlossenen Protokoll vom 6. Juli vorigen Jahres niedergelegt sind, haben sofort durchgreifend gewirkt und werden noch jetzt gehandhabt. Es sind seitdem noch weitere Arbeitgeber der Vereinigung beigetreten, so daß zur Zeit 37 Arbeitgeber mit zirka 35 000 Arbeitern seinen Beschlüssen sich angeschlossen haben. Einer Beratung des ausführenden Komitees habe ich kürzlich beigewohnt und aus derselben den Eindruck gewonnen, daß seitens der Arbeitgeber alles geschieht, um einer weiteren Verbreitung der sozialdemokratischen Lehren entgegenzutreten.

Zu erheblichen Arbeiterentlassungen und Streiks ist es bisher nicht gekommen. Die stillen Anhänger der Partei sind offenbar sehr eingeschüchtert und verhalten sich ruhig. Nach den allseitig bestätigten Erfahrungen hat sich als das wirksamste Mittel gegen die Verbreitung der sozialdemokratischen Ideen das Verbot derjenigen Wirtshäuser erwiesen, in denen sozialdemokratische Blätter ausliegen oder bekannte Sozialdemokraten verkehren oder welche zu sozialdemokratischen Versammlungen hergegeben wurden. Es ist sogar nicht einmal wahrscheinlich, daß bei der bevorstehenden Reichstagswahl ein sozialdemokratischer Kandidat aufgestellt wird.

---

* So in der Vorlage.

** Lindernde Mittel.

Wenn nun auch aus Vorstehendem als Gesamtresultat für den Regierungsbezirk Trier sich ergibt, daß nirgends eine wahrnehmbare bedrohliche Ausbreitung des Sozialismus bisher stattgefunden hat, so läßt sich doch annehmen, daß hier wie überall die Elemente für eine schnelle Entwicklung der sozialdemokratischen Bewegung, wenn von außen das Zeichen dazu gegeben werden sollte, nicht fehlen und daß im geheimen mancher Keim vorhanden ist, der der amtlichen Beobachtung sich entzieht. Namentlich in den Kreisen der kleinen Handwerker, Tagelöhner und Dienstboten herrscht große Unzufriedenheit mit ihrer Lage, und der ernste Sinn für Arbeit und Gehorsam ist unter dem Drucke der Verhältnisse und den Verführungen einer frivolen Presse mehr und mehr abgeschwächt. Die Folgen der kirchlichen Kämpfe und der durch mancherlei Umstände geförderten Irreligiosität treten auch hierzu immer offener zutage.

Andererseits muß ich noch im allgemeinen auch für den hiesigen Bezirk bestätigen, was den Zeitungen nach überall hervortritt: Daß die Beunruhigung der gesamten bürgerlichen Gesellschaft über die so plötzlich hervorgetretene weite Verbreitung und bodenlose Verworfenheit der Sozialdemokratie eine nicht geringe ist und daß man von allen Seiten bis tief in die liberalen und fortschrittlichen Kreise hinein weit mehr, als die berufsmäßigen Zeitungsschreiber und die Parlamentarier von Profession zugestehen wollen, nach kräftigen Repressivmaßregeln gegen die Sozialdemokratie und gegen alles, was sie direkt oder indirekt begünstigt oder gefördert hat, verlangt und in erster Linie gründliche Abänderungen des Vereins- und Preßgesetzes, des Strafgesetzbuches und des Wahlgesetzes das Wort redet. Nur die verbissensten Ultramontanen* stehen gewissermaßen händereibend triumphierend beiseite und freuen sich der bösen Saat, die sie zum Teil mit säen halfen.

* Strenge Katholiken.

3 1889/1896
Der Rechtsschutzverein der Saarbergarbeiter

3a *15. Mai 1889*
*Die Forderungen der Bergarbeiterversammlung in Bildstock**

Landesarchiv Saarbrücken: Bestand Landratsamt Saarbrücken, Abteilung XV (Polizeiangelegenheiten), S/1.

1. Es muß eingeführt werden eine achtstündige Arbeitszeit mit Aus- und Einfahrt.
2. Die Gedinge müssen mit so gestellt werden, daß der Arbeiter in dieser Zeit vier Mark verdienen kann, ferner, daß den Schleppern pro Monat drei Schichten abgesetzt werden, jedoch nur drei Jahre.
3. Daß die Einsperrungstüre der betreffende Ein- und Ausgangsstollen gänzlich hinwegfallen.
4. Die jugendliche Arbeiter unter 16 Jahren müssen mit 1,50 Mark und diejenige über 16 Jahre nicht unter 2,20 bis 2,40 Mark ausgelohnt werden.
5. Abzüge von den Löhnen zur Kreissparkasse müssen ganz in Wegfall kommen.
6. Für leichte Wagen soll ein Drittel der Grube zufallen, das heißt, von drei Wagen zwei der Kameradschaft und ein Wagen der Grube, so auch bei unsauberen Wagen, außerdem wird noch eine Strafe von 25 Pfennig pro Wagen für unsaubere zugelassen.
7. Wurde beschlossen, daß ein Mann, der mindestens zwanzig Jahre in Kohlen gearbeitet hat, für unsaubere Kohlen zu machen genommen werden muß.
8. Einstimmig wurde angenommen, daß ein Mann in unverschuldeten Notfällen nicht mehr kann bestraft werden, jedoch Arbeiter, welche mehrere Schichten feiern, kann eine Strafe bis zu drei Mark zugelassen werden.
9. Beschlossen wurde, daß eine zweite Strafe des Bergarbeiters in Wegfall kommen muß, das heißt für die Leute, die eine Gefängnisstrafe verbüßt haben.
10. Es wurde beschlossen, daß die Arbeitszeit Montags und den Tagen nach den Feiertagen die Anfahrtszeit auf acht Uhr morgens festgesetzt wird, Samstags dagegen von vier Uhr morgens bis zwölf Uhr mittags.
11. Alle bis jetzt abgelegten Bergarbeiter müssen nach Beschluß der Versammlung in ihre frühere Rechte eingesetzt werden, ausgeschlossen sind diejenige, welche wegen Diebstahls der Kohlenwagens in der Grube bestraft sind.

---
* Die grammatikalischen Fehler in der Vorlage wurden nicht korrigiert.

12. Die Anlegung der Bergmannskinder soll in Reihenfolge geschehen, so wie die Anmeldung erfolgt, darüber sollen zwei ältere Bergarbeiter der Kontrolle zugelassen werden auf jeder Inspektion.
13. Im Falle einer Nichtbewilligung dieses Antrages wird die Belegschaft nach gegebener Frist einstimmig ablegen. Antwort wird innerhalb acht Tagen erwartet.

Anwesend waren über 3000 Mann, verschiedene Inspektionen. Die Versammlung wurde geschlossen durch ein dreimaliges Hoch auf Sr. Majestät des Kaisers. Schluß sechs Uhr fünf Minuten nachmittags.

Dieses Protokoll soll nach Beschluß der Versammlung, den vorschriftsmäßigen Gang durchlaufend, bis zu Sr. Majestät des Kaisers gelangen. Die Versammlung hat beschlossen, von jeder Inspektion drei Mann zur Unterschrift zuzulassen.

Vorgelesen der Versammlung und durch den Vorstand unterschrieben.

gez. Nik. Warken, 1. Vorsitzender
gez. Mathias Bachmann, 2. Vorsitzender
gez. Michel Joh. Schroth, Schriftführer
gez. Ferd. Nackas, Beisitzender
gez. Michel Poth, Beisitzender
Bildstock, den 15. Mai 1889

Inspektion V
gez. Wilhelm Zumpf
gez. M. Burgardt
gez. Joh. Thome
gez. N. Goebel, Kretnich

Inspektion VI
gez. Jak. Jochum 26
gez. Joh. Selzer
gez. Nikolaus Lang 11

Inspektion VII
gez. Joh. Kirsch
gez. J. Schmidt 43
gez. Karl Leidinger

Inspektion IX
gez. Peter Schmidt 10
gez. Nik. Schneider V
gez. Jakob Wagner

3b *21. Mai 1889*

Bekanntmachung der Bergwerksdirektion zu den Forderungen der Bildstocker Versammlung

Stadtarchiv Friedrichsthal: Bestand Rechtsschutzverein, Bergarbeiterbewegung (2 Bände), Bl. 6.

Bergleute!

Auf die am Buß- und Bettag auf dem Bildstock beschlossene Eingabe ist an den dort gewählten Vorstand folgender Bescheid erteilt worden:

„Nachdem die in unserer vorläufigen Kundgebung vom 17. des Monats zugesagte weitere Prüfung Ihrer Eingabe vom 15. des Monats stattgefunden hat, eröffnen wir Ihnen auf diese Eingabe folgendes:

Seit Beginn dieser Woche dauert auf keiner Grube die Schicht einschließlich der Zeit des Ein- und Ausfahrens länger als zehn Stunden. Eine weitere Verkürzung der Schicht soll versucht werden. Übrigens bemerken wir, daß dies nach unserer Erfahrung dem Wunsche eines großen Teiles der Belegschaft nicht entsprechen würde.

Es ist bereits Anordnung getroffen, daß die Türen an den Tagestrecken während der Schicht offen bleiben.

Die Höhe der jetzigen Gedingesätze wird auf den einzelnen Gruben geprüft werden; zu niedrig von den einzelnen Kameradschaften übernommene Hauptgedinge sollen nicht genehmigt werden. Auf denjenigen Gruben, auf welchen das Lohn* in letzter Zeit zu gering ausgefallen ist, sollen die bestehenden Gedinge aufgebessert werden.

Die aus zu leichten und deshalb gestrichenen Wagen herrührende Überladung wird wie bisher der ganzen Förderung zugesetzt, die Verteilung auf die einzelnen Kameradschaften erfolgt jedoch fortan durch die Berginspektionen selbst.

Das Versäumen von nur einer Schicht in unverschuldeten Notfällen soll bei gehöriger Entschuldigung niemals gestraft werden.

Die Anlegung der Bergmannskinder soll bei genügend körperlicher Entwicklung nach der Reihenfolge der Anmeldung stattfinden, und nur im Falle besonderer Bedürftigkeit der Eltern sollen Ausnahmen gemacht werden. Beschwerden über etwaige Bevorzugungen sind bei der Berginspektion anzubringen.

Im übrigen soll besondere Gelegenheit gegeben werden, über die weiteren Beschwerdepunkte, insbesondere auch über die Schichtzeit an den Samstagen und Montagen, zu verhandeln."

Diejenigen Beschwerdepunkte, welche sich schon jetzt als begründet herausgestellt haben, sind demnach bereits abgestellt. Über die übrigen Beschwerdepunkte wird alsbald durch die Werksdirigenten mit den Knappschaftsältesten

* So in der Vorlage.

auf den einzelnen Berginspektionen verhandelt werden. Ihr habt also keinen Grund, wie dies in der Bildstocker Versammlung geschehen ist, mit Einstellen der Arbeit zu drohen. Wir warnen Euch ernstlich und im wohlwollendsten Sinne für Euch und für Eure Angehörigen: Laßt Euch nicht durch unruhige Kameraden zu törichten Schritten hinreißen! Wer ohne Kündigung die Arbeit niederlegen sollte, wird als freiwillig aus der Arbeit geschieden betrachtet werden und hat die Folgen dieses Schrittes zu tragen. Wer ruhig zur Arbeit geht, wird dabei unter allen Umständen vollen Schutz genießen, sowohl auf der Grube wie zu Hause.

Saarbrücken, den 21. Mai 1889
Königliche Bergwerksdirektion
Nasse

3c *23. Mai 1889*

Bericht des Friedrichsthaler Bürgermeisters an den Saarbrücker Landrat über den Beginn des Streiks

Stadtarchiv Friedrichsthal: Bestand Rechtsschutzverein, Bergarbeiterbewegung (2 Bände), Bl. 14.

Euer Hochwohlgeboren beehre ich mich ganz gehorsamst zu berichten, daß die Bergleute der hiesigen Grube dem in der gestrigen Versammlung auf dem Bildstock gefaßten Beschluß entsprechend heute morgen zum Verlesen bei den Zechen antraten, sich jedoch, nachdem ihnen keine zustimmende Erklärung auf die in der Versammlung vom 15. des Monats gestellten Forderungen gemacht wurden, weigerten, zur Arbeit anzutreten und sich daraufhin entfernten.

Heute mittag, halb zwölf Uhr, fand, ohne Störung zu verursachen, bei Anwesenheit der Polizeibeamten die Auslohnung der Bergleute statt, welche gleichfalls ohne Störung vor sich ging, so daß bis Schluß derselben kein Bergmann mehr auf den Zechen anwesend war.

In Friedrichsthal und Bildstock herrscht Ruhe, die Wirtschaften sind durchweg schwach besucht, doch gehen auf den Straßen größere und kleinere Gruppen sich unterhaltend spazieren. Viele der auswärtigen Bergleute, welche in den Schlafhäusern liegen, haben sich von hier entfernt und sind vermutlich in ihre Heimatorte zurückgekehrt. Ab Station Friedrichsthal sind bis fünf Uhr 240 Mann abgefahren. Nach Anfrage der Schlafhausmeister von Bildstock sollen im Schlafhaus daselbst nur noch fünfzehn Mann geblieben sein.

3d — *2. Juni 1889*

Schreiben der Bergwerksdirektion an den Saarbrücker Landrat über das Ende des Streiks

Landesarchiv Saarbrücken: Bestand Landratsamt Saarbrücken, Abteilung XV (Polizeiangelegenheiten), S/2.

Unter Rückgabe des geehrten Rundschreibens vom 1. des Monats beehre ich mich, Euer Hochwohlgeboren ergebenst mitzuteilen, daß es nach dem gemeinsamen Dafürhalten der Herren Werksdirektoren für zweckmäßig erachtet werden muß, das auf den verschiedenen Gruben befindliche Militär für Montag noch auf den Gruben zu belassen. Dahingegen dürfte das Militär vermutlich Montag nachmittag entbehrlich werden, vorausgesetzt, daß die Zahl der einfahrenden Bergleute in der erwarteten Weise vor Montag weiter zugenommen hat. Inwieweit die letztere Voraussetzung zutrifft, kann Montag vormittag gegen zehn Uhr nach Eingang der Berichte über die Zahl der noch streikenden Arbeiter festgestellt werden und werde ich nicht verfehlen, alsdann bei Euer Hochwohlgeboren einen bestimmten Antrag bezüglich der eventuellen Zurückziehung des Militärs zu stellen.

Sollte mit Rücksicht auf die verbesserte Situation am Montag nachmittag oder Dienstag früh das Militär zurückgezogen werden können, so wird es um so notwendiger, daß die Gendarmerie auf den einzelnen Gruben in der vermehrten Stärke noch bis auf weiteres verbleibt, da es nicht als ganz ausgeschlossen erachtet werden darf, daß die Haupträdelsführer und Aufwiegler den Moment des Zurückziehens des Militärs für Erneuerung ihrer Operationen als geeignet halten und demgemäß vorgehen. Im besonderen wird von der Inspektion Sulzbach eine entsprechende Verstärkung der Polizei für den dortigen Bezirk für sehr wünschenswert bezeichnet und beantragt Herr Direktor Stapenhorst für die Grube Maybach die einstweilige Stationierung von wenigstens zwei Gendarmen. Die Inspektion Dudweiler hält es im Sicherheitsinteresse für erforderlich, daß die dortigen Gendarmen in der jetzigen Stärke bis auf weiteres daselbst verbleiben.

3e *11. Juni 1889*

Bericht des Friedrichsthaler Bürgermeisters an den Saarbrücker Landrat über die Vorbereitungen zur Gründung des Rechtsschutzvereins

Stadtarchiv Friedrichsthal: Bestand Rechtsschutzverein, Bergarbeiterbewegung (2 Bände), Bl. 62-63.

Euer Hochwohlgeboren beehre ich mich gehorsamst zu berichten, daß der in der Versammlung vom 22. vorigen Monats gewählte Vorstand* am Dienstag, den 11. des Monats, abends sechs Uhr, in der Wohnung von Schroth eine Zusammenkunft hatte, in welcher eine neue Eingabe an die Königliche Bergwerksdirektion um Entscheidung auf den eingereichten Antrag verfaßt wurde. Die fertiggestellte Eingabe wurde auf Antrag des nachträglich hinzugekommenen Mitglieds Stemmerich aus Schiffweiler wieder vernichtet und ging der Vorstand ohne weitere Beschlußfassung mit dem Vorsatze, noch einige Tage abzuwarten, auseinander. Bemerkt wird noch, daß das Mitglied Schroth seine Unterschrift auf die Erinnerung an die Bergwerksdirektion nicht gegeben hatte.

Ferner erlaube ich mir gehorsamst zu berichten, daß der Vorstand die Bildung eines Vereins beabsichtigt und bereits ein Statut unter dem Titel „Rechtsschutzverein für die Bergleute des Oberbergamtsbezirkes Bonn“ entworfen hat. Beitrittserklärungen sollen von je zwei Mann des Vorstandes zunächst im Bezirk der in der Versammlung zu Bildstock vertretenen gemeinsamen vier Inspektionen Sulzbach, Reden, Heinitz und Friedrichsthal entgegen genommen werden. In betreff dieses Vereines soll Bachmann am ersten Pfingsttage in Michelsberg, Bürgermeisterei Illingen, in keiner Wirtschaft** Besprechungen mit Kameraden gehabt haben.

Wie mir von ziemlich zuverlässiger Seite mitgeteilt worden ist, soll die Gesamteinnahme des Vorstandes bis jetzt 177 Mark betragen. Unter diesem Betrage soll sich eine Zuwendung des Bierbrauers Simon von Ottweiler in der Höhe von sechzig Mark befinden, und der Rest soll hauptsächlich aus freiwilligen Beiträgen der Bergleute bestehen.

Nach der Meldung des Gendarmen Vorwald von heute morgen soll die Belegschaft der Grube Friedrichsthal heute früh erst nach längerem Zögern und erst nach der auf Anraten des Nikolaus Warken vorgenommenen Wahl von drei Deputierten zur Anbringung von Beschwerden bei der Inspektion angefahren sein.

---

* Gemeint ist die Streikleitung der Bergarbeiter.

** So in der Vorlage.

Bildstock, den 16. März 1890.

Liebe Kameraden! 2 2

Da wir Eure Vertreter schon seit Mai 1889 sind, und, wie wir glauben, immer den Nagel auf den Kopf getroffen haben, so sind wir überzeugt, daß es auch in der vorliegenden Sache so sein wird.

Kameraden! ein **Schiedsgericht** haben wir verlangt, aber nicht in der Weise wie es jetzt sich zeigt; wir legen entschieden gegen dieses Schiedsgericht Protest ein, aus folgenden Gründen:

1) Die **Bergleute**, welche als **Vertrauensmänner** im Schiedsgericht fungiren sollen, müssen aus der Mitte der Belegschaft gewählt werden, und nicht in den Steiger-Abtheilungen.
2) Die **Verlegung** der **Vertrauensmänner** kann dann nach der Wahl in die betreffenden Abtheilungen erfolgen, weil wir ein Mißtrauensvotum in dem angeordneten Verfahren finden.
3) Es dürfen nur **Zettel** für ungiltig erklärt werden, auf welchen der Name unleserlich ist, oder die nicht von weißem Papier oder mit einem äußerlichen Kennzeichen versehen sind.
4) **Gedruckte Zettel** dürfen nicht verworfen werden, ebensowenig diejenigen Zettel, auf welchen der Name des Gewählten mit einem Stempel abgedruckt worden ist.
5) Wir verlangen, daß bei einer jeden Wahl **zwei Beisitzer** an der Urne fungiren sollen, die von Kameraden gewählt werden.
6) Als **Vorsitzenden** dieses Schiedsgerichts wollen und wünschen wir uns auch einen **unparteiischen Bürger** oder einen **pensionirten Beamten** zu wählen, welcher mit uns an unseren Sitzungen Theil nimmt.
7) Es dürfen die **gewählten Bergleute**, die als Vertrauensmänner fungiren, innerhalb der zwei dazu gewählten Jahre **nicht** von selbiger Grube **verlegt** werden.

Kameraden, wir haben ein großes Werk begonnen und wir müssen es auch ausführen; was kann es uns jetzt helfen, wenn wir die Schlafmützen wieder aufsetzen und dann von Neuem wieder einschlafen, dann wird mit einem Schlage das wieder niedergerissen, was wir in nunmehr einem Jahre unter heftigen Kämpfen aufgebaut haben.

Kameraden, es ist unsere heilige Pflicht für uns und unsere Kinder Sorge zu tragen, daß die **sociale Frage** uns gelöst wird. Lasset Euch nicht irre machen, wir sind keine Socialdemokraten, wir sind nur Vertreter unserer Rechte und Pflichten, die uns Gott auferlegt hat, indem wir für unsere Familien sorgen, aber auch für die **Religion**, die ein jeder Mensch haben muß, und welche die erste Polizei des Staates ist.

Darum, Kameraden wir werden **nie in das Fahrwasser der Socialdemokratie** übergehen und nur die **Rechte** der **Bergarbeiter** vertreten, bis wir Dasjenige erreicht haben, was wir im Mai 1889 forderten. **Wir** verlangen nur was wir von unseren Vätern ererbt haben. Wir fordern die **Zurücknahme** der Erlasse und Verfügungen, welche erlassen wurden, als wir sorgloser Unthätigkeit hingegeben waren; wir können mit diesen **durchaus** nicht zufrieden sein. Wir verlangen und wünschen

eine neue Bergarbeiter-Ordnung

und nur wenn wir diese in unseren Händen haben, können wir uns für befriedigt erklären.

Wir erkennen in Eurem Namen dieses **Schieds-Gericht** nicht an, und wir bitten um die **Vornahme** von **Neuwahlen** auf sämmtlichen Gruben des Saarreviers, welche baldigst angeordnet werden und für die Betheiligten ersprießlich zur Ausführung kommen möchten..

Kameraden! Die höchste Spitze ist erreicht, darum haltet die Augen offen, wir glauben, daß die Herren die Karten vergeben haben mit diesem Schiedsgericht, und so muß wieder ein Anderer die Karten geben.

Wir wollen uns **selbst** unsere **Vertreter vorschlagen** und auch **wählen**, die Herren können das Nämliche thun. Wenn dieses geschieht, dann, Kameraden, können wir auch ein Wort mitsprechen und die neue **Arbeits-Ordnung** wird uns nicht ausbleiben. Dann werden wir uns ein Denkmal setzen für unsere Kinder und Kindeskinder, und unsere Nachkommen werden uns segnen und dann sagen, auch mein Vater war dabei, als für das Wohl der Bergarbeiter gestritten wurde.

Wir wünschen Euch, Kameraden, ein herzliches **Glück auf**.

Der Vorstand und die Vertreter der Bergarbeiter

(gez.) **Warken.**

„Dann werden wir uns ein Denkmal setzen . . .“ Aufruf des Rechtsschutzvereins gegen die Arbeiterausschüsse von Kaisers Gnaden, März 1890. (Stadtarchiv Friedrichsthal)

Bericht des Ottweiler Landrats an den Regierungspräsidenten in Trier über die Agitationsversuche des Arbeiter-Rechtsschutzvereins in Neunkirchen

Landeshauptarchiv Koblenz: Bestand 442, Nr. 4304, Bl. 111-114.

Euer Hochwohlgeboren beehre ich mich, in der Anlage Abschrift eines Berichtes des Polizeikommissars zu Neunkirchen über eine gestern daselbst abgehaltene Versammlung des neuen (Rollschen) Rechtsschutzvereins mit dem Berichte ganz gehorsamst zu überreichen, daß durch dieselbe der erste Versuch gemacht worden ist, unter der Neunkircher Arbeiterschaft festen Fuß zu fassen und Boden zu gewinnen. Es muß sich zeigen, ob dies gelingt. Bei der furchtlosen Strenge, die neben umfassender Fürsorge den Arbeitern in Neunkirchen gezeigt wird, steht zu erwarten, daß es dem Verein nicht gelingen wird, unter den Leuten dortselbst, namentlich auch unter denen des Gebrüder Stummschen Eisenwerks viel Unheil zu stiften und Anhänger zu gewinnen.

Die hetzerische Presse hat nicht versäumt, auswärts die gestrige Versammlung schon vorher anzukündigen und dabei das beliebte Thema vom schwarzen Brett am Hüttentor breitzukneten. Tatsache ist, daß die Werksleitung durch Aushang vor Beitritt zum Rollschen Verein und vor der Teilnahme an dessen Versammlungen gewarnt und diese verboten hat. Auffällig erscheint, daß die neue freisinnige „Neunkircher Tagespost", welche in Zweibrücken gedruckt wird, von einem diesbezüglichen Verbot etwas wußte als der Anschlag erfolgt war. Die Angabe des Roll, er habe erst auf dem Bahnhof Neunkirchen von der Versammlung gehört, ist selbstredend unrichtig.

Der erwähnte Stab des Roll kennzeichnet den Wert des Vereins. Die Person des Roll selbst ist Euer Hochwohlgeboren hinreichend bekannt. Der Beisitzer, Graveur Rothau, ist ein unverträglicher, hochmütiger Mensch, der gut arbeiten kann, aber wenig Arbeit findet, da seine Art und Weise, sich zu geben, die Kundschaft abschreckt. Ich lasse den Mann beobachten, ob er nicht sonst sozialistischen Ideen zuneigt. Der Schriftführer Bettinger entstammt einer Familie, deren Angehörige fast ohne Ausnahme an gewissen Makeln leiden. Der Redner Ulrich ist von der Hütte deswegen abgelegt, weil er einer Rollschen Versammlung in Louisenthal beigewohnt hat. Er scheint jetzt als Unzufriedener zum Überleiter Rollscher Ideen in die Neunkircher Arbeiterschaft verwendet werden zu wollen, und er gibt sich gern hierzu her, um vielleicht nach dem Muster von Warken und Bachmann sich von den Kameraden ohne Arbeit ernähren zu lassen.

Die angegebene Zahl von siebzig Teilnehmern an der Versammlung zeigt an sich schon, daß der Besuch ein sehr schwacher war. Die Bedeutung des gehabten ersten Mißerfolges des Roll in Neunkirchen erhellt jedoch noch mehr wenn ich berichte, daß mindestens 26 der Anwesenden Aufseher des Hüttenwerks, der Grube und der Neunkirchener Kesselfabrik waren, die zur Kontrolle entsandt waren. Von den Hüttenarbeitern war ohne besonderen Auftrag niemand in der Versammlung. Ob weitere Veranstaltungen des Roll in Neunkirchen mehr Glück haben, muß sich zeigen. Ich werde nicht verfehlen, eintretenden Falls das nötige sofort gehorsamst zu berichten.

3g *29. Juni 1892*

*Bericht des Friedrichsthaler Bürgermeisters an den Saarbrücker Landrat über eine Bergarbeiterversammlung im Bildstocker Rechtsschutzsaal**

Stadtarchiv Friedrichsthal: Bestand Acta spec. betr. Rechtsschutzverein für die bergmännische Bevölkerung, Bergarbeiterbewegung, 4. Mai 1891 bis 27. November 1892.

Euer Hochwohlgeboren beehre ich mich gehorsamst zu berichten, daß gestern nachmittag im Orte Bildstock eine größere Versammlung des bergmännischen Rechtsschutzvereines stattgefunden hat, in welcher Warken, Bachmann, Sozialdemokrat Fischer aus Berlin, Thome aus Altenwald, Müller Nicolaus aus Landsweiler bei Lebach, Schillo aus Altenkessel, Mohr aus Schiffweiler, Weiand aus Neunkirchen, Wilhelm aus Spiesen, Berwanger, Michel Speicher-Engel aus Püttlingen und Recktenwald aus Marpingen als Redner auftraten.

Bachmann erstattete Bericht über den internationalen Kongreß in London**, wobei er den Verlauf so ziemlich in derselben Weise schilderte, wie er durch die Zeitungen bereits bekannt geworden ist. Als Vertreter für Deutschland in das Organisationsbüro sei Ludwig Schröder gewählt. Das internationale Komitee beschloß über Streik. Außerordentliche Versammlungen könnten nur auf Antrag größerer Verbände (wie bspw. das Saarrevier, Westfalen) berufen werden. Die Nationen könnten so viele Delegierte schicken, wie sie meldeten, müßten aber die Kosten derselben tragen. Er habe 20 000 Bergleute aus dem Saarrevier vertreten. Sodann gab Bachmann eine Schilderung der Lohnverhältnisse in Österreich sowie über den Unterschied von Elend und Luxus in London. Daselbst hätten zwanzig Versammlungen an einem Sonntag unter freiem Himmel stattgefunden. Hier wäre keine freie Redewahl, sonst würde er fragen, was hier ist.

Warken teilte mit, daß eine Lohnreduzierung zu gewärtigen sei und sei zu hoffen, daß in drei Monaten die Kameraden im Saarrevier wieder so einig seien wie 1889. Der Rehbockverein sei bereits in die Brüche gegangen, jetzt habe ein katholischer Dechant an die Christlichen geschrieben in betreff Beseitigung des sozialdemokratischen Notstandes des Rechtsschutzvereines. Am Sonntag

* Die grammatikalischen Fehler in der Vorlage wurden nicht korrigiert.

** Gemeint ist der Londoner Bergarbeiterkongreß vom Juni 1892.

werden wir die Zeitung drucken, wenn nur kein Hindernis in den Weg gelegt wird.

Fischer aus Berlin sagte: „Ich bin kein Bergmann, bin Sozialdemokrat." Dann gab derselbe eine längere Schilderung der Anschauung der Sozialdemokratie: „Die Kapitalisten und Unternehmer wollen teilen, was Ihr produziert, daher kommt es, daß Ihr bei vieler Arbeit schlechten Lohn habt. Je mühseliger die Arbeit, desto niedriger der Lohn, je leichter die Arbeit, desto besser der Lohn. Auf der einen Seite sammelt sich die größte Zahl der Arbeiter und auf der anderen Seite eine kleine Schmarotzerzahl. Die internationalen Verbände müssen sich auf alle Arbeiter ausdehnen und ein Schutz- und Trutzbündnis schließen. Die Lohnfrage ist keine Rechtsfrage, sondern eine Machtfrage. Wenn Ihr gehörig organisiert seid, dann werdet Ihr schon gefragt werden. An der Einigkeit der Masse scheitert die Macht der Kapitalisten. Die niedergehende Geschäftslage ist zum Streik nicht geeignet, sondern nur die aufblühende. Wir haben das Wohl der gesamten Arbeiterklasse im Auge. Das freie Versammlungs- und Koalitionsrecht müssen wir anstreben. Die Kapitalisten und Grubendirektoren können sich frei versammeln, werden nicht überwacht und nicht aufgelöst. Die gegenwärtigen politischen Zustände müssen geändert werden. Es denkt kein Sozialdemokrat daran, einen Bürgerkrieg anzufangen und einen Wall gegen das kleinkalibrische Gewerbe zu bilden. Wo sind die Parteien gewesen, als es sich in Kreistagen um das Arbeiterwohl, den Achtstundentag, Beseitigung der Kinderarbeit und die Einführung der Sonntagsruhe handelte? Bei der nächsten Wahl müßt Ihr der Sozialdemokratischen Partei beitreten."

Thome sagte: „Heute feiern wir den Triumph über unsere Gegner. Es ist mir in den drei Jahren gelungen, ein eigenes Heim zu gründen. Der evangelische Arbeiterverein ist in die Erde gesunken und ist nicht mehr da. Derselbe bedauerte mir schon früher, daß an der Lohnerweiterung in Saarbrücken Italiener beschäftigt waren, während hiesige Arbeiter ohne Verdienst waren." Angesichts der beabsichtigten Lohnreduzierung sei es Pflicht aller Bergleute, dem Rechtsschutzverein beizutreten und hinter die Führer zu stellen. Weiter bemerkte er: „Hört nun denn, daß den Grubenbeamten, Lehrern und sonstigen Beamten von dem Lohn, der ihnen bewilligt, wieder abgezogen wird."

Der folgende Redner, Nicolaus Müller aus Landsweiler bei Lebach, meinte ebenfalls, beim Lohnreduzieren solle oben angefangen werden. Die Grubenbeamten seien Staatsbeamte geworden und hätten ihre Gehälter kollossal erhöht bekommen. Sobald die Löhne der Beamten erhöht waren, wurden die Löhne der Arbeiter reduziert. Derselbe bezeichnete den Rechtsschutzverein als die Krone aller Vereine, und ebenso sei der Verband der Deutschen Bergarbeiter und der internationale Verband notwendig.

Schillo sagte: „Die heutige Versammlung erinnert mich an die Versammlung im Tivoli zu Sankt Johann, dort waren viele Bergleute. Heute ist nicht die Hälfte hier. Wie kommt es, daß die Leute heute fern bleiben, der Organisation den Rücken kehren? Ich habe nichts dagegen, wenn ein sozialdemokratischer

Redner hier spricht, aber wenn einer sprechen will, dann soll er sich eine Versammlung einberufen." Weiter konnte Schillo nicht mehr sprechen, da die Versammlung durch Murren, durch Verlangen von Wortentziehen und sonstiges Geräusch ihn nicht mehr anhörte. Ebenso erging es dem folgenden Redner Mohr aus Schiffweiler, als dieser sagte: „Religion muß sein, kein Staat kann ohne Religion bestehen. Bete und arbeite!" und sich dann gegen die Sozialdemokratie zu wenden versuchte.

Weiand erklärte: „1887 bis 1888 haben die Gruben einen Ertrag von sechs Millionen und 1889 einen solchen von zwölf Millionen ergeben. Das Mehr geht aus der Steigerung der Produktion und Eurer Kraft hervor. Der Arbeitgeber soll die Hälfte und der Arbeitnehmer die andere Häfte erhalten. Ihr alle habt ein Anrecht auf Anteil am Gewinn. Durch Uneinigkeit kommen wir nicht weiter, wenn die 20000 Hauer zusammenhalten, dann sind wir stark genug und dann mögen die Schichtlöhner, Maschinen- und Werkhüttenarbeiter für sich bleiben. An den Parlamentswahlen haben wir den größten Fehler gemacht, Warken haben nur noch achtzig Stimmen gefehlt."

Wilhelm (Spiesen) ermahnte festzuhalten an den Männern, die 1889 für sie eingetreten. Der Grubenausschuß hat keinen Zweck. „Seiner Majestät habe ich geschildert, daß wir für ihn und auch für Euch eintreten. Die Schrift kam an unseren Bergrat zurück, um mich näher auszusprechen und näher zu erklären. Der Kaiser hat schöne Worte gesprochen, wird es auch halten."

Berwanger gab eine Schilderung der letzten Versammlung in Schwarzenholz und Michel Speicher-Engel aus Püttlingen eine solche über die Versammlung in Völklingen. Recktenwald (Marpingen) forderte auf, die Zeitung „Schlägel und Eisen"* zu halten und die gegnerische Zeitung zu meiden. „Die sogenannten christlichen Patrioten sind diejenigen, die Gott und die Welt aufschüren. Die Geistlichen sollen sich um sich bekümmern, aber nicht um die Bergarbeiterfragen. Nächstenliebe haben sie nicht, geben keinen Rock an einen, der keinen hat, lassen sich im voraus bezahlen, gegen den Volkswillen können sie auch nichts machen. Der erste Gegner aus dem Kulturkampf, ein Advokat aus Saarbrücken, geht jetzt Hand in Hand mit ihnen."

Warken ausführt: „Unsere Knappschaftsältesten fordern wir heute auf, ihre Pflicht zu tun, wofür wir sie gewählt haben", dann fuhr er fort: „‚Schlägel und Eisen' wird hier gedruckt, der Prozeß Warken-Eisenacher wird beigelegt. Eisenacher hat versprochen, wieder gut zu machen, was er verschuldet**. Der Vorstand wird darüber verhandeln, die Zeitung muß fachmännisch gehalten werden. Der Aufsichtsrat wird die Zeitung überwachen." Dann teilte er mit, der Pastor in Schwarzenholz habe das Paulinerblatt von der Kanzel herunter vor-

* Verbandsorgan des Rechtsschutzvereins.

** In dem Rechtsstreit zwischen dem Rechtsschutzverein und dem Pirmasenser Drucker Eisenacher ging es um die Bezahlung einer Druckereieinrichtung, die Eisenacher für einen horrenden Preis an Warken geliefert hatte. Der Rechtsschutzverein war rasch mit den Zahlungen in Rückstand geraten, im Juni 1892 kam ein Vergleich zustande.

gelesen. Ferner kündigte er eine Versammlung für nächsten Sonntag in Altenwald an und lud dazu ein. Zum Schluß brachte er ein Hoch auf die internationale Bewegung aus. Darauf erfolgte aus der Versammlung ein dreimaliges Hoch auf Warken und sodann auf die Sozialdemokraten und zuletzt wurden zwei Verse von dem sozialdemokratischen Lied über den Achtstundentag gesungen.

3h *23. Dezember 1892*

*Bericht des Friedrichsthaler Bürgermeisters an den Saarbrücker Landrat über die Proteste der Bergarbeiter gegen die neue Arbeitsordnung**

Stadtarchiv Friedrichsthal: Bestand Rechtsschutzverein, Bergarbeiterbewegung (2 Bände), Bl. 384-387.

Euer Hochwohlgeboren beehre ich mich gehorsamst zu berichten, daß außer der großen Bergarbeiterversammlung am 8. des Monats, worüber bereits ausführlich berichtet ist, am 27. November des Jahres eine Versammlung der Grubenausschüsse und gestern abend eine Bergarbeiterversammlung im Saale des Rechtsschutzvereins zu Bildstock stattgefunden haben. Außerdem hatte Warken für gestern vormittag, halb zehn Uhr, eine Versammlung angemeldet, die jedoch wegen geringer Beteiligung ausfiel.

Die Versammlung der Grubenausschüsse fand unter Leitung von Peter Schäfer aus Hierscheid als Vorsitzender und Jacob Jungmann (Schwarzenholz) und Friedrich Hau aus Altenwald als Beisitzer statt. Nach Durchberatung der Abänderungsvorschläge zu der Bergarbeiterordnung wurde beschlossen, die Anträge von sämtlichen Mitgliedern auf den einzelnen Inspektionen unterschreiben zu lassen. Demnächst stellte Schröder (Walpershofen) den Antrag, alle drei Monate eine gemeinschaftliche Zusammenkunft sämtlicher Grubenausschüsse abzuhalten, worauf jedoch eine Abstimmung nicht vorgenommen wurde. Behufs Deckung der Kosten wurde von Lorenz (Sulzbach) vorgeschlagen, auf allen Inspektionen eine Kasse zu bilden. Von Warken wurde ein Brief des Klein aus Altenwald, welcher wegen Krankheit am Erscheinen verhindert war, vorgelesen, in welchem ihn derselbe ermahnte, auf alles gefaßt zu sein. „Wir müssen", so schrieb derselbe, „unsere Rechte erzwingen, und wenn wir darüber zugrunde gehen."

Die Versammlung gestern abend war von zirka 500 bis 600 Mann besucht. In derselben traten Müller 42, Wagner (Hixberg), Weyand, Müller (Landsweiler) und Warken als Redner auf. Im allgemeinen wurden die schon oft gehörten Klagen und Redensarten vorgebracht, nur auf die von Müller 42 vorgebrachte Frage, wer gegen den Streik sei, möge die Hand heben, meldete sich niemand.

---

* Die neue Arbeitsordnung für den Saarbergbau schrieb entgegen allen Forderungen des Rechtsschutzvereins die bestehenden Zustände für die Zukunft fest. Nur in einigen Details enthielt sie Verbesserungen, in anderen auch Verschlechterungen.

Müller 42 bemerkte, es sei möglich, daß am Samstag, den 7. Januar kommenden Jahres, von der Bergverwaltung eine Feierschicht eingelegt würde, und in diesem Falle sollten die Leute von auswärts nicht schon Donnerstags nach Hause gehen, sondern der auf den 6. Januar angesetzten Versammlung beiwohnen.

Weyand trug eine Statistik über den Kohlenverbrauch vor, wonach 25 Millionen Zentner Kohlen pro Stunde in der Welt verbraucht würden. Von dem, was 1889 bewilligt worden, sei zwei Drittel wieder genommen. Es gelte, energisch zu handeln, aber nicht mit Gewalt. Tagtäglich gingen Berichte von Eintritten in die Organisation ein und bis zur großen Generalversammlung könnten noch viele eintreten. Im unteren Saarrevier haben viele unterschrieben gegen die neue Arbeitsordnung, dagegen stünden von Heinitz noch viele Unterschriften aus.

Müller (Landsweiler) beklagte sich darüber, daß keine einheimischen Bergleute von Bildstock der Versammlung beiwohnten. Gestern habe der Obersteiger von Heinitz nach Spiesen Order geschickt, auf dem Bildstock nicht so hart ins Horn zu blasen. „Wir treiben nicht zum Streik, halten Euch auch nicht ab. Wenn jeder gezwiebelt ist, wird er zu dem greifen, was ihm gut ist. Wo sind die Versprechungen von 1889 gehalten worden? Unser Bergrat hat achtstündige Schicht versprochen, wir haben aber nichts bekommen. Die Kapitalisten häufen das Geld auf, alle diese sollen sich noch täuschen, der Zeitgeist spielt. Die Herren auf der Kanzel begehen ein Unrecht, so gegen uns zu sein."

Warken sagte: „Ich habe die Mitteilung zu machen, daß die größte Versammlung stattfinden wird wie der Dieb in der Nacht. Der Streik bricht aus wie ein Dieb in der Nacht. Auf Inspektion II haben die Leute gekündigt. Endlich ist es Zeit uns aufzuraffen. Wenn alle Bergleute auf der Erde streiken, stehen alle Räder still. Über 18 000 Unterschriften gegen die neue Arbeitsordnung sind eingegangen. Zwei Inspektionen haben fast nichts getan. Es liegt an Euch zu handeln. Die Forderungen sind gerecht. Die größte Versammlung wird stattfinden wie ein Dieb in der Nacht, dann wird gefragt, ob wir in den Streik eintreten oder nicht. Wenn am 2. Januar gestreikt wird, dann bleibt zu Hause."

Nach einer Bekanntmachung in „Schlägel und Eisen"* sind bei Dullens** Rechtsschutz-Revolver zu kaufen, aber nicht zum Schießen.

Nach allen Wahrnehmungen über die Stimmung unter den Bergleuten ist anzunehmen, daß es zum Streik kommen wird. Aus den Äußerungen von Warken läßt sich vermuten, daß die Versammlung am 6. Januar womöglich schon vorher abgehalten wird oder ausfällt und direkt vom Streikkomitee oder Warken Weisung erfolgt.

Sonstige Wahrnehmungen sind im Laufe des Monats nicht gemacht worden. Auf dem Büro des Rechtsschutzvereins ist ziemlich lebhafter Verkehr, namentlich auch aus dem unteren Saarrevier. Von Zwistigkeiten im Vorstand ist nichts

* Verbandsorgan des Rechtsschutzvereins.

** Hugo Dullens, sozialdemokratischer Agitator im Saarrevier.

mehr zu bemerken. Neue Mitglieder des Rechtsschutzvereins sind inzwischen nicht bei mir zur Anmeldung gekommen. Unter den Gesellen und sonstigen Lohnarbeitern des hiesigen Bezirks herrscht Ruhe.

3i *28. Dezember 1892*

Aufruf des Rechtsschutzvereins zur Abstimmung über den Streik

Stadtarchiv Friedrichsthal: Bestand Rechtsschutzverein, Bergarbeiterbewegung (2 Bände), Bl. 388.

An alle Bergleute des Saarreviers!

Die Zeit zum direkten Handeln ist nun gekommen! An Euch liegt es nun, ob Ihr zugrunde gehen wollt oder nicht. Darum Mann an Mann, Schulter an Schulter, gekämpft für Deine Rechte und Deine Familie, die Dir Gott gegeben, für deren Wohl Du christlich und moralisch verpflichtet bist, Sorge zu tragen. Rüste Dich nun zum Kampfe für Wahrheit, Freiheit, Pflicht und Recht! Überlege und handle danach. Bleibe lieber aus den Versammlungen und verrate Deine Kameraden nicht wie Judas der Verräter. Am Mittwoch, den 28. Dezember, bekenne nun aufrichtig, ob Du in einen Streik eintreten willst oder nicht.

Die Führer wollen den Streik nicht? Es wird den Führern vorgeworfen, sie würden nichts für die Bergleute tun. Nun vorwärts! Die Behörde gibt nichts nach. Entweder um Gras.*

Balams Esel hat kein Heu gefressen, sondern nur Gebackenes und Gebratenes, Gras kann unser Magen auch nicht vertragen. Drei Jahre arbeiten wir nun – und das Resultat ist: Streik! Erkenne nun die Macht, Du Bergmann, Du bist die Krone der Arbeiter. Wenn Dein starker Arm nicht will, dann stehen alle Räder still.

Am Mittwoch, den 28. Dezember, morgens zehn und nachmittags sechs Uhr: Große Versammlung für das ganze Saarrevier im Bergmännischen Saale. Alle Bergleute, Mann an Mann, Schulter an Schulter, sollen erscheinen zur Entscheidung. Betrachte Deine Gegner alle.

Die Führer der Bergleute

Für Weihnachten mußten alle Versammlungen von uns ausgesetzt werden, weil alle Führer früher das Weihnachtsfest hinter Schloß und Riegel gefeiert haben.

Der Vorsitzende Warken

---

* So in der Vorlage.

3j *29. Dezember 1892*

Polizeiverordnung des Oberpräsidenten der Rheinprovinz gegen die Streikposten

Stadtarchiv Friedrichsthal: Bestand Rechtsschutzverein, Bergarbeiterbewegung (2 Bände), Bl. 393.

Aufgrund der Paragraphen 6, 12 und 15 des Gesetzes über die Polizeiverwaltung vom 11. März 1850 sowie der Paragraphen 137, 139 und 141 des Gesetzes über die allgemeine Landesverwaltung vom 30. Juli 1883 wird mit Zustimmung des Provinzialrats für den Umfang der Rheinprovinz verordnet was folgt:

Nr. 1

Wer sich unbefugt in der Nähe einer Betriebsstätte, eines Berg- oder Hüttenwerkes oder auf den Zugangswegen zu einer solchen Betriebsstätte aufhält und der Aufforderung der Polizeibeamten oder Gendarmen, sich zu entfernen, keine Folge leistet, wird mit Geldstrafe bis zu sechzig Mark, im Unvermögensfalle mit entsprechender Haft bestraft.

Nr. 2

Diese Verordnung tritt mit dem Tage der Verkündung in Kraft.

Koblenz, den 29. Dezember 1892
Der Oberpräsident der Rheinprovinz
Nasse

3k *29. Dezember 1892*

Bekanntmachung der Bergwerksdirektion gegen die Streikabsichten

Stadtarchiv Friedrichsthal: Bestand Rechtsschutzverein, Bergarbeiterbewegung (2 Bände), Bl. 394.

Mehrere Bergarbeiterversammlung haben gestern einen allgemeinen Arbeiterausstand beschlossen. Wir warnen auf das ernstlichste vor einer Arbeitseinstellung und werden jedem Streikversuch in der bestimmtesten Weise entgegen treten. Wer trotz dieser Warnung die Arbeit niederlegt, hat die Folgen seiner Handlungsweise sich selbst zuzuschreiben.

Saarbrücken, den 29. Dezember 1892
Königliche Bergwerksdirektion
von Velsen

31 *30. Dezember 1892*

Bericht des Regierungspräsidenten in Trier an den Oberpräsidenten der Rheinprovinz über den Beginn des Bergarbeiterstreiks

Landeshauptarchiv Koblenz: Bestand 403, Nr. 6837, Bl. 219-226.

Euer Exzellenz berichte ich gehorsamst, daß ich mich wegen des Ausstandes der Bergleute zur Verabredung der erforderlichen Maßregeln nach Saarbrücken begeben und dort auch heute morgen einer Sitzung der Mitglieder der Bergwerksdirektion und der Direktoren der elf Berginspektionen beigewohnt habe, an welcher auf meine Veranlassung auch der Erste Staatsanwalt zu Saarbrücken und die beteiligten Landräte zu Saarbrücken, Saarlouis und Ottweiler sowie der Gendarmerie-Distriktsoffizier teilgenommen haben.

Nach dem in der Sitzung von den Direktoren der einzelnen Inspektionen Vorgetragenen gestaltet sich die Übersicht der Ausständigen bei der heutigen Frühschicht wie folgt:
Berginspektion I (Ensdorf): alles angefahren,
Berginspektion II (Louisenthal): 1011 Ausständige,
Berginspektion III (v. d. Heydt): 1300 Ausständige,
Berginspektion IV (Dudweiler): 560 Ausständige,
Berginspektion V (Sulzbach): 888 Ausständige,
Berginspektion VI (Reden): 863 Ausständige,
Berginspektion VII (Heinitz): 2250 Ausständige,
Berginspektion VIII (Neunkirchen): alles angefahren,
Berginspektion IX (Friedrichsthal): 880 Ausständige,
Berginspektion X (Göttelborn): 187 Ausständige,
Berginspektion XI (Fischbach): 608 Ausständige,
Summa: 8547 Ausständige.

Hinzu kommen 2672 Ausständige von der Nachmittagsschicht gestern, so daß insgesamt 11219 Bergleute heute morgen ausständig waren, welche Zahl voraussichtlich durch die heutige Nachmittagsschicht erheblich vermehrt worden ist.

Durch den anliegenden hetzerischen Aufruf „An alle Bergleute des Saarreviers“ wurden von den Führern der Bergleute für den 28. des Monats zwei Versammlungen im Vereinssaale zu Bildstock einberufen. Auf diesen Versammlungen, namentlich auf der Abendversammlung, wo Warken in einer hetzerischen Rede u. a. sagte: „3000 Rechtsschutz-Revolver stehen hinter uns“ („aber nicht zum Schießen“ vorsichtigerweise hinzusetzte) wurde der Ausstand für gestern früh beschlossen. Die Leute zechten in ihrem Vereinshause und in den Kasinos die Nacht durch und zogen in angetrunkenem Zustande vor sechs Uhr früh nach der Grube Heinitz. Dort stellten sie sich vor dem Gitter der Grube im Walde auf, und als zum Einfahren geläutet wurde, antworteten sie mit wüstem Geschrei unter Abfeuern von Schußwaffen. Nur dem plötzlichen Erscheinen und tatkräftigen Vorgehen der von Ottweiler in der Nacht rechtzeitig befohlenen Gendarmerie von drei berittenen und vier Fußgendarmen unter Führung des Oberwachtmeisters und den fünf Schutzleuten von Neunkirchen unter Führung des Polizeikommissars ist es zu danken, daß schwere Ausschreitungen der sehr erregten Menge vermieden blieben und letztere sich bald verzog, nachdem es ihr gelungen war, die Belegschaft der Grube Heinitz zum weitaus größten Teile vom Einfahren abzuschrecken.

Von Grube zu Grube hat sich dann seit gestern der Ausstand (wie obige Übersicht ergibt) verbreitet. Die Ausständigen pflegen die Zugangswege zu den Gruben zu besetzen und die etwa einfahrtswilligen Arbeiter durch Geschrei, Steinwürfe und Schüsse in die Luft einzuschüchtern. Bis jetzt hat die Gendarmerie demgegenüber nur noch wenig ausrichten können, da die Täter sich hinter dichten Reihen der nach hunderten zählenden Menge versteckt halten und da bei der zur Frühschicht herrschenden Dunkelheit ein Ausfindigmachen des Täters meistens unmöglich ist. Für morgen früh beabsichtigen die Ausständigen, die Belegschaft der Grube König, Inspektion VIII, durch einen ähnlichen Gewaltstreich zum Ausstand zu bringen. Polizeiliche Vorkehrungen hiergegen sind getroffen.

Auf Grube Fischbach, Inspektion XI, stehen auch die Werkstattarbeiter aus, und auf Grube Friedrichsthal und Maybach, Inspektion IX, die Werkstatt- und Maschinenarbeiter. Zwei Schürer zogen hier das Feuer aus der Fördermaschine, so daß die in der Grube befindliche Belegschaft beinahe nicht zu Tage gefördert werden konnte.

Auf einigen vom Ausstand besonders ergriffenen Gruben hat die Arbeit auf Anordnung der Bergwerksdirektion bis zum 2. Januar nächsten Jahres eingestellt werden müssen. Die Schlafhäuser sind auf gleiche Anordnung hin von den ausständigen Arbeitern geräumt.

Während der heutigen Sitzung früh traf die telegraphische Nachricht ein, daß die Schlafhausbewohner der Grube Friedrichsthal nicht räumen wollten. Die Bewohner waren, um die Räumung zu umgehen, des abends nicht erschienen, hatten die Nacht durchgezecht und erschienen heute früh in betrunkenem Zustande im Schlafhaus. Anordnung der Räumung des Schlafhauses wurde aufrecht erhalten und die Herbeiziehung ausreichender polizeilicher Hilfe veranlaßt.

Im übrigen ist die Bergbehörde entschlossen, gegen den in übermütig-frecher Weise begonnenen Ausstand mit schweren Maßregeln vorzugehen. Der Geheime Bergrat von Velsen hat gestern Vorstandsmitglieder des „Vereins zur Wahrung der gemeinsamen und wirtschaftlichen Interessen der Saarindustrie" gehört. Dieselben haben sich einstimmig dafür geäußert, daß die gewerblichen Betriebe des Saargebietes einen mehrwöchentlichen Ausfall der Kohlenlieferungen von den staatlichen Gruben ohne Schaden aushalten könnten. Zudem sind schon jetzt annehmbare Kohlenangebote aus Belgien gemacht worden. Um nicht fortgesetzt den Drohungen mit einem Ausstand seitens der staatlichen Bergarbeiter ausgesetzt zu sein, wünschen viele Besitzer gewerblicher

Betriebe im Saargebiete, daß die Bergarbeiter jetzt die Beschwerden einer längeren Arbeitseinstellung kennenlernen möchten.

Eine gestern nacht auf allen Gruben angeschlagene Bekanntmachung der Königlichen Bergwerksdirektion lasse ich hier gehorsamst folgen. Von den diesseits unterstehenden Polizeibehörden sind die Bekanntmachungen vom Jahre 1890 betreffend die §§ 240, 241, 110 und 125 des Reichsstrafgesetzbuches in vielen Druckstücken verbreitet worden. Die von Euer Exzellenz erlassene Polizeiverordnung betreffend das unbefugte Verweilen in der Nähe einer Betriebsstätte vom gestrigen Tage ist heute in einer besonderen Nummer des Amtsblattes erschienen und ist den beteiligten Landräten zur Veröffentlichung telegraphisch weitergegeben worden. Dieselbe wird bereits morgen früh an allen Gruben angeschlagen sein und wird aufgrund derselben nachdrücklich eingeschritten werden, um die fernere Bedrohung der Arbeitsbereiten zu verhindern.

Die Landräte zu Saarbrücken, Saarlouis und Ottweiler haben die ihnen zustehenden Gendarmen der 8. Gendarmerie-Brigade telegraphisch herbeigerufen, und aufgrund der Ergebnisse der heutigen Sitzung in Saarbrücken sind von mir die Gendarmerie-Abteilungen der 10. und 11. Gendarmerie-Brigade telegraphisch herbeigerufen worden. Ich werde nicht verfehlen, Euer Exzellenz über den weiteren Fortgang der Angelegenheit in den nächsten Tagen zu berichten.

Über die sozialdemokratische Bewegung und sonstige Arbeiterbewegung habe ich in Erledigung des hohen Erlasses vom 14. April 1891 über bemerkenswerte Vorkommnisse nicht zu berichten.

Gleichen Bericht habe ich dem Herrn Minister des Innern unmittelbar erstattet.

3m — *3. Januar 1893*

Bericht des Friedrichsthaler Bürgermeisters an den Saarbrücker Landrat über eine Versammlung der streikenden Bergarbeiter in Bildstock

Stadtarchiv Friedrichsthal: Bestand Rechtsschutzverein, Bergarbeiterbewegung (2 Bände), Bl. 442-445.

Die gestrige Versammlung nahm den üblichen Verlauf. Der Saal war wiederum dicht besetzt. Berwanger eröffnete die Versammlung um zwei Uhr mit der Mitteilung, daß Müller 42 verhaftet sei.

Wilhelm (Spiesen): „Kein Mensch weiß, warum Warken eingesperrt; warum ich nach Geislautern verlegt worden, weiß ich auch nicht. Ich schlage vor, fünfzig Ersatzmänner für den Vorstand zu wählen. Ich war im Grubenausschuß und habe mir viel Mühe angetan, mich sogar an Seine Majestät gewandt. Meine Eingabe kam zur Grube Heinitz zur Berichterstattung zurück, bis jetzt habe ich noch keine Antwort. Seine Majestät ist nicht schuld, es wurde ihm Sand in die

Augen gestreut. Auf Grube Heinitz fährt niemand an, bis ich und Menzer zurückverlegt sind."

Thome: „Ich schlage vor, den Vorstand zu ermächtigen, bei jeder Verhaftung einen Ersatzmann heranzuziehen. Verschiedene Maschinisten von Altenwald sind der Aufforderung anzufahren nicht nachgekommen, daher abgelegt worden. Diesen Kameraden kann nur geholfen werden, wenn Ihr dafür eintretet." Thome brachte sodann das Schreiben der Inspektion V zu Sulzbach an Georg Deutsch (daselbst) über dessen Entlassung zur Verlesung. „Trotz dem hier geleisteten Schwur sind viele in Altenwald angefahren. Heute ist noch Vorstandssitzung, worin wir eine neue Eingabe an die Direktion beschließen werden. Es hängt nicht davon ab, daß Ihr hier sagt: 'Wir streiken', Ihr müßt auch danach handeln. Wir werden die öffentliche Meinung wachrufen, nach Frankreich, Belgien usw. schreiben. Ich habe gehört, daß gesagt worden ist, wir hätten recht, vor 1. Januar zu handeln, damit Arbeitsordnung nicht in Kraft trete. Es wird der Ruf ergehen an sämtliche Frauen, am Donnerstag zu erscheinen, fünf Frauen haben sich bei mir schon zum Wort gemeldet."

Bachmann: „Die Bittgesuche an höhere Behörden haben nichts genützt. Es wäre Hauptsache, die zwei herauszulassen und unsere Meineidigen einzustecken. Das Streikkomitee hat am Sonntag ein Gesuch an die Direktion gemacht, sie hat aber noch nichts hören lassen."

Berwanger: „Meine Ansicht ist die, daß man hier und da einen wegnimmt, damit wir uns entzweien sollen. Schillo hat zwei Depeschen nach Westfalen geschickt, gehen aber nicht durch, kamen zurück. Seine Majestät hat 1889 gesagt, die Gruben müßten Mustergruben werden; äußerlich sieht es schön aus, aber innerlich und bei den Löhnen nicht. Die Gesinnung ist gut, wenn sie nur so bleibt."

Weyand: „In der heutigen Nummer von ‚Schlägel und Eisen'* sind die Gründe angegeben, warum die Bergleute in Streik getreten. Schickt die Lohnzettel über schlechte Löhne ein. Die armen Arbeiter und das Kapital stehen sich schroff gegenüber. In unserem Blatt kommt ein Aufruf um Unterstützung. Es ist ein Glück, daß sich alle Arbeiter nach und nach organisieren, hat der Arbeiter Geld, dann hat die ganze Welt.** Völklinger Beschlüsse*** werden in nächster Nummer kommen. Die Ausschußmitglieder sind für 6. Januar eingeladen. Aus Belgien ist ein Brief eingelaufen, worin wir aufgefordert wurden, einige Mann zu schicken, weil anzunehmen, daß Briefe und Depeschen nicht alle durchgehen."

Sodann wurden zur Verstärkung des Streikkomitees gewählt: Wilhelm (Spiesen), Schummer (Elversberg), Bitzer (Altenwald), Remy (Neunkirchen).

---

* Verbandsorgan des Rechtsschutzvereins.

** So in der Vorlage.

*** Die „Völklinger Beschlüsse" waren ein aktualisierter Forderungskatalog des Rechtsschutzvereins, dessen Kernpunkte denen des „Bildstocker Protokolls" vom Mai 1889 entsprachen.

Lambert: „Ich habe mich verspätet, komme soeben aus einer Versammlung von Illingen. Dort herrscht Einigkeit. Wir halten fest, was wir begonnen. Sind bereit, mit ihnen Einigkeit zu schließen, Seine Majestät die Wahrheit zu sagen. Mit uns muß gerechnet werden, wenn unsere Macht zusammenhält. ‚Bergmannsfreund'* wirft den Arbeitern Lügen ins Gesicht. Es ist nicht recht, daß der Steiger den ‚Bergmannsfreund' aufdringen darf. Vor allem im Streik muß einer behandelt wie der andere, die stolzen Worte Seiner Majestät werden nicht ausgeführt."

Berwanger: „Obersteiger aus Altenwald hat einen Mann am Hals gepackt und ihm gesagt: ‚Du bist auch einer von den Aufwieglern.' Den Kapitalisten ihr Geld und den Beamten ihr Gehalt machen sie patriotisch."

Lentes (Obervölklingen) brachte Grüße aus dem unteren Saarrevier und ein Hoch auf die Einigkeit der deutschen Bergarbeiter aus. Lambert: „Die Herren fragen nicht danach, ob wir verhungern oder nicht. Haltet fest an der Fahne, die Losung kommt vom Rechtsschutz. Seid treu und fest wie die Führer. Wir verlangen, daß alle Gemaßregelten wieder angelegt werden. Ich habe gestern eine von Heyder** verfaßte Schrift an das Ministerium eingereicht. Diese Herren sorgen für das Kapital, dem Kapital muß ein Damm gesetzt werden. Ihm zurufen: ‚Bis hierher und nicht weiter!' Fordert auf zum Eintritt in den Rechtsschutzverein, daß wir nicht von den Raubvögeln verschlungen werden. Ich habe 1870 den Feldzug mitgemacht und gesehen, daß sich mancher Führer hinter dem gemeinen Soldaten versteckt hat. Landrat Tenge hat mich als Sozialdemokrat erklärt, ich habe ihn verklagt, er brauchte sich aber nicht vor Gericht zu verteidigen." Lambert macht noch bekannt, daß auf dem Büro des Rechtsschutzvereins Listen zum Einzeichnen gegen die Arbeitsordnung ausliegen.

Auf Ausbringen eines Hochs auf Warken und Müller und Singen des üblichen Liedes wurde die Versammlung nach zweistündiger Dauer geschlossen.

3n — *4. Februar 1893*

Bericht der „Deutschen Metallarbeiterzeitung" über die Folgen der Streikniederlage

Deutsche Metallarbeiterzeitung Nr. 5 vom 4. Februar 1893.

Wehe den Besiegten!

Dieses grausame Wort findet heute wieder einmal seine Erfüllung gegenüber den im Streik unterlegenen Bergarbeitern des Saar- und Ruhrreviers. Die Rache des Siegers im Bürgerkriege wütet immer erbarmungsloser gegen die wehrlosen

* Zeitung der Bergwerksdirektion.

** Gemeint ist der Metzer Rechtsanwalt Karl Heyder, der seit Februar 1892 als Rechtsbeistand des Rechtsschutzvereins arbeitete.

Unterlegenen als im Kriege gegen fremde. Man braucht nicht auf die Bürgerkriege des alten Rom zurückzugreifen, von wo dieses Wort zu uns gekommen ist, man braucht nur an die jüngste Tragödie der Pariser Kommune zu erinnern, und man wird diese Tatsache in schrecklicher Unwiderlegbarkeit bestätigt finden. Mann, Weib, Kind und Greis wurden im Mai 1871 bekanntlich von dem Bluthunde Gallifet mit einfachem Fingerzeig, ohne Untersuchung der Schuld, aus den großen Zügen der Gefangenen ausgewählt, gerade wie es in seiner Laune lag, je nachdem ihm die Physiognomie* der Kommunarden auffiel, an die Wand gestellt und stehenden Fußes über den Haufen geschossen. Oder jeder zehnte Gefangene, wie er ging und stand, wurde der Reihenfolge nach in Haufen zusammengestellt und, damit es rascher ging, mit der Mitrailleuse** niedergeknattert. Ob tot oder bloß durch Blutverlust und Wunden ohnmächtig, die Füsilierten wurden wie Tierkadaver auf Wagen verladen und in großen Gruben rottenweise begraben. Erbarmen, Menschlichkeit, Zivilisation – diese Worte lebten damals nicht im Gedankenkreise der siegreichen, feigen, für ihre ausgestandene Angst sich rächenden Bourgeoisie – sie lebten 1871 so wenig wie sie 1848 nach dem Niederwerfen der Märzrevolution bei den anfangs aus der Residenz geflüchteten preußischen Junkern zu finden war. Sie ist nie zu finden in solchen Kämpfen, und es ist ein bedeutsames Zeichen, daß heute in Frankreich schon der bloße Gedanke an die Möglichkeit eines Wahlsieges der sozialistischen Arbeiter eben diesen Gallifet als den Helden des Bürgertums, den Retter der Gesellschaft in den Gesichtskreis der nahen Zukunft zaubert.

Nicht in dieser blutigen Grausamkeit (dazu geben die streikenden Bergarbeiter trotz aller Provokationen nicht den gewünschten Anlaß), aber mit derselben Erbarmungslosigkeit herrscht heute in den Bergarbeiterrevieren der „weiße Schrecken", denn für die Zechenbarone ist jeder Streik eine Rebellion gegen ihre Geldinteressen. Gesetzlich ist die Koalitionsfreiheit gewährleistet, gesetzlich ist das Recht des Streiks nur in untergeordnetem Maße durch den Kontraktbruchsparagraphen begrenzt; aber eben diese Einschränkung enthält andererseits gerade die prinzipielle Anerkennung des Streikrechts für die Arbeiter. Und zu allem Überflusse enthält der § 152 der Gewerbeordnung ausdrücklich die Bestimmung, daß alle Verbote und Strafbestimmungen, die früher gegen die Arbeiter bestanden, wenn sie Verabredungen oder Vereinigungen trafen zum Zwecke der Einstellung der Arbeit, von jetzt ab aufgehoben sind. Dem Wortlaute des Gesetzes nach ist der Streik nur die Ausübung eines den Arbeitern ausdrücklich garantierten gesetzlichen Rechtes. Wie steht es aber in der Wirklichkeit, wenn die Arbeiter von diesem theoretischen Recht praktischen Gebrauch gemacht haben? Schaut hin nach dem Saarrevier, wo neben Stumm der „neue Kurs" der sozialreformatorischen „Musteranstalten" thront, und schaut nach dem Ruhrrevier, wo der brutale Bourgeois-Egoismus der Zechenkönige uneingeschränkt und unverhüllt herrscht!

* Äußere Erscheinung, Gesichtsausdruck.

** Französisches Salvengeschütz, Vorläufer des Maschinengewehrs.

Sobald der Streik dort ausgebrochen, fühlten sich die Bergarbeiter wie im Bürgerkriege außerhalb des Gesetzes! Und wie im Bürgerkriege trafen die Zechenbarone ihre schamlosen Unterdrückungsmaßregeln. Nicht bloß die Bergarbeiter, die nirgends Exzesse verübten, standen unter dem Eindrucke, als ob die staatlichen Behörden ihre Maßregeln von dem einseitigsten Unternehmerinteresse aus träfen, als ob sie vergessen, daß sie eine über den streitenden Teilen stehende Behörde sein müssen, nimmermehr aber ein Werkzeug in den Händen der Kohlenjunker sein dürfen!

Als ganz selbstverständlich aber betrachtete solche Verschiebung des rechtlichen Verhältnisses die dortige Unternehmerpresse. Das Organ der Schienenflicker und Steuerhinterzieher, die „Rheinisch-Westfälische Zeitung", brachte den Brief eines „hervorragenden Industriellen" (Baare? Krupp?) zum Abdruck, worin dieser unter dem Stichwort: „Gewalt geht vor Recht!" sich heuchlerischer Weise gegen die Streikenden wendet, seine und der Unternehmer Absichten aber in brutalster Form in die Worte kleidet: „Dem Vertragsbruch gegenüber sind Ausnahmemaßnahmen erforderlich: Einsteckung der Aufwiegler bis zur Beendigung des Streiks, weil diese im Falle des Kohlenmangels tausende von Existenzen in Not bringen. Indemnität (Straflosigkeit) wird zweifellos gewährt werden." Soviel wir bis heute wissen, hat sich kein Staatsanwalt gefunden, der aus dieser, unserer Ansicht nach offenen Aufforderung zur Gesetzesübertretung, auf § 110 hin sich zum Einschreiten veranlaßt gesehen. Wenn ein Bergarbeiter in einer Streikversammlung diesen Ruf erhoben, wenn er unter der Vorgabe der späteren Straflosigkeit zur Vergewaltigung der Unternehmer aufgefordert hätte! Zweifellos hätte er den Saal nicht als freier Mann verlassen!

Und wie wurde diese Unternehmerfrechheit seitens der staatlichen Behörden zurückgewiesen? Hören wir, was die „Frankfurter Zeitung" nach dem Streik schrieb: „Die Hand der Polizei hat sich in den letzten acht Tagen auf alles und alle gelegt, die irgendwie verdächtig waren, die Arbeiterbewegung, wenn auch nur mit dem Gedanken, zu begünstigen. Der Belagerungszustand war zwar nicht verhängt, in Wirklichkeit aber vorhanden. Die Versammlungsfreiheit war aufgehoben, der öffentliche Verkehr unterbunden, und ‚rudelweise' wurden die Arbeiter in die Gefängnisse abgeführt, bis deren Räume die Inhaftierten nicht mehr zu fassen vermochten." Mehr hätte sogar Stumm nicht tun können, wenn er selber direkt Polizeichef gewesen wäre!

Nicht in den Formen so brutal, aber im selben Geiste trafen die staatlichen Behörden im Saarrevier die „Schutz-"maßregeln für die fiskalischen Gruben. Man „rasierte" die Köpfe der Bewegung, damit war der Rumpf kampfunfähig gemacht. Mitten im Streik wurden die Führer der Bewegung unter der schimpflichen Anschuldigung der Unterschlagung verhaftet, zwei oder drei Tage nach dem Streik wurden sie bis auf zwei wieder entlassen. Die Untersuchung in der angeblichen Unterschlagung aber läuft nicht länger als seit fast zwei Jahren, die Verhaftung aber ist erst „notwendig" in der Hochstunde der

Streikbewegung! Und wie die Flut der Streikbewegung zurückweicht, stellt sich die Fortsetzung der Haft nicht mehr als notwendig heraus!

Dieser Geist des „neuen Kurses“ wird in seinem richtigen Glanze erst durch die Geschichte der Deputationen illustriert! Und gar der von Berlin extra nach Saarbrücken abgereiste Ministerialgesandte, Oberberghauptmann Freund, welch tiefes Verständnis, welche humane Gesinnung, welche Höhe objektiver Unbefangenheit legte er nicht an den Tag, als er im „Rheinischen Hof“ zu Sankt Johann einer Bergarbeiterdeputation sein Mißfallen darüber ausdrückte, daß sie sich erlaubt hatten, in einem Restaurationslokale ein Glas Wein zu trinken, weil sie 3/4 Stunden warten mußten, bis sie von ihm Audienz erhielten. Man denke sich die Frechheit der Bergleute, die sich für ihr Geld, nachdem sie schon mehrere Stunden auf den Beinen waren, einen Frühstückstrunk gestatteten, statt daß sie wie Hunde oder Lakaien im Hausflur auf den Oberberghauptmann Freund demütigst warteten, bis dieser vielleicht ebenfalls gerade sein jedenfalls opulenteres Frühstück zu sich genommen. Leider haben scheints die Bergleute auf diese bürokratische Anmaßung nicht sofort die richtige Antwort gefunden. Jedenfalls war das der geeignetste Mann, die Bergarbeiter mit dem Fiskus zu versöhnen und ihnen die Vorzüge des „neuen Kurses“ vor Augen zu führen!

Wehe den Besiegten! Die Bergleute waren zwar schon besiegt, ehe der Kampf begonnen! Daher alle diese Maßnahmen! Nun aber die Niederlage offen besiegelt ist, beginnt das Wort erst, seine vollen Schrecken auszuüben. Und hier marschiert der „neue Kurs“ der „Musteranstalten“ an der Spitze. 25 000 Bergleute standen im Saarrevier im Streik – und die Rache des Siegers sucht sich je den zehnten Mann zur Strafe aus! 491 Mann sind nach der „Kölner Volks-Zeitung“ für immer, 1 966 zeitweilig abgelegt, insgesamt also 2 457! Ein Schrei der Wut und Verzweiflung gellt durch die Täler des Saarreviers, der sich durch die Drohungen: „Auswanderung!“, „Bildung von Räuberbanden!“, „Überlassung der Familien an die Gemeinden!“ und wie die Verzweiflungsworte der zum sozialen Elend, zum Hunger, teilweise zur sozialen Vernichtung verurteilten Familienväter alle lauten, in erschütternder Weise Luft macht!

Wehe den Besiegten! Im Ruhrrevier sollen von den 20 000 Streikenden 4 000 Mann (also schon jeder fünfte Mann) dauernd oder zeitweilig abgelegt werden! Kurz: Eine Rache, grausam, erbarmungslos und – kurzsichtig, zu der nur der geldhungrige Bourgeois in seiner Wut über entgangenen und gefährdeten Profit sich hinreißen lassen kann!

Was wird die Folge sein? Wer Wind sät, wird Sturm ernten! Der Gewalt weichend gehen die Bergleute wieder ins alte Joch, sie knirschen mit den Zähnen, ballen die Fäuste – und sinnen auf Vergeltung! Vergessen werden sie der Demütigungen, Vergewaltigungen, Mißhandlungen nimmer! Und die tausende von Gemaßregelten werden mit einem Fluch auf den Lippen teilweise zugrunde gehen, die anderen aber ziehen als Apostel des Evangeliums der Vergeltung landauf und landab. Wohin sie kommen, tauschen sie ihre Erfahrungen! Und wie Schuppen von den Augen wird es Tausenden fallen, die bisher noch nicht an die tiefe Klassenscheidung geglaubt, sie noch nicht erkannt haben, welche die moderne Gesellschaft in zwei feindliche, unversöhnliche Heerlager trennt! Für den Augenblick besiegt und bezwungen ziehen die Bergleute aus ihrer Niederlage die Lehre des Klassenkampfes! Und diese Erkenntnis wiegt für die Allgemeinheit den Schaden der Niederlage auf. Für die Einzelnen freilich ist diese Rache des Siegers, dieses „Wehe den Besiegten" ein furchtbarer Schlag, demgegenüber die deutsche Arbeiterklasse die Pflicht der Solidarität zu üben hat. Es sind künftige Kampfesgenossen, um die wir uns heute annehmen. Aus den Gegnern von gestern, aus den Zweiflern von heute sind diese mißhandelten Bergleute die Stürmer von morgen.* Und das „Wehe den Besiegten" verwandelt die Zeit ebenso unerbittlich wie unabänderlich in ein folgenschweres „Wehe den Siegern!"

30 — *25. März 1893*

Bericht des Friedrichsthaler Bürgermeisters an den Saarbrücker Landrat über den beginnenden Zerfall des Rechtsschutzvereins

Stadtarchiv Friedrichsthal: Bestand Rechtsschutzverein, Bergarbeiterbewegung (2 Bände), Bl. 555-556.

Euer Hochwohlgeboren beehre ich mich gehorsamst zu berichten, daß in der abgelaufenen Berichtsperiode im Saale des Rechtsschutzvereins zu Bildstock keine öffentliche Versammlung stattgefunden hat. Wie bereits berichtet, ist die Vertrauensmännerversammlung am 26. vorigen Monats resultatlos verlaufen und ebenso die Versammlung vom 12. des Monats. Dagegen fand die durch besonderes Flugblatt und Nr. 23 der Zeitung „Schlägel und Eisen"** bekanntgewordene Vorstandssitzung am 15. März des Jahres in Altenkessel statt. Das Resultat der in diesen Blättern angekündigten Vorstandssitzung mit Aufsichtsrat am 22. März des Jahres zu Bildstock ist in der heutigen Nummer von „Schlägel und Eisen" veröffentlicht und erlaube ich mir, auf die Veröffentlichung hinzuweisen.

Das Vorgehen von Schillo und Genossen scheint durch die Massenaustritte aus dem Rechtsschutzverein veranlaßt worden zu sein. Bis jetzt sind 10 693 Mitglieder bei mir abgemeldet. Der Bestand betrug am 1. Januar dieses Jahres 20 118 Mitglieder, also jetzt 9 425 Mitglieder. Die Kriegervereinsmitglieder sind sämtlich aus dem Rechtsschutzverein ausgetreten.

Das am Niederrhein zur Verteilung gekommene anarchistische Flugblatt „Glück auf zum Kampf für Brot und Freiheit" ist im hiesigen Bezirk nicht zur Verbreitung gelangt. Ebenso ist das von Warken in Malstatt-Burbach verteilte Flugblatt „Entweder oder" hier nicht verbreitet worden. Es konnte nur konsta-

* So in der Vorlage.

** Verbandsorgan des Rechtsschutzvereins.

tiert werden, daß Warken dem Bergboten Fuchs aus Heinitz ein Exemplar bei der Abreise auf dem hiesigen Bahnhof übergeben hat.

Die Einladung von Warken zu einer großen Versammlung am 19. des Monats zu Bildstock scheint nicht bekannt geworden zu sein, denn es fanden sich keine Leute am Sonntag zu Bildstock zum Behuf einer Versammlung ein.

Die von Pfarrer Weber auf Sonntag, den 26. vorigen Monats im Saale von Jac. Siffrin zu Friedrichsthal einberufene Versammlung des Volksvereins für das katholische Deutschland war von annähernd 200 Personen besucht und verlief in bester Ordnung. In derselben traten Dechant Oesterling, Rechtsanwalt Löner und der Schriftführer Becker des Volksvereins sowie Pfarrer Weber als Redner auf. Von den anwesenden Personen meldeten sich viele bei Pfarrer Weber zum Beitritt in den Verein an.

3p — *27. August 1896*

Bericht des Vorsitzenden des Rechtsschutzvereins an den Friedrichsthaler Bürgermeister über die Auflösung des Vereins

Stadtarchiv Friedrichsthal: Bestand Rechtsschutzverein, Bergarbeiterbewegung (2 Bände), Bl. 634.

Generalversammlung des Rechtsschutzvereins zu Bildstock vom 27. August 1896.

A. Tagesordnung:
   1. Auflösung des Rechtsschutzvereins
   2. Verschiedenes

B. Beschlüsse:
   Unter Beisein der aufsichtsführenden Polizeibehörde wurde folgendes beschlossen:

zu 1:

Durch Stimmenmehrheit wurde beschlossen, den Rechtsschutzverein durch den Kassierer Nik. Kron bei der Ortspolizeibehörde abzumelden und von der geschehenen Abmeldung der Königlichen Bergwerksdirektion IX Mitteilung zu machen.

zu 2:

a. Dem pensionierten Bergmann Mathias Bachmann zu Bildstock wird die Berechtigung erteilt, die noch ausstehenden Forderungen des Rechtsschutzvereins zu seinen Gunsten einzuziehen bzw. gerichtlich beizutreiben und wurde ihm dieserhalb ein Schreiben des Gastwirtes Heinrich Jolas aus Altenwald, worin derselbe eine Schuld an den Rechtsschutzverein von 200 Mark anerkennt, ausgehändigt.

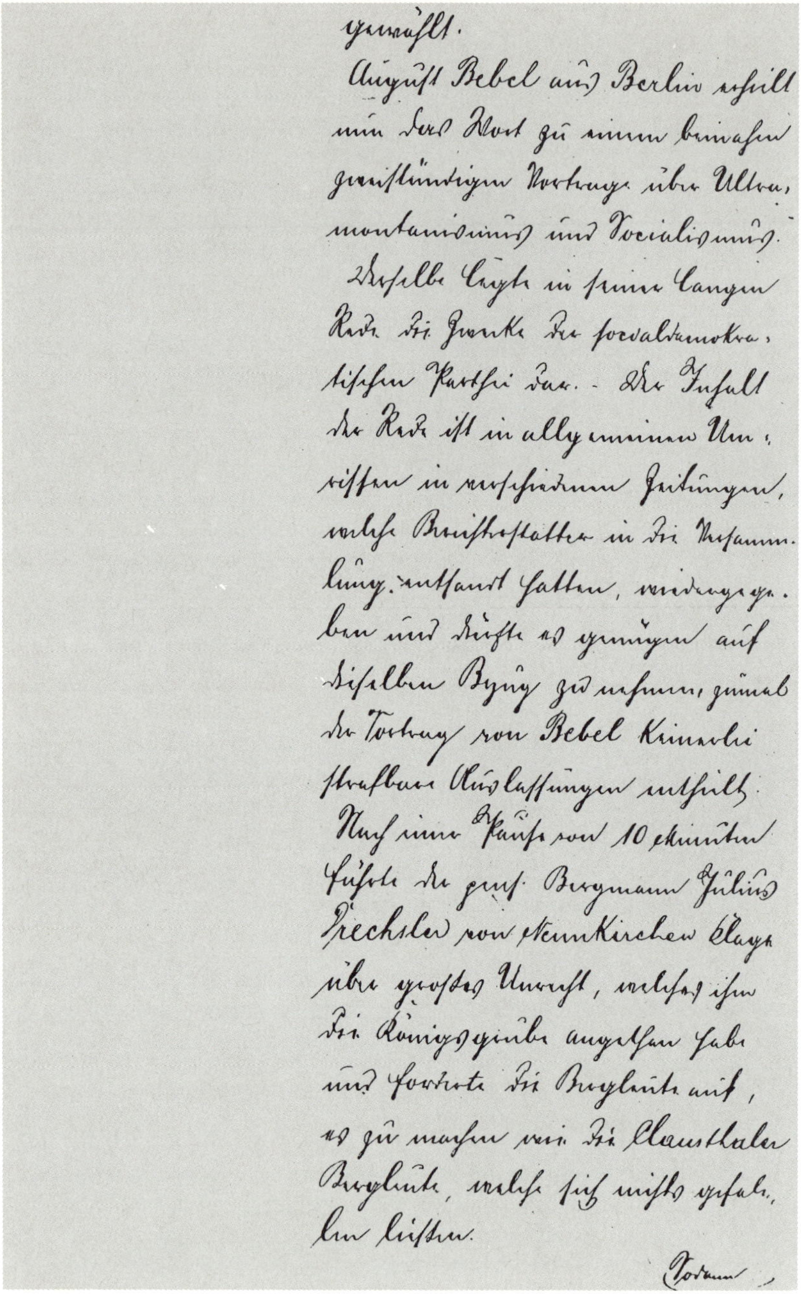
gewählt.
August Bebel aus Berlin erhielt
nun das Wort zu einem beinahe
zweistündigen Vortrage über Ultra-
montanismus und Socialismus.
Derselbe legte in seiner langen
Rede die Gedanke der socialdemokra-
tischen Parthei dar. - Der Inhalt
der Rede ist in allgemeinen Um-
rissen in verschiedenen Zeitungen,
welche Berichterstatter in die Versamm-
lung entsandt hatten, wiedergege-
ben und dürfte es genügen auf
dieselben Bezug zu nehmen, zumal
der Vortrag von Bebel keinerlei
strafbare Auslassungen enthielt.
Nach einer Pause von 10 Minuten
führte der gew. Bergmann Julius
Drechsler von Neunkirchen Klage
über großes Unrecht, welches ihm
die Königsgrube angethan habe
und forderte die Bergleute auf,
es zu machen wie die Clausthaler
Bergleute, welche sich nichts gefal-
len ließen.
Jordan

September 1892: August Bebel im Rechtsschutzsaal zu Bildstock, Bericht des Friedrichsthaler Bürgermeisters an den Saarbrücker Landrat. (Stadtarchiv Friedrichsthal)

b. Alle Akten und Schriftstücke des Rechtsschutzvereins sollen vernichtet werden.

c. Die noch vorhandenen Inventargegenstände des genannten Vereins erhält der Kassierer Kron als sein Eigentum.

Bildstock, 27. August 1896
1. August Jenal, Vorsitzender
2. M. Bachmann, Schriftführer
3. Nik. Kron, Kassierer
4. Dieter Groß III, Beisitzender
5. Joh. Klein I, Beisitzender
6. Nik. Groß, Beisitzender

4 — 31. März 1892

Anweisung der Direktion der Firma Gebrüder Stumm zum außerdienstlichen Verhalten der Beschäftigten

Archiv Saarstahl Völklingen, Werk Neunkirchen: Zirkulare des Karl Ferdinand Stumm 1873 bis 1901.

Wir erwarten von allen Arbeitern, daß sie sich auch außerhalb des Dienstes in einer Weise aufführen, welche unserm Hause zur Ehre gereicht. Sie können gewärtig sein, daß ihr Privatverhalten von uns stets im Auge behalten und daß eine schlechte Aufführung außer Dienst die Kündigung nach sich ziehen wird. Dies bezieht sich insbesondere auf Tätlichkeiten und Ungezogenheiten gegen Mitarbeiter und Vorgesetzte sowie Ruhestörungen und Raufhändel außerhalb des Werkes, endlich auf Vergehen, für welche auf eine Gefängnisstrafe von mehr als vierzehn Tagen rechtskräftig erkannt wird. Außerdem hat jeder unserer Arbeiter die Kündigung zu gewärtigen, welcher:

1. das Verbot des Schießens auf öffentlichen Straßen, namentlich in der Neujahrsnacht, übertritt;
2. sich verheiratet oder gerichtliche Klage gegen Mitarbeiter führt, ohne uns seine Absicht zuvor angezeigt zu haben;
3. seinen Vorgesetzten oder deren Familienmitgliedern ohne unsere Zustimmung Geschenke macht;
4. von Fremden Trinkgelder oder sonstige Geschenke für Handlungen, welche seinen Dienst berühren, annimmt;
5. selbst oder durch seine Angehörigen (Frau, Kinder und Verwandte, welche zu seiner Haushaltung gehören) ohne unsere Erlaubnis irgendwelches Nebengeschäft betreibt oder betreiben läßt. Der Ackerbau gilt nicht als Nebengeschäft;

6. ohne unsere Erlaubnis neben dem Knappschaftsverein noch einer anderen Krankenkasse beitritt;

7. sozialdemokratische Blätter hält oder verbreitet, an sozialdemokratischen Versammlungen oder Vereinen teilnimmt oder auch Wirtshäuser frequentiert, in welchen sozialdemokratische Versammlungen abgehalten werden oder Blätter dieser Richtung ausliegen.

Wir behalten uns vor, mit Ausnahme des Falles ad 6, statt der Kündigung zunächst eine Androhung der Kündigung auszusprechen. Jeder großjährige Arbeiter, welcher in dieser Eigenschaft während eines vollen, mit dem 31. März beginnenden Geschäftsjahres bei uns gearbeitet hat und gegen welchen während dieser Zeit die Kündigung weder angedroht noch ausgesprochen worden ist, erhält ein Geschenk von Mk. 5, falls er sich nicht grober Verstöße gegen die Arbeitsordnung schuldig gemacht hat.

Neunkirchen, den 31. März 1892
Gebrüder Stumm

5 — 1903/1906

Der Beginn der Agitations- und Organisationsarbeit der Arbeiterbewegung im Saarrevier

5a — 6. Oktober 1903

*Bericht des Vorsitzenden der Bergwerksdirektion an den Regierungspräsidenten in Trier**

Landeshauptarchiv Koblenz: Bestand 442, Nr. 4244, Bl. 247-253.

Auf das gefällige Schreiben vom 4. vorigen Monats (Nr. I, A 17051) teile ich Euer Hochwohlgeboren ergebenst mit, daß die sozialdemokratische Bewegung, die mit Umsicht und großem Geschick im hiesigen Bezirk und insbesondere in der benachbarten bayerischen Pfalz einsetzte, noch nicht unterdrückt ist und Agitatoren fortgesetzt im geheimen auf das eifrigste bemüht sind, den sozialdemokratischen Gedanken in die Arbeiterschaft hineinzutragen und Anhänger zu gewinnen.

Wie ich Euer Hochwohlgeboren bereits mündlich mitteilte, fand die erste sozialdemokratische Vertrauensmännerversammlung auf Anregung auswärtiger Agitatoren am 16. August des Jahres statt. Das Ergebnis der damals gepfloge-

* In der Vorlage befinden sich einige handschriftliche Änderungen, die hier unberücksichtigt bleiben.

nen vertraulichen Verhandlungen, in welche ich einen zuverlässigen Vertrauensmann entsandt hatte, war die Schaffung eines sozialdemokratischen Agitationskomitees mit dem Sitz in Saarbrücken, das die Aufgabe erhielt, für ein umfassendes Vertrauensmännersystem Sorge zu tragen und durch die Vertrauensmänner der einzelnen Ortschaften geeigneten Lesestoff in die Bevölkerung zu tragen. Es wurde die Gründung eines Preßkomitees und Beschaffung eines Preßfonds beschlossen, um in absehbarer Zeit eine für die lokalen Verhältnisse des Saarreviers zugeschnittene sozialdemokratische Zeitung ins Leben zu rufen. Die Vertreter, die an dieser Vertrauensmännerversammlung teilnahmen (insgesamt 22) waren aus den Wahlkreisen Saarbrücken, Saargemünd, Merzig-Saarlouis, Ottweiler-Sankt Wendel-Meisenheim und dem Bliesgau. Die Zugehörigkeit der verschiedenen Wahlkreise zu verschiedenen Bundesstaaten hielten die Vertreter nicht als Hindernis für eine gemeinsame Aktion, der die große Entfernung des Saarreviers von anderen Agitationspunkten die politische Entwicklung der Saarwahlkreise sehr benachteilige, dann aber die Verhältnisse der genannten Wahlkreise sehr gleichartige seien.*

Der erste Vorstoß der Sozialdemokraten, der nach dieser Vertrauensmännerversammlung unternommen wurde, geschah von der benachbarten bayerischen Pfalz aus, nachdem die hiesige sozialdemokratische Parteileitung sich mit derjenigen von Sankt Ingbert und Forbach in Verbindung gesetzt und mit diesen eine Art Kartell zur gegenseitigen Unterstützung in ihrer Agitation für die sozialdemokratische Partei gebildet hatte. Am 30. August fand in Sankt Ingbert eine öffentliche Bergarbeiterversammlung statt, in welcher als Redner der frühere Bergmann, jetziger Agitator Portenkirchner aus Hausham, der Redakteur Johann Leinpeter von der Bergarbeiterzeitung Bochum und der frühere Bergmann Seel aus Groß-Rosseln auftraten und den Beitritt zum sozialdemokratischen Deutschen Bergarbeiterverband empfahlen. Der Aufforderung zum Beitritt wurde indessen von keinem der Anwesenden entsprochen. Die Redner ergingen sich in allgemeinen aufhetzenden Redensarten, insbesondere über Lohnverhältnisse, und richteten wiederholte schwere Angriffe auf die Stellung der Beamten meiner Verwaltung und namentlich auf meine Person.

Ich hatte bereits im April des Jahres im Hinblick auf die nahende Gefahr des Vorgehens der sozialdemokratischen Partei angeordnet, daß alle auf den fiskalischen Gruben des Saarreviers beschäftigten Bergleute, welche einem sozialdemokratischen Verein angehören oder beitreten oder sozialdemokratische Versammlungen besuchen, im Wege der Kündigung aus der Grubenarbeit entlassen werden. Ich habe von dieser Verfügung bis zu der Sankt Ingberter sozialdemokratischen Versammlung keinen Gebrauch zu machen brauchen. Diese Versammlung war von mir mit etwa vierzig Beamten von denjenigen Gruben meines Bezirkes beschickt, auf denen bayerische Bergleute arbeiten. Es haben im ganzen drei Bergleute der mir unterstellten Gruben an der Versammlung teilgenommen. Diesen dreien ist unverzüglich die Grubenarbeit gekündigt.

* So in der Vorlage.

Dieses rechtzeitige Vorgehen ist von guter Wirkung gewesen. Seit dieser Zeit haben öffentliche Bergarbeiterversammlungen nicht mehr stattgefunden. Die Agitatoren sind aber um so eifriger bemüht, im geheimen Anhänger zu gewinnen und durch den Verkauf von sogenannten „Preßmarken" einen Fonds für das in Aussicht genommene Preßunternehmen anzusammeln. Von diesen Preßmarken sollen allein am vergangenen Sonntag für 500 Mark, also 5000 Stück, vertrieben sein.

Hauptagitator in Saarbrücken ist zur Zeit ein hausierender Kaufmann Osteroth, der in allen Ortschaften zu tun hat und häufig in den betreffenden Ortschaften übernächtigt. Vorsitzender des sozialdemokratischen Vereins ist nach dem Abgange des in der Druckerei von Gebrüder Hofer zu Saarbrücken beschäftigt gewesenen Schriftsetzers Blittersdorf jetzt der ebenfalls bei Gebrüder Hofer beschäftigte Schriftsetzer Christmann. Ein Sekretär des westfälischen Bergarbeiterverbandes, Pockorny, kommt am 1. Dezember hierher, um die Agitation im Saarrevier energisch zu betreiben und die Organisation der Bergleute ins Werk zu setzen.

Was die Herausgabe einer sozialdemokratischen Zeitung für das Saarrevier betrifft, so war zunächst ins Auge gefaßt, den Druck eines solchen Blattes der „Sankt Johanner Zeitung" zu übertragen. Dieses Projekt ist mittlerweile aufgegeben worden. Dagegen ist beschlossen, daß am 1. Juli nächsten Jahres hier eine sozialdemokratische Zeitung erscheinen soll, die vom Ludwigshafener (oder Mannheimer) „Volksboten" herausgegeben wird. Die Herstellung des Blattes soll in der Weise geschehen, daß die beiden ersten Seiten der Zeitung als fertige, stereotypierte Druckplatten nach hier geliefert werden, während die dritte und vierte Seite mit lokalen Nachrichten und Inseraten hier redigiert und gesetzt werden. Bei den hiesigen Geschäftsleuten wird jetzt schon Umfrage wegen aufzugebender Inserate gehalten.

Auch der Hamburger Metallarbeiterverband, der hier seinen Hauptsitz unter den Arbeitern der Maschinenfabriken hat und der auf gleichem Boden steht wie der sozialdemokratische Deutsche Bergarbeiterverband, macht in der letzten Zeit große Anstrengungen, weitere Kreise zu gewinnen. Der Gründer des Metallarbeiterverbandes, Ewers oder Ebers, war in den letzten Tagen in Burbach und in Brebach in verschiedenen Wirtschaften agitatorisch anscheinend mit gutem Erfolge tätig. In Brebach war, wie Ewers behauptet, verschiedenen Arbeitern gekündigt worden, jedoch wurde die Kündigung nach Ablauf der Kündigungsfrist aufgehoben und dafür der Lohn reduziert. Diesen Fall soll sich der Agitator für seine Hetzarbeit ganz besonders zunutze gemacht haben, indem er die Lohnreduzierung als eine den guten Betriebsverhältnissen nicht entsprechende, durchaus ungehörige und unnötige bezeichnete. Im „Kaisersaale" hierselbst haben fast an jedem Abend Versammlungen stattgefunden, mit deren Verlauf p. Ebers sehr zufrieden sein soll.

Namentlich hier in den Städten macht sich die Bewegung auch in anderen Kreisen bemerkbar. Am vergangenen Sonntagvormittag fand im „Tivoli" hier

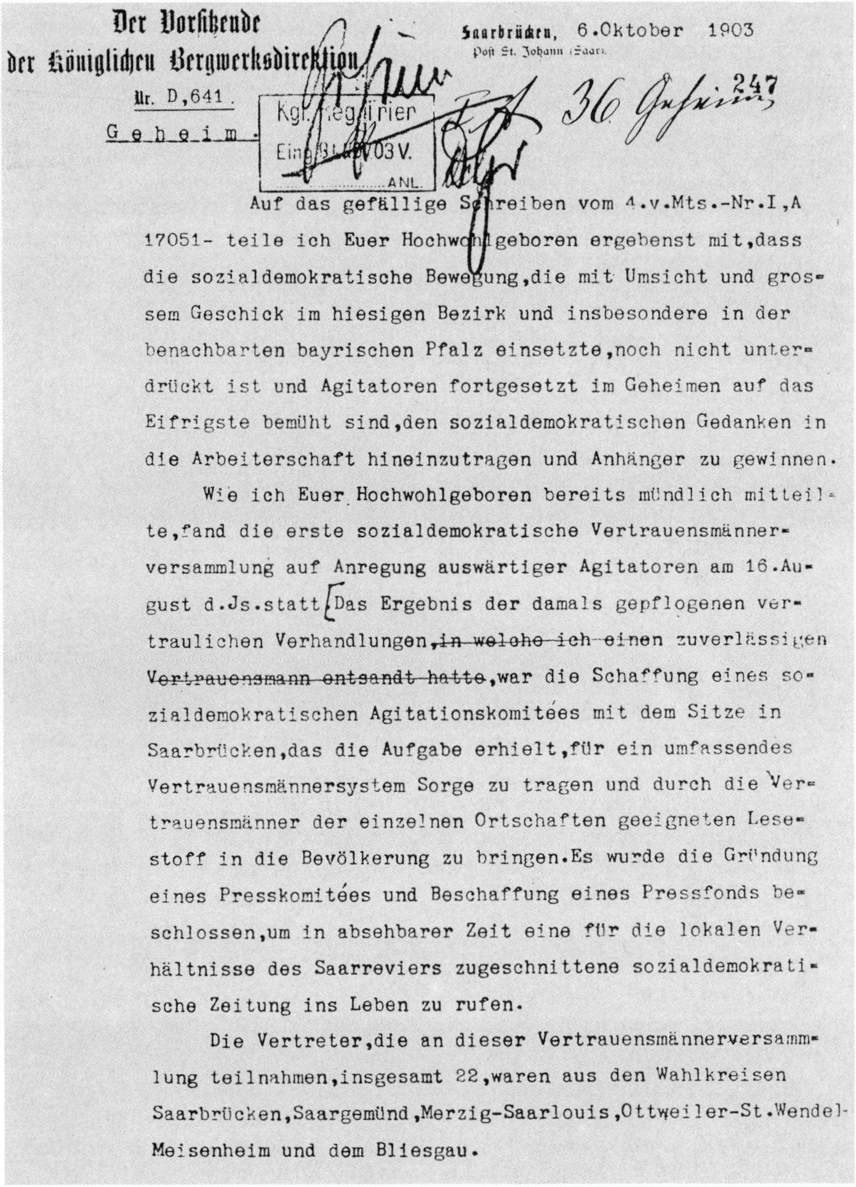

Der Vorsitzende
der Königlichen Bergwerksdirektion

Nr. D,641.

Geheim.

Saarbrücken, 6.Oktober 1903
Post St. Johann (Saar).

Kgl. Reg. Trier
Eing. ... 03 V.
...Anl.

36 Geheim 247

Auf das gefällige Schreiben vom 4.v.Mts.-Nr.I,A 17051- teile ich Euer Hochwohlgeboren ergebenst mit,dass die sozialdemokratische Bewegung,die mit Umsicht und grossem Geschick im hiesigen Bezirk und insbesondere in der benachbarten bayrischen Pfalz einsetzte,noch nicht unterdrückt ist und Agitatoren fortgesetzt im Geheimen auf das Eifrigste bemüht sind,den sozialdemokratischen Gedanken in die Arbeiterschaft hineinzutragen und Anhänger zu gewinnen.

Wie ich Euer Hochwohlgeboren bereits mündlich mitteilte,fand die erste sozialdemokratische Vertrauensmännerversammlung auf Anregung auswärtiger Agitatoren am 16.August d.Js.statt.Das Ergebnis der damals gepflogenen vertraulichen Verhandlungen~~,in welche ich einen~~ zuverlässigen ~~Vertrauensmann entsandt hatte~~,war die Schaffung eines sozialdemokratischen Agitationskomitées mit dem Sitze in Saarbrücken,das die Aufgabe erhielt,für ein umfassendes Vertrauensmännersystem Sorge zu tragen und durch die Vertrauensmänner der einzelnen Ortschaften geeigneten Lesestoff in die Bevölkerung zu bringen.Es wurde die Gründung eines Presskomitées und Beschaffung eines Pressfonds beschlossen,um in absehbarer Zeit eine für die lokalen Verhältnisse des Saarreviers zugeschnittene sozialdemokratische Zeitung ins Leben zu rufen.

Die Vertreter,die an dieser Vertrauensmännerversammlung teilnahmen,insgesamt 22,waren aus den Wahlkreisen Saarbrücken,Saargemünd,Merzig-Saarlouis,Ottweiler-St.Wendel-Meisenheim und dem Bliesgau.

Die sozialdemokratische Bewegung ist noch nicht unterdrückt: Bericht des Geheimen Bergrats Hilger vom Oktober 1903. (Landeshauptarchiv Koblenz)

eine Versammlung der Anstreicher und den denselben nahestehenden Gewerbezweigen statt, die sich mit der Lohnfrage der betreffenden Arbeiter befaßte. Eine Lohnbewegung dürfte im Anfang des neuen Jahres in dieser Branche bevorstehen.

Am Nachmittage desselben Tages fand im „Kaisersaale“ eine Versammlung der Schreiner statt, in welcher ein sozialdemokratischer Referent aus Mannheim das Hauptwort führte. Auch in Völklingen hat am letzten Sonntag eine geheime Besprechung der sozialdemokratischen Führer stattgefunden, die beschlossen haben, am nächsten Sonntag eine größere Versammlung in Völklingen selbst oder der Umgegend abzuhalten.

Die Anteilnahme der bergmännischen Bevölkerung an den Bestrebungen der Sozialdemokratie ist bis jetzt eine wenig in die Erscheinung tretende. Wenn auch einstweilen die Belegschaft bei den hohen Löhnen und dem Fehlen jeden Grundes zur Unzufriedenheit absolut ruhig ist, so lege ich doch diesmal der sozialdemokratischen Agitation eine um so ernstere Bedeutung bei, als sie einmal sehr geschickt und energisch betrieben wird und sie zweitens einen durch die unglaubliche Hetzarbeit der katholischen Geistlichen des Saarreviers und ihrer Presse gegen die Bergbeamten vornehmlich und auch gegen die anderen Arbeitgeber des Bezirks sehr gut vorbereiteten Boden findet.

Das geschickte und zielbewußte Vorgehen der sozialdemokratischen Partei war dazu angetan, die Arbeitgeber zu ermahnen, auf der Hut zu sein und mit allen Mitteln zu versuchen, die Bewegung im Keime zu ersticken. Gleich nach der am 30. August in Sankt Ingbert stattgefundenen Versammlung nahm ich daher Veranlassung, mich sowohl mit den Leitern der benachbarten bayerischen Staatsgruben und der preußischen, bayerischen und lothringischen Privatgruben als auch mit den Vertretern der hiesigen Großindustrie in Verbindung zu setzen, um mit ihnen die Mittel und Wege zur Bekämpfung eines weiteren Vordringens der Sozialdemokratie zu besprechen. Das Ergebnis dieser Verhandlungen war, daß sich die in Betracht kommenden Arbeitgeber verpflichteten:

1. Arbeiter, welche sozialdemokratische Versammlungen besuchen oder einem sozialdemokratischen Verein angehören oder sich sonstwie zur Sozialdemokratie bekennen, unter der Arbeiterschaft nicht zu dulden, sondern zu entlassen;

2. Arbeiter, welche von anderen Werken wegen sozialdemokratischer Umtriebe entlassen sind, bei eventueller Meldung zur Werksarbeit nicht zuzulassen.

Diesem von mir veranlaßten einmütigen, energischen und rechtzeitigen Vorgehen der Arbeitgeber ist es wohl in erster Linie zu verdanken, daß die sozialdemokratischen Agitatoren trotz der mit vieler Umsicht und großem Geschick ins Werk gesetzten Agitation bis jetzt nicht den erhofften Erfolg hatten und daß sie es vor allem zunächst nicht mehr wagten, offen ihre Agitation fortzusetzen. Daß aber die Bewegung einstweilen noch nicht als unterdrückt anzusehen ist, das zeigen die in den letzten Wochen im geheimen weiter betriebenen, oben mitgeteilten eifrigen Bemühungen der Agitatoren.

Ich werde auch weiterhin der sozialdemokratischen Bewegung die größte Aufmerksamkeit zuwenden und bin gern bereit, Euer Hochwohlgeboren über weitere Vorkommnisse Mitteilung zu machen.

Hilger
Geheimer Bergrat

5b *31. Dezember 1904*

Bericht der „Metallarbeiterzeitung" über die Verfügung der Firma Gebrüder Stumm gegen die sozialdemokratische Zeitung „Saarwacht"

Metallarbeiterzeitung Nr. 3 vom 21. Januar 1905.

Die Firma Gebrüder Stumm in Neunkirchen hat wegen der „Saarwacht" eine besondere Bekanntmachung erlassen, in der sie getreu ihrer Tradition den Kampf gegen die Arbeiterschaft führt. Folgender Erlaß wurde angeschlagen:

„Angesichts des erneuten Versuchs der Sozialdemokraten, in das hiesige Revier einzudringen, bringen wir den Aufruf unseres verewigten Herrn Freiherr von Stumm-Halberg vom 8. Juli 1877 in Erinnerung, welcher lautete:

‚Mit Bezugnahme auf meine heutige Ansprache mache ich hierdurch bekannt, daß jedem Arbeiter sofort gekündigt werden wird, welcher sich direkt oder indirekt an sozialdemokratischen Agitationen beteiligt und insbesondere: a) sozialdemokratische Blätter hält oder verbreitet, b) an sozialdemokratischen Vereinen oder Versammlungen teilnimmt, c) Wirtshäuser besucht, in welchen sozialdemokratische Versammlungen abgehalten werden oder Blätter dieser Richtung ausliegen.'

Die Besitzer der Firma, den Überlieferungen des Verewigten treu, sind von der Notwendigkeit durchdrungen, ihre Arbeiterschaft auch fernerhin von sozialdemokratischen Elementen frei zu halten und sprechen die Erwartung aus, daß ihnen im Hinblick auf das bisherige gute Verhalten und den gesunden sozialen Sinn ihrer Arbeiter keine Veranlassung geboten werde, auch nur gegen einen einzigen wegen Verstoßes gegen diese Bestimmungen Maßregeln zu ergreifen.

Neunkirchen, 31. Dezember 1904
Gebrüder Stumm"

Es sei hinzugefügt, daß unter den sozialdemokratischen Vereinen auch die Gewerkschaften verstanden werden. Die Arbeiter werden unter empörendem Mißbrauch ihrer wirtschaftlichen Abhängigkeit des Versammlungs- und des

Koalitionsrechtes beraubt und kein Staatsanwalt findet sich, der gegen diese Scharfmacherbrutalität einschreitet. Obendrein nennt sich diese Scharfmacherbande liberal und „liberale" Blätter finden ihre Knebelpolitik durchaus in der Ordnung.

5c *April 1905*

Werbeflugblatt des DMV für die Hüttenarbeiter des Saarreviers

Landeshauptarchiv Koblenz: Bestand 442, Nr. 4445, Bl. 329-333.*

Metallarbeiter des Saargebietes!

„An unsere Arbeiter! Bekanntmachung. Soeben wird der Versuch gemacht, im Saargebiet eine sozialdemokratische Zeitung unter dem Namen ‚Saarwacht' herauszugeben, die dazu bestimmt ist, das gute Verhältnis zwischen Unternehmern und Industriearbeitern im Saargebiet zu stören und Unzufriedenheit unter Hüttenleute, Bergleute und die sonstige Arbeiterschaft zu säen. Wir erwarten von dem gesunden Sinne unserer Hüttenleute, daß sie sich diesem Blatte fernhalten, es weder bestellen noch lesen, da wir nicht gesonnen sind, sozialdemokratische Agitation in irgendwelcher Form auf unserm Werke zu dulden."

So stand kürzlich vor den Toren der Eisenwerke im Saargebiet zu lesen. Das Stummsche Werk in Neunkirchen ist noch einen Schritt weiter gegangen und hat erneut jedem Arbeiter bei Strafe sofortiger Entlassung verboten, an sozialdemokratischen Vereinen oder Versammlungen teilzunehmen oder Wirtshäuser zu besuchen, in welchen sozialdemokratische Versammlungen abgehalten werden und Zeitungen dieser Richtung aufliegen.**

Diese Toranschläge sind in ganz Deutschland bekannt geworden. Die kapitalistischen Ausbeuter an allen Orten haben sie als höchste Weisheit gefeiert, während die gesamte deutsche Arbeiterschaft sich darin einig ist, daß diese Toranschläge eine gewalttätige, gesetzwidrige Betätigung sind. Die Augen nicht nur der deutschen Arbeiter, sondern aller anständigen Menschen sind wie beim Krämer-Prozeß*** wieder nach dem Saargebiet gerichtet. Jedermann fragt sich, wie lange wohl noch die Saargebietsarbeiter sich von ihren Werksherren

* Abschrift aus den „Gewerkschaftlichen Nachrichten" Nr. 3919 vom 5. April 1905. Die „Gewerkschaftlichen Nachrichten" waren ein internes Informationsblatt des Arbeitgeberverbandes der Saarindustrie.

** So in der Vorlage.

*** Der Bergmann Karl Krämer aus Sulzbach war 1903 von der Grube entlassen worden, weil er an einer Gewerkschaftsversammlung in Sankt Ingbert teilgenommen hatte. 1904 gab er die Flugblätter „Saarbergmann wache auf" und „Saarbergmann höre" heraus. Beide wurden beschlagnahmt, Krämer wegen der darin enthaltenen Aussagen angeklagt. Der Prozeß vor dem Saarbrücker Landgericht erregte in ganz Deutschland Aufsehen, weil in zahlreichen Zeugenaussagen die Entrechtung der Bergarbeiter des Saarreviers deutlich wurde.

wie Schulbuben behandeln lassen; denn das bietet man erwachsenen Arbeitern nirgends, was den Hüttenmännern durch diese Toranschläge geboten wird.

Kollegen! Ihr habt alle der Hütte doch nur Eure Arbeitskraft vermietet, und dafür nur allein zahlt Euch die Hütte Lohn. Davon war doch bei Eurem Arbeitsantritt nicht die Rede, daß Ihr auch außerhalb des Werkes Sklaven sein sollt. Woher nimmt also die Hütte das Recht, Euch vorzuschreiben, was Ihr in Eurer freien Zeit tun, was Ihr lesen und welche Wirtschaften Ihr betreten dürft? Wir wollen es Euch sagen: Die Werksleitungen wissen wohl, daß sie ein gesetzlich begründetes, ein moralisches Recht zu solchen Toranschlägen nicht haben; aber sie haben die Macht, jeden Arbeiter mit der Reiterpeitsche zur Befolgung ihrer Befehle zu zwingen, deshalb pfeifen sie auf das Recht des Arbeiters und treten es einfach mit Füßen. Und warum tun sie das? Warum hat der tote Freiherr von Stumm schon vor dreißig Jahren den Arbeitern das verboten, was heute alle Hütten durch Toranschlag erneut verbieten?

Weil der Arbeiter, welcher keine Arbeiterzeitung liest und keine Versammlungen seiner Kollegen besucht, sich leichter ausbeuten läßt. Ihm bleibt es ja ewig unbekannt, daß in anderen Gegenden die Arbeiter höhere Löhne und kürzere Arbeitszeit haben, daß dieselben besser leben, besser wohnen und sich besser kleiden können. Der Arbeiter, welcher keine Arbeiterzeitung liest, weiß nichts von einer Organisation seiner Berufskollegen. Er kennt es nicht, daß anderwärts die Arbeiter durch brüderliches Zusammenhalten erreicht haben, daß sie auch vom Unternehmer als Männer geachtet, nicht als Sklaven verachtet werden.

Aber: Daß es besser bezahlte, freie Arbeiter gibt, Leute, welche nicht fortgesetzt geschunden und mißhandelt werden, das freilich dürfen die Hütten- und Metallarbeiter im Saargebiet nicht erfahren. Sie würden ja sonst unzufrieden werden, sie würden denken und rechnen. Dann fände aber auch so mancher Hüttenmann, daß ihm trotz seiner anstrengenden, gefährlichen Arbeit durchs ganze Jahr noch sehr viel fehlt, um menschenwürdig leben zu können. So mancher Familienvater, der nach Feierabend mit Frau und Kind sich noch abmüht, seinem Stückchen Land ein paar Säcke Kartoffeln abzugewinnen, er würde einsehen, daß für seine Arbeit der Lohn der Hütte viel zu niedrig ist. Würden die Hüttenleute eine richtige Zeitung lesen, dann wüßten sie vor allem, daß sie bei der im Saargebiet üblichen Arbeitszeit nur ihre Gesundheit ruinieren, ohne einen ausreichenden Verdienst zu erzielen. Sie würden ihre gesunden Knochen und Glieder höher schätzen als das schönste Leichenbegängnis mit Fahne und Musik. Alle Prämien, Geschenke und Wohlfahrtseinrichtungen würden den Hüttenarbeiter dann nicht mehr locken. Er wüßte ja, daß er selbst mit seinen Kameraden den ganzen Klimbim bezahlen muß. Die Zeitung würde es ihm sagen, daß es seine sauer verdienten Groschen sind, welche das Werk ihm bei bravem Verhalten als Almosen gibt. Die Zeitung würde dem Hüttenmann weiter sagen, daß er die 50 000 und noch mehr Mark, welche der Herr Direktor als Gratifikation erhält, mitverdienen muß. Allmählich würde dann auch der Saargebietsarbeiter ergründen lernen, wie man als Aktionär eines Saarwerkes in Berlin wohnen kann und, ohne einen Finger krumm zu machen, dreißig Prozent Dividende verdient; aber gerade das soll der Hüttenarbeiter ja alles nicht erfahren. Deshalb wird ihm einfach durch Toranschlag das Lesen von sozialdemokratischen Zeitungen und der Besuch von Versammlungen und Wirtschaften verboten.

Wir sind aber der Meinung: Der Arbeiter an der Saar soll und muß wissen, was ihm Vorteil bringt. Deshalb laden wir Euch ein, Mitglieder des Deutschen Metallarbeiterverbandes zu werden. Der Deutsche Metallarbeiterverband ist kein sozialdemokratischer Verein, sondern eine Gewerkschaft. Die Zeitung, welche der Verband seinen Mitgliedern liefert, ist deshalb keine sozialdemokratische, sondern ein Gewerkschaftsblatt. Ihr dürft also Mitglied werden und dürft auch die Zeitung lesen.

Dem Deutschen Metallarbeiterverband gehören bereits 200 000 deutsche Metall- und Hüttenarbeiter an. Sie wollen sich durch einiges Handeln gute Löhne und erträgliche Arbeitsbedingungen verschaffen. Viel haben sie schon erreicht. Noch mehr wollen sie mit Hilfe der Organisation gewinnen. Der Deutsche Metallarbeiterverband unterstützt seine Mitglieder finanziell bei Arbeitslosigkeit, bei Lohnstreitigkeiten, auf der Reise, bei Wohnungswechsel nach entfernten Orten und in Fällen dringender Not. 1 827 000 Mark wurden allein für diese Zwecke im letzten Jahre ausgegeben. Der Verband hilft den Mitgliedern zu ihrem Rechte bei Streitigkeiten mit den Knappschaftskassen, Berufsgenossenschaften und Anstalten für Invaliditäts- und Altersversicherung. Er unterrichtet seine Angehörigen über die Verhältnisse ihres Berufes und sucht aufgeklärte, rückgratfeste Männer aus ihnen zu machen.

Dabei läßt der Verband in religiösen Fragen seinen Mitgliedern völlige Freiheit, soviel auch darüber von Feinden und falschen Freunden der Arbeiter zusammengelogen wird. Die Kollegen können irgendeiner Religionsgemeinschaft angehören. Danach fragt sie niemand, wenn sie sonst nur tüchtige, ehrliche Leute sind und nichts tun, was anderen Schaden bringt.

Als Eintrittsgebühr zahlt jeder dem Deutschen Metallarbeiterverband Beitretende fünfzig Pfennig. Der wöchentliche Beitrag beträgt vierzig Pfennig. Wir wissen wohl, daß dies für den Hütten- und Metallarbeiter an der Saar viel Geld bedeutet; aber denkt daran, Kollegen, was Euch an jedem Zahltag an Strafgeld von der Hütte abgezogen wird. Reichlich verzinst sich der Verbandsbeitrag, wenn er Euch die Möglichkeit verschafft, nur hier mit dem verübten Unrecht aufzuräumen. Was aber hat der Saararbeiter nicht außerdem noch zu erringen? Nicht Almosen, nicht Wohlfahrtseinrichtungen, nicht Fahnen und Uniformen tun dem Hüttenmann not. Nein, Freiheit und Recht müssen ihm werden und seiner schweren Arbeit ein gerechter Lohn. Darum, Arbeiter an der Saar: Soll einmal die Zeit kommen, in welcher das Verhältnis zwischen Unternehmer und Arbeiter wirklich ein gutes ist, dann tut jetzt den ersten Schritt. Tretet ein in die Gewerkschaft, den Deutschen Metallarbeiterverband. Der

Sklave werfe seine Ketten endlich ab und trete vor den Herrn und fordere seine Menschenrechte.

Mit Gruß und Handschlag
Deutscher Metallarbeiterverband
Verwaltungsstelle Sankt Ingbert

Büro: Sankt Johann, Hafenstraße 9 I.
Auskunft in Verbandsangelegenheiten dortselbst durch den Geschäftsführer.

Für die Verwaltungsstelle St. Johann-Saarbrücken (Saarrevier) soll ein

besoldeter Geschäftsführer

angestellt werden. Der Anfangsgehalt beträgt 140 Mark monatlich und wird diese Stelle hiermit zur allgemeinen Bewerbung ausgeschrieben. Die Bewerber müssen in schriftlichen Arbeiten bewandert sein, über die nötigen Kenntnisse besonders im Rechnungswesen verfügen und in Differenzfällen mit den betreffenden Unternehmern verhandeln können. Zur Bewerbung zugelassen sind nur Verbandsmitglieder.

Da es sich hierbei um die planmäßige agitatorische Bearbeitung eines großen Industriegebietes handelt, muß sich der betreffende Geschäftsführer allen bei der Agitation und Geschäftsführung vorkommenden Arbeiten unterziehen, mindestens so lange bis ein tüchtiger Stamm Mitglieder herangebildet ist und diese zur Mitarbeit herangezogen werden können.

Als Termin für die Einreichung eventueller Bewerbungen wird der 19. November 1903 festgesetzt. Die Kollegen, die gesonnen sind, sich um diesen Posten zu bewerben, werden ersucht, ihre Bewerbungsschrift so zeitig abzusenden, daß sie bis spätestens den 19. November mittags in unseren Händen ist. Aus der Bewerbungsschrift muß das Alter, die Dauer der Verbandszugehörigkeit, der Beruf und die seitherige Tätigkeit in der Arbeiterbewegung ersichtlich sein.

Alle für den Verband bestimmten Geldsendungen sind nur an

Theodor Werner, Stuttgart, Röte-Straße 16b

zu richten, und ist auf dem Postabschnitt genau zu bemerken, wofür das Geld vereinnahmt ist.

Mit kollegialem Gruß **Der Vorstand.**

Geschäftsführer gesucht: Stellenausschreibung des DMV-Vorstandes für die Verwaltungsstelle Sankt Johann – Saarbrücken, November 1903. (Metallarbeiterzeitung)

5d 6. Juni 1906

Bericht des Ottweiler Landrats an den Regierungspräsidenten in Trier über die Tätigkeit der Arbeiterorganisationen

Landeshauptarchiv Koblenz: Bestand 442, Nr. 3783, Bl. 565-569.

Weder in der Zeit der in anderen Bezirken veranstalteten Wahlrechts-Demonstrationen noch zwecks Veranstaltung einer Maifeier sind im Kreise Ottweiler Versuche von sozialdemokratischer Seite zur Beteiligung gemacht worden, so daß von sozialdemokratischer Bewegung im Kreise Ottweiler bisher nicht die Rede sein kann.

Von zwei seit einigen Monaten unter Überwachung stehenden früheren Bergarbeitern in Neunkirchen (die wegen Beteiligung an einer sozialdemokratischen Versammlung in Saarbrücken seitens der Bergverwaltung abgelegt worden sind) wurden am 20. Mai des Jahres in mehreren Wirtschaften Neunkirchens angeblich mehrere tausend Flugblätter des Bergarbeitervereins Bochum verteilt. Ein Exemplar dieses Blattes ist hier beigefügt. Die beiden Verteiler sind, weil sie eine ortspolizeiliche Erlaubnis hierzu nicht nachgesucht hatten,* mit zwanzig Mark polizeilich bestraft.

Die im Herbst vorigen Jahres seitens der katholischen Geistlichkeit zugunsten der katholischen Arbeitervereine und seitens der Abgesandten des Vereins christlicher Bergarbeiter zugunsten dieses Vereins begonnene Agitation ist stetig fortgesetzt worden, die vorhanden gewesenen Arbeitervereine haben sich vergrößert und es sind neue Vereine bzw. neue Zahlstellen des Gewerkvereins christlicher Bergarbeiter gegründet worden. Gegenwärtig sind im Kreise Ottweiler vorhanden:

Katholische Arbeitervereine in: Ottweiler mit 186 Mitgliedern, Bubach-Calmesweiler mit 90 Mitgliedern, Eppelborn mit 200 Mitgliedern, Hangard mit 100 Mitgliedern, Hasborn mit 90 Mitgliedern, Heiligenwald mit 405 Mitgliedern, Hierscheid mit 46 Mitgliedern, Humes mit 156 Mitgliedern, Landsweiler mit 340 Mitgliedern, Merchweiler mit 542 Mitgliedern, Neunkirchen mit 1100 Mitgliedern, Schiffweiler mit 540 Mitgliedern, Sotzweiler mit Bergweiler mit 170 Mitgliedern, Stennweiler mit 120 Mitgliedern, Thalexweiler mit 300 Mitgliedern, Theley mit 160 Mitgliedern, Tholey mit 97 Mitgliedern, Uchtelfangen mit 270 Mitgliedern, Welschbach mit 40 Mitgliedern, Wemmetsweiler mit 510 Mitgliedern, Wiesbach mit 348 Mitgliedern, Wiebelskirchen mit 200 Mitgliedern, Hangard (Zweigverein: Sankt Josefs-Verein) mit 118 Mitgliedern, zusammen 23 Vereine mit 6128 Mitgliedern.

Zweigvereine bzw. Zahlstellen des Gewerkvereins christlicher Bergarbeiter: In Ottweiler mit 45 Mitgliedern, in Berschweiler mit 36 Mitgliedern, in Bubach-Calmesweiler mit 57 Mitgliedern, in Dirmingen mit 75 Mitgliedern, in Elversberg mit 40 Mitgliedern, in Eppelborn mit 100 Mitgliedern, in Fürth

* So in der Vorlage.

mit 25 Mitgliedern, in Hangard mit 67 Mitgliedern, in Hasborn mit 42 Mitgliedern, in Illingen mit 12 Mitgliedern, in Landsweiler mit 28 Mitgliedern, in Lautenbach mit 73 Mitgliedern, in Münchwies mit 8 Mitgliedern, in Neunkirchen mit 316 Mitgliedern, in Schiffweiler mit 63 Mitgliedern, in Sotzweiler mit Bergweiler mit 15 Mitgliedern, in Thalexweiler mit 147 Mitgliedern, in Tholey mit 14 Mitgliedern, in Wellesweiler mit 158 Mitgliedern, in Wiebelskirchen mit 530 Mitgliedern, zusammen 20 Zweigvereine bzw. Zahlstellen mit 1851 Mitgliedern.

Ob die katholischen Arbeitervereine zur sozialdemokratischen Richtung hinneigen, darüber hat sich bis jetzt eine bestimmte Ansicht noch nicht gewinnen lassen. Daß dies aber von den christlichen Gewerkschaften angenommen werden kann, erscheint nicht mehr zweifelhaft, wenngleich in ihren Versammlungen und schriftlichen Kundgebungen das Gegenteil betont und behauptet wird, daß die Sozialdemokratie und die sozialdemokratischen (sogenannten freien) Gewerkschaften die christlichen Gewerkschaften bekämpften. Ich füge zur näheren Darlegung der Forderungen des Gewerkvereins christlicher Bergarbeiter ein Flugblatt „Ein Wort zur Aufklärung und Beherzigung an die christlich-nationale Arbeiterschaft des Saarreviers sowie an alle wahren Freunde des arbeitenden Volkes“ hier bei, dessen Inhalt unlängst zu einem Vortrage in einer Versammlung des Zweigvereins in Hasborn gewählt worden ist.

In zwei am 20. vorigen Monats in Landsweiler und Schiffweiler abgehaltenen Versammlungen der betreffenden Zweigvereine hat zwar der Redner (Mühlenbach aus Altenkessel, Kreis Saarbrücken) Verwahrung gegen die Angabe des Handelskammer-Syndikus eingelegt, daß der Gewerkverein christlicher Bergarbeiter sozialdemokratische Tendenzen verfolge, im übrigen aber hat er (Redner) die Maßregelungen der Burbacher Hütte gegen ihre Arbeiter scharf gemißbilligt und es als eine Aufgabe des Gewerkschaftsvereins bezeichnet, „dem großen Baron mit dem großen Geldsack gegenüberzutreten.“ Bezeichnend ist auch, daß in der oben erwähnten Versammlung in Hasborn der dort als abgelegter Bergmann wohnende ehemalige Streikführer Warken von einem Redner der Christlichen als treuer Kamerad bezeichnet wurde.

Die einige Male gemachten Versuche, im Kreise den Gewerkverein christlicher Bauhandwerker und Bauhilfsarbeiter einzuführen, haben bisher keinen Erfolg gehabt. Über die Wirkung der Berggesetznovelle und die Wahlen zu den Arbeiterausschüssen haben, soweit festgestellt werden konnte, Erörterungen noch nicht stattgefunden.

6 31. Januar 1914

Bericht des Ottweiler Landrats an den Regierungspräsidenten in Trier über die sozialdemokratische Bewegung

Landeshauptarchiv Koblenz: Bestand 442, Nr. 3788, Bl. 453-455.

Schon seit Jahren ist es hier der Sozialdemokratie nicht gelungen, Fortschritte zu erzielen. Sie zählt im Kreise Ottweiler etwa hundert treue und überzeugte Anhänger. Zur Zeit heftiger Agitation, das ist hier nur vor den Reichstagswahlen, gelingt es diesen, sich zahlreiche Mitläufer zu sichern, wodurch dann der Anschein erweckt wird, als ob die Sozialdemokratie zunähme. Es wäre indessen falsch, wollte man aus der jetzt eingetretenen Ruhe den Schluß auf einen wesentlichen Rückgang ziehen. Zur Zeit hat die „Volksstimme" im Kreise etwa hundert Abonnenten, die sich auf Ottweiler mit zwanzig, Wiebelskirchen mit fünf und Neunkirchen mit 60 bis 65 verteilen, der Rest ist zerstreut. Vor der Reichstagswahl steigt die Zahl über 500, um dann alsbald wieder auf 100 zu sinken. So war es 1907 und auch im Jahre 1912.* Seit die Fortschrittliche Volkspartei ihre eigene Organisation im Kreise geschaffen hat, haben sich dieser viele angeschlossen, die bis dahin glaubten, Sozialdemokraten zu sein.

Solange die Königliche Bergverwaltung und vor allem die Firma Gebrüder Stumm die Agitation nachdrücklich bekämpft, wird die Sozialdemokratie hier auch keine wesentlichen Fortschritte machen. Das scheint die Leitung auch eingesehen zu haben, denn sie hat mehrere Hauptagitatoren nach anderen Bezirken geleitet.

In die Wahlbewegung öffentlicher Körperschaften haben die Sozialdemokraten nur in Neunkirchen eingegriffen. Zur Krankenkasse wurden 1908 drei, 1913 vier Sozialdemokraten als Vertreter für die Arbeitnehmer gewählt. Bei der letzten Wahl wurden noch eine Anzahl freier Gewerkschaftler gewählt, insbesondere Buchdrucker. Die Leute haben sich bisher auf sozialdemokratischem Gebiete aber nicht bemerkbar gemacht. Zu den Gemeindevertretungen, Gewerbegericht und Kaufmannsgericht sind bis jetzt keine Sozialdemokraten gewählt worden. Wo sie einen Erfolg zu verzeichnen hatten, ist dieser nur der Laxheit der anderen Arbeiter zu verdanken, die für diese Wahlen nahezu kein Interesse zeigen.

* In diesen beiden Jahren fanden Reichstagswahlen statt.

Erklärung der SPD-Reichstagsfraktion zur Bewilligung der Kriegskredite

Verhandlungen des Reichstags, XIII. Legislaturperiode, II. Session, Bd. 306, Berlin 1916, S. 8f.

Wir stehen vor einer Schicksalsstunde. Die Folgen der imperialistischen Politik, durch die eine Ära des Wettrüstens herbeigeführt wurde und die Gegensätze unter den Völkern sich verschärften, sind wie eine Sturmflut über Europa hereingebrochen. Die Verantwortung hierfür fällt den Trägern dieser Politik zu („Sehr wahr!" bei den Sozialdemokraten.), wir lehnen sie ab. („Bravo!" bei den Sozialdemokraten.)

Die Sozialdemokratie hat diese verhängnisvolle Entwicklung mit allen Kräften bekämpft, und noch bis in die letzten Stunden hinein hat sie durch machtvolle Kundgebungen in allen Ländern, namentlich in innigem Einvernehmen mit den französischen Brüdern (Lebhaftes „Bravo!" bei den Sozialdemokraten.) für die Aufrechterhaltung des Friedens gewirkt. (Erneuter lebhafter Beifall bei den Sozialdemokraten.) Ihre Anstrengungen sind vergeblich gewesen.

Jetzt stehen wir vor der ehernen Tatsache des Krieges. Uns drohen die Schrecknisse feindlicher Invasionen. Nicht für oder gegen den Krieg haben wir heute zu entscheiden, sondern über die Frage der für die Verteidigung des Landes erforderlichen Mittel. (Lebhafte Zustimmung bei den bürgerlichen Parteien.) Nun haben wir zu denken an die Millionen Volksgenossen, die ohne ihre Schuld in dieses Verhängnis hineingerissen sind. („Sehr wahr!" bei den Sozialdemokraten.) Sie werden von den Verheerungen des Krieges am schwersten getroffen. („Sehr richtig!" bei den Sozialdemokraten.) Unsere heißen Wünsche begleiten unsere zu den Fahnen gerufenen Brüder ohne Unterschied der Partei. (Lebhaftes allseitiges „Bravo!" und Händeklatschen.) Wir denken auch an die Mütter, die ihre Söhne hergeben müssen, an die Frauen und die Kinder, die ihres Ernährers beraubt sind und denen zu der Angst um ihre Lieben die Schrecken des Hungers drohen. Zu diesen werden sich bald zehntausende verwundeter und verstümmelter Kämpfer gesellen. („Sehr wahr!") Ihnen allen beizustehen, ihr Schicksal zu erleichtern, diese unermeßliche Not zu lindern, erachten wir als eine zwingende Pflicht. (Lebhafte Zustimmung bei den Sozialdemokraten.)

Für unser Volk und seine freiheitliche Zukunft steht bei einem Sieg des russischen Despotismus, der sich mit dem Blut der Besten des eigenen Volkes befleckt hat (Lebhafte Rufe: „Sehr wahr!" bei den Sozialdemokraten.), viel, wenn nicht alles auf dem Spiel. (Erneute Zustimmung.) Es gilt, diese Gefahr abzuwehren, die Kultur und die Unabhängigkeit unseres eigenen Landes sicherzustellen. („Bravo!")

Da machen wir wahr, was wir immer betont haben: Wir lassen in der Stunde der Gefahr das eigene Vaterland nicht im Stich. (Lebhaftes „Bravo!") Wir fühlen uns dabei im Einklang mit der Internationale, die das Recht jedes Volkes auf nationale Selbständigkeit und Selbstverteidigung jederzeit anerkannt hat („Sehr richtig!“ bei den Sozialdemokraten.), wie wir auch in Übereinstimmung mit ihr jeden Eroberungskrieg verurteilen. („Sehr gut!“ bei den Sozialdemokraten.)

Wir fordern, daß dem Kriege, sobald das Ziel der Sicherung erreicht ist und die Gegner zum Frieden geneigt sind, ein Ende gemacht wird durch einen Frieden, der die Freundschaft mit den Nachbarvölkern ermöglicht. („Bravo!“ bei den Sozialdemokraten.) Wir fordern dies nicht nur im Interesse der von uns stets verfochtenen internationalen Solidarität, sondern auch im Interesse des deutschen Volkes. („Sehr gut!“ bei den Sozialdemokraten.)

Wir hoffen, daß die grausame Schule der Kriegsleiden in neuen Millionen den Abscheu vor dem Kriege wecken und sie für das Ideal des Sozialismus und des Völkerfriedens gewinnen wird. (Lebhaftes „Bravo!“ bei den Sozialdemokraten.)

Von diesen Grundsätzen geleitet, bewilligen wir die geforderten Kriegskredite. (Lebhafter Beifall bei den Sozialdemokraten.)

8 22. Mai 1916

Bericht des Friedrichsthaler Bürgermeisters an den Saarbrücker Landrat über einen Streik auf der Grube Maybach

Landesarchiv Saarbrücken: Bestand Landratsamt Saarbrücken, Abteilung XV (Polizeiangelegenheiten), S/11.

Am letzten Freitag weigerten sich einige Schlepper, zur Frühschicht anzufahren, weil sie mit dem Brot und Fett nicht auskommen könnten und ihnen der Lohn zu gering sei. Die jungen Leute hielten sich im Wald auf, bis die Arbeiter der Mittagsschicht vom Bahnhof Quierschied ankamen und hielten die Schlepper von der Arbeit zurück. Die Leute gingen nun zusammen zur Berginspektion hier und forderten zum Teile mehr Brot und Fett, zum größten Teil aber höheren Lohn. Einige forderten sogar den Lohn der Hauer, da sie ebensoviel arbeiten müßten wie diese. Die Wünsche der Arbeiter wurden entgegen genommen, eine Entscheidung ist noch nicht getroffen.

Am Sonntag fuhren alle Schlepper an. Auch heute wollten alle wieder anfahren, die Haupträdelsführer wurden jedoch von dem Obersteiger zurückgewiesen, bis eine Entscheidung über ihre Bestrafung erfolgt ist.

Auf der Grube Friedrichsthal ist bisher alles ruhig geblieben.

Resolution einer Funktionärsversammlung des Gewerkvereins christlicher Bergarbeiter gegen die Streikaufrufe auf den saarländischen Gruben

Neunkircher Volks-Zeitung Nr. 95 vom 24. April 1917.

Die heute in den Konferenzräumen des Gewerkschaftshauses Saarbrücken 2, St. Johannerstraße 49 tagende, von weit über hundert Mann besuchte Versammlung der Sicherheitsmänner und Ausschußmitglieder der Saargruben, soweit sie dem Gewerkverein Christlicher Bergarbeiter angehören, fordert nach einem aufklärenden Vortrag ihres Bezirksleiters Kuhnen über den Stand der Verhandlungen bezüglich der Lohnfrage alle Bergleute des Saarreviers auf, die Ruhe in dieser ernsten Zeit zu bewahren. Unverantwortliche Hetzer und Schreier tauchen auch im Saarrevier auf, um die Bergleute zu Unbesonnenheiten zu verleiten.

Kameraden! Durch vorkommende Arbeitseinstellungen, wenn auch nur von einzelnen Arbeitergruppen, würden sich die im Gang befindlichen und in dieser Woche zum Abschluß kommenden Lohnverhandlungen nur erschweren, ja vielleicht ganz zerschlagen. Zudem würde das feindliche Ausland mit großer Befriedigung die Nachricht aufgreifen und ausschlachten. Es würde davon im Ausland viel Aufhebens gemacht, wenn gerade die als so gut national gesinnt bekannte Saarbergarbeiterschaft, wenn auch nur für einen Tag, die Arbeit niederlegte.

Kameraden! Bedenkt, daß gerade Arbeitseinstellungen den Krieg verlängern. Diese schwere Verantwortung will gewiß keiner auf sich nehmen. Daher treu ausgehalten! Von der Königlichen Bergwerksdirektion erwarten wir, daß die Verhandlungen beschleunigt und die gesamte Bergarbeiterschaft, ob gesunde Arbeiter, Kriegs- oder Unfallinvaliden, ob unter oder über Tage beschäftigt, durch die Verhandlungen in der Lohnfrage befriedigt werden. Ferner bitten wir die Königliche Bergwerksdirektion sowie alle Behörden, durch Zuführung von Lebensmitteln und gerechte Verteilung derselben so weit wie eben möglich den Bergleuten ihr schweres Los zu erleichtern. Im Namen der von uns vertretenen Bergarbeiterschaft des Saarreviers dürfen wir wohl erklären, daß sie gewillt ist, mutig und entschlossen auszuhalten bis zum siegreichen Ende.

10 17./18. Juli 1917

Die Wahlen zum ersten Arbeiterausschuß der Firma Gebrüder Stumm

10a *29. Juni 1917*

Bericht der „Neunkircher Volks-Zeitung" über eine Versammlung des Hirsch-Dunckerschen Gewerkvereins zur Vorbereitung der Wahlen

Neunkircher Volks-Zeitung Nr. 151 vom 2. Juli 1917.

In einer von den Arbeitern der Hütte gut besuchten Versammlung der Hirsch-Dunckerschen Gewerkvereine der Deutschen Maschinenbau- und Metallarbeiter im Gasthaus „Zur Lindenallee" sprach am letzten Freitagabend Bezirksleiter Fuchs aus Stuttgart über soziale Pflichten der Arbeiterschaft und die bevorstehenden Arbeiterausschußwahlen. Eingangs wies der Redner auf die gegenwärtigen schweren Zeiten und des gemeinsamen Erlebens aller Volksschichten hin.* Die aus der Zeit geborenen Verhältnisse haben weite Volksschichten einander näher gebracht. Die andauernde Pflichterfüllung unserer Kameraden an den Fronten wirke auch auf das Arbeiterheer in der Heimat in der Erfüllung sozialer Pflichten. Im Vergleiche mit den Zeiten vor dem Kriege ist das Ansehen gewerkschaftlicher Organisationen seitens des Staates ein anderes geworden. In der Durchführung des Hilfsdienstgesetzes sind den gewerkschaftlich organisierten Arbeitervertretern verantwortliche Stellen übertragen.

Das Hilfsdienstgesetz hat uns die Muß-Vorschrift der auf Werken und Betrieben zu errichtenden Arbeiterausschüsse gebracht. Nachdem nun das Gesetz bereits ein halbes Jahr in Kraft ist, muß bedauert werden, daß vorgenannte Ausschüsse jetzt erst in ihrer Vollzähligkeit errichtet werden. Auch in Neunkirchen beschäftigt man sich mit den Wahlen. Die Vorbereitungen sind im Gange. Von jedem gewerkschaftlich organisierten Arbeiter muß verlangt werden, daß er auch hierin seine Pflicht tut. Große Aufgaben stehen den Arbeitern und ihren Organisationen bevor, die im neuen Deutschland ein neues Arbeiterrecht erfordern.

Der Referent erläuterte zum Schlusse noch die gesetzlichen Bestimmungen zu den Arbeiterausschußwahlen mit der Aufforderung, jeder Hüttenarbeiter möge sich den Hirsch-Dunckerschen Gewerkvereinen anschließen. Nachdem noch einige Dinge aus dem Arbeitsverhältnis zur Sprache kamen, fand die Versammlung ihren Abschluß, deren Ausführungen des Redners das volle Verständnis der Anwesenden fanden.

* So in der Vorlage.

10b — *17./18. Juli 1917*

Bericht der „Neunkircher Volks-Zeitung" über das Ergebnis der Wahlen

Neunkircher Volks-Zeitung Nr. 167 vom 20. Juli 1917.

Die am Dienstag und Mittwoch stattgehabten Ausschußwahlen auf dem Neunkircher Eisenwerk haben mit einem Erfolg der Arbeitsgemeinschaft der vereinigten Gewerkschaften geendet. Es wurden mit erheblichen Mehrheiten gewählt:

- für die Hochofenanlage der Schmelzer S. Dengel (christliche Gewerkschaften),
- für Walzwerk-Nord Walzendreher D. Günther (Hirsch-Duncker),
- für Maschinenabteilung unteres Werk Isolierer Friedr. Hans (freie Gewerkschaften),
- für die Elektrische Abteilung Elektromonteur Fr. Müller 2 (Hirsch-Duncker),
- für Werkstätte 2 Schlosser Funkhäuser (Hirsch-Duncker) und
- für die Arbeiter der Kranabteilung Kranführer D. Schroer (Hirsch-Duncker),
- für Taglohn-Insgemein wurde gewählt Hüttengärtner Mertes (Nationaler Hüttenverein*) und
- für die Koksanlage anstelle des von den Gewerkschaften aufgestellten, aber nicht wählbaren Koksofenarbeiters Jak. Weber der Koksofenarbeiter Herz (Nationaler Hüttenverein). Für letzteren stimmten auch die Fachabteilungen.

11 — 3. Februar 1918

Bericht der „Neunkircher Volks-Zeitung" über eine Funktionärsversammlung des Gewerkvereins christlicher Bergarbeiter und deren Haltung zu den Januarstreiks

Neunkircher Volks-Zeitung Nr. 29 vom 4. Februar 1918.

Gestern fand im Gasthaus Fried eine Besprechung der Zahlstellenvorsitzenden des Gewerkvereins christlicher Bergarbeiter für Neunkirchen und Umgegend statt. Eingehend wurden das Lohn- und Arbeitsverhältnis, unsere Versorgung und die letzten Vorgänge auf politischem Gebiet besprochen. Lebhaft geklagt wurde über äußerst niedrige Löhne auf den Gruben Dechen, Reden und Kohlwald. Löhne von weit unter acht Mark (ohne Zulage) sind keine Sel-

* Wirtschaftsfriedliche „gelbe" Gewerkschaftsorganisation der Firma Gebrüder Stumm.

tenheiten. Für einzelne Arbeiterkategorien sind Lohnrückgänge zu verzeichnen. In der Versorgung sind alle vorhandenen Vorräte zu erfassen und dieselben für die Ernährung in den kommenden Monaten bereitzuhalten. Unsere Ernährung ist in der Hauptsache zur Transportfrage geworden. Wenn alle Schichten des Volkes sich des Ernstes der Situation bewußt, kommen wir über die Schwierigkeiten in diesem Frühjahr hinweg.*

Lebhaft bedauert wurden die letzten Ereignisse auf politischem Gebiet. Im letzten Abschnitt des Krieges darf es kein Wanken geben. Eine Masse radikaler Elemente der Sozialdemokratie tritt in den Streik. Unter dem Vorwand einiger politischer Forderungen, deren Erfüllung längst zugesagt ist, verdeckt sie ihre Revolutionsgelüste. Mit aller Entschiedenheit muß dagegen Front gemacht werden. Bringen wir den Krieg nicht zu einem guten Ende, leisten wir jahrzehntelang England Frondienste. Die Interessen der Arbeiter stehen und fallen mit dem Wohle des Volksganzen. Alle Anwesenden versprachen, für diese Gedanken einzutreten.

12 November 1918

Die Novemberrevolution in Neunkirchen

12a *10. November 1918*

*Bericht des Ottweiler Landrats an den Regierungspräsidenten in Trier über die politische Lage***

Landesarchiv Saarbrücken: Bestand Landratsamt Ottweiler, Nr. 5.

Euer Hochwohlgeboren beehre ich mich, in Anknüpfung an meinen Vortrag durch Fernsprecher über die Lage Nachstehendes zu berichten:

1. Neunkirchen:

Bisher ist alles ruhig geblieben. Das Regierungslager hatte ich gestern nachmittag durch die Arbeitervertreter nach Rücksprache mit den Gewerkschaftssekretären in Neunkirchen sichern lassen. Es ist auch dort ruhig geblieben.

Gestern nachmittag hat eine große Versammlung der Hüttenarbeiter im Saalbau stattgefunden, in welcher als Hauptforderung die Gründung eines Arbeiterrates und die Auflösung des Nationalen Hüttenvereins*** aufgestellt wurden. Diese Forderungen sind von der Hütte bewilligt worden.

---

* So in der Vorlage.

** Handschriftliche Änderungen in der Vorlage wurden nicht berücksichtigt.

*** Wirtschaftsfriedliche „gelbe“ Gewerkschaftsorganisation der Firma Gebrüder Stumm.

Aufruf.

An die Kollegen des Nationalen Hüttenvereins, sowie die Kollegen des Eisenwerks!

Kollegen! Wiederum ruft unser Vaterland zur Zeichnung auf die 8. Kriegsanleihe auf. An Euch alle, Kollegen des Nationalen Hüttenvereins sowie an alle Kollegen des Neunkircher Eisenwerks, richten wir heute, in dieser großen Zeit, in der unsere feldgrauen Kollegen draußen im Felde für uns zu Hause ihr Bestes hergeben, indem sie für unsere Heimat und unser Vaterland, für Weib und Kind kämpfen und ihr Herzblut hergeben, in den jetzigen Tagen, an denen sie es unseren Feinden, besonders aber den Engländern bewiesen haben, daß sie unser liebes deutsches Vaterland nicht niederringen können und daß deutsche Männer zu kämpfen wissen, die Bitte, **Mann für Mann**, die wir zu Hause sind, zu helfen, unsere Feinde niederzuringen, indem ein jeder auf die 8. **Kriegsanleihe zeichnet** und das abbringt, was er abbringen kann, wenn es auch keine großen Beträge sind. Auch die kleinsten Beträge werden von den Sparkassen angenommen und mit ordentlichen Zinsen zurückgegeben. Ein kleines Vieles gibt ein großes Ganzes. Wir wollen unseren Feinden zeigen, daß wir **echte Deutsche** sind und **treu zu unserem Vaterland** und **unserem Kaiser stehen.** Wir wollen **deutsch und** einig sein, ein großes Heer von Brüdern!

Darum Alle auf zur 8. Kriegsanleihe!

J. A.:

J. Bügler, 1. Vorsitzender des Nationalen Hüttenvereins,

W. Glück, Beisitzer des Nationalen Hüttenvereins,

K. Schmidt, Beisitzer des Nationalen Hüttenvereins.

April 1918: „... helfen, unsere Feinde niederzuringen." Aufruf der Neunkircher Gelben zur achten Kriegsanleihe. (Neunkircher Volks-Zeitung)

Die Hütte ist gezwungen, wegen Ausbleibens jeder Erzzufuhr und Fehlens von Reserven morgen in allen Betrieben stillzulegen. Die Verwaltung hat der Arbeiterschaft für die morgen beginnende Woche ihren vollen Lohn, von da ab eine Lohnzahlung nach Vereinbarung zugesichert.

Wie mir soeben berichtet wird, ist das Landsturmbataillon in Neunkirchen geschlossen zu dem heute zu gründenden Arbeiter- und Soldatenrat übergegangen. Diese Gründung soll in einer Bürgerversammlung heute nachmittag stattfinden.

2. Ottweiler:

Wie ich schon berichtete, hat heute nacht ein größerer Trupp mit viel Lärm die Stadt durchzogen, welcher sich hauptsächlich aus Ulanen der hiesigen Ersatz-Schwadron (darunter drei in Saarbrücken befreiten Zuchthäuslern der Schwadron), auf der Wache ein Maschinengewehr entführt und in die Blies gestürzt sowie ein städtisches Lebensmittellager geplündert, glücklicherweise aber nur geringe Vorräte mitgenommen oder vernichtet.* Augenblicklich ist ein Trupp Ulanen daran, die Kammer der Schwadron auszuräumen und vornehmlich hohe Stiefel mitzunehmen.

Die Besprechung, welche ich soeben mit Arbeitervertretern auf Bitte der Schwadron und des Bürgermeisters abgehalten, und welcher auch der Gewerkschaftssekretär Hetterich aus Saarbrücken beiwohnte, hatte das Ergebnis, daß die von mir bei dem Gewerkschaftssekretär Schroer in Neunkirchen vereinbarte Aufklärungsversammlung stattfinden soll.

Mannschaften des Soldatenrats aus Neunkirchen werden heute nacht die Bewachung der hiesigen Lager übernehmen. Nach den Versicherungen der Arbeitervertreter glaube ich annehmen zu dürfen, daß es in der kommenden Nacht auch hier ruhig bleiben wird.

12b *10. November 1918*

Aufruf des Arbeiter- und Soldatenrates Neunkirchen

Landesarchiv Saarbrücken: Abteilung F-Plakate, Nr. 2/440.

Soldaten! Arbeiter! Bürger!

Unsere große Stunde ist da! Ein neues Deutschland ist erstanden. Arbeiter- und Soldatenrat haben die Regierung in den Händen. Alle Zivil- und Militärbehörden haben sich der Macht untergeordnet, denn bei uns ist das Recht und die Macht!

Wir bürgen für Ruhe und Ordnung. Ihr habt die Pflicht, unsern Anordnungen Folge zu leisten. Meidet Straßenansammlungen! Sorgt dafür, daß die Ver-

* So in der Vorlage.

kehrsanlagen frei bleiben. Unterstützt alle Behörden, sie arbeiten für und mit uns.

Vergeßt persönliche Verärgerungen und Reibungen. Seid eingedenk des großen Zieles.

Eure Versorgung mit Lebensmitteln ist gewährleistet und liegt in sicheren Händen. Jeder gehe seiner gewohnten Arbeit nach, Kinder und Jugendliche gehören abends ins Haus.

Käufer und Verkäufer, hütet Euch vor Wucher und seid gewiß: Die Wucherer werden wir finden und bestrafen. Wer Waren zurückhält oder verschiebt, ist ein Volksverräter.

Oberste Sicherheitsbehörde ist der Arbeiter- und Soldatenrat. Die Polizeibehörde arbeitet in seinem Auftrage. Unterstützt unsere Bemühungen. Wer sich unseren Anordnungen widersetzt, wird bestraft. Vergehen gegen Eigentum, Sicherheit und Ehre der Person kommen vor das Standgericht.

Euer Pflichtgefühl rufen wir wach!

Der Arbeiter- und Soldatenrat
Petri, Schroer, Fuchs

12c *11. November 1918*

Bericht des Neunkircher Bürgermeisters an den Ottweiler Landrat über die Volksbewegung

Landesarchiv Saarbrücken: Bestand Landratsamt Ottweiler, Nr. 5.

Nachdem in Saarbrücken ebenso wie in vielen anderen großen Städten ein Arbeiter- und Soldatenrat sich gebildet hatte, war das gleiche Vorgehen auch hier zu erwarten. Auswärtige Anhänger der Sache wurden schon am Samstag* hier festgestellt, und einige haben der Bahnhofswache die militärische Ausrüstung und die Abzeichen weggenommen, wogegen die Wache nicht einschritt. Der Offiziers-Stellvertreter hatte Auftrag, keinen Widerstand zu leisten.

In der Abendversammlung von Metallarbeitern im Saalbau zeigte sich schon unzweideutig, daß die Bewegung auch hier ihren Fortgang werden nehme. Mit dem Eisenwerk war bereits verhandelt und ein Nachgeben in der Hauptsache erzielt.

In der Sonntagnacht trafen noch mehr Fremde hier ein. Die Führer verhandelten mit verschiedenen Stellen und Sonntagmittag fand in der Lindenallee unter freiem Himmel eine von etwa 2000 Menschen besuchte Versammlung statt, in welcher drei Redner berichteten und dann die Bildung eines Arbeiter- und Soldatenrats gutgeheißen und beschlossen wurde. Ein Soldatenrat der Flak-Gruppe war schon vorher gebildet. Nun zog der ganze Zug vors Rathaus,

---

* 9. November 1918.

der neugebildete Rat kam zu mir, um mich von der Sachlage zu unterrichten und meine Erklärung zu verlangen, ob ich mich dieser neuen Ordnung der Dinge unterwürfe und sie anerkenne. Der mit anwesende Beigeordnete, Justizrat Müller, war hierzu zunächst nicht geneigt. Er hielt die Anwesenden meistens für Fremde. Er frug nach Ausweis und Vollmacht, nach Tragung der Verantwortung usw. Man erwiderte ihm, die Vollmacht sei von der großen Bürgerversammlung erteilt, welcher jeder hätte beiwohnen können, und ihr Ausweis sei die rote Fahne. Eine andere, sehr große rote Fahne war bereits unter dem Beifall der Menge auf dem Rathause angebracht worden. Ich kannte nun die meisten Anwesenden und wußte ja auch, daß sie die geforderte Erklärung bisher überall erhalten hatten und daß Ew. Hochwohlgeboren meine Auffassung teilten, daß Weigerung nicht nur zwecklos, sondern recht unzweckmäßig sein würde. Ich erklärte demnach, die meisten Anwesenden zu kennen und ebenso wie die Ortsbehörden in allen andern großen Orten bereit zu sein, die Verwaltung den neuen Verhältnissen anzupassen und mit dem Arbeiter- und Soldatenrat zu arbeiten.

Schroer verkündete dies nun der harrenden Menge vom Fenster aus und ersuchte mich, dies auch meinerseits zu tun. Er ermahnte die Anwesenden, nach dieser Erreichung ihres vorläufigen Zieles in Ruhe und Ordnung nach Hause zu gehen und die Ordnung dauernd aufrecht zu erhalten. Ich erklärte dann meinerseits, wie in den andern befragten Orten sei auch die Verwaltung in Neunkirchen bereit, mit dem Arbeiter- und Soldatenrat zu verhandeln und zu arbeiten. Ich müsse aber auch meinerseits Schroers Mahnung wiederholen, Ruhe und Ordnung aufrecht zu erhalten, weil sonst nicht zum Segen der Bevölkerung gearbeitet werden könne. Die Menge entfernte sich ruhig und mit dem Rat wurde noch einiges bezüglich der Verantwortung und einer heute vormittag, neun Uhr, abzuhaltenden Sitzung besprochen.

In der Nacht zogen einige Trupps Leute singend durch die Straßen, doch wurden Störungen nicht weiter gemeldet. Ein kleines Kleiderlager war schon am Tage von Soldaten geplündert, wogegen der Soldatenrat sehr scharf einzuschreiten erklärte. Er übernahm auch aus eigenem Antrieb die Pflicht zur Aufrechterhaltung der Ruhe und Ordnung sowie zum Schutz von Eigentum und Leben. Das Rathaus und eine Anzahl wichtiger Punkte sollten besetzt werden, doch ist die Rathauswache bis jetzt nicht eingerichtet. Es dürfte wohl an bereiten Leuten fehlen. Der Schlachthof und das Regierungslager und einige andere Stellen sind besetzt.

Heute, neun Uhr, fand nun die erste Sitzung des Arbeiterrates statt. Auf meine Frage wurde mir der Vorsitz belassen. Im übrigen stellte sich der Rat auf den Standpunkt, die Verfassung und alle Gesetze und alle staatlichen und behördlichen Organisationen seien aufgehoben, bis zum Erlasse neuer Bestimmungen von der neuen Volksregierung bilde der Arbeiter- und Soldatenrat die neue Macht. Alles habe sich ihm unterzuordnen, doch wolle er Behörden und Beamten nicht entfernen, soweit sie sich nicht etwa als unfähig oder unfolgsam erweisen. Die Lebensmittelkommission sei durch den Rat ersetzt. Der Gemeinderat könne einstweilen noch bleiben, müsse aber drei Mitglieder des Arbeiterrates mit allen seinen eigenen Rechten, um nicht zu sagen: mit entscheidender Stimme, zuziehen. Ein Soldat wollte noch bestimmten Aufschluß haben, wie man ein Standgericht zur Entscheidung über Leben und Tod von Übeltätern einrichten könne.

Sodann wurden praktische Fragen der Organisation und einzelne Fragen der zunächst notwendigen Tätigkeit besprochen. In erster Linie sei die Lebensmittelversorgung sicherzustellen. Der Herr Landrat werde die Milch liefernden Gemeinden telegraphisch auffordern, ihre Pflicht zu tun, widrigenfalls militärischer Zwang angewendet werde. Das Lebensmittelamt müsse dem Rat fortgesetzt melden, wenn nicht das Nötige zur Ausgabe vorhanden sei, ebenso der Schlachthof und die andern Stellen. Die Bürger mit zu großer Wohnung sollen namens des Rates von der Verwaltung öffentlich aufgefordert werden, die überflüssigen Räume mit den in Wohnungsnot befindlichen größeren Familien zu teilen. Auf dem Rathaus und dem Lebensmittelamt werden Büros für den Rat eingerichtet. Einzelne Mitglieder führen Kontrollen an allen Stellen, sie haben jederzeit unangemeldet Zutritt zu allen. In der Standgerichtsfrage entschied man sich schließlich dahin, näheres von der neuen Volksregierung abzuwarten; bis dahin sollen Schuldige den ordentlichen Gerichten vorgeführt werden, obwohl diese zu langsam arbeiten.

Auf meine Auskunft, der Gemeinderat sei vom Gesetz eingesetzt und könne nicht ohne weiteres eine andere Verfassung erhalten und Nichtmitglieder zur Beschlußfassung zulassen, wurde wiederholt, was schon vorher gesagt worden war: die Gesetze seien aufgehoben und der Arbeiterrat habe zu bestimmen. Wenn auch der Soldatenrat vielleicht nicht lange in Tätigkeit werde bleiben können, dann aber doch der Arbeiterrat. Es wurde noch bemerkt, man habe einige Hoffnung, daß die gleiche Bewegung alsbald auch in England und Frankreich einsetzen und dadurch unserer Kriegsnot von selbst ein Ende werde bereitet werden. Die weiteren Beratungen waren von geringerer Bedeutung.

Die beiden Juristen und die sonst aus der Bürgerschaft gewählten Mitglieder waren mit Ausnahme von Redakteur Meyer und Kaufmann Stoll nicht anwesend. Eine Rathauswache ist bis zur Stunde nicht eingerichtet. Auf dem Hause hängt noch die rote Fahne. Der Ort ist ruhig. Es kommen anscheinend fortgesetzt einheimische Kriegsteilnehmer aus dem Felde zurück. Heute abend will der Arbeiterrat seinen Vorsitzenden wählen. Bisher galt Petri als solcher.

Aufruf des Bezirkskartells der christlichen Gewerkschaften

Neunkircher Volks-Zeitung Nr. 266 vom 12. November 1918.

In Deutschland ist die politische Macht in die Hände der Arbeiter- und Soldatenräte übergegangen. Gestützt werden diese von der Sozialdemokratie beider Schattierungen. Weite Volkskreise, auch die christlichen Gewerkschaften, haben sich aus Zweckmäßigkeitsgründen den neuen Gewalten untergeordnet. Auflehnung würde Blutvergießen zur Folge haben und die angebahnte innerstaatliche Freiheit gefährden. Blut, Hunger, Chaos wären die weiteren Folgen. Das wollen wir unbedingt vermeiden, denn es ist genug kostbares deutsches Blut in diesem Kriege geflossen.

An unseren grundsätzlichen Anschauungen halten wir auch unter den veränderten Verhältnissen fest. Wir erwarten, daß die neuen Gewalten, die für Völker das Selbstbestimmungsrecht fordern, auch die Überzeugung der einzelnen deutschen Volksgenossen, deren Selbstbestimmungsrecht anerkennen und achten. Wir erwarten ferner, daß die die Freiheit proklamierenden Gewalten keinen Terror anwenden, um Andersdenkende zu unterdrücken und zu erdrosseln.

Neben der Ausübung der politischen Macht wollen die Arbeiter- und Soldatenräte wirtschaftliche und soziale Aufgaben lösen. An der Lösung der wirtschaftlichen und sozialen Fragen wollen wir mitarbeiten. Von politischen Fragen halten wir uns fern. Die Mitarbeit bei Lösung der wirtschaftlichen Fragen jedoch verlangen wir. Verhandlungen dieserhalb werden heute von uns mit den neuen Gewalten geführt. Jetzt schon fordern wir unsere Mitglieder auf, sich in allen Orten bei der Bildung von Wirtschafts-, Wohlfahrts- oder Versorgungsausschüssen usw. zu beteiligen und sich maßgebenden Einfluß zu sichern. Es gilt, gewichtigen Einfluß auf die Gestaltung wirtschaftlicher Fragen mit auszuüben. Das sind wir unserer Bewegung und Stellung im hiesigen Revier schuldig. Handelt danach!

Mit Bruderkuß und Handschlag
Bezirkskartell der christlichen Gewerkschaften

Bericht der „Neunkirchener Zeitung" über eine Sitzung des Arbeiter- und Bürgerrats zur Frage der Arbeitsbeschaffung

Neunkirchener Zeitung Nr. 276 vom 30. November 1918.

In der gestrigen Sitzung des Arbeiter- und Bürgerrats stand das Problem der Arbeitslosenversorgung im Vordergrund. Herr Justizrat Fenner schlug vor, die Grundlage, die durch das Hilfsdienstgesetz geschaffen ist, den jetzigen Verhältnissen entsprechend auszubauen und besondere Kräfte zur Stellenvermittlung heranzuziehen. Herr Bürgermeister Ludwig sagte zu, Notstandsarbeiten in Angriff nehmen zu lassen (insbesondere Wegebauten) sobald dies möglich sei. Der Vertreter der Grube, Herr Oberbergrat Brunzel, erklärte, alle vor dem Kriege bei der Grube beschäftigt gewesenen Bergleute wieder anzulegen. Ob darüber hinaus gegangen werden könne, hängt von der Entwicklung der nächsten Zukunft ab.

Der Hüttendirektor, Herr Generaldirektor Böhm, sagte größtes Wohlwollen zu in dieser Frage. Die Hütte beschäftigt bereits 340 Mann mit Notstandsarbeiten, 800 Leute werden noch zurückerwartet. Die weitere Gestaltung hängt von der Möglichkeit der Aufnahme des vollen Betriebes ab, die wieder durch die Erzzufuhr aus Lothringen bedingt ist. Hüttengärtner Mertes bestätigt, daß die Hütte ihr möglichstes getan hat.

Im Namen des Baugewerbes gaben die Herren Emmerich und Schlenker Erklärungen ab, die nicht rosig klangen. Zur Zeit könne höchstens von den Kommunen etwas unternommen werden, der Privatmann würde die Wertminderung der jetzigen Neubauten in Zukunft nicht tragen können. Abgesehen hiervon und von der schlechten Jahreszeit fehle es auch zur Zeit an Baumaterial, und zwar infolge der Transportschwierigkeiten.

Ferner wurde angeregt, daß das Bürgermeisteramt Platz schaffen soll für Kriegsinvaliden. Herr Bürgermeister Ludwig sagte weiteres Entgegenkommen zu, zum 1. Dezember sei bereits einer Anzahl weiblicher Hilfskräfte gekündigt worden, radikal könne aber nicht verfahren werden. Manche Frauen und Mädchen auf dem Bürgermeisteramt seien die einzigen Ernährer ihrer Familien. Es sei nicht angebracht, diese durch langjährige Erfahrungen eingearbeiteten Kräfte brotlos zu machen, um andere Brotlose einzustellen und neu anzulernen.

Dann wurde des langen und breiten über den drohenden Streik verhandelt. Insbesondere wurden alle Gerüchte zurückgewiesen, wonach die Bergwerksdirektion sich in der Angelegenheit hinter den französischen Kommandanten gesteckt haben soll. Im Gegenteil, die Direktion ist für den Achtstundentag, und sie wird ihr Wort einlösen, kann es aber erst dann, wenn sie wieder frei ist. Von allen einsichtigen Männern wurde auf die unberechenbaren Folgen hingewiesen, die ein Streik für Arbeiter und Bevölkerung heraufbeschwören müßte. Es würde das ein willkommener Vorwand der früheren Besetzung sein und zeigen, was es heiße, eine feindliche Truppenmacht im Lande zu haben. Sie (die Feinde) haben es erfahren. Sie würden auch nicht davor zurückschrecken, die hiesigen Bergleute zwangsweise in die nordfranzösischen Gruben zu verlegen, falls die Arbeitsniederlegung zur Tat werden sollte. Wenn je, so sei jetzt ein klarer und kühler Kopf für alle Bergleute vonnöten. Es gehe um das Wohl ihrer Familien, um das Wohl der ganzen Saargruben. Besonnenheit sei um so leichter zu bewahren, als die Behörde Bereitwilligkeit zur Erfüllung der Bergarbeiterwünsche zugesagt habe.

Es folgte hiernach noch die Erledigung einer Anzahl kleiner Angelegenheiten. So wurde beschlossen, den Arbeiter- und Bürgerrat von jetzt an „Volksrat" zu nennen, um eine Zusammenarbeit mit der feindlichen Besatzung zu ermöglichen. Bekanntlich hat diese es abgelehnt, mit Arbeiterräten zu verhandeln. Auf diese Weise hofft der Volksrat, seine beratende Stellung bei der Gemeindeverwaltung zu behalten. Ferner werden vier Mitglieder zur Teilnahme als beratende Mitglieder zu den Gemeinderatssitzungen bestellt. Es sind dieses die drei Gewerkschaftsführer Petri, Schroer und Fuchs und als bürgerliches Mitglied Rechtsanwalt Kohler. Gegen halb zwölf Uhr wurde die Sitzung geschlossen.

12f *3. Dezember 1918*

*Presseerklärung des Ottweiler Landrats zur Auflösung der Räte durch den Kommandanten der französischen Besatzungstruppen**

Landesarchiv Saarbrücken: Bestand Landratsamt Ottweiler, Nr. 5.

Wie uns mitgeteilt wird, fanden gestern, Montag vormittag, auf dem Landratsamte eingehende Besprechungen mit dem Kommandanten der Besatzungstruppen statt, in welchen die Richtlinien für die weitere Verwaltung des Kreises unter französischer Besatzung festgelegt wurden.

Als oberster Grundsatz wurde festgestellt, daß sämtliche Behörden in ihrer amtlichen Tätigkeit uneingeschränkt bestehenbleiben. Die Arbeiter-, Bürger- und Bauernräte wurden von dem Kommandanten als aufgelöst bezeichnet sowohl hinsichtlich der Kontrolle in der Verwaltung wie auch als beratende Organe, welcher Bestimmung sich die Mitglieder zu fügen haben. Solche, welche dies nicht zu tun gewillt wären, würden interniert und als Kriegsgefangene betrachtet werden. Die gleiche Auffassung über die gesamten Räte wurde dem Landrat gestern nachmittag von dem Chef des Stabes der Armee in Forbach ausdrücklich mitgeteilt.

Weiter wurde festgestellt, daß öffentliche Versammlungen bis auf weiteres überhaupt nicht stattzufinden haben. Schließlich wurden die bereits veröffentlichten Verordnungen über Abgabe von Waffen, Munition, Uniformtragen usw. sowie die an die Bevölkerung zu richtende Proklamation besprochen.

* Handschriftliche Änderungen in der Vorlage bleiben hier unberücksichtigt.

12g *Dezember 1918*

*Schreiben des Ottweiler Landrats an Hermann Petri zur Auflösung der Räte**

Landesarchiv Saarbrücken: Bestand Landratsamt Ottweiler, Nr. 5.

Unter Bezugnahme auf unsere letzten Verhandlungen teile ich Ihnen ergebenst mit, daß der französische Kommandant für den Kreis Ottweiler sämtliche Arbeiter-, Bürger- und Bauernräte als aufgelöst erklärt hat, und zwar sowohl als Kontroll- wie als beratende Stellen. Meinem neulichen Versprechen gemäß habe ich ausdrücklich bei der Beratung mit den betreffenden Offizieren den dortigen Antrag zur Sprache gebracht, den Arbeiter-, Bürger- und Bauernrat wenigstens als beratendes Organ zuzulassen, was jedoch ebenfalls abgelehnt wurde.

Im übrigen verweise ich auf meine Bekanntmachung in den Zeitungen.

13 November 1918/Juli 1919

Der Kampf um den Achtstundentag

13a *30. November 1918*

Bericht der „Neunkirchener Zeitung" über die Zustimmung der Direktion der Firma Gebrüder Stumm zur Einführung des Achtstundentages

Neunkirchener Zeitung Nr. 277 vom 2. Dezember 1918.

Die Direktion des Neunkircher Eisenwerks hat der Einführung des Achtstundentages grundsätzlich zugestimmt. An den Hochöfen kann mit dieser Schicht sofort begonnen werden. In den anderen Betrieben bestehen noch technische Schwierigkeiten, deren Behebung im Einvernehmen mit dem Arbeiterausschuß geregelt wird. Fuhrwerks- und Landwirtschaftsarbeiter kommen bei der Neuregelung der Arbeitszeit nicht in Frage. Notstandsarbeiten werden nach der bisherigen Zeit verrichtet.

* Auch hier wurden handschriftliche Änderungen in der Vorlage nicht berücksichtigt.

13b *5. Dezember 1918*

Erklärung der Bergarbeitergewerkschaften zu den Verhandlungen über den Achtstundentag

Neunkircher Volks-Zeitung Nr. 286 vom 6. Dezember 1918.

Infolge Nichteinführung des Achtstundentages sind im Saarrevier in letzter Zeit Ausstände ausgebrochen. Die Organisationen bemühten sich sofort, mit der Bergwerksdirektion und dem französischen Kommandanten Fühlung zu nehmen, um die Streitigkeiten zu schlichten. Obwohl ein positives Ergebnis bis jetzt noch nicht erzielt werden konnte, hat die Belegschaft die Arbeit wieder aufgenommen. Augenblicklich sind, um die Angelegenheit endgültig zu regeln und Klarheit zu schaffen, neue Verhandlungen im Gange. So fand auch heute auf der Bergwerksdirektion wieder eine Besprechung statt mit dem Erfolge, daß weitere Beratungen mit dem französischen Kommandanten, der heute verreist war, stattfinden sollen. Über das Ergebnis wird Bericht erstattet werden.

Wir erwarten von unseren Mitgliedern, da uns durch das Versammlungsverbot jede Aufklärung unterbunden ist, daß sie in Ruhe das Ergebnis der Verhandlungen abwarten. Haltet Disziplin, vertraut nach wie vor auf Eure Organisation, die auch während der Zeit der Besetzung ihre Aufgabe im Interesse der gesamten Arbeiterschaft erfüllen wird.

Der Verband der Bergarbeiter Deutschlands
Bezirksverein Saarrevier
Gewerkverein christlicher Bergarbeiter Deutschlands
Geschäftsstelle für das Saarrevier

13c *10. Dezember 1918*

Erklärung der Bergarbeitergewerkschaften zum Scheitern der Verhandlungen

Neunkircher Volks-Zeitung Nr. 289 vom 10. Dezember 1918.

Bekanntlich hatten die beiden Bezirksleitungen nach vorheriger Aussprache am 12. November bei der Bergwerksdirektion u. a. die Forderung nach Einführung des Achtstundentages erhoben.

Inzwischen erfolgte die Besetzung der Bergwerksdirektion durch die französischen Truppen, auf welche nunmehr das Verfügungsrecht über die zu treffenden Neuordnungen überging. Alle mühevollen Versuche (vor allen Dingen die der beiden Verbände), auch unter den neuen Verhältnissen den Achtstundentag zur Einführung zu bringen, blieben ergebnislos. Der Kommandant erklärte bündig, daß unter Berücksichtigung der Kohlenmarktlage während der Besetzungszeit die achteinhalbstündige Schicht im hiesigen Bergbau beibehalten werden müsse. Alle weiteren Versuche, in der Arbeitszeitfrage eine Wandlung herbeizuführen, seien zwecklos. Das Gebiet sei militärisch von den Franzosen besetzt und ihren Anordnungen sei unbedingt Folge zu leisten. Kämen die Bergleute diesen Anordnungen nach, dann sei er gerne bereit, mit den Organisationsleitungen über die sonstigen Wünsche der Bergleute zukünftig zu sprechen. Wenn Ruhe und Ordnung im Revier gewahrt bleiben, sei er bestrebt, die Lage der Bergarbeiter und deren Familien erträglich zu gestalten. Schon jetzt habe er von den Behörden die Unterlagen über den Stand der Ernährung eingefordert, um die hier notwendigen Maßnahmen zur Verbesserung der Ernährungslage treffen zu können.

Die Bergarbeiter ersehen aus dieser Darstellung, daß die Organisationsleitungen alles getan haben, was geschehen konnte unter den gegenwärtigen Verhältnissen, den Achtstundentag zu erreichen. Durch die Besetzung des hiesigen Gebietes ist die Lage wesentlich anders wie in den übrigen deutschen Bergbaurevieren. Wir müssen notgedrungen die alte Forderung nach Einführung der Achtstundenschicht zurückstellen.

Da uns kein anderer Weg übrig bleibt, fordern wir im Interesse der Bergarbeiter und ihrer Familien unsere Mitglieder auf, sich in das Unvermeidliche zu fügen und wie immer gewerkschaftliche Disziplin an den Tag zu legen. Dies ist unbedingt notwendig, um Schlimmeres zu verhüten und zukünftige Verhandlungen mit der Militärbehörde nicht unmöglich zu machen.

Für den Gewerkverein christlicher Bergarbeiter
Kuhnen, Kiefer
Für den Verband der Bergarbeiter Deutschlands
Pokorny, Rebmann

13d — *2. Januar 1919*

Bekanntmachung der Direktion der Firma Gebrüder Stumm

Archiv Saarstahl Völklingen, Werk Neunkirchen: Mappe 151967, Rundschreiben 1919 bis 1923/Arbeitszeit.

Die achtstündige Schicht bleibt weiter bestehen. Die halbstündige Pause kommt in Fortfall, doch ist es jedem Arbeiter gestattet, während der Arbeitszeit seine Mahlzeit einzunehmen. Die Essenszeit wird festgesetzt:
für die Frühschicht zehn Uhr vormittags,
für die Nachmittagsschicht sechs Uhr abends,
für die Nachtschicht zwei Uhr nachts.

Zehn Minuten nach diesen Zeiten muß die Essenspause erledigt sein. Das An- und Abläuten der Pausen kommt in Fortfall.

Die Sonntagsarbeit wird gerechnet von Sonntag früh sechs Uhr bis zehn Uhr abends. Hierfür werden fünfzig Prozent vom Lohne plus Schichtenzulage Vergütung gewährt. Für Überarbeiten in der Woche bleiben die bisherigen Sätze bestehen.

Die Pförtner, Wächter, Kutscher und landwirtschaftlichen Arbeiter fallen nicht unter die achtstündige Arbeitszeit.

Der Höchstlohn für Handwerker ist an ein bestimmtes Alter nicht gebunden. Eine Kommission (bestehend aus dem Betriebschef, Betriebsmeister und Arbeitervertreter) entscheidet, von wann ab der Handwerker als vollzählig zu gelten hat.

Die bisherigen Bestimmungen über die achtstündige Arbeitszeit bleiben bestehen, bis etwa allgemeine Bestimmungen für das ganze Saargebiet eingeführt werden.

Neunkirchen, den 2. Januar 1919
Gebrüder Stumm, Gesellschaft mit beschränkter Haftung
gez. Müller, gez. Böhm

13e — *29. März 1919*

*Aktennotiz in den Unterlagen des Oberpräsidenten der Rheinprovinz zum Streik der Saarbergleute**

Landeshauptarchiv Koblenz: Bestand 403, Nr. 13568, Bl. 245-246.

Gestern erklärte mir Landrat von Halfern mündlich, der Streik gerade in diesen Tagen sei unerwartet gekommen. Alle Gruben seien in Streik, dazu die Arbeiter der Firma Ehrhardt & Sehmer und der Eisenbahnbauanstalt Wunn, die 1700 Arbeiter beschäftige. Forderung der Arbeiter sei Lohnerhöhung um 25 bis 30 Prozent, dazu Achtstundentag. Die Arbeiter seien zwar in Wut gegen die Franzosen, einen politischen Anstrich habe aber der Streik nicht. Sabotage sei bisher nicht ausgeübt, aber es fehlten in vielen Gruben doch so viele Arbeiter, daß die Instandhaltung der Gruben bedroht sei. Die Franzosen hätten daher einer Reihe von Arbeitern namentlich aufgegeben, die Arbeit aufzunehmen. Ein Teil der Arbeiter habe dem Folge geleistet, ein anderer Teil nicht. Diese seien verhaftet worden.

Bei Landrat Schellen hörte ich am Abend, daß auch die Leute der Röchlingschen Grube aus Sympathie streikten, trotzdem die Firma den Arbeitern zugesagt habe, ihnen unter allen Umständen die gleichen Bedingungen, die die

* Der Verfasser dieser Notiz konnte nicht ermittelt werden.

Arbeiter in den staatlichen Gruben durchsetzten, zu erfüllen. Auch bei dieser Grube fehlten so viele Arbeiter, daß die notwendigsten Aufrechterhaltungsarbeiten nicht geleistet werden könnten. Auch da sind gestern abend noch namentliche Aufgaben an bestimmte Arbeiter, die Arbeit sofort aufzunehmen, ergangen.

General Andlauer hat gestern in Saarbrücken mit den Arbeitern selbst verhandelt ohne Hinzuziehung von deutschen Behörden, Arbeitgebern und selbst der Arbeiterführer. Heute höre ich telefonisch von Landrat von Halfern, bei der gestrigen Verhandlung der Arbeiter mit General Andlauer sei bezüglich der Lohnfrage eine Einigung im Arbeitersinne so ziemlich zustande gekommen, nur der Achtstundentag sei noch nicht bewilligt. Wenn er nicht bewilligt werde, würden am Montag wahrscheinlich auch die Eisenbahnarbeiter in Sympathiestreik treten.

13f — *5. April 1919*

Proklamation General Andlauers zum Bergarbeiterstreik

Landesarchiv Saarbrücken: Abteilung F-Plakate, Nr. 1/837 ab.

Der Ausstand der Bergarbeiter, der am 26. März begonnen hatte, führte am 1. April zum allgemeinen Streik. Die Besprechungen, die zwischen der Direktion und den berufenen Vertretern der Arbeiterschaft stattfanden, erzielten ein Abkommen, das von den Belegschaften jedoch nicht respektiert wurde. Bis zum 2. April konnte eine diesbezügliche Verständigung nicht herbeigeführt werden. Der gegenwärtige Streik birgt die Gefahr in sich, das Wirtschaftsleben des Saargebietes in eine schwierige Lage zu bringen. Der Kohlenmangel wird dazu führen, für diese Gegend die Licht- und Wasserversorgung in Frage zu stellen, den Betrieb der Werkstätten und Fabriken sehr zu erschweren, wenn nicht ganz lahm zu legen. Die gleichen Schwierigkeiten werden den Bahnverkehr treffen. Frankreich, das die Aufgabe übernommen hat, für die Aufrechterhaltung der Ordnung, für die gesamten Wirtschaftsinteressen des Saargebietes zu sorgen, sieht sich nun gezwungen, ganz besondere Maßnahmen zu treffen, um seine Mission zu erfüllen. Es wird daher durch das französische Oberkommando folgendes verfügt:

Jedes Fernbleiben von der Arbeit wird als feindlicher Akt betrachtet und alle Belegschaften in ihrer Gesamtheit, Direktionspersonal mit einbegriffen, werden zur Arbeitsleistung requiriert und dem Befehl des Herrn Generals, Obersten Verwalters des Saargebietes, unmittelbar unterstellt. Infolgedessen treten folgende Maßnahmen in Kraft:

Ab Montag, den 7. April: Wiederaufnahme der Arbeit durch die Bergleute, die durch diesen Anschlag dazu requiriert werden. Erstes Anfahren um sechs Uhr morgens. Jede Person, welche in die Listen der Zechen eingetragen ist und sich nicht zur festgesetzten Stunde auf ihrem Posten einfindet oder nicht wirkliche Arbeit leistet, macht sich strafbar und hat Verhaftung zu gewärtigen. Ein gewisser Teil dieser Arbeiter wird infolge Nichtbefolgung eines militärischen Befehls nach dem rechten Rheinufer abgeschoben. Diejenigen Personen, welche Aufwiegelungen, Sabotage oder Plünderungen vornehmen oder Gewalt irgendwelcher Art anwenden sowie diejenigen, welche mit Waffen angetroffen werden, werden gemäß der Verfügung des Herrn Marschall Foch vom 15. November 1918 vor ein Kriegsgericht gestellt und nach dem Militärstrafgesetzbuch abgeurteilt. Das Direktionspersonal der einzelnen Zechen wird für die Wiederaufnahme der Arbeit verantwortlich gemacht und unterliegt ebenfalls hinsichtlich Kriegsgericht und Landesverweisung den obigen Bestimmungen. Der Herr General, Oberster Verwalter des Saargebietes, wird bestimmen, wann diese außerordentlichen Maßnahmen in Wegfall kommen.

Notiz: Jede französische Militärperson, gleich welchen Grades, ist von den Deutschen als Vorgesetzter im Sinne der militärischen Rangordnung zu betrachten. Die Ortspolizei sowie die Forstbeamten werden ebenfalls hiermit requiriert. Sie haben jeder Anordnung der Militärbehörde Folge zu leisten und haben ihrerseits zur Ausführung dieser Proklamation beizutragen beziehungsweise diese zu überwachen.

Saarbrücken, den 5. April 1919
Le Général Andlauer
Administrateur Supérieur de la Sarre

13g *10. Juli 1919*

Eingabe der Bergarbeitergewerkschaften an den französischen Grubenkontrolldienst

Volksstimme Nr. 161 vom 15. Juli 1919.

Im Auftrage der organisierten Belegschaften der Saar- und Pfalzgruben unterbreiten die beiden unterzeichneten Bergarbeiterorganisationen dem Kontrolldienst nachfolgende Wünsche:

1. Einführung der 7 1/2-Stundenschicht für die Untertagearbeiter und alle in der Förderung beschäftigten Personen,
2. der Achtstundenschicht einschließlich einer halben Stunde Pause für die Übertagearbeiter.

In Frankreich sowohl wie in Lothringen ist für die Untertagearbeiter im Bergbau nunmehr auch die 7 1/2-Stundenschicht einschließlich Ein- und Ausfahrt zur Einführung gelangt. Nachdem nun die Tatsache zu verzeichnen ist, daß neben der kürzeren Arbeitszeit in den Bergbaubetrieben Deutschlands auch in denjenigen von Frankreich die siebeneinhalbstündige Schicht besteht, kann für das Saar- und Pfalzkohlengebiet kein Ausnahmezustand bestehen bleiben. Ein Festhalten der achtstündigen Schichtzeit einschließlich Ein- und Ausfahrt im letzteren Gebiete würde eine Quelle dauernder Unzufriedenheit darstellen. Es ist deshalb im Interesse des guten Einvernehmens zwischen Werksverwaltung und Arbeiterschaft dringend erforderlich, daß der jetzige Ausnahmezustand durch baldigste Einführung der 7 1/2-Stundenschicht für die Untertage- und in der Förderung beschäftigten Arbeiter beseitigt wird. Für die Übertagearbeiter ist die Einführung der Achtstundenschicht einschließlich einer halben Stunde Pause notwendig, weil in allen industriellen Betrieben diese Arbeitszeit bereits in Geltung ist. Die Übertagearbeiter haben seit der erstmaligen Verkürzung der Arbeitszeit schon des öfteren die Forderung nach Gleichstellung mit den Industriearbeitern in der Arbeitsfrage geltend gemacht und erhoffen sie, daß ihrem Wunsche nunmehr auch entsprochen wird.

Betreffs der zwingenden Notwendigkeit einer weiteren Lohnerhöhung verweisen wir heute schon kurz auf die noch immer anhaltende Preissteigerung auf allen Gebieten, welche die Kaufkraft des Geldes immer mehr herabdrückt. Wir behalten uns deshalb vor, anläßlich der wegen der Arbeitszeitfrage stattfindenden Verhandlung auch konkrete Forderungen in der Lohnfrage zu stellen und eingehend zu begründen.

In der angenehmen Erwartung, daß die mündliche Verhandlung baldigst stattfindet und die Wünsche selbst weitestgehende Berücksichtigung finden, zeichnen mit aller Hochachtung

(Unterschriften)*

* Bei den Verhandlungen mit der Bergwerksdirektion und dem französischen Grubenkontrolleur konnten die Bergarbeitergewerkschaften ihre Forderungen am 12. Juli 1919 weitgehend durchsetzen.

Denkschrift des Gewerkschaftskartells Saarbrücken an die Verwaltung des Saargebietes zu den gewerkschaftlichen Forderungen

Volksstimme Nr. 183 vom 9. August 1919.

Unter Hinweis auf den ausgesprochenen Wunsch des Herrn Vertreters der Besatzungsbehörde der Stadt Saarbrücken vom 24. Juli 1919 gestatten sich Unterzeichnete als Vertreter der gewerkschaftlichen Arbeiter- und Angestelltenorganisationen (freie Gewerkschaften) im Saargebiet folgendes zu unterbreiten:

1. Die Vertreter der gewerkschaftlichen Organisationen stellen sich auf den Boden der durch den Friedensvertrag gegebenen Tatsachen. Sie sind bereit, in loyaler Weise am Aufbau der wirtschaftlichen Verhältnisse des Saargebietes und für das Wohl der gesamten Bevölkerung nach Kräften mitzuarbeiten.

2. An erster Stelle nennen wir die Lösung der sozialen, wirtschaftlichen sowie kulturellen Fragen.

3. Zu deren Durchführung halten wir die Heranziehung der Vertreter der organisierten Arbeiterschaft als Vertreter der werktätigen, schaffenden Stände in die Verwaltung dringend geboten.*

4. Als besondere Wünsche auf wirtschaftlichem Gebiet gestatten wir uns, folgende Forderungen zu unterbreiten:

a) Die gewerkschaftlichen Arbeiter- und Angestelltenorganisationen des Saargebietes verbleiben wie bisher Teile der gewerkschaftlichen Verbände Deutschlands.

b) Sicherstellung des völlig freien Koalitionsrechts für alle Arbeiter und Arbeiterinnen und Angestellten.

c) Gleichstellung der landwirtschaftlichen Angestellten, Arbeiter und Arbeiterinnen und Dienstboten mit den gewerblichen Arbeitern und Angestellten. Aufhebung der Gesindeordnungen.

d) Gesetzliche Einführung und Anerkennung der Arbeiterausschüsse, Schlichtungsausschüsse sowie Durchführung der Tarifvertragsbedingungen.

e) Sofortige gesetzliche Einführung der achtstündigen täglichen Arbeitszeit in allen Werkstellen und Betrieben.**

f) Anerkennung aller Gesetze und Verordnungen, die seit dem 11. November 1918 in Deutschland zur Einführung gekommen sind.

g) Sofortige Einführung der völligen Meinungs-, Versammlungs- und Preßfreiheit. Aufhebung aller Paßbeschränkungen und Zulassung des freien Reiseverkehrs.

---

* So in der Vorlage.

** So in der Vorlage.

h) Sofortige Einstellung und Zurücknahme aller Ausweisungen.

i) Sofortige Amnestie für alle wirtschaftlichen, staatsrechtlichen Delikte.

k) Sozialisierung der Berg- und Hüttenbetriebe, der Kraft- und Energiewerke, des Transport- und Schiffahrtswesens.

l) Regelung des Wohnungswesens. Übernahme der Überteuerungskosten auf Staat und Gemeinden.

m) Gesetzliche Einführung der Betriebsräte und Beteiligung derselben an der Verwaltung der Betriebe und Institutionen.

n) Aufrechterhaltung und Ausbau der bestehenden nationalen und internationalen Arbeiterschutzgesetzgebung.

o) Sofortige Sicherstellung und Erhöhung der Bezüge der gesamten, auch älteren Knappschafts-, Invaliden-, Witwen- und Waisenrenten. Wirtschaftliche Sicherstellung und ausreichende Pensionen der Kriegsinvaliden, -witwen und -waisen. Erhöhung der unpfändbaren Lohnsumme und Gehaltsbezüge auf 4500 Mk.

p) Sofortige ausreichende Belieferung des Saarlandes mit Nahrungsmitteln zu mäßigen Preisen (Gesundung der Valuta). Sicherstellung der Industrie, des Handwerks und der Landwirtschaft durch Belieferung mit ausreichenden Mengen an Rohstoffen, Kohlen und Düngemitteln. Völlig freie Zulassung des Außenhandels. Sicherstellung genügender Mengen an Hausbrandkohlen.

q) Schaffung eines Arbeitsamtes und Zuteilung folgender Gebiete unter dasselbe: Kranken-, Unfall-, Invaliden-, Witwen-, Waisen-, Knappschafts- und Angestelltenversicherung auf einheitlicher Grundlage. Koalitionsrecht, Arbeits- und Tarifvertragswesen, Schlichtungswesen, Lehrlingswesen, Berufsberatung, Arbeiterrecht, Fabrikinspektion, Gewerbeaufsicht, Jugend- und Kinderfürsorge, Arbeiterinnen-, Wöchnerinnen-, Mutterschutz, Hebammenwesen, Gewerbe- und Kaufmannsgerichte, gewerbliche Fortbildungsschulen, Arbeitsnachweis, Erwerbslosenfürsorge, Wohnungswesen, Armenpflege, Kriegsbeschädigten-, Kriegswitwen- und Waisenfürsorge, Arbeiterausschüsse und Betriebsräte, Landarbeiter- und Gesinderecht, Versicherungswesen.

Für die gewerkschaftlichen Organisationen
Das Gewerkschaftskartell Saarbrücken
Im Auftrag: A. Gerhardt, Vorsitzender, Futterstr. 1

15 Juli/September 1919

Das Verhältnis zwischen SPD und USPD

15a *Juli 1919*

Entschließung der Neunkircher SPD zur Einheit der Partei

Volksstimme Nr. 171 vom 26. Juli 1919.

Die Sozialdemokratische Partei Neunkirchens betrachtet sich als sozialdemokratische Partei im alten Sinne des Wortes, die alle Richtungen des demokratischen Sozialismus umfaßt. Sie will das Sammelbecken aller derer sein, die, wenn auch auf verschiedenen Wegen, so doch mit gleicher Aufrichtigkeit und Uneigennützigkeit das Ziel der reinen und uneingeschränkten Volksherrschaft und der Befreiung der Menschen aus wirtschaftlicher und geistiger Unfreiheit im Sinne des Erfurter Programms erstreben.

Sie erblickt in der Saarbrücker „Volksstimme" ihr Organ und wird diese mit allen Mitteln unterstützen in der Erwartung, daß sie die in der Partei zusammengeschlossenen Richtungen auf dem Fuße der Gleichberechtigung behandelt.

Sie wird zu dieser Stellungnahme gedrängt durch die Erkenntnis, daß die Not der Zeit den Zusammenschluß aller demokratischen und sozialistischen Volksgenossen gebieterisch erfordert. Die Spaltung, die durch die Kriegspolitik unserer Führer hervorgerufen worden ist, darf nicht verewigt werden, soll die Stoßkraft unserer Bewegung nicht darunter leiden. Wir Neunkirchener überlassen ruhig die Beurteilung der Kriegspolitik der Geschichte. Wir haben das Bedürfnis zusammenzukommen, nicht um die inneren Gegensätze zu vertuschen, die gründlich ausgetragen werden sollen, sondern um sie zu überbrücken und uns zu gemeinsamem Kampfe gegen den gemeinsamen Gegner die Hände zu reichen. Der Krieg mit seiner Lüge hat uns entzweit – der Friede, der die Wahrheit bringen wird, soll uns wieder vereinen.*

15b *7. September 1919*

Bericht der „Volksstimme" über die Spaltung der SPD Wiebelskirchen

Volksstimme Nr. 210 vom 10. September 1919.

In einer am 7. September stattgefundenen Mitgliederversammlung der Sozialdemokratischen Partei teilte der Vorsitzende der Partei, Genosse Jung, mit, daß die Einigungsverhandlungen daran gescheitert seien, daß die Mehrheitssozialisten sich nicht zum Rätesystem bekennen würden. In einer längeren Aussprache, in der u. a. Genosse Schwarz die Folgen einer Spaltung als auch

* Dieser Resolution schlossen sich die SPD-Ortsvereine in Wiebelskirchen, Wellesweiler, Spiesen und Landsweiler an.

die derzeitigen politischen Verhältnisse darlegte, betonte er, daß er sich einer Spaltung nicht entgegenstellen werde, da ein gesundes Miteinanderarbeiten nach den bestehenden Bestrebungen mehrerer Genossen für die Zukunft nicht im Interesse der Arbeiterschaft liegt. Auf Antrag eines Anhängers der USP kam es zur Abstimmung, in der die aus sechzig Genossen besuchte Versammlung* sich in der Mehrheit zur USP bekannte und somit die Spaltung vollzogen war.

Wir fordern alle Parteimitglieder, die auf dem Boden des Erfurter Programms, der Demokratie stehen (also die Diktatur ablehnen), auf, ihre Mitgliedsbücher nicht abzugeben, da der Sozialdemokratische Verein nach wie vor weiterbestehen wird. Anstelle des bisherigen Vorsitzenden, Genossen Jung, der zur USP übergetreten ist, hat der Genosse Richard Hoffmann, Viktoriastraße 3 wohnhaft, den Vorsitz bis zur endgültigen Wahl übernommen. Anmeldungen von Mitgliedern usw. werden vom Genossen Hoffmann als auch Genossen Schwarz, Katharinastraße, entgegengenommen.

Genossen! Da die Einigkeit der Arbeiterschaft im gegenwärtigen Moment notwendiger ist als je und da nur praktische Arbeit den Sozialismus verwirklichen kann, ersuchen wir, die Reihen der Parteimitglieder zu stärken, da uns große Aufgaben bevorstehen und dieselben nicht durch Kritik, sondern nur durch Mitarbeit zum Vorteil der Arbeiterschaft gelöst werden können.

Zum Vorgehen des Genossen Jung haben wir zu bemerken, daß seine Handlungsweise den Ereignissen vorauseilt und nicht geeignet ist, der Einigung der saarabischen Arbeiterschaft zu dienen, zumal er auch von keiner Seite beauftragt ist, in dieser Weise zu handeln. Die am 17. August stattgefundene Kreiskonferenz beauftragte den Vorstand, Einigungsverhandlungen anzubahnen. Aufgrund dessen fand vor einiger Zeit eine gemeinsame Vorstandssitzung beider Parteien statt, in der man sich auf einer von beiden Seiten anerkannten Grundlage zur Einigung festlegte. Die Vertreter der USP erklärten, die Zustimmung ihrer Mitglieder einholen zu müssen, um uns dann endgültigen Bescheid zu geben. Da dieser Bescheid bis heute noch nicht vorliegt, waren wir noch nicht in der Lage, zu der Sache weiter Stellung zu nehmen. Merkwürdig finden wir es, daß Genosse Jung als Vorsitzender der Ortsgruppe Wiebelskirchen der Sozialdemokratischen Partei an der Kreiskonferenz der USP teilnimmt. Auf diese Weise wird die Arbeiterschaft nicht zusammengeführt, sondern die Kluft immer mehr erweitert zur Freude aller Dunkelmänner und Reaktionäre an der Saar.

Wir bauen auf den gesunden Sinn unserer Genossen, daß sie sich von solchen Leuten nicht vom rechten Wege, dem Wege der Vernunft und des gesunden Menschenverstandes abdrängen lassen. Besonders im Hinblick auf die bevorstehenden Gemeinderatswahlen ist ein geschlossenes Vorgehen der Arbeiterschaft notwendiger denn je. Wer anders handelt und spricht, ist ein Verräter an seinen Klassengenossen. Deshalb, Arbeiter und Genossen, die Augen auf!

* So in der Vorlage.

Es geht ums Ganze! Es geht um die kaum errungene Organisationsfreiheit im Saarrevier, die durch das Vorgehen solcher Leute aufs höchste gefährdet ist.

15c — *20. September 1919*

Erklärung Karl Schneiders zu seinem Übertritt zur USPD

Landesarchiv Saarbrücken: Bestand Landratsamt Ottweiler, Nr. 7.

Sozialdemokraten beider Richtungen!

Die Gründung der hiesigen Zahlstelle hat mich in eine absonderliche Lage versetzt. Ich habe mich nunmehr in die Reihen der Unabhängigen gestellt. Daß ich früher meinen unabhängigen Charakter nicht preisgegeben habe, beweisen die Bedingungen, unter denen ich bei den Sozialdemokraten aufgenommen wurde.

Wir sind nun hier zusammengekommen, nicht um Gegensätze verschaffen, sondern um sie zu überbrücken.* Der Krieg hat uns entzweit, der Frieden, der die Wahrheit bringen wird, muß uns einen. Der Sozialdemokratie wurde immer ein tiefes Mißtrauen entgegengebracht. Mißtrauen ist unter Umständen eine Tugend, von der unser alter Bebel sagte, daß sie besonders gegen die Führer geübt werden müßte. Wie recht er damit hatte, hat uns der Krieg gelehrt.

Aber zu einem Mißtrauen gegen den Sozialdemokratischen Verein Neunkirchen liegt zunächst für mich keine Veranlassung vor. Nun hat vor kurzem eine Neuwahl des Vorstandes stattgefunden, dessen Vorsitzender mir vor drei Tagen erklärte, daß sie das festgesetzte Programm nicht einhalten könnten. Damit war für mich ein weiteres Verbleiben im Sozialdemokratischen Verein ausgeschlossen und ich schließe mich der USP an, der ich innerlich längst angehöre. Ich kann nach dem nicht mehr einer mehrheitssozialistischen Partei angehören. Ich habe mich zu den Unabhängigen hingezogen gefühlt vom ersten Augenblick ihrer Existenz an. Ich hatte sehr leicht**, Unabhängiger zu werden, da ich nur zu bleiben brauchte, was ich vor dem Kriege ein Vierteljahrhundert gewesen war. Unabhängig ist im Kriege geworden, wer seine sozialistischen Ideale nicht preisgegeben hat, wer dem Kriegsschwindel nicht erlegen ist.

Ich habe der „Volksstimme" einen Artikel eingesandt, den diese ablehnte. Er trug die Überschrift „Belogen und betrogen". Wenn die „Volksstimme" sagt, rein mehrheitssozialistisch zu sein, so will ich sie in ihrem Vergnügen nicht stören, das täglich zweifelhafter wird. Nur eins möchte ich ihr sagen: Wenn sie heute noch glaubt, sich der ihr unbequemen Wahrheit über den Krieg zu entziehen, so werden sie die nächsten Monate vermutlich schon eines anderen belehren. Die Wahrheit kommt – und die „Volksstimme" wird sie nicht aufhalten.

---

* So in der Vorlage.

** So in der Vorlage.

16 7.-10. Oktober 1919
Die Hungerunruhen vom Oktober 1919

16a *7.-10. Oktober 1919*

Bericht der „Volksstimme" über Massenversammlungen, Plünderungen und Streiks in Neunkirchen

Volksstimme Nr. 236 vom 11. Oktober 1919.

In zwei Riesenversammlungen beschäftigte sich die hiesige Einwohnerschaft mit der ins Endlose gehenden Preissteigerung aller Lebensmittel und Bedarfsartikel. Zum Dienstagabend* hatte die Arbeitsgemeinschaft der Gewerkschaften eine Volksversammlung in den Saalbau einberufen. Da dieser die Zahl der Erschienenen nicht zu fassen vermochte, fand zu gleicher Zeit im Prinzschen Saale eine Parallelversammlung statt.

Vor überfüllten Häusern kennzeichneten Gewerkschaftssekretär Petri und Oberlehrer Dr. Grein das bitterernste Satyrspiel nach der mehr als vierjährigen Kriegstragödie. Glaubte das Volk, nach Beendigung des Krieges eine Besserung der Ernährungsverhältnisse erhoffen zu dürfen, so sieht es sich hierin durch die unerhörten Preistreibereien bitter getäuscht. Diese sind zum größten Teil dem rücksichtslosen Schiebertum zuzuschreiben. Darum schärfster Kampf den Wucherern und Schiebern, diesen Parasiten am Volkskörper.

Von den nachfolgenden Diskussionsrednern wurde das volksausbeutende Gebahren der Wucherer und Schieber ins rechte Licht gerückt und Vorschläge zu deren Bekämpfung gemacht. In diesem Kampfe werde man nicht von der Behörde unterstützt, da diese dem Schiebertum gegenüber befangen sei. Ganz spontan kam aus der Versammlung der Wunsch zum Ausdruck, durch Einstellung der Arbeit die Behörden zu zwingen, mitzuhelfen bei der Erringung erschwinglicher Preise. Die Arbeiterschaft will nicht länger das Ausbeutungsobjekt gewissenloser Verbrecher am Volkswohl sein. Folgende Resolution fand einstimmige Annahme:

„Die heute im Saalbau und im Prinzschen Saale tagenden, von Tausenden von Neunkircher Bürgern und Bürgerinnen besuchten Volksversammlungen erheben schärfsten Protest gegen die nach der Kriegskatastrophe erfolgte unaufhörliche Steigerung der Preise für die notwendigsten Lebens- und Bedarfsmittel. Die Versammelten fordern rücksichtslose behördliche Bekämpfung des saarländischen und auswärtigen Schieber- und Schleichhändlertums sowie schärfste Erfassung der verfügbaren Warenmengen und Absatz derselben zu angemessenen Preisen.

---

* 7. Oktober 1919.

Besonders unzufrieden ist die Bürgerschaft darüber, daß der Kartoffelhöchstpreis für das Saarland den von der deutschen Reichskartoffelstelle festgesetzten erheblich übersteigt. Stichhaltige Gründe für diesen Preisunterschied sind nicht vorhanden. Das darin liegende Entgegenkommen gegen übertriebene Forderungen von landwirtschaftlicher Seite entspricht nicht dem Volksinteresse.

Die Bürger und Bürgerinnen Neunkirchens und der in den Versammlungen vertretenen umliegenden Orte schließen sich den von der Arbeiterschaft des unteren Saarreviers aufgestellten, soeben bekanntgewordenen Forderungen voll und ganz an. Ferner verlangen die Neunkirchener Volksgenossen mit Ausnahme des Krankenbrotes das volle Backverbot sämtlicher Weißbackwaren, besonders für die Cafés und Konditoreien, Zwangsbelieferung der Fleischwaren (Aufhebung der Freischlachtung), Beseitigung der bestehenden Wohnungsnot durch Rationierung der Wohnungen und eine Untersuchung gegen die an den bestehenden Mißständen etwa mitschuldigen Beamten. Die Forderungen sind:

1. Kartoffeln und Kohlen zu billigen Preisen;
2. genügende Belieferung;
3. Lohnaufbesserung;
4. Hebung des Markkurses im Saarlande;
5. Senkung der Preise für Lebens- und Bedarfsartikel;
6. Aufhebung des Paßzwanges;
7. Forderung nach Freilassung der gefangengesetzten Vertrauensleute;
8. endlich: strenge Maßnahmen gegen Wucherer und Schieber."

Noch am selben Abend wurde eine Kommission bei Herrn Major Izard und Hauptmann Montagne vorstellig. Die Herren zeigten für die vorgetragenen Wünsche Verständnis und versprachen, dieselben sofort Herrn General Andlauer zu übermitteln. Nachdem die Versammelten zur Ruhe und Einigkeit ermahnt und zu entschlossenem Vorgehen aufgefordert waren, fanden die Versammlungen nach dreieinhalbstündiger Dauer ihr Ende. Die Arbeiterschaft trat noch am selben Abend in den Streik, die Nachtschicht nahm die Arbeit nicht wieder auf.

Was viele befürchtet hatten, traf denn auch am Mittwoch morgen ein. Schon früh war alles auf den Beinen und bereits um sieben Uhr fiel einigen Rohlingen eine große Spiegelscheibe des Kaufhauses Levy Wwe. zum Opfer. Leider war die Menge den Ermahnungen besonnener Arbeiterführer gegenüber taub und eine Stunde später war die Plünderung der Geschäftshäuser in der Stummstraße in vollem Gange. Die Mehrzahl der Plünderer waren auswärtige Elemente, die sich unerkannt glaubten und ihre Raubinstinkte restlos auswirken ließen. Aber auch hiesige Einwohner benützten die günstige Gelegenheit, sich auf leichte Art in den Besitz von allerhand Gegenständen zu setzen. Lange aber konnten sie sich ihres Raubes nicht erfreuen, denn es gelang den Bemühungen einiger beherzter Männer, ihnen diesen wieder abzujagen. Ganze Wagenladungen von geplündertem Gut wurden im Laufe des Tages in den verschiedensten Ortsteilen aufgestöbert und zur Sammelstelle in der Glashalle gebracht, wo sie die bestohlenen Geschäftsinhaber wieder in Empfang nehmen konnten. Es ist tief bedauerlich, daß etwas derartiges vorkam, auf keinen Fall ist der Sache des Bürgertums und der Arbeiterschaft damit genützt. Jeder rechtlich denkende Mensch wird sich dieser Vorkommnisse wegen schämen und sie tief bedauern.

Die Besatzungsbehörde ließ sofort die Hauptverkehrsstraßen absperren und verbot den Verkehr auf den Straßen für die Zeit von sechs Uhr abends bis sieben Uhr morgens. An einigen Punkten des Ortes wurden Maschinengewehre aufgestellt und so die Bevölkerung von weiteren Ausschreitungen abgehalten. Die Wirtschaften mußten sofort schließen und das Zusammenstehen in kleinen und größeren Gruppen durch Straßenpatrouillen verhindert*. Panzerautos durchfuhren die Straßen und bewirkten dadurch ein langsames Wiederkehren der Ruhe und Ordnung. Durch einige halbwüchsige Schreier, die absolut nicht zur Ruhe zu bringen waren, wurden die Truppen veranlaßt, von der Waffe Gebrauch zu machen, wobei ein ruhig des Weges kommender Hüttenarbeiter so schwer verletzt wurde, daß seine Überführung in das Hüttenlazarett nötig wurde. Zahlreiche Festnahmen wurden vorgenommen, doch erfolgte die Freilassung der Festgenommenen (meist Jugendlicher) nach Feststellung ihrer Personalien. Die Mehrzahl der Neugierigen rekrutierte sich aus Frauen und Kindern, welch letztere ja überall „dabei" sein müssen. Es ist doch Pflicht der Eltern, ihre Kinder bei solchen Gelegenheiten von der Straße fernzuhalten und dafür zu sorgen, daß Ruhe und Ordnung gewahrt bleiben. Der Andrang zu den ausgeraubten Geschäftshäusern veranlaßte aufs neue eine Sperrung der Stummstraße.

Nach Bekanntgabe des Ergebnisses der Verhandlungen** mit dem obersten Verwalter des Saargebietes, General Andlauer, löste sich die Spannung einigermaßen, doch schwirrten bald wieder Gerüchte umher, daß der Streik seinen Fortgang nehme, da die Verhaftung einiger Eisenbahner wegen Nichtgrüßens französischer Offiziere ein neues Moment zur Verweigerung der Arbeitsaufnahme ergeben habe. Um drei Uhr nachmittags fand eine Versammlung der Eisenbahner im Saalbau statt, in der Stellung zu den Abmachungen und den späteren Vorkommnissen genommen wurde. Die Versammlung beschloß, die Arbeit am Freitag morgen wieder aufzunehmen und die Sonderwünsche lokaler Natur zurückzustellen. Eine dreigliedrige Kommission wurde noch am selben Abend vorstellig, um die Freilassung der verhafteten Eisenbahner zu erwirken.

Um sechs Uhr abends fanden im Saalbau sowie im Prinzschen Saale sehr stark besuchte Versammlungen statt, die Stellung zu den Abmachungen in

* So in der Vorlage.

** Zwischen General Andlauer und Vertretern der Gewerkschaften waren die Einrichtung eines Sondergerichtes für Schiebergeschäfte und die Einsetzung von Preisprüfungskommissionen vereinbart worden.

Saarbrücken nahmen. Wie der Ausbruch des Streiks in engster Solidarität mit Saarbrücken zustande gekommen war, so erschien nach den Saarbrücker Abmachungen allen ein weiteres Verharren in demselben nutzlos. Am Nachmittag fand eine Besprechung mit dem Kommandanten statt, zu welcher Landrat Vogeler und Bürgermeister Ludwig ebenfalls anwesend waren. Dort wurden die lokalen Wünsche der Arbeiterschaft zur Sprache gebracht und seitens der Verwaltung zugesagt, daß eine Änderung im Sinne der Antragsteller erfolgen werde. Nachdem schon ein Teil der Arbeiter im Laufe des Tages die Arbeit wieder aufgenommen hatte, beschlossen beide Versammlungen, sich den in Saarbrücken gefaßten Beschlüssen zu fügen und die Arbeit am Freitag wieder aufzunehmen. Die Wünsche lokaler Natur werden für einen nicht allzu fernen Zeitpunkt zurückgestellt.

Damit ist ein Kampf nach zweitägiger Dauer beendet, der ohne seine häßlichen Begleiterscheinungen wie Plünderungen usw. noch viel nachhaltiger bei den in Betracht kommenden Behörden gewirkt hätte. Die Arbeiterschaft hat gezeigt, daß sie bereit ist, für ihre Forderungen voll und ganz einzustehen, daß sie Solidarität (ein bis vor kurzem im Saargebiet unbekannter Begriff) zu üben weiß.

16b — *11. Oktober 1919*

Bekanntmachung des französischen Militärverwalters Izard

Landesarchiv Saarbrücken: Bestand Dep. Stadt Ottweiler, Nr. 187.

Die entstandenen Unruhen haben die Militärverwaltung veranlaßt, die strengsten Maßnahmen zu ergreifen:

1. Jede Person, die im Besitz geraubter Gegenstände ist, wird verhaftet und vor das Kriegsgericht gestellt.

2. Derjenige, der im Besitze eines Stahlstockes, Schlagrings, Dolchs, Knickers oder eines Revolvers angetroffen wird, wird vor das Kriegsgericht gestellt.

3. Jeder Plünderer, der mit Waffen in der Hand überrascht wird und sich weigert, sich zu ergeben, wird erschossen.

4. Jede Ansammlung von Leuten wird zerstreut. Jede Ansammlung, die im Vorbeiziehen von Truppen sich feindlich benimmt, wird zerstreut.

5. Jede Person, die einer Militärperson irgendeines Grades keinen Platz macht, wird verhaftet.

6. Jeder Angestellte oder Beamte, der eine Dienstmütze oder Armbinde trägt und einen Offizier nicht grüßt, wird festgenommen und seine Personalität festgestellt.

Eine große Anzahl Plünderer sind schon verhaftet worden. Eine Menge gestohlener Waren ist wieder beigebracht worden. Sie sind auf den Büros des Militärverwalters in Ottweiler und Neunkirchen zur Verfügung der Eigentümer niedergelegt worden. Die gestohlenen Waren können auf dem Bürgermeisteramt Neunkirchen niedergelegt werden.

Der Militärverwalter
gez. Izard

17 — April 1922

Erklärung der Arbeiterorganisationen zur Parlamentsverordnung der Regierungskommission

Saar- und Blies-Zeitung Nr. 90 vom 18. April 1922.

An die werktätige Bevölkerung des Saargebietes!

Die Regierungskommission hat eine Verordnung über die Einführung eines Saarparlaments erlassen. Damit haben sowohl der Völkerbund als auch die Regierungskommission zugegeben, daß die Errichtung eines Saarparlaments mit den diesbezüglichen Bestimmungen des Friedensvertrages vereinbar ist. Die Verordnung beseitigt jedoch in keiner Weise die bisherige politische Entrechtung der Bevölkerung des Saargebietes. Sie ist das Produkt einer eigenmächtigen, diktatorischen Entscheidung der Regierungskommission. Ohne die Gemeinde- und Kreisvertretungen zu hören, wie es der Friedensvertrag vorschreibt, wurde über das politische Wohl und Wehe der Saarbevölkerung entschieden.

Die Bestimmungen über die Wahl und die Befugnisse des Landesrates entsprechen in keiner Weise den Forderungen der Saarbevölkerung auf eine wirkliche Volksvertretung. Er soll nach der Verordnung nur ein Begutachtungs-, aber kein Mitbestimmungsrecht haben.

Die Beschränkung des Wahlrechts auf solche Personen, die die Eigenschaft als Saareinwohner besitzen und der Wählbarkeit auf Persönlichkeiten, die dem Saargebiet entstammen, entrechtet große Teile der Saarbevölkerung.

Die Ernennung des Präsidenten, die Festsetzung der Tagesordnung durch die Regierungskommission, die Beschränkung auf eine bloße „Kenntnisnahme" des Haushaltsplans, die Nicht-Immunität der Abgeordneten, das Recht der Regierungskommission, sich durch Staatskommissare vertreten zu lassen und über die Einberufung nach ihrem Gutdünken zu entscheiden, müssen den Landesrat zur vollkommenen Bedeutungslosigkeit und politischen und wirtschaftlichen Ohnmacht verdammen.

Der Studienrat als ernannte Kammer, die ihr Begutachtungsrecht nur nach Aufforderung der Regierungskommission ausüben darf, ist eine völlig überflüssige Einrichtung, die ebenfalls zur Verfälschung der Meinung der werktätigen Massen des Saargebietes dient. Die Bevölkerung kann in einer solchen Institution nur ein willfähriges, kritikloses Werkzeug der Regierungskommission erblicken, das mit einer gerechten Interessenvertretung der Bevölkerung nichts gemein hat.

Die unterzeichneten Organisationen müssen daher gegen eine derartige Parlamentsverordnung, die in Wirklichkeit eine Parlamentskomödie und Parlamentslüge ist, den allerschärfsten Protest erheben. Sie lehnen es ab, durch eine Anerkennung dieser Verordnung die fortdauernde Entrechtung der werktätigen Bevölkerung zu sanktionieren und die Verantwortung für alle zukünftigen einseitigen Regierungsmaßnahmen dadurch zu übernehmen. Daß diese Be-

Deutscher Metallarbeiter-Verband
Verwaltungsstelle Neunkirchen.

Achtung! Achtung!

Am Montag, den 22. März, nachm. 2 Uhr,
im Saalbau zu Neunkirchen, Vogelstraße
große öffentliche

Belegschafts-Versammlung

der Neunkircher Hüttenarbeiter.

Tagesordnung: 1. Ausschußmännerwahl,
2. Freie Aussprache.

Referent: Gewerkschaftssekretär H. Dressing.

Augen auf! Stumm'sche Arbeiter!

Jetzt ist euch Gelegenheit geboten, den kapitalistischen Terror zu beseitigen, der immer noch Eure freiheitliche Entwickelung hemmt.

Ihr müßt Euch losreißen von der saarabischen Reaktion und ihrer Diener!

Restlos müßt Ihr zur Stelle sein, um mit dem alten System zu brechen!

Arbeiter der Firma Stumm erscheint in Massen!

745 Der Wahlausschuß. J. A.: H. Dressing.

DMV-Versammlung zur Vorbereitung der Wahlen zum Arbeiterausschuß, März 1920.
(Volksstimme)

fürchtungen berechtigt sind beweist bspw. die letzte Verordnung der Regierungskommission über den direkten Steuerabzug, die wichtige Lebensinteressen der Saararbeiterschaft außer acht läßt.

Die unterzeichneten Organisationen stellen folgende Mindestforderungen auf:

1. Freies Wahlrecht und freie Wählbarkeit für alle, die nach der Wahlordnung der Regierungskommission für die Kreistage und Gemeindeparlamente wahlberechtigt und wählbar sind.

2. Mitbestimmungsrecht des Landesrates bei der Gesetzgebung und Etatbewilligung, wobei, um den Bestimmungen des Friedensvertrages zu entsprechen, in allen Fällen, über die keine Einigung erzielt werden kann, die Entscheidung des Völkerbundes angerufen werden soll.

3. Völlige Freiheit für den Landesrat in der Führung seiner Geschäfte und Selbstwahl seines Präsidenten.

4. Gesetzliche Immunität der Abgeordneten.

5. Erweiterung des Landesrates dadurch, daß auf je 10000 Einwohner ein Abgeordneter entfällt.

6. Beseitigung des Studienrates, der durch die aus Mitgliedern des Landesrats zusammenzusetzenden Sachverständigenausschüsse überflüssig wird.

Die unterzeichneten Organisationen werden im Falle der Nichterfüllung ihrer Forderungen Mittel und Wege zum wirksamen Protest der Massen der Saarbevölkerung gegen ihre politische Entrechtung ergreifen. Sie sind nicht gewillt, durch stillschweigende Duldung sich zu Mitschuldigen an einer Verewigung der politischen und wirtschaftlichen Rechtlosigkeit der Saarbevölkerung zu machen. Sie fordern die Massen der Hand- und Kopfarbeiter des Saargebietes auf, zu der Saarparlamentsverordnung unverzüglich Stellung zu nehmen und ihre Stellung zu derselben offen und unzweideutig zum Ausdruck zu bringen. Die Parole muß lauten: Schärfsten Protest gegen ein System der Autokratie* und politischen Entrechtung!

Für die Sozialdemokratische Partei
Lehmann
Für die Kommunistische Partei des Saargebietes
M. Waltz
Für die Unabhängige Sozialdemokratische Partei
Herm. Müller
Für die freien Gewerkschaften (ADGB)
Kimmritz

* Unbeschränkte Staatsgewalt in der Hand eines Herrschers.

18 Februar/Mai 1923
Der Bergarbeiterstreik

18a *17. Januar 1923*

Entschließung der Belegschaftsversammlung der Gruben Heinitz und König zur Lohnfrage

Saar- und Blies-Zeitung Nr. 19 vom 23. Januar 1923.

Die am Donnerstag, den 17. dieses Monats im Volkshause zu Neunkirchen stattgefundene Belegschaftsversammlung der Berginspektion 7 und 8, welche von zirka 600 Bergleuten besucht war, hat mit Entrüstung von der Stellungnahme der Bergwerksdirektion zur Lohnfrage und Knappschaftsfrage Kenntnis genommen. In Anbetracht der jetzt ins Unendliche steigenden Preise aller Lebens- und Bedarfsartikel können die jetzigen Löhne nicht mehr als ausreichend angesehen werden. Der größte Teil der Lebens- und Bedarfsartikel muß in Franken gezahlt werden. Die Umwechslung der Frankenlöhne kann nicht regelrecht vorgenommen werden, weil die Banken bei dem heutigen hohen Frankenkurs die meiste Zeit geschlossen sind. Die Folge davon ist, daß auch die Waren, welche noch zu Mark zu haben sind, mit Franken gekauft werden müssen. Die Bergwerksdirektion verkennt die Lage der Bergarbeiter vollständig, wenn sie den Standpunkt vertritt, daß eine Lohnerhöhung unbegründet sei.

Die Versammlung erwartet aufgrund der wirklichen Tatsachen, daß die abgebrochenen Verhandlungen sofort wieder aufgenommen werden und den Forderungen der Organisation entsprechend eine Lohnerhöhung tarifmäßig gewährt wird. Die Versammlung fordert die Organisationsführungen auf, mit allen gewerkschaftlichen Mitteln den Saarbergleuten die durchaus notwendigen zeitgemäßen Löhne zu erkämpfen. Sie ruft alle Belegschaftsmitglieder auf, in Geschlossenheit und Einigkeit die Organisationsleitung zu unterstützen und ist gewillt, die gewerkschaftlichen Mittel bis zur letzten Konsequenz anzuwenden, wenn die Bergwerksdirektion die Absicht haben sollte, die sozialen Errungenschaften abzubauen und die Bergarbeiter ungenügend zu entlohnen.

18b *28. Januar 1923*

Aufruf der Gewerkschaften zum Streik

Volksstimme vom 29. Januar 1923.

Die unterzeichneten Organisationen hatten angesichts der wachsenden Teuerung im Dezember auf Wunsch ihrer Mitglieder den Tarifvertrag zum 15. Januar gekündigt und die Bergwerksdirektion um Verhandlungen zwecks Lohnerhöhung gebeten. Die Bergwerksdirektion hat in den Verhandlungen am 13. und 16. Januar die Erhöhung der Löhne abgelehnt. Die Funktionäre der unterzeichneten Verbände haben sich seit dem 16. Januar eingehend mit der augenblicklichen Lage befaßt und nach reiflicher Überlegung den Streik zum 5. Februar beschlossen.

Wir fordern die gesamte Belegschaft der Saargruben auf, dieser Parole Folge zu leisten und ab 5. Februar restlos der Arbeit fernzubleiben. Für die erforderlichen Notstandsarbeiten werden von den Organisationen Leute bestimmt und erhalten diese einen dementsprechenden Ausweis. Wir haben die Regierungskommission ersucht, von Entsendungen von Polizei- und Militäraufgeboten Abstand zu nehmen, da wir selbst für Ordnung im Revier sorgen werden. Wir ersuchen deshalb die Belegschaft, Ruhe zu bewahren und den Weisungen der Organisationen in jeder Beziehung Folge zu leisten. Durch Einmütigkeit und Geschlossenheit werden und müssen wir unser Ziel erreichen. Darum hoch die Solidarität!

Gewerkverein christlicher Bergarbeiter
Fritz Kuhnen, Peter Kiefer
Verband der Bergarbeiter Deutschlands
Schwarz, L. Hetterich
Christlicher Metallarbeiterverband
Otto Pick
Deutscher Metallarbeiterverband
M. Bock

18c *9. März 1923*

Bericht der „Saar- und Blies-Zeitung" über die Ankündigung von Massenentlassungen beim Neunkircher Eisenwerk infolge des Streiks der Bergarbeiter

Saar- und Blies-Zeitung Nr. 61 vom 13. März 1923.

Auf Antrag der Arbeitervertreter des Neunkircher Eisenwerks hatte gestern nachmittag im Konferenzsaale des Direktionsgebäudes eine Arbeiterausschußsitzung stattgefunden. Generaldirektor Böhm eröffnete die Sitzung und teilte den Arbeitervertretern im Auftrag der Direktion und des Vorstandes der Gesellschaft mit, daß das Wartegeld in der Höhe der Krankenunterstützung bis 15. März gezahlt und von diesem Tage ab bis 15. April um die Hälfte reduziert wird. Außerdem müßten vom 15. März ab tausend Arbeiter entlassen werden. Diese neuen Maßnahmen seien jedoch nicht als ein Diktat, sondern als das Resultat der äußeren Leistungsmöglichkeiten der Gesellschaft anzusehen. Die entlassenen Arbeiter sollen nach der überstandenen Krise nach Bedarf wieder eingestellt werden und in ihren sämtlichen knappschaftlichen und tariflichen Rechten verbleiben. Die Auswahl der zu entlassenden Arbeiter habe ausschließlich nur vom wirtschaftlichen Gesichtspunkte aus durch die Betriebsleitung zu erfolgen, wobei der Arbeiterausschuß zur Milderung von Härten mitwirken soll.

In der sich anschließenden Aussprache gaben die einzelnen Arbeitervertreter den anwesenden Direktoren und Betriebsleitern zu verstehen, von den Entlassungen möglichst Abstand zu nehmen und, bei einem unabänderlichen Beschluß, dafür Sorge zu tragen, daß möglichst Unorganisierte entlassen und diese Maßnahmen ohne Begünstigung oder Mißgunst vollzogen werden. Ebenso reibungslos müßte auch nach der vollen Wiederinbetriebsetzung des Werkes die Wiedereinstellung der Entlassenen vor sich gehen, damit nicht „besonders geliebte Arbeiter", auch wenn diese weniger leistungsfähig sind, bevorzugt werden. Da auch ältere Arbeiter über sechzig Jahre aus dem Arbeitsverhältnis ausscheiden sollen, wurde geltend gemacht, daß ein ungeschriebenes Recht den Arbeitgebern, auch der neuen Gesellschaft, Pflichten auferlege, für ihre Arbeiterveteranen so zu sorgen, daß dieselben als Werksangehörige den Gemeinden nicht zur Last fallen. Über die Frage der Erwerbslosenfürsorge brauche die Direktion wenigstens für die Nicht-Saarländer nicht so ängstlich zu sein; die Regierungsämter von Speyer, Birkenfeld und Trier werden die arbeitslosen Hüttenleute, die in diesen Bezirken ihre Heimat haben, in ihrer Not nicht im Stich lassen. Eine andere Sache sei die unverständliche Haltung der Saarregierung, welche die Erwerbslosenfürsorge des Reiches als eine Kriegsverordnung ansieht und die durch Kohlenmangel entstandene Arbeitslosigkeit nicht als Aus- und Nachwirkung des Krieges beurteile. Wenn die gegenwärtige, recht ernst zu nehmende Arbeitslosenfrage auch als eine Folge des Bergarbeiterstreiks angesehen werden muß, so ist aber jedoch keineswegs von der Hand zu weisen, daß wir die einseitig eingestellte Regierungskommission und die französische Grubenverwaltung als eine Aus- und Nachwirkung des Krieges in unserem Lande haben, die durch Nichterfüllung ihrer sozialen Pflichten für die gegenwärtige, unhaltbare Lage verantwortlich seien. Diesen Ausführungen wurde noch von dem Sprecher hinzugefügt, daß er als Erwerbslosenfürsorgepfleger alle derartigen Unterstützungsanträge der letzten Wochen als berechtigt begutachtet habe, weil zur Zeit keine andere Beschäftigungsmöglichkeit als Streikbrecherarbeit vorhanden sei, die kein ehrbarer Arbeiter annehmen könne.

Ganz erstaunt waren die Arbeitervertreter über die Bestätigung, daß das Finanzamt Saarbrücken die Besteuerung der Unterstützungen für die gefeierten Schichten entschieden habe, was den Zuruf: „Das gleicht der Saarregierung" zur Folge hatte. Von besonderer Beachtung war auch die juristische Frage über die Lohnzahlung der zur Entlassung kommenden Arbeiter während der vierzehntägigen Kündigungsfrist. Hierzu fand der juristische Beirat in den diesbezüglichen gesetzlichen Bestimmungen der Gewerbeordnung und des Bürgerlichen Gesetzbuches ein Hintertürchen mit Berufung auf die Aufhebung und Abänderung des § 10 der alten Arbeitsordnung.

Über die weiteren Arbeitsmöglichkeiten nach dem 15. März wurden den Arbeitervertretern sehr schlechte Aussichten gemacht, und wenn sich bis 1. April die Lage noch weiter verschlechterte, so sollen dann noch weitere tausend Mann entlassen werden.

Der Arbeiterausschuß ist nun vor eine sehr schwere Aufgabe gestellt. Nach den Ausführungen der einzelnen Arbeitervertreter zu schließen, sind sich diese ihrer großen Verantwortung auch voll bewußt. Nur die landfremde Saarregierung und das von ihr protegierte ausländische Kapital setzt sich über die Pflicht hinweg*, die nur zu berechtigten Forderungen der Saararbeiterschaft anzuerkennen.

18d — *24. März 1923*

Bericht des Ottweiler Landrats an die Regierungskommission betreffend unter anderem den Überfall auf einen französischen Offizier

Landesarchiv Saarbrücken: Bestand Landratsamt Ottweiler, Nr. 10.

Gestern abend** gegen acht Uhr ist in der Saarbrücker Straße in Neunkirchen der Kapitän Déjant von der Neunkircher Garnison von einigen jungen Burschen mißhandelt worden. Er erhielt einen Faustschlag ins Genick und einen Schlag mit einem Stock, so daß er zu Boden stürzte. Als der Kapitän nach seinem Revolver greifen wollte, entflohen die Angreifer, ohne daß der Überfallene dieselben stellen und erkennen konnte. Die Mitteilung über diesen Vorfall ging der Polizeibehörde erst heute vormittag gegen neun Uhr zu, so daß mithin auch erst heute morgen die ersten Ermittlungen angestellt werden konnten. Die bisherigen Feststellungen haben ergeben, daß um die genannte Zeit einige junge Leute nach der Oberschmelz in Richtung Landsweiler zu davoneilten. Die Ermittlungen werden mit größter Intensivität fortgesetzt.

Nach einer telefonischen Meldung des Bürgermeisters von Illingen ist heute vormittag kurz vor fünf Uhr der Rottenarbeiter Johann Finkler aus Merchweiler auf dem Wege von seiner Wohnung nach seiner Arbeitsstelle (Bahnhof

* So in der Vorlage.

** 23. März 1923.

Merchweiler) in der Nähe des Ortsteils Solch von zwei französischen Kavalleristen angehalten worden. Obwohl F. den Soldaten erklärt habe, daß er Eisenbahner, also nicht Bergmann beziehungsweise Streikposten sei, sei er trotzdem von den beiden Soldaten bis nach Wemmetsweiler mitgenommen worden. Erst an dem Neubau des Bürgermeistereigebäudes in Wemmetsweiler habe man von ihm den Paß abverlangt und ihn dann, nachdem man sich von der Richtigkeit seiner Angaben überzeugt gehabt habe, wieder freigelassen. F. hat angegeben, während dieses Transports durch die Patrouille mehrfach mißhandelt worden zu sein. Auch sei er wegen seiner Festnahme nicht in der Lage gewesen, zur Arbeit zu gehen, er beanspruche eine Entschädigung für den ihm entstandenen Lohnausfall. Ich bitte um geflissentliche Entscheidung, wie ich mich zu dem Anspruch des F. verhalten soll. Ich habe den Bürgermeister angewiesen, den Fall im Einvernehmen mit dem zuständigen Kommandanten zu klären.

Wie mir der Bürgermeister von Ottweiler berichtet, hat die Chamottefabrik gestern ihren Betrieb wegen Kohlenmangels endgültig einstellen müssen. Dadurch sind 300 Arbeiter (meist auswärtige) beschäftigungslos geworden. Vierzig Arbeiter des Werkes, die zum größten Teil hier ansässig sind, verrichten bis auf weiteres noch Notstandsarbeiten.

Sonst ist nichts von Bedeutung zu melden. In der Gesamtlage hat sich nichts geändert. Die heutige Berichterstattung erfolgt durch den unterzeichneten Kreissekretär, da Herr Landrat Dr. Rech heute nachmittag in Saarbrücken weilt.

18e — *25. März 1923*

Die Verhängung des Ausnahmezustandes über den Kreis Ottweiler

Stadtarchiv Neunkirchen: Abt. A II-Wie, Nr. 26, Nebenakten Bergarbeiterstreik 1923, Bl. 389.

Polizei-Verordnung

Aufgrund des § 10, Titel 17, Teil II des allgemeinen Landrechts, aufgrund des Artikels 6 des Gesetzes über die Polizeiverwaltung vom 11. März 1850, aufgrund des Artikels 7 der Notverordnung zur Aufrechterhaltung der Ordnung und Sicherheit des Saargebietes vom 7. März 1923, aufgrund des § 366, Ziffer 10 des Reichsstrafgesetzbuches und in Erwägung, daß durch den am 23. März 1923 in Neunkirchen kurz vor acht Uhr abends verübten Überfall auf einen französischen Offizier in Uniform Gefahr für das Publikum oder einzelne Mitglieder desselben besteht, werden für den gesamten Kreis Ottweiler nachstehende Bestimmungen bis auf weiteres erlassen:

Art. 1:
Die Polizeistunde wird von halb neun Uhr abends bis fünf Uhr morgens festgesetzt.

Art. 2:
Sämtliche Versammlungen, Aufzüge, Kundgebungen werden verboten.
Art. 3 :
Ansammlungen auf öffentlichen Straßen und Plätzen von mehr als zwei Personen ab Eintritt der Polizeistunde werden verboten.
Art. 4:
Zuwiderhandlungen werden gemäß den bestehenden Strafbestimmungen geahndet.

Saarbrücken, den 25. März 1923
Der Präsident der Regierungskommission
gez. V. Rault, Staatsrat

18f *April 1923*

Flugblatt Karl Krämers und Emil Beckers zu ihrem Austritt aus dem Bergarbeiterverband

Stadtarchiv Neunkirchen: Abt. A II-Wie, Nr. 26, Nebenakten Bergarbeiterstreik 1923, Bl. 393.

Kameraden! Bergarbeiter!

Wir unterzeichnete Sekretäre treten heute aus dem alten Bergarbeiterverband aus, weil wir überzeugt sind, daß der Verband für die Cuno-Regierung* die Kastanien aus dem Feuer holt und 72 000 Bergleute der Saargruben zu politischen Zwecken mißbrauchen will.

Kameraden! Aus denselben Quellen, aus denen bereits vor zwei Jahren die Mittel zur Führung des Achtwochenstreiks in Oberschlesien geflossen sind, kommt auch jetzt das Geld, um den Streik im Saargebiet zu unterstützen. Der Hauptkassierer Büttner in Bochum und der Kassierer Frank können darüber Bescheid geben, wenn nötig vor Gericht.

Der Streik muß abgebrochen werden, so sagte schon vor vierzehn Tagen der Kassierer Frank. Auch wir sagen: Der Streik muß abgebrochen werden. Warum? Weil der Streik für die Saarbergleute verloren war, als es offenkundig wurde, daß die Finanzierung durch viele Millionen Franken Reichsgelder gestützt wurde.

Ist die Bergwerksdirektion zu Verhandlungen bereit? Wir können die Zusicherung geben, daß die Direktion zu Verhandlungen nach Wiederaufnahme der Arbeit bereit ist und daß sie zu einem günstigen Ende führen, wenn wir

* Gemeint ist die deutsche Regierung unter Reichskanzler Cuno, die sich auf die Deutsche Volkspartei, das Zentrum und die Bayerische Volkspartei stützte.

die Gewähr bieten, daß nur die wirtschaftlichen Interessen der Saarbergleute maßgebend sind. Nur deswegen gründen wir jetzt den Verband der Saarbergleute, Sitz in Saarbrücken 3, Cecilienstraße 9 I, der nur aufgrund der Realpolitik und im Interesse der Saarbergarbeiter arbeiten will.

Alle Kameraden, die mit uns einverstanden sind, müssen die Arbeit sofort aufnehmen, damit wir durch günstige Verhandlungen dem Massenelend ein Ende setzen.

Karl Krämer & Emil Becker
Sekretäre des alten Verbandes

18g — *17. April 1923*

Bericht der Grubeninspektion an den Ottweiler Landrat zum Verhalten der Bevölkerung von Schiffweiler, Wiebelskirchen und Hangard gegenüber Streikbrechern

Stadtarchiv Neunkirchen: Abt. A II-Wie, Nr. 26, Nebenakten Bergarbeiterstreik 1923, Bl. 185-187.

Die Klagen unserer freiwillig zur Arbeit kommenden Bergleute über Belästigungen von seiten der Streikenden werden in letzter Zeit wieder häufiger, so daß wir gezwungen sind, uns dieserhalb an Sie zu wenden. Nicht sind es Überfälle und Bedrohungen auf offener Straße, sondern Belästigungen und Beschimpfungen, die sich mehr im Verborgenen, hinter den Häusern und in den Gärten abspielen. Von den vielen uns bekannten Fällen möchten wir nur vier vortragen, die sich in Schiffweiler, Wiebelskirchen und Hangard zugetragen haben:

1. Es wohnt in Schiffweiler ein freiwillig arbeitender Bergmann, Jakob Schilling, in einem unserer Häuser in der Kohlwaldstraße. Bei dem Hause befindet sich ein Garten. Die Hühner des Nachbarn (streikender Bergmann) laufen in den Garten des Schilling. Wenn nun die Frau Schilling die Hühner aus dem Garten jagt, wird sie mit allerlei Schimpfreden empfangen, belästigt und mit auf den Streik bezüglichen Redensarten überhäuft, so daß sie es vorzieht, in die Wohnung zurückzukehren. Auch werden dem Manne und seiner Familie des Nachts oder zu später Abendstunde sogenannte Ständchen vor der Wohnung dargebracht, und zwar werden hierbei Lieder gesungen, die nichts weniger als Beleidigungen für den Mann und seine Familie sind. Schilling ist bei uns vorstellig geworden und hat um eine andere Wohnung gebeten, dabei aber auch den Wunsch geäußert, wir möchten ja nicht polizeilich einschreiten, da er es dann gar nicht mehr aushalten könne.

2. In Wiebelskirchen, Bexbacherstraße, wohnt ein Bergmann mit Namen Christian Stumm, welcher schon im Monat März freiwillig zur Arbeit gekommen, aber wegen der vielen Belästigungen wieder zu Hause geblieben ist. Seit

3. April hat er die Arbeit erneut aufgenommen. Wenn dieser Mann des Nachmittags nach Hause geht, wird er von Schulkindern, Frauen usw. in auffälliger Weise empfangen und nach seiner Wohnung begleitet. Frauen und Kinder sollen mit Blechgeschirren einen derartigen Lärm gemacht haben, daß man seine eigenen Worte kaum gehört hätte. An einem Morgen der vorigen Woche stand nun ein Gendarm vor der Tür des Stumm, um ihn abzuholen. Stumm wurde von dem Gendarm so auffällig begleitet, daß er sich wie ein Verbrecher fühlte. Auf das wiederholte Bitten des Stumm, der Gendarm möge ihn doch allein gehen lassen, sagte dieser, das ginge nicht, es sei so befohlen.

3. Der Bergmann Wilhelm Bost, Wiebelskirchen, Kirchhofstraße, ist am Dienstag, den 10. diesen Monats, mit seinen beiden Söhnen zur Arbeit erschienen. Nach beendeter Schicht begab er sich direkt in seinen in der Nähe des Friedhofs gelegenen Acker. Dort erschienen plötzlich eine Anzahl Leute, darunter ein von uns entlassener Arbeiter mit Namen Friedrich Sebastian. Die Leute sollen über eine Stunde lang den Bost geärgert haben durch Singen, Johlen, Skandalieren* mit Blechgeschirren und einer sogenannten Fastnachtstrompete, so daß Bost sich Mühe geben mußte, ruhig zu bleiben. Gegen Abend soll die Polizei bei ihm erschienen sein und sich nach den Namen der Belästiger erkundigt haben.

4. Am Freitag, den 13. diesen Monats sind zwei Bergleute aus Hangard freiwillig zur Arbeit erschienen. Nach beendeter Schicht wurden sie mit Lastauto** nach Hangard gebracht. Das Auto fuhr, von Wiebelskirchen kommend, nach Hangard bis in die Nähe der Gastwirtschaft Conrad. Im Dorfe selbst sollen vor den Häusern eine große Anzahl Leute gewesen sein, die in sehr auffälliger Weise das Auto empfangen hätten. Als dieses anhielt, um die Leute aussteigen zu lassen, sollen sich mehr als hundert Personen um dasselbe gesammelt haben mit einer derartig drohenden Haltung, daß die Leute kaum durchkommen konnten. Den ganzen Nachmittag sollen Zusammenrottungen im Dorfe gewesen sein. Aus Furcht ist ein Mann von diesen zwei Leuten heute morgen nicht zur Arbeit gekommen.

L'Ingenieur Principal
gez. Unterschrift

* Lärmen.

** So in der Vorlage.

18h — 18. April 1923

Polizeibericht über eine Bergarbeiterversammlung in Wiebelskirchen

Landesarchiv Saarbrücken: Bestand Landratsamt Ottweiler, Nr. 10.

Um sieben Uhr eröffnete der Zahlstellenvorsitzende Christian Brück die Versammlung und erteilte dem Gewerkschaftssekretär Petri (Neunkirchen) das Wort. Dieser führte etwa folgendes aus: „Nachdem wir zehn Wochen im Streik ausgehalten haben, hat sich derselbe in ein neues Stadium begeben. Ich muß vorausschicken," sagte er, „daß wir mit dem stärksten Kontrahenten von Europa im Kampfe stehen. Darum gilt es, so geschlossen wie wir in den Streik getreten sind, denselben zu beenden. Mit welchen Mitteln unser Gegner kämpft, ist jedem hinreichend bekannt und es erübrigt sich hierüber jede Erörterung. Von den Organisationen, die im Kampfe stehen, kann ich sagen, daß diese mit ehrlichen Mitteln kämpfen. Über die Finanzierung unseres Streiks macht sich unser Gegner viele Gedanken und sucht unsere Geldquellen zu ermitteln. Auch geniert er sich nicht, unseren Wirtschaftskampf als einen politischen zu bezeichnen."

Redner kam dann auf den Austritt der beiden Gewerkschaftssekretäre Becker und Krämer zu sprechen. Er schilderte im einzelnen die Tätigkeit der beiden und nannte sie Verräter an der Arbeiterschaft. Sodann erging er sich über die Errungenschaften im sozialpolitischen Leben und deutete darauf hin, daß der Gegner darauf bedacht ist, diese zu schmälern. Um dieses Vorhaben bewerkstelligen zu können, will er die bestehenden Organisationen vernichten. Redner beleuchtet sodann anhand von Zeitungen die Berichte des „Saar-Kuriers" und kam zu dem Entschluß, daß dieses Blatt mit einer Abonnentenzahl von 200 nicht existenzfähig ist und daß allem Anschein nach unser Gegner, für den das Blatt arbeitet, dasselbe finanzieren würde.

Zum Schluß machte er einige Ausführungen bezüglich der Streikbrecher, die er in zwei Kategorien einteilte: „Die Arbeitswilligen, die zur Grube gehen, sind minderwertige Arbeiter und wird es der Verwaltung niemals gelingen, mit denselben produktive Leistungen zu erzielen." Redner betonte insbesondere, daß die Forderungen der Bergarbeiter auf anständige Bezahlung und menschenwürdige Behandlung nicht übertrieben, sondern gerecht wären. „Wenn von seiten der Bergverwaltung bei früheren Verhandlungen darauf hingewiesen wurde, daß die Gruben nicht mehr rentabel wären, so muß dem entgegengehalten werden, daß trotz der horrenden Gehälter, wie sie seitens der Bergverwaltung gezahlt werden (Ingenieur: Frs. 2000, Obersteiger: Frs. 1500, Steiger: Frs. 800 und Frs. 300 Antreibungsprämie) ein Jahresüberschuß von Frs. 52800000 erzielt worden ist. Zu bemerken ist hier noch, daß Sonderprämien an Ingenieure bis zu Frs. 900000 ausgeschüttet wurden." Daß die Lohnforderungen der Bergarbeiter nicht übertrieben sind, versuchte Redner dadurch zu beweisen, indem er die neue Besoldungsordnung der Regierungskommission erläuterte, wonach Gehälter von Frs. 2000 bis zu Frs. 480 abwärts gezahlt werden. „Wenn nun die unteren Kategorien, Boten und dergleichen, 480 Frs. ausschließlich Kindergeld erhalten, so ist das ein Beweis, daß der Bergarbeiter, der weit weniger an Lohn bezieht, mit seinem Verdienst nicht auskommen kann." Er ermahnte die Versammlungsteilnehmer, festzuhalten an der geschlossenen Front und drückte die Hoffnung aus, daß ihnen dann der Sieg sicher sei.

Als Diskussionsredner sprach Genosse Kram von der christlichen Gewerkschaft. Auch er hielt die gestellten Forderungen der Bergarbeiter für gerecht und hob hervor, daß es keine Verhandlung gäbe, die nicht als ersten Punkt „Wiederanlegung der gemaßregelten Bergleute" zur Tagesordnung hätte. Er beleuchtete das Gewerkschaftsleben von der Entstehung bis zum heutigen Tage und nannte als Gründer Köster und Hue. „Unsere zeitige Aufgabe ist es," sagte er, „das Fundament zu festigen." Er tadelte die Jugend, die sich mehr sportlich als wirtschaftlich (geistig) betätige. Im übrigen sprach er von einem festen Zusammenstehen bis zum guten Ausgang des Kampfes. „Ein Siegeswille war am 5. Februar dieses Jahres zu verzeichnen, als geschlossen 72000 Bergarbeiter die Arbeit niederlegten. Dieser Wille ist heute noch vorhanden und wird sich auch durchsetzen. Von gewerkschaftlicher Seite aus wird nichts unterlassen, um den bedrängten Familien beizustehen." Auch er nannte das Tun und Treiben von Becker und Krämer Verrat an der Bergarbeiterschaft. Redner schloß seine Ausführungen mit dem Hinweis, auch fernerhin wie bisher den Leitern der Organisation volles Vertrauen zu schenken, die ihre ganze Kraft für das Gelingen des Kampfes einsetzen. „Der Erfolg ist eben nur von dem Zusammenhalten abhängig und sind bis heute jegliche Versuche unseres Gegners, eine Zersplitterung herbeizuführen, ergebnislos verlaufen."

Nachdem Kamerad Dresch (Neunkirchen) kurze Ausführungen, die im wesentlichen Wiederholungen der Vorredner waren, gemacht hatte, wurde von dem Vorsitzenden Brück folgende Resolution zur Abstimmung gestellt:

„Die heutige Mitgliederversammlung spricht den Vertretern der berufenen Organisationen ihr volles Vertrauen aus und lehnt es ab, die Verhandlungen der Vertreter Becker und Krämer anzuerkennen."

Diese Resolution wurde einstimmig angenommen. Als der Vorsitzende eine Gegenresolution, in der die von Becker und Krämer geführten Verhandlungen anerkannt werden sollten, vorbrachte, wurden von fast sämtlichen Versammlungsteilnehmern Pfui-Rufe ausgestoßen.

Besucht war die Versammlung von etwa 400 Personen, darunter 50 Frauen. Politische Erörterungen haben nicht stattgefunden, der Verlauf war ruhig. Schluß der Versammlung: 9.45 Uhr.

gez. Jaspert
Polizeikommissar

Verordnung der Regierungskommission gegen die Streikposten

Stadtarchiv Friedrichsthal: Amtsblatt der Regierungskommission des Saargebietes, Nr. 11 vom 2. Mai 1923.

Verordnung betreffend Änderung des § 152 der Gewerbeordnung

Aufgrund der §§ 19 und 23 des Kapitels II der Anlage zum Abschnitt IV des Friedensvertrages, aufgrund namentlich der §§ 30 und 3 desselben Kapitels derselben Anlage und gemäß ihrem Beschluß vom 30. April 1923 verordnet die Regierungskommission was folgt:

Artikel 1:
§ 152 der Gewerbeordnung erhält folgende Fassung:
1. Das Streikpostenstehen unter jedweder Form ist untersagt. Jede Zuwiderhandlung wird mit Gefängnis bis zu einem Jahre und mit Geldstrafe bis 500 Francs bestraft.
2. Wer es unternimmt, durch Anwendung körperlichen Zwanges, durch Drohungen, durch Ehrverletzungen oder Verrufserklärungen
a) Arbeiter oder Arbeitgeber zur Teilnahme an Verabredungen der in § 152 bezeichneten Art zu bestimmen oder am Rücktritt von solchen Verabredungen zu hindern,
b) Arbeiter zur Einstellung der Arbeit zu bestimmen oder an der Fortsetzung oder Annahme der Arbeit zu hindern,
c) Arbeitgeber zur Entlassung von Arbeitern zu bestimmen oder an der Annahme von Arbeitern zu verhindern,

wird mit Gefängnis nicht unter einem Monat bestraft.
Ist die Handlung gewohnheitsmäßig begangen, so tritt Gefängnis nicht unter einem Jahre ein.

Artikel 2:
Diese Verordnung tritt sofort in Kraft.

Saarbrücken, den 2. Mai 1923
Im Namen der Regierungskommission des Saargebietes
Der Präsident
gez. V. Rault, Staatsrat

18j *2. Mai 1923*

Schreiben des Präsidenten der Regierungskommission an den Ottweiler Landrat zur Durchführung der Verordnung gegen die Streikposten

Landesarchiv Saarbrücken: Bestand Landratsamt Ottweiler, Nr. 10.

Zur Erleichterung der Zuführung der aufgrund der Verordnung vom 2. Mai 1923 verhafteten Personen an die Staatsanwaltschaft in Saarbrücken sind Lastkraftwagen in nachstehenden Orten aufgestellt worden:

1. In Saarlouis für den Bereich des Kreises Saarlouis außer Hostenbach und für den Bereich des Kreises Merzig; Leiter des Transportverkehrs: Leutnant Trémau.
2. In Völklingen für den Bereich des französischen Gendarmeriedistrikts Luisenthal einschließlich der Umgegend der Grube Hostenbach; Leiter des Transportverkehrs: der Chef der französischen Gendarmeriebrigade in Völklingen.
3. In Sulzbach für den Bereich des Gendarmeriedistrikts Sulzbach einschließlich der Gegend von Sankt Ingbert; Leiter des Transportverkehrs: Abschnittskommandant Kapitän Pallier in Sulzbach.
4. In Neunkirchen für die Kreise Ottweiler und Sankt Wendel sowie die Gegend von Mittelbexbach und Frankenholz; Leiter des Transportverkehrs: Leutnant Boulet in Neunkirchen.

Zur Begleitung dieser Sammeltransporte, die täglich einmal, morgens halb neun Uhr, von ihrem Standorte abfahren, sind jeweils ein Landjäger oder ein Polizeiwachtmeister zur Verfügung zu stellen.

Da die Sammeltransporte nur für die Beförderung einer gewissen Anzahl von Gefangenen in Betracht kommen können, ist bei Transporten einer einzelnen Person eine Zuführung an die Sammelstelle nur nach vorheriger telefonischer Verständigung mit dem Leiter des Transportverkehrs vorzunehmen. Falls die Zuführung erst nach Abfahrt des Lastkraftwagens erfolgen kann, sind die Festgenommenen in den Amtsgerichtsgefängnissen der Sammelorte vorläufig zu verwahren. Die Vorstände der Gefängnisse sind mit entsprechender Anweisung versehen worden.

Der Präsident der Regierungskommission
gez. V. Rault, Staatsrat

18k *14. Mai 1923*

Bericht der „Saar- und Blies-Zeitung" über das Ergebnis der Verhandlungen zur Beilegung des Streiks

Saar- und Blies-Zeitung Nr. 110 vom 15. Mai 1923.

Die in den letzten Tagen zwischen der Direktion der französischen Bergwerke und den Leitern der Bergarbeiterorganisationen stattgefundenen Verhandlungen haben zu folgendem Ergebnis geführt:

Maßregelungen aus Anlaß des Streiks finden nicht statt.

Die Wiedereinfahrt kann nur nach und nach erfolgen, je nachdem der Betrieb dies zuläßt. Zunächst sollen die Bewohner der Bergmannsdörfer einfahren, dann die im Hinterlande Wohnenden und schließlich die Entlassenen, deren Einstellung zugesagt wurde.

Die Lohnfrage wurde folgendermaßen geregelt:

Hauer: 10 Francs Gedingelohn, fester Zuschlag: 6 Francs und 50 Prozent auf den Gedingelohn; Erhöhung für Hauer also: 5 Francs.

Mindestlohn	früher	jetzt
	16,00 Francs	21,00 Francs
	14,05 Francs	18,45 Francs
Untertage 1. Kl.	15,25 Francs	20,25 Francs
2. Kl.	14,50 Francs	19,00 Francs
3. Kl.	13,75 Francs	17,75 Francs
4. Kl.	13,00 Francs	16,50 Francs
Übertage 1. Gruppe	14,25 Francs	18,75 Francs
2. Gruppe	13,50 Francs	17,50 Francs
3. Gruppe	12,75 Francs	16,25 Francs
4. Gruppe	12,00 Francs	15,50 Francs

Die fünfte Gruppe, in die bisher Arbeiter versetzt wurden, deren Leistungen aus irgendeinem Grunde als nicht vollwertig angesehen wurden, fällt fort.

Bezüglich des Urlaubs soll so verfahren werden, als ob keine Arbeitsunterbrechung eingetreten sei.

Die bis April geltenden Kohlenkarten sind außer Geltung.

Betreffend die Miet- und Pachtverträge sollen die anstehenden Termine vertagt werden, Räumungsklagen werden eingestellt bei den Wiedereinzustellenden.

Kontraktbruchstrafen werden zurückerstattet.

Vorschuß wird etwa zehn Tage nach Wiederaufnahme der Arbeit gewährt.

Die Sicherheitsmänner gehen sofort in den Betrieb, soweit ihnen nicht ordnungsgemäß gekündigt worden ist.

19 April 1927

Der Prozeß gegen den Bevollmächtigten des DMV Neunkirchen und 34 weitere Personen wegen der Tumulte beim Kreiskriegerverbandsfest 1926

19a *26. April 1927*

Bericht der „Saar- und Blies-Zeitung" über die Eröffnung des Prozesses

Saar- und Blies-Zeitung Nr. 96 vom 26. April 1927.

Einer der größten Prozesse aus der Nachkriegszeit, wenigstens dem Umfange der Beweiserhebung nach, hat heute vormittag, neun Uhr, vor der Ersten Strafkammer des Saarbrücker Landgerichts begonnen. Es ist der Landfriedensbruch-Prozeß gegen Melzer und 34 seiner Genossen, die am 18. Juli vorigen Jahres an den Tumulten beim Kreiskriegerverbandsfest in Neunkirchen aktiv beteiligt gewesen sind. Das Untersuchungsverfahren hat lange Zeit geschwebt, die Ermittlungen waren sehr ausgedehnt und schwierig zu führen, kamen auch nicht in allen Fällen zu positivem Erfolge, sonst wäre die Zahl der Angeklagten noch weit höher gewesen. Mangels ausreichender Beweismittel ist es häufig beim Ermittlungsverfahren der Staatsanwaltschaft geblieben, zu einem Strafverfahren langte es nicht.

Unter der Anklage des Vergehens nach § 125, einfachen Landfriedensbruchs, Körperverletzung, Sachbeschädigung, Unterschlagung und Beleidigung stehen nun am heutigen Dienstag die folgenden neunzehn Angeklagten aus Neunkirchen: Gewerkschaftssekretär Franz Melzer, Maschinist Friedrich Eifler (Abgeordneter des Landesrates), Mathias Mertes (ehemals Stadtverordneter), die Hüttenarbeiter Karl Becker, Karl Lichtenberg, Jakob Burgard, Wilhelm Kreis, Heinrich Binkle und Wilhelm Malter, Schaffner Jakob Philippi, Elektriker Ernst Breyer, Tagelöhner Johann Fell, Invalide Friedrich Sommer, Bergmann Oskar Neufang, Knecht Paul Grobler, Schlosser Oskar Christmann, Kaufmann Artur Christmann, dessen Ehefrau Emmi Christmann und Witwe Anna Immig, ferner sechzehn Angeklagte aus dem Landkreise Ottweiler: Schlosser Karl Sticher (ein Führer der Roten Frontkämpfer), Steinbrecher Jakob Weingardt, die Bergleute Ferdinand Hollinger, Karl Schlosser, Otto Flaccus, Friedrich Naumann, sämtlich aus Ottweiler, die Bergleute August Gebhardt, Hermann Gillmann und Artur Neufang aus Wiebelskirchen, Monteur Reinhold Karthein, Eisenbahnarbeiter Leo Kotterbach und Bergmann Albert Lauer aus Wellesweiler, der Eisenbahnarbeiter Paul Lismann aus Landsweiler, Bergmann Alois Janz aus Fürth und dessen Schwester Elise Janz.

Bis auf drei Angeklagte (Malter und Geschwister Janz) sind alle der öffentlichen Zusammenrottung beschuldigt, und zwar der Zusammenrottung, um mit vereinten Kräften gegen dritte Personen oder deren Eigentum Gewältigkeiten* zu begehen. Insbesondere sind Mertes, Hollinger, Flaccus, Schlosser, Weingardt, Gebhardt, Becker, Fell, Philippi, Freyer, Sommer und Lismann angeklagt, vorsätzlich Teilnehmer des Festzuges der Kriegervereine körperlich mißhandelt zu haben, und zwar mittels gefährlicher Werkzeuge. Sticher, Hollinger, Schlosser und Flaccus ebenso wie Sommer sind außerdem der öffentlichen Beleidigung von Festzugsteilnehmern angeklagt. Becker, Binkle, Lauer, Malter und Geschwister Janz sind des Diebstahls beziehungsweise der Unterschlagung beschuldigt: Sie sollen sich Fahnenringe, Orden, Ehrenzeichen und andere Sachen rechtswidrig zugeeignet haben. Die Herausgabe der Sachen, die angeblich gefunden worden sind, erfolgte teilweise erst dann, als die Polizei im Hause erschien.

Der Tatbestand stützt sich auf die Ereignisse des 18. Juli 1926 gelegentlich der Fahnenweihe des Veteranenvereins Neunkirchen. Anläßlich des Kreiskriegerverbandsfestes erfolgte eine Gegendemonstration der freien Gewerkschaften, die fast zu gleicher Zeit wie der Festzug der Kriegervereine angesetzt war. Der Demonstrationszug wurde unterwegs durch Ansprachen der Führer solange aufgehalten, daß die Kriegervereine erst mit eineinhalbstündiger Verspätung abmarschieren konnten. Die engen Straßen der Neunkircher Oberstadt waren um die vierte Stunde dicht besetzt mit Roten Frontkämpfern und ihrem Anhang. Der Zug war zwar für aufgelöst erklärt worden, aber als Abgeordneter Sticher rief: „Burschen, verteilt Euch rechts und links", da wußten sie Bescheid. Von der Hohl- bis zur Talstraße waren die Bürgersteige besetzt von Gegendemonstranten, als der Festzug der Kriegervereine nahte. An der Spitze dieses Zuges ist ein Kommando von sechs Landjägern, während an der Seite einzelne Berittene den Zug flankierten. Als die Spitze des Zuges in der Nähe der Vogelschen Wirtschaft in der Hohlstraße ankam, setzte bereits ein lautes Gejohle, Schimpfen, Pfeifen und Pfuirufen der Demonstranten ein. Der tätliche Angriff erfolgte kurze Zeit darauf etwa auf die Mitte des Zuges, vornehmlich auf den Saarbrücker Artillerie-Verein, Landsweiler Kriegerverein, Verein ehemaliger Deutscher Soldaten Ottweiler, Artillerie-Verein Ottweiler und auf die Kriegervereine von Neufechingen und Neunkirchen. Drei Fahnenträgern wurden die Banner entrissen und zerstört. Mit Eichenstöcken, die mit eiserner Spitze versehen waren, schlugen Rote Frontkämpfer auf die Teilnehmer des Festzuges ein, rissen den alten Kriegern, die sich nicht recht zur Wehr setzen konnten, Orden und Ehrenzeichen von der Brust. Erst als acht berittene Landjäger am Orte des Tumults erschienen, wurde unter Waffengebrauch die Ordnung wieder hergestellt. Von den Beamten kam einer mit seinem Pferde zu Fall und wurde mißhandelt. Obwohl der „Antikriegszug" aufgelöst war, sammelten sich hinter dem Festzug der Kriegervereinler wieder große Menschenmassen, die, von Landjägern abgewehrt, in etwa hundert Metern Abstand nach der Lindenallee ziehen wollten. Nachdem am Stummdenkmal eine Sperre durch

* So in der Vorlage.

berittene Landjäger errichtet worden war, mußten die Roten Frontkämpfer und ihr Anhang sich zerstreuen.

Der Vertreter der Anklage, Staatsanwaltschaftsrat Knipper, stützt sich im wesentlichen darauf, daß die Veranstalter dieser Gegendemonstration genau wissen mußten, daß es ohne Zusammenstoß nicht abgehen würde. Die Angriffe der Roten Frontkämpfer aus Ottweiler sind zudem planmäßig erfolgt, da Augen- und Ohrenzeugen genau die Pfiffe einer Trillerpfeife gehört haben, worauf sich jedesmal die Frontkämpfer auf die Kriegervereinler stürzten. Äußerst verdächtig war eine Äußerung Stichers, der schon längere Zeit vor dem großen Krach drohend sagte: „Ich werde nicht eher ruhen, bis wir Euch den Schädel eingeschlagen haben. Am 18. Juli – da fällt die Entscheidung, da fließt Blut!"

Durch eine ganze Reihe von Belastungszeugen, 65 sind geladen, soll der Beweis geführt werden, daß der Überfall planmäßig organisiert gewesen ist. Andererseits hat die Verteidigung etwa vierzig Zeugen aufgeboten, die den Nachweis stützen sollen, daß den meisten Angeklagten das Bewußtsein, daß die Gewalttätigkeiten mit vereinten Kräften von einer größeren Menge begangen wurde, gefehlt hat. Jeder soll auf eigene Faust gerauft haben, wo er gerade wollte und konnte. Das schließt natürlich das strafbare Moment nicht aus, wenn auch die Mehrzahl der Angeklagten sich aufs Leugnen und Beschönigen ihrer „Heldentaten" verlegen will. Wir werden über die einzelnen Phasen des Prozesses, der wahrscheinlich bis zum Samstag dauern wird, berichten.

19b — *2. Mai 1927*

Bericht der „Saar- und Blies-Zeitung" über das Plädoyer der Verteidiger

Saar- und Blies-Zeitung Nr. 101 vom 2. Mai 1927.

In der Nachmittagssitzung plädiert zuerst Rechtsanwalt Dr. Sender in fast dreistündiger Rede für die Angeklagten. Nachdem er einleitend bemerkt hat, daß der Prozeß doch eine politische Note gehabt habe, was man der Anteilnahme der Presse entnehmen könne, fährt er etwa folgendermaßen fort: „Es ist das erste Mal, daß ein politischer Prozeß in diesem Ausmaß ausgetragen wurde. Wir haben Werwolf- und Stahlhelm-Prozesse gehabt, und zur Zeit haben wir den Wiking-Prozeß. Die Menschen haben die Köpfe geschüttelt über die gerichtliche Praxis. Auf der anderen Seite haben wir Wehklagen gehört in Kommunistenprozessen und in solchen gegen linksgerichtete Kreise. Auf der einen Seite wird der Frieden heiß begehrt, auf der anderen Seite wird mit dem Feuer gespielt. Wir sind hier nicht mit der notwendigen Objektivität auf die Grundlagen des Prozesses eingegangen. Es ist kein Zweifel, daß nicht alle Angeklagten Kommunisten sind. Die Arbeiterschaft fühlt sich als Objekt der Rechtspflege. Die Angeklagten meinen, vor einem bürgerlichen Gericht könne ihnen kein Recht werden, weil die Richter mit den Arbeitern keine Fühlung hätten.

Äußerste Vorsicht muß man hier walten lassen und Verständnis für die Motive der Angeklagten haben. Es ist in diesen Tagen viel geredet und geschrieben worden. Der Gerichtshof möge sich nicht von der Presse beeinflussen lassen. Man soll auch nicht die kommunistischen Angeklagten als Parias* der Gesellschaft ansehen. Eine Reihe von Zeugen ist von ihrer einmal gefaßten Meinung nicht abzubringen. Von beeinflußten Zeugen war die Schuldfrage schon vorher gelöst. Auch von seiten der Kriegervereine ist viel gehetzt worden. Gegen Krämer und Fritz habe ich besondere Bedenken. Krämer ist stark beeinflußt. Ein Zeuge hat geäußert: ‚Die Kommunisten sind keine guten Deutschen.' Den anonymen Anzeigen ist das Gericht Gott sei Dank nicht nachgegangen. Unglaubwürdig sind vor allem die Aussagen des Zeugen Fritz, der wie ein deus ex machina** während der Hauptverhandlung aufgetaucht ist.

Es war unklug, daß der Kriegerverein Neunkirchen das Fest seiner Fahnenweihe in einem solchen Ausmaß abgehalten hat, Teilnahme und Dauer waren weit übertrieben. Das Proletariernest Neunkirchen (!) ist nicht geeignet für ein großes Kriegervereinsfest. Die Angeklagten sind der Auffassung, daß in den Kriegervereinen ein kriegerischer Geist herrscht, schon weil sie Jugendorganisationen heranziehen. Die Auffassung der Arbeiter geht dahin, daß die Kriegervereine den kriegerischen Geist pflegen, die Arbeiter von ihrem wirtschaftlichen Existenzkampf wegziehen und den Kapitalismus unterstützen. Es muß ein Ende gemacht werden mit aller Soldatenspielerei."

Der Verteidiger bittet alsdann, gegen die Angeklagten, für die der Staatsanwalt Freispruch beantragt hat, auf Freispruch zu erkennen. Im weiteren Verlauf seiner Rede zerpflückt er die einzelnen Anklagepunkte. In juristischer Beziehung ergänzt Rechtsanwalt Dr. Bayer-Höchst die Ausführungen Dr. Senders. Einen großen Teil der Schuld schiebt er den Landjägern zu.***

---

* Ausgestoßene, Entrechtete.

** Unerwarteter Helfer.

*** Das Landgericht Saarbrücken verurteilte elf Angeklagte wegen Landfriedensbruch zu je vier Monaten Gefängnis, nämlich Mertes, Flaccus, Sommer, Fell, Lichtenberg, Grobler, Naumann, Gillmann, Karthein, Kotterbach und Lisman. Philippi erhielt wegen Körperverletzung einen Monat Gefängnis, fünfzehn Angeklagte wurden freigesprochen. Für die (angeblichen) Straftaten der restlichen sieben Beklagten Melzer, Eifler, Sticher, Hollinger, Schlosser, Becker und Gebhardt erklärte sich das Landgericht nicht zuständig und verwies die Klage an das Schwurgericht weiter. Hier wurden alle Beschuldigten Anfang Juli 1927 freigesprochen.

Deutscher Metallarbeiter-Verband
Neunkirchen-Saar.

Hüttenarbeiter

Der 1. Mai steht wieder vor uns. Allen Bemühungen des **Arbeiter-Ausschusses** ist es **nicht** gelungen, von der Direktion eine klare, eindeutige Antwort zu erhalten. Mit kleinlichen, chikanösen Mittelchen will man Euch den 1. Mai verekeln.

Die **französische** Bergverwaltung hat, genau wie in den früheren Jahren, den 1. Mai **bedingungslos** freigegeben. Die **deutschen** Unternehmer können es nun einmal nicht lassen, sie müssen sich als **Schulmeister** und **Vormund** ihrer Arbeiter aufspielen.

Kollegen, wir erwarten von Euch, daß Ihr Euch **sofort meldet**, um der Direktion zu zeigen, daß Ihr gewillt seid, am 1. Mai für Eure Ziele, das sind **menschenwürdige** Lohn- und Arbeitsbedingungen, zu **kämpfen.**

Kollegen, Ihr müßt diese Frage jetzt als eine **Prestigefrage** betrachten. Der Arbeiterausschuß hat alles getan, was in seinen Kräften steht; **laßt ihn nicht im Stich**, sondern stellt Euch hinter ihn und fordert durch Massenmeldung **Arbeitsruhe am 1. Mai.** Der Arbeiter-Ausschuß wird es abhängig machen von den eingegangenen Meldungen, ob er weiter im Amt bleiben kann. Schon heute sagen wir Euch, daß er **zurücktritt**, wenn die Belegschaft versagt.

Erst in den letzten Tagen hat der Arbeitgeberverband die eingereichten **Lohnforderungen restlos abgelehnt.** Nächste Woche wird der Schlichtungsausschuß entscheiden, ob Ihr weiter für den geringen **Lohn schuften sollt.**

Jeder aufrechte
Hüttenarbeiter demonstriert am 1. Mai.

Jeder melde sich sofort! Heraus zum 1. Mai!

Hinein in die freien Gewerkschaften!

Die Ortsverwaltung
i. A.: Franz Melzer.

Wilh. Weber Nachf., Inh. Carl Didié, Neunkirchen.

1928: „Heraus zum 1. Mai!" Aufruf des DMV Neunkirchen.
(Archiv Saarstahl Völklingen, Werk Neunkirchen)

20 1. August 1928

Rede Hermann Petris im Landesrat zur Diskussion um das von der Regierungskommission geplante Verbot paramilitärischer Übungen und Verbände (Auszug)*

Landesarchiv Saarbrücken: Stenographische Berichte des Landesrates des Saargebietes vom 25. Januar 1928 bis 7. Dezember 1928 (Band 7), Bl. 358-361.

Meine Herren!

Der Entwurf über das Verbot militärischer Übungen im Saargebiet will die Vereinigungen, die sich mit militärischen Übungen befassen, verbieten. Vereinigungen in Gestalt von Militärvereinen, soweit sie historische Altertümer und Kameradschaftspflege darstellen, sollen geduldet werden. Besonders soll die Verordnung die irregeleitete Jugend vor dem Militarismus bewahren.

Es ist eine sehr anerkennenswerte pazifistische Bestrebung der Regierungskommission, doch dazu ist eine derartige Verordnung nach unserer Auffassung im Saargebiet nicht erforderlich. Die Begründung, daß das gleiche Gesetz im Reich bestehe und deshalb im Saargebiet sich auch notwendig mache, hinkt sehr. Im Saargebiet ist die Staatsform so weitgehend durch Militär- und Polizeimacht gestützt, daß neue Schutzgesetze nicht erforderlich sind. Nach der Erklärung des Herrn Staatskommissars soll die Verordnung lediglich als Vorbeugungsmaßnahme eingeführt werden. Diese Vorbeugungsmaßnahme, die die Regierung beabsichtigt, besonders gegenüber Nachkriegsvereinigungen, ist für uns sehr fadenscheinig und dehnbar. Wir können nicht zugeben, daß durch eine derartige Verordnung auf irgendwelche Personen, die durch die Straßen gehen mit Abzeichen, die Landjägerei darauf Jagd machen kann, denn unsere Landjägerei ist ja sehr leicht in eine nervöse Situation hineinzubringen und deshalb sind Verordnungen, die in dieser überspannten Form gedacht sind, nicht geeignet, sie der Landjägerei als überwachendes Organ von Verordnungen zu überlassen.

Es kommt besonders in Betracht, daß im Saargebiet verschiedene Vereinigungen in der Nachkriegszeit sich gebildet haben, rechtsgerichtete und, wie wir schon gehört haben, linksgerichtete. Rechtsgerichtete sind die, die die alte Monarchie stützen, das heißt wieder errichten wollen und sie zurücksehnen. Daß diese rechtsgerichteten Vereinigungen in Deutschland ihren Ursprung haben, ist uns ja bekannt, wie übrigens auch die anderen, linksgerichteten in Deutschland ebenfalls ihren Ursprung haben. Aber es ist doch dabei etwas zu sagen, ohne daß ich die Vorlage bzw. den Entwurf der Regierungskommission auch nur im geringsten unterstützen möchte, und zwar über die Notwendigkeit dieser neuen Vereinigungen, soweit sie sich aus dem Ursprung deutscher Entwick-

* In der Vorlage befinden sich einige grammatikalische Fehler, die nicht korrigiert wurden.

lung auch hier im Saargebiet übertragen haben. Da sind wir der Ansicht, daß dieses überhaupt nicht erforderlich wäre, daß man Verordnungen erlassen müßte, um solche Strömungen, die sich nun im deutschen Volke entwickelt haben nach gewaltigen Erfahrungen, nach Kriegskatastrophen usw., nicht dazu übergehen müßte, mit Gewaltmaßnahmen oder mit Machtverordnungen diese in Schach zu halten, damit sie nicht wieder Unheil anrichten können. Diese rechtsgerichtete Bewegung soll auch im Saargebiet ziemlich lebendig sein, und das an dieser Stelle zu betonen, halte ich für durchaus notwendig. Es ist mir eine Zuschrift zugegangen, die folgendes besagt:

„Monarchistische- und Rechtsverbände haben im Saargebiet in edler Dreistigkeit in außen- innenpolitischer Hinsicht ihr Unternehmen aufgemacht. Es ist bekannt, daß sie wiederholt sowohl wie auf dem Landwehrplatz wie auf dem Beethovenplatz zu später Nachtstunde in voller Uniform ihre militärischen Übungen abhalten und von dort aus im militärischen Gleichschritt unter militärischen Kommandos durch die Straßen der Stadt marschieren, ohne sich von der Polizei stören zu lassen. Es ist weiter bekannt, daß sie militärische Übungen, Nachtmärsche und Geländeübungen usw. im Warndt abgehalten haben und auch in anderen Orten des Saargebietes. So sind sie z. B. in Sulzbach mit entrollter Kriegsfahne dahermarschiert. Von ganz besonderem Interesse ist die Tatsache, daß wir vor zirka einem Jahr eine große öffentliche Versammlung der Hakenkreuzler in Saarbrücken erlebten, zu welcher gut bewaffnete Leute aus der Pfalz gekommen sind, und die nachher das Vergnügen hatten, von der saarländischen Polizei wohl eskortiert werden zu müssen. Es ist selbstverständlich, daß in dieser Versammlung im ‚Stiefel', in der der kommunistische Abgeordnete Schlaffer gesprochen hatte, die Sozialisten und Kommunisten am meisten auf die Sozialdemokraten geschimpft haben und zum Schluß dann noch einmal einiges miteinander auszumachen hatten, wobei es eine kleine Keilerei gab, bei welcher Gelegenheit Revolver, Schlagringe und sonstige leichte und ungefährliche Waffen eine erhebliche Rolle spielten."

Meine Herren! Es ist immerhin notwendig, daß wir den Dingen auf den Grund gehen, soweit Strömungen hier im Gange sind, daß das Saargebiet benützt werden soll zu derartigen Übungen, da ja drüben im Reich die Sache verboten ist, und die ja hauptsächlich gegen die deutsche Republik und ihre Verfassung gerichtet sind, zu betreiben, aber dafür halten wir hier die Polizei für übermäßig stark genug, um das in Schach zu halten. Nur muß man den Dingen ins Auge sehen. Diese einzelnen Gruppen der Rechtsverbände rekrutieren aus folgenden Gattungen:

Zunächst kommt der „Stahlhelm" in Betracht. Mir wurde mitgeteilt, daß sich allein in Saarbrücken 1000 Mann befänden, und im ganzen Saargebiet zirka 2500 Mann. Das sind alles junge Leute, die die Front nie gesehen haben. Dieselben tragen das Koppel „Mit Gott für König und Vaterland", Mütze und Kleidung sind militärisch. Felddienstübungen, Patrouillengänge, Geländeübungen sind bei ihnen die Regel.

Des weiteren wurde mir mitgeteilt, daß der Werwolf ebenfalls mit zirka hundert Leuten aufmarschiert. Das sind die Faszistenjünger, der Abglanz von Mussolini aus Italien. Sie tragen die sogenannten Schwarzhemden, die auch hier im Saargebiet ihren Laden aufmachen möchten. Sie tragen den silbernen Totenkopf an der Mütze.

Dann kommen die anderen Rechtsfreunde, Hitlerleute, die mit hundert Mann geschätzt werden. Sie tragen hellgelbe Hemden mit dem Hakenkreuz.

Dann die sogenannte Kyffhäuser-Jugend, das ist die Jugend der Kriegervereine, die in der Regierungsvorlage das Privileg zu existieren hat. Ich will nicht das Wort reden, die Kriegervereine zu verbieten, aber wenn man schon militärische Übungen verbietet, dann muß man sich auch die Kriegervereine näher ansehen, denn sie sehnen so gerne die alte, monarchistische Regimentszeit zurück. Besonders sind es diejenigen, die in gutbezahlten Chargen saßen und von diesen Erinnerungen nicht lassen können. Meine Herren! Die Kyffhäuser-Jugend wird im Saargebiet gezüchtet, ich kann Ihnen Beispiele anführen. Auf dem Neunkircher Eisenwerk erfolgen sämtliche Neueinstellungen von Leuten durch den Vorsitzenden des Landeskriegerbundes, der zufällig auf dem Neunkircher Eisenwerk eine exponierte Stellung bekleidet. Durch diesen Herren wird in der Regel zur Bedingung gemacht, daß neu einzustellende Jugend Anhänger dieser Richtung sein soll. Dutzende von solchen Beispielen könnten angeführt werden, daß man einen solchen Druck ausübt, um auf diese Weise die Kyffhäuser-Jugend zu vergrößern. Wenn man mit solchen Mitteln arbeitet, so unterdrückt man die freie Meinung und die freie Weltanschauung anderer. Meine Herren! Ich habe das Reichsbanner noch zu erwähnen. Wenn man das Gesetz im Vergleich zum deutschen Gesetz hat bringen wollen, so kann ich sagen, daß das Reichsbanner den Zweck hat, die Republik und die Verfassung zu schützen und daß man nur diejenigen Vereinigungen treffen kann, die gegen die Republik sind. Daß das Reichsbanner im Saargebiet nicht so behandelt wird, wie es drüben im Reich der Fall ist, zeigt die Vorlage. Das Reichsbanner ist im Saargebiet öfters mit Verboten betroffen worden, und wenn wir dem Gesetz unsere Zustimmung geben würden, so ist keine Sicherung dafür vorhanden, daß man diejenigen Vereinigungen, die sich nur das Wesen der Demokratie, der freien Meinungsentfaltung als Ziel gesetzt haben, schützt. Wenn das im Saargebiet nicht so verstanden wird, lehnen wir die Verordnung der Regierungskommission rundweg ab. ...

21 Juni 1929

Die Kandidatur einer oppositionellen DMV-Liste bei den Arbeiterausschußwahlen im Neunkircher Eisenwerk

21a *3. Juni 1929*

Artikel des „Neunkircher Echo"

Neunkircher Echo Nr. 125 vom 3. Juni 1929.

Der Opposition ins Stammbuch

Am 6. Juni finden die Wahlen zum Arbeiterausschuß des Neunkircher Eisenwerks statt. Vier Listen sind eingereicht, vier Richtungen ringen um die Gunst der Belegschaft. Außer den christlichen und Hirsch-Dunckerschen Gewerkschaften hat der Deutsche Metallarbeiterverband in Verbindung mit dem Verband der Heizer und Maschinisten sowie die sogenannte „Revolutionäre Opposition" je eine Vorschlagsliste eingereicht. In der „Arbeiter-Zeitung" vom 26. Mai 1929 bemüht sich die Opposition krampfhaft, für sich Stimmung zu machen. Daß es ohne Lüge nicht geht, ist nicht verwunderlich, denn Ehrlichkeit hat noch nie auf dem Banner dieser Opposition gestanden. Schon in ihrer Geburtszeit war die Losung: „List und Verlogenheit". Entgegen der Gepflogenheit, innerhalb der Organisation die Aufstellung der Kandidaten vorzunehmen, gingen diese Leute dazu über, bewährte Kollegen beiseite zu stellen, weil sie „Reformisten" seien. Unorganisierte sollten an deren Stelle gesetzt werden. Jener „Revoluzzer", der diesen eigentümlichen Vorschlag machte, war vor kurzer Zeit noch im bürgerlichen Lager. Gar verwunderlich ist auch die Begründung, daß die Unorganisierten die besseren „Klassenkämpfer" seien. Es mag dies bei der „Revolutionären Opposition" zutreffen. Diese Säuglinge der Arbeiterbewegung haben die Schriften ihrer Führer, von Rosa Luxemburg und anderen, über die Unorganisierten nicht gelesen.

Als man daran ging, die Aufstellung der Kandidaten in einer Vertrauensmännerversammlung vorzunehmen, verließ die Opposition unter nichtigem Vorwand die Sitzung. Richtig ist, daß der Vorschlag gemacht wurde, gemeinsam eine Liste aufzustellen, bei der selbstverständlich auch die Opposition ihrer Stärke entsprechend vertreten sein sollte. Das wollte die Opposition nicht, sondern sie mußte, getreu höheren Befehls, eine Vorschlagsliste mit den Unorganisierten einreichen. Die Belegschaft des Neunkircher Eisenwerks wird zu entscheiden haben, wem sie ihr Vertrauen schenken will.

Der Deutsche Metallarbeiterverband gemeinsam mit dem Verband der Maschinisten und Heizer haben Kollegen in den Arbeiterausschuß vorgeschlagen, die Garantie bieten, daß positive Arbeit im Interesse der Belegschaft geleistet wird. Alles Geschimpfe auf die Gewerkschaften nützt nichts.

Gerade Kandidaten der Oppositionsliste waren es, die unberechtigterweise Gelder der Gewerkschaft angenommen haben. Diejenigen, die an der Spitze der Oppositionsliste standen, waren es, die das Vertrauen der Kollegen im DMV schändlich mißbraucht haben und eine grenzenlose Luderwirtschaft in ihrer Organisation getrieben haben. Der Vorstand des DMV würde verbrecherisch handeln, wenn er diese Leute nicht zur Rechenschaft ziehen würde. Wir wollen heute nicht auf die Vorgänge eingehen, die sich in der Zeit vor und nach dem Verschwinden Melzers in Neunkirchen abgespielt haben.* Doch wir sind bereit, wenn die Opposition es wünscht, auf diese Dinge und auf den nächtlichen Besuch eines Oppositionskandidaten im Büro des DMV eingehend der Belegschaft des Neunkircher Eisenwerks Aufklärung zu geben. Jeder Kollege, der auf gewisse Ordnung und Reinlichkeit in der Arbeiterbewegung hält, rückt ab von solchen „Auch-Arbeitern". Wer so handelt wie diese Oppositionsvertreter ist nicht geeignet, die Interessen ihrer Mitarbeiter zu vertreten. Welchen Anhang und welches Vertrauen die Opposition hat, beweist zur Genüge die am 30. April 1929 nach der „Allee" in Neunkirchen einberufene „Massenversammlung".

Arbeiter des Neunkircher Eisenwerks! Nicht mit Phrasen ist Euch gedient. Nicht mit Schimpfen wird für die Arbeiterschaft etwas geleistet. Es ist höchste Zeit, daß sich die Belegschaft um ihre ureigensten Interessen kümmert. Die freien Gewerkschaften werden die Führung so wie früher auch weiterhin im Kampfe um bessere Lohn- und Arbeitsbedingungen übernehmen. Nur in Anlehnung und mit Unterstützung der freien Gewerkschaften und ihrer Organe ist es möglich, positive Arbeit zu leisten. Den Unorganisierten ist nicht geholfen, wenn sie eine Liste der Unorganisierten wählen. Früh genug werden sie erkennen, daß sie falsch und schlecht beraten waren. Deshalb hinein in die freien Gewerkschaften.

* Franz Melzer, Mitglied der KPD und Bevollmächtigter des DMV Neunkirchen, hatte im Januar 1929 unter mysteriösen Umständen die Stadt verlassen. In den folgenden Tagen berichtete die Presse über Unregelmäßigkeiten in der Kassenführung. Wenige Wochen nach seinem Verschwinden beging Melzer Selbstmord.

Aufruf der KPD-Betriebszeitung „Der Hammer"

Archiv Saarstahl Völklingen, Werk Neunkirchen: Mappe 162909, Flugblätter verschiedener Arbeitergruppen 1929 bis 1934.

Werte Kollegen!

Am 6. Juni finden auf dem Werk die Ausschußwahlen statt. Ihr habt es in der Hand, diesen Lakaien die Quittung zu geben. Wollt Ihr Euch nicht mitschuldig machen, wollt Ihr Euch nicht länger als Heloten* gebrauchen lassen, dann geht geschlossen zur Wahl. Es zirkulieren dieses Mal vier Listen:
Liste A 1. Dellfeid**-Christen,
Liste B 2. Oppositionelle,
Liste C 3. Huggersozialisten,***
Liste D 4. Sigmund-Hirsche.

Die Liste B der Opposition kam dadurch zustande, weil es nicht möglich war durch das Verhalten des DMV, eine einheitliche Liste aufzustellen. Liste B enthält auch unorganisierte Kollegen, die ehrlich gewillt sind, mit uns zu kämpfen. Wir betrachten die Unorganisierten zum größten Teil als revolutionär-ungeduldige Elemente, die, angeekelt von der traurigen Rolle, die die Reformisten und die übrige Gewerkschaftsbürokratie gespielt haben, aus den Gewerkschaften geflohen sind.

Auch hier im Saargebiet ist dieselbe Erscheinung. Bei jeder Lohn- und Arbeitszeitbewegung war es die Gewerkschaftsbürokratie, die der Arbeiterschaft in den Rücken gefallen ist. Lohnabbau mußten wir seit 1920 uns dreimal gefallen lassen, weil die Gewerkschaften ihre Zustimmung gaben. Wer trägt die heutige Schuld an der Sonntagsarbeit auf dem Werk? Die Gewerkschaften! Was tun die Gewerkschaften gegen die bestehenden miserablen Löhne, gegen die Schikanierung der Arbeiter in den Betrieben, gegen das Strafsystem? Nichts und abermal nichts. Darum heißt es am 6. Juni: Meine Stimme für die Opposition. Keine Stimme den Reformisten, Christen und Hirschen, diesen Unternehmerlakaien und Schmarotzern. Seht Euch die Namen auf den Gewerkschaftslisten an, könnt Ihr diesen Eure Stimme geben? Nein!

Seht Euch die Liste B, Opposition, an. Alte, bewährte Kollegen, die Euch bekannt sind, die jahrelang in der vorderen Linie gestanden haben und stets zur Belegschaft hielten, manchen schweren Kampf für Euch ausgefochten, stehen auf dieser Liste. Darum wählt die Liste B, Spitzenkandidat: Paul Kärcher.

---

* Sklaven.

** Gemeint ist der christliche Gewerkschaftsfunktionär Delheid.

*** Hugger arbeitete 1929 als kommissarischer, vom Vorstand des DMV eingesetzter Bevollmächtigter in Neunkirchen.

Anlage zum Rundschreiben Nr. 75/30 vom 8. April 1930.

B E K A N N T M A C H U N G .

Um unsere Belegschaft vor Schaden zu bewahren, machen wir ausdrücklich darauf aufmerksam, dass der 1. Mai kein gesetzlicher Feiertag ist. Es wird deshalb an diesem Tage wie an jedem anderen Werktage gearbeitet.

Beurlaubungen für den 1. Mai finden nicht statt.

Wer entgegen dieser Anordnung am 1. Mai der Arbeit fernbleibt, erfüllt damit den Tatbestand des § 123, Abs. 1, Ziff. 3 der Gewerbeordnung und setzt sich der Gefahr der fristlosen Entlassung aus. Diese Rechtsfolge hat das Reichsarbeitsgericht in seinem Urteil RAG. 440/28 vom 6. März 1929 und in mehreren späteren Urteilen eindeutig bestätigt.

Ausserdem wird Arbeitsversäumnis am 1. Mai gemäss Kapitel IX, Ziffer 3 des Mantelabkommens als Feierschicht ohne genügende Entschuldigung ohne Entgelt auf den Urlaub angerechnet. Diejenigen Arbeiter, die ihren Urlaub in diesem Jahre bereits gehabt, oder die einen Anspruch auf Urlaub noch nicht erworben haben, werden bei Arbeitsversäumnis am 1. Mai aufgrund der Bestimmungen der Arbeitsordnung mit einer Geldstrafe belegt, die der Urlaubsvergütung für einen Urlaubstag gleich ist.

Unbeschadet dieses Grundsatzes müssen wir aus technisch-betrieblichen Gründen einen Ueberblick darüber gewinnen, inwieweit der Betrieb an diesem Tage fortgesetzt werden kann, d.h. inwieweit die Belegschaft entgegen dieser Bekanntmachung feiern wird.

Wir fordern daher sämtliche Arbeiter, die am 1. Mai nicht zur Arbeit erscheinen wollen, auf, sich in die bei ihren Meistern aufliegenden Listen bis spätestens (Tag und Datum) einzutragen.

Wir betonen jedoch, dass diese unsere Aufforderung lediglich eine technisch vorsorgliche Massnahme darstellt, keinesfalls aber eine Zustimmung unsererseits zum Fernbleiben von der Arbeit.

Ort, ... Datum ....

Unterschrift ....

Unternehmer gegen die Maifeier: „Beurlaubungen für den 1. Mai finden nicht statt." Aus einem Rundschreiben des Arbeitgeberverbandes der Saarindustrie vom 8. April 1930.
(Archiv Saarstahl Völklingen, Werk Neunkirchen)

Angestellte! Angestellter!

EUCH GEHT ES AN!

Wirtschaftsnot! — Dauerkrise!

Notverordnung! Gehaltsabbau! Stellenlosigkeit!

sind Dinge, die jedem Berufstätigen täglich in die Ohren klingen. „Verordnete Not" bringt die Angestellten an den Rand ihrer Existenz. Brutaler denn je greift die Reaktion an die Rechte der Angestelltenschaft. Unorganisierte, „Gelbe" und extreme Splittergrüppchen unterstützen die Reaktion. Was die Berufsgewerkschaften in zähem Kampf errungen haben, darf und wird nicht zerstört werden, wenn **alle** Angestellten sich zusammenschließen.

Die Angestellten sollen wieder zu Stundenlöhnern herabgedrückt werden

Der Angestellten-Versicherung drohen schwere Gefahren

Angestellte! Wollt Ihr das zulassen? **Nein!**

Wir rüsten zum Abwehrkampf!

Erscheint zur

öffentlichen

ANGESTELLTEN-KUNDGEBUNG

am Sonntag, 13. Sept. 1931, vorm. 10 Uhr, in Neunkirchen (Hotel Halberg)

Fritz Schröder-Berlin

spricht über das Thema:

Wirtschaftskrise — Angestelltennot!

ZdA., ORTSGRUPPE NEUNKIRCHEN
Der Vorstand

SPD

Druck: Volksstimme Saarbrücken 3

„Wirtschaftskrise und Angestellte. Aufruf des Zentralverbandes der Angestellten, 1931.
(Archiv Saarstahl Völklingen, Werk Neunkirchen)

Flugblatt der Gewerkschaftsopposition

Archiv Saarstahl Völklingen, Werk Neunkirchen: Mappe 162909, Flugblätter verschiedener Arbeitergruppen 1929 bis 1934.

Metallarbeiterkollegen!

Am 6. Juni sollt Ihr entscheiden, ob in Eurem Betrieb für die Zukunft eine revolutionäre oder eine feige opportunistische Politik betrieben werden soll. Vollständige Klarheit ist darüber notwendig. Die Vorgänge, die sich in der Saareisenindustrie abspielen, sind für Euch ein Alarmsignal. Was geht vor?

1. Auf der Dillinger Hütte sind drei oppositionelle Ausschußmitglieder gemaßregelt.

2. Auf der Völklinger Hütte drohte Röchling: „Wer am 1. Mai feiert, wird am 2. Mai entlassen!"

3. Auf der Burbacher Hütte sind sechzig Arbeiter entlassen, eine Folge der von den Reformisten befürworteten und verteidigten Rationalisierung. Nach eigenen Aussagen des Direktors sollen weitere 2000 Mann bis zum Herbst entlassen werden.

4. Im Homburger Eisenwerk, trotz starker Reduzierung der Belegschaft, sind im Monat April weitere 300 Arbeiter brotlos gemacht worden.

5. Ehrhard & Sehmer, Saarbrücken, ordnet nach vorausgegangener Verminderung der Belegschaft mit Hilfe des reformistischen Arbeiterausschusses täglich zwei Überstunden an. Der Zehnstundentag ist somit eingeführt.

Auch in unserem Betrieb zeigt der Scharfmacherkurs der Kugener-Direktion die gröbsten Auswüchse brutaler Unternehmerwillkür. Am Hochofen plant man einen zwanzigprozentigen Lohnabbau. Der Ausschußmann Alles, der sich gegen diesen Brotdiebstahl zur Wehr setzte, wurde von dem Artilleriehauptmann Gödel mit dem Bemerken abgetan, er solle mit seinen Ideen nach Moskau gehen. Unter Berufung auf den Schandspruch, der Mithilfe sämtlicher Gewerkschaftsbonzen in der Siebenerkommission gefällt wurde, ist im Nordwerk die Sonntagsarbeit eingeführt worden. Unfälle und Überstunden sind an der Tagesordnung. Der sauer verdiente Lohn wird durch ein raffiniertes Strafsystem zum Teil wieder gestohlen. Die Rationalisierungsmaschine wütet auch hier. Die Kollegen werden wie Pakete hin- und hergeworfen.

Willig und demütig nehmen die Cullmann, Albrecht und Kotterbach* alle Verschlechterungen der Direktion bedingungslos hin. Diese Leute präsentieren sich nun erneut als Eure Interessenvertreter. Die schändliche Rolle der Gewerkschaftsbürokratie, die oppositionelle Kollegen massenweise aus den Gewerkschaften hinauswirft, wird von diesen Lakaien gedeckt und gutgeheißen.

* Betriebliche Repräsentanten der anderen Richtungsgewerkschaften im Neunkircher Eisenwerk.

Kollegen, wir erinnern Euch an die bedingungslose Hinnahme des zehnprozentigen Lohnabbaus im Frühjahr 1927, an den Streikbruch der Christen und Hirsche im November 1927, an den sechsmonatigen Kuhhandel von 1928, der bedeutende Verschlechterungen des Lohntarifs mit sich brachte. Mit diesen Schandtaten gilt es endgültig Schluß zu machen.

Wollt Ihr Euch erfolgreich gegen den Angriff der Unternehmer und ihrer Helfershelfer zur Wehr setzen, müßt Ihr geeint und geschlossen mit der revolutionären Opposition bei der Wahl marschieren, um die Voraussetzungen zu schaffen zum Kampf um höheren Lohn und kürzere Arbeitszeit.

Darum geht zur Wahl und gebt den oppositionellen Kollegen, die schon in der Vergangenheit sich mit allen Mitteln für Eure Interessen eingesetzt haben, Eure Stimme. Stimmt geschlossen für die Liste B, die Liste der oppositionellen Metallarbeiter. Sie beginnt mit den Namen: Kärcher Paul, Werkstatt, Alles Peter, Hochofen, Conz Anton, Koksanlage, Körbel Rudolf, Maschinenabteilung usw.

Die Gewerkschaftsopposition
I.A.: Müller

22 — 10.-15. August 1929

Der spontane Streik auf dem Neunkircher Eisenwerk

22a — *10. August 1929*

Bericht des „Neunkircher Echo"

Neunkircher Echo Nr. 187 vom 14. August 1929.

Von Gewerkschaftsseite wird uns geschrieben: Von Neunkirchen wird uns berichtet, daß am vergangenen Samstag* die Belegschaft des Walzwerks Nord und die Belegschaften der Adjustage und des Trägerlagers in den Streik getreten sind. Die Ursachen dieser Bewegung sind darin zu suchen, daß die Direktion des Eisenwerks den Forderungen auf Erhöhung der Löhne von zwanzig Centimes pro Stunde nicht sofort nachgegeben hat. Wie uns berichtet wird, stehen rund 800 Mann im Streik.

Die Bewegung wurde eingeleitet von einem Teil der Arbeiterausschußmitglieder ohne Hinzuziehung der Gewerkschaften. Die Arbeiterausschußmitglieder, die die Bewegung in die Wege leiteten, stehen den Gewerkschaften fern, ja sogar feindlich gegenüber. Den Gewerkschaftsleitungen gab man vom Vorgehen erst dann Kenntnis, als bereits der Streik zum Ausbruch gekommen war.

---

* 10. August 1929.

Aufgrund der vertraglichen Bestimmungen und aufgrund des Vorgehens eines Teils des Arbeiterausschusses sind die Gewerkschaften auch nicht in der Lage, sich der Bewegung annehmen zu können.

22b *August 1929*

Flugblatt der Revolutionären Gewerkschaftsopposition zu den beginnenden Maßregelungen

Archiv Saarstahl Völklingen, Werk Neunkirchen: Mappe 162909, Flugblätter verschiedener Arbeitergruppen 1929 bis 1934.

Kollegen des Neunkircher Eisenwerks!

Einmütig und geschlossen legten die Kollegen des Nordwerks am Samstag* die Arbeit nieder, um im Kampfe ihre abgelehnten Forderungen durchzusetzen. Die ausgesprochenen Entlassungen vermochten den Kampfgeist der Kollegen nicht zu brechen. Die Kollegen des Martin- und Stahlwerks, der Schlackenmühle und Koksanlage schlossen sich an. Einmütig wurde eine Streikleitung aus der Mitte der Kollegen gewählt, die sich aus allen Richtungen zusammensetzte und das Vertrauen der Belegschaft genoß.

Die Direktion und die von ihr bezahlte bürgerliche und sozialdemokratische Presse entfachten gegen die um ihre elementarsten Forderungen kämpfenden Kollegen die gemeinste Hetze. Sie stellten diesen Kampf als einen „wilden, tarifwidrigen Streik“, angezettelt durch „verantwortungslose kommunistische Elemente“ hin.

Während die oppositionellen Arbeiterausschußmitglieder von der ersten Stunde des Kampfes an sich auf die Seite der streikenden Kollegen stellen, haben die gemeinsam mit der korrupten Gewerkschaftsbürokratie verbundenen Arbeiterausschußleute um Cullmann, Albrecht und Kotterbach einen heimtückischen Kampf gegen die am Streik beteiligten Kollegen geführt. Gemeinsam mit Hugger, Delheid, Ecken, Schwaninger, Bock** und der Direktion haben sie den Streikbruch organisiert, um die einheitliche Streikfront zu durchbrechen und die aufrechten Kollegen unter der Führung des Kollegen Kärcher zur Strecke zu bringen.

Ausgeschlossen von der Gewerkschaftsbürokratie, entlassen von den Hüttengewaltigen. Arm in Arm: Unternehmertum und Gewerkschaftsbürokratie gegen die revolutionäre Gewerkschaftsopposition!

---

* 10. August 1929.

** Hauptamtliche Funktionäre des DMV, des CMV und des Hirsch-Dunckerschen Gewerkvereins.

Verstärkung der Polizeikräfte durch die Regierungskommission zur blutigen Niederschlagung des Kampfes! Dieser Dolchstoß, geführt vom Unternehmertum, der Staatsgewalt und Gewerkschaftsbürokratie, sechs Wochen vor Ablauf des Tarifs in der Schwereisenindustrie, zeigt nicht nur unseren Kollegen, sondern der gesamten Arbeiterschaft, wie die kommende Tarifbewegung geführt werden soll.

Durch diesen schändlichen Verrat sollen die besten Eurer Kollegen auf der Strecke bleiben, um dem Unternehmerterror Tor und Tür zu öffnen, um das Reinemachen des Betriebes von klassenbewußten Arbeitern schärfer durchzuführen, um dann ohne Widerstand Akkordabbau und Sonntagsarbeit durchführen zu können. Dafür braucht die Direktion willfährigen Arbeiterausschuß,* der auf dem Boden der Arbeitsgemeinschaft, des Arbeiterverrates steht. Die oppositionellen Ausschußmitglieder, die mit Euch gemeinsam gekämpft, waren der Direktion schon lange ein Dorn im Auge. Was Denunziation von der Clique um Cullmann, Albrecht und Kotterbach bisher nicht erreicht hat, soll durch diesen hinterlistigen, gemeinen Verrat vollbracht werden. Niemals dürfen die Kollegen dulden, daß 200 ihrer besten Arbeitsbrüder Opfer dieser Schurkerei werden. Niemals dürfen sie in die Entlassung ihrer Interessenvertreter einwilligen. Die Hüttendirektion hat jegliche Verhandlung mit dem Arbeiterausschuß abgelehnt. Sie stellt Macht gegen Macht. Dem Machtstandpunkt der Direktion muß die Kraft der Gesamtbelegschaft entgegengesetzt werden. Es geht nicht nur um Bettelpfennige, es geht um Eure elementarsten Rechte. Schließt die einheitliche Front gegen Unternehmerterror und Arbeiterverrat, kämpft für Eure gerechten Forderungen, erzwingt die Wiedereinstellung aller Entlassenen. Es lebe die Solidarität!

Die Streikleitung
Der oppositionelle Arbeiterausschuß
Die revolutionäre Gewerkschaftsopposition
Verantwortlich: Arthur Christmann, Neunkirchen/Saar

* So in der Vorlage.

22c *1. Oktober 1930*

Rundschreiben des Arbeitgeberverbandes der Saarindustrie über die Abweisung der Schadensersatzklage eines entlassenen Arbeiterausschußmitgliedes

Archiv Saarstahl Völklingen, Werk Neunkirchen: Mappe 962862, Arbeitgeberverband 1928/30.

An unsere Herren Mitglieder!

Betr.: Abweisung der Schadensersatzklage eines fristlos entlassenen Arbeiters.

Im August des Jahres 1929 brach in mehreren Betrieben des Neunkircher Eisenwerks ein tarifwidriger Streik aus, in dessen Verlauf die Werksleitung eine Anzahl von Arbeitern fristlos entließ. Ein Teil dieser Arbeiter fand nun bei anderen Unternehmen Arbeit, die in dieser Zeit gerade Bauaufträge bei dem Neunkircher Eisenwerk auszuführen hatten. Die Leitung des Neunkircher Eisenwerks hatte jedoch bei einem Teil dieser Arbeiter die begründete Befürchtung, daß dieselben bei der Belegschaft des Eisenwerks weiterhin zum Streik hetzten und verbot ihnen das Betreten des Werksgeländes. Die Folge davon war, daß diese Arbeiter seitens ihrer neuen Arbeitgeber bei den erwähnten Bauarbeiten im Werk nicht weiter beschäftigt werden konnten und entlassen wurden. Einer dieser Arbeiter hat daraufhin eine Schadensersatzklage in Höhe von Francs 3 444,- bei dem Landgericht zu Saarbrücken anhängig gemacht, die nunmehr durch Entscheid der 7. Zivilkammer des Landgerichts zu Saarbrücken, Aktenzeichen 7C.140.30 vom 1. des Monats abgelehnt wurde. Der Wortlaut des Urteils liegt abschriftlich bei.

Arbeitgeberverband der Saarindustrie e.V.
Die Geschäftsführung
gez. Tessmar

22d *1. Oktober 1930*

Das Urteil des Landgerichts Saarbrücken in Sachen Peter Alles gegen das Neunkircher Eisenwerk

Archiv Saarstahl Völklingen, Werk Neunkirchen: Mappe 962862, Arbeitgeberverband 1928/30.

Im Namen der Regierungskommission des Saargebietes!

In Sachen des Hüttenarbeiters Peter Alles in Neunkirchen/Saar, Wellesweilerstraße 28, Klägers, (Prozeßbevollmächtigte: Rechtsanwälte Lehmann und

Dr. Sender in Saarbrücken) gegen das Neunkircher Eisenwerk AG, vormals Gebr. Stumm, vertreten durch den Vorstand in Neunkirchen, Beklagten, (Prozeßbevollmächtigter: Rechtsanwalt Dr. Otto Dietz in Neunkirchen) wegen Forderung hat die 7. Zivilkammer des Landgerichts in Saarbrücken auf die mündliche Verhandlung vom 17. September 1930 unter Mitwirkung des Landgerichtsrats Dr. Massing sowie der Gerichtsassessoren Dr. Hack und Manderscheid für Recht erkannt:

Der Kläger wird mit der Klage abgewiesen und verurteilt, die Kosten des Rechtsstreits zu tragen.

Gründe:

Der Kläger ist mehrere Jahre lang als Hüttenarbeiter bei dem Neunkircher Eisenwerk beschäftigt gewesen. Ihm ist am 15. August 1929 gekündigt worden, weil er angeblich versucht habe, die Belegschaft des Werks zu einem wilden Streik zu veranlassen. Dem Kläger ist das Gehalt noch für einige Tage ausbezahlt worden.

Bald darauf hat der Kläger eine neue Stelle bei der Dinglerschen Maschinenfabrik in Zweibrücken, die gerade eine Montage im Werke des Beklagten ausführte, angetreten. Die Beklagte hat jedoch dem Kläger den Zutritt zu ihrem Werk mit der Begründung verwehrt, daß sie mit Rücksicht auf die aktive Tätigkeit des Klägers während des letzten Streiks im Interesse ihrer arbeitswilligen Belegschaft nicht imstande sei, dem Kläger den Zutritt des Werksgeländes zu gestatten. Nach der Behauptung des Klägers hat er infolge dieser Verweigerung des Zutritts zu dem Werk seine Stelle bei der vorgenannten Dinglerschen Maschinenfabrik und bald darauf auch eine weitere Stelle bei der Firma Millmann in Dortmund, die ebenfalls in dem Werke der Beklagten eine Montage ausführte, verloren. Der Kläger, der infolgedessen zur Zeit arbeitslos ist, macht die Beklagte für den Ersatz des ihm durch ihr Verhalten entstandenen Schadens haftbar und hat daher Klage erhoben mit dem Antrage, die Beklagte kostenfällig und gegen Sicherheitsleistung vorläufig vollstreckbar zu verurteilen, an den Kläger 3 440,- Francs nebst acht Prozent Zinsen seit dem 1. Januar 1930 zu zahlen.

Die Beklagte hat um Abweisung der Klage gebeten. Sie bestreitet, daß sie in der Absicht gehandelt habe, den Kläger um seine Arbeitsstelle zu bringen, sie habe aber in ihrem eigenen Interesse und nicht zuletzt auch im Interesse der arbeitswilligen Belegschaft den Kläger nach erfolgter Kündigung nicht mehr in ihr Werksgelände hineinlassen können, da nach seinem ganzen früheren Verhalten weitere Unruhen zu befürchten gewesen seien.

Die Klage ist nicht begründet. Als Klagegrund kommt lediglich der § 826 Bürgerliches Gesetzbuch in Betracht, nach dem für eine Schadensersatzpflicht der Beklagten erforderlich wäre, daß diese den Kläger in eine gegen die guten Sitten verstoßenden Weise vorsätzlich geschädigt hätte. Daß die Beklagte nun etwa bei den späteren Arbeitgebern vorstellig geworden wäre mit dem Ziele, den Kläger um seine Arbeit zu bringen, hat dieser selbst nicht behaupten können. Die Beklagte hat lediglich, nachdem sie dem Kläger gekündigt hatte, diesem das Betreten ihres Geländes untersagt, weil sie weitere Unruhen in ihrem Betriebe befürchtete. Zu dieser Maßnahme ist der Beklagte nach der eidlichen und glaubwürdigen Bekundung des Zeugen Günder berechtigt gewesen. Nach der Bekundung dieses Zeugen ist davon auszugehen, daß die Beklagte der Ansicht sein mußte, daß der Kläger an dem Ausbruch eines Streiks am 10. August 1929 nicht unbeteiligt sei. Der Zeuge Günder hätte des weiteren in Erfahrung gebracht, daß der Kläger auch in einer Versammlung am 14. August 1929 die Mitarbeiter aufgefordert hatte, die Arbeit niederzulegen und dabei weiterhin geäußert hatte, die Koksanlage stände schon still, was der Wahrheit nicht entsprach. Wenn die Beklagte unter diesen Umständen dem Kläger nach erfolgter Kündigung das Weiterbetreten ihrer Anlagen untersagte, so hat sie damit ihre eigenen Belange vertreten und in einem derartigen Verhalten ist ein Verstoß gegen die guten Sitten nicht zu erblicken, zumal in keiner Weise dargetan ist, daß die Maßnahme zu dem Zwecke erfolgt wäre, den Kläger um seine Arbeitsstelle zu bringen.

Es kommt daher auf eine weitere Beweisaufnahme, insbesondere darüber, ob der Kläger tatsächlich die mit den Zügen ankommenden auswärtigen Arbeiter zum Streik aufgefordert hat oder nicht, nicht mehr an. Nach den ihr zugegangenen Nachrichten, wie sie der Zeuge Günder bekundet, mußte die Beklagte der Ansicht sein, daß ein weiteres Verweilen des Klägers auf der Arbeitsstelle den Interessen des Betriebes nicht förderlich war. Wenn sie unter diesen Umständen dem Kläger den weiteren Zutritt zu dem Betriebe verwehrt hat, so hat sie jedenfalls nicht vorsätzlich gegen die guten Sitten gehandelt. Es kommt auch darauf, ob die Kündigung zu Recht oder zu Unrecht erfolgt war, nicht an, da diese Frage vorliegend nicht zur Entscheidung steht.

Die Klage unterliegt vielmehr der Abweisung. Die Kostenentscheidung folgt aus § 91 Zivilprozeßordnung.

23 3. Juni 1930

Aufruf der Revolutionären Gewerkschaftsopposition zu einer Belegschaftsversammlung des Neunkircher Eisenwerks gegen die Maßregelung oppositioneller Mitglieder des Arbeiterausschusses

Archiv Saarstahl Völklingen, Werk Neunkirchen: Mappe 162909, Flugblätter verschiedener Arbeitergruppen 1929 bis 1934.

An die Belegschaft des Neunkircher Eisenwerks!

Kollegen! Achtung! Kollegen!

Ein neuer Schandstreich der Direktion reiht sich den anderen würdig an. Nach hunderten von Entlassungen der besten Kollegen hat man jetzt auch den oppositionellen Obmann Bäsel des Arbeiterausschusses und einen weiteren oppositionellen Ausschußmann, Mick, gekündigt. Weitere Kündigungen zahlreicher Familienväter sind im Laufe der Woche ausgesprochen worden!

Was tun die reformistischen, christlichen und Hirsch-Dunckerschen Gewerkschaftsbonzen? Sie hetzen in ihren Zeitungen gegen die oppositionellen Ausschußleute! Sie unterstützen die Direktion in ihrem Vorgehen gegen die revolutionäre Arbeiterschaft und ihre Vertretung!

Was haben bisher die bürgerlichen Zeitungen über die Entlassungen in der Saareisenindustrie geschrieben? Nichts als eine endlose Hetze gegen den oppositionellen Teil des Arbeiterausschusses. Sie versuchen, die Entlassungen der deutsch-kapitalistischen Unternehmer zu verschweigen und die Aufmerksamkeit des Leserkreises nur auf die Entlassungen bei den Saargruben zu lenken! Die Kollegen müssen erkennen, daß es nur einen Gegner für die gesamte Arbeiterschaft gibt: Das internationale Kapital und seine Lakaien!

Bereits tausend Kollegen sind bis jetzt in Neunkirchen auf die Straße geflogen! Kein Mensch kümmert sich um ihr Elend!

Die oppositionellen Betriebsvertreter werden entlassen, weil sie aktiv den Kampf gegen die kapitalistische Rationalisierung und ihre Auswirkungen führen. Der oppositionelle Ausschuß soll beseitigt werden, um weitere Schandtaten gegen die Arbeiterschaft vorzubereiten, um leichter durchführen zu können den schon lange geplanten und vorbereiteten, teilweise im Reich schon durchgeführten Lohnabbau und Arbeitszeitverlängerung.

Treue Helfer dabei sind die wirtschaftsfriedlichen, kapitalstreuen Arbeitervertreter aller Schattierungen, die nur ihr persönliches Interesse im Auge haben, was sich bereits erwiesen hat bei der Ernennung christlicher und sozialdemokratischer Ausschußleute zu Vorarbeitern (gen. Antreiber). Kollegen, organisiert den Abwehrkampf unter Führung der Opposition! Erscheint in Massen in der Belegschaftsversammlung am Dienstag, den 3. Juni im Lokale Prinz, Hüttenberg.

24 28. Mai 1931

Bericht der Direktion des Neunkircher Eisenwerks an den Arbeitgeberverband der Saarindustrie über die seit Februar 1930 anhaltende Kurzarbeit

Archiv Saarstahl Völklingen, Werk Neunkirchen: Mappe 963162, Rundschreiben und Berichte Arbeitgeberverband der Saarindustrie 1931.

Ab Februar 1930 mußten in unseren Betrieben Feierschichten eingelegt werden. Diese Feierschichten konnten wir nicht gleichmäßig verteilen, sie mußten den Erfordernissen der Betriebe angepaßt werden, so daß es nicht zu vermeiden war, daß die Arbeiter verschieden betroffen wurden. Gegen Ende des vergangenen Jahres wurde erneut der Versuch gemacht, die Feierschichten soweit als irgend möglich auf alle Arbeiter gleichmäßig zu verteilen, was sich allerdings nicht überall (besonders auch an Hochöfen und Koksanlage) ganz durchführen ließ. Es wurde im Mittel je Woche eine Feierschicht festgesetzt, in einzelnen Abteilungen mußten auch wiederholt zwei Schichten je Woche gefeiert werden.

Im April dieses Jahres machten wir erstmalig den Versuch, statt Einzelfeierschichten einzulegen das Werk eine volle Woche ganz stillzulegen, und zwar in der Osterwoche mit fünf Feierschichten. Im Mai wurde gleichfalls die ganze Woche vom 11. bis 16. gefeiert. Die Feierwochen benutzten wir dazu, größere Reparaturen und sonstige Arbeiten in den stillgelegten Betrieben durchzuführen. Wie sich die Zusammenlegung der Feierschichten auf die Selbstkosten auswirkt, ist zur Zeit noch nicht zu übersehen.

Seit Montag, den 18. Mai, haben wir an unseren Koksöfen versuchsweise die Siebenstundenschicht eingeführt, die sich infolge der stark eingeschränkten Erzeugung bisher reibungslos durchführen ließ. Der größte Teil der Leute arbeitet von sechs bis eins, zwei bis neun und zehn bis fünf Uhr, einige Leute arbeiten zur Inganghaltung und Beaufsichtigung der Anlagen von sieben bis zwei, drei bis zehn und elf bis sechs Uhr. Ob sich diese Regelung auf andere Betriebe ausdehnen läßt, kann zur Zeit noch nicht gesagt werden. An den Hochöfen hat sie sich jedenfalls als undurchführbar erwiesen. Dort lassen wir die Belegschaft in regelmäßigem Wechsel eine Schicht je Woche feiern.

Bericht der Direktion des Neunkircher Eisenwerks an den Arbeitgeberverband der Saarindustrie über die Ergebnisse der Arbeiterausschußwahlen seit 1920

Archiv Saarstahl Völklingen, Werk Neunkirchen: Mappe 963162, Rundschreiben und Berichte Arbeitgeberverband der Saarindustrie 1931.

Betr. Ihr Rundschreiben No. 143/31 vom 21. August 1931.

In Erledigung Ihres oben bezeichneten Schreibens teilen wir Ihnen mit, daß uns bisher eine Umfrage des Deutschen Metallarbeiterverbandes über die Ergebnisse der Arbeiterausschußwahlen in den letzten Jahren nicht zugegangen ist. Die in der Anlage zu Ihrem Rundschreiben aufgeführten sechs Fragen beantworten wir wie folgt:

1. Bei dem Neunkircher Eisenwerk haben seit 1916 sechs Wahlperioden zur Arbeiterausschußwahl stattgefunden.

2. Bei den bisherigen Arbeiterausschüssen hatten Mandate:

	1920	1923	1926	1927	1929	1931
Gewerkverein H.-D.	13	3	9	3	2	2
DMV	17	16	0*	14	5	7
CMV	2	5	15	4	5	6
Maschinisten- und Heizerverb.	0	0	0	3	0	0
Kom. Opposition	0	0	0	0	12	9
3. Die Belegschaft betrug (ohne Beamte und Angestellte):	5850	6335	5674	6044	5950	4171
4. Die Zahl der Wahlberechtigten betrug:	4519	5269	4765	5260	5348	3805
5. Ihr Wahlrecht haben ausgeübt:	4119	4228	1066	3857	3818	2759
6. Ungültige Stimmen wurden abgegeben:	13	25	48	16	36	54

* Die Vorschlagsliste des DMV wurde in diesem Jahr erst nach Ablauf der Frist eingereicht und konnte daher zu den Wahlen nicht zugelassen werden. Daraus erklärt sich auch die geringe Wahlbeteiligung.

26 28. März 1932

Entschließung des Bergarbeiterverbandes gegen Kurzarbeit und Grubenstillegungen

Saar- und Blies-Zeitung Nr. 75 vom 31. März 1932.

Die Jahresrevierkonferenz protestiert gegen die hohe Zahl der Feierschichten, gegen die Entlassungen und Grubenstillegungen. Der französische Staat als Besitzer der Saargruben hat die ihm durch das Versailler Diktat zugesprochene Saarkohle in der kohlenarmen französischen Wirtschaft nicht untergebracht. Bei mehr als 35 Millionen Tonnen Kohleneinfuhr im Jahre 1931 hat er nur 3,7 Millionen Tonnen der eigenen Saarkohle verwendet. Die Folgen dieser Behandlung des Saarbergbaus waren sechzig Tage Lohnausfall infolge Feierschichten. Die Belegschaftsziffer ist um 7000 Bergarbeiter geringer als 1913. Die Kohlenproduktion und Belegschaftsstärke ist auf das Jahr 1908 gesunken. Die Konferenz wendet sich ganz entschieden gegen die beabsichtigte Stillegung von Gruben und der damit verbundenen Verschleuderung der Kohlenschätze. Die Auswirkungen der Grubenstillegungen auf die Familien der Bergarbeiter, die Kommunen sowie auf die gesamte Saarwirtschaft bedeuten eine Katastrophe.

Für diese von dem französischen Staat betriebene Katastrophenpolitik können die im Verband der Bergbauindustriearbeiter organisierten Saarbergarbeiter kein Verständnis aufbringen, da in der französischen Wirtschaft die Mehraufnahme der Saarkohle möglich ist und der französische Staat vom Jahre 1920 bis 1928 einen Gewinn von mehreren hundert Millionen Franken erwirtschaftet hat.

Die Konferenz fordert von dem Generaldirektor der Saargruben anstatt Grubenstillegungen die Stillegung der jährlich zehn Millionen Franken verschlingenden Nebenanlagen, der französischen Schulen. Die unproduktiven, durch nichts begründeten Grubennebenanlagen werden jährlich erweitert, dagegen aber Gruben stillgelegt.

27 30. Januar 1933

Aufruf der Gewerkschaften zur Machtübertragung an Hitler

Gewerkschaftszeitung Nr. 5 vom 4. Februar 1933.

An die Mitglieder der Gewerkschaften!

Die politische Lage hat sich in entscheidender Weise geändert. Das Schwergewicht der neuen Reichsregierung liegt bei Parteien und Gruppen, die bisher offen für die soziale Entrechtung der Arbeiter und Angestellten, für die Zerschlagung der Demokratie und für die Ausschaltung des Parlaments eingetreten sind. Die Gefahr liegt nahe, daß sie jetzt ihre Pläne zu verwirklichen trachten.

Gewerkschaftsmitglieder! Die Lebensinteressen der gesamten Arbeitnehmerschaft stehen auf dem Spiel. Um Angriffe gegen Verfassung und Volksrechte im Ernstfalle wirksam abzuwehren, ist kühles Blut und Besonnenheit erstes Gebot. Laßt Euch nicht zu voreiligen und darum schädlichen Einzelaktionen verleiten.

Berlin, den 30. Januar 1933
Allgemeiner Deutscher Gewerkschaftsbund
Allgemeiner freier Angestelltenbund
Gesamtverband der christlichen Gewerkschaften
Gewerkschaftsring deutscher Arbeiter-, Angestellten- und Beamtenverbände

28 — 15. Mai 1933

Protokoll einer Besprechung zwischen Vertretern bürgerlicher Parteien des Saargebietes und Hitler über eine gemeinsame Strategie an der Saar

Bundesarchiv Koblenz: Bestand R 43 I, Nr. 253.

Anwesend die Herren:

Reichskanzler Adolf Hitler, Stellvertreter des Reichskanzlers von Papen, Reichsminister des Auswärtigen Freiherr von Neurath, Präsident des Preußischen Staatsrats Dr. Ley, Staatssekretär Dr. Lammers;

NSDAP: Spaniol (Kreisleiter Saarlouis), Selzner (MdR, Neustadt a.d.H.), Dr. Vei (Volkswirt);

Deutsch-Saarländische Volkspartei: Kommerzienrat Röchling (Völklingen), Malermeister Schmelzer;

Zentrum: Rechtsanwalt Levacher, Gewerkschaftssekretär Kiefer, Gewerkschaftsangestellter Kuhnen, Gewerkschaftssekretär Hillenbrand;

Deutsch-Nationale Front: Regierungsrat Spring, Direktor Deubert;

Bürgerliche Mitte: Architekt Schmoll;

ferner die Herren Ingenieur Stolze (NSDAP), Ingenieur Stegner (NSDAP), Oberregierungsrat Dr. Thomsen als Protokollführer.

Nach einem eingehenden Referat des Gewerkschaftssekretärs Kiefer (Zentrum) über die außen- und innenpolitische Lage des Saargebietes ergriff der Reichskanzler zu längeren Ausführungen über die Taktik des Abstimmungskampfes das Wort. Er wies auf die Haltung der marxistischen Parteien hin, deren Führung nicht nur im Saargebiet, sondern auch in anderen deutschen Grenzgebieten das nationale Bewußtsein fehle. Es werde auch im Saargebiet dazu kommen, daß die Mitglieder der Gewerkschaften einsehen werden, daß die Führer der Sozialdemokratischen Partei gegen die Interessen der Arbeiterschaft gearbeitet haben. Zu einem Vorgehen gegen die Gewerkschaften wäre kein Anlaß gewesen, wenn nicht die freien Gewerkschaften die Finanzquelle der Sozialdemokratischen Partei gewesen wären.

Angesichts des bevorstehenden Abstimmungskampfes müßten die beiden wichtigsten politischen Faktoren im Saargebiet zu einer inneren Verständigung gelangen, dies seien die NSDAP und die christlichen Gewerkschaften. Ein aus diesen beiden Faktoren zusammengeschmolzener Block habe starke Werbekraft und schaffe einen Mittelpunkt, um den sich die anderen Parteien und Verbände kristallisieren könnten. Man müsse sich stets vor Augen halten, daß es sich im Saargebiet in den nächsten eineinhalb Jahren um einen wesentlich außenpolitisch betonten Kampf handele. Deswegen sei es nicht erstrebenswert, daß die übrigen Parteien, wie dies zum Teil im Reich geschehen sei, von sich aus ihre Tätigkeit einstellen. Es sei vielmehr durchaus wahrscheinlich, daß zum endgültigen Abstimmungskampf mehr Menschen mobilisiert werden könnten, wenn in mehreren Kolonnen marschiert werden könnte.

Kein Deutscher im Saargebiet, der bisher Mitglied einer marxistischen Partei gewesen sei, habe daraus persönliche Nachteile oder gar eine Bestrafung zu befürchten. Auch im Reich seien Marxisten einer Bestrafung nur dann zugeführt worden, wenn sie sie nach der bürgerlichen Rechtsordnung verdient hätten.

Um aber auf die Stimmung im Saargebiet beruhigend zu wirken, könne man erwägen, daß am Tage der Rückkehr des Saargebietes ins Deutsche Reich eine Generalamnestie erlassen wird. Der Deutsche bleibe nicht lange Anhänger einer verlorenen Sache. Das werde sich auch bei den saarländischen Sozialdemokraten zeigen. Im Grunde habe sich die Sozialdemokratische Partei aus einem hervorragend tüchtigen Stamme von ehrlichen, fleißigen und soliden Arbeitern zusammengesetzt. Diese fühlten sich jetzt von der Führung verlassen oder gar verraten. Es läge auch keinesfalls in der Absicht der Führung der NSDAP, das Saargebiet nach seiner Rückgliederung mit besonders im Geiste der NSDAP ausgebildeten Persönlichkeiten zu überfluten.

Als Vertreter der bürgerlichen Mitte gab Architekt Schmoll der Auffassung Ausdruck, daß auch im Saargebiet die kleinen Parteien im Rahmen der großen Geschehnisse keine Existenzberechtigung mehr hätten. Trotzdem halte er es aber für richtig, daß die kleinen Parteien bis zur Abstimmung bestehen bleiben, damit auf diese Weise möglichst viel Stimmen gewonnen werden. Der Reichskanzler stimmte dieser Auffassung durchaus zu. Im Saargebiet gäbe es nur eine einzige politische Aufgabe, das sei die Rückgliederung an Deutschland. Wenn sich für diese etc. Aufgabe* mehrere Verbände und Parteien gleichmäßig einsetzten, so würde dadurch auf den Deutschen eine starke psychologische Wirkung ausgeübt.

Zusammenfassend hielt es der Reichskanzler für erforderlich, daß die hier anwesenden Delegationsmitglieder eine Zusammenkunft mit den Führern der freien Gewerkschaften vereinbaren und ihnen bei dieser Gelegenheit auseinandersetzen, welche Vorteile sich für die freien Gewerkschaften ergeben würden, wenn sie schon jetzt zur nationalen Einheitsfront zurückfänden. Der Kreisleiter der NSDAP, Spaniol, bestätigte seinerseits, daß die Mitglieder der freien Gewerkschaften im Saargebiet einen durchaus nationalen Charakter hätten. Es sei aber Kleinarbeit in den einzelnen Betrieben durch die bisher nicht verbotene NSBO dringend erforderlich. Ferner sei es zu erstreben, daß eine Zusammenfassung der Deutschtumsarbeit im Saargebiet in vier Gruppen möglichst unter nationalsozialistischer Leitung erfolge. Diese vier Gruppen setzten sich zusammen aus den kulturellen, wirtschaftlichen, Sport- und Wehrverbänden. Auch sei eine Zusammenfassung der Saarreferate der einzelnen Ministerien in Berlin unter der Leitung eines möglichst saarländischen Referenten dringend wünschenswert.

Der Präsident des Preußischen Staatsrats stellte fest, daß der zunächst zu bildende Aktionsausschuß aus drei Mitgliedern zu bestehen habe, und zwar: ein Mitglied der NSDAP, ein Mitglied der christlichen Gewerkschaften und ein Verbindungsmann zur Reichsregierung.

Es wurde beschlossen, über die Tatsache des Empfanges der Abordnung und den Inhalt der Besprechung keinerlei Mitteilung an die Presse zu geben.

Für die Niederschrift
Thomsen

29 November 1933

Flugblatt des ADGB/Saar zur Situation der Gewerkschaften

Archiv Saarstahl Völklingen, Werk Neunkirchen: Mappe 163509, Ausschnitte aus der „Arbeiterzeitung“ vor 1935.

An die Arbeiterschaft des Saargebietes!

Die deutsche Arbeiterschaft an der Saar durchlebt seit Monaten schicksalsschwere Tage. An jeden einzelnen werden in bezug auf Ehre und Mannhaftig-

* So in der Vorlage.

keit große Anforderungen gestellt. Die Wirtschaftskrise mit ihren Begleiterscheinungen hat schon das ihre getan. Zu diesen schweren Wirtschaftssorgen kommt jetzt noch ein außerordentlich starker moralischer Druck.

Wenn die saarländische Arbeiterschaft die Entwicklung der letzten vierzehn Jahre rückschauend betrachtet, so muß jeder Klarsehende zugeben, daß gegenüber den Verhältnissen der Vorkriegszeit eine Wendung zu ihren Gunsten eingetreten ist. Der auf der schaffenden Bevölkerung ruhende Druck des „Stumm-Hilger-Systems“ war gefallen, die Alleinherrschaft des Unternehmertums gebrochen. Lohn- und Arbeitsbedingungen wurden tariflich geregelt, Erholungsurlaub wurde erkämpft. Der Arbeitstag, der früher zwölf und vierzehn Stunden betrug, wurde auf acht Stunden verkürzt. Diese Veränderungen zugunsten der Arbeiterschaft konnten nur erreicht werden durch zähen, ununterbrochenen Kampf der Gewerkschaften. Die Fortschritte auf dem Gebiete der Sozialpolitik sind dem Wirken der Gewerkschaften zu verdanken. Die von den Unternehmern ausgeübte Vormundschaft wurde gebrochen. Er war es, der nicht nur während der Tätigkeit im Betriebe über die Arbeiter herrschte, sondern auch in deren Privatleben eingriff. Die alte Arbeitsordnung des Neunkircher Eisenwerks legt hiervon Zeugnis ab. Alle diese Erscheinungen gehören der Vergangenheit an dank der Tätigkeit und dem Wirken der freien Gewerkschaften.

Gegenwärtig machen sich jedoch Strömungen bemerkbar, den alten Herrenstandpunkt wieder herbeizuführen. Unter der Maske „Deutsch die Saar“ versucht das Unternehmertum, die Arbeiterschaft von den freigewerkschaftlichen Organisationen zu trennen. Der nationale Begriff, der hier in den Vordergrund geschoben wird, ist nur Vorwand. Das Ziel geht dahin, die freien Gewerkschaften zu zerschlagen, um die alte Vormachtstellung erneut aufrichten zu können. Der Tarifvertrag ist ihnen ein Dorn im Auge, sie wollen wieder Lohn- und Arbeitsbedingungen nach freiem Ermessen festsetzen.

Der deutsche Arbeiter an der Saar hat es nicht notwendig,* sein Deutschtum bei jeder Gelegenheit besonders betonen zu müssen, wie das bei einigen Unternehmern der Fall ist. Der Arbeiter denkt, fühlt und handelt nie anders als deutsch. Anders ist es allerdings bei einem großen Teil der „deutschen Unternehmer“. Wenn es gilt, Geschäfte zu machen, dann spielt die nationale Frage für sie keine Rolle. Herren der Schwerindustrie, die glauben, das Deutschtum in Erbpacht zu haben, haben, ohne mit ihrem nationalen Gewissen in Konflikt zu kommen, mit Behagen zur Befestigung der französischen Ostgrenzen das notwendige Material geliefert. Dem Saararbeiter, der es ablehnt, den von diesen Kreisen aufgezogenen nationalistischen Rummel mitzumachen, wirft man mangelndes Nationalbewußtsein vor und droht ihm „mit dem Jahre 1935“. Was sind die Ursachen dieser Drohung, die das Unternehmertum gegen einen Teil ihrer bodenständigen Arbeiterschaft aussprechen läßt? Am 2. Mai des Jahres wurden die freien Gewerkschaften im Reich von der NSBO besetzt. Mühsam zusammengetragene Groschen wurden beschlagnahmt. Für welche

* So in der Vorlage.

Zwecke sie Verwendung finden, erfährt niemand. Im Saargebiet wurde dieses Vorhaben zum Leidwesen der Arbeitgeber abgewehrt. In den freien Gewerkschaften sieht heute das Unternehmertum immer noch seinen größten Feind. Sie auf kaltem Wege zu vernichten, ist ihm bisher noch nicht gelungen. Es muß nach neuen Mitteln und Wegen gesucht werden. Um dieses Ziel zu erreichen, erhebt es die nationale Frage zum Kampfobjekt. Herr Röchling, der in Stuttgart von der neuen Hausordnung sprach, wünscht, daß „seine Belegschaft" den deutschen Gruß anwendet. Andere Betriebe schlossen sich diesem Vorgehen an. Die Direktionen finden in den kleinen Angestellten, in den Stehkragenproleten, willige Kreaturen, sie spielen den Aufpasser und Angeber. Demjenigen Arbeiter, der es ablehnt, sich bevormunden zu lassen und grüßt, wie er es von seinen Eltern und in der Schule gelernt hat, droht man mit Konzentrationslager.

Aber nicht genug damit, man will auch eine neue, von den Arbeitgebern geförderte Organisation der Arbeiterschaft aufzwingen. In der Vorkriegszeit waren es die gelben Werkvereine, die sich der besonderen Gunst der Unternehmer erfreuten. Heute ist es der „Notring", den die Arbeitgeber fördern. Betriebsleiter, Obermeister, Meister und Vorarbeiter, alle stehen mit Wissen der Arbeitgeber in seinem Dienst. Sie sind diejenigen, die Aufnahmescheine verteilen und einziehen, sie sind es, die jetzt ihr „deutsches Herz" entdeckt haben und jeden, der noch einer freigewerkschaftlichen Organisation angehört, zum „Landesverräter" stempeln. In diesem Vorgehen liegt Methode. Sie wird nicht nur in den Großbetrieben geübt, sondern kommt auch in den mittleren und kleinen Betrieben zur Anwendung. Es ist kein Unterschied zwischen der Schwerindustrie als Rüstungsindustrie und den Brauereien, deren Produkte auch von den verhaßten Marxisten verkonsumiert werden.

Die Kleinmeister, der „Landsturm" der Großindustrie, dürfen in diesem Kampfe nicht fehlen. Es heißt ja, den Anschluß nicht verpassen. Die Handwerkskammer als halbamtliches Organ empfiehlt die Entlassung von marxistisch eingestellten Arbeitern und die Einstellung „national gesinnter Gesellen". Ob wohl der Bäcker- oder Metzgermeister es ablehnen wird, an Nicht-Gleichgeschaltete Brot oder Fleisch zu verkaufen?

Diese Einheitsfront unter der „nationalen Flagge" gegen die freien Gewerkschaften ist keine nationale Angelegenheit, sondern eine Frage des Profits. Die Gewerkschaften im Reiche sind von den Nationalsozialisten ihrer Aufgabe beraubt. Der Unternehmer diktiert wieder die Löhne und bestimmt die Arbeitszeit. Der Treuhänder der Arbeit ist der Großindustrielle Thyssen. So möchten auch die Unternehmer an der Saar wieder unumschränkt herrschen. Derjenige, der diesen Bestrebungen Vorschub leistet, begeht Verrat an der saarländischen Arbeiterschaft und liefert sie dem internationalen Kapitalismus aus.

Der Nationalsozialismus fördert lediglich den Kapitalismus und wird so die Triebfeder dauernder Verelendung der deutschen Arbeiterschaft. Er hat schuld, daß die Löhne seit seiner Herrschaft dauernd gesunken sind. Er hat die

Arbeiterschaft dem Unternehmertum gegenüber rechtlos gemacht. Arbeitsmann an der Saar, auch Dich will er in seine Klauen bekommen, auch Du sollst der Willkür des Unternehmertums anheimfallen, auch Du sollst vollständig rechtlos gemacht werden, und das alles unter dem Gesichtspunkte der nationalen Frage. Jahrzehnte hast Du unter dem Terrorsystem Stumm-Hilger geschmachtet. Ein Aufatmen ging durch die Reihen, als dieses System am Boden lag. Von neuem will man Dich wieder ins Sklavenjoch zwingen. Wehre Dich, Dein Schicksal liegt in Deiner Hand. Die freien Gewerkschaften waren Dir in den letzten vierzehn Jahren Berater, Sachverwalter und Hüter Deines kostbaren Gutes Arbeitskraft. Verhüte, daß dieses kostbare Gut dem Unternehmertum ausgeliefert wird.

Wenn in der Vergangenheit die Bewertung der geleisteten Arbeit nicht hundertprozentig erreicht werden konnte, so deshalb, weil in den Reihen der Arbeiterschaft kein einheitlicher Wille vorhanden war. Der Bruderkampf war es, der die Position der Unternehmer stärkte und die Schlagkraft der Arbeiter schwächte.

Bei der Werbung um die Seele des freigewerkschaftlichen Arbeiters für die „nationale Sache" wird darauf hingewiesen, daß es keinen Wert mehr habe, einer freigewerkschaftlichen Organisation anzugehören, sie sei nicht anerkannt. Weiter geht man damit hausieren, daß sie ihre Verpflichtungen nicht erfüllen könnte. Die Leistungen der freigewerkschaftlichen Organisationen an der Saar geben Zeugnis davon, daß sie ihre Verpflichtungen nicht nur in der Gegenwart erfüllen, sondern die Rechte der Mitglieder sind auch für die Zukunft gesichert. Die Leistungen von heute sind noch dieselben wie vor dem 2. Mai des Jahres. Anders in den gleichgeschalteten Verbänden. Trotz Zwangsgewerkschaften ist man dazu übergegangen, Unterstützungseinrichtungen ganz zu beseitigen.

Die Gewerkschaftsfrage kann man nicht nur vom materiellen Gesichtspunkte aus beurteilen, sondern ihre wirtschaftlichen Aufgaben und Funktionen müssen mit in den Gesichtskreis gezogen werden. Wenn trotz Terror von allen Seiten die freie Gewerkschaftsfront noch geschlossen dasteht, so ist das auf die Treue der Mitgliedschaft zu ihren wirtschaftlichen Organisationen zurückzuführen. Alle Versuche sind gescheitert an der Idee und an dem Willen für Gerechtigkeit und Freiheit. Dafür sei diesen wackeren Kämpfern gedankt.

Für die Zukunft genügt aber nicht nur, daß die bisherige Mitgliedschaft ihren Verbänden die Treue bewahrt, sondern es müssen neue Mitstreiter gewonnen werden. Den bisher Abseitsstehenden rufen wir zu: Seid nicht nur Nutznießer an dem, was Eure organisierten Kollegen bisher geschaffen haben, sondern reiht Euch ein in die Front Eurer kämpfenden Arbeitsbrüder. Wer abseits stehenbleibt, hat kein Recht, sich zu beschweren über Maßnahmen, die die Arbeitgeber durchführen. Der Abseitsstehende bringt durch sein Benehmen zum Ausdruck, daß er sein eigener Gegner und damit einverstanden ist, daß seine Lage nicht gebessert, sondern noch verschlechtert wird. Die Tätigkeit der freigewerkschaftlichen Verbände in Vergangenheit und in Gegenwart legt Zeugnis davon ab, daß sie die Interessen ihrer Mitglieder mit allem Nachdruck vertreten haben, sie werden das auch in der Zukunft tun. Wir rufen Euch deshalb zu:

Reiht Euch ein in die Front der freien Gewerkschaften! Ihr Kampf gilt der Erhaltung der Koalitionsfreiheit, für bessere Lohn- und Arbeitsbedingungen, für Arbeit und Brot, für sozialen und kulturellen Fortschritt, für die wirtschaftliche Sicherstellung des Saararbeiters, für einen gesetzlichen Entlassungsschutz, für den Ausbau der Sozialgesetzgebung, für ausreichenden Arbeiterschutz, für vollständige Meinungsfreiheit, gegen jeden wirtschaftlichen und politischen Terror, gegen den undeutschen Gruß, gegen Notring und gelbe Gewerkvereine, für den wahren, menschenbefreienden Sozialismus. Nur in den freien Gewerkschaften findest Du, denkender Saararbeiter, für diese Forderungen den wahren Garanten. Schlag ein in die dargebotene Bruderhand.

Allgemeiner Deutscher Gewerkschaftsbund
für das Saargebiet

30 — Dezember 1933

Bericht der „Saar- und Blies-Zeitung" über den Prozeß gegen Merchweiler Antifaschisten wegen der Vorfälle am 1. Mai 1933

Saar- und Blies-Zeitung Nr. 283 vom 12. Dezember 1933.

Als am Nachmittag des 1. Mai ein Demonstrationszug bei Altsteigershaus gebildet wurde, der jedoch im Ortsteil Solch aufgelöst werden konnte, kam es zu Ausschreitungen der Teilnehmer. Jetzt wurde aufgrund der Ermittlungen ein Prozeß wegen Landfriedensbruchs verhandelt. Nicht weniger als zwanzig Personen saßen auf der Anklagebank vor der 3. Strafkammer: die Bergleute Karl Feix, Franz Graß, Wilhelm Mees, August Bettscheider und Peter Scherer, alle aus der Haft vorgeführt; auf freiem Fuß befanden sich die Bergleute Friedrich Kiefer, Ewald Engel, Karl Hehl, Ludwig Wäschner, Jakob Kiefer, Eduard Baltes, Johann Grewenig, Nikolaus Zimmer, Johann Meiser, ferner der Schneider Reinhold Stutz, der Landwirt Oswald Kloos, der Polsterer Nikolaus Wirges, der berufslose Alois Schmeyer, der Arbeiter Jakob Müller und der Hilfsarbeiter Peter Müller. Gegen einen Angeklagten, Bergmann Christian Holz, der zum Termin nicht erschienen war, erging Haftbefehl, da er der Rädelsführer sein soll. Das Verfahren gegen Grewenig mußte abgetrennt werden, da er gleich nach Beginn der Verhandlung einen schweren epileptischen Anfall erlitt, der ihn körperlich so hart mitnahm, daß G. nicht verhandlungsfähig war.

Die Anklage lautete dahin, zu Merchweiler und Altsteigershaus an der öffentlichen Zusammenrottung einer Menschenmenge, die mit vereinten Kräften Gewalttätigkeiten begangen hat, teilgenommen zu haben. Die meisten Angeklagten leugneten die Tat, das heißt, sie wollten sich nicht an den verschiedenen Gewalttätigkeiten (Abreißen von Abzeichen, Herunterreißen von Fahnen, Anhalten von Autos usw.) beteiligt haben.

Dagegen gaben verschiedene Angeklagte zu, daß sie sich an einem Demonstrationszug („Wie immer am 1. Mai", sagten sie) beteiligt hätten. Daß jeder Umzug verboten war, das wollten die Betreffenden nicht gewußt haben. „Der Zug hatte sich schon aufgestellt, der Zug kam an, da habe ich mich angeschlossen", so lauteten die Einlassungen. Niemand wollte eine Sachbeschädigung verübt haben, auch an dem Überfall auf ein Auto bei Steigershaus, wobei einer der Insassen blutig geschlagen wurde, wollte keiner beteiligt gewesen sein.

Durch die Vernehmung von 24 Zeugen ließ sich feststellen, daß schon in den frühen Vormittagsstunden eine Anzahl Kommunisten sehr aktiv aufgetreten waren und sich überall in den Straßen aufhielten, wo Fahnen mit dem Hakenkreuz aus den Fenstern hingen. Meist blieb es beim Versuch, diese Fahnen herunterzureißen, und bei Drohungen gegenüber den Hausbesitzern. Nachmittags gegen zwei Uhr wurde ein kleiner Demonstrationszug gebildet, den ein Landjäger auflösen wollte, doch ehe es dazu kam, verzogen sich die Teilnehmer nach auswärts.

Erst gegen fünf Uhr kamen die Leute wieder zurück und verübten in den Straßen noch allerlei Unfug, bis die Landjäger in verstärkter Zahl eingesetzt wurden und mit blanker Waffe gegen die Demonstranten vorgingen. Es gab verschiedene Leichtverletzte, durch Steinwürfe wurden auch zwei Beamte verletzt. Am meisten hatten unter dem Mißstand, daß eine Zeitlang öffentliche Straßen von Demonstranten besetzt waren, die Chauffeure und Motorradfahrer zu leiden. In der Illinger Straße wurden mehrfach Autos, Radfahrer und Motorradfahrer angehalten; soweit sie Fähnchen gesetzt hatten, wurden diese Symbole abgerissen. An einem Auto wurde eine Windschutzscheibe eingeschlagen, als der Wagen von einer Anzahl Leute gestellt wurde.

Bei dem Überfall bei der Wirtschaft „Steigershaus" handelte es sich um einen Kraftwagen, der aus der Pfalz kam und ebenfalls mit Fähnchen geschmückt war. Ein Wimpel wurde abgerissen, als etwa fünfzig Personen diesen Wagen umringten. Die Laternen wurden mit Stöcken bearbeitet, bis sie ganz verbeult und die elektrischen Birnen zerplatzt waren. Einer der Insassen, der junge Metzger Schording aus Heiligenwald, wurde so verprügelt, daß er aus Mund und Nase geblutet hat.

Soweit die Angeklagten den Zeugen persönlich bekannt waren, konnten sie auch vor Gericht auf das bestimmteste wiedererkannt werden. Ein kleiner Teil der Angeklagten war nicht sicher zu identifizieren, so daß der Staatsanwalt Freisprechung beantragen mußte. Das höchste Strafmaß betrug ein Jahr Gefängnis, die geringste Strafe vier Monate, aber keinem wollte der Ankläger einen Aufschub zubilligen.

Das Urteil wurde erst abends in siebenter Stunde gefällt: Jakob Müller erhielt eine Gefängnisstrafe von neun Monaten, Graß und Stutz je sieben Monate, Bettscheider fünf Monate, Baltes und Zimmer je vier Monate. Feix, Mees, Friedrich und Jakob Kiefer sowie Hehl und Kloß wurden zu je drei Monaten Gefängnis verurteilt. Die anderen sechs Angeklagten erzielten Freispruch. Das Verfahren gegen Ludwig W. ist abgetrennt, da noch ein Zeuge geladen werden soll.

31 — 4. Juli 1934

Aufruf der KPD/Saar und der SPD/Saar zum gemeinsamen Kampf gegen Hitler

Arbeiter-Zeitung Nr. 147 vom 4. Juli 1934.

Das furchtbare Verbrechen der Hakenkreuz-Despotie treibt unser deutsches Volk in die Katastrophe. Mit Abscheu und tiefster Empörung blickt das Saarvolk auf die Mordbarbarei Hitlers, deren beispiellose Bestialität durch die letzten blutigen Ereignisse in ihrer grauenerregenden Scheußlichkeit vor der ganzen Welt enthüllt wurde. Niemals war es deutlicher, daß Hitler der verächtliche Knecht der Bank- und Börsenfürsten, der Schwerindustrie und der ganzen Reaktion in Deutschland ist. Hunderte der ältesten seiner Kameraden in der SA, die er noch vor kurzem als „Garanten der nationalsozialistischen Revolution" bezeichnet hat, läßt er heute niederkartätschen, weil sie die Einlösung der „sozialistischen" Versprechen und die Einhaltung des „unabänderlichen" Programms, für dessen Durchführung er mit seinem Leben einstehen wollte, forderten!

Niemals darf die deutsche Saar an dieses Regime von Henkern und Abenteurern ausgeliefert werden. Weil wir unser deutsches Volk lieben, weil wir es vor neuen Kriegsschrecken bewahren und weil wir es aus der modernen Leibeigenschaft des reaktionären Kapitalismus unserer Tage befreien wollen, deshalb kämpfen wir für die Niederlage und den Sturz der Hitlerdiktatur.

Stürmisch entfaltet sich die kämpfende Einheitsfront an der Saar gegen den Hitlerfaschismus. Schon marschieren sozialdemokratische und kommunistische Arbeiter Schulter an Schulter und ihre prachtvolle Aktionseinheit übt eine tiefe Wirkung auf die bisher verführten Werktätigen der sogenannten „Deutschen Front" aus. In dem Willen, diese Einheitsfront zu einer unwiderstehlichen Flut des antifaschistischen Kampfes anschwellen zu lassen, haben die Sozialdemokratische und die Kommunistische Partei des Saargebietes beschlossen, gemeinsam den Kampf gegen den Anschluß des Saargebietes an ein Hitler-Deutschland zu führen und im Falle einer Abstimmung für die Formel

„Beibehaltung der bestehenden Rechtsordnung" als dem verhältnismäßig günstigsten Kampfboden für die Werktätigen einzutreten und für das Selbstverwaltungs- und Selbstbestimmungsrecht der deutschen Saarbevölkerung zu kämpfen. Um Hitler an der Saar zu schlagen, rufen die Kommunistische Partei und die Sozialdemokratische Partei die Arbeiter und das ganze Saarvolk zur Durchführung von gemeinsamen Aktionsmaßnahmen, gemeinsamen Kundgebungen, Versammlungen und Demonstrationen gegen den Faschismus, für die Befreiung aller antifaschistischen Gefangenen, insbesondere Thälmanns, Torglers, Mierendorffs, Ossietzkys, Klüß usw. auf.

Bildet im ganzen Saargebiet einheitliche Kampfkomitees gegen den Anschluß an ein Hitler-Deutschland! Vereinigt Euch zum Selbstschutz aller Antifaschisten für die Sicherung von Leben, Wohnung und Eigentum gegen den Terror der Hitlerbanden! Kämpft für die Versammlungs-, Demonstrations-, Presse- und Koalitionsfreiheit, gegen die Faschisierung von Verwaltung, Justiz und Exekutive und deren Terror gegen die Antifaschisten, für die Entfernung aller faschistischen Elemente aus diesen Körperschaften, für die Ausmerzung aller Gleichschaltungsmaßnahmen der Hitlerfront.

Schließt Euch fest und restlos zum gewerkschaftlichen Kampf zusammen. Kämpft für die Erhöhung der Löhne, Renten und Unterstützungen und die Verbesserung aller sozialen Errungenschaften, gegen faschistischen Betriebsterror und für den möglichst lückenlosen Zusammenschluß aller Arbeiter, Angestellten und Beamten in den Gewerkschaften unter Bekämpfung aller Gelben.

Die Sozialdemokratische und Kommunistische Partei erklären, daß sie ungeachtet ihres Willens, die Aktionseinheit der sozialdemokratischen und kommunistischen Arbeiter herzustellen, ihre prinzipielle Auffassung über das Ziel und die Taktik der sozialistischen Arbeiterbewegung und ihre organisatorische Selbständigkeit aufrechterhalten.

An das ganze Saarvolk wenden wir uns zur Aufrichtung einer wuchtigen und allumfassenden antifaschistischen Front! Es geht um die Existenz und das Wohl unserer deutschen Saarheimat und unseres ganzen deutschen Volkes! Deshalb vorwärts, Antifaschisten in Stadt und Land. Getragen von unserer Siegesgewißheit wollen wir Hitler schlagen! Es lebe die kämpfende Einheitsfront der Werktätigen, es lebe die antifaschistische Front!

Für die Kommunistische Partei Saargebiet
Fritz Pfordt
Für die Sozialdemokratische Landespartei Saargebiet
Max Braun

[Ge]heimes Staatspolizeiamt

[Nr.] III 3 B – 32978/902

Bei Rückantwort stets anzugeben.

Berlin SW 11, den 23. Juli 1934
Prinz-Albrecht-Straße 8

Auswärtiges Amt
IISG 4520
Eing. 27. JULI 1934

Betrifft: Kundgebung der Einheitsfront der Antifaschisten des Saargebietes.

Als Anlagen überreiche ich mit der Bitte um Kenntnisnahme:

a) Abschrift eines Artikels aus der Volksstimme No. 156 vom 9.7.34 mit der Überschrift "Überfüllte Kundgebung in Neunkirchen",

b) Abschrift eines Berichtes eines V.-Mannes über den Verlauf der Kundgebung.

Über den im Bericht genannten Karl Lang habe ich am 17.7.34 unter Aktenzeichen – III 3 B – 31376/863 – berichtet.

Im Auftrage:

1) H. ... (Kartei)
2) zdA

[An] das Auswärtige Amt
z.Hd. von Herrn Geheimrat Voigt,
Berlin W. 8,
Wilhelmstr. 74/76

Verteiler:
a) Vizekanzler,
b) M.d.J.
c) Ausw. Amt,
d) Reichsmin.d.Innern,
e) Prop.Min.,
f) Pressest.d.Reichsreg.

J.

Von der Gestapo sorgfältig überwacht: Kundgebung der Einheitsfront in Neunkirchen 1934.
(Politisches Archiv des Auswärtigen Amtes)

32 8. Juli 1934

Bericht der Gestapo Berlin an das Auswärtige Amt über eine Kundgebung der Einheitsfront in Neunkirchen

Politisches Archiv des Auswärtigen Amtes: Bestand Besetzte Gebiete/Saargebiet, Parteien des Saargebietes, Band 11.

Am 8. Juli 1934 in der Zeit von zehn bis zwölf Uhr veranstaltete die Einheitsfront der Antifaschisten des Saargebietes im hiesigen städtischen Saalbau eine geschlossene antifaschistische Kundgebung. Dieselbe war besucht von zirka 1300 Personen, welche aus Neunkirchen und der ganzen Umgebung waren.

Die Kundgebung wurde eröffnet durch den sozialdemokratischen Stadtverordneten Karl Etienne aus Neunkirchen, welcher die Anwesenden begrüßte und besonders zu der Bildung der Einheitsfront seine Anerkennung aussprach. Nach Etienne sprach der Vertreter der KPD, der Kommunist Richard Wilke aus Neunkirchen. Dieser legte den Anwesenden in kurzen Zügen die Ziele der Einheitsfront dar und schloß seine Rede mit einem dreifachen „Rot Front". Nach diesen beiden Begrüßungsrednern trug der politische Flüchtling Theo Maret, wohnhaft in Neunkirchen/Saar, eine Rezitation über Hitlermord vor.

Nun ergriff als erster Redner der Kommunist Pfordt aus Schiffweiler das Wort. In einer Rede von ungefähr zwanzig Minuten legte er den Erschienenen die Ziele der Einheitsfront klar und geißelte in scharfen Worten den Blutterror des Hitlerfaschismus. Ferner forderte er die sofortige Entlassung der faschistischen Polizei- und Landjägerbeamten. Er betonte die starke Begeisterung, welche die Bildung der Einheitsfront unter der werktätigen Bevölkerung des Saargebietes hervorgerufen habe. Zum Schluß seiner Ausführungen appellierte er an die Anwesenden, in maßgebender Stunde zusammenzustehen, um den Hitlerfaschismus an der Saar zu schlagen und als Sieg des ganzen die Zusammenschließung des Weltproletariats zu verzeichnen. Seine Ausführungen wurden mit einem dreifachen „Rot Front" beendet. Hierauf wurde von den Anwesenden gemeinsam das Lied „Brüder zur Sonne" gesungen.

Nach dem Absingen dieses Liedes sprach nochmals einige Minuten der obengenannte Redner Etienne. Derselbe brachte vor, daß die Deutsche Front durch die Bildung der Einheitsfront stark ins Wanken gekommen sei. Sie würden jetzt singen: „Die Deutsche Front schlagen wir zu Brei".

Gegen elf Uhr betrat der Führer der Sozialdemokratischen Partei des Saargebietes, Max Braun, den Saal. Derselbe wurde stürmisch begrüßt. Dann trug eine Anzahl kleiner Kinder einen Sprechchor zu seiner Begrüßung vor. Braun ergriff um elf Uhr zehn das Wort und sprach etwa vierzig Minuten. Die anwesenden Sozialdemokraten begrüßte er mit einem dreifachen „Frei Heil" und die anwesenden Kommunisten mit einem dreifachen „Rot Front". Dann begrüßte auch er in seiner Rede die Bildung der roten Einheitsfront und legte den

Anwesenden die Ziele derselben klar. Seine Ausführungen galten in der Hauptsache der Bekämpfung des Hitlersystems und der Entfernung der faschistischen saarländischen Richter, Polizei- und Landjägerbeamten. Er legte den Anwesenden klar, daß ein Kommunist, welcher nichts weiter getan hätte, wie dem Redakteur des „Saarbrücker Abendblattes" die Wahrheit zu sagen, von den faschistischen Richtern in Saarbrücken zu Monaten Gefängnis verurteilt worden sei,* während der Faschist Schäfer aus Neunkirchen, welcher ein Bombenattentat auf seine Person** ausgeübt habe, von den faschistischen Richtern freigesprochen worden sei. Weiter betonte er, daß die erste und zweite Revolution vorbei wären und nun die Reihe an die dritte Revolution käme. Dieselbe würde vom Proletariat ausgefochten werden. Wir sind keine Bluthunde und Sadisten, aber wir werden mit den hundertprozentig Gleichgeschalteten eine hundertprozentig Abrechnung halten und gründlich aufräumen. Er forderte die Anwesenden auf, Blut und Leben wenn es gilt auf den Barrikaden einzusetzen, um den Faschismus zu vernichten. Sein Kampf gelte nicht dem Anschluß des Saargebietes an Frankreich, sondern der vernichtenden Niederlage des Hitler- und Mördergesindels am 13. Januar 1935 an der Saar. So wie die Zeit der Bildung der roten Einheitsfront gekommen sei, so wäre auch das Ziel und der Sieg des Proletariats über den Faschismus nicht mehr fern. Zum Schluß seiner Ausführungen forderte der Redner die Anwesenden auf, allen Parteihader zu vergessen und alles Vergangene beiseite zu legen. Als gemeinsamer Feind sei der Faschismus zu betrachten, dessen Vernichtung sie alle im Auge haben müßten.

Nachdem Braun seine Rede beendet hatte, sangen die Anwesenden stehend die „Internationale", worauf dann die Veranstaltung geschlossen wurde. Dieselbe verlief ohne besonderen Zwischenfall.

In der Zeit von zehn bis elf Uhr fand im hiesigen Volkshaus auch eine Parallel-Kundgebung statt, welche von etwa 300 Personen (in der Hauptsache Frauen und Kinder) besucht war. Auch hier hatte Max Braun seine Weisheiten gegen Hitler-Deutschland vom Stapel gelassen. Die Parallel-Kundgebung wurde in der Hauptsache veranstaltet, um der Sache eine große Form zu geben. Ich habe selbst beobachtet, daß nach Beginn der Veranstaltung im Saalbau etwa hundert Personen vom Saalbau nach dem Volkshaus gingen, um so auch dort zu zeigen, daß die Kundgebung gut besucht sei.

Nach Schluß der Veranstaltung im Saalbau gingen dann die Teilnehmer truppweise durch die Hüttenbergstraße nach dem Volkshause zu. Vor dem Volkshause blieben dieselben dann auf der Straße stehen und trugen aufreizende Sprechchöre vor. Dann wurde die „Internationale" gesungen und Schmäh- und „Nieder-" Rufe auf den deutschen Reichskanzler Hitler und auf Göring ausgerufen. Den anwesenden Landjägerbeamten riefen die Demonstranten zu, sie würden sich mächtig ärgern, weil sie nicht gegen sie einschreiten dürften.

* So in der Vorlage.

** Gemeint ist die Person Max Brauns.

Ein Knecht der hiesigen Schloßbrauerei, welcher in der Nähe des Volkshauses Eis ablud und bei „Rot Front-" Rufen ud „Nieder-" Rufen auf Hitler ein „Heil Hitler" laut rief, wurde von den Demonstranten tätlich angegriffen und geschlagen, daß ihm das Blut aus Mund und Nase lief. Die Täter wurden in der Menge nicht erkannt, weil drei Viertel der Teilnehmer nicht aus Neunkirchen, sondern aus fast allen Teilen des Saargebietes zusammengezogen waren. Bemerken möchte ich noch, daß unter den Teilnehmern auch viele Emigranten waren, welche sich in letzter Zeit in diesen Sachen besonders hervortun und beteiligen. Bei dem mißhandelten Knecht handelt es sich um den Karl Jester, Brauerei-Fuhrknecht, 32 Jahre alt, wohnhaft in Neunkirchen/Saar, Talstraße. Nach diesen Vorkommnissen auf der Straße vor dem Volkshause verzog sich dann die Menge und kam es nicht mehr zu weiteren Zwischenfällen.

Gleichzeitig möchte ich noch über einen besonderen Fall berichten, welcher sich auch am gestrigen Tage zugetragen hat. Als der Landjäger Vollmann sich am gestrigen Vormittag anläßlich der antifaschistischen Kundgebung gemeinsam mit Landjäger Scheidhauer auf Patrouille in der hiesigen Hüttenbergstraße befand, kam vom Oberen Markt her eine Gruppe Kinder von der Sozialistischen Arbeiterjugend. Dieselben gingen im Gänsemarsch die Hüttenbergstraße hinab und wurden von dem kürzlich aus dem Gefängnis entlassenen arbeitslosen Karl Lang aus Neunkirchen geführt. Lang ging an der Seite der Kinder, während seine Frau etwa fünf bis sechs Meter vor ihm in der Reihe ging. Als Frau Lang den Landjäger Vollmann erblickte, blieb sie stehen und wartete auf ihren Mann. Als beide in gleicher Höhe mit uns gingen, zeigte Frau Lang mit dem Finger auf Landjäger Vollmann, wobei sie in lautem Tone sagte: „Dort, den mußt Du Dir genau ansehen, damit Du ihn kennst. Das ist der, der so gut schießen kann." Lang, welcher vor etlicher Zeit den Nationalsozialisten Hemmer aus Neunkirchen erschossen hatte und Landjäger Vollmann bei seiner Festnahme mit der Schußwaffe Widerstand leistete, erhielt von Vollmann zur Brechung des Widerstandes einen Hand- und Bauchschuß.

Besonders hervorzuheben ist noch die Tatsache, daß bei den letzten Veranstaltungen der Antifaschisten der Beigeordnete Brokmeier aus Neunkirchen und der frühere Landjäger Bäsel aus Limbach rege Anteil genommen hatten und mitanwesend waren, gestern und am Abend des 30. Juni 1934 im Volkshaus. Bäsel ist ein Schwager des vorgenannten Karl Lang.

33 15. Oktober 1934

Bericht eines V-Mannes an das Auswärtige Amt über Kundgebungen im Rahmen des Abstimmungskampfes im Kreis Ottweiler

Politisches Archiv des Auswärtigen Amtes: Bestand Besetzte Gebiete/Saargebiet, Parteien des Saargebietes, Band 13.

Am 9. September 1934 geschlossene Kundgebung der antifaschistischen Ortsgruppe Wiebelskirchen im Lokale Zeiger. Teilnehmerzahl etwa 280 Personen (einschließlich hundert Auswärtige und hundert Frauen und Kinder). Redner M. Braun und Kommunistenführer Fritz Pfordt. Sie schimpften über die Verhältnisse im Reich und warben für den Status quo.

In der Nacht vom 10. zum 11. September wurden Angehörige der Deutschen Front aus Heiligenwald in der Friedrichstraße dortselbst von den Antifaschisten (den Bergleuten Wilhelm Keller und Friedrich Pfeiffer aus Heiligenwald) nach ihren Angaben ohne Grund überfallen und mißhandelt.

Am 22. September geschlossene Kundgebung der Deutschen Front, Ortsgruppe Wellesweiler, in der Wirtschaft Hoffmann daselbst, Teilnehmerzahl etwa tausend Personen, darunter 250 Frauen. Der Redner, evangelischer Pfarrer Schmitt, zog eine Parallele zwischen Saargebiet und Ostpreußen. Der zweite Redner, Kreisleiter Weber, stellte die Ziele der Deutschen Front denen der Status quo-Anhänger gegenüber und forderte zum Schluß auf, ruhig und diszipliniert auszuhalten.

Am 22. September geschlossene Kundgebung der antifaschistischen Front Neunkirchen im Saalbau daselbst. Teilnehmerzahl etwa 1300 (einschließlich Frauen). Redner M. Braun und Fritz Pfordt. Thema: Abstimmungsfragen. In der Diskussion sprachen der kommunistische Stadtverordnete Lauer aus Neunkirchen und ein angeblicher Geistlicher und setzten sich für den Status quo ein.

Gleichzeitig im Gesellenhaus in Neunkirchen geschlossene Kundgebung der Deutschen Front. Teilnehmerzahl etwa 1100 Personen (Männer und Frauen), hunderte konnten wegen Überfüllung des Saales nicht teilnehmen. Redner: Kreisleiter Weber und Propagandaleiter Schäfer.

Am 23. September nachmittags zahlreiche Versammlungen der Deutschen Front, u. a. in drei Sälen in Neunkirchen. Lautsprecherübertragung der Veranstaltung in einem Saale auf zwei weitere Säle. Redner: Kreisleiter Weber und Landesleiter Pirro. Thema: Errungenschaften des neuen Deutschland und Legalität der Deutschen Front. Gesamtteilnehmerzahl annähernd 5000.

Am 29. September verteilten drei Männer und zwei Frauen aus Landsweiler an der Grube Reden während der An- und Abfahrt der Bergleute ein Flugblatt

„Der Grubenarbeiter, Sonderausgabe". Die Flugblätter wurden polizeilich beschlagnahmt.

Am 30. September fanden auf dem Lande allenthalben Erntedankfest-Veranstaltungen, bestehend in Umzügen und Ansprachen (meist der Ortsbauernführer) statt. Zwischenfälle haben sich nicht ergeben.

34 — 12. Januar 1935

Aufruf führender Gewerkschafter des Saargebietes zur Saarabstimmung

Saar-Bergarbeiterzeitung Nr. 2 vom 12. Januar 1935.

An die Mitglieder der freien Gewerkschaften und die freiheitsliebende Arbeitnehmerschaft des Saargebietes!

Die Deutsche Gewerkschaftsfront Saar und der Gesamtverband sogenannter deutscher Arbeitnehmer haben mit den Unterschriften Peter Kiefer, Karl Hillenbrand usw. in der Deutschen Front-Presse vom Mittwoch, dem 2. Januar 1935, einen Aufruf an die Arbeitnehmerschaft des Saargebietes gerichtet. In diesem Aufruf wenden sich die unterzeichneten Angestellten der Deutschen Gewerkschaftsfront in nachfolgendem Wortlaut auch an die Mitglieder der freien Gewerkschaften: „Du kannst nicht den Weg gehen, den die freien Gewerkschaften ihrer Gefolgschaft vorzuschreiben versuchen. Du kannst nicht der Parole von Menschen folgen, die aus unserem deutschen Saargebiet, in das sie erst vor kurzer Zeit hineinkamen, ein Asyl für parteipolitische Obdachlose machen wollen. Arbeitskamerad der freien Gewerkschaften, mache Dich frei! Gehe mit uns den von unserer Tradition bestimmten geraden deutschen Weg! Wir strecken Dir die Bruderhand entgegen! Schlage ein! Befreie Dich von einer Führung, die keine deutsche Ehre und Pflicht mehr kennt. Bis zum 10. Januar 1935 stehen Dir die Tore unserer Bewegung offen. Nach diesem Tage schließen wir unsere Mitgliederlisten. Wir werden dann keine neuen Mitglieder und Übertritte mehr annehmen."

Die unterzeichneten Funktionäre der freien Gewerkschaftsbewegung sehen in dem Aufruf der christlich-nationalsozialistischen Gewerkschaften die Fortsetzung ihrer seit Monaten betriebenen unlauteren Agitation, ihrer Drohungs- und Diffamierungspolitik. Mit Naturalien, mit Geld, Urlaubsreisen und Versprechungen aller Art hat die christlich-nationalsozialistische Gewerkschaftsbewegung an der Saar versucht, Menschen und Stimmen für die Volksabstimmung zu gewinnen. Die Führung der freien Gewerkschaften aller Berufsverbände erklärt, daß ihre deutsche Ehre weder für Geld noch Versprechungen käuflich ist. Ihre deutsche Pflicht gebietet ihr, gegen ein System zu stimmen, in welchem Freiheit, Menschenrechte und Kultur mißachtet werden.

Die führenden Funktionäre der freien Gewerkschaften werden kein Stück deutschen Bodens preisgeben. Sie wollen den deutschen Saarboden vor Konzentrationslagern, den Deutschen im Saargebiet ihre in jahrhundertelangen Kämpfen errungenen Rechte und Freiheiten bewahren und wollen ihre gewerkschaftliche Organisation erhalten. Aus deutschem Rechts-, Freiheits- und Kulturwillen haben sich die gesamten freien Gewerkschaften für den vorläufigen Status quo entschieden.

Die Erpresserpolitik der letzten Monate der christlich-nationalsozialistischen Gewerkschaften kommt erneut in der Erklärung zum Ausdruck, daß sie für die freien Gewerkschaftsmitglieder bis zum 10. Januar 1935 die Tore ihrer Bewegung offenhalten und nach diesem Tag die Mitgliederlisten schließen wollen.

Wir machen unsere Mitglieder und die denkende Saar-Arbeitnehmerschaft darauf aufmerksam, daß bereits der Stabsleiter der nationalsozialistischen Deutschen Arbeitsfront, Herr Dr. Ley, die Führer der christlich-nationalen Gewerkschaftsbewegung mit dem Prädikat „geschäftstüchtige Halunken" belegte. Wir haben dieser Wertschätzung des obersten Leiters der „Deutschen Arbeitsfront" nichts hinzuzusetzen. Unsere Mitglieder machen wir darauf aufmerksam, daß bei der Zerschlagung der deutschen Gewerkschaftsbewegung 4,5 Millionen Mitglieder der freien und nur eine halbe Million sich zur christlich-nationalen Gewerkschaftsbewegung bekannt hat.* Diese 4,5 Millionen freie deutsche Gesinnungsgenossen begleiten unseren berechtigten Kampf um ein freies, menschenachtendes Kulturdeutschland.

Kameraden! Gebt den christlich-nationalsozialistischen Torwächtern des Kapitals am 13. Januar die richtige Antwort. Sorgt dafür, nachdem sie am 10. Januar ihre Mitgliederlisten für neue Mitglieder und Übertritte geschlossen haben, daß sie dieselben auch nach dem 13. Januar nicht mehr zu öffnen brauchen.

Folgt der Parole der Führung und Funktionäre und stimmt geschlossen für den vorläufigen Status quo, für Deutschland, gegen den nationalsozialistischen Parteistaat! Denkt am 13. Januar daran, daß die Regierung Adolf Hitlers die Gewerkschaftsbewegung zerschlagen und den Anteil neuer Mitgliederbeiträge von dem beschlagnahmten Vermögen bis heute nicht herausgegeben hat! Denkt daran, daß die Reichsregierung den Invaliden und Witwen ihre Bezüge gekürzt hat und die Beiträge zur Unterstützungsvereinigung der freien sozialistischen Arbeiterbewegung in der Höhe von über vier Millionen Reichsmark beschlagnahmt hat, während die christlich-nationalsozialistische Gewerk-

* So in der Vorlage.

schaftsbewegung Vermögensanteile und Kassenbeiträge zurückerhalten hat. Kameraden! Haltet Disziplin und bewahrt euren Führern das Vertrauen vor wie nach der Abstimmung.

Die führenden Funktionäre der freien Gewerkschaften im Saargebiet Fritz Dobisch, Julius Schwarz, Emil Klein, Karl Amann, Max Bock, Paul Vaders, Heinrich Hünnekens, Wilhelm Kaupp, Martin Schmidt, Anselm Störk, Ludwig Lehner, Klaus Brausch, August Klimke: Saarbrücken.
Hermann Henneicke: Neunkirchen.
Karl Berg, Richard Rauch: Homburg.
Heinrich Rebmann: Sankt Ingbert.
Richard Kirn, Peter Michely: Sulzbach.
Johann Bernarding: Illingen.
Johann Dreher: Fraulautern.
Paul Hoffmann: Sankt Wendel.
Albin Weiß: Völklingen.

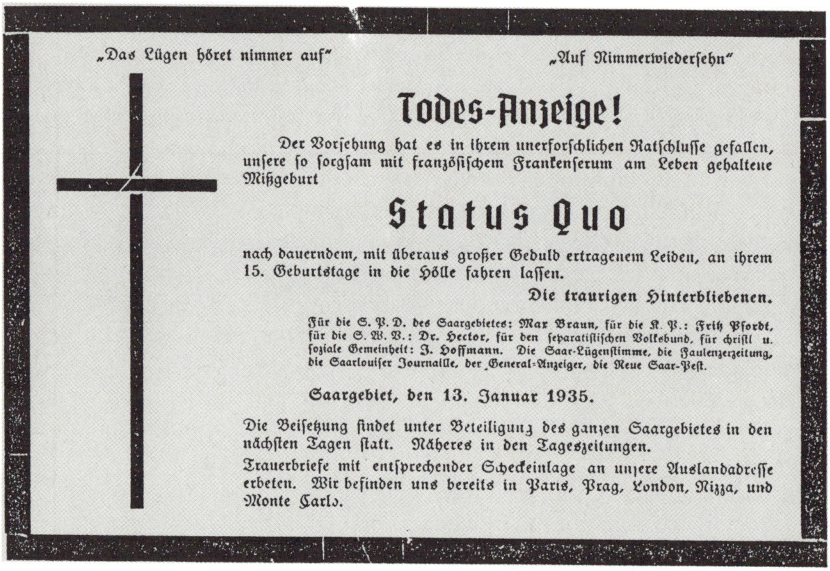
„Das Lügen höret nimmer auf" „Auf Nimmerwiedersehn"

Todes-Anzeige!

Der Vorsehung hat es in ihrem unerforschlichen Ratschlusse gefallen, unsere so sorgsam mit französischem Frankenserum am Leben gehaltene Mißgeburt

Status Quo

nach dauerndem, mit überaus großer Geduld ertragenem Leiden, an ihrem 15. Geburtstage in die Hölle fahren lassen.

Die traurigen Hinterbliebenen.

Für die S. P. D. des Saargebietes: Max Braun, für die K. P.: Fritz Pfordt, für die S. W. V.: Dr. Hector, für den separatistischen Volksbund, für christl u. soziale Gemeinheit: J. Hoffmann. Die Saar-Lügenstimme, die Faulenzerzeitung, die Saarlouiser Journaille, der General-Anzeiger, die Neue Saar-Pest.

Saargebiet, den 13. Januar 1935.

Die Beisetzung findet unter Beteiligung des ganzen Saargebietes in den nächsten Tagen statt. Näheres in den Tageszeitungen.

Trauerbriefe mit entsprechender Scheckeinlage an unsere Auslandadresse erbeten. Wir befinden uns bereits in Paris, Prag, London, Nizza, und Monte Carlo.

Propaganda gegen den Status quo, Januar 1935. (Stadtarchiv Neunkirchen)

35 Januar 1935

Bericht von Jakob Ott über die Situation in Neunkirchen nach der Saarabstimmung*

Archiv der sozialen Demokratie: Bestand Emigration Sopade, Mappe 90.

Das Resultat der Saarabstimmung hat bei den Anhängern der Einheitsfront zu einer Panikstimmung geführt, die unvergleichlich größer ist als die Stimmung der Genossen nach dem 5. März im Dritten Reich. Während noch einige Minuten vor der Bekanntgabe des Resultats zuversichtlich über den Erfolg diskutiert wurde, waren nachdem aber auch alle Hoffnungen zerschlagen. Ja, nicht nur das, eine wahre Angstpsychose überfiel die Leute und nur wenige, die in diesem Moment den Kopf hochhielten.

In Neunkirchen hatte man die Anhänger der Einheitsfront zu einer Kundgebung für zehn Uhr morgens zusammengerufen. Ein großer Teil, der diesem Ruf Folge leistete. Es waren jedoch meist Genossen, die aktiv im Kampfe standen und deren Angehörige, die mit Recht bei einem zweifelhaften Ausgang der Dinge um ihre Sicherheit fürchteten. Denn kaum war das Ergebnis bekannt, setzte der ohnedies schon schlimme Terror der Nazis verstärkt ein. Einige Minuten nach der Bekanntgabe mußte unter dem Druck der Bevölkerung, organisiert durch die Nazis, die Buchhandlung der Partei, die sich unmittelbar bei dem Volkshaus befindet, geräumt werden. Das Volkshaus konnte man kaum mehr verlassen, ohne angepöbelt zu werden. Die Nazis standen davor und fotografierten Leute, die aus- und eingingen. Den ganzen Tag über versammelten sich Gruppen vor dem Hause an, die eine drohende Haltung einnahmen und ihre Sprechchöre riefen. Alle diese Dinge steigerten sich natürlich gegen abend, als der Fackelzug der Deutschen Front marschierte. Viele Genossen aus den Nachbarorten trafen im Volkshaus ein, weil sie sich vor dem Terror der Nazis schützen mußten. Andere verbrachten die Nacht im Walde, weil man sie in der Wohnung bedrohte. So kamen im Volkshaus Neunkirchen am Mittwoch, morgens fünf Uhr, eine Anzahl Frauen an, kleine Kinder auf dem Arm, und suchten Schutz. Sie waren aus Niederbexbach. Man hatte ihnen die Fensterscheiben der Wohnungen zertrümmert und brennende Fackeln in die Wohnung geworfen. Das Volkshaus glich einem Flüchtlingsasyl.

Die Polizei machte auch nicht die geringste Geste, um diesen Leuten etwa Schutz zu gewähren. Im Gegenteil wurden diese Übergriffe wohlwollend geduldet. Man sah größere Abteilungen der Polizei im Fackelzug der Deutschen Front mitmarschieren. Beamte, die an den Straßen postiert waren, erhoben während des Vorbeimarsches die Hand zum Hitlergruß. Man hatte den Ein-

* Die in der Vorlage befindlichen grammatikalischen Fehler wurden nicht korrigiert.

druck, als sei die Rückgliederung schon offiziell vollzogen. Eine große Anzahl von Genossen, die unter diesem Eindruck Asyl in Frankreich genommen haben. Andere, die in dieser Verzweiflung durch das Zeigen der schwarz-weiß-roten Fahne gleich ein Bekenntnis zur Deutschen Front ablegten und die Reihen der Einheitsfront verließen. Bei den letzteren war dies ohne Zweifel das äußere Zeichen ihres Bekenntnisses am 13. Januar. Und nach diesem Resultat müßten es viele „unserer Leute“ noch nachholen.

Der Terror der Deutschen Front hat Erfolg gehabt. Aber auch die Propaganda war eine so gewaltige, daß bei objektiver Betrachtung diese Propaganda von seiten der Einheitsfront nur zu einem Bruchteil erwidert werden konnte. Betrachte man die Presse, die restlos im Dienste der Deutschen Front stand und in unzähligen Exemplaren an die Leute herangebracht wurde, und: täglich an die Leute gebracht wurde. Was bedeuten da einige hundert Zeitungen der Einheitsfront, eingenommen die der Katholiken, in einer Stadt wie Neunkirchen? Bei dem Verbot der Flugschriften-Verbreitung wäre dies wohl die wichtigste Waffe gewesen in diesem Kampfe. Man konnte in den letzten Wochen, insbesondere in den Ortschaften, ohne Lebensgefahr überhaupt kein Material mehr verteilen. Wo es doch geschah, gingen Leute der Deutschen Front hinterher, um das Material wieder abzunehmen und zu zerreißen. Selbst dort, wo man es in das Haus hineintrug, holten sie es wieder heraus und zerrissen es vor den Augen derer, die es angenommen hatten. Bei diesen Methoden wagte schon niemand, irgend etwas anzunehmen, um nicht als Status quo'ler betrachtet zu werden. Die Landjäger schritten gegen diesen Terror nie ein. Im Gegenteil wurde unseren Leuten die Verbreitung verboten, weil Ruhe und Sicherheit gefährdet würde. So ging eigentlich ganz wenig von dem hergestellten Material an die Leute. Dieser Terror steigerte sich so, daß in den letzten drei Tagen ohne starken Schutz überhaupt nichts mehr verteilt werden konnte. So waren aber auch die Kundgebungen infolge dieses Terrors meist von ein- und denselben Leuten besucht. Es kamen immer Leute aus der näheren Umgebung zusammen bei diesen Anlässen. Dies gilt auch insbesondere für die Kundgebungen der Imbusch-Bewegung,* die zum größten Teil von Leuten der Einheitsfront gefüllt wurden. Ein Beweis, daß der politische Katholizismus zerschlagen ist.

Aber auch die Leute haben recht behalten (man durfte dies zwar nie aussprechen), die bezweifeln, ob es taktisch klug war, gerade für diesen Kampf die Einheitsfront mit den Kommunisten herzustellen. Wir kennen doch den Schmerz des deutschen Bürgertums, man kann es ja in Deutschland oft genug hören: „Es ist ja auch nicht das richtige, aber doch lieber noch Hitler als den Bolschewismus.“

Wenn auch das Resultat des 13. Januar den größten Pessimisten nicht befriedigen kann und für diesen Ausgang noch manche andere Gründe mit aus-

* Gemeint ist eine Gruppe christlicher Gewerkschafter unter der Leitung von Heinrich Imbusch, die sich gegen die Rückgliederung eingesetzt hatte.

schlaggebend sein dürften, so steht doch eines fest: Daß nach diesen objektiven Beobachtungen der Begriff und die Bedeutung des Status quo für das Saarvolk so populär zu machen der Einheitsfront nicht gelungen ist, um der nationalistischen Parole „Zurück zu Deutschland" wirkungsvoll entgegentreten zu können.

36 — 24. Januar 1935

Bericht der „Saar- und Blies-Zeitung" über die Verhaftung des Hüttenarbeiters Walter Knetsch

Saar- und Blies-Zeitung Nr. 20 vom 24. Januar 1935.

Die ehemalige Hochburg der Marxisten hat ihre Sensation. Gestern konnten wir bereits berichten, daß die marxistischen Parteien in Wiebelskirchen zerschlagen sind und nur noch vereinzelte Zuckungen ihr kümmerliches Dasein verraten. Mit einer unglaublichen Frechheit haben vor dem 13. Januar vor allem die Kommunisten Beunruhigung in die Bevölkerung getragen. Drohungen waren an der Tagesordnung, mit brutaler Gewalt versuchte man, die Bevölkerung zu terrorisieren, bis sich auf einmal nach der Wahl die ganze Bande feige ins Mausloch verkroch. Und doch traute man den Burschen nicht. Leider hatte man keine Unterlagen zu einem energischen Eingreifen, was vielleicht wertvolles Material zutage gefördert hätte.

Doch nun ist auch hier die Bombe geplatzt. Durch Zufall erfuhr die Polizei, daß in der Wohnung des ehemaligen Kommunisten Walter Knetsch eine größere Menge Waffen aufbewahrt würde. Die Polizei nahm sofort eine Hausdurchsuchung vor und konnte tatsächlich mehrere Pistolen und Sprengkapseln (Stauferbüchsen) beschlagnahmen. Knetsch wurde sofort in Verwahrsam genommen. Er steht außerdem in dem dringenden Verdacht, die berüchtigten Flugblätter der Kommunisten („Roter Angriff") hergestellt zu haben.

Bis zur Stunde hielt die Untersuchung durch Polizeikommissar Jaspert noch an, so daß wir nicht in der Lage waren zu berichten, inwieweit noch andere Mitglieder der roten Terroristen in die Sache verwickelt sind. Wir glauben aber, in der Annahme nicht fehlzugehen, daß mit Knetsch einer der Haupträdelsführer der Aufruhrbande gefaßt worden ist. Der Bevölkerung hatte sich nach Bekanntwerden der sensationellen Funde begreiflicherweise eine große Beunruhigung bemächtigt. Es wurden zahlreiche Gerüchte verbreitet, die aber jeder Grundlage entbehren. Durch das rasche Zugreifen der Polizei sind den staatsgefährlichen Burschen alle Felle davongeschwommen. Die Bevölkerung wird auch weiterhin Disziplin halten und der Entwicklung der Angelegenheit ruhig entgegenschauen.

37 Januar 1936

Monatsbericht der Staatspolizeistelle Saarbrücken für Januar 1936 (Auszug)

Landesarchiv Saarbrücken: Bestand Stapo Saarbrücken, Nr. 28, Bl. 63-65.

Staatsfeindliche Bewegungen:

I. Kommunistische Partei

Durch die Ende Dezember 1935 und Anfang Januar 1936 von hier aus durchgeführten Aktionen gegen einzelne Gruppen im Stadtkreis Saarbrücken und durch die Festnahme verschiedener Funktionäre ist im Vergleich zu der intensiven Arbeit im Vormonat ein merklicher Stillstand der illegalen Arbeit eingetreten. Dafür hat aber die illegale Arbeit in den einzelnen Landbezirken und in einzelnen kleineren Städten des Saarlandes seit kurzer Zeit in verschärfter Form eingesetzt. So ist dies z. B. in Groß-Rosseln, Ottweiler und in der Gegend der Bürgermeisterei Riegelsberg der Fall. Auch die Außenstelle Saarlautern berichtet, daß ehemalige KPD-Mitglieder oder -Anhänger sich in den Ortschaften Hüttersdorf und Schaffhausen bemerkbar machen. Es sind Ansammlungen früherer KPD-Anhänger daselbst beobachtet worden. Jedoch reichen die bisherigen Ermittlungen zum Einschreiten noch nicht aus. Geeignete Beobachtungsmaßnahmen sind in den erwähnten Ortschaften getroffen.

Nach dem Bericht der Außenstelle Neunkirchen häufen sich die Meldungen über ein Wiederaufleben der illegalen Tätigkeit der Kommunisten, die von den nach Frankreich emigrierten und zum Teil in nahem Grenzgebiet weilenden Gesinnungsgenossen offenbar ständig getrieben werden, im Saargebiet eine größere Aktivität zu entfalten. So konnten auch mehrfach Anzeigen* eines beginnenden organisatorischen Zusammenschlusses bemerkt werden, die jedoch zunächst nur einen zahlenmäßig sehr kleinen Personenkreis umfassen.

Seit einiger Zeit finden des öfteren in den in der Nähe der Grenze gelegenen Orten Stieringen-Wendel Versammlungen französischer Kommunisten statt. Von seiten der Leitung des ZK der KPD in Forbach ist die strengste Anweisung ergangen, daß diese Versammlungen auf keinen Fall von deutschen Kommunisten besucht werden dürfen. Da es sich hierbei um öffentliche Versammlungen handelt, wird eine Überwachung durch die Staatspolizeistelle Saarbrücken befürchtet, andererseits wird angenommen, daß die französischen Sicherheitsbehörden auf deutsche Kommunisten aufmerksam werden könnten. Bezeichnend sind die seit einiger Zeit von den Franzosen durchgeführten Ausweisungen deutscher Emigranten aus Frankreich, die sich im Grenzgebiet aufhal-

* So in der Vorlage.

ten. So sind führende ehemalige KPD-Funktionäre, die vor der Rückgliederung emigriert sind, aufgefordert worden, Frankreich innerhalb 48 Stunden zu verlassen. In einem Falle wurde einem Funktionär das gesamte kommunistische Propagandamaterial, das an in Deutschland wohnende Personen verteilt werden sollte, abgenommen und sichergestellt.

Kommunistische Jugendverbände

Der Aufbau der illegalen KJVD* scheitert zunächst noch daran, daß geeignete Funktionäre fehlen. Es sind wohl schon wiederholt frühere KPD-Angehörige mit diesem Aufbau von der Leitung des ZK in Forbach beauftragt worden, jedoch scheint sich bis jetzt der rechte Mann nicht gefunden zu haben. Seit einigen Wochen wurde versucht, mit früheren Funktionären der SAJ** in Verbindung zu treten, um auf dem Gebiet der Jugendgewinnung gemeinsame Arbeit zu leisten.

II. Sozialdemokratische Partei

Die im Berichtsmonat angestellten Beobachtungen früherer SPD-Funktionäre haben diesen irgendwelche Tätigkeit nicht nachweisen können. Verschiedentlich eingegangene Hinweise auf solche werden zur Zeit bearbeitet.

Die Außenstelle Neunkirchen berichtet, daß aus dem Kreise Sankt Wendel Meldungen eingegangen seien, wonach frühere Anhänger der SPD sich wieder zusammenfänden. Bisher haben sich ausreichende Anhaltspunkte für den geäußerten Verdacht eines Zusammenschlusses zur illegalen Tätigkeit jedoch noch nicht ergeben. ...

38 23. November 1936

Bericht des Saarbrücker Oberstaatsanwalts an den Reichsanwalt beim Volksgerichtshof Berlin über ein Ermittlungsverfahren gegen zwei Neunkircher Antifaschisten

Landesarchiv Saarbrücken: Bestand Generalstaatsanwalt Saarlouis, Nr. 218, Bl. 134-136.

Der Beschuldigte Perinotto war nicht Mitglied der Deutschen Front, während der Beschuldigte Schlachter der Deutschen Front angehört haben will. Nach dem Bericht der Staatspolizei waren beide Beschuldigte Anhänger der

* Kommunistischer Jugendverband Deutschlands.

** Sozialistische Arbeiterjugend.

KPD. Ob sie auch Mitglieder der KPD waren, konnte nicht festgestellt werden. Beide Beschuldigten hielten sich am 15. November 1936 in der Gastwirtschaft Klein in Neunkirchen auf.

Gegen zwölf Uhr des genannten Tages machte der Zeuge L. E.* die Feststellung, daß in der Bedürfnisanstalt der genannten Wirtschaft auf die frisch getünchte Wand nachstehender Satz geschrieben worden war: „Moskau wird siegen, deshalb Heil Moskau".

Der Geschäftsführer der Wirtschaft Klein, der Zeuge E. E., und der zufällig im Lokal anwesende Kriminalassistent H. begaben sich sofort in die Bedürfnisanstalt und stellten fest, daß die Beschriftung der Wand erst kurze Zeit vor der Feststellung durch den Zeugen L. E. erfolgt sein konnte. Die Bedürfnisanstalt war nämlich am fraglichen Tage in den Morgenstunden erst frisch getüncht worden. Die Beschriftung war mittels eines Kopierstiftes erfolgt. Der Zeuge E. E. versuchte dann festzustellen, welcher seiner Gäste die Bedürfnisanstalt unmittelbar vorher benützt hatte. Soweit er sich entsinnen konnte, hatten vorher die beiden Beschuldigten gemeinsam die Bedürfnisanstalt aufgesucht. Als die Beschuldigten sich von dem Zeugen Kriminalassistent H. beobachtet fühlten, wollten sie plötzlich das Lokal verlassen. Der Zeuge H. ersuchte sie jedoch, in die Wohnung des Wirtes K. zu kommen und sich einer Leibesvisitation zu unterziehen. Dabei wurde bei dem Beschuldigten Perinotto ein Kopierstift vorgefunden, an welchem die Spitze abgeschrieben war. Der Zeuge E. E. bekundet sogar, daß er an der Spitze des Kopierstiftes noch kleine Kalkreste festgestellt habe. Außerdem wies der Kopierstift an der abgeschriebenen Spitze scharfkantige Stellen auf, die nur von dem Beschreiben der Wand herrühren konnten.

Beide Beschuldigte bestreiten, die Tat ausgeführt zu haben. Sie bestreiten auch, gemeinsam die Bedürfnisanstalt aufgesucht zu haben. Der Beschuldigte Perinotto kann jedoch keine Erklärung dafür abgeben, wie die scharfkantigen Stellen an dem Kopierstift entstanden sind und auf welche Art und Weise er diese so erheblich abgeschrieben hat.

Durch den Erkennungsdienst der Kriminalpolizei Neunkirchen wurde versucht, die Beschriftung zu fotographieren, was jedoch mißlang. Es wurde daher die Beschriftung abgepaust. Die Pausen sind den Akten beigefügt.

Nach den Richtlinien, die der Herr Reichsminister der Justiz in der RV. vom 31. März 1936 – III a 15460/36 betreffend hochverräterische Mundpropaganda gegeben hat, dürfte hier u. a. ein Verbrechen nach § 83 Strafgesetzbuch in Frage kommen. Aus der Tatsache, daß nach den Feststellungen der Staatspolizei beide Beschuldigte Anhänger der KPD waren und die Beschriftung: „Moskau wird siegen, deshalb Heil Moskau" angebracht haben, kann möglicherweise die Feststellung eines hochverräterischen Vorsatzes getroffen werden. Die Beschuldigten wollten durch diese Anschrift zum Ausdruck bringen, daß die KPD noch nicht ausgestorben sei, sondern vielmehr noch arbeite und dadurch

* Die Namen beteiligter Zeugen wurden mit Kürzeln versehen.

eventuell andere Wirtschaftsbesucher in ihrer kommunistischen Einstellung und Überzeugung bestärken oder erhalten. Der Vorgang wird daher zuständigkeitshalber vorgelegt. Sofortige richterliche Maßnahmen erscheinen nicht erforderlich.

Abschrift des Berichts haben erhalten:
a) der Herr Reichsminister der Justiz,
b) der Herr Generalstaatsanwalt in Köln,
c) der Herr Vertreter des Generalstaatsanwalts in Saarlautern.

39 1. März 1937

Aufruf des Arbeitsausschusses zur Bildung der Volksfront im Saargebiet

Bundesarchiv Koblenz: Bestand R 58, Nr. 586, Bl. 28.*

Saarvolk höre

Zwei Jahre sind seit der „Heimkehr ins Reich" vergangen. Zwei Jahre! Eine kurze Spanne – für Dich aber doch ein endlos langer Weg voller Enttäuschungen und Bitternisse. Vor wenigen Tagen wurde auf behördliche Anordnung der Abstimmungstag feierlich begangen mit Fahnen und Glockenläuten, Fackelzügen und Massenaufmärschen. Und Reichskommissar Bürckel erstattete einen „Rechenschaftsbericht". Aber er verschwieg schamhaft, daran zu erinnern, was Hitler vorher alles versprach!** Seit Bürckels Rede wissen wir, daß in den zwei Jahren 250 Millionen Reichsmark ins Saargebiet als Zuwendung geflossen sind. Eine stattliche Summe! Aber er vergaß zu sagen, wie dieses Geld verwendet wurde. Das wollen wir Dir sagen. Sieben Achtel dieser Summe dienen der Aufrüstung, dem Krieg, der Zerstörung. Von den 250 Millionen Reichsmark wurden ausgegeben für:
1. Straßenbauten zu militärischen Zwecken 70 Millionen,
2. Ausbau der Eisenbahn zu militärischen Zwecken 50 Millionen,
3. Befestigungsarbeiten, Straßensperren, Kabelverlegung usw. 80 Millionen,
4. Flugplatz Ensheim 3,5 Millionen,
5. Luftschutz- und ähnliche Bauten 15,5 Millionen,
zusammen 219 Millionen.

Saarvolk, es ist Zeit, Rechenschaft zu fordern. Erinnere Dich, was hat man Dir nicht alles versprochen? Friede und Freiheit! Neue Schächte! Neue Betrie-

* Als Quelle wird hier die „Deutsche Volks-Zeitung" Nr. 9 vom 28. Februar 1937 angegeben.

** So in der Vorlage.

be! Neue Absatzgebiete im „deutschen Raum"! Radikale Beseitigung der Arbeitslosigkeit! Erhöhung der Löhne! Ermäßigung der Steuern! Senkung der Mieten! Ein Ende jeglicher Unterdrückung und Ausbeutung!

Was wurde von diesen Versprechungen erfüllt? Keine neuen Schächte, sondern Stillegung der Gruben Mittelbexbach und Wellesweiler. Brefeld und andere sollen folgen.

Statt Lohnerhöhung Senkung des Reallohns durch hohe Abzüge und Preissteigerung! Dazu noch in vielen Fällen Kürzung der Nominallöhne, Abbau der Gedinge und Akkorde! Ein raffiniertes Antreibersystem steigerte auf Kosten der Arbeiter die Produktion im Jahre 1936 um 800000 Tonnen im Bergbau und 400000 Tonnen bei den Hütten und erhöhte die Unfallziffer um dreißig Prozent!

Die Großunternehmer aber verdienten in der gleichen Zeit trotz riesiger Abschreibungen, sehr großer Rücklagen und höchster Tantiemen über 28 Millionen Reichsmark mehr!

Arbeitsloser und Wohlfahrtsunterstützungsempfänger, wie half man Dir? Statt bezahlter Arbeit „Landhilfe" und Deportation nach dem Osten! „Negerarbeit" unter elenden Bedingungen! Noch immer sind 28000 Männer ohne Arbeit. 10000 bekommen keinen Pfennig Unterstützung!

Mittelständler und Handwerker! Erinnere Dich: Bis Hitler kam, blühte Handel und Wandel – und jetzt? Allein im Jahre 1936 mußten 2660 kleinere Geschäfte und Handwerksbetriebe zumachen, verringerte sich der Umsatz um mehr als 25 Prozent. Dazu Erhöhung der Steuern und Abgaben und unerträgliche Schikanen der Finanzämter. Die Warenhäuser aber verdienen Riesensummen!

Bauer! Dir versprach man gerechte Preise, größeren Absatz, Steuerverminderung und Entschuldung. Was aber gab man Dir? Ungenügende Höchstpreise mit Ablieferungszwang. Steuerhebung und Zwangsabgaben. Zerrüttung der Familie durch das Erbhofgesetz. Fronarbeit, Enteignung und Zwangsversteigerung!

Und Ihr, ihr Jungen und Mädels? Was ist nach zwei Jahren von allen Versprechungen, die man Euch gemacht hat, wahr geworden? Statt Freiheit Knechtung! Statt Schulung für den Lebenskampf Drill! Statt der Lehrstellen Zwangsverschickung ins Landjahr, in die Landhilfe und in den Arbeitsdienst! Immer noch sind im Saargebiet 16000 Jugendliche ohne Arbeit und ohne Verdienst!

Katholiken und Protestanten! Der „Führer" versicherte: Freiheit der Kirche und Schutz der konfessionalen Organisationen. Der Führer brachte: Auflösung der konfessionellen Standesvereine. Verbot der Tätigkeit der konfessionellen Jugendorganisationen! Eure Religion wird verspottet! Gotteshäuser werden gestürmt und beschmutzt! Eure Pfarrer werden beschimpft, mißhandelt, eingesperrt, verjagt. Denkt an Bungarten, Beck und Wehr!

Saarvolk!

In Deinem kleinen Land war im Vergleich zu heute Freiheit, Recht, Wohlstand! Jetzt herrschen Knechtschaft, Willkür, Armut! 3000 Gestapospitzel beschnüffeln Dich! Mehr als 5000 Männer und Frauen wurden seit der Rückgliederung wegen ihrer Gesinnung verhaftet, mißhandelt, an Seele und Leib geschunden! Mehr als 400 Frauen und Männer wurden in der Zeit zu scharfen Strafen verurteilt, bis anfangs November 1936 hat man 363 in die Marterhöllen Konzentrationslager gebracht.

Es war Frieden im Land, jetzt droht der Krieg! Der Hitlerfaschismus ist der Krieg! Er lügt, wenn er von Frieden spricht. Alles für Kanonen, Tanks, Granaten, Flugzeuge. Mit den Geldern der Winterhilfe wird aufgerüstet, aus den Zwangsbeiträgen für die Deutsche Arbeitsfront werden Kasernen gebaut.

Wir Männer, Frauen und Jugend aus Deinen Reihen rufen Dich. Wir fordern mit Dir: Freiheit für das Volk! Befreiung aller Opfer des Regimes! Ein Ende des Terrors und aller Ausnahmegesetze! Strafe für alle, die für die Verbrechen des Systems verantwortlich sind! Freiheit der Presse, Freiheit des Gewissens, Freiheit des Denkens, Freiheit des religiösen Bekenntnisses! Wir fordern mit Dir: Koalitions- und Versammlungsfreiheit! Ein Ende der schändlichen Rassenhetze! Ein Ende der Kriegshetze!

Saarvolk! Stehe auf! Laß alles Trennende! Verbünde, verbrüdere Dich! Sei stark und treu! Wir rufen Dich: Reich' uns die Hand, Kamerad, komm mit! Kämpfe mit uns: für Deine Freiheit, für Deutschlands Erneuerung, für eine glückliche Zukunft!

Der Arbeitsausschuß zur Bildung der Volksfront
I. A.: Max Braun, Phillipp Daub, Alois Herrmann

40 — 1937
Lagebericht der Staatspolizeistelle Saarbrücken für das Jahr 1937

Bundesarchiv Koblenz: Bestand R 58, Nr. 457, Bl. 217-229.

A) Kommunistische Bewegung

1. Arbeit der illegalen Leitung im Ausland und deren Einfluß auf die Entwicklung der illegalen Bewegung im Reich

Die Arbeit der illegalen Leitung der KP für den Bezirk der Staatspolizeistelle Saarbrücken stand im Jahre 1937 maßgeblich unter dem Einfluß des Bürgerkriegs in Spanien. Mit allen Mitteln wurde von der in Forbach (Lothringen)

befindlichen Zentrale versucht, unter den bereits nach Frankreich emigrierten deutschen Anhängern der KP Mitkämpfer für die rote Armee in Spanien zu werben. Die Werbungsversuche beschränkten sich jedoch nicht nur auf den genannten Kreis, sondern erstreckten sich auch auf die Bewohner des Saarlandes, von denen die KP-Funktionäre annahmen, daß sie noch immer für den Kommunismus auch mit ihrem Leben einsatzbereit wären. Nach den getroffenen Feststellungen war der Erfolg der Werbung innerhalb des Saarlandes jedoch gering. Einige Einzelfälle, die zu verzeichnen waren, sind mehr auf Furcht vor Strafe wegen unbedachter staatsfeindlicher Äußerungen und auf Abenteuerlust als auf überzeugte Einsatzbereitschaft für den Kommunismus zurückzuführen. Es konnte festgestellt werden, daß die wenigen Geworbenen, soweit sie nicht in Spanien gefallen sind, meist nach kurzer Zeit zurückkehrten und dann in Lothringen kümmerlich ihr Leben fristeten.

Hatte die allgemeine Arbeit der illegalen KP-Leitung in Lothringen von sich aus aus dem obengenannten Grunde im ersten Halbjahr 1937 stark nachgelassen, so erfuhr sie in der zweiten Hälfte des Jahres eine weiter außerordentlich starke Beschränkung durch die (wegen der im Grenzgebiet ausgebrochenen Maul- und Klauenseuche) verschärfte Absperrung der grünen Grenze und die dadurch verstärkte Grenzkontrolle.

Da wegen der besonderen Grenzverhältnisse die KP darauf verzichtet hatte, eine illegale Parteiorganisation im eigentlichen Sinne im Saarland aufzuziehen (denn es ist für sie gefahrloser, die Leitung in Lothringen zu haben und ihre Anhänger nach Frankreich kommen zu lassen), entstand durch die verschärfte Grenzkontrolle ein Stocken des Verkehrs mit ihren einzelnen Anhängern, der sonst leider recht bequem und auch ziemlich gefahrlos für die Beteiligten ist. Die nach staatspolizeilichem Gesichtspunkte völlig unzureichende Sperrung und Überwachung der Grenze ermöglichte es dem saarländischen Kommunisten, sein eigener Funktionär, Kurier, Propagandamann, Zeitschriftentransporteur usw. zu sein, da er praktisch die grüne Grenze ohne allzugroße Gefahr beliebig oft überschreiten konnte. Häufig brauchte er sich der Gefahr des illegalen Grenzübertritts noch nicht einmal auszusetzen, nämlich wenn er Grenzgänger (zirka 3 000 saarländische Bergarbeiter arbeiten in Lothringen) war oder aus anderen Gründen (Grundbesitz oder Verwandte in Lothringen) eine Grenzkarte besaß.

Die Grenzgänger bieten für die KP-Leitung in Lothringen überhaupt eine recht gute Möglichkeit zur Einführung und Verbreitung ihres Materials in das Saarland. Der Grenzgänger wird durch entsprechende Lektüre und mündliche Bearbeitung durch die KP-Funktionäre in Lothringen mit den kommunistischen Gedankengängen vertraut gemacht, erhält seinen Auftrag und wird dadurch zu einem nicht zu unterschätzenden „Keimträger" für das Saarland. Die KP-Leitung hat es dabei noch nicht einmal nötig, ihre Leute durch Mitgabe von gedrucktem Material bei einer eventuellen Durchsuchung an der Grenze zu gefährden. Durch geschickte Agitation gelang es der KP-Leitung in Forbach im

Jahre 1937, die Grenzgänger zur geschlossenen Auflehnung gegen die erlassenen Devisenbestimmungen des Reichs zu bewegen. (Siehe seinerzeitigen Sonderbericht).*

Anscheinend gezwungen durch die scharfe Bewachung der Grenze infolge der Maul- und Klauenseuche scheinen die KP-Führer in Lothringen nunmehr damit zu beginnen, einzelne Personen als Nachrichtenüberbringer und Verbindungsmänner ins Saarland zu schicken, die dann von einem Genossen zum anderen gehen, um die bisherige persönliche Verbindung nicht ganz abreißen zu lassen. Genaue Ermittlungen darüber schweben zur Zeit.

Eine weitere Möglichkeit, ihren Einfluß weiter auszudehnen, versucht die Leitung der KP neuerdings bei der Bildung der „Deutschen Gewerkschaften" sowie der „Deutschen Volksfront" im lothringischen Grenzgebiet. Die Zentralleitung der deutschen KP in Paris hat zu obengenanntem Zweck ein Komitee gegründet, durch das in den einzelnen Départements Unterausschüsse gebildet worden sind. Auf diesem Wege versuchen die Kommunisten nun, alle in der Emigration lebenden Deutschen zusammenzuschließen und sie unter ihren Einfluß zu bringen. Besonders vom Grenzgebiet aus sollen dann die in die „Deutschen Gewerkschaften" aufzunehmenden Grenzgänger die illegale Arbeit ins Reich tragen. Bisher haben die Kommunisten jedoch ihr Ziel im angestrebten Sinne keinesfalls erreicht. Sie stoßen dabei besonders auf den Widerstand des in Prag befindlichen Hauptvorstandes der früheren SPD, während die in Paris befindlichen SPD-Führer Breitscheid, Braun usw. eher zu einer Zusammenarbeit mit der KP geneigt sind. (Siehe Bericht über Marxismus.) Nachteilig für die KP-Leitung haben sich außerdem die Vorgänge in Moskau und die verschiedenen Maßnahmen Stalins ausgewirkt, der den Hauptführer der deutschen KP in Paris, Münzenberg, absetzte, der daraufhin umschwenkte und mit der SPD zu verhandeln begann. Zur gleichen Zeit fanden auch Umänderungen in der Besetzung der leitenden Funktionärsstellungen in den Grenzbezirken statt. Ob diese im Zusammenhang mit der Absetzung Münzenbergs stehen, konnte noch nicht festgestellt werden.

Zusammenfassend muß gesagt werden, daß die KP-Leitung in Lothringen zur Zeit bei ihrer Arbeit nur eine sehr schwankende Linie einhält, deren weiterer Verlauf noch nicht vorauszusehen ist.

2. Größere Aktionen gegen illegale Organisationen und Verhalten des Gegners in technischer und taktischer Beziehung

Größere Aktionen gegen eigentliche Parteizellen-Organisationen konnten im Jahr 1937 nicht gemacht werden, da, wie unter 1. geschildert, die KP-Lei-

---

* Die neuen Devisenbestimmungen hatten einen niedrigeren Umtauschwert für den Lohn, den die Grenzgänger in Francs ausgezahlt bekamen, vorgesehen. Dies hätte für die betroffenen Bergarbeiter deutliche Lohnverluste bedeutet.

tung auf das Aufziehen einer Parteizellen-Organisation im üblichen Sinne im Saarland verzichtete. Dagegen konnte eine größere Aktion gegen die bestehende Rote Hilfe (Scherer und Genossen) unternommen werden, durch die fast alle aktiv oder passiv Beteiligten erfaßt wurden. Die Aktion fand im Februar 1937 statt, der Termin zur Hauptverhandlung steht für den 10. Januar 1938 in Saarbrücken an. Bei den beteiligten Personen handelte es sich in der Hauptsache um Angehörige von bereits früher verurteilten Kommunisten (Johänntgen-Prozeß) und von Insassen der Konzentrationslager. Es wurde festgestellt, daß die Leitung der KP in Lothringen durch Kuriere Geldbeträge von zwanzig bis sechzig Mark pro Monat und Familie an die Angehörigen auszahlen ließ. Der Kreis der Beitragszahler im Saarland selbst war sehr klein, so daß die getroffene Feststellung, daß die Gelder von der Zentrale der Roten Hilfe in Paris stammen, sich als richtig erwies. Es zeigte sich, daß die illegale Leitung in Forbach genaue Verhaltungsmaßregeln für eventuelle Festnahme gegeben hatte, und zwar in Bezug auf Leugnen, Zugeben im Notfalle vor der Polizei und späteren Widerruf vor dem Gericht mit dem Hinweis auf Geständniserpressung durch die Geheime Staatspolizei. Diese Anweisungen sind von allen Festgenommenen auch prompt befolgt worden. Die Funktionäre blieben selbst bei schärfster Vernehmung standhaft bei ihrer Aussageverweigerung. Irgendwelches schriftliches Material (Aufstellungen über Mitglieder, Beiträge usw.) konnte in keinem Fall festgestellt werden. Als Geldkurier und Auszahler der Beträge wurden mit Vorzug ältere und gebrechliche Personen, meist Frauen, verwendet – wohl in der Absicht, damit der Geheimen Staatspolizei bei den späteren Vernehmungen Schwierigkeiten zu bereiten.

Eine an Weihnachten geplante Unterstützungsaktion der Roten Hilfe in Lothringen in Form von Übersendungen von Liebesgaben-Paketen an Angehörige von Häftlingen im Saarland wurde rechtzeitig erkannt und durch Postbeschlagnahme der Pakete abgestoppt.

3. Propaganda und Schrifttum

Die KP-Propaganda im Bezirk bestand im vergangenen Jahre hauptsächlich aus Mundpropaganda, die besonders im Grenzbezirk bequem und ungefährlich ist, da sich jeder Anhänger seinen Propagandastoff selbst aus dem benachbarten Frankreich holt. Propagandastoff war hauptsächlich: Einsatz deutscher Truppen in Spanien, Aufrüstung, Kirchenstreit, Entstellung der Arbeits- und Lohnverhältnisse in den saarländischen Gruben, Aufbauschung unliebsamer Vorfälle innerhalb der Parteiorganisationen usw. Getarntes Schrifttum und periodisch erscheinende Druckschriften der KP wurden nur durch Vertrauenspersonen erfaßt, da nach eigener Angabe der illegalen Leitung illegales Material an Genossen im deutschen Grenzgebiet nicht geliefert wird, weil diese genügend Gelegenheit zur Einsichtnahme in den französischen Grenzorten haben.

Zu beachten ist die im Jahre 1937 erfolgte Herausgabe von Flugblättern durch die KP, die sich mit Kirchenfragen und landwirtschaftlichen Angelegenheiten befaßten und an Geistliche und Bauern durch die Post verschickt wurden. Sie waren zur Tarnung unterschrieben mit allgemein gehaltener Bezeichnung von angeblich entsprechend interessierten Kreisen („Treugläubige Katholiken", „Saarländische Landwirte" usw). Hierbei handelt es sich um im Abzugsverfahren hergestellte Blätter, die in Lothringen versandfertig gemacht wurden und dann über die grüne Grenze gebracht und in Saarbrücken und Umgegend in die Postbriefkästen geworfen wurden. Interessant ist, daß diese Blätter fast zur gleichen Zeit inhaltlich, oft wörtlich in den „Deutschen Informationen" und der „Freiheitskorrespondenz" und oft auch in der „Pariser Tageszeitung" als „in Deutschland gedruckt und verbreitet" gemeldet wurden, woraus auf enge Zusammenarbeit der KP-Leitung mit den Herausgebern der genannten Schriften, die den SPD-Emigrantenkreisen und den früheren christlichen Gewerkschaften angehören, geschlossen werden muß.

Zu erwähnen ist noch die KP-Propaganda durch Beschriftung von Eisenbahnwagen und Grubenwagen, die aus Frankreich kommen und deren Urheber daher meist nicht festgestellt werden können. Vorgenannte Fälle kommen jedoch auch sehr selten vor.

Der Rundfunksender „Deutscher Freiheitssender", oder neuerdings „Sender der Deutschen Volksfront" genannt (Welle zirka 29,8), ist im Saarland häufig noch recht gut zu empfangen. Er hat jedoch den Reiz der Neuheit verloren, wirkt durch die ewige Wiederkehr desselben Materials ermüdend und wird wenig gehört, zumal dazu ein starkes Rundfunkgerät erforderlich ist. Häufiger werden naturgemäß die deutschsprachigen Sendungen der Sender Straßburg und Luxemburg gehört, deren Darbietungen bekannt sein dürften. Sogenannte „Hörergemeinschaften" wurden nicht festgestellt.

4. Allgemeine Feststellungen

Abgesehen von der unter 2. geschilderten größeren Roten Hilfe-Organisation wurden Fälle weiterer Organisationen nicht festgestellt. Es zeigte sich jedoch, daß in einzelnen Betrieben frühere Kommunisten von sich aus versuchten, Arbeitskameraden gegen den Staat aufzuhetzen. Es handelte sich dabei um Einzelfälle ewig Unzufriedener, die in keinem organisatorischen Zusammenhang standen, die aber doch als Träger kommunistischen Gedankenguts anzusprechen waren. Diese Elemente wurden jedoch immer sehr schnell erkannt und unter Beobachtung gestellt. Auffällig dabei nur, daß es meist gutbezahlte Spezialarbeiter waren, die keinesfalls aus wirtschaftlicher Not heraus handelten. Die Nachsicht des Staates diesen Leuten gegenüber und die ihnen zuteil gewordene anständige Behandlung nach der Rückgliederung ist von vielen falsch verstanden worden.

Planmäßige Zersetzungsversuche von Parteiorganisationen* wurden in zwei Fällen festgestellt.

B) Marxistische Bewegung

1. Arbeit der illegalen Leitung im Ausland und deren Einfluß auf die Entwicklung der illegalen Bewegung im Reich

Im Jahre 1937 konnte illegale Arbeit von Anhängern früherer marxistischer Parteien oder Vereinigungen innerhalb des Saarlandes nicht festgestellt werden. Organisationen und Zusammenschlüsse zum Zwecke der Verbreitung der marxistischen Bewegung wurden nicht erfaßt. Einzelne Anhänger des Marxismus sind wohl noch vorhanden, machen sich aber in keiner Weise bemerkbar. Die früheren Marxisten haben sich fast alle im Verlaufe der Saarabstimmung anderen politischen Richtungen zugewendet. Soweit sie sich nicht rechtsstehenden Organisationen angeschlossen haben, sind sie Kommunisten geworden.

Die marxistischen Führer und Funktionäre sind nach Frankreich emigriert und haben sich dort erneut zusammengeschlossen, um zu versuchen, im Saarlande wieder Einfluß zu gewinnen, was ihnen aber bisher nicht gelungen ist. Sie haben sich daher darauf beschränkt, zunächst in Lothringen unter den deutschen Emigranten Propaganda für ihre Ideen zu machen und haben dort auch eine Organisation aufgebaut, die der Pariser SPD-Zentrale unter Breitscheid unterstellt ist. Die örtlichen Führer sind fast ausschließlich frühere SPD-Funktionäre des Saarlandes. Ihr Ziel ist es, die im französischen Grenzgebiet lebenden emigrierten Saarländer zusammenzufassen und dann mit deren Hilfe über Verwandte und Freunde auch ihre illegale Tätigkeit im Reichsgebiet aufzunehmen.

Zur Zeit arbeiten sie hauptsächlich auf dem Gebiet der Gewerkschaftsbewegung und der von ihnen erstrebten Deutschen Volksfront. Sie sind dabei auf stärkste Konkurrenz der KP-Leitung gestoßen, die ihrerseits ihren Einfluß ebenfalls auf diesem Gebiet geltend machen möchte. Anfangs hatte auch bereits eine gewisse Einigung der SPD-Führer und der KP-Leitung stattgefunden. Die ursprüngliche Einheitlichkeit in der Auffassung bei den sich in Frankreich aufhaltenden Emigranten bekam jedoch in bezug auf die Bildung der Deutschen Volksfront im zweiten Halbjahr des Jahres 1937 einen starken Riß. Durch die Vorgänge in Rußland, insbesondere durch die Erschießung der Generäle, wurden die SPD-Führer doch bedenklich gestimmt. Hinzu kam, daß durch den neuen Stalinkurs der Hauptführer der KP in Paris, Münzenberg, abgesetzt und durch einen radikalen Kommunisten ersetzt wurde. Aus diesem Grunde betätigten sich die SPD-Führer mehrere Monate überhaupt nicht in

* Gemeint sind Gliederungen der NSDAP.

dem von der KP-Leitung gebildeten Komitee bzw. in den Unterausschüssen. Erst gegen Ende des Jahres ist man sich wieder etwas näher gekommen. Die von der KP gewünschte Einheitsfront, die über die Grenzen Frankreichs hinaus in das Innere Deutschlands getragen werden soll, ist jedoch bisher nicht zustande gekommen. Trotzdem haben in den letzten Wochen wieder gemeinsame Sitzungen von SPD und KP in Paris, Forbach, Straßburg usw. stattgefunden.

In gleicher Weise haben sowohl Kommunisten als auch Sozialdemokraten ihre Agitation auf dem Gebiete der Gewerkschaftsbewegung entfaltet. Im Mai 1937 wurde in Paris ein sogenannter Koordinationsausschuß gebildet, der die Vorbereitung zur „Deutschen Einheitsgewerkschaft" in die Hand nahm. In diesem Ausschuß waren Führer der KP, SPD und der christlichen Gewerkschaft vertreten. Auch hier waren die Gegensätze groß. Die Gewerkschaftsführer wollten alle Kommunisten von führenden Stellen ausgeschlossen wissen. Der Leiter des IGB,* Schevenels, hatte dazu eine sogenannte Auslandsvertretung der deutschen Gewerkschaftsbewegung gebildet, deren Hauptsitz in Komotau (CSR) ist. Ein Unterausschuß davon hat auch in Paris im Namen der früheren deutschen freien Gewerkschaften bereits seine Tätigkeit entfaltet. Darin sind nur frühere Gewerkschaftsangestellte der freien Gewerkschaften, die politisch der SPD angehörten, vertreten. Der IGB, der diese Bewegung auch finanzierte, vertrat durch seinen Sekretär Schevenels die Auffassung, daß die im Auslande versprengten früheren Mitglieder der deutschen Gewerkschaftsbewegung, soweit sie der sogenannten Amsterdamer Internationale** angeschlossen waren, organisatorisch erfaßt werden sollen. Dabei wurden jedoch die heutigen Führer der KP bei der Stellenbesetzung ausgeschlossen. Die französischen Gewerkschaftsführer unterstützten die Auffassung der Kommunisten, da sie Interesse an einer deutschen Gewerkschaftsbewegung nach dem Muster der französischen Einheitsgewerkschaft haben.

Durch die in Moskau geführten Verhandlungen, die als Ergebnis hatten, daß die kommunistischen Gewerkschaften Rußlands sich dem IGB anschließen, begannen sich zum Jahresschluß die Meinungsverschiedenheiten auszugleichen. Bei seinem Bestreben, die deutsche Gewerkschaftsbewegung unter allen Umständen zu bilden, hat Schevenels verschiedene Reisen in die an Deutschland grenzenden Länder unternommen, um dort die führenden Gewerkschaftsführer zur Sammlung der deutschen Emigranten in den Grenzgebieten zu veranlassen. Er ist auch verschiedentlich in Deutschland gewesen. Die von den Kommunisten gebildete Gewerkschaftsbewegung wurde vornehmlich von Moskau und von den französischen Gewerkschaften finanziert, wobei den Teilnehmern an den Sitzungen der Unterausschüsse Fahrgeld und Tagesspesen

* Internationaler Gewerkschaftsbund.

** Internationaler Zusammenschluß sozialdemokratisch orientierter Gewerkschaften.

gezahlt wurden. Gegen Ende des Jahres schienen sich die Einheitsbestrebungen in politischer Hinsicht mehr und mehr durchzusetzen. Auf den im Monat Dezember 1937 abgehaltenen Sitzungen wurde immer wieder zum Ausdruck gebracht, daß nach den Berichten aus Deutschland eine illegale Einheitsgewerkschaft mit späterer Tätigkeit in Deutschland gewünscht wird.

Die Auslandsvertretung der deutschen Gewerkschaften steht unter dem maßgeblichen Einfluß des IGB bzw. seines Sekretärs Schevenels. Für die einzelnen Fachgruppen (wie z. B. Metallarbeiterverband, Bergarbeiterverband usw.) sind Ausschüsse gebildet, die den zuständigen Berufs-Internationalen angegliedert sind. So besteht in Amsterdam für die Bergarbeiter ein Hauptausschuß und in Brüssel und Forbach die entsprechenden Unterausschüsse.

Zu bemerken ist, daß man sowohl in der politischen wie in der Gewerkschaftsbewegung für das Saarland noch besondere Ausschüsse eingesetzt hat. Hierbei scheint Max Braun die Hauptrolle zu spielen, der für die Saarländer eine besondere Organisation, das „Office Saarois", gebildet hat. Diese Einrichtung wurde von der französischen Regierung offiziell anerkannt und Braun wurde als Leiter bestätigt.

Abschließend muß gesagt werden, daß trotz der oben geschilderten Bestrebungen zur Bildung einer politischen und gewerkschaftlichen Einheitsfront noch große Meinungsverschiedenheiten zwischen den verschiedenen Gruppen, und zwar sowohl bei den Führern als auch bei den Anhängern, bestehen. Obwohl den Letzteren von ihren Führern immer wieder ein baldiger Zusammenbruch des Dritten Reiches angekündigt wird, wird ihr Glaube daran immer geringer und ein großer Teil der emigrierten Saarländer kehrt deshalb auch wieder nach Deutschland zurück.

2. Größere Aktionen gegen illegale Organisationen und Verhalten des Gegners in technischer und taktischer Beziehung

Fehlanzeige.

3. Propaganda und Schrifttum

Eine organisierte Propagandatätigkeit der obengenannten marxistischen Kreise ist innerhalb des Saarlandes nicht zu verzeichnen. Sie beschränken sich zur Zeit auf die Bearbeitung der deutschen Grenzgänger und versuchen, diese zum Eintritt in die deutschen Gewerkschaften in Lothringen zu bewegen. In Lothringen erscheinen jedoch regelmäßig Druckschriften, die von führenden Personen der deutschen Gewerkschaften und der Einheitsfront herausgegeben werden. Es sind zu nennen:

1) „Deutsche Informationen", herausgegeben von Heinrich Mann, Rudolf Breitscheid, Max Braun, Bruno Frey; Erscheinungsort ist Paris.

2) „Deutsche Freiheitskorrespondenz", Herausgeber Max Braun.

3) Die neuerdings erscheinende Zeitung „Deutsche Freiheit" („La Liberté Allemande-Hebdomadaire"), Chefredakteur Max Braun, Erscheinungsort Paris.

Die genannten Druckschriften befassen sich ganz allgemein mit außenpolitischen, innenpolitischen und wirtschaftlichen Angelegenheiten Deutschlands, wobei sich die „Freiheitskorrespondenz" besonders mit den Verhältnissen an der saarländischen Grenze befaßt. Die „Deutschen Informationen" haben einen eigenen Wirtschaftsdienst, der von Professor Georg Denicke geleitet wird. Alle genannten Schriften werden innerhalb des Saarlandes nicht verbreitet. Sie sind jedoch den die Grenze überschreitenden Anhängern in Lothringen in jedem Ort zugänglich und werden anscheinend gerne gelesen. Bei der hiesigen Dienststelle konnten sie nur durch einen Vertrauensmann besorgt werden.

4. Allgemeine Feststellungen

Fehlanzeige.

41 — 9./10. November 1938

Bericht der „Saar- und Blies-Zeitung" über die Judenpogrome in Neunkirchen

Saar- und Blies-Zeitung Nr. 265 vom 11. November 1938.

Gegen Mord-Juda!

Die feige Tat des vom internationalen Judentum herausgestellten minderjährigen Judenbuben Grünspan in Paris, der ein wertvolles deutsches Menschenleben, das auf exponierter Stelle im Ausland im Dienste für Volk und Nation stand, zum Opfer fiel, hat in allen deutschen Volkskreisen eine berechtigte Empörung ausgelöst. Die Zeiten in Deutschland sind endgültig vorbei, wo man durch solche Freveltaten das deutsche Volk schrecken konnte. Die jüdischen Methoden sind zu genau studiert und jedem einzelnen deutschen Volksgenossen bekannt, als daß eine solche Tat noch irgendeinen Eindruck in der Richtung der Beeinflussung für das Judentum auslösen könnte.

Auch in unserer Stadt hat sich der Volkszorn in richtiger Erkenntnis, daß es Alljuda ist, das hinter dem Pariser Meuchelmord steht, gegen Alljuda gewandt. Den Juden, der trotz seiner vielen Verbrechen am deutschen Volk, trotz seines Blutsaugertums, seines Parasitentums immer noch eine viel zu entgegenkommende Behandlung bei uns geschah,* mußte diesmal die Strafe treffen. Das

* So in der Vorlage.

Judentum in seiner Gesamtheit ist für diesen Mord und all die Schikanen, die am deutschen Volk verübt worden sind, verantwortlich. Das deutsche Volk konnte keinen Tempel mehr dulden, in dem diese Mörder- und Meuchelbande zu ihrem unsauberen Handwerk angehalten wurde. Darum weg mit ihnen! Weg aber auch mit jedem jüdischen Einfluß auf die Wirtschaft, mit jeder Geschäftchenmacherei! Weg mit der Möglichkeit, daß diese Blutsaugerbande irgendwann und irgendwo noch mit dem deutschen Volke in Berührung kommen kann.

Auch in unserer Stadt haben sich die Bürger in richtiger Erkenntnis der Ungeheuerlichkeit der Pariser Freveltat und der dahinterstehenden internationalen Verbrecherbande Luft verschafft und der Judenschaft das bar heimgezahlt, was sie sich eingebrockt hat. Ihr Tempel, ein Schandfleck in der Stadt, ist nicht mehr. Spontan wurde er weggefegt. Die Juden selbst wiederum hat man in großherziger Weise geschützt. Ihnen ist nichts geschehen. Der gestrige Tag hat jedenfalls auch in unserer Arbeiterstadt, die bestimmt ein Lied vom Jud' und seiner frivolen Wirkungsweise aus der Zeit des „glorreichen Völkerbundsystems" an der Saar erzählen könnte, gezeigt, daß man keineswegs gewillt ist, irgendeine Mißtat des „auserwählten" Volkes unvergolten hinzunehmen.

42 — 30. August 1939

Bericht des Kommandos des Rüstungsbereichs Saarbrücken über die Lage der saarländischen Wirtschaft am Vorabend des Zweiten Weltkrieges

Bundesarchiv-Militärarchiv Freiburg: Bestand RW 21-54/1, Bl. 32-33.

Saargruben: Von 45000 Arbeitern sind 1500 Mann eingezogen, dazu viele Herren in leitenden Stellungen. Stimmung gedrückt. Saargruben AG behauptet Waggonmangel, die Reichsbahndirektion dagegen versichert, daß alle Waggonbestellungen (heutiger Ausfall nur neunzehn Wagen) gestellt werden konnten. Grube Velsen, die letzten Sonnabend der allgemeinen Lage wegen nicht eingefahren war, ist am Sonntag wieder eingefahren. Grenzgänger gesperrt. Diese 2500 Mann werden bei den Saargruben untergebracht.

Transportlage: Die Reichsbahntransportlage ist sehr gespannt. Trotzdem konnten fünfzig Prozent des Bedarfs (gleich 4000 Wagen) gedeckt werden. Expreßgut ist bis 2. September 1939 einschließlich vollkommen gesperrt. Gepäckgut kann bis 17 Uhr aufgegeben werden. Für die süddeutschen Bezirke können außer dringendem Heeresgut keinerlei Güter angenommen werden. Der Zivilverkehr ist normal, nachdem er die letzten Tage mehr als überbeansprucht war. Nach der Ostmark können Kohlen nicht mehr befördert werden. Benzinmangel behoben, Kleingeldmangel und Kreditschwierigkeiten machen sich bemerkbar.

Burbacher Hütte: Von 5 400 Gefolgschaftsleuten fehlen heute 360 (gleich 6,5 Prozent). Sieben Prozent sind einberufen, acht Prozent fehlen in Anbetracht der augenblicklichen Lage. Von acht Hochöfen sind fünf in Betrieb.

Die Erzanlieferung ist für die Saar allgemein unterbunden. Frankreich liefert aber auch keine Erze nach Luxemburg. Die Burbacher Hütte erhält noch pro Tag 1 000 bis 1 200 Tonnen Erze von Luxemburg. Sie verfügt über einen Vorratsbestand für etwa einen Monat, ungefähr 160 000 Tonnen.

Halberger Hütte Brebach/Saar: Von der ersten Schicht in Höhe von 1 260 Mann fehlen heute 147 Arbeiter (gleich zwölf Prozent) durch Einberufungen. Von vier Hochöfen sind zwei abgedämpft, Produktion infolgedessen eingeschränkt. Die Erzanlieferung stockt. Stimmung bei der Gefolgschaft gut.

Röchlingsche Eisen- und Stahlwerke GmbH Völklingen/Saar: Von 10 000 Mann sind 1 200 eingezogen. Verladung findet zur Zeit nicht statt. Stimmung gedrückt. Die sechs Hochöfen des Werks sind in Betrieb. Es wurden wöchentliche Abschlagzahlungen eingeführt.

Neunkircher Eisenwerk AG vorm. Gebrüder Stumm AG Neunkirchen: Keine Änderung im Hochofenbetrieb (fünf Hochöfen), Leistung jedoch verringert. Ausbringung gleich 45 Prozent der bisherigen Leistung. Lagervorrat an Eisenerzen bei verringerter Leistung für vier bis sechs Wochen. Von der 8 000 Mann starken Gefolgschaft sind 750 Mann eingezogen (gleich zirka zehn Prozent). Schwierigkeiten bereitet die Versorgung mit Kalk und Dolomit. Von der Dolomitverarbeitung sind von sechzehn Mann fünfzehn eingezogen. Reklamationen bisher erfolglos. Vorrat an Dolomit und Kalk nur für vier bis fünf Tage. Stimmung gut und zuversichtlich, fast besser als im vergangenen Jahre, da keine Vorbereitungsmaßnahmen für den F-Fall getroffen.

In der Industrie herrscht eine gespannte Lage, ungefähr fünfzehn Prozent der Leute sind eingezogen oder bringen ihre Angehörigen in Sicherheit. Die Betriebe werden jedoch nach Möglichkeit aufrechterhalten.

43 Januar/März 1940

Bericht der Wehrwirtschaftsinspektion XII über die Arbeitsbedingungen und den Arbeitseinsatz im ersten Quartal 1940

Bundesarchiv-Militärarchiv Freiburg: Bestand RW 20-12/4, Bl. 48-49.

Die Leistungen der Arbeiterschaft haben sich nicht gesteigert. Die männliche Gefolgschaft arbeitet in den meisten Betrieben zehn Stunden, dazu kommen Anmarsch und Rückmarsch, die durchschnittlich mit insgesamt zwei Stunden in Rechnung zu stellen sind. Es sind in zahlreichen Fällen Ermüdungserscheinungen bei der Arbeiterschaft aufgetreten.

NE

Betriebsordnung

der

Neunkircher Eisenwerk

Aktien-Gesellschaft

vormals Gebrüder Stumm

Neunkirchen-Saar

30. September 1936, Betriebsordnung des Neunkircher Eisenwerks: „Deutsches Leben ist Arbeit. Alle Arbeit nur für Deutschland." (IG Metall Neunkirchen)

Von dem unterzeichneten Führer des Betriebes wird nach Beratung im Vertrauensrat gemäß § 26 des Gesetzes zur Ordnung der nationalen Arbeit die nachfolgende

Betriebsordnung

der Neunkircher Eisenwerk Aktiengesellschaft vormals Gebrüder Stumm Neunkirchen-Saar

erlassen.

I. Einführung.

1) Arbeit ist nicht Last, ist nicht Mühsal oder Zwang oder gar Schande.

2) Arbeit ist sittliche Pflicht, Arbeit ist Gottesgeschenk, Arbeit ist Segen.

3) Deutsches Leben ist Arbeit. Alle Arbeit nur für Deutschland.

4) In diesem Sinne bilden Führer und Gefolgschaft im Betrieb eine nationalsozialistische Betriebsgemeinschaft, zur Förderung der Betriebszwecke, zum gemeinsamen Nutzen von Volk und Staat.

5) Die Betriebsgemeinschaft beruht auf den Grundsätzen gegenseitiger Treue, Kameradschaft und Vertrauen zwischen Führer und Gefolgschaft, und auf der Achtung vor jeder pflichtmäßigen Arbeit und der Ehre jedes Betriebsangehörigen.

Die Frauen arbeiten im allgemeinen 48 Stunden. Die Ausfälle der Frauen wegen Krankheit und infolge unentschuldigtem Ausbleiben haben sich auf der bisherigen Höhe (25 Prozent und darüber) gehalten, obwohl die Betriebe mit vorwiegendem Fraueneinsatz im Zusammenwirken mit den Arbeitsämtern versucht haben, die Ausfallziffer zu senken.

Der Produktionsausfall durch mittelbare Feindeinwirkung (Fliegeralarm) ist in dem Berichtsvierteljahr gestiegen. Er erreichte seinen Höchststand im September. Sehr erheblich ist der Ausfall nicht, weil die Fliegeralarme stets bei Nacht erfolgten und die Nachtschicht geringer besetzt ist als die Tagesschichten. Produktionsausfall durch unmittelbare Feindeinwirkung (Bombenwurf) entstand nicht.

Der Arbeitseinsatz hat durch verstärkten Fraueneinsatz und durch die Zuweisung von Kriegsgefangenen und ausländischen Arbeitskräften, insbesondere von Elsässern und Lothringern, im Durchschnitt eine leichte Besserung erfahren. Allerdings wird über die Elsässer und Lothringer vielfach geklagt, während manche andere Firmen mit ihnen zufrieden sind.

44 — 10. Juli 1940

Anklageschrift der Anklagebehörde beim Sondergericht Saarbrücken gegen den Neunkircher Gastwirt Wilhelm Jung

Archiv der Vereinigung der Verfolgten des Naziregimes – Bund der Antifaschisten Saarbrücken.

Jung, Wilhelm, Gastwirt, geboren 8. Dezember 1881 in Neunkirchen/Saar, wohnhaft in Neunkirchen-Sinnerthal, Redenerstraße 12, verheiratet, nicht vorbestraft, in dieser Sache in Untersuchungshaft im Gefängnis Kaiserslautern aufgrund des Haftbefehls des Amtsgerichts in Neunkirchen/Saar vom 14. November 1939 (4 Gs. 228/39), festgenommen durch die Polizei am 11. November 1939, wird angeklagt:

zu Neunkirchen-Sinnerthal am 9. November 1939 böswillig gehässige, hetzerische und von niedriger Gesinnung zeugende Äußerungen über eine leitende Persönlichkeit des Staates und der NSDAP gemacht zu haben, die geeignet sind, das Vertrauen des Volkes zur politischen Führung zu untergraben, wobei er damit rechnen mußte, daß die Äußerungen in die Öffentlichkeit dringen würden, indem er gelegentlich einer Unterhaltung mit der Zeugin Frau D.* über den Mordanschlag vom 8. November auf den Führer im Bürgerbräu in München sein Bedauern darüber aussprach, daß der Anschlag fehlgegangen war.

* Die Namen der beteiligten Zeugen wurden mit Kürzeln versehen.

Vergehen gegen § 2 Abs. 2 des Gesetzes gegen heimtückische Angriffe auf Staat und Partei und zum Schutze der Parteiuniformen vom 20. Dezember 1934. Der Herr Reichsminister der Justiz hat die Strafverfolgung durch Erlaß vom 26. Juni 1940, III g 11 6591/40 angeordnet.

Beweismittel:

I. Einlassung des Angeschuldigten (Bl. 5r, 7r, 10 der Akten).

II. Zeugen: 1. Frau Maria D. ..., 2. Melitta R. ..., 3. Amtsgerichtsrat M. ..., 4. Kriminalassistent H. ..., 5. Kaufmann Friedrich M. ..., 6. Frau Margarethe G. ..., 7. Georg M. ... Sachverständiger: Dr. S. ...*

III. Beiakten.

Wesentliches Ergebnis der Ermittlungen:

Als der Angeschuldigte am 9. November 1939, vormittags gegen zehn Uhr, sich allein in seiner Gastwirtschaft befand, erschien die Zeugin Frau D., um eine leere Coca Cola-Flasche zurückzubringen. Der Angeschuldigte wies die Zeugin auf die auf dem Billard liegende Morgenzeitung hin, in der über den am Abend vorher verübten Mordanschlag auf den Führer im Bürgerbräukeller berichtet war. Frau D. wußte von der Begebenheit noch nichts. Sie sagte zum Angeschuldigten, es sei doch ein Glück, daß der Führer nicht dabei gewesen sei. Der Angeschuldigte erwiderte darauf: „Was sagen Sie, Frau D.? Der hätte dabei sein müssen." Dabei klopfte er mit dem Finger auf ein illustriertes Heftchen, auf dem der Führer abgebildet war. Die Zeugin fragte den Angeschuldigten, ob er den Führer meine. Dieser antwortete: „Ja, wen denn sonst?" Weiter sagte er noch: „Alle, die zu ihm gehören, hätten auch dabei sein müssen." Im Verlauf der weiteren Unterhaltung erklärte er: „Wenn der Führer und seine engsten Mitarbeiter bei dem Attentat umgekommen wären, würde es heute in Deutschland schon ganz anders aussehen." Die Zeugin sagte dann weiter, wenn der Täter jetzt hier im Lokal sitzen würde und sie ihn festnehmen lassen würde, bekäme sie eine hohe Belohnung. Hierauf erwiderte ihr der Angeklagte, sie sei eine dumme Frau, er würde den Täter nicht verraten, auch wenn es nochmal so viel Belohnung dafür gebe. Auf weiteres Befragen, ob er Spaß mache, erklärte ihr der Angeklagte, das sei sein voller Ernst, es sei ihm gar nicht zum Lachen zumute.

Der Angeschuldigte hat bei seiner ersten polizeilichen Vernehmung bestritten, die oben wiedergegebenen Äußerungen getan zu haben. Wohl habe er gesagt: „Der Richtige ist nicht dabei gewesen." Hiermit habe er Chamberlain gemeint. Er habe allerdings nicht gesagt, daß er Chamberlain meine (Bl. 5r). Nach dem Weggang der Frau D. habe er mit seiner Ehefrau über seine Unterhaltung mit der Frau D. gesprochen und gesagt: „Ich glaube, ich habe in der Unterhaltung mit der Frau D. einen Bock geschossen. Ich habe das Gefühl, daß

* Ausgelassen wurden jeweils die Anschriften der beteiligten Zeugen.

Frau D. mich falsch verstanden hat." (Bl. 7r)

Bei seiner richterlichen Vernehmung hat der Angeschuldigte zunächst auch bestritten, dann aber ein Geständnis abgelegt (Bl. 10). Er gab nunmehr die oben genannten Äußerungen zu. Eine Erklärung dafür, weshalb er solch ungeheuerliche Bemerkungen über den Führer tun konnte, vermochte er nicht anzugeben.

Bei der ärztlichen Untersuchung auf seinen Geisteszustand widerrief der Angeschuldigte sein Geständnis (Bl. 20r). Inzwischen hatte der Verteidiger des Angeschuldigten die Zeugin R. benannt und durch sie unter Beweis gestellt, daß die Unterhaltung des Angeschuldigten mit Frau D. einen ganz anderen Inhalt hatte. Nicht der Angeschuldigte, sondern gerade die Zeugin D. habe ihr Bedauern darüber ausgesprochen, daß das Attentat auf den Führer fehlgeschlagen sei (Bl. 17, 18). Die Zeugin R. hat dann auch bei ihrer polizeilichen Vernehmung in diesem Sinne ausgesagt und Frau D. belastet und den Angeschuldigten entlastet (Bl. 23).

Nach Sachlage verdienen aber die Angaben der Zeugin R. (insbesondere auch mit Rücksicht auf das frühere Geständnis des Angeschuldigten beim Ermittlungsrichter) keinen Glauben. Es ist anzunehmen, daß die Zeugin von dritter Seite beeinflußt worden ist, den Angeschuldigten durch ihre unwahren Angaben zu entlasten. Es wird beantragt:

1. Die Hauptverhandlung vor dem Sondergericht Saarbrücken in Kaiserslautern anzuordnen.
2. Die Haftfortdauer anzuordnen.*

45 — 24. Oktober 1941

Schreiben Hermann Görings an die „Reichsvereinigung Kohle" zum Einsatz ukrainischer Zwangsarbeiter im deutschen Bergbau

Bundesarchiv Koblenz: Bestand R 10 VIII, Nr. 54, Bl. 9-11.

Ihrem Antrag, zehn- bis zwölftausend ukrainische Bergarbeiter nach dem Altreich zu überführen und im Kohlenbergbau einzusetzen, stimme ich unter folgenden Voraussetzungen zu, auf deren Einhaltung ich entscheidendes Gewicht lege:

1. Es ist eine genaue Auswahl unter den ukrainischen Bergarbeitern zu treffen, in der insbesondere darauf zu achten ist, daß neben der arbeitsmäßigen Leistungsfähigkeit auch sichergestellt wird, daß die nach Deutschland zu überfüh-

* Wilhelm Jung wurde zu einer mehrjährigen Freiheitsstrafe verurteilt. Nach der Haftentlassung im Mai 1942 wurde er ins KZ Auschwitz gebracht. Im Oktober 1942 starb er hier, angeblich an den Folgen „von Darmkatarrh bei Magenentzündung".

renden ukrainischen Bergarbeiter nach ihrer Persönlichkeit keine Anhaltspunkte dafür geben, daß sie kommunistische Tendenzen verbreiten werden.

2. Die ukrainischen Bergarbeiter sind in geschlossenen Transporten unter Bewachung nach Deutschland zu bringen.

3. Die genannten Arbeiter sind nur in geschlossenen Kolonnen im Bergbau einzusetzen.

4. Bei den örtlichen Arbeitsstellen sind die ukrainischen Bergarbeiter gesondert von den übrigen Arbeitern in einem abgeschlossenen, unter Bewachung stehenden Barackenlager jeweils unterzubringen.

Die Maßnahmen zu 1. bis 4. sind im Einvernehmen mit dem Reichsführer SS und dem Chef der deutschen Polizei sowie mit dem OKW* (Abwehr) zu treffen.

5. Die Verpflegung der ukrainischen Bergarbeiter hat sich unter dem deutschen Niveau zu halten. Die näheren Vereinbarungen über die Verpflegungssätze sind mit der Geschäftsgruppe Ernährung alsbald zu treffen.

6. Über die Lohngestaltung ist daran festzuhalten, daß den ukrainischen Bergarbeitern grundsätzlich außer freier Verpflegung und Unterkunft nur ein Taschengeld zu gewähren ist, das lediglich die Anschaffung von gewissen Genußmitteln (Zigaretten, Schnaps) sicherstellen soll. Als Grundlage für die Lohngestaltung gilt der genau festzustellende ehemalige sowjetische Lohn. Die näheren Vereinbarungen sind im Einvernehmen mit der Geschäftsgruppe Arbeitseinsatz im Reichsarbeitsministerium zu treffen.

7. Die in der Ukraine zurückbleibenden Familien sind dort zu ernähren. Gegebenenfalls wird die „Ostmontan“ diese Familien bei einer Beschäftigung in den Ostmontanbetrieben bevorzugt behandeln.

Ich bitte, im Einvernehmen mit den genannten Dienststellen das Erforderliche nunmehr umgehend in die Wege zu leiten. Es ist dringende Eile geboten, da der Führer eine Steigerung der Eisenerzeugung angeordnet hat, die nur durch erhöhte Kohlenproduktion zu erzielen ist.

gez. Göring

* Oberkommando der Wehrmacht.

46 28. September 1942

Aufruf der „Betriebsführung" des Neunkircher Eisenwerks zur Verrichtung von Luftschutzarbeiten außerhalb der Arbeitszeit

Archiv Saarstahl Völklingen, Werk Neunkirchen: Mappe 174067, Rundschreiben und Anweisungen der Direktion.

Die Erfahrungen bei den letzten Fliegerangriffen auf unser Gebiet ergeben die Notwendigkeit zur raschen Ergänzung unserer Luftschutzmaßnahmen, um die Abwehrbereitschaft unseres Werks gegen Fliegerangriffe so zu verstärken, daß die Lieferungsausfälle für die Front und Wehrmacht so klein wie möglich gehalten werden können.

Da das Werk unter Einsatz seiner ganzen Belegschaft die Stahlerzeugung weitmöglichst steigern muß, um unseren kämpfenden Soldaten die notwendigen Waffen zu liefern, ist es nicht möglich, eine genügende Anzahl Gefolgschaftsmitglieder zur Erledigung dieser Arbeiten aus den Betrieben herauszuziehen. Die Maßnahmen sollen deswegen als Gemeinschaftsarbeit der gesamten Gefolgschaft nach der Arbeitszeit durchgeführt werden.

Da wir in unsere Belegschaft das Vertrauen haben, daß sie bereit ist, sich zum Schutze ihrer Arbeitsstelle und ihrer engeren Heimat voll einzusetzen, rufen wir die gesamte Gefolgschaft, Angestellte und Arbeiter, zur freiwilligen Meldung für die Luftschutzarbeit auf. Die Gefolgschaft wird durch vollständige Beteiligung an dieser Verteidigungsmaßnahme ihre enge Verbundenheit mit der kämpfenden Front bezeugen und ihren Willen, mit vorbildlicher Kameradschaft auch diesen Beitrag zum Endsieg beizusteuern.

Die Meldungen sollen bei den zuständigen Abteilungsleitern bis spätestens 1. Oktober 1942 abgegeben und an WLL weitergeleitet werden. Beginn der Arbeit und Einteilung der Arbeitsstellen wird durch WLL noch bekanntgegeben. Die Luftschutzarbeit wird von halb drei bis halb sechs Uhr an Werktagen gelegt. Jeder, der Frühschicht verfährt, soll dreimal in der Woche antreten. Gefolgschaftsmitglieder, welche dauernd Frühschicht haben, brauchen nur jede dritte Woche dreimal zu erscheinen. Für die Angestellten wird die Arbeitszeit auf Samstags von halb zwei bis halb fünf Uhr festgesetzt, wobei diese jedoch jeden Samstag antreten.

Das Werk ist bereit, für diese Luftschutzarbeit gleichmäßig einen Stundenlohn von RM 1,10 zu vergüten. Die Durchführung der gesamten Arbeit wird voraussichtlich etwa zwei Monate in Anspruch nehmen.

Neunkircher Eisenwerk, den 28. September 1942
Die Betriebsführung: Haug, Arndt

Schreiben der Gestapo Neustadt an die Gestapo Saarbrücken betreffend bettelnder Zwangsarbeiter

Landesarchiv Saarbrücken: Bestand Stapo Saarbrücken, Nr. 9.

In letzter Zeit gehen verschiedentlich Meldungen ein, daß Ostarbeiter am Beschäftigungs- oder Unterbringungsort oder auch außerhalb desselben, sei es während des Ausgangs oder auf dem Wege von der Arbeitsstelle zum Lager, Lebensmittel betteln* oder gegen selbstverfertigtes Spielzeug eintauschen. Auch Ostarbeiterkinder werden zum Betteln ausgeschickt. Dabei ist es vorgekommen, daß kontrollierende Polizeiorgane die Betroffenen lediglich mündlich verwarnt und aufgefordert haben, sich an ihren Unterbringungsort zurückzubegeben.

Um diese Plage einzudämmen und die damit verbundenen Gefahren rechtzeitig abzuwenden, bitte ich, die Polizei- und Gendarmeriedienststellen generell anzuweisen, gegen ausländische Arbeiter, insbesondere Ostarbeiter, die sich auf die geschilderte Weise strafbar machen, strengstens einzuschreiten und in jedem Falle auch die „mitleidigen" Volksgenossen festzustellen, damit auch diese entsprechend belehrt werden können. Einen gleichzeitigen Hinweis, daß der Kontrolle der Ostarbeiter auf ihren Ausgängen ein ganz besonderes Augenmerk zuzuwenden ist, halte ich für unbedingt notwendig, da das Gebot, nur in Gruppen und unter Führung eines Verantwortlichen auszugehen, vielfach nicht beachtet wird.

NE

An alle Betriebe und Abteilungen.

Am Montag, den 1. Mai wird in sämtlichen Betrieben und Büros wie an Werktagen gearbeitet.

Neunkirchen-Saar, 26. April 1944.

PUPPE,
Betriebsführer.

1944: Der „Tag der nationalen Arbeit" findet nicht statt. Alle Kräfte für den Krieg.
(Archiv Saarstahl Völklingen, Werk Neunkirchen)

* So in der Vorlage.

48 3. April 1945

Abschlußbericht der Abteilungen F und TB der Rüstungsinspektion XIIb (Saarbrücken)

Bundesarchiv-Militärarchiv Freiburg: Bestand RW 20-12/37, Handakten Major Dr. Adams.

Anfang März 1945 konnte in den meisten Orten der Rüstungsinspektion noch gefertigt werden, soweit nicht Feindnähe oder Zerstörungen durch Fliegerangriffe jede Arbeit unmöglich machten. Besonders hart betroffen waren Kaiserslautern und Neunkirchen (Eisenwerk). Trotz aller Schwierigkeiten (Mangel an Zulieferungen, an Kohle, Energie und Gas sowie Störungen durch Alarme und Bombenwurf) boten die Firmen alles auf, um die Fertigung aufrechtzuerhalten. Diese Lage blieb für das Rüstungskommando Ludwigshafen und den Arbeitsstab Saarbrücken im wesentlichen unverändert bis zum 10. März 1945, obwohl der Feind bei Düren bereits durchgebrochen war.

Am 7. März 1945 brach der Gegner in das Gebiet des Rüstungskommandos Koblenz von Norden her ein und am 8. März 1945 geriet das Gebiet der Verwaltungsstellen Remagen und Andernach in Feindeshand. Am 11. März 1945 Besprechung beim führenden Wirtschaftsoffizier der Heeresgruppe G, von dem beschleunigter Abtransport der Rüstungs- und Wirtschaftsgüter im Gebiet des AOK 1 gefordert wird, wozu er selbst Unterstützung durch Gestellung von Transportmitteln der Heeresgruppe zusagt. Um die gleiche Zeit sorgten Kommissionen des Wehrmacht-Beschaffungsamtes gemeinsam mit der Rüstungsinspektion erfolgreich für die beschleunigte Abfuhr der erheblichen Bestände an Fertig- und Halberzeugnissen aus den gefährdeten Betrieben.

Seit dem 3. März 1945 hatte die Inspektion keine Verbindung mehr mit dem Rüstungskommando Koblenz in Bendorf. Ein Kradmelder traf das Kommando am 10. März 1945 nicht mehr an. Am 12. März 1945 erschien dann der stellvertretende Kommandeur bei der Inspektion und meldete die Lage des Kommandos: die Gebiete der Verwaltungsstellen Neuwied, Andernach, Stadt Koblenz und Remagen ausgefallen; das Kommando selbst wegen Feindnähe abgesetzt; Verwaltungsstellen Kreuznach und Idar-Oberstein wegen der schwierigen Verbindung mit dem Kommando der Rüstungsinspektion unterstellt.

Am 13. März 1945 nochmalige Besprechung beim führenden Wirtschaftsoffizier der Heeresgruppe G über den zweckmäßigsten Einsatz der führenden Wirtschaftskommandos 12 und 13 zur Räumung des Gebietes AOK 1 von Rüstungs- und Wirtschaftsgütern. Am gleichen Tage hielt der Inspekteur Vortrag bei dem Oberbeauftragten West, Generalfeldmarschall Kesselring, über die Bedeutung des Saarlandes für die Kohlenversorgung Südwestdeutschlands. Der Marschall versprach, dem Führer zu berichten, wies jedoch auf die beschränkte Einsatzmöglichkeit von Truppen hin.

Der zunehmende Beschuß der Stadt Saarbrücken machte dort ein weiteres Arbeiten unmöglich. Die Firmen führten ihre Arbeitskräfte in ihre Ausweichbetriebe zurück.

Nach Mitteilung des führenden Wirtschaftsoffiziers Heeresgruppe G am 15. März 1945 hat der Feind die Höhen des Hunsrücks erreicht. Der gesamte verfügbare LKW-Transportraum der Truppe und der zivilen Wirtschaft wurde sofort für Truppenverschiebungen eingesetzt und damit kam die Rückführung der Rüstungs- und Wirtschaftsgüter ins Stocken.

Am 16. März 1945 überprüfte Abteilungsleiter F die Lage des Arbeitsstabes Saarbrücken in Sankt Ingbert und überbrachte den Befehl, die dortige Dienststelle sofort nach Glanmünchweiler zurückzuverlegen. Diese Zurücknahme wurde notwendig, weil der Feind von Norden und Süden gegen Saarbrücken vordrang und sich an Sankt Ingbert heranschob. Sehr starke Luftangriffe am 17., 18. und 19. auf Neunkirchen, Homburg, Saarbrücken und Pirmasens zerschlugen die dortigen Betriebe mit ihren Fertigungen. Am 18. März 1945 fielen Ottweiler und Sankt Wendel aus, Kusel, Landstuhl und das Alsenztal folgten am 19. März 45, womit auch des Rest des Gebietes des Arbeitsstabes Saarbrücken verlorenging.

Arbeitsstab Saarbrücken setzte sich mit Teilen nach Glanmünchweiler ab, blieb jedoch arbeitsfähig in dem stark beschossenen Sankt Ingbert bis zum 18. März 1945, wo er sich nach Grube Heinitz absetzte. Der Teil von Glanmünchweiler mußte wegen Feindannäherung nach Lambrecht zur Rüstungsinspektion zurückgehen, während Heinitz am 20. März 1945 nach Heidelberg ausweichen mußte.

Die Jabo-Tätigkeit steigerte sich in den letzten Tagen im Gebiet des Rüstungskommandos Ludwigshafen so, daß von einer geregelten Fertigung nicht mehr gesprochen werden konnte. Die Sprengung der Ludwigshafener Brücke am 20. März 1945 abends legte die Fertigungen der Verwaltungsstellen Neustadt, Frankenthal und Ludwigshafen still, während die Verwaltungsstellen Landau und Speyer ihre Tätigkeit noch einige Tage ausüben konnten. Beide Verwaltungsstellenleiter sind noch nicht zurückgekehrt, ein Bericht liegt daher nicht vor. Die Verwaltungsstellen Idar-Oberstein und Kreuznach gingen am 18. März 1945 verloren; während sich der Leiter der Verwaltungsstelle Idar-Oberstein rechtzeitig absetzen konnte, sind die Herren von Kreuznach noch nicht zurückgekehrt. Das Gebiet der Verwaltungsstelle Betzdorf ging nach einigen Tagen durch den Vormarsch des Feindes auf Siegen ebenfalls verloren, womit der gesamte Bereich der Rüstungsinspektion XIIb in Feindeshand gefallen ist.

49 13. August 1945

Gemeinsamer Aufruf der SPD und der KPD des Saargebietes*

Archiv der sozialen Demokratie: Bestand Sozialdemokratische Partei Saar/SPS, Sammlung Ernst Kunkel, Mappe 69.

An alle Mitglieder der SPD und der KPD des Saargebietes

Mehr als ein Jahrzehnt ist vergangen, seit wir uns in der Endphase des Saarabstimmungskampfes zur Bildung der Einheitsfront die Bruderhand reichten. Ein Jahrzehnt ist auch vergangen, seit wir uns zum letzten Mal legal an Euch wenden konnten. Heute, da der Krieg das Hitlerregime zu Boden geschlagen hat, können wir wieder frei und ungehindert unsere Stimme erheben.

Unser erstes Wort ist ein Wort des Gedenkens. Es gilt denen auf dem Schafott, in den Konzentrationslagern, Zuchthäusern und Gefängnissen gemordeten Kameraden.** Es gilt in gleicher Weise den Gefallenen des Spanienkampfes und der französischen Widerstandsbewegung.

Unser erster Gruß gilt allen aktiven Kämpfern für die Freiheit, die in den Konzentrationslagern, Zuchthäusern und Gefängnissen, in Spanien und Frankreich unbeugsamen Willens und mit unverbrüchlicher Treue trotz Hunger und Todesgefahr zur Sache gestanden haben. Unser zweiter Gruß gilt allen Genossen in Stadt und Land, die sich in den Jahren der Tyrannei ihren unbeugsamen Glauben bewahrt und alle Verfolgungen, Anfeindungen und Quälereien mit Entschlossenheit und Würde ertragen haben.

Der Krieg ist nun zu Ende. Deutschland ist besiegt worden und hat alle Folgen der Niederlage zu tragen. Diese Folgen wären viel weniger schwer, wenn nicht Hitler und seine verbrecherischen Kumpane, der SS und Sicherheitspolizei, unter aktiver Mithilfe der deutschen Wehrmacht durch die bestialischen Grausamkeiten, hinterlistigen Verrat die Welt herausgefordert und zu glühendem Haß getrieben hätte.***

Als wir vor einem Jahrzehnt den Saarkampf antraten, sagten wir voraus, daß zertrümmerte Städte, eine zerstörte Wirtschaft, ein demoralisiertes Volk das Erbe sei, das uns Hitler hinterlassen würde. Diese Voraussage ist heute über alle Maßen fürchterliche Wirklichkeit. Heute ist allen klar, daß unsere Entscheidung die einzig richtige war. Nun ist das Hitlerregime gestürzt und das deut-

* Das Original dieses Aufrufs konnte nicht ermittelt werden, in den angegebenen Beständen des Archivs der sozialen Demokratie befindet sich lediglich ein undatiertes und nicht unterzeichnetes Doppel.

** So in der Vorlage.

*** So in der Vorlage.

sche Volk steht vor der großen Aufgabe der Schaffung einer demokratisch-antifaschistischen Republik. An diesem Aufbauwerk werden wir uns restlos beteiligen. Die Saarbevölkerung muß versuchen, den Beweis zu liefern, daß sie durch praktische Arbeit gewillt ist, ihre irrtümliche Haltung im Saarabstimmungskampf zu korrigieren. Für uns gibt es kein Saarproblem mehr. Deutschland ist frei und wir haben nur das eine Ziel: keine Wiederholung der Fehler von 1918. Die Schuldigen an diesem Kriege müssen verhaftet, abgeurteilt und gerichtet werden. Kein Weg darf diesen Plutokraten, den Verbrechern an Deutschland offen bleiben, durch den sie der Volksjustiz entweichen können. In welcher Maske sie auch auftreten mögen, sie sind und bleiben die Feinde unseres Volkes.

Die Konferenz von Potsdam hat die Zukunft unseres Volkes klar umrissen. „Nicht das deutsche Volk, sondern der deutsche Militarismus, der Faschismus, die preußische Militärkaste soll vernichtet werden." Im Gegensatz zu 1918 sollen diesmal die Nachkriegsprobleme ihre fortschrittliche Lösung finden. Dem deutschen Volk soll die Möglichkeit gegeben werden, nachdem es durch seine Arbeit bewiesen hat, daß es würdig ist, in den Rat der Vereinten Nationen aufgenommen zu werden, sich eine eigene, selbständige deutsche Regierung zu schaffen. Deutschland wird als eine wirtschaftliche Einheit bestehen bleiben. Wie sich Deutschland endgültig gestalten wird, das wird durch die Friedenskonferenz entschlossen.* Leider haben wir durch unsere eigene Schuld es nicht vermocht, rechtzeitig und durch unsere eigene Kraft dem Krieg ein Ende zu setzen. Dadurch hätte sich das deutsche Volk die Möglichkeit erkämpft, selbständig und unabhängig über Deutschlands Schicksal zu bestimmen. So steht uns heute nicht zu, Forderungen zu stellen, die bis heute von keiner Regierung der Vereinten Nationen erhoben wurden. Nicht die Lösung von Grenzproblemen, sondern die tatsächliche Ausrottung und Vernichtung des deutschen Imperialismus, der Überreste des Faschismus sind unsere Hauptaufgaben. Darin sehen wir Antifaschisten die Garantie vor einem neuen deutschen Angriff und wir werden uns dafür einsetzen, daß von Deutschland aus nie wieder der Pfeil des Krieges gegen andere Länder abgeschossen wird.

Seien wir wachsam und wehren uns gegen die Methode unserer Feinde. Die militärisch-politische Kraft des Nationalsozialismus ist gebrochen, aber die Ideologie spukt noch in den wirren Köpfen fort. Wehren wir uns gegen jeden Versuch, in unseren Reihen Unruhe zu stiften. Jede antikommunistische und antisowjetische Propaganda ist ein reaktionärer Versuch, die Arbeiterklasse, das schaffende Volk in seiner Einheit zu spalten und in Bruderkämpfe zu verwickeln. Diesmal werden und müssen wir wachsam sein und uns zusammenschließen zu einer einheitlichen antifaschistischen Front, an der jeder reaktionäre Versuch, imperialistischen Interessen zu dienen, scheitern wird. Zu teuer war der Preis, zu groß waren die Opfer, zu traurig ist unsere Lage, als daß wir

* So in der Vorlage.

uns noch einmal vor die Karre einer reaktionären Clique in Deutschland spannen lassen werden.

Die Säuberung der kommunalen, staatlichen und wirtschaftlichen Verwaltungsstellen von den aktiven Nazibeamten und -angestellten ist die wichtigste Aufgabe zum Aufbau der demokratischen Selbstverwaltung unseres Landes. Wir sind es unseren Toten schuldig, und den Völkern der demokratischen Länder müssen wir es beweisen, daß wir Deutsche diesmal in der Lage sind, reinen Tisch zu machen. Wir wollen endlich daran arbeiten, daß unser Volk in wenigen Jahrzehnten wieder das Volk der Denker und Dichter heißt und daß diese so furchtbaren zwölf Jahre nur noch als böser Traum im Gedächtnis unserer Enkel leben. Beseelt von dem Wunsche, in Deutschland ein neues, fortschrittliches Regime zu schaffen, haben die Kommunisten und Sozialisten des Saargebietes folgendes beschlossen:

1. Die Einheit der Sozialdemokraten und Kommunisten in Stadt und Land, in den Hütten- und Grubenanlagen zu bilden.

2. Alle ihre Kräfte auf den Plan zu rufen, um die Mobilisierung der antifaschistisch-demokratischen Kräfte unseres Bezirkes durchzuführen und sie in einem antifaschistisch-demokratischen Block zu einigen.

3. Die Bildung eines Aktionsausschusses vorzunehmen, der die Arbeit zwischen den Kommunisten und Sozialdemokraten besprechen und leiten soll.

4. Dieser Aktionsausschuß soll die Aufgabe haben, ein konkretes Aktionsprogramm zu entwerfen, welches für die beiden Arbeiterparteien gültig sein wird. Ebenfalls soll der Ausschuß beauftragt werden, eine Kommission zu bilden, die sich mit den Problemen der organisatorischen Einheit der beiden Arbeiterparteien befassen soll.

5. Ungeachtet aller Arbeiten der beiden Parteien soll eine Konferenz der antifaschistisch-demokratischen Kräfte einberufen werden, welcher die Aufgabe zugedacht ist, die Zulassung der antifaschistisch-demokratischen Parteien bei der zuständigen Militärbehörde zu beantragen.

Dieser Aufruf wurde am 13. August von den Vertretern der Kommunistischen Partei und Sozialdemokratischen Partei des Bezirkes einstimmig angenommen.

Vorschläge der Arbeiterorganisationen zur Neuordnung von Wirtschaft und Gesellschaft

50a *30. Juni 1946*

Entschließung des Parteitages der Sozialdemokratischen Partei

Volksstimme Nr. 3 vom 6. Juli 1946.

Die Sozialdemokratische Partei des Saargebietes erklärt aus Anlaß ihres ersten ordentlichen Parteitages nach 1935, daß sie eine ihrer wichtigsten Aufgaben in der radikalen Überwindung jener Kräfte erblickt, die für die politische, wirtschaftliche und moralische Katastrophe verantwortlich sind, in die der Nationalsozialismus unser Volk gestürzt hat. Das politische Ziel der wiedererstandenen Sozialdemokratischen Partei bleibt wie in der Vergangenheit die Schaffung einer sozialistischen Gesellschaftsordnung als einzige Garantie für die Wohlfahrt der Schaffenden und die Erhaltung des Friedens. Im Hinblick auf dieses Ziel gibt der Parteitag dem Wunsche Ausdruck, durch geeignete Maßnahmen nicht nur jeden nationalsozialistischen Einfluß in Staat und Wirtschaft auszuschalten, sondern auch die Vorbereitungen zur Sozialisierung der Schwereisenindustrie, des Bergbaus, der Eisenbahn, der sonstigen Verkehrsbetriebe, der Versorgungsbetriebe sowie der Versicherungsgesellschaften und Banken zu treffen.

Die Sozialdemokratische Partei vertritt die Auffassung einer europäischen Lösung des deutschen Problems. Sie erklärt sich bereit, mit allen politischen Parteien und Gruppen zusammenzuarbeiten, deren praktische Tätigkeit ihr geeignet erscheint, die Kräfte zu wecken, die am europäischen Neuaufbau teilnehmen wollen.

Die Sozialdemokraten an der Saar erneuern die in der Entschließung des erweiterten Bezirksvorstandes vom 6. April niedergelegte Erklärung, daß sie von einem engen wirtschaftlichen Zusammenarbeiten des Saargebietes mit Frankreich eine glückliche Lösung der besonderen wirtschaftlichen Schwierigkeiten unseres engeren Heimatgebietes erwarten und verweisen dabei insbesondere auf die naturgegebenen Bindungen unserer Heimat mit dem französischen Nachbargebiet. Die Sozialdemokratische Partei des Saargebietes bekennt sich zu den Beschlüssen, mit denen die Sozialistische Internationale auf ihrem jüngsten Kongreß in England zur Lösung der europäischen Probleme Stellung genommen hat.

Die Sozialdemokratische Partei lenkt die Aufmerksamkeit der verantwortlichen Behörden auf die kritische Lage der Lebensmittelversorgung der Bevölkerung und bittet, durch schnelle und wirksame Maßnahmen dafür zu sorgen, daß die gegenwärtige schwierige Periode bald als überwunden angesehen werden kann.

Der Militärregierung spricht die Sozialdemokratische Partei ihren aufrichtigen Dank aus für das Entgegenkommen, das sie mit der Wiederzulassung der politischen Parteien und ihren Zeitungen bewiesen hat. Die Sozialdemokratische Partei bekundet in diesem Zusammenhang ihren Willen auf loyale Zusammenarbeit mit den Alliierten, insonderheit den französischen Verwaltungsinstanzen im Saargebiet und ruft die Bevölkerung dazu auf, einen Schlußstrich unter die traurige Vergangenheit des Naziregimes zu ziehen und sich verantwortungsbewußt in den Dienst des geistigen und materiellen, des politischen und sozialen Wiederaufbaus unserer engeren Heimat zu stellen.

50b *2. Februar 1947*

Entschließung der Bezirksdelegiertenkonferenz der Kommunistischen Partei (Auszug)

Neue Zeit Nr. 6 vom 6. Februar 1947.

Die am 2. Februar 1947 im Johannishof zu Saarbrücken tagende Bezirksdelegiertenkonferenz der KP billigt einmütig die bisherige Politik der Bezirksleitung und beauftragt dieselbe im Dienste und im Interesse der werktätigen Saarbevölkerung und ihrer engeren Heimat mit der Fortsetzung der eingeschlagenen Linie in Politik, Wirtschaft, Ernährung, Wiederaufbau, Sozialpolitik und kultureller Neugestaltung.

Sie anerkennt die Bemühungen der Militärregierung um den Wiederaufbau der Industrie, der Ingangsetzung der Verkehrseinrichtungen, der allgemeinen Versorgung, die Behebung der Ernährungskrisen und spricht ihr dafür ihren Dank aus.* Ebenso anerkennt sie die aufbauenden Leistungen einzelner Abteilungen der zivilen Verwaltungskommission, ohne jedoch dieser gegenüber auf das demokratische Recht der Kritik und den Hinweis auf die Dringlichkeit der noch zu lösenden Probleme zu verzichten.

Besorgt um eine dauerhaft friedliche, dem deutschen Charakter der Saarbevölkerung Rechnung tragende Lösung der politischen Fragen, besorgt um eine bessere Sicherung der materiellen Existenzgrundlagen und eines erträglicheren Lebensstandards, bemüht um eine fortschrittliche kulturelle Höherentwicklung geben die Delegierten der Konferenz ihrer Meinung zur Lösung der drängendsten Lebensfragen der Saarbevölkerung in folgenden Punkten und Vorschlägen Ausdruck:

* So in der Vorlage.

Zur politischen Entwicklung:

Da ungerechtfertigte Grenzverschiebungen weder die Ursachen kriegerischer Verwicklungen liquidieren noch die Erfüllung berechtigter Wiedergutmachungsansprüche garantieren, bedauert die KP die während der Kriegshandlungen im Osten vorgenommenen Grenzveränderungen ebenso wie sie die wirtschaftliche und politische Abtrennung des Saargebietes von Deutschland ablehnt. Die bisher geführte Anschlußpropaganda, die teils den totalen politischen und teils den wirtschaftlichen Anschluß an Frankreich fordert, ohne dem deutschen Charakter unserer Bevölkerung Rechnung zu tragen und diese zu befragen, sowie die Errichtung der Zollgrenze haben bereits auf politischem, wirtschaftlichem und kulturellem Gebiete zu einer fühlbaren Isolierung des Saargebietes geführt, die wir als KP nicht billigen können.

Ebenso betrachten wir die Beschränkung der uns gewährten Selbstverwaltungsrechte auf die Gemeinden, ferner die das Recht der gewählten Bürgermeister einschränkende Ernennung von Amtsdirektoren, das Ausbleiben der Kreistagswahlen und der Wahl einer parlamentarischen Volksvertretung zur Bildung einer zivilen Regierung als einen Bestandteil dieser Isolierung und eine Benachteiligung gegenüber der Demokratisierung der übrigen Zonen.

Die Konferenz beauftragt daher die Bezirksleitung, weiterhin alle Schritte zu unternehmen, die geeignet sind, die Politik der Bildung einer wirtschaftlich und politisch einheitlichen demokratischen deutschen Republik zu unterstützen und der Saarbevölkerung zu den gleichen demokratischen Einrichtungen der Selbstverwaltung (der Wahl von Kreistagen und einer parlamentarischen Volksvertretung) zu verhelfen, wie diese seitens der Alliierten in allen anderen Zonen und Gebieten gewährt wurden.

Angesichts der bevorstehenden Moskauer Konferenz geben die Delegierten der Hoffnung Ausdruck, daß auch der noch formell bestehende Kriegszustand bald ein Ende finden und dem deutschen Volk ein erträglicher Friedensvertrag gegeben werde (unterzeichnet von den Vertretern aller Parteien), der die wirtschaftliche und politische Einheit Deutschlands gewährt, die Annahme einer wahrhaft demokratischen Verfassung ermöglicht und die Bildung einer zentralen Regierung im Interesse eines planmäßigen demokratischen Wiederaufbaus gestattet.

Auf der Grundlage dieser Politik fordern die Delegierten eine planmäßige Demokratisierung.

Auf dem Gebiete der Wirtschaft und Ernährung durch:

1. Enteignung aller Kriegsgewinnler.
2. Übergabe der Schlüsselindustrie an die öffentliche Verwaltung.
3. Kommunalisierung der aufbau- und lebenswichtigen Betriebe im Bereiche der Gemeinden und Kommunalverbände.

4. Errichtung eines wirtschaftlichen Planungsinstituts unter Einbeziehung der Handels-, Handwerks-, Landwirtschafts- und Arbeiterkammer, zusammengesetzt aus einer gleichen Anzahl von Vertretern der Arbeitnehmer (gewählt durch die Gewerkschaften), der öffentlichen Verwaltungen und der Arbeitgeber. Dementsprechender Aufbau der einzelnen Kammern als gemeinnützige Einrichtungen entgegen ihrem früheren Charakter der privaten Interessenvertretung.

5. Schrittweise Steigerung des Produktionsanteiles für den zivilen Sektor zum Zwecke des Austausches gegen lebenswichtige Einfuhrgüter, besonders Nahrungs- und Bekleidungsmittel zur Sicherung der Ernährung, Bekleidung und Schaffung des dringend benötigten Wohnraums.

Für die Verbesserung der Ernährungsgrundlage durch:

1. Eine umfassende Ernährungsplanung in Form einer gerechten, lückenlosen Bodenbenutzungserhebung (22 000 Hektar nicht gemeldet).

2. Erfassung und Verteilung der landwirtschaftlichen Erzeugnisse unter Hinzuziehung von Vertretern der Erzeuger-, Verbraucher- und Händlerkreise in Ernährungs- und Kontrollausschüssen der Gemeinden, Bürgermeistereien, Kreise und im Landesmaßstab.

3. Rücksichtslose Bekämpfung allen Schieber- und Schwarzhändlertums.

4. Erfassung aller zum Austausch gegen Lebensmittel geeigneter Industrieprodukte, soweit sie dem zivilen Sektor zur Verfügung stehen, und planmäßige Verwendung auf dem Wege kontrollierter Kompensationen durch das Landesernährungsamt.

5. Rechtzeitige Sicherung der Einfuhr von Saatgut (besonders Saatkartoffeln) auf dem gleichen Wege.

6. Gegenseitige Befruchtung der Erzeugerbasis zwischen Industrie und Landwirtschaft auf dem kürzesten und sichersten Wege vom landwirtschaftlichen Erzeuger zum industriellen Verbraucher und umgekehrt.

Zum Wiederaufbau:

Den Bedürfnissen unserer zerstörten Heimat und der schwer geschädigten Bevölkerung entsprechend fordert die Konferenz:

einen planmäßigen Wiederaufbau, vornehmlich nach den Gesichtspunkten der Beschaffung des fehlenden Wohnraums, ohne dabei auf mögliche städtebauliche Neuerungen nach architektonischen Gesichtspunkten zu verzichten;

aufmerksame und planvolle Förderung des Auf- und Ausbaus von Betrieben der baustofferzeugenden, bauverwandten und weiterverarbeitenden Industrie sowie weitgehende Unterstützung der privaten Initiative;

Ausschaltung der Kriegs- und Westwallgewinnler und neuer Nachkriegsgewinnler von den Bauausführungen;

die Wahrung der Selbstverwaltungsrechte der Städte und Gemeinden und die Förderung von Siedlungs- und Bauproduktivgenossenschaften im Dienste des Wiederaufbaus.

Zur Entnazifizierung:

Aufgrund der bisherigen Erfahrungen in der Entnazifizierung fordert die Konferenz eine gründliche Überprüfung der gefällten Entscheidungen, die von bis jetzt unbekannten Stellen über die Entnazifizierungskommissionen hinweg getroffen wurden und die Durchführung der weiteren Säuberungsmaßnahmen nach dem folgenden Grundsatz:
von oben nach unten, nach Maßgabe der aktivistischen Betätigung und Belastung, ob mit oder ohne Parteibuch unter Ausschaltung jeglicher sozialer, wirtschaftlicher, familiärer oder gar religiöser Protektion.

Auf dem Gebiete der Preis- und Lohnpolitik:

1. Angesichts des bestehenden Lohnstops die Verhinderung jeglicher Preissteigerung und die Aufbesserung der Löhne entsprechend den bestehenden Preisen.
2. Zahlung gleicher Löhne für gleiche Arbeit.
3. Angleichung der Löhne der über 50000 im Arbeitsverhältnis stehenden Frauen an die Löhne der Männer und kollektiv-tarifliche Festlegung derselben.
4. Festsetzung und Erhöhung der Löhne der jugendlichen Arbeiter entsprechend ihrer Arbeit, ohne Unterschied des Alters und entsprechend den Bedürfnissen ihrer Ausbildung.

Zum Arbeitsrecht und Betriebsrätegesetz:

1. Garantierung des Achtstundentages gegen mißbräuchliche Ausnützung der sogenannten Dienstverpflichtung und Aufhebung derselben.
2. Freiheit der Berufswahl und der uneingeschränkten Wahl des Arbeitsplatzes, soweit diese nicht den Wiederaufbau und die lebenswichtige Versorgung gefährdet.
3. Sofortige Verankerung wirklicher fortschrittlicher Rechte der Betriebsräte durch Erlaß eines Betriebsrätegesetzes, welches die Betriebsräte als Vertretungen der Arbeitnehmer und Beamten garantiert und in keiner Weise den Unternehmern unterstellt.
4. Garantierung der Versammlungsfreiheit der Arbeiter in den Betrieben und Diskussion des Betriebsrätegesetzes vor seiner Annahme. ...

50c *9. März 1947*

*Rede des Präsidenten der Einheitsgewerkschaft, Heinrich Wacker**

Volksstimme Nr. 11 vom 15. März 1947.

Im Namen der Einheitsgewerkschaft ergriff Präsident Wacker das Wort.

Er stehe auf dem Standpunkt, daß es Pflicht des Arbeiters ist, sich nicht nur in seiner Gewerkschaft zu organisieren, sondern auch am politischen Leben innerhalb einer Partei teilzunehmen. Gegenüber den wirtschaftlichen und staatspolitischen Fragen kann er nicht uninteressiert beiseite stehen. Der Arbeiter hat die Pflicht, die politischen Parteien sorgfältig zu überwachen, und die Gewerkschaften als solche sind an der Sozialisierung lebhaft interessiert.

Die Gewerkschaften lehnen die durch das bisherige Wirtschaftssystem geschaffene Preisdiktatur ab und erkennen die Bestrebungen der Konsumgenossenschaften an. Die Konsumgenossenschaften als Verbraucherorganisationen sind zu unterstützen, aber auch die Betriebsgenossenschaften müssen gefördert werden. Die Lebenshaltung ist zu heben und die Wirtschaft zu kontrollieren. Als Gewerkschaftler müssen wir uns auch der Baugenossenschaften annehmen, diese auf einen gesunden Boden stellen und ausbauen.

Den Ausführungen des Herrn Dr. Will über Sozialisierung und Neuaufbau der Wirtschaft schließt sich der Redner von Herzen an. Die Verwaltung dieser darf nicht mehr an den Eigentumsbegriff gebunden sein, Planung und Sozialisierung sind untrennbar verbunden. Die Großbetriebe monopolistischen Charakters sind unbedingt sofort zu enteignen. Sie waren bisher unkontrolliert und arbeiteten nicht im Sinne der Demokratie, sondern für den Nationalsozialismus. Neunzig Millionen Mark haben sie Hitler und dem Nationalsozialismus zur Verfügung gestellt.

Die freien Gewerkschaften fordern nicht nur die politische Demokratie, sondern auch die wirtschaftliche Demokratie. In der Betriebsverwaltung muß absolute Parität gewahrt werden und der Arbeiter muß auch dort sein Recht finden. Der Widerstand gegen das Betriebsrätegesetz hat seine Ursache darin, daß gewisse Leute fürchten, den „Herr im Hause“-Standpunkt aufgeben zu müssen. Sie sind keine Demokraten mehr wenn sie glauben, sich gegen das Betriebsrätegesetz wenden zu müssen. Auch die Beamtenschaft muß in das Betriebsrätegesetz einbezogen werden.

Die Gewerkschaften müssen die Einheit aller schaffenden Menschen unter vollkommener parteipolitischer und religiöser Neutralität zusammenfassen. Der Redner zitierte hierzu Aussprüche des früheren Vorsitzenden des christlichen Bergarbeiterverbandes, Imbusch, und von Leuten der „Neuen Saarpost“ vom Jahre 1934. Nicht Völkerhaß, sondern Völkerversöhnung ist der Geist, in dem sich die Gewerkschaften betätigen. Sozialisierung und Nationalisie-

* Wacker hielt diese Rede im Rahmer einer Funktionärskonferenz der SPS.

rung erstreben sie gemeinsam mit dem ganzen Saarvolk. Betriebsdemokratie ist die Grundlage aller Demokratie.

51 1950/1953

Der Konflikt um die Besitzverhältnisse an den Saargruben

51a *3. März 1950*

Die französisch-saarländische Konvention über den Betrieb der Gruben (Auszug)

Volksstimme Nr. 28 vom 6. März 1950.

Artikel 1

Ohne den Bestimmungen des Friedensvertrages vorzugreifen, insbesondere bezüglich des Eigentums der Saargruben, wird vereinbart, dem französischen Staat die Verantwortung für den Abbau der Kohlenfelder im Saarland zu übertragen. Die Durchführung dieses Abbaus obliegt der Saargrubenverwaltung.

Die im vorstehenden Absatz bezeichneten Kohlenfelder sind die verliehenen oder nicht verliehenen Kohlenfelder, die sich im Bereich des saarländischen Gebietes befinden. Der Abbau der Kohlenfelder erfolgt mit Hilfe der vorhandenen und noch zu schaffenden Grubenanlagen und Nebenbetriebe und Beteiligungen. Die Saargrubenverwaltung hat ihren Sitz in Saarbrücken. Ihre neuen Betriebsbedingungen werden durch die Bestimmungen der vorliegenden Konventionen festgelegt.

Artikel 2

Die vorliegende Konvention, die mit ihrer Ratifizierung durch die beiden vertragschließenden Parteien wirksam wird, bleibt bis zum Inkrafttreten des Friedensvertrages gültig. Falls das Eigentum des Saarlandes an den Kohlengruben zu diesem Zeitpunkt anerkannt wird, verlängert sich die Laufzeit der Konvention von Rechts wegen auf insgesamt fünfzig Jahre vom Tage des Inkrafttretens der vorliegenden Konvention ab gerechnet.

Während der Dauer des Vertrages können tiefgehende technische, wirtschaftliche und soziale Veränderungen, die den Betrieb der Gruben und ihrer Nebenbetriebe wesentlich beeinflussen, von jeder der beiden vertragschließenden Parteien geltend gemacht werden, um gegebenenfalls Verhandlungen über eine Abänderung der vorliegenden Konvention einzuleiten.

Artikel 3

Die Regierung des Saarlandes stellt für die Gesamtdauer des Vertrages der Saargrubenverwaltung alle von der Régie des Mines im Zeitpunkt des Inkrafttretens der vorliegenden Konvention verwalteten körperlichen und nichtkörperlichen Vermögenswerte zur Verfügung. Die Regierung des Saarlandes verpflichtet sich, während der Dauer des Abkommens der Saargrubenverwaltung die ihr gehörenden körperlichen und nichtkörperlichen Güter, soweit sie für die Ausbeutung und Entwicklung der Gruben und Nebenbetriebe erforderlich sind, zur Verfügung zu stellen. Die Saargrubenverwaltung kann andererseits sich auf alle im Saarland geltenden gesetzlichen und verwaltungsmäßigen Bestimmungen berufen, um auf dem Wege der Enteignung die im Eigentum Dritter stehenden Grundstücke in Anspruch zu nehmen oder zu erwerben, soweit sie für den Betrieb und die Entwicklung der Gruben und ihrer Nebenbetriebe erforderlich sind. ...

Artikel 10

Das Saarland erhält jedes Jahr eine Abgeltung, die aus zwei Teilen besteht. Der erste Teil ist von der Netto-Tonnage der Jahresförderung unabhängig. Der zweite Teil berechnet sich nach dem Überschuß der von der Saargrubenverwaltung geförderten Netto-Tonnage, die zehn Millionen Tonnen überschreitet. Die beiden Teile verändern sich im Verhältnis zum Durchschnittsverkaufspreis der Kohle „Nuß III, Flammkohle 15/35 mm“ und der „Fettsiebkohle A 80“, der am 1. Januar desjenigen Geschäftsjahres gültig ist, für das die Abgeltung zu zahlen ist.

Die Grundwerte werden für den ersten Abgeltungsteil auf 300 Millionen Franken und für den zweiten Abgeltungsteil, insoweit die Förderung zehn Millionen Tonnen überschreitet, auf dreißig Franken pro Netto-Tonne festgesetzt. Dabei wird der Mittelgrundpreis des Brennstoffes entsprechend obiger Definition zugrunde gelegt, der sich am 1. Januar des ersten Anwendungsjahres dieser Konvention ergibt. Vom sechsten Jahre ab wird der Betrag, der für den zweiten Abgeltungsteil festgelegt ist, um zwanzig Franken pro Tonne erhöht. Diese Erhöhung gilt für die Gesamtheit der geförderten Netto-Tonnage. ...

Artikel 11

Beim Ablauf der vorliegenden Konvention übergibt die Saargrubenverwaltung dem saarländischen Staat unentgeltlich die Gesamtheit der in ihrem Besitz befindlichen körperlichen und nichtkörperlichen Vermögenswerte in dem Zustand, in dem sie sich zu diesem Zeitpunkt befinden. Der sich aus dem Kontenabschluß der Saargrubenverwaltung ergebende Gewinn geht auf das Saarland über. Falls der Kontenabschluß der Saargrubenverwaltung einen Fehlbetrag aufweist, geht dieser zu Lasten des saarländischen Staates.

Artikel 12

Der „Conseil Supérieur des Mines de la Sarre" und das „Comité des Mines de la Sarre" werden aufgelöst.

Es wird ein Saargrubenrat gebildet. Dieser setzt sich aus achtzehn Mitgliedern zusammen, wovon neun Mitglieder von der französischen Regierung und neun Mitglieder von der saarländischen Regierung bestellt werden. Diese Mitglieder werden für die Dauer von drei Jahren ernannt und sind wiederernennbar. Der Minister für Gruben der Regierung der Französischen Republik oder sein Vertreter führen den Vorsitz in dem Saargrubenrat. Der Rat tritt mindestens sechsmal im Jahr auf Einberufung seines Präsidenten zusammen. Darüber hinaus wird der Rat auf Antrag von neun Mitgliedern im Dringlichkeitsfalle einberufen. Der Generaldirektor der Saargrubenverwaltung und der Controleur d'État nehmen an den Sitzungen teil. Zur Beratung müssen dem Saargrubenrat rechtzeitig vorgelegt werden:

- der jährliche Voranschlag der Einnahmen und Ausgaben,
- das Programm der Neuarbeiten,
- der Plan über die Errichtung neuer Anlagen und über die Inbetriebnahme von neuen Industriezweigen,
- der Jahresbericht,
- die Bilanz und die Gewinn- und Verlustrechnung,
- das Personalstatut,
- die Pläne über die finanziellen Beteiligungen,
- die Anleihen mit mehr als fünfjähriger Laufzeit.

Auf Vorschlag von mindestens fünf seiner Mitglieder befaßt sich der Rat auch mit sonstigen mit dem Betrieb der Saargruben zusammenhängenden Fragen. Der Rat unterbreitet seine Wünsche und erstellt Gutachten über alle vorgenannten Punkte und über solche Fragen, die ihm der Minister für Gruben der Regierung der Französischen Republik vorlegt.

Artikel 13

Es wird ein französisch-saarländisches Koordinierungs- und Vermittlungsorgan mit Sitz in Saarbrücken geschaffen. Dieses erhält die Bezeichnung „Französisch-saarländischer Grubenausschuß". Der französisch-saarländische Grubenausschuß setzt sich aus sechs französischen und sechs saarländischen Mitgliedern zusammen, die für eine Dauer von drei Jahren ernannt werden, und zwar die ersteren von der Regierung der Französischen Republik und die letzteren von der Regierung des Saarlandes. Sie sind wiederernennbar. Der Vorsitz wird abwechselnd von einem französischen Mitglied und einem saarländischen Mitglied geführt, das jeweils für die Dauer eines Jahres durch die anderen Mitglieder gewählt wird. Der Generalsekretär des Ausschusses wird von der Regierung der französischen Republik im Einvernehmen mit der Regierung des Saarlandes ernannt.

Der Ausschuß muß zu allen Gesetzes- oder Verordnungsmaßnahmen auf technischem, wirtschaftlichem, finanziellem, steuerlichem und sozialem Gebiet gutachtlich gehört werden, die Auswirkungen auf die Betriebsbedingungen der Gruben und ihre finanziellen Belastungen haben könnten. Der Ausschuß kann weiterhin aus eigener Initiative prüfen, ob und welche Vereinbarungen sowie Gesetzes- und Verordnungsmaßnahmen auf technischem, finanziellem, verwaltungsmäßigem und sozialem Gebiet geeignet erscheinen, die gute Entwicklung des Grubenbetriebes sicherzustellen und den beiden Regierungen entsprechend Vorschläge unterbreiten.

Im Streitfall zwischen dem Bergbautreibenden und dem Oberbergamt bezüglich eines Beschlusses oder einer Anordnung des letzteren hat die Beschwerde des Bergbautreibenden bei dem für Grubenangelegenheiten zuständigen Minister der Regierung des Saarlandes aufschiebende Wirkung, ausgenommen bei dringender Gefahr im Sinne des § 199 des Berggesetzes. Bevor der für Grubenangelegenheiten zuständige Minister der Regierung des Saarlandes über die Beschwerde entscheidet, hat er ein Gutachten des französisch-saarländischen Grubenausschusses einzuholen. Falls der französisch-saarländische Grubenausschuß nicht mit Stimmenmehrheit einen Vorschlag zustande bringt, wird der Streitfall durch den für Grubenangelegenheiten zuständigen Minister der Regierung des Saarlandes im Einvernehmen mit der Regierung der französischen Republik entschieden. Der für Grubenangelegenheiten zuständige Minister der Regierung des Saarlandes entscheidet unter denselben Voraussetzungen falls er beabsichtigt, eine von dem Gutachten des französisch-saarländischen Grubenausschusses abweichende Entscheidung zu treffen.

Der Ausschuß übt im Auftrag der beiden Regierungen die Kontrolle über das Rechnungs- und Buchungswesen der Saargruben aus, um die ordnungsgemäße Führung der Konten und insbesondere ihre Übereinstimmung mit dem Kontenplan der Saargrubenverwaltung sowie die Wahrheit der Bilanz zu prüfen. Der Haushalt des Grubenausschusses wird von der Saargrubenverwaltung bestritten. ...

Rede des Präsidenten der Einheitsgewerkschaft, Paul Kutsch, während des 2. ordentlichen DGB-Bundeskongresses

Protokoll des 2. ordentlichen Bundeskongresses des DGB in Berlin, 13. bis 17. Oktober 1952, Düsseldorf o. J., S. 50-54.

Brüder, Anwesende, Kolleginnen und Kollegen!

Wenn ich im Auftrag der Arbeitnehmer an der Saar, die in der Einheitsgewerkschaft organisiert sind, diesem Kongreß Grüße überbringe, so gestatte ich mir darauf hinzuweisen, daß diese Grüße von deutschen Menschen sind (Bravo), denen ein zweites Mal in einer Generation das Opfer des Getrenntseins durch eine künstliche Grenze auferlegt ist. Mit dem Zusammenbruch im Jahre 1945 begann nämlich an der Saar die Stunde der geschichtlichen Wiederholung.

Wenn die Zusammensetzung oder die Auswahl der Delegierten zu diesem Kongreß nach völkischem Zugehörigkeitsempfinden oder nach Art, Sitte, Sprache und Kultur erfolgt wäre, stände ich nicht als Gast hier bei diesem Kongreß, sondern die Saar hätte genau wie Ihr ordentliche Delegierte zu diesem Kongreß entsandt. (Beifall.) Wenn Wünsche zur Beseitigung von Schwierigkeiten geeignet wären, würde ich den Delegierten, um sich an Ort und Stelle von dem eben Gesagten zu überzeugen, vorschlagen, den nächsten Kongreß des Deutschen Gewerkschaftsbundes an der Saar abzuhalten. (Beifall.)

Meine Damen und Herren, Kolleginnen und Kollegen, trotz dieses Trennungsstrichs hat der überwiegende Teil der Funktionäre der Einheitsgewerkschaft an der Saar die Blickrichtung auf die deutsche Gewerkschaftsbewegung nicht verloren. Sie war und bleibt Orientierungspunkt für unsere geistige Ausrichtung und den organisatorischen Aufbau. Von diesem Blickfeld aus gesehen fühlen wir uns auch auf der internationalen Gewerkschaftsebene als Teil Deutschlands. Weil die Saarwirtschaft zur Zeit integrierender Bestandteil der französischen Wirtschaft ist, glaubte man uns verschiedentlich anraten zu müssen, wir sollten uns an eine der französischen Gewerkschaften anlehnen. Kollegen, das ist allein schon aus sprachlichen Gründen nicht möglich, weil die Saar ein rein deutschsprachiges Gebiet ist.

Wir waren vor 1935 organisatorisch mit den deutschen Gewerkschaften verbunden, und die Form der Richtungsgewerkschaften wurde 1933 für uns genauso wie für die deutschen Gewerkschaften der Geschichte übergeben. Wir bejahen die gewerkschaftliche Einheit und sehen darin die natürliche Weiterentwicklung der deutschen Gewerkschaftsbewegung, woraus die soziale und gesellschaftliche Höherführung der Arbeiterklasse Wirklichkeit werden wird. Ich bitte die ausländischen Gäste, für diese natürliche Haltung der Arbeitnehmer an der Saar Verständnis zu haben.

Ich glaube auch von dieser Stelle aus darauf hinweisen zu müssen, daß es an der Saar wohltuend empfunden wurde, wenn die Spitzenfunktionäre des DGB und aus den verschiedenen Parteirichtungen im Bundesgebiet für die Wahrung der Einheit und die Überparteilichkeit der deutschen Gewerkschaften sich ausgesprochen haben. Wir wissen an der Saar den Wert der Einheit zu schätzen, weil sich nach 1945 wieder eine sogenannte christliche Gewerkschaft mit Unterstützung Frankreichs an der Saar gebildet hat. Wir wissen aber auch den überparteilichen Charakter zu würdigen, weil die zwei dominierenden Saarparteien in ihrer Führung einig waren und heute noch sind in dem Ziel, die Saar ewig von Deutschland zu trennen. Aufgrund unserer Überparteilichkeit und Freiheit von Regierung, Parteien und Unternehmern waren wir als stärkste Organisation an der Saar in der Lage, gegen die vorerwähnte Absicht einzuschreiten, und wir haben uns damit die Sympathie der breiten Öffentlichkeit erworben, selbst die führender christlicher Funktionäre. Die christliche Gewerkschaft selbst hat aber wegen ihrer starken parteipolitischen Bindung (und damit an die heutige Regierung Hoffmann) bis heute keine Stellung zum Saarproblem bezogen. Von vielen Mitgliedern und Funktionären wird aber eine Stellungnahme dazu gefordert.

Die Kraft zu eigenen gewerkschaftlichen Entscheidungen auf dem politischen und wirtschaftlichen Territorium wuchs in dem Maße bei uns, wie der Wille zur Erhaltung der Einheit und Überparteilichkeit der Funktionäre gestiegen ist. Dies trat erstmals sehr kraß in Erscheinung beim Abschluß der Konvention im Jahre 1950 in Paris. Damit möchte ich nun das Saarproblem kurz skizzieren bis zu dem aktuellen Punkt der von Frankreich und den Saarpolitikern ins Auge gefaßten Europäisierung.

Die aus fünfzig Mann bestehende Delegation, die zum Abschluß der Konventionen nach Paris ging, setzte sich zusammen aus der Regierung, den Parteien und den Gewerkschaften. Die Vertreter des Industrieverbandes Bergbau haben, bevor sie nach Paris gingen, wegen der Wichtigkeit des zur Verhandlung stehenden Problems eine Vorkonferenz einberufen, auf der einstimmig eine Verpachtung der Saargruben an Frankreich abgelehnt wurde.

Es war für uns als Bergarbeiter fast unfaßbar, in Paris feststellen zu müssen, daß die Saarregierung für den Abschluß dieser Konventionen nicht die geringsten Vorbereitungen getroffen hatte. Der von Frankreich vorgelegte Vertragsentwurf, der eine fünfzigjährige Verpachtung der Saargruben an Frankreich vorsah, wurde von den Vertretern des Industrieverbandes Bergbau als undiskutabel abgelehnt mit der Begründung, daß wir kein Recht haben, den Friedensvertrag vorzubelasten und daß wir nicht gewillt seien, unseren einzigen Rohstoff, der uns von der Natur geschenkt ist, an Frankreich zu verpachten. Nachdem Frankreich in seinem Entwurf aber die Verpachtung unserer Saargruben an Frankreich vorgeschlagen und daran festgehalten hat, haben die Bergarbeiter nach zehn Verhandlungstagen Paris verlassen. Nach dem Abschluß der Konventionen triumphierten die Saarpolitiker über den Erfolg und beschwörten den guten Geist, der am Quai d'Orsay geherrscht haben soll. Das Saarvolk hat aber unterdessen festgestellt, in welchem Ausmaß es durch die Konventionen in die Abhängigkeit Frankreichs gebracht wurde. Die Sorge um den totalen Verlust unserer Wirtschaft und deren notwendige Modernisierung in dieser wichtigen geschichtlichen Stunde und die immer spürbarer werdenden Fesseln der Konventionen mit Frankreich drücken der Saar den Stempel eines kolonialen Zustands auf und setzen uns auch politisch in immer größere Abhängigkeit von ihm.

Darum habe ich bei meiner Wahl zum Ersten Vorsitzenden der Einheitsgewerkschaft gemäß dem Willen des überwiegenden Teils der Mitglieder für die Einheitsgewerkschaft die Generalforderung aufgestellt: Änderung des derzeitigen Zustands an der Saar. Der Ausspruch, daß wir eine Lösung mit Deutschland vorziehen, weil wir nach Art, Sitte, Sprache und Kultur deutsche Menschen sind, wurde mir als Nationalismus ausgelegt, und beim Kongreß der Bergarbeiter wurde ich bezichtigt, mit den Kommunisten paktiert zu haben. Darüber hinaus wurden von der Regierung Kübel von Schmutz über mich ausgegossen, um meine Wahl zum Ersten Vorsitzenden des Industrieverbandes Bergbau zu verhindern. Dadurch sollte der Welt klargemacht werden, daß die Saarbevölkerung keine Änderung des derzeitigen Zustandes wünscht. Der für mich und meine Kollegen erwartete Prestigeverlust fiel aber auf die Verleumder zurück. Die geforderte Änderung im angedeuteten Sinne wurde vom überwiegenden Teil der Saarbevölkerung unterstützt, so daß auch die Saarpolitiker an der Anerkennung einer Änderung nicht mehr vorbei konnten.

Die von Herrn Außenminister Schumann dem deutschen Bundeskanzler vorgeschlagene Europäisierung der Saar war das Signal für die frankophilen Politiker, blitzschnell eine Volksabstimmung über dieses Problem durchzuführen mit der eingeschränkten Möglichkeit, ja oder nein dazu zu sagen. Was noch bis kurz vorher unter den Saarpolitikern als undiskutabel bezeichnet wurde, nämlich eine Volksabstimmung an der Saar, wurde auf einmal als das Allheilmittel angepriesen, um aus dem jetzigen Provisorium eine endgültige Lösung auf dem wirtschaftlichen Territorium herbeizuführen. Ohne daß man dem Saarvolk nur in etwa zu sagen geneigt war, wie diese Europäisierung in der Praxis aussehen sollte, will man von ihm ein Eingeständnis für eine endgültige Lösung erwarten, wodurch es auf ewig politisch von Deutschland getrennt und wirtschaftlich bei Frankreich verbleiben sollte.

Die Erklärungen Schumanns über die Erklärungen des Botschafters bis zu den jüngsten Erklärungen des Ministerpräsidenten im Interview mit dem „Rheinischen Merkur" sind gleichlautend, und zwar so, daß im Falle einer Europäisierung die Wirtschaftsunion mit Frankreich aufrechterhalten bleiben muß, was gleichbedeutend wäre mit der Aufrechterhaltung des derzeitigen Zustands an der Saar. Damit hätte Frankreich in Verbindung mit den Saarpolitikern unter Mißachtung der demokratischen Freiheiten und unter Mißachtung des Selbstbestimmungsrechts dieses Volkes die Europäisierung auf dem wirtschaftlichen Territorium an der Saar schon im voraus in seinem Sinne entschieden. Was nützt dem Saarvolk eine Europäisierung, ohne daß man ihm auf diesem neuen europäischen Territorium seine Rohstoffe, seine Betriebe, seine Lebensmöglichkeiten, seine Existenz überhaupt zuerkennt? So werden meines Erachtens die ersten Europäer wirtschaftlich zu Sklaven Frankreichs degradiert. Die Menschen an der Saar wären europäisiert und die Wirtschaft wäre französisiert. Dieser Zustand müßte sich jeder weiteren Entwicklung im europäischen Sinne entgegenstellen. Deshalb hat die Einheitsgewerkschaft in klarer Erkenntnis dieser Sachlage sich dahingehend geeinigt, daß Voraussetzung für die Anerkennung eines neuen Zustands die Beseitigung der Konventionen ist.

Wir sind Realpolitiker genug, um anzuerkennen, daß neue Verträge, wobei auch Frankreichs Ansprüche an der Saar zu berücksichtigen sind, in Hinsicht auf eine neue Saarlösung auf der Basis der gegenseitigen Gleichberechtigung zwischen Deutschland und Frankreich abgeschlossen werden müssen. Die Saarpolitiker bekennen sich zu einer Europäisierung anscheinend in der gleichen oberflächlichen Denkweise und anscheinend wiederum ohne jede Vorbereitung, wie sie sich zu den Konventionen bekannt haben. Können wir es uns aber leisten, uns einer nebelhaften Parole hinzugeben, die schließlich noch größere Rückschläge als die Konventionen nach sich zieht, an denen wir aber aufgrund unseres Bekenntnisses zu dieser europäischen Lösung nichts mehr zu ändern vermögen?

Der Kampf gegen die Konventionen wäre sinnlos gewesen, wenn wir uns zu der Fassade einer Europäisierung bekennen wollten, hinter der sich die Aufrechterhaltung der mit Frankreich abgeschlossenen Konventionen verbergen würde. Man schafft kein einiges Europa, indem man neue Grenzen aufbaut, sondern indem man die alten beseitigt.

Was wir fordern müssen, ist ein neues Provisorium, ausgestattet mit den Forderungen, die wir als Einheitsgewerkschaft in unseren Resolutionen der letzten Zeit näher präzisiert haben. Wir müssen in diesem neuen Provisorium in aller Freiheit alle eventuellen Rückschläge und Schwierigkeiten von uns abzuweisen in der Lage sein. Das erfordert weitgehende Öffnung der Grenzen nach beiden Seiten. Nur damit kommt man Europa näher. Selbst bei den größten Versprechungen kommt man nicht zu einer endgültigen Lösung, weil es eben ein Experiment ist, wobei Rückschläge zu erwarten sind und die endgültige Lösung ja schließlich auch einem Friedensvertrag vorbehalten sein soll.

Wir müssen aber auch nüchtern und klar herausstellen: Wenn wir nach Europa marschieren wollen, dann marschieren wir alle miteinander. Wenn die Völker das vereinigte Europa als die bessere Zukunftslösung betrachten, dann sollen sie nicht zuerst von einem kleinen Volksteil verlangen, daß er sich auf einem Experimentierfeld für diese Lösung ausblutet, sondern sie sollen unter Aufbringung gleicher Opfer die Einigung Europas realisieren. Wir marschieren nach Europa als Teil des Ganzen, und zwar mit Deutschland. (Beifall.)

Das Saarvolk erwartet bei der Änderung des jetzigen Zustandes die Unterstützung Deutschlands und fordert ein neues Provisorium, das die Normalisierung seiner Wirtschaft bringt, wodurch zufriedenstellende Ergebnisse auf dem wirtschaftlichen und dem sozialen Sektor erwartet werden, wobei es hofft, daß es zusammen mit seinen deutschen Brüdern und Schwestern ihm gelingt, wieder gemeinsam in eine kontinuierliche Fortentwicklung zum besten der schaffenden Menschen ganz Europas zu marschieren. In diesem Sinne wünsche ich diesem Kongreß den besten Erfolg und dazu Glück auf! (Starker Beifall.)

51c *November/Dezember 1952*

Bericht der „Metall" über die Unterdrückungsversuche der Saarregierung gegenüber dem Industrieverband Bergbau

Metall. Zeitung der Industriegewerkschaft Metall für die Bundesrepublik Deutschland, Nr. 1 vom 7. Januar 1953.

Um die Saar ist es in der internationalen Presse stiller geworden. Auch in den Straßen des Saargebietes findet sich kein Teppichbelag aus Flugblättern mehr, und die Plakate an den Litfaßsäulen werben wieder für Schuhcreme und Margarine. Aber die Ruhe ist nur scheinbar. Im Hintergrund und Untergrund gehen die Auseinandersetzungen weiter. Die europäische Gewerkschaftsbewegung wird gut daran tun, die Vorgänge in der Einheitsgewerkschaft genauestens zu beobachten. Wenn es an der Saar gelingt, mit Hilfe der Polizei die freie Gewerkschaftsbewegung zu zerschlagen und sie in ein willfähriges Instrument der Regierung umzuwandeln, könnte der Reaktion auch für anderswo ein Signal gegeben sein.

Mitte November 1952 ist die saarländische Einheitsgewerkschaft in eine schwere Krise getrieben worden: Am 20. November wurde dem Ersten Vorsitzenden der Einheitsgewerkschaft und des Industrieverbandes Bergbau, Kollegen Paul Kutsch, und fünf weiteren Funktionären der Zutritt zum Gewerkschaftshaus in Saarbrücken verwehrt. Eine kleine Minderheitsgruppe des Industrieverbandes Bergbau erklärte Kutsch und seine Freunde für ausgeschlossen. Mitte Dezember 1952 hatte die Einheitsgewerkschaft den wohl schwersten Teil dieser Krise überwunden, am 19. Dezember konnte die 6. Zivilkammer des Landgerichts Saarbrücken nur das rechtsverbindlich feststellen, was die meisten Mitglieder der Einheitsgewerkschaft dachten: Der Ausschluß Kutschs und seiner Freunde aus dem Industrieverband Bergbau sei rechtswidrig, man dürfe sie deswegen nicht länger in ihrer Gewerkschaftsarbeit behindern. Herr Kirn, der schon einen Tag vor dem Putsch die Absetzung Kutschs voraussagen konnte, nannte die Entscheidung des Gerichts ein „Nazi-Urteil" (!). (Inzwischen hat die außerordentliche Generalversammlung des Industrieverbandes Bergbau dem Kollegen Paul Kutsch das Vertrauen erneut ausgesprochen. In einer Entschließung gaben die Delegierten darüber ihrer Empörung

Ausdruck, „daß die saarländische Polizei der widerrechtlichen Aktion [gegen den Industrieverband Bergbau und die saarländische Einheitsgewerkschaft] ihre Hilfe und Unterstützung geliehen hat." Kollege Kutsch wies in einem umfangreichen Referat die gegen ihn erhobenen Vorwürfe als grobe Verleumdungen zurück. Die Redaktion.)

Das Haus Nr. 6 in der Bahnhofstraße Neunkirchens, dem „Essen des Saarlandes", ist nun für einige „unauffällige Herren" wieder belanglos geworden. Aber für genau vier Wochen besaß es ihre ganze Aufmerksamkeit. Das Haus Nr. 6 beherbergt nämlich die örtliche Geschäftsstelle des saarländischen Industrieverbandes Bergbau. Und in dieser Geschäftsstelle hat Paul Kutsch mit seinen Freunden vier Wochen lang daran gearbeitet, den Verband und die Einheitsgewerkschaft wieder flott zu machen. Neunkirchens Bahnhofstraße 6 war solange provisorischer Sitz der saarländischen Gewerkschaftsführung, als die Putschisten im Saarbrücker Gewerkschaftshaus die Büros mit Hilfe von Sicherheitsschlössern und Polizisten versperrt halten konnten.

Jetzt aber sind sie aus diesem Gewerkschaftshaus verschwunden, die Putschisten Glöbel, Dreher und Genossen. Sie haben zwei handfeste Schlappen beigebracht bekommen, aber Frankreichs „Botschafter" an der Saar, Gilbert Grandval, die Régie des Mines de la Sarre und deren Direktor Montaut werden deswegen nicht völlig unzufrieden mit ihnen sein. Der Versuch, den Industrieverband Bergbau zu erobern und über diesen stärksten Verband die ganze Einheitsgewerkschaft, ist zwar gescheitert, am 21. Dezember jedoch, 48 Stunden nach dem Spruch des Landgerichts Saarbrücken, hat die „Aktionsgruppe" des Hauptputschisten Sebastian Glöbel in Sulzbach (Saar) eine „Industriegewerkschaft Bergbau" gegründet. Dem Putschversuch folgte so der Spaltungsversuch. Die „Industriegewerkschaft Bergbau" bemüht sich bereits um die Anerkennung als Tarifpartner, und daß diese Anerkennung unter den obwaltenden Verhältnissen sehr schnell kommt, ist sicher.

Immerhin hat die feste Haltung des größten Teils der Gewerkschaftsmitglieder und der Spruch des Landgerichts den Putschisten und ihren französischen Hintermännern die bereits angerichtete Suppe verdorben. Das begann schon gleich nach dem 20. November, als sich auch nicht eine Verwaltungsstelle des Industrieverbandes Bergbau im ganzen Saarland bereit fand, mit ihnen gemeinsame Sache zu machen. Jenes Rollkommando vom 20. November konnte nicht mehr „erobern" als das Auto, die Büroräume und die Zeitung des Bergarbeiterverbandes. Der Verband selbst hielt stand. Das war die erste große Schlappe des Herrn Glöbel und seiner Freunde, der Spruch des Landgerichts die zweite.

Direktor Montaut von der Régie des Mines de la Sarre mag über diese unplanmäßige Entwicklung zunächst sehr enttäuscht gewesen sein, er hatte nämlich schon zwei Wochen vor dem Glöbel-Putsch überall erzählt: „Habe gehört, Einheitsgewerkschaft fällt auseinander." Die Neugründung der „Industriegewerkschaft Bergbau des Saargebietes" aber wird seinen Schmerz etwas gelindert haben. Tatsächlich ist die Einheitsgewerkschaft auch weiterhin bedroht, zumal die Vorsitzenden des Industrieverbandes Metall und des Eisenbahnerverbandes des Saarlandes sich mit der Spaltergruppe Dreher-Glöbel solidarisch erklärt haben, obwohl große Teile der Mitgliedschaft beider Verbände deren Machenschaften entschieden ablehnen. Ein harter Kampf wird notwendig sein, wenn auch weiterhin die Geschlossenheit der Einheitsgewerkschaft und ihre Schlagkraft erhalten bleiben soll.

Dabei werden die Arbeitnehmer des Saarlandes in Zukunft auf die Schlagkraft ihrer Einheitsgewerkschaft mehr denn je angewiesen sein. Es mehren sich nämlich die Anzeichen dafür, daß die französische Wirtschaftspolitik an der Saar einer Krise entgegentreibt, die Arbeitslosigkeit und Senkung des Lebensstandards bringt. Während um die Einheit ihrer Organisation gerungen wird, fördern die Saarbergleute täglich rund 54 400 Tonnen Kohle, produzieren die Hüttenarbeiter täglich 7 900 Tonnen Eisen und 8 600 Tonnen Rohstahl. 16,3 Millionen Tonnen Kohle, 2,35 Millionen Tonnen Eisen und 2,58 Millionen Tonnen Rohstahl schafft das Saarland im Jahr fast ausschließlich zugunsten Frankreichs. Alles, was Frankreich und die „Régie des Mines" dem Saarland zu bieten hatten, war eine Absatzgarantie für die Kohle. Jetzt aber kommt aus Frankreich die Nachricht, daß dort über 600 000 Tonnen Saarkohle unverkäuflich auf Halde liegen und weitere Haldensammlung nicht mehr möglich ist. Die Saarkumpels müssen sich also auf Feierschichten gefaßt machen! In einer ähnlich schwierigen Lage befinden sich auch die Hochöfen und Stahlwerke des Saarlandes. Frankreich hat den Absatz zum Bundesgebiet unterbunden, hat aber selbst Schwierigkeiten, die gesamte Produktion zu verkraften. Dafür warten die Werke noch immer auf ihren Anteil an den Marshallplan-Geldern, der ihnen bis heute von Frankreich vorenthalten wird!

Die Gewerkschaftsspalter, die Dreher, Glöbel und Genossen, leugnen einfach, daß die französische Anschlußpolitik auf lange Sicht schwerwiegende Folgen für die arbeitenden Menschen des Saarlandes haben muß. Paul Kutsch und seine Freunde dagegen hatten das seit langem erkannt. Sie halten es deswegen auch heute noch für eine ihrer wichtigsten gewerkschaftlichen Aufgaben, die französisch-saarländischen Wirtschaftskonventionen zu beseitigen und durch freie Wirtschaftsverträge zwischen Deutschland und dem Saarland einerseits und Frankreich andererseits zu ersetzen.

51d — *5. Februar 1953*

Bericht der „Bergbauindustrie" über das Verbot des Industrieverbandes Bergbau

Die Bergbauindustrie. Organ der Industriegewerkschaft Bergbau, Nr. 7 vom 14. Februar 1953.

Am Donnerstag, den 5. Februar 1953, verfügte der saarländische Innenminister Dr. E. Hector, die Auflösung des Industrieverbandes Bergbau, der unter der Leitung des Kollegen Paul Kutsch steht. Die IG Bergbau und der Deutsche Gewerkschaftsbund haben gegen diese brutale Verletzung gewerkschaftlicher Grundrechte schärfstens Protest erhoben.

Bekanntlich wurde Paul Kutsch am 20. November 1952 durch eine Polizeiaktion an der Ausübung seiner Funktionen gehindert. Einige Spalter versuchten, durch ein Ausschlußverfahren gegen Kutsch und andere Mitglieder des Vorstandes den Industrieverband funktionsunfähig zu machen. Der Versuch, die Krise durch eine außerordentliche Generalversammlung zu beseitigen, scheiterte daran, daß die zuständige Polizeibehörde von Neunkirchen dies verbot.*

Durch Urteil des Landgerichts Saarbrücken vom 20. Dezember 1952 wurde den Spaltern untersagt, die rechtmäßig gewählten Vorstandsmitglieder an der Ausübung ihrer Funktionen zu hindern. Durch dieses Urteil wurde der Industrieverband Bergbau wieder funktionsfähig. Eine außerordentliche Generalversammlung am 31. Dezember 1952 in Sulzbach sprach mit übergroßer Mehrheit Paul Kutsch und seinen Vorstandskameraden das Vertrauen aus. Außerdem wurden die Gewerkschaftsspalter aus dem Verband ausgeschlossen. Mit dem Abschluß der Generalversammlung hätte dieses kurze Intermezzo eigentlich als abgeschlossen betrachtet werden können. Es war aber eine Täuschung. Die saarländische Regierung Hoffmann suchte nach einer Möglichkeit, den unbequemen Industrieverband Bergbau auszuschalten. Mit der Verfügung des Innenministers Hector gedenkt sie, diesen Schlag zu führen.

In der Auflösungsverfügung wird davon gesprochen, daß der Industrieverband Bergbau gegen die Verfassung des Saargebietes verstoße, da er eine politische Tätigkeit entfalte. Insbesondere der Kollege Paul Kutsch verstoße seit geraumer Zeit gegen den Artikel 57 Absatz 2 der saarländischen Verfassung. Außerdem wird in der Begründung des Innenministers behauptet, daß die Forderung des Industrieverbandes Bergbau auf Wegfall der saarländisch-französischen Konvention mit der Förderung materieller und ideeller Unterstützung außersaarländischer Stellen verbunden gewesen sei. Neben anderen Gründen wird noch behauptet, dem Industrieverband Bergbau gehörten eine beträchtliche Anzahl von Funktionären und Mitgliedern der im Saarland nicht registrierten Kommunistischen Partei an. Obwohl diese offenkundige Politisierung zu internen Auseinandersetzungen geführt habe, sei es unterlassen worden, das Verhalten der Organe des Industrieverbandes Bergbau in geeigneter Weise abzustellen.

Sofort nach Bekanntwerden dieses diktatorischen Vorgehens hat die IG Bergbau in einem Telegramm an die Bergarbeiter-Internationale die Intervention des Internationalen Freien Gewerkschaftsbundes gefordert, da die in der Auflösungsbegründung angegebenen Behauptungen nicht den Tatsachen entsprechen. Wenn der Industrieverband Bergbau gegen die saarländischen Konven-

---

* Diese Versammlung hätte in Neunkirchen stattfinden sollen.

tionen protestiert, dann geschieht das deshalb, weil sie wirtschaftliche Nachteile und Hemmnisse für die gewerkschaftliche Arbeit darstellen. Auch der Deutsche Gewerkschaftsbund hat sich mit aller Entschiedenheit gegen die Auflösung der Gewerkschaft gewandt. In dem brutalen Vorgehen der Regierung Hoffmann mit undemokratischen Machtmitteln sieht der Bundesvorstand eine schwere Verletzung der gewerkschaftlichen Grundrechte, die auf der Koalitionsfreiheit beruhen.

52 — 21.-25. Februar 1955

Der Streik in der saarländischen Metallindustrie

52a — 18. Februar 1955

Bericht der „Volksstimme" über die Urabstimmung und den Streikbeschluß

Volksstimme Nr. 42 vom 19. Februar 1955.

Nachdem alle Verhandlungen im Lohnkonflikt der saarländischen Metallindustrie gescheitert sind und nachdem die Arbeitnehmer der saarländischen metallerzeugenden und metallverarbeitenden Industrie in einer Urabstimmung mit fast hundert Prozent das Angebot der Arbeitgeber abgelehnt haben, hat der Zwanziger-Ausschuß der Einheitsgewerkschaft und der christlichen Gewerkschaft gestern abend beschlossen, ab Montag, dem 21. Februar, ab sechs Uhr in den Streik zu treten.*

Ab Montag wird also die Arbeit in der saarländischen Metallindustrie ruhen. Der Gewerkschaftsausschuß der Einheitsgewerkschaft hat sich mit dem Streikbeschluß solidarisch erklärt. Von dem Streik werden rund 70000 Arbeitnehmer in der Metallindustrie betroffen. Noch gestern nachmittag waren Verhandlungen beim Landesschlichter angesetzt gewesen. Auch sie brachten kein Ergebnis.

Seit Wochen und Monaten verfolgen wir die Bemühungen der Gewerkschaften um eine Lohnaufbesserung in der Metallindustrie. Wenn der Zwanziger-Ausschuß jetzt festgestellt hat, daß alle Verhandlungsmöglichkeiten erschöpft sind, dann liegt die Verantwortung für diesen Streik einzig und allein bei dem Arbeitgeberverband. Die gesamte saarländische Arbeitnehmerschaft steht geschlossen hinter den Metallarbeitern und deren gerechten Kampf.

Aus den bis jetzt vorliegenden Ergebnissen der Urabstimmung in der Metallindustrie ist bereits klar ersichtlich, daß fast hundert Prozent der Arbeitnehmer das Lohnangebot der Arbeitgeber ablehnen und bereit sind, für die Durch-

* Der Industrieverband Metall hatte eine Lohnerhöhung um fünfzehn Prozent gefordert.

setzung der gerechten Lohnforderungen in den Streik zu treten. Bei Kaiser, Hadir, Gema, Jega und den Schneiderwerken in Sankt Ingbert schwankt der Prozentsatz der das Angebot ablehnenden Stimmen zwischen 94 und 98,5 Prozent. Bei der Burbacher Hütte stimmten von 3 515 Arbeitern 3 421 und bei der Völklinger Hütte von 8 457 Arbeitern 8 261 für die Durchführung eines Streikes. Von den 5 624 Arbeitern des Neunkircher Eisenwerkes waren nur 25 mit dem Arbeitgeber-Angebot einverstanden und 52 Arbeiter enthielten sich der Stimme. Die übrigen Ergebnisse sind: Goma (Mariahütte): 622 abgegebene Stimmen, 613 für Streik; DKC Saarbrücken: 767 Stimmen, 723 für Streik; Ehrhardt & Sehmer, Saarbrücken: 861 Stimmen, 781 für Streik; BBC, Saarbrücken: 680 Stimmen, 595 für Streik; Dingler-Werke, Bierbach: 320 Stimmen, 311 für Streik. Gleich günstige Abstimmungsergebnisse wurden auch in den kleineren Industriebetrieben erzielt.

52b — *21. Februar 1955*

Bericht der „Volksstimme" über den ersten Streiktag in Neunkirchen

Volksstimme Nr. 44 vom 22. Februar 1955.

Im Neunkircher Eisenwerk sieht man in den Vormittagsstunden keinen Streikposten vor den Eingängen. Sie konnten zurückgezogen werden bis zum Schichtwechsel. Bis auf einige Ausnahmen hatte die Arbeiterschaft des Werkes die Streikparole befolgt. Nur die Angestellten waren zum großen Teil an ihren Arbeitsplätzen erschienen. Sie hatten für zehn Uhr eine Belegschaftsversammlung im Betrieb angesetzt, um ebenfalls über einen Streikbeschluß zu verhandeln. Die Versammlung wurde jedoch von der Direktion verboten.

Als Notbelegschaft hatte die Direktion 900 Mann angefordert, denen im Falle des Fernbleibens fristlose Entlassung angedroht wurde. Der Ton dieses Schreibens hat unter der Arbeiterschaft große Empörung ausgelöst. Bei dem Streikkomitee im Hause der christlichen Gewerkschaften des Saarlandes in Neunkirchen erscheinen ständig Werksangehörige und Mitglieder der Notbelegschaft, die eine Ablösung während des Streiks fordern. Von dem Streikkomitee wurde beschlossen, die Notbelegschaft bis zum Mittwoch auf 300 Mann für drei Schichten zu verringern.

52c *23. Februar 1955*

Bericht der „Volksstimme" über den Schiedsspruch und seine Verbindlichkeitserklärung

Volksstimme Nr. 46 vom 24. Februar 1955.

Vier Prozent Erhöhung der Akkordsätze in den Hüttenwerken mit Rückwirkung auf Jahresbeginn, drei Prozent Akkordlohnerhöhung in der metallverarbeitenden Industrie ab 1. Februar, fünf Prozent vorläufige Gehaltserhöhung für die Angestellten, welche in geradezu demagogischer Weise als zwölfprozentige Erhöhung der Tariflöhne bezeichnet wird – mit diesen empörend kärglichen Zugeständnissen wagt ein auf Antrag der Arbeitgeber gestellter und verbindlich erklärter Schiedsspruch die 70 000 Streikenden der saarländischen Metallindustrie an ihre Arbeitsstelle mit der Drohung zurückzubeordern: „Nach der Verbindlichkeitserklärung, die ausgesprochen wurde, wäre Euer Streik fortan illegal, das heißt die Streikposten würden sich der Verhaftung und die noch den Streik unterstützenden Gewerkschaften den Schadensersatzforderungen der Arbeitgeberverbände aussetzen." Die am Mittwochmorgen durch Hinzunahme von vier Angestelltendelegierten zum 24er-Ausschuß erweiterte zentrale Streikleitung nahm am Mittwochabend mit Empörung von dem Schiedsspruch Kenntnis, dessen Gesetzes- und Verfassungswidrigkeit in nachstehendem Artikel beleuchtet wird.

Nach dem gestern abend durch den Landesschlichter gefällten Schiedsspruch trat der Zwanziger-Ausschuß noch einmal zusammen. Über die weiter zu treffenden Maßnahmen konnte keine Einstimmigkeit erzielt werden, so daß sich der Zwanziger-Ausschuß auflöste. An die Streikleitungen erging ebenfalls die Aufforderung, sich aufzulösen. Durch Rundruf wurden die Arbeiter verständigt, sich der Anordnung der Regierung zu beugen und die Arbeit aufzunehmen. Der Industrieverband Metall, dessen Vertreter den Schiedsspruch mit Entrüstung zur Kenntnis nahmen, trat nach Auflösung des Zwanziger-Ausschusses zusammen. Er fordert seine Mitglieder auf, den Streik als beendet zu betrachten, da der Schiedsspruch als verbindlich erklärt wurde.

52d *24. Februar 1955*

Bericht der „Volksstimme" über die Neunkircher Protestdemonstration gegen den Schiedsspruch

Volksstimme Nr. 47 vom 25. Februar 1955.

Auch in Neunkirchen demonstrierten die Arbeitnehmer der Metallindustrie gestern mit einem machtvollen Marsch durch die Hauptstraßen der Stadt gegen die illegale Abwürgung des Generalstreiks der Metallarbeiter durch die Regierung. Der Marsch, an dem sich weit über 2 500 Menschen beteiligten, verlief ohne einen einzigen Zwischenfall. Die einheimische Polizei war vernünftig genug, die empörte Arbeiterschaft nicht unnötig zu provozieren, wie dies leider in Saarbrücken der Fall war, wo jugendliche Heißsporne und vielleicht auch wenig geschickte Einsatzleiter verschiedentlich Zwischenfälle verursachten. Während des gesamten Marsches waren die Polizisten kaum zu sehen. Die Arbeiter marschierten diszipliniert in Dreier- und Viererreihen von der Wellesweilerstraße den Hüttenberg hinauf zum Oberen Markt und zurück zum Stummdenkmal, wo sich der Demonstrationszug in Ruhe wieder auflöste.

Auf dem Neunkircher Eisenwerk war vormittags nur etwa die Hälfte der Frühschicht zur Arbeit angetreten. Die Nachmittagsschicht streikte zu einem weit höheren Prozentsatz.

Eine Kundgebung, die gestern nachmittag um 14 Uhr im Lokal Müller in der Wellesweilerstraße angesetzt war, konnte leider nicht stattfinden, weil die Regierung die Versammlung nicht genehmigte. Zweimal wurde die Versammlung genehmigt und dann wieder verboten. Als Begründung wurde nicht termingerechte Anmeldung geltend gemacht. Wie lächerlich diese Begründung war, wurde selbst den Herren der Regierung im Laufe des gestrigen Nachmittags offenkundig, denn sie wandte sich nach dem Demonstrationszug an den Versammlungsleiter und ersuchte ihn, den ablehnenden Bescheid zurückzusenden. Die Versammlung dürfe nun doch stattfinden. Wer lacht da nicht?

Zu einem bezeichnenden Zwischenfall kam es bereits am Mittwochabend. Ein Funktionär der christlichen Gewerkschaft, der abfällige Bemerkungen gegen den Vorsitzenden der Sozialdemokratischen Partei, Richard Kirn, machte, mußte von der Polizei in Schutzhaft genommen werden, um ihn vor Tätlichkeiten der Arbeiter zu schützen.

52e *24. Februar 1955*

Aufruf der Einheitsgewerkschaft zum Generalstreik

Stadtarchiv Neunkirchen: Urkunden von Neunkirchen, B 284 – Flugblätter 1953 bis 1955.

Arbeitnehmer des Saarlandes – verteidigt Eure verfassungsmäßigen Rechte!

Der Streik in der Eisen- und Metallindustrie wurde von dem saarländischen Schlichtungs- und Schiedsausschuß auf Betreiben der Regierung durch einen Schiedsspruch abgewürgt, der auf Antrag der Arbeitgeber gefällt und für verbindlich erklärt wurde, obwohl in gleicher Sache bereits ein Spruch ergangen war. In diesem Spruch hatte der Schlichtungsausschuß selbst erklärt, daß „alle Verhandlungsmöglichkeiten erschöpft seien“ und hatte den Gewerkschaften den Weg zu Kampfmaßnahmen freigegeben. Wir protestieren schärfstens gegen Maßnahmen, durch die ein legaler Streik über eine rechtswidrig und im Gegensatz zur Verfassung des Saarlandes angewandte Zwangsschlichtung in die Illegalität gedrängt werden soll.

Spontan gaben auch die über den völlig unzulänglichen Spruch empörten Arbeitnehmer der Eisen- und Metallindustrie ihrem Unwillen Ausdruck, indem sie den Streik auch nach Fällung des Spruchs weiter durchführten. Gegen die Streikenden ging die saarländische Polizei mit Gummiknüppeln, Wasserwerfern und Tränengas vor. Einen derartigen Terror muß jeder gerecht denkende demokratische Staatsbürger ablehnen.

Die Einheitsgewerkschaft der Arbeiter, Angestellten und Beamten protestiert mit allen ihren Verbänden gegen die Untergrabung Eures Streikrechts und gegen das Vorgehen der Polizei und ruft alle Arbeitnehmer des Saarlandes für morgen, Freitag, den 25. Februar 1955, zu einem 24-stündigem Protest- und Generalstreik auf. Um sechs Uhr früh wird die Arbeit in allen Betrieben niedergelegt.

Die Bergarbeiter sind leider gezwungen, wegen der morgigen Betriebsratswahlen anzufahren. Sie führen je Schicht einen einstündigen Proteststreik durch.

Kolleginnen und Kollegen! Wir erwarten von Euch höchste Disziplin bei der Durchführung dieses Streiks. Laßt Euch nicht durch Provokateure, gleichviel von welcher Seite, zu unüberlegten Handlungen hinreißen. Wir beweisen unsere Entschlossenheit, wir beweisen aber auch unsere Disziplin.

Am Samstag, dem 26. Februar 1955, vormittags sechs Uhr, wird die Arbeit in allen Betrieben, auch in den Betrieben der Eisen- und Metallindustrie wieder aufgenommen.

Arbeitnehmer! Wenn Ihr für die Zukunft Eure staatsbürgerlichen Rechte gewahrt wissen wollt, dann folgt ohne Ausnahme diesem Streikaufruf. Morgen stehen alle Räder still! Wir demonstrieren einheitlich für soziale Gerechtigkeit, Frieden und Freiheit!

Der Gewerkschaftsausschuß der Einheitsgewerkschaft
der Arbeiter, Angestellten und Beamten des Saarlandes

Bericht der „Volksstimme" über den Generalstreik in Neunkirchen

Volksstimme Nr. 48 vom 26. Februar 1955.

In Neunkirchen kam es schon gestern früh zu einigen Protestkundgebungen gegen die Maßnahmen der Regierung zum Abbruch des Streiks. Der Aufruf der Einheitsgewerkschaft zum Generalstreik wurde in den Neunkircher Betrieben zu neunzig Prozent und im Neunkircher Eisenwerk fast hundertprozentig befolgt.

In den Morgenstunden des Freitags marschierten die Belegschaftsmitglieder der beiden Gruben König und Kohlwald geschlossen zum Bergmannsheim nach Neunkirchen. Zahlreiche vor dem Neunkircher Eisenwerk stehende Metallarbeiter schlossen sich dem Demonstrationszug der Bergarbeiter an und zogen mit zum Bergmannsheim. Dazu kamen noch zahlreiche Streikende aus anderen Betrieben, so daß der Demonstrationszug eine Stärke von mehreren tausend Mann erreichte. Im überfüllten Bergmannsheim in Neunkirchen brachten die Arbeiter anschließend ihren einmütigen Protest gegen den ungerechtfertigten Schiedsspruch des Landesschlichters und die Willkürmaßnahmen der Regierung zum Ausdruck. Unter dem tosenden Beifall der Kundgebungsteilnehmer forderte Otto Körner die Arbeiterschaft zur Geschlossenheit und zur Einheit im Kampf um ihre sozialen Rechte auf. Die Ereignisse beim Streik der saarländischen Metallarbeiter, der durch einen unwürdigen Schiedsspruch und mit Hilfe der Regierung und Arbeitgeberverbände vorzeitig und ungerechtfertigt abgewürgt werden sollte, sei eine Warnung für die gesamte Arbeiterschaft. Nur durch einen unbedingten Willen zur Einheit könne der Kampf um die gerechten Lohnforderungen und die Besserstellung der Arbeiterschaft gewonnen werden. In einem Demonstrationszug zogen die Teilnehmer anschließend geschlossen durch die Hauptstraße von Neunkirchen über die Scheib zum Heusnersweiher, wo eine machtvolle Abschlußkundgebung die Protestaktion der streikenden Arbeiterschaft beendete.

Gegen 14 Uhr hatten sich an den Torhäusern des Neunkircher Eisenwerks tausende von Menschen versammelt. Die Polizei, die sich im übrigen vorbildlich gegen die Arbeiterschaft benahm, bildete Spalierketten, um die Arbeitswilligen in das Werk einzulassen. Das Werk wurde jedoch kaum von einem Arbeiter betreten. Zu Zwischenfällen kam es bei diesen Ereignissen nicht. Von der Gewerkschaft wurden am Nachmittag erneut zirka fünfzig Streikposten an die Torhäuser postiert.

Radioansprache des Präsidenten der Einheitsgewerkschaft und Vorsitzenden des Industrieverbandes Metall, Richard Rauch, zur Beendigung des Streiks

Volksstimme Nr. 48 vom 26. Februar 1955.

Kolleginnen und Kollegen, die Situation veranlaßt uns, den am Montag einmütig begonnenen Kampf um höhere Löhne und Gehälter abzubrechen. Durch einen für verbindlich erklärten Schiedsspruch des Landesschlichters ließ sich bedauerlicherweise ein Teil unserer mitkämpfenden Kollegen einschüchtern. Wir betonen ausdrücklich, daß wir unsere Lohn- und Gehaltsforderungen als nicht abgeschlossen betrachten.

Wir protestieren gegen den für verbindlich erklärten Schiedsspruch des Landesschlichters und erkennen denselben nicht an. Um aber unsere mitkämpfenden Kameraden nicht in eine für sie unangenehme Situation zu bringen, bitten wir die Kolleginnen und Kollegen, am Samstag, den 26. Februar 1955, entsprechend dem Beschluß des Verbandsausschusses die Arbeit wieder aufzunehmen. Wir gehen ungebrochen in die Betriebe zurück und wollen unsere im Streik bewiesene Kampfkraft weiterhin aufrechterhalten, damit wir dieselbe, wenn die uns gegebenen Versprechungen nicht erfüllt werden, wieder einsetzen können.

Ich danke den streikenden Kolleginnen und Kollegen für ihre Entschlossenheit bei der Durchführung unseres berechtigten Kampfes, ich danke ihnen auch für die bewiesene Disziplin, ganz besonders danke ich auch den in einen 24-stündigen Generalstreik getretenen Kolleginnen und Kollegen der übrigen Industriezweige und des öffentlichen Dienstes, die gegen den unrechtmäßigen Schiedsspruch des Landesschlichters und gegen die unmotivierten Maßnahmen der Polizei protestiert haben.

Die Arbeit wird Samstagfrüh um sechs Uhr in allen saarländischen Betrieben entsprechend dem Beschluß des Gewerkschaftsausschusses wieder aufgenommen.

DEUTSCHER Gewerkschaftsbund-Saar

AUFRUF

Arbeiter, Angestellte, Beamte sagt am 23. Oktober zum Saarstatut

nein

Weil

wir im DGB-Saar mithelfen wollen, die Wiedervereinigung Deutschlands zu verwirklichen,

Weil

das Statut und der Wirtschaftsvertrag vom 3. Mai 1955 die Fortsetzung der wirtschaftlichen Ausbeutung der Saar bedeuten,

Weil

wir dem Separatismus und dem jetzigen gewerkschaftsfeindlichen Regime an der Saar ein Ende bereiten wollen,

Weil

wir Deutsche in Deutschland bleiben und an der deutschen Wirtschaftsentwicklung teilhaben wollen.

Ernst Wentz, 1. Vorsitzender	Helmut Steuer, Beisitzer
Horst Schmidt, 2. Vorsitzender	Friedrich Fiedler, „
Peter Schwarz, Beisitzer	Jakob Zilch, „
Kurt Brabender, „	Rainer Simon, „

Druck Artur Unterkeller G.m.b.H.

„Arbeiter, Angestellte, Beamte – sagt nein." Flugblatt des DGB Saar zur Abstimmung über das Saarstatut, 1955. (Stadtarchiv Neunkirchen)

53 4. November 1956

Die außerordentliche Generalversammlung der IG Metall/Saar in Sankt Ingbert

53a *4. November 1956*

Entschließung zur Eingliederung in die IG Metall für die Bundesrepublik Deutschland

Zentralarchiv der IG Metall: Ordner O-237, Verwaltungsstelle Saarbrücken, Industrieverband Metall/Saar.

Einem lang gehegten Wunsch entsprechend und durch die Entscheidung der Volksabstimmung vom 23. Oktober 1955 ermöglicht, beschließt die am 4. November im Karlsbergsaal in Sankt Ingbert tagende außerordentliche Generalversammlung der IG Metall im DGB Saar folgendes:

Die IG Metall im DGB Saar schließt sich mit ihren Mitgliedern am 1. Januar 1957 der IG Metall für die Bundesrepublik Deutschland an. Der Anschluß geschieht unter Anerkennung der Satzung der IG Metall für die Bundesrepublik Deutschland. Die sich daraus ergebenden Rechte und Pflichten für die ehemaligen Mitglieder der IG Metall im DGB Saar werden am 1. Januar 1957 wirksam.

Für das Saargebiet wird die Verwaltungsstelle Saarbrücken errichtet. Zur Verwaltungsstelle Saarbrücken gehören die Zahlstellen Dillingen, Homburg, Neunkirchen, Sankt Ingbert und Völklingen.

Mit dem Anschluß gehen das Vermögen, die Forderungen und die Verbindlichkeiten der IG Metall im DGB Saar an die IG Metall für die Bundesrepublik Deutschland über. Zur Erledigung organisatorischer und technischer Fragen wird eine paritätische Kommission gebildet, die aus insgesamt sechs Mitgliedern besteht.

Die Delegierten der außerordentlichen Generalversammlung geben ihrer Freude darüber Ausdruck, daß die IG Metall Saar mit ihren Mitgliedern ab 1. Januar 1957 der großen Gemeinschaft der IG Metall für die Bundesrepublik Deutschland angehört. Damit ist die Möglichkeit gegeben, mit unseren Kolleginnen und Kollegen der Bundesrepublik gemeinsam für die Verbesserung der sozialen Bedingungen und die Hebung des Lebensstandards zu ringen. Die Delegierten sind der Überzeugung, mit diesem Beschluß der IG Metall im DGB Saar einen Beitrag zur großen, einheitlichen deutschen Gewerkschaftsbewegung geleistet zu haben und rufen die Arbeitnehmer der Metallindustrie und des Metallhandwerks des Saargebietes auf, zu diesem Bekenntnis einmütig zu stehen.

53b *4. November 1956*

Rede des Ersten Vorsitzenden der IG Metall für die Bundesrepublik Deutschland, Otto Brenner (Auszug)

Zentralarchiv der IG Metall: Ordner O-237, Verwaltungsstelle Saarbrücken, Industrieverband Metall/Saar.

Liebe Kolleginnen und Kollegen!

Bevor ich mit meinen Ausführungen beginne, möchte ich Euch erst einmal im Namen des gesamten Vorstandes der Industriegewerkschaft Metall für die Bundesrepublik Deutschland, im Namen von 1,6 Millionen gewerkschaftlich organisierten Arbeitern und Angestellten, die herzlichsten Grüße überbringen.

Eure heutige Generalversammlung kann man ohne Übertreibung als einen historischen Wendepunkt bezeichnen, als einen Wendepunkt in der Geschichte der saarländischen Arbeiter- und Gewerkschaftsbewegung, die ein Bestandteil der gesamten deutschen Arbeiter- und Gewerkschaftsbewegung war und ist.

Die arbeitenden Menschen an der Saar befanden sich schon zu Zeiten Bismarcks und des Kaiserreichs in ganz besonders schwierigen Verhältnissen. Die Herrschaft eines Konzerngewaltigen wie Stumm, einer der reaktionärsten Scharfmacher an der Saar, war ein Symbol für die Verhältnisse in „Saarabien". Mit dieser Bezeichnung wollte man zum Ausdruck bringen, daß im Saargebiet koloniale Zustände wie in Arabien hergestellt und verewigt werden sollten. Sicher leben noch alte Kollegen, die das alles damals selbst miterlebt haben. Die Opfer, die die Pioniere der Gewerkschaftsbewegung an der Saar zu dieser Zeit für das Koalitionsrecht, für das Streikrecht, für menschenwürdige Arbeitsbedingungen gebracht haben, sollten wir nie vergessen. Nirgends blühte das „Schwarze Listen-System" so wie an der Saar!

Auch nach 1918 hatte die arbeitende Bevölkerung des Saargebietes es alles andere als leicht. Abgetrennt vom Deutschen Reich, einem Völkerbundsregime unterstellt, besaß das Saargebiet nicht einmal das Selbstbestimmungsrecht. Wer will sich da wundern, daß sich die Saarbevölkerung bei der Abstimmung im Jahre 1935, zweifellos in Unkenntnis des Schicksals, das sie im Nazi-Deutschland erwartete, für die Rückgliederung entschied?

Und das bisher letzte Kapitel in der Geschichte des Saargebietes sind die vergangenen zwölf Jahre, als das Saargebiet wiederum von Deutschland losgelöst war. Man kann wohl zusammenfassend sagen, daß die arbeitenden Menschen an der Saar in den letzten hundert Jahren stets nur auf der Schattenseite des Lebens standen, daß sie immer das auszulöffeln hatten, was die Machthaber in Politik und Wirtschaft eingebrockt hatten.

Ich will mich über die letzten zwölf Jahre nicht weiter auslassen. Das ist alles noch zu frisch in der Erinnerung. Die Unterdrückung der demokratischen Freiheiten, die Beschneidung und Beschränkung des Koalitionsrechts, die Ausnahmegesetzgebungen, die Korruptionen und Bespitzelungen, der Versuch, mit Zuckerbrot und Peitsche die Menschen zu beherrschen und zu verwirren – all das habt Ihr tagtäglich am eigenen Leibe verspürt. Die wenigen Menschen, die in den schlimmsten Jahren die Erkenntnis hatten, daß es so nicht weitergehen könne, und die den Mut aufbrachten, dagegen anzukämpfen, wurden verfolgt und verleumdet. All das gehört hoffentlich für immer der Vergangenheit an. Viele waren verwirrt, viele haben geirrt – auch das soll der Vergangenheit angehören. Wir wollen nicht neue Wunden aufreißen, sondern jedem ehrlich die Hand geben, der heute zur kollegialen Mitarbeit bereit ist.

Und noch eins: Auch wenn noch so manche schwierigen politischen und wirtschaftlichen Probleme zwischen der Bundesrepublik und Frankreich bestehen, die noch offen und noch zu lösen sind, so sollten wir dankbar anerkennen, daß das französische Volk und die französische Regierung Eure Abstimmung im vorigen Jahr über das Saarstatut respektiert haben und daß Frankreich die Konsequenzen gezogen hat und den Weg freigab zur Wiedervereinigung des Saargebietes mit Deutschland.

Frankreich hat sich damit seiner besten Traditionen würdig gezeigt. War das Saargebiet vorher ein Zankapfel, ein Stein des Anstoßes zwischen Deutschland und Frankreich, so ist es jetzt möglich, daß das Saargebiet eine Brücke zur Verständigung und Freundschaft zwischen Deutschland und Frankreich wird!

54 — 19. Februar 1961

Bericht der „Saarbrücker Zeitung" über die Konstituierung der Verwaltungsstelle Neunkirchen der IG Metall

Saarbrücker Zeitung Nr. 44 vom 21. Februar 1961.

Die Industriegewerkschaft Metall hatte zur ersten ordentlichen Vertreterversammlung der Verwaltungsstelle und früheren Zahlstelle Neunkirchen in das Volkshaus eingeladen. Vertreten waren 37 Delegierte aus der eisenschaffenden und eisenverarbeitenden Industrie, die damit über 6000 Mitglieder der Industriegewerkschaft repräsentierten. Im Mittelpunkt der Vertreterversammlung stand der Bericht über die Neuorganisation der Industriegewerkschaft Metall im Saarland und die Wahl der sich hieraus ergebenden neuen Ortsverwaltung Neunkirchen.

Der Leiter der Verwaltungsstelle Saarbrücken, Herold, hieß besonders den DGB-Landesvorsitzenden Leo Moser und Arbeitsdirektor Helmut Jockel vom Neunkircher Eisenwerk willkommen.

Im weiteren Verlauf seiner Ausführungen wies Herold auf die organisatorische Angleichung der IG Metall im übrigen Bundesgebiet hin.* Bisher bestanden an der Saar nur eine Verwaltungsstelle Saarbrücken und mehrere Zahlstellen, zuvor bei der Einheitsgewerkschaft Bezirksstellen an einigen größeren Orten im Saarland, so auch in Neunkirchen. In Anpassung an die Verhältnisse im Bundesgebiet werden nunmehr weitgehend selbständige Verwaltungsstellen in Homburg, Neunkirchen, Völklingen-Dillingen und Saarbrücken-Sankt Ingbert gegründet. Die Verwaltungsstelle Neunkirchen umschließt dabei die politischen Kreise Ottweiler und Sankt Wendel, den Raum Kusel sowie entlang der Nahe bis nach Idar-Oberstein und Birkenfeld. Diese Form der Organisation bestand bereits vor 1935 und hat sich gut bewährt. Den Verwaltungsstellen wird es obliegen, wieder die Ortsgruppentätigkeit zu beleben, um so neue Impulse für das gesamte gewerkschaftliche Wirken zu erhalten. In diesem Zusammenhang wies Herold auch auf die beabsichtigte Errichtung eines eisenverarbeitenden Industriebetriebes in Kusel mit 2000 bis 3000 Mann Belegschaft hin. Entsprechende Informationen liegen der Industriegewerkschaft Metall auch seitens der Landesregierung Rheinland-Pfalz vor.

Die neue Ortsverwaltung setzt sich aus dreizehn Gewerkschaftsangehörigen zusammen, die mit Ausnahme des Ersten Bevollmächtigten und Kassierers alle ehrenamtlich tätig sind. Es wurden gewählt: zum hauptamtlichen Bevollmächtigten und Kassierer Rudi Tschirner, zum ehrenamtlichen Zweiten Bevollmächtigten Erich Schabel, Bexbach (Neunkircher Eisenwerk). Von den übrigen elf Vorstandsmitgliedern kommen acht vom Neunkircher Eisenwerk (eisenschaffende Industrie), und zwar: Erich Pontius, Ottweiler, Robert Schaufert, Neunkirchen, Josef Müller, Neunkirchen, Hans Gregorius, Wiebelskirchen, Hans Becker, Elversberg, Manfred Kotterbach, Neunkirchen (zugleich Beauftragter für Angestelltenfragen), Maria Müller, Neunkirchen (zugleich Beauftragte für Frauenfragen) und Willi Bautz, Neunkirchen (zugleich Beauftragter für Jugendfragen). Aus der weiterverarbeitenden Industrie gehören dem Vorstand an: Dony Philipp, Spiesen (Menesa), Ottilie Becker, Neunkirchen (Menesa) und Oskar Bretzius, Neunkirchen (Grubenausbau). Als Delegierte für die Konferenz des Bezirks Frankfurt (umfassend die Länder Hessen, Rheinland-Pfalz und Saarland) wurden Rudi Tschirner, Josef Müller und Dony Philipp gewählt.

Erster Bevollmächtigter Rudi Tschirner hob hervor, daß trotz aller fortschrittlichen Arbeit noch eine ganze Reihe sozialpolitischer Probleme zu lösen sind, auch in den einzelnen Betrieben. Es sei unverkennbar, daß gerade die IG Metall immer wieder der sozialpolitische Motor im Bundesgebiet ist, von deren Aktivität letzten Endes alle Arbeitnehmer profitieren. Besonders aktuell seien zur Zeit die keineswegs ganz aus der Welt geschaffene Krankenkassenre-

---

* So in der Vorlage.

form und die Sonntagsarbeitszeitregelung in der eisenschaffenden Industrie. „Wir wollen“, so sagte Tschirner, „mit allen politischen Parteien zusammenarbeiten. Aber unser Verhältnis kann sich nur danach richten, inwieweit die Parteien bereit sind, soziale Gerechtigkeit auch gegenüber der Arbeitnehmerschaft walten zu lassen.“

m) Bericht des Friedrichsthaler Bürgermeisters an den Saarbrücker Landrat über eine Versammlung der streikenden Bergarbeiter in Bildstock, 3. Januar 1893
n) Bericht der „Deutschen Metallarbeiterzeitung“ über die Folgen der Streikniederlage, 4. Februar 1893
o) Bericht des Friedrichsthaler Bürgermeisters an den Saarbrücker Landrat über den beginnenden Zerfall des Rechtsschutzvereins, 25. März 1893
p) Bericht des Vorsitzenden des Rechtsschutzvereins an den Friedrichsthaler Bürgermeister über die Auflösung des Vereins, 27. August 1896

4 1892, 31. März Anweisung der Direktion der Firma Gebrüder Stumm zum außerdienstlichen Verhalten der Beschäftigten

5 1903/1906 Der Beginn der Agitations- und Organisationsarbeit der Arbeiterbewegung im Saarrevier
a) Bericht des Vorsitzenden der Bergwerksdirektion an den Regierungspräsidenten in Trier, 6. Oktober 1903
b) Bericht der „Metallarbeiterzeitung“ über die Verfügung der Firma Gebrüder Stumm gegen die sozialdemokratische Zeitung „Saarwacht“, 31. Dezember 1904
c) Werbeflugblatt des DMV für die Hüttenarbeiter des Saarreviers, April 1905
d) Bericht des Ottweiler Landrats an den Regierungspräsidenten in Trier über die Tätigkeit der Arbeiterorganisationen, 6. Juni 1906

6 1914, 31. Januar Bericht des Ottweiler Landrats an den Regierungspräsidenten in Trier über die sozialdemokratische Bewegung

7 1914, 4. August Erklärung der SPD-Reichstagsfraktion zur Bewilligung der Kriegskredite

8 1916, 22. Mai Bericht des Friedrichsthaler Bürgermeisters an den Saarbrücker Landrat über einen Streik auf der Grube Maybach

9 1917, 22. April Resolution einer Funktionärsversammlung des Gewerkvereins christlicher Bergarbeiter gegen die Streikaufrufe auf den saarländischen Gruben

10 1917, 17./18. Juli Die Wahlen zum ersten Arbeiterausschuß der Firma Gebrüder Stumm
a) Bericht der „Neunkircher Volks-Zeitung“ über eine Versammlung des Hirsch-Dunckerschen Gewerkvereins zur Vorbereitung der Wahlen, 29. Juni 1917

b) Bericht der „Neunkircher Volks-Zeitung" über das Ergebnis der Wahlen, 17./18. Juli 1917

11 1918, 3. Februar Bericht der „Neunkircher Volks-Zeitung" über eine Funktionärsversammlung des Gewerkvereins christlicher Bergarbeiter und deren Haltung zu den Januarstreiks

12 1918, November Die Novemberrevolution in Neunkirchen

a) Bericht des Ottweiler Landrats an den Regierungspräsidenten in Trier über die politische Lage, 10. November 1918
b) Aufruf des Arbeiter- und Soldatenrates Neunkirchen, 10. November 1918
c) Bericht des Neunkircher Bürgermeisters an den Ottweiler Landrat über die Volksbewegung, 11. November 1918
d) Aufruf des Bezirkskartells der christlichen Gewerkschaften, 11. November 1918
e) Bericht der „Neunkirchener Zeitung" über eine Sitzung des Arbeiter- und Bürgerrats zur Frage der Arbeitsbeschaffung, 28. November 1918
f) Presseerklärung des Ottweiler Landrats zur Auflösung der Räte durch den Kommandanten der französischen Besatzungstruppen, 3. Dezember 1918
g) Schreiben des Ottweiler Landrats an Hermann Petri zur Auflösung der Räte, Dezember 1918

13 November 1918/Juli 1919 Der Kampf um den Achtstundentag

a) Bericht der „Neunkirchener Zeitung" über die Zustimmung der Direktion der Firma Gebrüder Stumm zur Einführung des Achtstundentages, 30. November 1918
b) Erklärung der Bergarbeitergewerkschaften zu den Verhandlungen über den Achtstundentag, 5. Dezember 1918
c) Erklärung der Bergarbeitergewerkschaften zum Scheitern der Verhandlungen, 10. Dezember 1918
d) Bekanntmachung der Direktion der Firma Gebrüder Stumm, 2. Januar 1919
e) Aktennotiz in den Unterlagen des Oberpräsidenten der Rheinprovinz zum Streik der Saarbergleute, 29. März 1919
f) Proklamation General Andlauers zum Bergarbeiterstreik, 5. April 1919
g) Eingabe der Bergarbeitergewerkschaften an den französischen Grubenkontrolldienst, 10. Juli 1919

14 1919, August Denkschrift des Gewerkschaftskartells Saarbrücken an die Verwaltung des Saargebietes zu den gewerkschaftlichen Forderungen

15 1919, Juli/September Das Verhältnis zwischen SPD und USPD
a) Entschließung der Neunkircher SPD zur Einheit der Partei, Juli 1919
b) Bericht der „Volksstimme“ über die Spaltung der SPD Wiebelskirchen, 7. September 1919
c) Erklärung Karl Schneiders zu seinem Übertritt zur USPD, 28. September 1919

16 1919, 7.-10. Oktober Die Hungerunruhen vom Oktober 1919
a) Bericht der „Volksstimme“ über Massenversammlungen, Plünderungen und Streiks in Neunkirchen, 7.-10. Oktober 1919
b) Bekanntmachung des französischen Militärverwalters, 11. Oktober 1919

17 1922, April Erklärung der Arbeiterorganisationen zur Parlamentsverordnung der Regierungskommission

18 1923, Februar/Mai Der Bergarbeiterstreik
a) Entschließung der Belegschaftsversammlung der Gruben Heinitz und König zur Lohnfrage, 17. Januar 1923
b) Aufruf der Gewerkschaften zum Streik, 28. Januar 1923
c) Bericht der „Saar- und Blies-Zeitung“ über die Ankündigung von Massenentlassungen beim Neunkircher Eisenwerk infolge des Streiks der Bergarbeiter, 9. März 1923
d) Bericht des Ottweiler Landrats an die Regierungskommission betreffend unter anderem den Überfall auf einen französischen Offizier, 24. März 1923
e) Die Verhängung des Ausnahmezustandes über den Kreis Ottweiler, 25. März 1923
f) Flugblatt Karl Krämers und Emil Beckers zu ihrem Austritt aus dem Bergarbeiterverband, April 1923
g) Bericht der Grubeninspektion an den Ottweiler Landrat zum Verhalten der Bevölkerung von Schiffweiler, Wiebelskirchen und Hangard gegenüber Streikbrechern, 17. April 1923
h) Polizeibericht über eine Bergarbeiterversammlung in Wiebelskirchen, 18. April 1923
i) Verordnung der Regierungskommission gegen die Streikposten, 2. Mai 1923
j) Schreiben des Präsidenten der Regierungskommission an den Ottweiler Landrat zur Durchführung der Verordnung gegen die Streikposten, 2. Mai 1923
k) Bericht der „Saar- und Blies-Zeitung“ über das Ergebnis der Verhandlungen zur Beilegung des Streiks, 14. Mai 1923

19 1927, April Der Prozeß gegen den Bevollmächtigten des DMV Neunkirchen und 34 weitere Personen wegen der Tumulte beim Kreiskriegerverbandsfest 1926

a) Bericht der „Saar- und Blies-Zeitung" über die Eröffnung des Prozesses, 26. April 1927
b) Bericht der „Saar- und Blies-Zeitung" über das Plädoyer der Verteidiger, 2. Mai 1927

20 1928, 1. August Rede Hermann Petris im Landesrat zur Diskussion um das von der Regierungskommission geplante Verbot paramilitärischer Übungen und Verbände (Auszug)

21 1929, Juni Die Kandidatur einer oppositionellen DMV-Liste bei den Arbeiterausschußwahlen im Neunkircher Eisenwerk

a) Artikel des „Neunkircher Echo", 3. Juni 1929
b) Aufruf der KPD-Betriebszeitung „Der Hammer", Juni 1929
c) Flugblatt der Gewerkschaftsopposition, Juni 1929

22 1929, 10.-15. August Der spontane Streik auf dem Neunkircher Eisenwerk

a) Bericht des „Neunkircher Echo", 10. August 1929
b) Flugblatt der Revolutionären Gewerkschaftsopposition zu den beginnenden Maßregelungen, August 1929
c) Rundschreiben des Arbeitgeberverbandes der Saarindustrie über die Abweisung der Schadensersatzklage eines entlassenen Arbeiterausschußmitgliedes, 1. Oktober 1930
d) Das Urteil des Landgerichts Saarbrücken in Sachen Peter Alles gegen das Neunkircher Eisenwerk, 1. Oktober 1930

23 1930, 3. Juni Aufruf der Revolutionären Gewerkschaftsopposition zu einer Belegschaftsversammlung des Neunkircher Eisenwerks gegen die Maßregelung oppositioneller Mitglieder des Arbeiterausschusses

24 1931, 28. Mai Bericht der Direktion des Neunkircher Eisenwerks an den Arbeitgeberverband der Saarindustrie über die seit Februar 1930 anhaltende Kurzarbeit

25 1931, 14. September Bericht der Direktion des Neunkircher Eisenwerks an den Arbeitgeberverband der Saarindustrie über die Ergebnisse der Arbeiterausschußwahlen seit 1920

26 1932, 28. März Entschließung des Bergarbeiterverbandes gegen Kurzarbeit und Grubenstillegungen

27 1933, 30. Januar Aufruf der Gewerkschaften zur Machtübertragung an Hitler

28 1933, 15. Mai Protokoll einer Besprechung zwischen Vertretern bürgerlicher Parteien des Saargebietes und Hitler über eine gemeinsame Strategie an der Saar

29 1933, November Flugblatt des ADGB/Saar zur Situation der Gewerkschaften

30 1933, Dezember Bericht der „Saar- und Blies-Zeitung" über den Prozeß gegen Merchweiler Antifaschisten wegen der Vorfälle am 1. Mai 1933

31 1934, 4. Juli Aufruf der KPD/Saar und der SPD/Saar zum gemeinsamen Kampf gegen Hitler

32 1934, 8. Juli Bericht der Gestapo Berlin an das Auswärtige Amt über eine Kundgebung der Einheitsfront in Neunkirchen

33 1934, 15. Oktober Bericht eines V-Mannes an das Auswärtige Amt über Kundgebungen im Rahmen des Abstimmungskampfes im Kreis Ottweiler

34 1935, 12. Januar Aufruf führender Gewerkschafter des Saargebietes zur Saarabstimmung

35 1935, 17. Januar Bericht von Jakob Ott über die Situation in Neunkirchen nach der Saarabstimmung

36 1935, 24. Januar Bericht der „Saar- und Blies-Zeitung" über die Verhaftung des Hüttenarbeiters Walter Knetsch

37 1936, Januar Monatsbericht der Staatspolizeistelle Saarbrücken für Januar 1936 (Auszug)

38 1936, 23. November Bericht des Saarbrücker Oberstaatsanwalts an den Reichsanwalt beim Volksgerichtshof Berlin über ein Ermittlungsverfahren gegen zwei Neunkircher Antifaschisten

39 1937, 1. März Aufruf des Arbeitsausschusses zur Bildung der Volksfront im Saargebiet

40 1937 Lagebericht der Staatspolizeistelle Saarbrücken für das Jahr 1937

41 1938, 9./10. November Bericht der „Saar- und Blies-Zeitung“ über die Judenpogrome in Neunkirchen

42 1939, 30. August Bericht des Kommandos des Rüstungsbereichs Saarbrücken über die Lage der saarländischen Wirtschaft am Vorabend des Zweiten Weltkrieges

43 1940, Januar/März Bericht der Wehrwirtschaftsinspektion XII über die Arbeitsbedingungen und den Arbeitseinsatz im ersten Quartal 1940

44 1940, 10. Juli Anklageschrift der Anklagebehörde beim Sondergericht Saarbrücken gegen den Neunkircher Gastwirt Wilhelm Jung

45 1941, 24. Oktober Schreiben Hermann Görings an die Reichsvereinigung Kohle zum Einsatz ukrainischer Zwangsarbeiter im deutschen Bergbau

46 1942, 28. September Aufruf der „Betriebsführung“ des Neunkircher Eisenwerks zur Verrichtung von Luftschutzarbeiten außerhalb der Arbeitszeit

47 1944, 27. Januar Schreiben der Gestapo Neustadt an die Gestapo Saarbrücken betreffend bettelnder Zwangsarbeiter

48 1945, 3. April Abschlußbericht der Abteilungen F und TB der Rüstungsinspektion XII b (Saarbrücken)

49 1945, 13. August Gemeinsamer Aufruf der SPD und der KPD des Saargebietes

50 1946/1947 Vorschläge der Arbeiterorganisationen zur Neuordnung von Wirtschaft und Gesellschaft

a) Entschließung des Parteitages der Sozialdemokratischen Partei, 30. Juni 1946

b) Entschließung der Bezirksdelegiertenkonferenz der Kommunistischen Partei (Auszug), 2. Februar 1947

c) Rede des Präsidenten der Einheitsgewerkschaft, Heinrich Wacker, 9. März 1947

51 1950/1953 Der Konflikt um die Besitzverhältnisse an den Saargruben

a) Die französisch-saarländische Konvention über den Betrieb der Gruben (Auszug), 3. März 1950

b) Rede des Präsidenten der Einheitsgewerkschaft, Paul Kutsch, während des 2. ordentlichen DGB-Bundeskongresses, 13. Oktober 1952
c) Bericht der „Metall" über die Unterdrückungsversuche der Saarregierung gegenüber dem Industrieverband Bergbau, November/Dezember 1952
d) Bericht der „Bergbauindustrie" über das Verbot des Industrieverbandes Bergbau, 5. Februar 1953

52 1955, 21.-25. Februar Der Streik in der saarländischen Metallindustrie
a) Bericht der „Volksstimme" über die Urabstimmung und den Streikbeschluß, 18. Februar 1955
b) Bericht der „Volksstimme" über den ersten Streiktag in Neunkirchen, 21. Februar 1955
c) Bericht der „Volksstimme" über den Schiedsspruch und seine Verbindlichkeitserklärung, 23. Februar 1955
d) Bericht der „Volksstimme" über die Neunkircher Protestdemonstration gegen den Schiedsspruch, 24. Februar 1955
e) Aufruf der Einheitsgewerkschaft zum Generalstreik, 24. Februar 1955
f) Bericht der „Volksstimme" über den Generalstreik in Neunkirchen, 25. Februar 1955
g) Radioansprache des Präsidenten der Einheitsgewerkschaft und Vorsitzenden des Industrieverbandes Metall, Richard Rauch, zur Beendigung des Streiks, 25. Februar 1955

53 1956, 4. November Die außerordentliche Generalversammlung der IG Metall/Saar in Sankt Ingbert
a) Entschließung zur Eingliederung in die IG Metall für die Bundesrepublik Deutschland, 4. November 1956
b) Rede des Ersten Vorsitzenden der IG Metall für die Bundesrepublik Deutschland, Otto Brenner (Auszug), 4. November 1956

54 1961, 19. Februar Bericht der „Saarbrücker Zeitung" über die Konstituierung der Verwaltungsstelle Neunkirchen der IG Metall

Zeittafel

Januar 1848: Mit den Aufständen in Italien beginnt die bürgerlich-demokratische Revolution, die in den nächsten Monaten große Teile Europas ergreift. Im Februar/März erreicht sie Deutschland. Im April wird in Berlin die „Arbeiterverbrüderung“ gebildet.

28. März 1849: In Frankfurt verabschiedet die Nationalversammlung eine demokratische Reichsverfassung. Die Kämpfe für die Verwirklichung dieser Verfassung werden blutig niedergeschlagen.

12. Juni 1850: Das Zentralkomitee der „Arbeiterverbrüderung“ löst sich auf, um einem Verbot zuvorzukommen.

13. Juli 1854: Der Bundestag verpflichtet die deutschen Staaten, alle noch bestehenden Arbeitervereine zu verbieten.

23. Mai 1863: Gründung des Allgemeinen Deutschen Arbeitervereins mit Ferdinand Lassalle an der Spitze.

28. September 1864: Gründung der Internationalen Arbeiter-Assoziation (I. Internationale) unter Beteiligung von Karl Marx.

7.-9. August 1869: Gründung der Sozialdemokratischen Arbeiterpartei in Eisenach. August Bebel und Wilhelm Liebknecht nehmen darin führende Funktionen ein.

14.-16. August 1869: Gründung der Internationalen Metallarbeiter-Gewerksgenossenschaft.

1870/71: Deutsch-Französischer Krieg. Elsaß-Lothringen kommt zu Deutschland. Die Pariser Kommune (18. März bis 28. Mai 1871) wird blutig niedergeschlagen. Gründung des Deutschen Reichs.

1873: Beginn der ersten Weltwirtschaftskrise, in die Deutschland voll einbezogen ist („Große Depression“).

22.-27. Mai 1875: In Gotha vereinigen sich die beiden deutschen Arbeiterparteien zur Sozialistischen Arbeiterpartei Deutschlands.

6. Juli 1877: Die wichtigsten Arbeitgeber des Saarreviers beschließen die rücksichtslose Bekämpfung der sozialistischen Arbeiterbewegung, nachdem diese erste Versuche unternommen hat, sich an der Saar zu etablieren.

21. Oktober 1878: Das Sozialistengesetz tritt in Kraft.

15. September 1883: Die erste Ausgabe der „Deutschen Metallarbeiterzeitung" erscheint.

11. April 1886: Die vorübergehende „milde Praxis" des Sozialistengesetzes wird durch den Streikerlaß des preußischen Innenministers Puttkammer beendet.

Mai/Juni 1889: Am 23. Mai tritt ein erheblicher Teil der Saarbergarbeiter in den Streik. Ziele sind u. a. die Verbesserung der Arbeitsbedingungen, Lohnerhöhungen und Arbeitszeitverkürzungen. Den Hintergrund bilden die kurz zuvor begonnenen Streiks der Bergarbeiter an der Ruhr. Dieser erste größere Arbeitskampf an der Saar endet Anfang Juni ohne Erfolg. Als Konsequenz daraus wird der Rechtsschutzverein gegründet.

14.-20. Juli 1889: Gründungskongreß der II. Internationale in Paris. Beschluß über den 1. Mai.

30. September 1890: Das Sozialistengesetz tritt außer Kraft.

17. November 1890: Gründung der Generalkommission der Gewerkschaften Deutschlands.

1.-6. Juni 1891: Gründung des Deutschen Metallarbeiterverbandes in Frankfurt/Main.

Oktober 1891: Die Sozialdemokratische Partei verabschiedet das „Erfurter Programm".

Dezember 1892/Januar 1893: Vorerst letzter großer Streik der Bergarbeiter an der Saar. Er endet mit einer vollständigen Niederlage der Ausständigen und dem Zerfall des Rechtsschutzvereins. Dieser löst sich schließlich im August 1896 auf.

1898: Erste Flottenvorlage. Gründung des Flottenvereins, der u. a. von Karl Ferdinand Stumm finanziert wird.

20. November 1899: Ablehnung der sog. „Zuchthausvorlage" durch den Reichstag. Sie hätte schwere Strafandrohungen bei Streiks ermöglichen sollen. Karl Ferdinand Stumm war einer ihrer energischsten Befürworter.

August 1903/Januar 1904: Streik der Textilarbeiter in Crimmitschau für den Zehnstundentag.

1903: SPD und freie Gewerkschaften unternehmen einen neuen Versuch, sich an der Saar zu etablieren. In diesem Zusammenhang wird eine Verwaltungsstelle des Deutschen Metallarbeiterverbandes gebildet. Erster Bevollmächtigter wird Hans Böckler.

23.–29. September 1906: Beschluß des SPD-Parteitages in Mannheim über das Verhältnis zu den freien Gewerkschaften.

3. März 1907: Gründung des sozialdemokratischen Vereins für den Wahlkreis Ottweiler – Sankt Wendel – Meisenheim.

12. Januar 1912: Bei den Reichstagswahlen erreicht die SPD ihr bis dahin bestes Ergebnis. Jeder dritte Wähler stimmt für die Sozialdemokratie.

11.–19. März 1912: Streik von etwa 250000 Arbeitern des Ruhrbergbaus.

24.–25. November 1912: Der internationale Sozialistenkongreß in Basel warnt vor der Gefahr eines Weltkrieges.

1. August 1914: Beginn des Ersten Weltkrieges. Die Gewerkschaften brechen kurz darauf alle Arbeitskämpfe ab. In Neunkirchen werden die führenden Sozialdemokraten verhaftet.

4. August 1914: Die SPD-Reichstagsfraktion stimmt für die Kriegskredite.

Frühjahr 1916: Kurze Teilstreiks auf einigen saarländischen Gruben.

5. Dezember 1916: Gesetz über den Vaterländischen Hilfsdienst.

6.–9. April 1917: Gründung der Unabhängigen Sozialdemokratischen Partei Deutschlands (USPD) in Gotha.

Juni 1917: Beim Neunkircher Eisenwerk wird der erste Arbeiterausschuß gewählt. Der Hirsch-Dunckersche Gewerkverein ist die stärkste im Betrieb vertretene Gewerkschaft.

24./25. September 1917: Massenstreiks der Saarbergarbeiter im oberen Revier für Lohnerhöhungen und Zuschüsse zu den Kartoffellieferungen.

7. November 1917: Beginn der russischen Oktoberrevolution.

28. Januar bis 4. Februar 1918: Massenstreiks gegen Hunger und Krieg. Auf dem Höhepunkt der Streiks beteiligt sich etwa eine Million Arbeiter, vornehmlich aus den Rüstungsbetrieben.

Frühjahr 1918: Gründung der USPD im Saarrevier. Die Initiative dazu geht von den Sekretären des Bergarbeiterverbandes Karl Krämer und Ludwig Hetterich aus.

3. November 1918: Aufstand der Kieler Matrosen. Von hier breitet sich die Novemberrevolution aus.

9. November 1918: Ausrufung der Republik in Berlin. Die Revolution erreicht das Saarrevier. In Neunkirchen wird ein Soldatenrat gewählt. Massenversammlung der Arbeiter des Neunkircher Eisenwerks im Saalbau.

10. November 1918: Bildung des Kabinetts Ebert, das sich „Rat der Volksbeauftragten" nennt. Die Oberste Heeresleitung unterstützt Ebert. Im Rahmen einer Volksversammlung auf einer Wiese an der Neunkircher Lindenallee wird ein Arbeiterrat gewählt, an dessen Spitze Hermann Petri steht.

11. November 1918: Waffenstillstand.

15. November 1918: Bildung der Zentralarbeitsgemeinschaft zwischen Arbeitgebern und Gewerkschaften.

Ende November 1918: Besetzung des Saarreviers durch französische Truppen. Die dortigen Räte werden verboten und aufgelöst.

16.–21. Dezember 1918: Der erste Kongreß der Arbeiter- und Soldatenräte Deutschlands beschließt die Durchführung der Wahlen zur Nationalversammlung.

30. Dezember 1918: Beginn des Gründungskongresses der Kommunistischen Partei Deutschlands (KPD).

15. Januar 1919: Ermordung von Rosa Luxemburg und Karl Liebknecht. Terror gegen die Arbeiterbewegung im Gefolge der Januarkämpfe in Berlin. Die unter diesen Bedingungen durchgeführten Wahlen zur Nationalversammlung (19. Januar) haben eine bürgerliche Mehrheit zum Ergebnis.

1.–4. Mai 1919: Blutige Niederschlagung der Bayerischen Räterepublik.

28. Juni 1919: Unterzeichnung des Versailler Vertrages. Darin ist die Abtrennung des Saargebietes von Deutschland vorgesehen. Das Revier wird dem Völkerbund unterstellt und ab 1920 von einer internationalen Regierungskommission verwaltet.

30. Juni bis 5. Juli 1919: Der Nürnberger Kongreß der Gewerkschaften Deutschlands beschließt die Konstituierung des Allgemeinen Deutschen Gewerkschaftsbundes (ADGB).

Oktober 1919: In Sankt Ingbert gründet die KPD ihre erste Ortsgruppe an der Saar.

7.–10. Oktober 1919: Hungerunruhen, Streiks und Plünderungen im gesamten Saargebiet.

13.–23. Oktober 1919: Die Generalversammlung des DMV in Stuttgart verurteilt die Politik des Vorstandes während des Krieges. Der Sprecher der Opposition, Robert Dißmann, wird zum Vorsitzenden gewählt.

18. Oktober 1919: Der erste Tarifvertrag für die Hütten- und Metallindustrie des Saargebietes schreibt u. a. den Achtstundentag fest.

13. Januar 1920: Vor dem Reichstag demonstrieren Arbeiter gegen den Entwurf für das Betriebsrätegesetz. Militär schreitet ein und schießt auf die Demonstranten. 42 Arbeiter werden getötet, 105 verwundet. Das Gesetz wird am 4. Februar 1920 angenommen.

März 1920: Kapp-Lüttwitz-Putsch gegen die Weimarer Republik. Die Regierung flieht nach Dresden, dann nach Stuttgart. Unter dem Druck des von den Gewerkschaften ausgerufenen Generalstreiks bricht der Putschversuch am 17. März zusammen. Trotz der Fortsetzung des Generalstreiks können die Gewerkschaften ihre weiteren Forderungen nicht durchsetzen. In einigen Landesteilen werden Reichswehrtruppen gegen streikende Arbeiter eingesetzt.

12.–17. Oktober 1920: Parteitag der USPD in Halle. Die Mehrheit stimmt für die Vereinigung mit der KPD. Die verbliebene Minderheit schließt sich 1922 der SPD an. Seit Januar 1921 gibt es im Neunkircher Gemeinderat eine Fraktion der KPD, die durch den Übertritt einiger bisheriger USPD-Abgeordneter entsteht.

Februar/Mai 1922: Süddeutscher Metallarbeiterstreik zur Verteidigung der 46-Stunden-Woche und des Achtstundentages. Die Unternehmer können Arbeitszeitverlängerungen durchsetzen.

31. Oktober 1922: Errichtung der faschistischen Diktatur in Italien.

11. Januar 1923: Besetzung des Ruhrgebietes durch belgische und französische Truppen. Die freien Gewerkschaften unterstützen den „passiven Widerstand".

4. Februar bis 15. Mai 1923: Saarländischer Bergarbeiterstreik. Anlaß des Ausstandes ist die Forderung nach Lohnerhöhung, Hintergrund die Besetzung des Ruhrgebietes. Die Reichsregierung unterstützt die Streikenden.

13. Oktober 1923: Die Einführung der Rentenmark beendet die galoppierende Inflation in Deutschland.

Oktober 1923: In Sachsen und Thüringen werden im Auftrag der Reichsregierung Koalitionsregierungen der SPD und KPD mit militärischer Gewalt abgesetzt.

8.-9. November 1923: In München scheitert ein Putschversuch der Hitler-Faschisten.

15. September bis 3. November 1924: Aussperrung der Völklinger Hüttenarbeiter. Röchling versucht dadurch, eine Senkung der Kohlenpreise zu erreichen.

26. April 1925: Der ehemalige Generalfeldmarschall Hindenburg wird nach dem Tode Eberts zum Reichspräsidenten gewählt.

18. Juli 1926: Tumulte beim Kreiskriegerverbandsfest in Neunkirchen. Über dreißig Teilnehmer einer Gegendemonstration, zu der Franz Melzer, Bevollmächtigter des DMV, aufgerufen hatte, werden später vor Gericht gestellt, viele von ihnen zu empfindlichen Freiheitsstrafen verurteilt.

November/Dezember 1928: In der rheinisch-westfälischen Eisenindustrie werden 215 000 Arbeiter ausgesperrt. Den Unternehmern gelingt es dadurch, einen vom Reichsarbeitsminister bereits für verbindlich erklärten Schiedsspruch außer Kraft zu setzen.

24. Oktober 1929: „Schwarzer Freitag". Ausgehend vom Zusammenbruch der New Yorker Börse beginnt die Weltwirtschaftskrise. Das Saargebiet wird erst mit einiger zeitlicher Verzögerung erfaßt.

30. November bis 1. Dezember 1929: Erster Reichskongreß der Revolutionären Gewerkschaftsopposition. Der spätere Versuch, die RGO zu einer eigenständigen Richtungsgewerkschaft auszubauen, scheitert. Eine oppositionelle Liste hatte schon im Juni 1929 bei den Wahlen zum Arbeiterausschuß des Neunkircher Eisenwerks kandidiert und die Hälfte der Mandate gewonnen.

27. März 1930: Heinrich Brüning wird Reichskanzler. Er regiert mit Hilfe von Notverordnungen nach Artikel 48 der Weimarer Reichsverfassung. Auf dieser

Grundlage wird in der Folgezeit ein rücksichtsloser Lohn- und Sozialabbau verfügt.

14. September 1930: Bei den Reichstagswahlen gelingt der NSDAP eine Erhöhung ihres Stimmenanteils von 2,6 (1928) auf 18,3 Prozent. Im Saargebiet gelingt ihr bis 1933 kein entsprechender Erfolg.

11. Oktober 1931: Mit der Gründung der „Harzburger Front" konstituiert sich ein Bündnis aus reaktionären, militaristischen und faschistischen Kräften.

1. Juni 1932: Bildung des Kabinetts Papen.

20. Juli 1932: Staatsstreich der Reichsregierung gegen die sozialdemokratische preußische Regierung.

November 1932: Streik der Arbeiter der Berliner Verkehrsgesellschaft (BVG) gegen einen geplanten Lohnabbau. Aus opportunistischen Gründen unterstützen die Nazis den Arbeitskampf zeitweilig.

2. Dezember 1932: Bildung des Kabinetts Schleicher.

30. Januar 1933: Machtübergabe an Adolf Hitler.

27. Februar 1933: Reichstagsbrand. Beginn des offenen Terrors.

5. März 1933: Trotz des Terrors stimmen 7,2 Millionen Wähler bei den Reichstagswahlen für SPD und KPD. Die NSDAP verfehlt die angestrebte absolute Mehrheit.

9. März 1933: Die 81 Reichstagsmandate der KPD werden unter Bruch der Verfassung für ungültig erklärt.

24. März 1933: Verabschiedung des Ermächtigungsgesetzes mit den Stimmen der bürgerlichen Parteien.

2. Mai 1933: Zerschlagung der freien Gewerkschaften.

15. Mai 1933: Verhandlungen zwischen Vertretern der Reichsregierung und der saarländischen Rechtsparteien über das Vorgehen an der Saar. Auch Vertreter der christlichen Gewerkschaften sind daran beteiligt. Ergebnis dieses Treffens ist die Bildung der Deutschen Front.

22. Juni 1933: Verbot der SPD.

20. Juli 1933: Abschluß des Konkordats zwischen dem Vatikan und der Reichsregierung.

30. Juni 1934: Unter dem Vorwand angeblicher Putschpläne entledigt sich Hitler der Teile der SA, die in Opposition zu ihm stehen.

4. Juli 1934: Die Bildung der Einheitsfront zwischen SPD und KPD wird bekanntgegeben. Sie tritt gegen die Rückgliederung des Saargebietes an Deutschland ein.

13. Januar 1935: Abstimmung über die Rückgliederung des Saargebietes an Deutschland. Über neunzig Prozent der Abstimmungsteilnehmer stimmen dafür, nur knapp neun Prozent folgen dem Aufruf der Einheitsfront und stimmen für den Status quo.

1. März 1935: Rückgliederung des Saargebietes an Deutschland.

16. März 1935: Einführung der allgemeinen Wehrpflicht und Beginn der offenen Aufrüstung.

15. September 1935: Beginn der systematischen Judenverfolgung mit den Nürnberger Gesetzen.

4. Juni 1936: Volksfrontregierung in Frankreich. Sie regiert bis Oktober 1938.

18. Juli 1936: Putsch der Franco-Faschisten gegen die Spanische Republik. Beginn des spanischen Bürgerkrieges, der bis 1939 andauert.

12. März 1938: Anschluß Österreichs an das Deutsche Reich.

29.–30. September 1938: Im Münchener Abkommen zwingen Deutschland und Italien gemeinsam mit Großbritannien und Frankreich die Tschechoslowakei zur Räumung großer Teile ihres Staatsgebietes.

9.–10. November 1938: Zentral gesteuertes Judenpogrom („Reichskristallnacht“). Am 10. November wird die Neunkircher Synagoge verwüstet und in Brand gesetzt.

15. März 1939: Besetzung der Tschechoslowakei und Bildung des Reichsprotektorats Böhmen und Mähren.

23. August 1939: Deutsch-sowjetischer Nichtangriffspakt.

1. September 1939: Überfall der Wehrmacht auf Polen. Beginn des Zweiten Weltkrieges.

9. April 1940: Überfall auf Dänemark und Norwegen. Am 10. Mai folgt der Überfall auf Frankreich, Belgien, die Niederlande und Luxemburg.

22. Oktober 1940: Deportation von 6 500 Juden aus Baden, der Pfalz und dem Saarland nach Südfrankreich.

6. April 1941: Überfall auf Jugoslawien und Griechenland.

22. Juni 1941: Überfall auf die Sowjetunion.

31. Juli 1941: Beschluß über die Vernichtung der Juden („Endlösung").

19. November 1942: Beginn der Schlacht um Stalingrad. Sie endet am 2. Februar 1943 mit der Kapitulation der deutschen Armee. Diese bis dahin schwerste Niederlage der Hitlerwehrmacht leitet die Wende des Zweiten Weltkrieges ein.

6. Juni 1944: Landung alliierter Truppen in der Normandie.

4.–11. Februar 1945: Auf der Konferenz von Jalta beraten die Regierungschefs Großbritanniens, der USA und der UdSSR über die Nachkriegsordnung.

21. März 1945: Amerikanische Armeeinheiten besetzen Neunkirchen.

11. April 1945: Die Häftlinge des KZ Buchenwald befreien sich im Kampf mit der SS.

8. Mai 1945: Bedingungslose Kapitulation der Wehrmacht. Befreiung Deutschlands vom Faschismus.

1. Juli 1945: Gründung der Einheitsgewerkschaft der Arbeiter, Angestellten und Beamten in Sankt Ingbert.

10. Juli 1945: Ablösung der amerikanischen Truppen im Saarland durch französische Verbände.

17. Juli bis 2. August 1945: Potsdamer Konferenz der Regierungschefs der UdSSR, der USA und Großbritanniens. Unterzeichnung des Potsdamer Abkommens. Es fordert die Entmilitarisierung und Entnazifizierung Deutschlands.

18. November 1945: In Reden-Klinkenthal wird der Industrieverband Bergbau gegründet. Oskar Müller aus Wiebelskirchen wird Erster Vorsitzender.

Dezember 1945: Gründung des Industrieverbandes Metall in Völklingen. Nikolaus Fliegler wird Erster Vorsitzender.

Januar 1946: Offizielle Wiederzulassung der politischen Parteien an der Saar.

30. September-1. Oktober 1946: Urteilsverkündung im Nürnberger Prozeß gegen die Hauptkriegsverbrecher.

1. Januar 1947: Zusammenlegung der amerikanischen und der britischen Besatzungszone („Bizone").

Januar 1947: Massendemonstrationen, Streiks und Hungermärsche im Ruhrgebiet.

3. April 1947: Streik von 334 000 Bergarbeitern an der Ruhr für die Sozialisierung des Bergbaus.

5. Juni 1947: Der amerikanische Außenminister Marshall kündigt das „European Recovery Programm" („Marshallplan") an.

5. Oktober 1947: Erste Landtagswahl an der Saar. Die Christliche Volkspartei erhält die absolute Mehrheit. Sie bildet eine Koalitionsregierung mit der Sozialdemokratischen Partei Saar. Anfang Dezember wird mit überwältigender Mehrheit die saarländische Verfassung angenommen. Sie sieht die wirtschaftliche Angliederung des Saarlandes an Frankreich vor.

31. Dezember 1947: Ende der Militärregierung im Saarland.

Juni 1948: Währungsreform in den westlichen Besatzungszonen.

4. April 1949: Gründung des Nordatlantik-Paktes (Nato).

23. Mai 1949: Das Grundgesetz für die Bundesrepublik Deutschland tritt in Kraft.

14. August 1949: Erste Bundestagswahlen. Im September wird Konrad Adenauer zum ersten Bundeskanzler gewählt.

1. September 1949: Gründung der IG Metall für die Bundesrepublik Deutschland.

12.–14. Oktober 1949: Gründungskongreß des DGB in München.

3. März 1950: Unterzeichnung der französisch-saarländischen Konventionen. Sie sehen u. a. die langfristige Verpachtung der Saargruben an Frankreich vor. Der Industrieverband Bergbau wendet sich entschieden gegen diese Maßnahme.

9. Oktober 1950: Aus Protest gegen den Beschluß zur Wiederbewaffnung der Bundesrepublik tritt Bundesinnenminister Gustav Heinemann von seinem Amt zurück.

25. Januar 1951: Einigung über die Mitbestimmung nach Streikbeschlüssen in der Eisen- und Stahlindustrie sowie im Bergbau. Das Mitbestimmungsgesetz tritt am 21. Mai 1951 in Kraft.

28.–29. Mai 1952: Demonstrationsstreik in den Zeitungsdruckereien mit der Forderung nach Ausbau der Mitbestimmung.

11. Oktober 1952: Gegen den Protest des DGB wird das Betriebsverfassungsgesetz verabschiedet.

20. November 1952: Erster Versuch zur Zerschlagung des Industrieverbandes Bergbau. In Zusammenarbeit mit der Landesregierung hindern oppositionelle Funktionäre die bisherige Verbandsspitze am Betreten ihrer Büros und versuchen, sie abzusetzen.

Dezember 1952: Gründung einer pro-französischen Spaltergewerkschaft für den Bereich der Bergarbeiter.

Februar 1953: Verbot des Industrieverbandes Bergbau durch die Landesregierung.

3. August 1954: Die französische Nationalversammlung lehnt den Vertrag über die Europäische Verteidigungsgemeinschaft ab. Nach einer Neunmächtekonferenz werden die „Pariser Verträge“ als Ersatzlösung unterzeichnet. Der Besatzungsstatus der Bundesrepublik wird beendet, Aufnahme in die neue Brüsseler Paktorganisation, die Westeuropäische Union.

29. Januar 1955: Paulskirchenmanifest gegen die Wiederbewaffnung der Bundesrepublik.

21.–25. Februar 1955: Streik der saarländischen Hütten- und Metallarbeiter für eine Lohnerhöhung. Im Laufe des Arbeitskampfes spielen politische Forderungen eine immer größere Rolle.

27. Februar 1955: Der Bundestag verabschiedet die Pariser Verträge. Sie treten am 5. Mai 1955 in Kraft, damit erlangt die Bundesrepublik eine begrenzte Souveranität.

23. Oktober 1955: Volksabstimmung über das Saarstatut. Eine deutliche Mehrheit entscheidet sich gegen die vorgeschlagene „Europäisierung" der Saar.

7. Juli 1956: Der Bundestag beschließt die Einführung der allgemeinen Wehrpflicht.

17. August 1956: Das Bundesverfassungsgericht erklärt die KPD für verfassungswidrig und löst die Partei auf.

24. Oktober 1956 bis 14. Februar 1957: Die Metallarbeiter in Schleswig-Holstein streiken für die Lohnfortzahlung im Krankheitsfall. Der Arbeitskampf dauert insgesamt 114 Tage und endet erfolgreich.

4. November 1956: Im Verlauf einer außerordentlichen Generalversammlung beschließt die saarländische Metallgewerkschaft den Anschluß an die bundesdeutsche IG Metall.

1. Januar 1957: Politische Angliederung der Saar an die Bundesrepublik.

28. März 1957: Wenige Tage, nachdem die SPD ihre Kampagne „Kampf dem Atomtod" eröffnet hat, ruft auch der DGB zum Protest gegen die Pläne zur atomaren Aufrüstung auf.

5. Juli 1959: Wirtschaftliche Angliederung der Saar an die Bundesrepublik („Tag X").

9. Juli 1959: Einstündiger Proteststreik der saarländischen Gewerkschaften gegen die Preissteigerungen im Zusammenhang mit dem „Tag X".

15. November 1959: Ein außerordentlicher Parteitag der SPD in Bad Godesberg beschließt ein neues Parteiprogramm.

8. Juli 1960: Das Bad Homburger Abkommen über die stufenweise Einführung der 40-Stunden-Woche in der Metallindustrie wird abgeschlossen.

1961: Die saarländische IG Metall wird umstrukturiert. Die Verwaltungsstelle Saarbrücken wird von nun vier eigenständigen Verwaltungsstellen in Homburg, Neunkirchen, Völklingen und Saarbrücken abgelöst.

Personen- und Firmenregister

Geographisches Register

Sachregister